2023

행정사 민법(계약)

박문각 행정사연구소 편_ 조민기

2차

합격기준 박문각 행정사

QMG 박문각

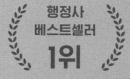

행정사
베스트셀러
1위

*2022 교보문고 판매량 기준

민법은 모든 법공부의 핵심으로, 특히 행정사 2차 시험과목인 민법(계약)은 주관식 시험이라는 점에서 체계적 이해가 필수적입니다.

최근 행정사 민법(계약)시험은 민법(계약)의 전 분야에서 핵심적인 기본문제뿐만 아니라 상당한 이해력을 요하는 고난도의 사례문제까지 출제되고 있습니다. 따라서 이에 효과적으로 대응하기 위해서는 무조건적 암기보다는 법조문을 기본으로 하고 법률용어의 개념을 명확하게 이해한 후 중요판례를 통해 구체적인 사례까지 공부할 것이 요구됩니다.

본서는 보다 빠른 시험합격이라는 목표를 염두에 두고 다음과 같이 구성하였습니다.

첫째, 법조문을 관련 분야에 세심하게 배치하였습니다. 법조문은 민법(계약) 공부의 시작입니다. 주어진 시간 내에 빠른 답안작성을 위해서는 기본적인 조문은 반드시 암기하여야 합니다.

둘째, 이론을 명확하게 정리하였습니다. 쉬운 문장으로 빠짐없이 기본이론을 정리한 후, 사례문제 해결을 위한 핵심쟁점까지 꼼꼼히 살펴보았습니다.

셋째, 판례를 최대한 풍부하게 반영하였습니다. 각 판례는 관련 이론의 해당 부분에 맞게 배치하여, 이론이 판례를 통해 어떻게 응용되는지를 볼 수 있도록 하였습니다. 판례는 사례문제 출제의 소재가 되므로 사실관계까지 주의 깊게 보아야 합니다.

넷째, 행정사 민법(계약)의 출제경향을 파악할 수 있도록 행정사 시험 기출문제를 해설과 함께 수록하였습니다. 본문내용을 공부한 후 관련 기출문제를 통해서 실제 어떻게 출제되는지를 확인하기 바랍니다.

다섯째, 주관식 답안작성은 목차 암기가 필수입니다. 특히 사례형 문제도 쟁점을 파악한 후에는 반드시 관련 내용을 압축적으로 적어야 합니다. 이를 위해 민법(계약)의 전 목차를 논리에 맞게 세심하게 정리하였습니다.

현재 행정사 2차 시험과목인 민법(계약)은 논술형 1문제와 약술형 3문제가 출제됩니다. 짧은 시험시간을 고려하면 무엇보다 간결한 답안작성이 반드시 필요합니다. 이를 위해 본서는 민법(계약)의 전 분야를 실제로 시험에서 쓸 수 있을 만큼의 분량으로 효율적으로 정리하였습니다.

주어진 지문에서 정답을 고르는 객관식 시험과는 달리, 상당한 분량의 답안을 직접 작성해야 하는 주관식 시험에서는 꾸준한 답안작성 연습이 중요합니다. 처음에는 무엇을 써야 할지 막막하고 두려울 수도 있으나, 용기를 내어 스스로 작성해 보고 교재 내용과 비교하면서 첨삭해 나가면 점차 좋은 답안이 될 것입니다.

본서는 출제경향에 대한 철저한 분석과 정확한 이해를 바탕으로, 수험생들이 합격에 대한 자신감을 갖고 시험준비에 임할 수 있도록 하였습니다.

이 책으로 행정사 자격시험을 준비하시는 모든 분들이 반드시 합격하기를 간절히 기원합니다.

편저자 조민기

1. 시험 일정: 매년 1회 실시

원서 접수	시험 일정	합격자 발표
2023년 8월경	2023년 10월경	2023년 11월경

2. 시험 과목 및 시간

▶ 2차 시험

교시	입실	시험 시간	시험 과목	문항 수	시험 방법
1교시	09:00	09:30~11:10 (100분)	**[공통]** ① 민법(계약) ② 행정절차론(행정절차법 포함)	과목당 4문항 (논술 1, 약술 3) ※ 논술 40점, 약술 20점	논술형 및 약술형 혼합
2교시	11:30	•일반/기술 행정사 11:40~13:20 (100분) •외국어번역 행정사 11:40~12:30 (50분)	**[공통]** ③ 사무관리론 　(민원처리에 관한 법률 및 행정효율과 협업 촉진에 관한 규정 포함) **[일반행정사]** ④ 행정사실무법(행정심판사례, 비송사건절차법) **[기술행정사]** ④ 해사실무법(선박안전법, 해운법, 해사안전법, 해양사고의 조사 및 심판에 관한 법률) **[외국어번역행정사]** 해당 외국어(외국어능력시험으로 대체 가능한 영어, 중국어, 일본어, 프랑스어, 독일어, 스페인어, 러시아어 등 7개 언어에 한함)		

외국어능력검정시험 성적표 제출

2차 시험 원서 접수 마감일 전 2년 이내에 실시된 것으로 기준 점수 이상이어야 함

● 영어

시험명	TOEIC	TEPS	TOEFL	G-TELP	FLEX	IELTS
기준 점수	쓰기시험 150점 이상	쓰기시험 71점 이상	쓰기시험 25점 이상	GWT 작문시험에서 3등급 이상(1, 2, 3등급)	쓰기시험 200점 이상	쓰기시험 6.5점 이상

※ MATE Writing에서 상급 이상이란 Commanding Commanding(상급), Commanding High(상급 상), Expert(최상급) 등급을 말함

● 중국어, 일어, 프랑스어, 독어, 스페인어, 러시아어는 FLEX 쓰기시험 200점 이상

시험의 면제

1. **면제 대상**: 공무원으로 재직한 사람과 외국어 번역 업무에 종사한 경력이 있는 사람 등은 행정사 자격시험의 전부 또는 일부가 면제된다(제2차 시험 일부 과목 면제).

2. **2차 시험 면제 과목**

일반/기술행정사	행정절차론, 사무관리론
외국어번역행정사	민법(계약), 해당 외국어

합격자 결정 방법

1. **합격기준**: 1차 시험 및 2차 시험 합격자는 과목당 100점을 만점으로 하여 모든 과목의 점수가 40점 이상이고, 전 과목의 평균 점수가 60점 이상인 사람으로 한다(단, 2차 시험에서 외국어시험을 외국어능력검정시험으로 대체하는 경우에는 해당 외국어시험은 제외).

2. **최소합격인원**: 2차 시험 합격자가 최소선발인원보다 적은 경우에는 최소선발인원이 될 때까지 모든 과목의 점수가 40점 이상인 사람 중에서 전 과목 평균점수가 높은 순으로 합격자를 추가로 결정한다. 이 경우 동점자가 있어 최소선발인원을 초과하는 경우에는 그 동점자 모두를 합격자로 한다.

민법(계약)

제1문의 (1)은 임대차보증금의 반환에 관한 문제였고, 제1문의 (2)는 해제와 제3자 보호 문제였다. 임대차보증금은 특A급 예상문제였고 해제와 제3자 보호는 해제의 중요쟁점이어서 작년과 올해 연속 출제되었다. 제2문 조합원의 탈퇴는 작년과 비슷한 사안으로 올해 다시 나왔고, 제3문 전부 타인권리의 매매와 제4문 교차청약도 제4회 기출주제였다. 제10회 시험에서 새 문제는 제1문의 (1) 하나였고 나머지는 기출된 쟁점이 다시 출제되었다. 시험이 거듭됨에 따라 이제 기출문제라도 중요부분은 반복하여 출제될 수 있다는 점을 주의하여야 한다. 다만 아직 출제되지 않은 중요쟁점과 최신판례도 많이 있으므로, 계약법 전반에 걸쳐 핵심위주로 간략하게 암기하고 이를 답안에 빨리 쓸 수 있도록 반복 연습하는 것이 중요하다고 본다.

구분	제1회	제2회	제3회	제4회	제5회	제6회	제7회	제8회	제9회	제10회
계약의 성립과 효력			동시이행의 항변권의 성립요건(20점)	• 청약과 승낙의 결합에 의하지 않은 계약의 성립(20점) • 계약체결상의 과실책임(20점)	제3자를 위한 계약(20점)	제537조 채무자 위험부담주의(20점)	• 계약교섭의 부당한 중도파기의 법적 성질(30점) • 손해배상책임의 범위(10점)	동시이행의 항변권의 성립요건(20점)	제538조 채권자위험부담(20점)	교차청약(20점)
계약의 해제와 해지	법정해제의 효과(40점)	법정해제와 합의해제의 차이점(20점)						합의해제와 제3자보호(10점)		해제와 제3자 보호(20점)
증여					증여계약의 특유한 해제원인(20점)			부담부 증여(30점)		
매매			• 매매와 과실의 귀속(20점) • 매매예약완결권(20점)	매도인의 담보책임(20점)	계약금(20점)	• 계약금의 일부지급과 해약금재(20점) • 이행기 전의 이행의 착수(20점) • 물건의 하자에 대한 매도인의 담보책임(20점)	환매와 재매매의 예약(20점)			전부 타인권리의 매매와 매도인의 담보책임(20점)
소비대차			준소비대차(20점)							
임대차	주택임대차보호법상 묵시적 갱신(20점)	임차인의 유익비상환청구권(20점)	임차인의 지상물매수청구권(20점)	임차물의 무단전대(20점)	• 임차인의 부속물매수청구권(20점) • 임차권의 양도(20점)	임차인의 지상물매수청구권(20점)	권리금 회수기회 보호제도(20점)	• 임차인의 부속물매수청구권(20점) • 임차권등기명령(20점)	상임법상 임차인의 계약갱신요구권(20점)	임대차보증금의 반환(20점)
도급	완성물의 소유권귀속(20점)	• 도급의 위험부담(20점) • 일의 완성 전의 도급인의 해제(20점)						• 주택신축계약의 법적 성질과 완성물의 소유권 귀속(20점) • 수급인의 담보책임(20점)		
여행계약/위임/조합/화해	수임인의 의무(20점)	조합채무에 대한 책임(20점)		화해계약의 취소(20점)		여행주최자의 의무와 담보책임(20점)			조합원의 탈퇴(20점)	조합원의 탈퇴(20점)

행정절차론

2022년 제10회 행정절차론 문제 1번은 40점 배점으로 3개의 논점을 포함하고 있다. 시정명령처분(사전통지 결여), 시정명령처분(구두고지), 폐쇄명령처분(청문절차 하자치유)을 묻는 문제로 출제예상 범위에 있었기에 답안을 작성하는 데 큰 문제는 없었을 것으로 보인다. 문제 2번은 정보공개법 문제로, 사립학교가 공공기관인지에 대해서는 당황할 수 있지만 부분공개의 경우 답안을 작성하는 데 어려움이 없었을 것으로 보인다. 문제 3번은 행정조사법 문제로, 행정조사의 수시조사와 중복조사 제한은 강조했던 부분에서 출제되었다. 문제 4번은 행정규제기본법 문제로 행정규제 원칙(2022년 모의고사) 및 규제개혁위원회(7회 기출)로 처음 보는 문제는 아니나 기출문제로 스킵하였다면 불의타로 시험장에서 당황하였을 수도 있다. 하지만 전체적으로는 작년 제9회 시험보다는 이번 제10회 시험이 무난하게 출제되었다. 다시 한 번 기본강의가 중요함을 강조하는 바이다.

사무관리론

제10회 행정사 자격증 시험 사무관리론 문제의 난이도는 약간 높았으나 예상했던 내용들이 출제되어 꾸준히 학습한 수험자들은 큰 어려움 없이 답안을 작성할 수 있었을 것이다. 특히 민원처리에 관한 법령이 시험을 약 2개월 앞두고 개정되어 개정내용들이 출제될 것으로 예상되었는데, 실제로 논술형 문제가 개정법령 내용에서 출제되었다. 이번 시험에서는 기존에 출제되지 않았던 내용들에서 문제가 출제되었으며, 특히 민원법령의 개정내용이 논술형 40점 문제로 출제돼 법령개정 내용의 숙지가 얼마나 중요한지 깨닫게 되는 시험이었다.

논술문제는 앞서 언급했듯 민원법령의 개정내용이 출제가 되었는데, 민원처리에 관한 법률과 시행령의 개정내용은 그 양이 상당히 많아 숙지하기에 어려움이 컸을 것으로 생각된다. 예년과 달리 20점, 10점, 10점의 배점으로 출제되었는데, 이는 가급적 많은 양의 개정내용을 출제하여 수험자들의 내용 숙지 여부를 확인하고자 하는 출제자의 의도가 반영된 것이라 판단된다. 약술형 2번은 출제가능성이 매우 높았던 문제로 무난히 답안을 작성할 수 있었을 것이고, 약술형 3번은 이번 시험의 불의타 문제로, 지엽적인 부분에서 전혀 예상하지 못했던 내용을 출제하여 수험자들을 당황케 하였을 것이다. 약술형 4번은 용어의 정의 문제였는데, 용어 정의 문제는 제7회 시험에서 출제한 바 있다. 이번 시험에서는 당시 출제되지 않았던 용어를 출제하였고 답안작성에는 큰 어려움이 없었으리라 판단된다.

행정사실무법

제10회 행정사 자격시험의 행정사실무법 문제는 행정심판제도에서 논술형 문제, 행정사법과 비송사건절차법 총칙에서 약술형 문제가 출제되었다. 문제 1은 행정심판제도 행정심판법에서 출제되었으며, [물음 1]은 행정심판의 대상인 거부처분 및 집행정지에 관한 문제로, [물음 2]는 재결의 기속력에 관한 문제로 출제되어 어렵지 않게 답안을 작성할 수 있는 문제였고, 행정심판의 대상과 집행정지 그리고 재결의 기속력은 출제가 예상되었던 중요한 내용으로 강의를 하면서 여러 차례 강조한바 있다. 문제 2는 행정사법에서 출제되었으며, 행정사법인의 업무신고 및 업무수행방법에 관한 문제로 출제가 예상되었던 평이한 문제였다. 문제 3은 비송사건절차법 총칙에서 출제되었으며, 기일에 관한 문제로 기본서에는 수록하였으나 요약집에는 정리하지 않았고, 출제를 예상하지 못한 문제였다. 문제 4는 비송사건절차법 총칙에서 출제되었으며, 우선관할 및 사건의 이송에 관한 문제로 분량이 적어 모의고사 문제로는 출제하지 않았고, 문제가 사건의 이송이 아닌 재량이송으로 출제되어 다소 혼란이 있었을 것이나, 비송사건의 재량이송은 사건의 이송을 의미하므로 사건의 이송을 생각하였다면 무난하게 답안작성을 하였을 것이다. 1번 논술형 문제 및 2번 약술형 문제는 모의고사 과정에서 답안작성을 해보아서 손쉽게 답안작성을 하였을 것이나, 3번 및 4번 약술형 문제는 모의고사 문제로 출제하지 않아서 답안작성에 다소 어려움이 있었을 것이라 생각된다. 제11회 시험 대비를 위한 행정사실무법 시험공부는 행정사법, 행정심판법, 비송사건절차법 총칙 부분은 반복하여 출제되고 있으므로 더욱 철저히 숙지하고, 특별행정심판, 비송사건절차법 각칙 부분도 출제가 가능하므로 중요한 내용은 반드시 숙지해야 할 것이다.

1

출제영역을 반영한
최적화된 교재 구성

출제될 가능성이 높은 내용을 중심으로 풍부한 설명을
덧붙여 수험자의 학습에 탄탄한 길라잡이가 될 수 있도
록 구성하였다. 단순 암기를 통한 학습이 아니라 학습
내용을 정확하게 이해할 수 있도록 충실한 이론을 반영
하였으며, 관련 판례와 조문의 수록을 통해 학습에 도움
이 되도록 하여 행정사 자격시험 합격에 최적화된 교재
로 만들었다.

2

학습에 도움이 되는
관련 판례 및 법조문

계약법 관련 중요 내용 및 연계된 관련 판
례, 법조문 등을 함께 수록함으로써 연계
학습을 통한 보다 정확한 이해에 도움이 될
수 있도록 구성하였다.

3

2013~2022년 기출문제 수록

행정사 자격시험이 주관식 논술형으로 작성해야 하는 만큼 수험자들이 느끼는 불안을 최소화시키기 위하여 기출문제와 모범답안을 수록하였다. 모범답안에는 꼼꼼한 내용 정리와 풍부한 해설을 달아 학습의 편의를 돕고자 하였으며, 실제로 답안을 작성해보면서 실전감각을 키우고 학습의 진행 정도를 파악하여 보다 완벽한 시험대비가 될 수 있도록 하였다.

4

부록으로 약관규제법 등을 수록

부록으로 민법(계약), 약관의 규제에 관한 법률, 주택임대차보호법, 상가건물임대차보호법을 수록하여 학습의 효율성을 기하였다.

부록 ▶ 기출문제 모범답안 · 관련 법령

행정사
민법(계약)

Chapter_

01

계약총론

01 계약총론

제1절 계약의 의의 및 사회적 작용

01 채권법 서설

1. 채권의 발생원인

채권은 특정인이 다른 특정인에 대하여 특정의 행위를 청구할 수 있는 권리이다. 이러한 채권은 당사자의 의사표시에 의한 법률행위와 그 이외의 것인 법률의 규정에 의해 발생한다. 법률행위에 의해 채권이 발생하는 가장 전형적인 것은 계약이다. 반면에 법률의 규정에 의한 채권의 발생으로는 사무관리・부당이득・불법행위 등이 있다.

2. 채권법의 구성

민법 제3편 채권은 제1장 총칙(제373조~제526조), 제2장 계약(제527조~제733조), 제3장 사무관리(제734조~제740조), 제4장 부당이득(제741조~제749조), 제5장 불법행위(제750조~제766조)의 5개 장으로 구성되어 있다.

이 중 제1장을 채권총론이라 하고 나머지 제2장 내지 제5장을 채권각론으로 분류하여 연구한다. 채권각론은 다시 채권의 발생원인을 중심으로 계약・사무관리・부당이득・불법행위의 네 가지를 규정한다. 행정사 2차 시험 과목으로서의 「민법(계약)」은 민법 제3편 제2장 계약을 중심으로 학습한다.

02 계약의 의의

1. 넓은 의미의 계약(광의의 계약)

넓은 의미의 계약은 사법상의 일정한 법률효과의 발생을 목적으로 하는 2인 이상의 당사자의 서로 대립하는 의사표시의 합치에 의하여 성립하는 법률행위를 가리킨다. 따라서 여기에는 채권계약은 물론 물권계약·준물권계약·가족법상의 계약 등이 모두 포함된다.

2. 좁은 의미의 계약(협의의 계약)

좁은 의미의 계약은 채권·채무의 발생을 목적으로 하는 '채권계약'을 말하고, 민법 제3편 제2장 계약에서 이를 규율하고 있다.

제2절 | 계약의 자유와 그 제한

⑴ 계약자유의 원칙

계약에 의한 법률관계의 형성이 법의 제한에 위배되지 않는 한 완전히 계약당사자의 자유에 맡겨지며, 법도 그러한 자유의 결과를 가능한 한 승인한다는 원칙을 말한다. 계약자유의 원칙은 근대민법의 3대원칙인 사적 자치의 원칙·소유권절대의 원칙·과실책임의 원칙 중 사적 자치의 원칙의 가장 전형적인 표현이다.

⑵ 계약자유의 내용

1. 계약체결의 자유

계약당사자는 계약의 체결여부를 자유롭게 결정할 수 있다. 계약은 청약과 승낙에 의해 성립하므로, 이것은 청약의 자유와 승낙의 자유를 포함한다. 즉 당사자는 청약의 의사표시를 할 자유를 가질 뿐만 아니라, 상대방도 그에 대해 승낙의 자유를 가진다.

2. 계약상대방 선택의 자유

계약당사자는 자신이 원하는 상대방과 계약을 체결할 수 있고, 특정인을 계약의 상대방으로 할 것을 강요받지 않는다. 이 내용은 계약체결의 자유에 포함시켜 설명하기도 한다.

3. 계약내용결정의 자유

계약당사자가 계약의 내용을 어떻게 정할지도 자유이다. 이에는 성립한 계약의 내용을 후에 변경하거나 보충하는 것을 포함한다.

4. 계약방식의 자유

계약체결에 원칙적으로 특정한 방식을 요구하지 않음을 말한다.

⑩ 계약자유의 원칙에 대한 제한

1. 계약체결의 자유에 대한 제한

(1) 공법상의 체약강제

① 우편·통신·운송·수도·전기·가스 등의 재화를 공급하는 공익적 독점기업은 관계법률에 의해 정당한 이유 없이 급부의 제공을 거절하지 못한다.

② 공증인·집행관·법무사·의사·치과의사·한의사·조산원·약사 등의 공공적·공익적 직무에 관하여는 관계법률에 의해 그 직무의 집행을 거절할 수 없다.

③ 법률에 의해 부과된 체약의무에 위반하여 계약체결을 거절하는 경우, 관계법령에서 정하는 바에 따라 공법적 제재를 받을 뿐 아니라, 사법상으로는 법률의 위반에 의한 불법행위를 이유로 손해배상을 청구할 수 있다.

(2) 사법상의 체약강제

지상권자 및 지상권설정자가 지상물의 매수를 청구한 때(제283조 제2항·제285조), 전세권자 및 전세권설정자가 부속물의 매수를 청구한 때(제316조), 임차인과 전차인이 부속물의 매수를 청구한 때(제646조·제647조) 등에는 상대방의 승낙이 있었던 것이 되어 지상물 또는 부속물에 관한 매매가 성립한 것으로 다루어진다.

2. 계약상대방 선택의 자유에 대한 제한

국가유공자 등 예우 및 지원에 관한 법률 제34조는 "국가보훈처장은 취업지원 대상자를 대통령령으로 정하는 바에 따라 업체 등에 고용할 것을 명할 수 있다."라고 규정한다. 따라서 사용자는 국가가 명하는 취업지원 대상자를 채용할 의무를 지므로, 이 한도에서 사용자의 상대방선택의 자유는 제한된다.

3. 계약내용결정의 자유에 대한 제한

(1) 강행법규에 의한 제한

강행법규에 반하는 법률행위는 무효이므로(제105조), 강행법규에 위반하는 사항을 목적으로 하는 계약도 그 효력이 인정되지 못한다.

(2) 사회질서에 의한 제한

선량한 풍속 기타 사회질서에 위반하는 사항을 내용으로 하는 계약은 무효이며, 폭리성을 가진 계약도 무효이다(제103조·제104조).

(3) 약관에 의한 제한

약관은 불특정 다수인을 상대로 하는 대량거래의 성행으로부터 나타난 것으로 계약의 내용을 정형화·표준화하여 당사자의 구체적인 의사를 고려함이 없이 기계적으로 계약이 성립하도록 하는 것이다. 예컨대 운송·보험·은행거래 등 현대의 대량거래에서는 사업자가 일방적으로 계약의 내용으로 될 약관을 작성해 놓고, 이에 대해 고객은 사실상 그 내용에 대해 협의할 수 있는 가능성을 갖지 못한 채 정해진 약관에 따라가는 방식으로 계약이 체결되는 것이 보통이며 이러한 방식의 계약을 부합계약이라 부르는데, 이는 계약내용결정의 자유에 대한 제한이 된다. 이러한 약관에 의한 계약체결은 대량거래를 통일적으로 또 신속하게 처리한다는 장점은 분명히 있지만, 그 반면에 사업자가 일방적으로 미리 작성한다는 점에서 그 내용이 사업자에게만 유리한 쪽으로 정해질 소지가 많다. 또 고객은 별다른 협의를 할 여지가 없이 계약체결에 임하게 되는 경우가 많으므로, 이러한 폐단을 규제하기 위해 약관의 규제에 관한 법률을 마련하였다.

(4) 규제된 계약에 의한 제한

일정한 계약에 대해 그 계약의 내용으로 삼을 일정한 기준을 법률로 정하는 경우가 있는데, 이를 규제된 계약이라고 한다. 예컨대 어떤 물건에 관하여 법령으로 공정가격을 정한 경우, 체결의 자유와 상대방 선택의 자유는 있어도 매매계약의 내용인 매매대금은 그 공정가격 범위 내에서 정해야 한다는 점에서 계약내용결정의 자유에 대한 제한이 된다. 물가안정에 관한 법률 제2조 제1항은 "정부는 국민생활과 국민경제의 안정을 위하여 필요하다고 인정할 때에는 특히 중요한 물품의 가격, 부동산 등의 임대료 또는 용역의 대가의 최고가격을 지정할 수 있다."라고 규정한다.

4. 계약방식의 자유에 대한 제한

계약의 성립에 일정한 방식, 특히 서면에 의할 것을 요구하는 이유는 보통 당사자로 하여금 의사표시를 하는 데 신중을 기하도록 하고, 계약의 성립 내지는 합의내용에 관한 증거자료로서 기능하며, 계약의 성립을 제3자에게 알림으로써 거래의 안전을 보호하고, 행정기관이 당사자로부터 계약서를 제출받아 일정한 행정목적을 달성하기 위한 것 등이다.

예컨대 서면에 의하지 않은 증여는 각 당사자가 이를 해제할 수 있고(제555조), 혼인(제812조)·입양(제878조) 등 친족법상의 계약은 가족관계의 등록 등에 관한 법률에 따라 서면으로 신고를 하여야 그 효력이 생긴다.

제3절 | 계약과 보통거래약관

ⓞ1 서설

1. 약관의 의의

약관이란 그 명칭이나 형태 또는 범위에 상관없이 계약의 한쪽 당사자가 여러 명의 상대방과 계약을 체결하기 위하여 일정한 형식으로 미리 마련한 계약의 내용을 말한다.

> **판례**
>
> 약관의 규제에 관한 법률의 규제 대상인 약관이라 함은 그 명칭이나 형태 또는 범위를 불문하고 계약당사자가 다수의 상대방과 계약을 체결하기 위하여 일정한 형식에 의하여 미리 마련한 계약의 내용이 되는 것으로서 구체적인 계약에서의 개별적 합의 등은 그 형태에 관계없이 약관에 해당한다고 할 수 없다(대판 2002. 10. 11, 2002다39807).

2. 약관규제의 필요성

약관은 어떤 종류의 계약을 표준화·정형화하여 대량거래에 있어서 계약체결을 합리적으로 수행하고 영업을 합리화하는 기능을 가지고 있다. 또한 당사자 사이의 거래에 대한 법규의 채용을 분명히 하여 법률생활의 안정에 기여하며, 법령의 미비한 점을 보충하는 기능을 갖는다. 그러나 약관의 상대방으로서는 그 작성자와의 사이에 존재하는 경제적 지위의 차이로 말미암아 일반적으로 당해 약관에 의하여 계약을 일괄하여 체결할 것인가의 여부를 결정하는 자유만을 가지게 된다. 따라서 약관에 의하는 계약의 체결은 그 작성자에게 유리하고, 상대방에게 불리한 것으로 되기 쉽다. 따라서 이에 대한 법적 규제를 강화시킬 필요성이 있어, 약관의 규제에 관한 법률을 제정하여 약관의 내용을 규제하고 있다.

> **약관의 규제에 관한 법률(이하 약관규제법) 제1조【목적】** 이 법은 사업자가 그 거래상의 지위를 남용하여 불공정한 내용의 약관을 작성하여 거래에 사용하는 것을 방지하고 불공정한 내용의 약관을 규제함으로써 건전한 거래질서를 확립하고, 이를 통하여 소비자를 보호하고 국민생활을 균형 있게 향상시키는 것을 목적으로 한다.
>
> **제2조【정의】** 이 법에서 사용하는 용어의 정의는 다음과 같다.
> 1. "약관"이란 그 명칭이나 형태 또는 범위에 상관없이 계약의 한쪽 당사자가 여러 명의 상대방과 계약을 체결하기 위하여 일정한 형식으로 미리 마련한 계약의 내용을 말한다.
> 2. "사업자"란 계약의 한쪽 당사자로서 상대 당사자에게 약관을 계약의 내용으로 할 것을 제안하는 자를 말한다.
> 3. "고객"이란 계약의 한쪽 당사자로서 사업자로부터 약관을 계약의 내용으로 할 것을 제안받은 자를 말한다.

⑫ 약관의 계약에의 편입

1. 약관 구속력의 근거

약관이 계약당사자에 대하여 구속력을 가지는 것은 그 자체가 법규범 또는 법규범적 성질을 가진 약관이기 때문이 아니라 계약당사자 사이에서 계약내용에 포함시키기로 합의하였기 때문이라는 계약설이 통설·판례(2003다30807)이다. 즉 당사자 사이의 합의에 의하여 약관이 계약의 구성부분이 되었을 때 비로소 구속력을 가지게 된다. 이와 같이 약관이 계약 속에 편입되어 그 내용을 구성하는 것을 약관의 계약에의 편입이라고 한다.

2. 약관의 계약에의 편입요건

> **약관규제법 제3조【약관의 작성 및 설명의무 등】** ① 사업자는 고객이 약관의 내용을 쉽게 알 수 있도록 한글로 작성하고, 표준화·체계화된 용어를 사용하며, 약관의 중요한 내용을 부호, 색채, 굵고 큰 문자 등으로 명확하게 표시하여 알아보기 쉽게 약관을 작성하여야 한다.
> ② 사업자는 계약을 체결할 때에는 고객에게 약관의 내용을 계약의 종류에 따라 일반적으로 예상되는 방법으로 분명하게 밝히고, 고객이 요구할 경우 그 약관의 사본을 고객에게 내주어 고객이 약관의 내용을 알 수 있게 하여야 한다. 다만, 다음 각 호의 어느 하나에 해당하는 업종의 약관에 대하여는 그러하지 아니하다.
> 1. 여객운송업
> 2. 전기·가스 및 수도사업
> 3. 우편업
> 4. 공중전화 서비스 제공 통신업
> ③ 사업자는 약관에 정하여져 있는 중요한 내용을 고객이 이해할 수 있도록 설명하여야 한다. 다만, 계약의 성질상 설명하는 것이 현저하게 곤란한 경우에는 그러하지 아니하다.
> ④ 사업자가 제2항 및 제3항을 위반하여 계약을 체결한 경우에는 해당 약관을 계약의 내용으로 주장할 수 없다.
> **약관의 규제에 관한 법률 시행령 제2조【약관의 비치】** 「약관의 규제에 관한 법률」 제3조 제2항 각 호에 해당하는 업종의 약관인 경우에도 사업자는 영업소에 해당 약관을 비치하여 고객이 볼 수 있도록 하여야 한다.

(1) 약관의 명시·설명의무

① 사업자는 계약을 체결할 때에는 고객에게 약관의 내용을 계약의 종류에 따라 일반적으로 예상되는 방법으로 분명하게 밝히고(약관규제법 제3조 제2항), 약관에 정하여져 있는 중요한 내용을 고객이 이해할 수 있도록 설명하여야 한다(동법 제3조 제3항).

> **판례**
>
> **보험자가 보험계약자의 대리인과 보험계약을 체결하는 경우, 보험약관에 관한 명시·설명의무의 상대방**
>
> 상법 제638조의3 제1항 및 약관의 규제에 관한 법률 제3조의 규정에 의하여 보험자는 보험계약을 체결할 때 보험계약자에게 보험약관에 기재되어 있는 보험상품의 내용, 보험료율의 체계, 보험청약서상 기재사항의 변동 및 보험자의 면책사유 등 보험계약의 중요한 내용에 대하여 구체적이고 상세한 명시·설명의무를 지고 있다고 할 것이어서, 만일 보험자가 이러한 보험약관의 명시·설명의무에 위반하여 보험계약을 체결한 때에는 그 약관의 내용을 보험계약의 내용으로 주장할 수 없다. 그 설명의무의 상대방은 반드시 보험계약자 본인에 국한되는 것이 아니라, 보험자가 보험계약자의 대리인과 보험계약을 체결할 경우에는 그 대리인에게 보험약관을 설명함으로써 족하다(대판 2001. 7. 27, 2001다23973).

② 설명의무의 대상이 되는 '중요한 내용'이라 함은 사회통념에 비추어 고객이 계약체결의 여부나 대가를 결정하는 데 직접적인 영향을 미칠 수 있는 사항을 말하고, 약관조항 중에서 무엇이 중요한 내용에 해당하는지에 관하여는 일률적으로 말할 수 없으며, 구체적인 사건에서 개별적 사정을 고려하여 판단하여야 한다. 또한 판례는, 사업자에게 약관의 설명의무가 인정되는 것은 고객이 알지 못하는 가운데 약관에 정하여진 중요한 사항이 계약내용으로 되어 고객이 예측하지 못한 불이익을 받는 것을 피하자는 데 그 취지가 있다는 것을 토대로, 다음의 경우에는 그것이 비록 약관의 중요한 내용을 이룬다고 하더라도 설명의무의 대상이 아닌 것으로 본다.

> **판례**
>
> **법령에 규정되어 있는 사항이 약관의 중요한 내용인 경우**
>
> 사업자에게 약관의 명시·설명의무가 인정되는 것은 상대방인 고객이 알 수 없는 가운데 약관에 정하여진 중요한 사항이 계약내용으로 되어 고객이 예상하지 못한 불이익을 받게 되는 것을 피하고자 하는 데에 그 취지가 있다고 할 것이므로, 당해 거래계약에 당연히 적용되는 법령에 규정되어 있는 사항은 그것이 약관의 중요한 내용에 해당한다고 하더라도 특별한 사정이 없는 한 사업자가 이를 따로 명시·설명할 의무는 없다(대판 1999. 9. 7, 98다19240).
>
> **보험계약자가 보험약관의 내용을 충분히 잘 알고 있는 경우**
>
> 보험약관의 중요한 내용에 해당하는 사항이라고 하더라도 보험계약자나 그 대리인이 그 내용을 충분히 잘 알고 있는 경우에는 당해 약관이 바로 계약내용이 되어 당사자에 대하여 구속력을 갖는 것이므로, 보험자로서는 보험계약자 또는 그 대리인에게 약관의 내용을 따로 설명할 필요가 없다고 볼 것인바, 이 경우 보험계약자나 그 대리인이 약관의 내용을 충분히 잘 알고 있다는 점은 이를 주장하는 보험자측에서 입증하여야 할 것이다(대판 2005. 8. 25, 2004다18903).
>
> **보험약관의 기재사항이 거래상 일반적이고 공통된 것이어서 보험계약자가 별도의 설명 없이도 충분히 예상할 수 있는 것이거나 이미 법령에 의하여 정하여진 것을 되풀이하거나 부연하는 정도에 불과한 경우**
>
> 약관에 정하여진 사항이라고 하더라도 거래상 일반적이고 공통된 것이어서 보험계약자가 별도의 설명 없이도 충분히 예상할 수 있었던 사항이거나, 이미 법령에 의하여 정하여진 것을 되풀이하거나 부연

하는 정도에 불과한 사항이라면, 그러한 사항에 관하여까지 보험자에게 명시·설명의무가 있다고는 할 수 없다(대판 2007. 4. 27, 2006다87453).

보험사고의 내용이나 범위를 정한 보험약관이라고 하더라도 이에 대한 명시·설명의무의 이행 여부가 보험계약의 체결 여부에 영향을 미치지 않는 경우

어떤 보험계약의 당사자 사이에서 약관의 명시·설명의무가 제대로 이행되었더라도 그러한 사정이 그 보험계약의 체결 여부에 영향을 미치지 아니하였다고 볼 만한 특별한 사정이 인정된다면, 비록 보험사고의 내용이나 범위를 정한 보험약관이라고 하더라도 이러한 명시·설명의무의 대상이 되는 보험계약의 중요한 내용으로 볼 수 없다(대판 2005. 10. 7, 2005다28808).

(2) 약관의 명시·설명의무 위반의 효과

① 사업자가 명시·설명의무를 위반하여 계약을 체결한 경우에는 사업자는 해당 약관을 계약의 내용으로 주장할 수 없다(약관규제법 제3조 제4항).

② 그러나 고객은 사업자가 명시·설명을 하지 않았다고 하더라도 해당 약관을 계약의 내용으로 주장할 수 있다.

판례

예금채권은 금전채권의 일종으로서 일반거래상 자유롭게 양도될 필요성이 큰 재산이므로, 은행거래약관에서 예금채권에 관한 양도금지의 특약을 정하고 있는 경우, 이러한 특약은 예금주의 이해관계와 밀접하게 관련되어 있는 중요한 내용에 해당하므로, 은행으로서는 고객과 예금계약을 체결함에 있어서 이러한 약관의 내용에 대하여 구체적이고 상세한 명시·설명의무를 지게 되고, 만일 은행이 그 명시·설명의무에 위반하여 예금계약을 체결하였다면, 은행거래약관에 포함된 양도금지의 특약을 예금계약의 내용으로 주장할 수 없다(대판 1998. 11. 10, 98다20059).

03 약관의 해석원칙

약관규제법 제4조【개별 약정의 우선】 약관에서 정하고 있는 사항에 관하여 사업자와 고객이 약관의 내용과 다르게 합의한 사항이 있을 때에는 그 합의 사항은 약관보다 우선한다.

제5조【약관의 해석】 ① 약관은 신의성실의 원칙에 따라 공정하게 해석되어야 하며 고객에 따라 다르게 해석되어서는 아니 된다.
② 약관의 뜻이 명백하지 아니한 경우에는 고객에게 유리하게 해석되어야 한다.

1. 신의칙에 따른 공정해석의 원칙

약관은 신의성실의 원칙에 따라 공정하게 해석되어야 한다(약관규제법 제5조 제1항 전단).

2. 객관적(통일적) 해석의 원칙

약관은 고객에 따라 다르게 해석되어서는 안 된다(약관규제법 제5조 제1항 후단). 약관은 개별약정과는 달리 불특정 다수인을 위해 이용되는 것이므로, 모든 고객에게 객관적으로 동일하게 해석됨으로써 차별적 취급이 방지되어야 한다.

3. 불명확조항의 해석(작성자 불리의 원칙, 고객유리의 원칙)

약관의 뜻이 명백하지 아니한 경우에는 고객에게 유리하게 해석되어야 한다(약관규제법 제5조 제2항). 명확하지 않은 조항을 만드는 데 원인을 준 자가 위험을 부담하는 것이 공평하기 때문이다.

4. 개별약정 우선의 원칙

약관에서 정하고 있는 사항에 관하여 사업자와 고객이 약관의 내용과 다르게 합의한 사항이 있을 때에는 그 합의 사항은 약관보다 우선한다.

04 약관의 내용통제

1. 불공정약관조항의 무효

> **약관규제법 제6조【일반원칙】** ① 신의성실의 원칙을 위반하여 공정성을 잃은 약관 조항은 무효이다.
> ② 약관의 내용 중 다음 각 호의 어느 하나에 해당하는 내용을 정하고 있는 조항은 공정성을 잃은 것으로 추정된다.
> 1. 고객에게 부당하게 불리한 조항
> 2. 고객이 계약의 거래형태 등 관련된 모든 사정에 비추어 예상하기 어려운 조항
> 3. 계약의 목적을 달성할 수 없을 정도로 계약에 따르는 본질적 권리를 제한하는 조항

약관규제법은 제6조 제1항에서 신의성실의 원칙을 위반하여 공정성을 잃은 약관조항은 무효라고 선언하고, 이에 따라 동법 제7조 내지 제14조에서 약관의 개별적 무효사유를 규정하고 있다.

2. 무효인 약관조항의 효력

> **약관규제법 제16조【일부 무효의 특칙】** 약관의 전부 또는 일부의 조항이 제3조 제4항에 따라 계약의 내용이 되지 못하는 경우나 제6조부터 제14조까지의 규정에 따라 무효인 경우 계약은 나머지 부분만으로 유효하게 존속한다. 다만, 유효한 부분만으로는 계약의 목적 달성이 불가능하거나 그 유효한 부분이 한쪽 당사자에게 부당하게 불리한 경우에는 그 계약은 무효로 한다.

약관규제법은 일부무효의 법리를 규정한 민법 제137조에 대한 특칙으로 제16조를 두고 있다. 따라서 약관의 일부가 무효인 경우에는 원칙적으로 계약은 나머지 부분만으로 유효하게 존속한다.

제4절 | 계약의 종류

01 전형계약 · 비전형계약

1. 의의

민법전에 규정되어 있는 15종의 계약을 전형계약(유명계약)이라고 하며, 민법전에 규정되어 있지 않은 기타의 계약(圆 출판계약 · 방송출연계약 등)을 비전형계약(무명계약)이라고 한다. 채권계약에 관한 민법의 규정들은 원칙적으로 임의규정에 불과하므로 계약당사자가 민법상 전형계약이 아닌 다른 내용의 계약을 체결하는 것은 물론 자유이다.

2. 혼합계약

비전형계약의 일종으로서 전형계약과 비전형계약(圆 손님으로부터 팁을 받을 수 있는 기회를 주는 대가로서 일정한 노무를 제공하는 경우), 전형계약과 전형계약(圆 가정교사로 일하면서 그 대가로서 방을 사용하는 경우는 고용과 임대차의 혼합계약)의 내용이 혼합되어 있는 계약유형이다.

02 쌍무계약 · 편무계약

1. 의의

쌍무계약이란 계약의 각 당사자가 서로 대가적 의미를 가지는 채무를 부담하는 계약(圆 매매 · 교환 · 임대차 · 고용 · 도급 · 조합 · 화해 · 유상소비대차 · 유상위임 · 유상임치)이고, 편무계약이란 일방만이 채무를 부담하거나 쌍방이 채무를 부담하더라도 채무가 서로 대가적 의미를 갖지 않는 계약(圆 증여 · 사용대차 · 현상광고 · 무상소비대차 · 무상위임 · 무상임치)이다.

2. 구별의 실익

쌍무계약에 있어서는 채무가 서로 대가적 의미를 가지고 의존관계에 있기 때문에 동시이행의 항변권(제536조) · 위험부담(제537조 · 제538조)의 문제가 생기나, 편무계약에서는 원칙적으로 이러한 문제들이 생길 수 없다.

03 유상계약·무상계약

1. 의의

유상계약이란 계약의 각 당사자가 서로 대가적 의미가 있는 재산상의 출연을 하는 계약(예 매매·교환·임대차·고용·도급·조합·화해·현상광고)이고, 무상계약이란 계약당사자의 일방만이 급부를 하든가 혹은 쌍방이 급부를 하더라도 그 급부 사이에 대가적 의미가 있는 의존관계가 없는 계약(예 증여·사용대차)을 말한다. 한편 소비대차·위임·임치·종신정기금은 당사자 사이의 약정에 의하여 유상계약이거나 무상계약이 된다. 부담부 증여에 있어서는 증여자·수증자 모두 급부를 하여야 하나, 그들 급부 사이에는 대가적 의존관계를 인정할 수 없기 때문에 무상계약이다. 현상광고는 편무계약이지만 유상계약에 속한다.

2. 구별의 실익

원칙적으로 유상계약에는 매매에 관한 규정이 준용된다(제567조).

04 낙성계약·요물계약

1. 의의

당사자의 합의만으로 성립하는 계약이 낙성계약이고, 합의 이외에 일방이 물건의 인도 기타 급부를 하여야 성립하는 계약이 요물계약이다.

2. 요물계약에 해당하는 경우

통설·판례에 의하면 현상광고, 대물변제, 계약금계약, 보증금계약(다수설), 예금계약은 요물계약에 해당한다.

05 계속적 계약·일시적 계약

1. 의의

계속적 계약이란 계약상 채무의 내용인 급부의 실현이 시간적 계속성을 가지는 계약(예 소비대차·사용대차·임대차·고용·위임·임치·조합·종신정기금)이고, 일시적 계약이란 급부가 일 시점에서 실현되는 계약(예 매매·증여·교환·도급 등)을 말한다. 즉 일시적 계약에 있어서는 급부의 실현이 "어떤 시점"에서 행하여지는 데 반해, 계속적 계약관계에서는 급부의 실현이 "어떤 기간 동안" 계속해서 행하여지는 것이다.

2. 계속적 계약의 특질

(1) 민법은 계약의 해지와 해제를 구별하는데(제543조 이하), 계약의 해지는 계속적 계약을 대상으로 하는 것인 데 비해, 계약의 해제는 일시적 계약을 대상으로 하는 것이며, 그 효과를 달리한다.

(2) 계속적 계약에서 기간의 정함이 없는 경우에는 계약 당사자의 자유를 구속할 우려가 있는 점에서, 당사자가 언제든지 계약을 해지할 수 있는 자유가 보장되고, 이 경우 해지 후 일정한 기간이 경과하면 그 효력이 생기는 것으로 정한다(제635조·제660조·제689조).

(3) 계속적 채권관계는 당사자의 상호신뢰성이 특히 강하게 요구된다. 따라서 당사자에 관한 착오는 법률행위의 중요부분의 착오가 되고(제109조), 임차권의 양도·전대에는 임대인의 동의를 요하며(제629조), 수임인의 사망 등은 위임의 종료원인이 되고(제690조), 조합원의 사망 등이 탈퇴의 사유가 되는 것(제717조) 등은 모두 계속적 채권관계의 이러한 특질에서 유래하는 것이다.

(4) 계속적 채권관계는 상당히 장기간에 걸치기 때문에 계약기간 중 경제적 사정의 큰 변동과 같은 사태가 일어나는 경우에는 처음의 계약내용을 그대로 이행케 하는 것이 부당하게 되는 수가 있으므로 사정변경의 원칙을 고려하게 된다(제627조·제628조).

06 예약·본계약

장래 일정한 계약을 체결할 것을 미리 약정하는 계약이 예약이고, 이 예약에 의해 장차 맺어질 계약을 본계약이라고 한다. 이러한 예약은 본계약을 체결하여야 할 채무를 발생케 하는 계약이므로, 그 자체는 언제나 채권계약이 된다. 그러나 그에 의해 장차 체결될 본계약은 반드시 채권계약에 한하지 않고, 물권계약(예 저당권설정계약)이나 가족법상의 계약(예 혼인)일 수도 있다.

제5절 계약의 성립

⑴ 서설

1. 계약의 성립요건으로서의 합의

(1) 합의의 의의

① 계약이 성립하려면 당사자의 서로 대립하는 수개의 의사표시의 합치, 즉 합의가 있어야 한다. 이 합의가 성립하기 위해서는 의사표시의 객관적 합치와 주관적 합치가 요구된다.

② 당사자의 의사표시가 내용에서 서로 일치하는 것이 객관적 합치이다. 예컨대 甲이 그의 스마트폰을 10만 원에 팔겠다는 의사표시에 대해서 乙이 그 스마트폰을 10만 원으로 사겠다는 의사표시를 하였다면, 이들 의사표시는 객관적 합치가 있는 것이다.

> **판례**
>
> 계약이 성립하기 위하여는 당사자 사이에 의사의 합치가 있을 것이 요구되고, 이러한 의사의 합치는 당해 계약의 내용을 이루는 모든 사항에 관하여 있어야 하는 것은 아니나, 그 본질적 사항이나 중요 사항에 관하여는 구체적으로 의사의 합치가 있거나 적어도 장래 구체적으로 특정할 수 있는 기준과 방법 등에 관한 합의는 있어야 하며, 한편 당사자가 의사의 합치가 이루어져야 한다고 표시한 사항에 대하여 합의가 이루어지지 아니한 경우에는 특별한 사정이 없는 한 계약은 성립하지 아니한다(대판 2001. 3. 23, 2000다51650).

③ 주관적 합치란 당사자의 의사표시가 서로 상대방에 대한 것이어서 상대방이 누구이냐에 관하여 잘못이 없는 것이다. 예컨대 甲의 乙에 대한 청약에 대하여 제3자 丙이 승낙을 한 경우는 주관적 합치가 없으므로 계약은 성립하지 않는다.

(2) 불합의

1) 의식적 불합의와 무의식적 불합의

객관적·주관적 합치가 없으면 계약은 성립하지 않는다. 이를 불합의라고 하는데, 여기에는 의식적 불합의와 무의식적 불합의(숨은 불합의)가 있다. 의식적 불합의는 예컨대 어떤 청약에 대해 조건을 붙이거나 변경을 가하여 승낙을 하는 것처럼 당사자가 의식적으로 불일치를 초래하는 경우이다. 이에 대해 무의식적 불합의는 사실상 어떤 점에 대해 불일치가 있는데 이를 당사자가 모르는 경우이다. 어느 것이든 합의가 없는 점에서 계약은 성립하지 않는다.

2) 무의식적 불합의와 착오

무의식적 불합의(숨은 불합의)는 청약을 받은 자가 청약의 의미를 오해하여 그 청약과 일치하지 않는 승낙을 하거나, 또는 애매한 뜻을 가지는 점에 관하여 당사자가 그 뜻을 명백히 하지 않고 의사표시를 한 경우에 일어난다. 이것은 결국 규범적 해석에 의해서도 합의가 있는 것으로 볼 수 없는 경우를 말하는 것이다. 예컨대 캐나다인과 미국인 간의 토지매매계약에 있어 매매대금을 캐나다인은 캐나다달러로 생각하고 미국인은 미국달러로 생각하여 계약을 체결한 경우를 말한다. 이처럼 대립하는 두 개의 의사표시 사이에 틈이 생겨 어긋나는 경우에는, 그 사실을 당사자가 알지 못하였더라도 계약은 합의가 없으므로 성립조차 않는다. 따라서 취소할 여지도 없다. 이에 대해 착오는 하나의 의사표시에서 의사와 표시가 일치하지 않는 것을 표의자가 모르는 경우이다. 규범적 해석을 통해 합의가 있는 것으로 평가될 때에는 계약은 일단 성립하지만, 그것이 당사자의 의사와 일치하느냐 하는 것은 별개의 문제이다. 즉 착오가 있는 때에는 일정한 요건을 전제로 하여 이를 취소할 수 있다(제109조 제1항). 그러나 취소하기까지는 그 계약은 효력을 가지는 점에서, 계약이 성립하지 않아 효력이 생길 여지가 아예 없는 불합의와는 다르다.

2. 계약성립의 모습

민법은 계약의 공통된 성립요건으로서의 합의에 기초하여, 그 성립의 모습으로서 청약과 승낙에 의한 계약성립(제527조 이하)·교차청약에 의한 계약성립(제533조)·의사실현에 의한 계약성립(제532조)의 세 가지를 규정한다.

02 청약과 승낙에 의한 계약성립

1. 청약

(1) 청약의 의의

청약은 상대방의 승낙과 결합하여 일정한 계약을 성립시킬 것을 목적으로 하는 일방적·확정적 의사표시이다. 청약은 하나의 의사표시이나, 청약만으로 계약이 성립하지는 않으므로 법률행위는 아니며 법률사실에 불과하다.

(2) 청약의 요건

1) 청약의 당사자

청약은 장차 계약의 당사자가 될 특정인에 의하여 행하여져야 함은 물론이나, 청약자가 누구이냐가 그 청약의 의사표시 속에 명시적으로 표시되어야 하는 것은 아니다. 청약의 상대방은 특정인이 아니더라도 상관없다. 불특정 다수인에 대한 청약(예 자동판매기의 설치)도 유효하다.

2) 확정적 의사표시

청약의 의사표시는 상대방의 수령을 요하는 의사표시로서, 상대방의 승낙만 있으면 계약을 성립시키겠다는 확정적 의사표시이어야 한다.

판례

계약이 성립하기 위한 법률요건인 청약은 그에 응하는 승낙만 있으면 곧 계약이 성립하는 구체적·확정적 의사표시여야 하므로, 청약은 계약 내용을 결정할 수 있을 정도의 사항을 포함시키는 것이 필요하다(대판 2005. 12. 8, 2003다41463).

3) 청약의 유인

청약의 유인이란 타인을 꾀어내어 자기에게 청약을 하게 하려는 행위(예 구인광고·물품판매광고·상품목록의 배부·기차의 시간표 게시 등)를 말한다. 즉 계약의 체결을 수용할 의사가 있음을 표시하여 타인으로 하여금 청약을 해 올 것을 촉구하는 행위이다. 청약과 청약의 유인은 확정적 구속의사가 있는지의 여부에 따라 구별된다.

판례

1. 청약은 이에 대응하는 상대방의 승낙과 결합하여 일정한 내용의 계약을 성립시킬 것을 목적으로 하는 확정적인 의사표시인 반면 청약의 유인은 이와 달리 합의를 구성하는 의사표시가 되지 못하므로 피유인자가 그에 대응하여 의사표시를 하더라도 계약은 성립하지 않고 다시 유인한 자가 승낙의 의사표시를 함으로써 비로소 계약이 성립하는 것으로서 서로 구분되는 것이다. 그리고 위와 같은 구분 기준에 따르자면, 상가나 아파트의 분양광고의 내용은 청약의 유인으로서의 성질을 갖는 데 불과한 것이 일반적이라 할 수 있다. 그런데 선분양·후시공의 방식으로 분양되는 대규모 아파트단지의 거래 사례에 있어서 분양계약서에는 동·호수·평형·입주예정일·대금지급방법과 시기 정도만이 기재되어 있고 분양계약의 목적물인 아파트 및 그 부대시설의 외형·재질·구조 및 실내장식 등에 관하여 구체적인 내용이 기재되어 있지 아니한 경우가 있는바, 분양계약의 목적물인 아파트에 관한 외형·재질 등이 제대로 특정되지 아니한 상태에서 체결된 분양계약은 그 자체로서 완결된 것이라고 보기 어렵다 할 것이므로, 비록 분양광고의 내용, 모델하우스의 조건 또는 그 무렵 분양회사가 수분양자에게 행한 설명 등이 비록 청약의 유인에 불과하다 할지라도 그러한 광고 내용이나 조건 또는 설명 중 구체적 거래조건, 즉 아파트의 외형·재질 등에 관한 것으로서 사회통념에 비추어 수분양자가 분양자에게 계약 내용으로서 이행을 청구할 수 있다고 보이는 사항에 관한 한 수분양자들은 이를 신뢰하고 분양계약을 체결하는 것이고 분양자들도 이를 알고 있었다고 보아야 할 것이므로, 분양계약 시에 달리 이의를 유보하였다는 등의 특단의 사정이 없는 한, 분양자와 수분양자 사이에 이를 분양계약의 내용으로 하기로 하는 묵시적 합의가 있었다고 봄이 상당하다(대판 2007. 6. 1, 2005다5812·5829·5836).

2. 광고는 일반적으로 청약의 유인에 불과하지만 내용이 명확하고 확정적이며 광고주가 광고의 내용대로 계약에 구속되려는 의사가 명백한 경우에는 이를 청약으로 볼 수 있다. 나아가 광고가 청약의 유인에 불과하더라도 이후의 거래과정에서 상대방이 광고의 내용을 전제로 청약을 하고 광고주가 이를 승낙하여 계약이 체결된 경우에는 광고의 내용이 계약의 내용으로 된다. 피고는 전자상거래 사이트를 통하여 적극적으로 이 사건 리조트에서 승마체험이 가능하고 이 사건 리조트 숙박권에는 숙박이용자 1인의 무료 승마체험 서비스가 포함되어 있다고 표시·광고하면서 숙박권을 판매하였고, 원고도 그 내용이 포함된

숙박권을 구매하였다고 볼 수 있다. 따라서 이 사건 계약에는 피고가 원고에게 숙박을 위한 이 사건 리조트 객실을 제공하는 것 외에도 이 사건 리조트에 머무는 동안 숙박이용자 1인에 대한 무료 승마체험 서비스를 제공하는 것 역시 계약의 내용으로 되어 있다고 보아야 한다(대판 2018. 2. 13, 2017다275447).

(3) 청약의 효력

1) 청약의 효력발생시기

청약도 의사표시이므로, 원칙적으로 의사표시의 효력발생에 관한 일반원칙에 따라 상대방에게 도달한 때에 효력을 발생한다(제111조 제1항).

2) 청약의 구속력(비철회성 · 형식적 효력)

> **제527조【계약의 청약의 구속력】** 계약의 청약은 이를 철회하지 못한다.

① **의의**: 청약이 효력을 발생한 때에는 청약자가 임의로 이를 철회하지 못하는바(제527조), 이를 청약의 구속력이라 한다. 다만 특정인에게 청약이 도달하기 전에는 청약은 아무런 효력을 가지지 않으므로 청약자는 자유로이 철회할 수 있다.

② **구속력의 존속기간**

　㉠ 승낙기간을 정하여 청약을 한 경우: 청약자는 그 기간 내에는 철회하지 못한다. 승낙기간이 지나가면 청약은 그 효력(승낙적격)을 잃게 되므로 철회의 문제도 생기지 않는다(제528조 제1항).

　㉡ 승낙기간을 정하지 않고서 청약을 한 경우: 청약자는 상당한 기간 내에는 철회하지 못한다. 상당한 기간이 지나가면 청약은 그 효력을 잃게 되므로 역시 철회의 문제는 생기지 않는다(제529조).

③ **청약의 구속력이 배제되는 경우**: 제527조는 임의규정이므로 당사자는 원칙적으로 철회권을 유보할 수 있다. 따라서 청약자가 언제 철회할지도 모른다는 뜻을 미리 청약에 덧붙여서 표시해 둔 경우에는 청약은 처음부터 구속력이 없다.

3) 승낙적격(청약의 존속기간 · 실질적 효력)

① **의의**: 청약이 도달하면 상대방은 그에 대하여 승낙함으로써 곧 계약을 성립시킬 수 있으므로, 청약은 그것에 대한 승낙만 있으면 계약을 성립시키는 효력, 즉 승낙을 받을 수 있는 효력을 가지는바, 이를 청약의 실질적 효력이라고 한다. 승낙은 청약이 효력을 발생한 때로부터 그것이 소멸할 때까지의 사이에 하여야만 계약을 성립시킬 수 있으므로, 승낙적격은 결국 청약의 존속기간이라는 결과가 된다. 즉 '청약의 구속력 = 청약의 존속기간 = 승낙적격 = 승낙기간'의 관계를 이룬다.

② 승낙기간을 정한 청약

> **제528조【승낙기간을 정한 계약의 청약】** ① 승낙의 기간을 정한 계약의 청약은 청약자가 그 기간 내에 승낙의 통지를 받지 못한 때에는 그 효력을 잃는다.
> ② 승낙의 통지가 전항의 기간 후에 도달한 경우에 보통 그 기간 내에 도달할 수 있는 발송인 때에는 청약자는 지체 없이 상대방에게 그 연착의 통지를 하여야 한다. 그러나 그 도달 전에 지연의 통지를 발송한 때에는 그러하지 아니하다.
> ③ 청약자가 전항의 통지를 하지 아니한 때에는 승낙의 통지는 연착되지 아니한 것으로 본다.

ⓐ 원칙 : 승낙의 기간을 정한 계약의 청약은 그 승낙기간 내에 한하여 승낙할 수 있다. 승낙기간이 지나가면 승낙적격을 잃게 된다(제528조 제1항). 그러므로 승낙의 통지가 기간 내에 도달할 수 있도록 발송된 것이었더라도, 기간이 지나간 후에 청약자에게 도달하였다면 계약은 성립하지 못한다.

ⓑ 예외 : 그러나 보통의 경우라면 승낙기간 내에 청약자에게 도달할 수 있도록 발송된 승낙통지가 도중에 어떤 사고가 생겨 실제로는 승낙기간이 지난 후에 도달한 때에는, 청약자는 지체 없이 상대방에 대하여 연착의 통지를 하여야 할 책무가 있다(제528조 제2항 본문). 만일에 청약자가 연착의 통지를 하지 않은 때에는 승낙의 통지는 연착하지 않은 것으로 보게 되므로(제528조 제3항), 계약은 성립한 것이 된다. 청약자의 연착통지는 의무는 아니면서도 이를 위반한 때에는 계약이 성립한 것으로 되는 불이익을 입는 점에서, 그 성질은 책무라고 본다(통설).

③ 승낙기간을 정하지 않은 청약

> **제529조【승낙기간을 정하지 아니한 계약의 청약】** 승낙의 기간을 정하지 아니한 계약의 청약은 청약자가 상당한 기간 내에 승낙의 통지를 받지 못한 때에는 그 효력을 잃는다.

청약자가 승낙기간을 정하지 않았다고 하여 청약의 효력을 무한정 지속시킬 수는 없는 점에서, 본조는 상당한 기간 내에 승낙의 통지가 도달하지 않으면 청약은 그 효력을 잃는 것, 즉 계약이 성립하지 않는 것으로 정한다. 여기서 상당한 기간이란 계약을 성립시키는 데 통상 소요되는 기간으로서, 구체적인 사안에 따라 여러 사정을 종합하여 개별적으로 정할 수밖에 없다.

4) 청약수령자

① **지위** : 청약수령자는 승낙을 함으로써 계약을 성립시키는 법률상의 지위를 가진다. 이 법률상의 지위는 하나의 권리로 볼 수도 있으므로, 청약수령자의 권리는 형성권적 성질을 갖는다고 할 수 있다.

② **승낙의무 여부** : 청약은 청약자의 일방적 의사표시에 지나지 않으므로 청약수령자는 청약을 받았다는 사실로부터 아무런 법적 의무를 부담하지 않는다. 즉, 청약수령자는 승낙 여부를 자유로이 결정할 수 있고, 승낙의무를 부담하는 것은 아니다. 따라서 청약수령자는 승낙의

여부에 대하여 회답을 할 의무를 지지 않는다. 청약자가 청약을 하면서 청약에 대한 회답이 없으면 승낙한 것으로 간주하겠다고 한 경우에도, 그 회답이 없다고 하여 승낙한 것으로 되지 않는다. 침묵은 원칙적으로 의사표시가 아니며 또 청약수령자에게 회답의무가 없기 때문이다. 물건을 보내면서 반송을 하지 않는 때에는 승낙한 것으로 간주하겠다고 한 경우에도 마찬가지이다.

> **판례**
>
> 청약이 상시거래관계에 있는 자 사이에 그 영업부류에 속한 계약에 관하여 이루어진 것이어서 상법 제53조가 적용될 수 있는 경우가 아니라면, 청약의 상대방에게 청약을 받아들일 것인지 여부에 관하여 회답할 의무가 있는 것은 아니므로, 청약자가 미리 정한 기간 내에 이의를 하지 아니하면 승낙한 것으로 간주한다는 뜻을 청약 시 표시하였다고 하더라도 이는 상대방을 구속하지 아니하고 그 기간은 경우에 따라 단지 승낙기간을 정하는 의미를 가질 수 있을 뿐이다(대판 1999. 1. 29, 98다48903).

2. 승낙

(1) 승낙의 의의

승낙은 청약의 상대방이 청약에 의하여 계약을 성립시킬 목적으로 청약자에 대하여 행하는 의사표시이다. 승낙은 하나의 의사표시이나, 청약 없는 승낙만으로는 계약이 성립하지 않으므로 법률행위는 아니며, 법률사실에 불과하다.

(2) 승낙의 요건

1) 주관적 합치(승낙의 상대방)

승낙은 특정의 청약에 대하여 행하여지는 것이다. 따라서 승낙은 청약과 달리 불특정 다수인에 대한 승낙은 있을 수 없다. 즉, 승낙은 특정의 청약자에 대하여 청약의 상대방이 계약을 성립시킬 의사를 가지고 행하여야 한다.

2) 객관적 합치(청약의 내용과 일치)

① **청약수령자가 청약을 거절한 경우** : 청약의 수령자가 청약자에 대하여 승낙하지 않는다는 뜻을 적극적으로 표시한 때, 즉 청약을 거절한 때에는 비록 그 거절이 승낙기간 내에 있었다고 하더라도, 그 청약이 승낙적격을 잃게 된다.

② **변경을 가한 승낙**

> **제534조【변경을 가한 승낙】** 승낙자가 청약에 대하여 조건을 붙이거나 변경을 가하여 승낙한 때에는 그 청약의 거절과 동시에 새로 청약한 것으로 본다.

만약 청약수령자가 청약을 변경해서 승낙을 한 데 대하여 처음의 청약자가 승낙을 하지 않는 경우에, 다시 청약수령자가 마음을 돌려 처음의 청약을 수락하여도, 그것만으로는 계약이 성립하지 않는다.

3) 청약의 승낙적격의 존속 중의 승낙일 것(= 승낙기간)

승낙은 청약이 효력을 가지는 기간 내, 즉 청약의 승낙적격의 존속 중에 하여야 한다.

4) 연착된 승낙

> **제530조 【연착된 승낙의 효력】** 전2조의 경우에 연착된 승낙은 청약자가 이를 새 청약으로 볼 수 있다.

승낙기간이 지난 후에 도달한 승낙은 계약을 성립시키는 효력을 갖지 않으나, 청약자가 이를 새로운 청약으로 보아서 이에 대하여 승낙을 할 수가 있다(제530조).

(3) 승낙의 효력발생시기(계약의 성립시기)

1) 의의

청약에 대해 승낙을 함으로써 계약은 성립한다. 즉 승낙은 청약과 합치함으로써 계약을 성립케 하는 효력을 가지고 있다. 따라서 승낙의 효력발생시기는 결국 계약의 성립시기의 문제이다.

2) 격지자간의 경우

> **제531조 【격지자간의 계약성립시기】** 격지자간의 계약은 승낙의 통지를 발송한 때에 성립한다.

① **문제의 소재** : 승낙은 상대방 있는 의사표시로서 그 통지가 청약자에게 도달한 때에 효력이 생기는 것이 원칙이고(제111조 제1항), 따라서 제528조 제1항과 제529조도 도달주의를 취하고 있다. 그런데 민법 제531조는 격지자간의 계약은 승낙의 통지를 발송한 때에 성립한다고 정하여, 격지자간의 계약성립시기에 관해서 발신주의를 취하고 있다. 즉 제531조에 의하면 격지자간의 계약은 승낙의 통지를 발송한 때에 성립하나 제528조 제1항과 제529조에 의하면 승낙이 승낙기간 내에 도달하지 않은 경우에는 계약은 성립하지 않는다. 따라서 양자의 관계에 대한 해석상 문제가 제기된다.

② **학설의 대립** : 승낙의 통지가 도달하는 것을 정지조건으로 하여 승낙의 통지를 발송한 때에 소급하여 계약이 성립한다고 보는 정지조건설과 승낙의 통지를 발송한 때에 계약은 성립하지만, 그 통지가 일정기간 내에 도달하지 않은 경우에는 계약은 소급하여 성립하지 않게 된다는 해제조건설(통설)이 대립한다. 정지조건설의 경우에 계약의 성립을 주장하려면 승낙자가 승낙이 청약자에게 도달하였음을 입증하여야 하고, 승낙의 통지를 발송한 후라도 도달 전에는 그 승낙을 철회할 수 있게 된다. 반면에 해제조건설의 경우에는 승낙자는 승낙의 통지를 발송한 사실만을 입증하면 족하고 오히려 청약자가 승낙기간 내의 부도달을 입증해야 하며, 승낙의 통지를 발송한 때에 계약이 성립하므로 승낙의 통지를 발송한 이후에는 승낙자는 그 승낙을 철회할 수 없게 되는 차이점이 있다.

3) 대화자간의 경우

대화자간의 계약의 성립시기에 관해서는 따로 규정하고 있지 않으므로, 도달주의의 원칙에 따라 승낙의 통지가 청약자에게 도달한 때에 계약이 성립한다고 해석한다.

3. 계약의 경쟁체결

(1) 의의

청약과 승낙에 의한 계약성립의 특수한 것으로서 계약의 경쟁체결이 있다. 계약의 경쟁체결이라 함은 계약의 내용에 관하여 다수인으로 하여금 경쟁하게 하여 그 가운데 가장 유리한 내용을 표시하는 자와 계약을 체결하는 것이다. 계약의 경쟁체결에는 두 가지 모습이 있다. 하나는 각 경쟁자가 다른 경쟁자가 표시한 내용을 알 수 있는 경우로서, 일정한 내용을 표시한 자라도 다른 경쟁자가 표시한 내용을 보고 다시 그보다 더 유리한 내용을 표시할 기회를 갖는 것으로서, 경매가 이에 속한다. 다른 하나는 경쟁자가 다른 경쟁자가 표시한 내용을 알 수 없는 경우로서, 보통 서면의 방식을 취하는 입찰이 이에 속한다.

(2) 경매

1) 의의

경매에는 국가기관이 법률에 의해 행하는 경매와 사인 사이에서 행하여지는 경매가 있다. 전자는 민사집행법에 의해 규율되므로, 여기서는 사경매만을 다룬다. 사경매에는 값을 올려가는 경매와 값을 내려가는 경매가 있다.

2) 값을 올려가는 경매

① 먼저 경매자가 일정한 최저가격을 제시하지 않고 경매에 응한 자들로부터 고가의 매수표시를 기다리는 경우를 살펴보면, 경매에 붙인다는 표시는 청약의 유인이고 경매에 응한 자의 일정한 가격의 표시가 청약이므로 경매자는 최고가격의 표시에 대해서도 승낙의 자유를 가진다.

② 반면에 경매자가 최저가격을 제시한 경우에는, 경매자가 그 최저가격 이상이면 판다는 확정적 의사를 표시한 것으로 보아야 하므로 경매에 붙인다는 표시가 청약이고, 최고가격의 제시가 승낙이 된다.

3) 값을 내려가는 경매

값을 내려가는 경매는 경매자가 일정한 가격을 제시하고 이를 수락하는 자가 없으면 값을 내려가는 방식인데, 이 경우에는 경매자가 일정한 가격을 제시한 것이 청약이 되고, 수락이 승낙이 된다.

(3) 입찰

입찰에 붙이는 자의 입찰에 붙인다는 표시, 즉 입찰공고는 원칙적으로 청약의 유인이다(통설). 다만 일정한 가격을 제시하고 입찰에 참가하는 자의 자격을 제한하는 등의 계약조건을 구체적으로 표시한 때에는 입찰공고가 청약으로 인정되는 수도 있다.

03 의사실현에 의한 계약성립

> **제532조【의사실현에 의한 계약성립】** 청약자의 의사표시나 관습에 의하여 승낙의 통지가 필요하지 아니한 경우에는 계약은 승낙의 의사표시로 인정되는 사실이 있는 때에 성립한다.

1. 의의

청약자의 의사표시나 관습에 의해 '승낙의 통지가 필요하지 않은 경우'에는 '승낙의 의사표시로 인정되는 사실'이 있는 때에 계약이 성립한다(제532조).

2. 계약의 성립시기

의사실현으로 계약이 성립하는 것은 의사실현의 사실이 발생한 때이며, 청약자가 그 사실을 안 때가 아니다. 예컨대 서점에서 신간서적을 보내오면 그중에서 필요한 책을 사기로 하고서 보내온 책에 이름을 적는 것, 청약한 목적물의 제작을 시작하는 것, 청약과 동시에 보내온 물건을 소비하거나 사용하는 것 등이다.

04 교차청약에 의한 계약성립

> **제533조【교차청약】** 당사자 간에 동일한 내용의 청약이 상호 교차된 경우에는 양 청약이 상대방에게 도달한 때에 계약이 성립한다.

1. 의의

교차청약이란 당사자들이 같은 내용을 가진 계약의 청약을 서로 행한 경우, 즉 각 당사자가 우연히 서로 교차해서 청약을 하였는데 그 청약의 내용이 완전히 일치하고 있는 경우를 말한다. 예컨대 甲이 乙에게 자전거를 10만 원에 팔겠다는 청약을 한 데 대하여 乙이 청약을 수령하기 전에 甲에게 그 자전거를 10만 원에 사겠다고 청약한 경우이다.

2. 계약의 성립시기

도달주의 원칙에 따라 양 청약이 상대방에게 도달한 때에 계약이 성립한다. 따라서 양 청약이 동시에 도달하지 않을 때에는, 나중에 상대방에게 도달한 청약이 도달하는 때에 계약은 성립한다.

05 계약체결상의 과실책임

1. 서설

(1) 의의

계약체결상의 과실책임이란 계약체결을 위한 준비단계 또는 계약의 성립과정에서 당사자의 일방이 그에게 책임 있는 사유로 상대방에게 손해를 끼친 경우에 이를 배상해야 할 책임을 말한다. 민법은 계약체결상의 과실의 유형 중 계약이 원시적 불능으로 무효인 경우에 관하여만 명문의 규정을 두고 있다.

(2) 법적 성질

불법행위책임설은 계약체결상의 과실책임은 계약관계가 없는 자들 사이의 관계를 다루는 것이므로 불법행위책임이라고 보는 반면에, 다수설인 채무불이행책임설은 계약상 의무로서의 신의칙상의 보호의무를 인정하고 이러한 보호의무위반으로 인한 손해배상책임이라고 본다.

2. 적용범위

(1) 계약체결을 위한 준비단계에서의 과실

계약체결을 위한 접촉이 계속되는 동안에 일방당사자의 과실로 상대방에게 손해를 준 경우에는 접촉의 결렬로 계약이 불성립으로 끝났다 하더라도 책임 있는 당사자는 신의칙상의 부수적 의무는 부담하는 것이므로 계약체결상의 과실책임을 져야 한다는 것이다.

> **판례**

계약교섭의 부당한 중도파기가 불법행위를 구성하는지 여부(적극)

어느 일방이 교섭단계에서 계약이 확실하게 체결되리라는 정당한 기대 내지 신뢰를 부여하여 상대방이 그 신뢰에 따라 행동하였음에도 상당한 이유 없이 계약의 체결을 거부하여 손해를 입혔다면 이는 신의성실의 원칙에 비추어 볼 때 계약자유원칙의 한계를 넘는 위법한 행위로서 불법행위를 구성한다.

계약교섭의 부당한 중도파기로 인한 손해배상책임의 범위(= 신뢰손해) 및 신뢰손해의 의미

계약교섭의 부당한 중도파기가 불법행위를 구성하는 경우 그러한 불법행위로 인한 손해는 일방이 신의에 반하여 상당한 이유 없이 계약교섭을 파기함으로써 계약체결을 신뢰한 상대방이 입게 된 상당인과관계 있는 손해로서 계약이 유효하게 체결된다고 믿었던 것에 의하여 입었던 손해, 즉 신뢰손해에 한정된다고 할 것이고, 이러한 신뢰손해란 예컨대, 그 계약의 성립을 기대하고 지출한 계약준비비용과 같이 그러한 신뢰가 없었더라면 통상 지출하지 아니하였을 비용상당의 손해라고 할 것이며, 아직 계약체결에 관한 확고한 신뢰가 부여되기 이전 상태에서 계약교섭의 당사자가 계약체결이 좌절되더라도 어쩔 수 없다고 생각하고 지출한 비용, 예컨대 경쟁입찰에 참가하기 위하여 지출한 제안서, 견적서 작성비용 등은 여기에 포함되지 아니한다.

계약교섭의 부당한 중도파기로 인하여 인격적 법익이 침해된 경우 그 정신적 고통에 대한 별도의 손해배상을 구할 수 있는지 여부(적극)

침해행위와 피해법익의 유형에 따라서는 계약교섭의 파기로 인한 불법행위가 인격적 법익을 침해함으로써 상대방에게 정신적 고통을 초래하였다고 인정되는 경우라면 그러한 정신적 고통에 대한 손해에 대하여는 별도로 배상을 구할 수 있다(대판 2003. 4. 11, 2001다53059).

(2) 계약이 유효한 경우

계약성립 전의 준비단계에서의 일방의 과실로 인하여 계약성립 후에 선의·무과실의 상대방에게 손해가 생긴 경우(예 고지의무·설명의무의 위반으로 인한 손해)에 계약체결상의 과실책임을 인정하자는 것이다.

(3) 계약이 무효이거나 취소된 경우

1) 원시적 불능의 경우

> **제535조【계약체결상의 과실】** ① 목적이 불능한 계약을 체결할 때에 그 불능을 알았거나 알 수 있었을 자는 상대방이 그 계약의 유효를 믿었음으로 인하여 받은 손해를 배상하여야 한다. 그러나 그 배상액은 계약이 유효함으로 인하여 생길 이익액을 넘지 못한다.
> ② 전항의 규정은 상대방이 그 불능을 알았거나 알 수 있었을 경우에는 적용하지 아니한다.

계약이 원시적·객관적·전부 불능으로 무효가 된 때에, 그 불능인 급부를 이행하였어야 할 당사자가 불능을 알았거나 알 수 있었으며 상대방은 선의·무과실이라면 과실 있는 당사자에게 계약체결상의 과실책임이 인정된다. 과실 있는 당사자는 상대방이 그 계약의 유효를 믿었음으로 인하여 받은 손해, 즉 신뢰이익을 배상하여야 한다. 다만 그 배상액은 계약이 유효함으로 인하여 상대방이 얻었을 이익, 즉 이행이익을 넘지 못한다.

2) 착오에 의한 취소

경과실의 착오자가 의사표시를 취소한 경우에 제535조를 유추적용하여 계약체결상의 과실책임을 인정하자는 학설(다수설)이 있다. 다만 판례는 전문건설공제조합이 계약보증서를 발급하면서 수급공사의 실제 도급금액을 확인하지 않은 과실이 있다고 하더라도 제109조가 중과실이 없는 착오자의 취소를 허용하고 있는 이상 위법하다고 볼 수 없다는 이유로 불법행위책임을 부정하였다.

제6절 | 계약의 효력

01 서설

1. 쌍무계약의 특질 : 채무의 견련성

쌍무계약은 각 당사자가 서로 대가적 의미를 갖는 채무를 부담할 것을 약정하는 계약이다. 그 결과 각 당사자는 상대방으로부터 반대급부를 받게 된다는 것을 전제로 하여 자신도 급부할 것을 약정하는 것이며, 쌍방 당사자의 채무는 서로 의존관계에 있다. 이러한 쌍무계약의 채무 상호 간의 의존관계를 채무의 견련성이라고 한다. 쌍무계약에 있어서 채무의 견련성은 구체적으로는 채무의 성립(발생)·이행·존속(소멸)의 세 가지 측면에서 나타난다.

2. 견련성의 구체적인 모습

(1) 성립상의 견련성

쌍무계약에 의해 발생할 일방의 채무가 원시적 불능이나 불법 등의 이유로 성립하지 않거나 또는 무효·취소된 때에는, 그것과 의존관계에 있는 상대방의 채무도 성립하지 않는다. 예컨대 이미 멸실한 건물의 매매계약에 있어서는 매도인의 소유권이전채무가 원시적 불능이므로 그에 대응하여 매수인의 대금지급채무도 성립하지 않게 된다. 민법은 이 점을 특별히 따로 규정하고 있지는 않지만, 쌍무계약의 특질상 당연한 것이다.

(2) 이행상의 견련성

쌍무계약에서 각 채무는 상호 의존관계에 있는 점에서, 자신의 채무를 먼저 이행하거나 또는 상대방의 채무가 먼저 이행될 것이 아니고, 원칙적으로 상환으로 이행하는 것이 공평하다. 민법은 이를 위해, 상대방이 채무의 이행을 청구하는 경우에 상대방이 그 채무이행을 제공할 때까지 자기의 채무이행을 거절할 수 있는 동시이행의 항변권을 인정한다(제536조).

(3) 존속상의 견련성

쌍무계약에 있어서 일방의 채무가 채무자에게 책임 없는 사유로 이행불능이 되어 소멸한 경우에 타방의 채무에 어떠한 영향을 미치느냐가 문제된다. 이 존속상의 견련성으로부터 위험부담의 문제가 생긴다.

⑩ 동시이행의 항변권

> **제536조【동시이행의 항변권】** ① 쌍무계약의 당사자 일방은 상대방이 그 채무이행을 제공할 때까지 자기의 채무이행을 거절할 수 있다. 그러나 상대방의 채무가 변제기에 있지 아니하는 때에는 그러하지 아니하다.
> ② 당사자 일방이 상대방에게 먼저 이행하여야 할 경우에 상대방의 이행이 곤란할 현저한 사유가 있는 때에는 전항 본문과 같다.

1. 서설

(1) 의의

동시이행의 항변권이란 쌍무계약에 있어서 당사자 일방이 상대방의 채무이행의 제공이 있을 때까지 자기채무의 이행을 거절할 수 있는 권리를 말한다. 이는 공평의 원칙에 입각하여 쌍무계약에서 생기는 대립하는 채무 사이에 이행상의 견련성을 인정하는 제도이다.

(2) 법적 성질

동시이행의 항변권은 상대방의 청구권을 영구적으로 저지시키는 영구적 항변권이 아니라, 채권자가 자신의 채무를 이행할 때까지 채무자가 채무이행을 거절할 수 있는 동안만 채권자의 청구의 효력을 저지하는 데 그치는 연기적 항변권이다.

2. 성립요건

(1) 서로 대가적 의미 있는 채무의 존재

1) 동일한 쌍무계약

원칙적으로 동일한 쌍무계약에 의하여 당사자 쌍방이 서로 대가적 의미 있는 채무를 부담하여야 한다. 따라서 쌍방이 채무를 부담하더라도 그 채무가 서로 대가적 의미를 가지지 않거나 서로 다른 법률상의 원인에 의해 발생한 경우에는 동시이행의 항변권이 인정되지 않음이 원칙이다.

> **판례**
>
> 임대차계약 해제에 따른 임차인의 임대차계약의 이행으로 이루어진 목적물인도의 원상회복의무와 임대인이 임차인에게 건물을 사용·수익하게 할 의무를 불이행한 데 대하여 손해배상을 하기로 한 각서에 기하여 발생된 약정지연손해배상의무는 하나의 임대차계약에서 이루어진 계약이행의 원상회복관계에 있지 않고 그 발생원인을 달리하고 있어 특별한 사정이 없는 한 양자 사이에 이행상의 견련관계는 없으므로 임차인의 동시이행의 항변은 배척되어야 한다(대판 1990. 12. 26, 90다카25383).

2) 부수적 의무의 경우

이행상의 견련성은 원칙적으로 주된 급부의무 사이에서만 인정되고, 부수적 의무의 경우에는 당사자가 특별히 그 이행을 반대급부의 조건으로 삼았다는 사정이 없는 한 인정되지 아니한다 (73다584).

3) 당사자 및 내용의 변경이 있는 경우

① **당사자의 변경** : 동시이행의 항변권이 인정되는 것은 쌍무계약을 체결한 당사자 사이에 한하는 것은 아니다. 따라서 채권양도·채무인수·상속·포괄유증 등으로 당사자가 변경되어도 채권·채무가 동일성을 유지하는 한 동시이행의 항변권은 존속한다. 그러나 일방의 채무가 채권자나 채무자를 변경하는 경개로 그 동일성을 상실하면 항변권도 소멸한다.

② **내용의 변경** : 일방의 채무가 채무자의 귀책사유로 인해 이행불능이 된 때에는 그 채무는 손해배상채무로 바뀌지만 여전히 그 동일성은 유지되므로 동시이행의 항변권도 존속한다 (97다30066). 또한 준소비대차에 의해서도 기존채무와 신채무 사이에 동일성이 유지되므로 동시이행의 항변권도 원칙적으로 존속한다(통설). 그러나 채무의 내용을 변경하는 경개로 인해 그 동일성을 상실하면 항변권도 소멸한다.

(2) (청구를 하는) 상대방의 채무가 변제기에 있을 것

1) 원칙

① 상대방의 채무가 변제기에 있지 않은 때에는 당사자 일방은 자기의 채무이행을 거절할 수 없다(제536조 제1항 단서). 한편 자기 채무가 변제기에 있지 않은 때에는 상대방이 청구를 할 수도 없어 동시이행의 항변권은 성립할 여지가 없다. 결국 동시이행의 항변권은 당사자 쌍방의 채무가 모두 변제기에 있는 경우에 성립한다.

② 쌍무계약에서 생기는 채무라고 해서 그 변제기가 언제나 같은 것은 아니며, 당사자 일방이 선이행의무를 지는 경우에는 동시이행의 항변권은 인정되지 않는다. 즉 법률의 규정(제633조·제665조·제686조 등)에 의하여 또는 특약(**예** 매매에서 매수인의 중도금 지급)으로 상대방보다 먼저 이행할 선이행의무를 부담하는 때에는 선이행의무자는 동시이행의 항변권을 가지지 않는다.

2) 예외

① **선이행의무의 불이행 중 상대방 채무의 변제기가 도래한 경우** : 선이행의무자가 이행하지 않고 있는 동안에 상대방의 채무의 변제기가 도래하면 상대방의 청구에 대하여 선이행의무자는 동시이행의 항변권을 행사할 수 있다. 동시이행의 항변권의 요건으로서의 변제기의 도래는 이 항변권을 행사하는 때를 표준으로 하는 것이고, 처음부터 쌍방의 채무의 변제기가 같아야 하는 것은 아니기 때문이다. 따라서 상대방이 선이행의무자에게 이행청구를 할 때에 그 상대방의 채무의 변제기도 도래해 있으면 이 항변권을 행사할 수 있는 것이다.

판례

1. 매수인이 선이행하여야 할 중도금지급을 하지 아니한 채 잔대금지급일을 경과한 경우에는 매수인의 중도금 및 이에 대한 지급일 다음 날부터 잔대금지급일까지의 지연손해금과 잔대금의 지급채무는 매도인의 소유권이전등기의무와 특별한 사정이 없는 한 동시이행관계에 있다(대판 1991. 3. 27, 90다19930).

2. 부동산매수인이 중도금을 지급하지 않고 있던 중 매도인의 그 소유권이전등기서류의 제공이 없이 잔대금지급기일이 도과된 경우에 매수인의 중도금의 미지급에 대한 지체책임의 발생여부
   매수인이 선이행의무 있는 중도금을 이행하지 않았다 하더라도 계약이 해제되지 않은 상태에서 잔대금지급기일이 도래하여 그때까지 중도금과 잔대금이 지급되지 아니하고 잔대금과 동시이행관계에 있는 매도인의 소유권이전등기소요서류가 제공된 바 없이 그 기일이 도과하였다면 매수인의 위 중도금 및 잔대금의 지급과 매도인의 소유권이전등기소요서류의 제공은 동시이행관계에 있다 할 것이어서 그때부터는 매수인은 위 중도금을 지급하지 아니한 데 대한 이행지체의 책임을 지지 아니한다(대판 1988. 9. 27, 87다카1029).

② 불안의 항변권

> **제536조【동시이행의 항변권】** ② 당사자 일방이 상대방에게 먼저 이행하여야 할 경우에 상대방의 이행이 곤란할 현저한 사유가 있는 때에는 전항 본문과 같다.

㉠ 당사자 일방이 상대방에게 먼저 이행하여야 할 경우에도 상대방의 이행이 곤란할 현저한 사유가 있는 때에는, 선이행의무자는 상대방이 채무이행을 제공할 때까지 자기의 채무이행을 거절할 수 있다(제536조 제2항).

㉡ 이러한 경우란 선이행채무를 지게 된 채권자가 계약성립 후 채무자의 신용불안이나 재산상태의 악화 등의 사정으로 반대급부를 이행받을 수 없는 사정변경이 생기고 이로 인하여 당초의 계약내용에 따른 선이행의무를 이행케 하는 것이 공평과 신의칙에 반하게 되는 경우를 말하는 것이다.

판례

1. 쌍무계약의 당사자 일방이 계약상 선이행의무를 부담하고 있는데, 그와 대가관계에 있는 상대방의 채무가 아직 이행기에 이르지 아니하였지만 이행기의 이행이 현저히 불투명하게 된 경우에는 민법 제536조 제2항 및 신의칙에 의하여 그 당사자에게 반대급부의 이행이 확실하여질 때까지 선이행의무의 이행을 거절할 수 있다(대판 2003. 5. 16, 2002다2423).

2. 아파트 수분양자의 중도금지급의무는 아파트를 분양한 건설회사가 수분양자를 아파트에 입주시켜 주어야 할 의무보다 선이행하여야 하는 의무이나, 건설회사의 신용불안이나 재산상태의 악화 등은 민법 제536조 제2항의 건설회사의 의무이행이 곤란할 현저한 사유가 있는 때 또는 민법 제588조의 매매의 목적물에 대하여 권리를 주장하는 자가 있는 경우에 매수인이 매수한 권리의 전부나 일부를 잃을 염려가 있는 때에 해당하여, 아파트 수분양자는 건설회사가 그 의무이행을 제공하거나 매수한 권리를 잃을 염려가 없어질 때까지 자기의 의무이행을 거절할 수 있고, 수분양자에게는 이러한 거절 권능의 존재 자체로 인하여 이행지체책임이 발생하지 않으므로, 수분양자가 건설회사에 중도금을 지급하지 아니하였다고 하더라도 그 지체책임을 지지 않는다(대판 2006. 10. 26, 2004다24106・24113).

(3) 상대방이 자기채무의 이행 또는 그 제공을 하지 않고 청구하였을 것

1) 상대방이 일부이행을 하거나 불완전이행을 한 경우

① 상대방이 일부이행 또는 불완전이행의 상태에서 청구를 한 경우에, 그 청구를 받은 채무가 가분적 급부인 경우에 한해, 아직 이행하지 않은 부분 또는 불완전한 부분에 상응하는 채무의 이행만을 거절할 수 있다. 예컨대, 임대차에서 임대인의 사용·수익에 필요한 상태로의 목적물의 제공과 임차인의 차임 지급은 대가적 관계에 있는데, 수선의무 있는 임대인이 수선을 하지 않는 때에는 임차인은 그에 상응하는 범위에서만 차임의 지급을 거절할 수 있다.

② 쌍방의 급부가 일정한 기간 회귀적 또는 계속적 가분급부를 목적으로 하는 경우에 일방이 어떤 시기의 채무를 이행하지 않으면, 상대방은 그 후의 시기의 채무이행을 이에 상응하는 범위에서 거절할 수 있다.

판례

도급인의 하자보수에 갈음하는 손해배상채권과 동시이행의 관계에 있는 수급인의 공사잔대금채권의 범위

도급인이 하자의 보수에 갈음하여 손해배상을 청구한 경우 도급인은 그 손해배상의 제공을 받을 때까지 손해배상액에 상당하는 보수액의 지급만을 거절할 수 있는 것이고 그 나머지 보수액의 지급은 이를 거절할 수 없는 것이라고 보아야 할 것이므로 도급인의 손해배상채권과 동시이행관계에 있는 수급인의 공사금채권은 공사잔대금채권 중 위 손해배상채권액과 동액의 금원뿐이고 그 나머지 공사잔대금채권은 위 손해배상채권과 동시이행관계에 있다고 할 수 없다(대판 1990. 5. 22, 90다카230).

매수인이 매도인을 상대로 매매목적 부동산 중 일부에 대해서만 소유권이전등기의무의 이행을 구하고 있는 경우, 매도인은 매매잔대금 전부에 대하여 동시이행의 항변권을 행사할 수 있는지 여부

부동산매매계약에서 발생하는 매도인의 소유권이전등기의무와 매수인의 매매잔대금지급의무는 동시이행관계에 있고, 동시이행의 항변권은 상대방의 채무이행이 있기까지 자신의 채무이행을 거절할 수 있는 권리이므로, 매수인이 매도인을 상대로 매매목적 부동산 중 일부에 대해서만 소유권이전등기의무의 이행을 구하고 있는 경우에도 매도인은 특별한 사정이 없는 한 그 매매잔대금 전부에 대하여 동시이행의 항변권을 행사할 수 있다(대판 2006. 2. 23, 2005다53187).

계속적 거래관계에 있어서의 불안의 항변권

계속적 거래관계에 있어서 재화나 용역을 먼저 공급한 후 일정기간마다 거래대금을 정산하여 일정기일 후에 지급받기로 약정한 경우에 공급자가 선이행의 자기 채무를 이행하고, 이미 정산이 완료되어 이행기가 지난 전기의 대금을 지급받지 못하였거나 정산은 완료되었으나 후이행의 상대방의 채무는 아직 이행기가 되지 아니하였지만 이행기의 이행이 현저히 불안한 사유가 있는 경우에는 민법 제536조 제2항 및 신의성실의 원칙에 비추어 볼 때 공급자는 이미 이행기가 지난 전기의 대금을 지급받을 때 또는 전기에 대한 상대방의 이행기 미도래 채무의 이행불안사유가 해소될 때까지 선이행의무가 있는 다음 기간의 자기 채무의 이행을 거절할 수 있다(대판 1995. 2. 28, 93다53887).

---

2) 상대방이 채무의 내용에 좇은 이행의 제공을 한 경우

이 경우는 원칙적으로 동시이행의 항변권은 소멸한다. 그러나 상대방이 이행의 제공을 하였음에도 불구하고 수령하지 않음으로써 수령지체에 빠진 일방 당사자라도, 그 후 상대방이 자기 채무의 이행의 제공을 다시 하지 않고서 이행을 청구한 경우에 여전히 동시이행의 항변권을 행사할 수 있다. 즉 그 이행의 제공이 계속되지 않는 한 과거에 이행의 제공이 있었다는 사실만으로는 동시이행의 항변권이 소멸하지 않는다는 것이다.

| 판례 |

쌍무계약의 당사자 일방이 한 번 현실의 제공을 하였으나 상대방이 수령을 지체한 경우, 상대방은 동시이행의 항변권을 상실하는지 여부 및 이행의 제공이 중지된 이후에 이행지체를 이유로 손해배상을 청구할 수 있는지 여부

쌍무계약의 당사자 일방이 먼저 한 번 현실의 제공을 하고, 상대방을 수령지체에 빠지게 하였다고 하더라도 그 이행의 제공이 계속되지 않는 경우는 과거에 이행의 제공이 있었다는 사실만으로 상대방이 가지는 동시이행의 항변권이 소멸하는 것은 아니므로, 일시적으로 당사자 일방의 의무의 이행 제공이 있었으나 곧 그 이행의 제공이 중지되어 더 이상 그 제공이 계속되지 아니하는 기간 동안에는 상대방의 의무가 이행지체 상태에 빠졌다고 할 수는 없다고 할 것이고, 따라서 그 이행의 제공이 중지된 이후에 상대방의 의무가 이행지체되었음을 전제로 하는 손해배상청구도 할 수 없는 것이다(대판 1995. 3. 14, 94다26646).

3. 효과

(1) 이행거절의 항변권

동시이행의 항변권은 상대방의 채무이행이 있기까지 자신의 채무이행을 거절할 수 있는 권리이다. 다만 항변권이기 때문에, 이를 행사(주장)하는 때에 한해 그 효력이 생긴다. 만약 이를 주장하지 않는다면, 상대방의 청구권은 그대로 효력을 발생하며 법원도 그 주장이 없는 한 이 항변권의 존재를 고려할 필요 없이 상대방의 청구를 인용하여야 한다. 이 항변권을 행사하는 시기에 관해서 특별한 제한은 없고, 상대방으로부터 청구를 받은 때에 행사하면 된다.

(2) 재판상 행사의 효과

동시이행의 항변권을 재판상 행사한 경우에는 법원은 피고에 대하여 원고의 이행과 상환으로 이행할 것을 명하는 상환급부판결(원고일부승소판결)을 하여야 한다. 상환급부판결에 기하여 강제집행하는 경우에 원고의 이행 또는 그 제공은 집행문 부여의 요건이 아니라 집행개시의 요건으로 봄이 통설·판례이다. 따라서 반대급부의 이행은 집행개시 시까지만 하면 된다.

(3) 동시이행 항변권의 존재 효과

① **채무자 이행지체의 불성립**: 쌍무계약에서 쌍방의 채무가 동시이행관계에 있는 경우, 일방의 채무의 이행기가 도래하더라도 상대방채무의 이행제공이 있을 때까지는 그 채무를 이행하지 않아도 이행지체의 책임을 지지 않는 것이고, 이와 같은 효과는 이행지체의 책임이 없다고 주장하는 자가 반드시 동시이행의 항변권을 행사하여야만 발생하는 것은 아니고 항변권의 존재만으로 인정된다.

> 판례

원인채무의 이행의무와 어음 반환의무가 상호 동시이행의 관계에 있는 경우, 원인채무의 채무자는 어음을 반환받을 때까지는 이행지체책임을 지지 않는지 여부

채무자가 어음의 반환이 없음을 이유로 원인채무의 변제를 거절할 수 있는 것은 채무자로 하여금 무조건적인 원인채무의 이행으로 인한 이중지급의 위험을 면하게 하려는 데에 그 목적이 있는 것이지, 기존의 원인채권에 터 잡은 이행청구권과 상대방의 어음 반환청구권이 민법 제536조에 정하는 쌍무계약상의 채권채무관계나 그와 유사한 대가관계가 있어서 그러는 것은 아니므로, 원인채무 이행의무와 어음 반환의무가 동시이행의 관계에 있다 하더라도 이는 어음의 반환과 상환으로 하지 아니하면 지급을 할 필요가 없으므로 이를 거절할 수 있다는 것을 의미하는 것에 지나지 아니하는 것이며, 따라서 채무자가 어음의 반환이 없음을 이유로 원인채무의 변제를 거절할 수 있는 권능을 가진다고 하여 채권자가 어음의 반환을 제공하지 아니하면 채무자에게 적법한 이행의 최고를 할 수 없다고 할 수는 없고, 채무자는 원인채무의 이행기를 도과하면 원칙적으로 이행지체의 책임을 진다(대판 1999. 7. 9, 98다47542·47559).

② **채권자의 상계의 금지**: 동시이행의 항변권이 있는 채권은 이를 자동채권으로 하여 상계하지 못한다(제492조 제1항 단서). 이를 허용하면 상대방은 이유 없이 동시이행의 항변권을 잃기 때문이다.

4. 동시이행의 항변권의 확장

(1) 법률에 의한 확장

1) 전세권의 소멸과 동시이행

전세권이 소멸한 때에는 전세권설정자는 전세권자로부터 그 목적물의 인도 및 전세권설정등기의 말소등기에 필요한 서류의 교부를 받는 동시에 전세금을 반환하여야 한다(제317조).

2) 가등기담보의 실행에 따른 청산

가등기담보에 있어서는 채권자의 청산금지급채무와 채무자의 목적부동산의 소유권이전등기 및 인도채무가 동시이행의 관계에 있다(가등기담보법 제4조 제3항). 그러나 채무담보의 목적으로 경료된 채권자 명의의 소유권이전등기나 그 청구권 보전의 가등기의 말소를 구하려면 먼저 채무를 변제하여야 하고, 피담보채무의 변제와 교환적으로 말소를 구할 수는 없다(84다카781).

3) 해제에 의한 원상회복의무와 동시이행

계약의 해제 시 발생하는 당사자의 원상회복의무는 동시이행의 관계에 있다(제549조). 판례는 원상회복의무뿐만 아니라 해제에 따른 손해배상의무도 동시이행관계에 있다고 본다(91다29972).

4) 부담부 증여

부담부 증여에 대하여는 쌍무계약에 관한 규정이 적용되므로(제561조), 재산권이전과 부담채무 사이에 동시이행의 항변권이 인정된다.

5) 매도인의 담보책임

매수인이 매도인에게 담보책임을 물어 계약을 해제하는 경우에 동시이행의 항변권에 관한 규정이 준용된다(제583조).

판례

민법 제583조의 취지는 매도인은 같은 조에서 명시한 규정들에 터 잡아 이미 지급받은 대금의 전부나 일부의 반환의무·손해배상의무·하자 없는 물건의 지급의무가 있는 반면, 매수인은 매도인에게서 수령한 목적물이 있다면 원상회복의무로서 이를 반환할 의무가 있는데, 이러한 쌍방 당사자의 의무는 하나의 쌍무계약에서 발생한 것은 아닐지라도 동일한 생활관계에서 발생한 것으로 서로 밀접한 관계에 있어 그 이행에 견련관계를 인정함이 공평의 원칙에 부합하기 때문에, 일반 해제의 경우와 마찬가지로 이들 경우에도 민법 제536조를 준용한다는 것이다(대판 1993. 4. 9, 92다25946).

6) 수급인의 담보책임

도급에 있어 완성된 목적물에 하자가 있는 때에는 도급인은 수급인에 대하여 하자의 보수를 청구할 수 있고, 그 하자의 보수에 갈음하여 또는 보수와 함께 손해배상을 청구할 수 있는데 (제667조 제2항), 이 경우 도급인의 하자보수청구권 및 손해배상청구권과 수급인의 보수지급 청구권은 동시이행의 관계에 있다(제667조 제3항).

7) 종신정기금계약의 해제와 동시이행

정기금채무자가 정기금채무의 원본을 받은 경우에 그 정기금채무의 지급을 해태하거나 기타 의무를 이행하지 아니한 때에는 정기금채권자는 원본의 반환을 청구할 수 있으나, 이미 지급을 받은 채무액에서 그 원본의 이자를 공제한 잔액을 정기금채무자에게 반환하여야 한다. 이때 손해배상도 청구할 수 있다(제727조). 종신정기금계약의 해제로 인한 쌍방의 원상회복의무 및 손해배상의무는 동시이행의 관계에 있다(제728조).

(2) 판례와 학설에 의한 확장

1) 확장의 요건

① 원래 쌍무계약에서 인정되는 동시이행의 항변권을 비쌍무계약에 확장함에 있어서는 양
   채무가 동일한 법률요건으로부터 생겨서 공평의 관점에서 보아 견련적으로 이행시킴이
   마땅한 경우라야 한다(2000다36118).

② 계약당사자가 부담하는 각 채무가 쌍무계약에 있어 고유의 대가관계가 있는 채무가 아니
   라고 하더라도 구체적인 계약관계에서 각 당사자가 부담하는 채무에 관한 약정내용에 따라
   그것이 대가적 의미가 있어 이행상의 견련관계를 인정하여야 할 사정이 있는 경우에는 동
   시이행의 항변권을 인정할 수 있다(2007다3285).

2) 구체적인 확장의 예

① 계약이 무효 또는 취소된 경우 당사자 쌍방의 반환의무

> **판례**
>
> 1. 쌍무계약이 무효로 되어 각 당사자가 서로 취득한 것을 반환하여야 할 경우에도, 어느 일방의 당사자
>   에게만 먼저 그 반환의무의 이행이 강제된다면 공평과 신의칙에 위배되는 결과가 되므로 각 당사자
>   의 반환의무는 동시이행의 관계에 있다고 보아 제536조를 준용함이 옳다고 해석되고, 이러한 법리는
>   경매절차가 무효로 된 경우에도 마찬가지이다(대판 1995. 9. 15, 94다55071).
> 2. 매매계약이 취소된 경우에 당사자 쌍방의 원상회복의무는 동시이행의 관계에 있다(대판 2001. 7. 10,
>   2001다3764).

② 임대차가 종료된 경우, 임차인의 목적물반환의무와 임대인의 보증금반환의무

> **판례**
>
> 임대차계약의 기간이 만료된 경우에 임차인이 임차목적물을 명도할 의무와 임대인이 보증금 중 연체차임
> 등 당해 임대차에 관하여 명도 시까지 생긴 모든 채무를 청산한 나머지를 반환할 의무는 모두 이행기에
> 도달하고 이들 의무 상호 간에는 동시이행의 관계가 있다고 보는 것이 상당하다(대판 전합 1977. 9. 28,
> 77다1241 · 1242).

③ 토지임차인이 그 지상건물의 매수청구권을 행사한 경우에 토지임차인의 건물명도 및 그
   소유권이전등기의무와 토지임대인의 건물대금지급의무

> **판례**
>
> 민법 제643조의 규정에 의한 토지임차인의 매수청구권 행사로 지상건물에 대하여 시가에 의한 매매 유사
> 의 법률관계가 성립된 경우에 토지임차인의 건물명도 및 그 소유권이전등기의무와 토지임대인의 건물대
> 금지급의무는 서로 대가관계에 있는 채무이므로 토지임차인은 토지임대인의 건물명도청구에 대하여 대금
> 지급과의 동시이행을 주장할 수 있다(대판 1998. 5. 8, 98다2389).

④ 매도인의 소유권이전등기의무와 매수인이 부담하기로 한 세액의 납부의무

> **판례**
>
> 1. 부동산의 매매계약 시 그 부동산의 양도로 인하여 매도인이 부담할 양도소득세를 매수인이 부담하기로 하는 약정이 있는 경우, 매수인이 양도소득세를 부담하기 위한 이행제공의 형태·방법·시기 등이 매도인의 소유권이전등기의무와 견련관계에 있는 경우에는 매도인의 소유권이전등기의무와 매수인의 양도소득세액 제공(납부)의무는 동시이행의 관계에 있다고 봄이 상당하다(대판 1993. 8. 24, 92다56490).
>
> 2. 부동산매매계약에 있어 매수인이 부가가치세를 부담하기로 약정한 경우, 부가가치세를 매매대금과 별도로 지급하기로 했다는 등의 특별한 사정이 없는 한 부가가치세를 포함한 매매대금 전부와 부동산의 소유권이전등기의무가 동시이행의 관계에 있다고 봄이 상당하다(대판 2006. 2. 24, 2005다 58656·58663).

⑤ 민법 제571조에 의한 해제의 경우에 매도인의 손해배상의무와 매수인의 대지인도의무

> **판례**
>
> 민법 제571조에 의한 계약해제의 경우에도 매도인의 손해배상의무와 매수인의 대지인도의무는 발생원인이 다르다 하더라도 이행의 견련관계는 양 의무에도 그대로 존재하므로, 양 의무 사이에는 동시이행관계가 있다고 인정함이 공평의 원칙에 합치한다(대판 1993. 4. 9, 92다25946).

⑥ 원인채무의 지급확보를 위해 어음·수표가 교부된 경우에 그 어음·수표의 반환의무와 원인채무의 이행의무(98다47542·47559)

⑦ 채무의 변제와 영수증의 교부 vs 채무의 변제와 채권증서의 반환

> **판례**
>
> **채무의 변제와 채권증서의 반환이 동시이행관계에 있는지 여부**
>
> 채무자가 채무 전부를 변제한 때에는 채권자에게 채권증서의 반환을 청구할 수 있으며, 제3자가 변제를 하는 경우에는 제3자도 채권증서의 반환을 구할 수 있으나, 이러한 채권증서 반환청구권은 채권 전부를 변제한 경우에 인정되는 것이고, 영수증 교부의무와는 달리 변제와 동시이행관계에 있지 않다(대판 2005. 8. 19, 2003다22042).

⑬ 위험부담

1. 서설

(1) 위험부담의 의의

쌍무계약의 일방의 채무가 채무자에게 책임 없는 사유로 불능이 되어 소멸하는 경우에 그에 대응하는 타방의 채무의 운명은 어떻게 되는가가 위험부담의 문제이다. 예컨대 甲과 乙이 자동차의 매매를 하였는데 그 자동차가 태풍으로 침몰하여 매도인 甲이 그의 채무를 이행할 수 없게 된 때에, 매수인 乙은 대금의 지급을 하여야 하는지 아니면 지급할 필요가 없는지가 문제된다. 즉 쌍무계약에서는, 채무자가 그의 채무를 면하는 것과 관련하여 그것과 상호 의존관계에 있는 채권자의 반대급부의무의 존속 여부가 따로 문제되는데, 쌍무계약에서 양 채무의 존속상의 견련성을 인정하여 채권자의 반대급부의무도 같이 소멸하는 것으로 보면, 결국 채무자가 채권자로부터 반대급부(대가)를 받지 못하게 되는 위험을 지게 되는 것이다.

(2) 위험부담에 관한 민법의 규정

민법은 쌍무계약에서 당사자 일방의 채무가 당사자 쌍방의 책임 없는 사유로 이행할 수 없게 된 경우에, 채무자가 채권자에게 반대급부를 청구하지 못하는 것으로 하는 채무자위험부담주의를 원칙으로 채택하고 있다(제537조). 반면에 채무자의 급부불능이 채권자의 책임 있는 사유로 발생하거나 또는 채권자의 수령지체 중에 당사자 쌍방의 책임 없는 사유로 발생한 때에는 채무자가 채권자에게 반대급부를 청구할 수 있도록 하는 채권자위험부담주의를 예외적으로 인정한다. 위험부담에 관한 민법의 규정(제537조~제538조)은 임의규정이다. 따라서 당사자의 합의에 의해 달리 약정하는 것은 유효하다.

2. 원칙 : 채무자위험부담주의

> **제537조【채무자위험부담주의】** 쌍무계약의 당사자 일방의 채무가 당사자 쌍방의 책임 없는 사유로 이행할 수 없게 된 때에는 채무자는 상대방의 이행을 청구하지 못한다.

(1) 요건

1) 쌍무계약상의 채무

쌍무계약으로부터 발생하는 서로 대가적 의미를 갖는 채무가 존재하여야 한다. 편무계약의 경우에 위험부담의 문제는 생기지 않는다.

2) 후발적 불능

일방의 채무가 후발적 불능으로 소멸하여야 한다. 자연력에 의한 이행불능이든 사람의 행위에 의한 이행불능이든 불문한다. 또한 전부의 이행불능뿐만 아니라 일부의 이행불능인 경우도 포함된다.

3) 쌍방 귀책사유의 부존재

급부불능이 당사자 쌍방의 책임 없는 사유로 인한 것이어야 한다.

⑵ 효과

1) (채무자의) 반대급부청구권의 소멸

채무자는 급부불능이 된 그 채무를 면하게 되지만, 동시에 채권자에 대한 반대급부청구권을 잃는다(제537조). 이를 채권자측에서 보면 결국 채권자는 채권을 상실하는 동시에 반대급부를 하여야 할 채무를 면하게 되는 것이다.

2) 기이행한 반대급부의 반환의무

반대급부를 이미 이행하였다고 한다면 채권자는 목적소멸에 의한 부당이득을 이유로 급부한 것의 반환을 청구할 수 있고(제741조), 또한 채무자의 이행이 불능으로 되었음을 알지 못하고 그 후에 반대급부를 한 경우에는 비채변제에 의한 부당이득으로서 반환청구권을 가지게 된다 (제742조).

> **판례**
>
> **쌍무계약에서 당사자 쌍방의 귀책사유 없이 채무가 이행불능되어 계약관계가 소멸한 경우 적용되는 법리**
>
> 민법 제537조는 채무자위험부담주의를 채택하고 있는바, 쌍무계약에서 당사자 쌍방의 귀책사유 없이 채무가 이행불능된 경우 채무자는 급부의무를 면함과 더불어 반대급부도 청구하지 못하므로, 쌍방 급부가 없었던 경우에는 계약관계는 소멸하고 이미 이행한 급부는 법률상 원인 없는 급부가 되어 부당이득의 법리에 따라 반환청구할 수 있다(대판 2009. 5. 28, 2008다98655·98662).

3) 대상청구권

일방급부의 불능으로 말미암아 채무자가 그 목적물에 갈음하는 대상물 또는 배상청구권을 취득한 경우에는, 채권자는 대상청구권을 행사할 수 있다. 이때 채권자는 대상청구를 하고 그의 반대급부를 이행하거나 또는 제537조를 원용하여 그의 반대급부의무의 소멸을 주장할 수 있는 선택권을 가진다.

3. 예외 : 채권자위험부담

> **제538조【채권자귀책사유로 인한 이행불능】** ① 쌍무계약의 당사자 일방의 채무가 채권자의 책임 있는 사유로 이행할 수 없게 된 때에는 채무자는 상대방의 이행을 청구할 수 있다. 채권자의 수령지체 중에 당사자 쌍방의 책임 없는 사유로 이행할 수 없게 된 때에도 같다.
> ② 전항의 경우에 채무자는 자기의 채무를 면함으로써 이익을 얻은 때에는 이를 채권자에게 상환하여야 한다.

(1) 요건

1) 채권자의 귀책사유의 존재 또는 채권자의 수령지체 중에 쌍방 귀책사유의 부존재

① **채권자의 귀책사유의 존재** : 제538조 제1항 전문의 '채권자의 책임 있는 사유'라고 함은 채권자의 어떤 작위나 부작위가 채무의 내용인 급부의 실현을 방해하고 그 작위나 부작위는 채권자가 이를 피할 수 있었다는 점에서 신의칙상 비난받을 수 있는 경우를 의미한다.

> **판례**
>
> 1. 영상물 제작공급계약상 수급인의 채무가 도급인과 협력하여 그 지시감독을 받으면서 영상물을 제작하여야 하므로 도급인의 협력 없이는 완전한 이행이 불가능한 채무이고, 한편 그 계약의 성질상 수급인이 일정한 기간 내에 채무를 이행하지 아니하면 계약의 목적을 달성할 수 없는 정기행위인 사안에서, 도급인의 영상물제작에 대한 협력의 거부로 수급인이 독자적으로 성의껏 제작하여 납품한 영상물이 도급인의 의도에 부합되지 아니하게 됨으로써 결과적으로 도급인의 의도에 부합하는 영상물을 기한 내에 제작하여 납품하여야 할 수급인의 채무가 이행불능케 된 경우, 이는 계약상 협력의무의 이행을 거부한 도급인의 귀책사유로 인한 것이므로 수급인은 약정대금 전부의 지급을 청구할 수 있다 (대판 1996. 7. 9, 96다14364·14371).
>
> 2. 아파트 수분양자에게 중도금을 대출한 은행이 수분양자가 그 대출금 이자의 지급 및 후취담보약정의 이행 등을 하지 않자 위 대출채무의 연대보증인인 분양회사로부터 그 회사 명의로 소유권보존등기가 되어 있던 분양아파트에 대하여 근저당권을 설정받아 결국 그 근저당권을 실행함으로써 제3자가 그 아파트의 소유권을 취득한 사안에서, 위 근저당권의 실행으로 제3자가 분양아파트 소유권을 취득한 결과 분양회사의 소유권이전의무가 이행불능이 된 것은 채권자인 수분양자가 자신의 분양잔금지급의무, 나아가 위 대출금 및 그 이자의 지급의무를 이행하지 않은 귀책사유로 인한 것이므로, 이는 민법 제538조 제1항 제1문의 '채권자의 책임 있는 사유'로 인하여 채무자의 채무가 이행할 수 없게 된 때에 해당한다(대판 2011. 1. 27, 2010다25698).

② **채권자의 수령지체 중에 쌍방 귀책사유의 부존재** : 채권자의 수령지체 중에 당사자 쌍방의 책임 없는 사유로 채무자가 이행할 수 없게 된 것이어야 한다. 채권자의 수령지체 중에는 채무자는 고의 또는 중과실이 없으면 그 책임을 부담하지 않으므로(제401조), 채무자의 경과실로 급부가 불능하게 된 경우에도 제538조 제1항 후문의 '채권자의 수령지체 중 당사자 쌍방의 책임 없는 사유'에 의한 급부불능에 해당한다.

(2) 효과

① **(채무자의) 반대급부청구권의 존속** : 채무자는 자신의 급부의무를 면하지만, 채권자에 대한 반대급부청구권은 상실하지 않는다.

② **채무자의 이익상환의무** : 제538조 제2항의 이익이란 적극적으로 얻은 이익뿐만 아니라 소극적으로 지출하지 않게 된 비용 등도 포함한다.

> **판례**
>
> 1. 부당해고로 인하여 노무를 제공하지 못한 근로자는 민법 제538조 제1항 본문의 규정에 의하여 사용자에 대하여 임금을 청구할 수 있고, 이 경우 근로자가 자기의 채무를 면함으로써 이익을 얻은 때에는 이를 사용자에게 상환하되, 상환하여야 할 이익은 채무를 면한 것과 상당인과관계에 있는 것에 한한다고 할 것이지만, 근로자가 해고기간 중에 노동조합기금으로부터 지급받은 금원은 그가 노무제공을 면한 것과 상당인과관계에 있는 이익이라고는 볼 수 없다(대판 1991. 5. 14, 91다2656).
>
> 2. 사용자의 근로자에 대한 해고가 무효이거나 취소된 경우 근로자는 근로계약관계가 유효하게 존속함에도 불구하고 사용자의 귀책사유로 인하여 근로제공을 하지 못한 셈이므로, 민법 제538조 제1항에 의하여 그 기간 중에 근로를 제공하였을 경우에 받을 수 있는 반대급부인 임금의 지급을 청구할 수 있지만, 해고가 없었다고 하더라도 취업이 사실상 불가능한 상태가 발생한 경우라든가 사용자가 정당한 사유에 의하여 사업을 폐지한 경우에는 사용자의 귀책사유로 인하여 근로제공을 못한 것이 아니므로 그 기간 중에는 임금을 청구할 수 없다(대판 1994. 9. 13, 93다50017).

⑭ 제3자를 위한 계약

1. 서설

(1) 의의

제3자를 위한 계약이란 계약당사자가 아닌 제3자로 하여금 직접 계약당사자의 일방에 대하여 채권을 취득케 하는 것을 목적으로 하는 계약을 말한다. 예컨대 甲이 그 소유 건물을 乙에게 매도하면서 매매대금은 丙이 받기로 약정하는 것이다. 여기서 甲을 요약자, 乙을 낙약자, 丙을 수익자라고도 부른다.

(2) 구별개념

1) 이행인수

이행인수에 있어서 인수인은 채무자에 대한 관계에서 채무자를 면책케 하는 채무를 부담하나, 채권자로 하여금 인수인에 대한 채권을 직접 취득케 하는 것은 아니므로 제3자를 위한 계약은 아니다.

2) 면책적 채무인수

병존적 채무인수와는 달리 면책적 채무인수는 채권자로 하여금 새로운 채권을 취득케 하는 것이 아니므로 제3자를 위한 계약이라고 할 수 없다.

3) 병존적 채무인수

계약당사자 일방이 상대방의 제3자에 대한 채무와 동일한 내용의 채무를 중첩적으로 인수하여 직접 제3자에게 이행하기로 하는 약정은 제3자를 위한 계약이다.

> **판례**
>
> 1. 채무자와 인수인의 계약으로 체결되는 병존적 채무인수는 채권자로 하여금 인수인에 대하여 새로운 권리를 취득하게 하는 것으로 제3자를 위한 계약의 하나로 볼 수 있고, 이와 비교하여 이행인수는 채무자와 인수인 사이의 계약으로 인수인이 변제 등에 의하여 채무를 소멸케 하여 채무자의 책임을 면하게 할 것을 약정하는 것으로 인수인이 채무자에 대한 관계에서 채무자를 면책케 하는 채무를 부담하게 될 뿐 채권자로 하여금 직접 인수인에 대한 채권을 취득케 하는 것이 아니므로 결국 제3자를 위한 계약과 이행인수의 판별기준은 계약당사자에게 제3자 또는 채권자가 계약당사자 일방 또는 인수인에 대하여 직접 채권을 취득케 할 의사가 있는지 여부에 달려 있다 할 것이다(대판 1997. 10. 24, 97다28698).
> 2. 부동산을 매매하면서 매도인과 매수인 사이에 중도금 및 잔금은 매도인의 채권자에게 직접 지급하기로 약정한 경우, 그 약정은 매도인의 채권자로 하여금 매수인에 대하여 그 중도금 및 잔금에 대한 직접 청구권을 행사할 권리를 취득케 하는 제3자를 위한 계약에 해당하고, 동시에 매수인이 매도인의 그 제3자에 대한 채무를 인수하는 병존적 채무인수에도 해당한다(대판 1997. 10. 24, 97다28698).

(3) 성질

제3자를 위한 계약의 당사자는 요약자와 낙약자이며, 수익자는 당사자가 아니다. 그러므로 수익자가 낙약자에게 급부를 청구할 권리를 취득하는 외에 계약의 효과는 요약자에게 생긴다. 즉, 제3자를 위한 계약은 보통의 계약 중에 그 법률효과의 일부를 직접 제3자에게 귀속시킨다는 내용의 합의가 있을 뿐이다.

(4) 출연의 원인관계

1) 보상관계(기본관계, 요약자와 낙약자 사이의 관계)

① 제3자를 위한 계약에 의하여 낙약자가 제3자에 대하여 경제적 출연을 하는 것은 요약자·낙약자 간에 일정한 원인관계가 있기 때문인바, 이를 보상관계라고 한다. 즉 낙약자가 제3자에게 급부함으로써 받는 재산상의 손실은 요약자와의 사이에 있는 원인관계에 의하여 보상받는다는 의미이다. 보상관계는 유상계약인 수도 있고 무상계약인 수도 있다.

② 낙약자는 보상관계를 원인으로 하여 제3자를 위한 계약을 하는 것이므로, 그 보상관계는 계약의 내용을 이루게 되어 그의 흠결이나 하자는 계약의 효력에 영향을 미치고, 또한 낙약자는 보상관계에서 생기는 항변권을 가지고 제3자에게 대항할 수 있게 된다(제542조).

2) 대가관계(요약자와 수익자 사이의 관계)

① 요약자가 낙약자와의 계약에서 제3자에게 채권을 취득시키는 것은 요약자와 제3자와의 사이에 어떤 원인관계가 있기 때문인바, 이를 대가관계라고 한다. 대가관계는 요약자가 제3자에게 부담하는 채무의 이행을 위한 경우일 수도 있고, 무상으로 제3자로 하여금 권리를 취득하게 하기 위한 증여일 수도 있다.

② 대가관계는 제3자와 요약자와의 사이에 존재하는 내부관계임에 불과하며, 요약자와 낙약자 사이에 맺어지는 제3자를 위한 계약의 성립이나 효력과는 전혀 관계가 없다. 즉 대가관계의 흠결이나 하자는 제3자를 위한 계약의 성립과 효력에는 영향을 미치지 않으며, 대가관계가 없더라도 제3자를 위한 계약은 유효하게 성립한다. 다만 이러한 대가관계가 없으면 제3자의 권리취득에 의한 이익은 부당이득으로서 요약자에게 반환하여야 할 뿐이다.

판례

제3자를 위한 계약의 체결원인이 된 요약자와 제3자(수익자) 사이의 법률관계(이른바 대가관계)의 효력은 제3자를 위한 계약 자체는 물론 그에 기한 요약자와 낙약자 사이의 법률관계(이른바 기본관계)의 성립이나 효력에 영향을 미치지 아니하므로 낙약자는 요약자와 수익자 사이의 법률관계에 기한 항변으로 수익자에게 대항하지 못하고, 요약자도 대가관계의 부존재나 효력의 상실을 이유로 자신이 기본관계에 기하여 낙약자에게 부담하는 채무의 이행을 거부할 수 없다(대판 2003. 12. 11, 2003다49771).

3) 급부관계(낙약자와 제3자 사이의 관계)

낙약자와 제3자 사이에는 계약이 존재하지 않으며, 낙약자는 요약자가 어떠한 원인에 의하여 제3자에게 출연을 하는지를 모르는 경우도 존재한다. 다만 제3자는 수익의 의사표시를 낙약자에게 하여야 하며(제539조 제2항), 낙약자에게 청구권을 갖는다.

2. 성립요건

(1) 유효한 계약의 성립

요약자와 낙약자 사이에 유효한 계약이 성립하고 있어야 한다. 그리고 보상관계에 관해서도 필요한 성립요건이나 효력발생요건이 있으면 이를 갖추어야 한다. 그러나 요약자·제3자 사이의 대가관계는 계약의 성립과 관계가 없다.

(2) 제3자에게 권리를 취득하게 하는 약정의 존재

① 제3자를 위한 계약의 내용 중 제3자에게 권리를 직접 취득하게 하는 약정이 있어야 한다. 제3자에게 취득시키는 권리는 채권에 한하지 않으며, 물권 기타 권리도 상관없다.

> **판례**
>
> 1. 제3자를 위한 계약은 단순히 제3자에게 권리만을 부여하는 것을 필요로 하지 아니하고 제3자에게 일정한 대가의 지급 기타 일정한 부담 하에 권리를 부여하는 것도 가능한 법리이다(대판 1965. 11. 9, 65다1620).
>
> 2. 제3자를 위한 계약이 성립하기 위하여는 일반적으로 그 계약의 당사자가 아닌 제3자로 하여금 직접 권리를 취득하게 하는 조항이 있어야 할 것이지만, 계약의 당사자(낙약자)가 제3자에 대하여 가진 채권에 관하여 채무를 면제하는 계약도 제3자를 위한 계약에 준하는 것으로서 유효하므로, 이에 의하여 채무면제의 효력이 생긴다(대판 2004. 9. 3, 2002다37405).

② 권리를 취득하게 되는 제3자(수익자)는 계약이 성립할 때에 특정되어 있을 필요는 없으며, 특정할 수 있는 자(⑩ 태아나 설립 중의 법인)이면 된다. 즉, 제3자는 계약성립 시에 현존하고 있지 않아도 좋다. 그러나 계약이 효력을 발생하여 그 효과가 제3자에게 귀속하려면 제3자는 특정되고 또한 권리능력을 가지고 있어야 한다.

3. 효과

(1) 수익자(제3자)에 대한 효력

> **제539조【제3자를 위한 계약】** ① 계약에 의하여 당사자 일방이 제3자에게 이행할 것을 약정한 때에는 그 제3자는 채무자에게 직접 그 이행을 청구할 수 있다.
> ② 전항의 경우에 제3자의 권리는 그 제3자가 채무자에 대하여 계약의 이익을 받을 의사를 표시한 때에 생긴다.
> **제540조【채무자의 제3자에 대한 최고권】** 전조의 경우에 채무자는 상당한 기간을 정하여 계약의 이익의 향수 여부의 확답을 제3자에게 최고할 수 있다. 채무자가 그 기간 내에 확답을 받지 못한 때에는 제3자가 계약의 이익을 받을 것을 거절한 것으로 본다.

1) 제3자의 수익의 의사표시

제539조 제2항의 '제3자의 수익의 의사표시'는 제3자를 위한 계약의 성립요건이 아니라 제3자를 위한 계약에 있어서의 제3자의 권리의 발생요건이다(통설, 판례). 제3자의 수익의 의사표시는 채무자, 즉 낙약자를 상대방으로 하고(제539조 제2항), 그 방법은 명시적이든 묵시적이든 불문한다. 따라서 제3자가 낙약자에 대하여 직접 급부를 청구하거나 이행의 소를 제기한 경우에는, 수익의 의사표시가 있었다고 할 수 있다.

2) 수익의 의사표시 전의 제3자의 지위

① **형성권**: 제3자를 위한 계약에서 수익의 의사표시를 하느냐 않느냐는 제3자의 자유이다. 그러나 제3자는 일방적 의사표시에 의하여 권리취득의 효과를 발생케 하는 법률상 지위를 가지게 되므로, 수익의 의사표시를 하기 전이라도 일종의 형성권을 가지고 있다고 볼 수 있다.

② **비전속권**: 제3자의 형성권은 당사자의 계약으로 변경 또는 소멸될 수 있는 대단히 불안정한 것이기는 하나(제541조의 반대해석), 재산적 색채가 강하므로 일신전속권이라 할 수 없다. 따라서 상속·양도는 물론이고, 채권자대위권의 목적이 된다.

③ **행사기간**: 제3자가 수익의 의사표시를 할 수 있는 기간은 계약에서 특별히 정한 바가 없으면 10년의 제척기간에 걸린다. 그러나 채무자(낙약자)는 상당한 기간을 정하여 이익의 향수 여부의 확답을 제3자에게 최고할 수 있고, 낙약자가 그 기간 내에 확답을 받지 못한 때에는 제3자가 수익을 거절한 것으로 본다(제540조).

3) 수익의 의사표시 후의 제3자의 지위

① 제3자의 지위 확정

> **제541조 【제3자의 권리의 확정】** 제539조의 규정에 의하여 제3자의 권리가 생긴 후에는 당사자는 이를 변경 또는 소멸시키지 못한다.

제3자가 수익의 의사표시를 한 후, 즉 제3자의 권리가 발생한 후에는 계약당사자는 이를 변경 또는 소멸시키지 못한다(제541조). 그러나 계약당사자가 미리 계약에서 제3자의 권리가 발생한 후에도 변경·소멸시킬 수 있음을 보류한 때에는, 그 제한을 받게 된다.

판례

1. 민법 제541조의 규정에 의해, 계약당사자는 제3자의 권리가 발생한 후에는 합의해제를 할 수 없고, 설사 합의해제를 하더라도 그로써 이미 제3자가 취득한 권리에는 아무런 영향을 미치지 못한다고 할 것이다 (대판 1997. 10. 24, 97다28698).

2. 제3자를 위한 계약에 있어서, 제3자가 민법 제539조 제2항에 따라 수익의 의사표시를 함으로써 제3자에게 권리가 확정적으로 귀속된 경우에는, 요약자와 낙약자의 합의에 의하여 제3자의 권리를 변경·소멸시킬 수 있음을 미리 유보하였거나, 제3자의 동의가 있는 경우가 아니면 계약의 당사자인 요약자와 낙약자는 제3자의 권리를 변경·소멸시키지 못하고, 만일 계약의 당사자가 제3자의 권리를 임의로 변경·소멸시키는 행위를 한 경우 이는 제3자에 대하여 효력이 없다(대판 2002. 1. 25, 2001다30285).

② **제3자는 계약당사자가 아니다.**

　㉠ 제3자는 해제권이나 취소권을 행사할 수 없다. 또한 계약상대방의 선의·악의나 과실 유무 등이 문제될 때(제126조·제129조·제135조·제570조~제580조 등)에는, 오로지 요약자를 기준으로 한다. 그리고 의사의 흠결이나 사기·강박의 유무에 관하여서도 요약자나 낙약자를 기준으로 한다.

　㉡ 제3자는 계약의 당사자는 아니지만 그가 취득하는 권리는 계약으로부터 직접 생기는 것이므로, 제3자 보호규정(제107조~제110조)의 적용에 있어서는 제3자가 아니며, 계약당사자와 마찬가지로 다루어지게 된다.

판례

1. 제3자를 위한 계약의 당사자가 아닌 수익자는 계약의 해제권이나 해제를 원인으로 한 원상회복청구권이 있다고 볼 수 없다(대판 1994. 8. 12, 92다41559).

2. 제3자를 위한 계약관계에서 낙약자와 요약자 사이의 법률관계(이른바 기본관계)를 이루는 계약이 해제된 경우 그 계약관계의 청산은 계약의 당사자인 낙약자와 요약자 사이에 이루어져야 하므로, 특별한 사정이 없는 한 낙약자가 이미 제3자에게 급부한 것이 있더라도 낙약자는 계약해제에 기한 원상회복 또는 부당이득을 원인으로 제3자를 상대로 그 반환을 구할 수 없다(대판 2005. 7. 22, 2005다7366·7573).

3. 제3자를 위한 계약에 있어서 수익의 의사표시를 한 수익자는 낙약자에게 직접 그 이행을 청구할 수 있을 뿐만 아니라, 요약자가 계약을 해제한 경우에는 낙약자에게 자기가 입은 손해의 배상을 청구할 수 있는 것이므로 수익자가 완성된 목적물의 하자로 인하여 손해를 입었다면 낙약자(수급인)는 그 손해를 배상할 의무가 있다(대판 1994. 8. 12, 92다41559).

4. 제3자를 위한 계약에서도 낙약자와 요약자 사이의 법률관계(기본관계)에 기초하여 수익자가 요약자와 원인관계(대가관계)를 맺음으로써 해제 전에 새로운 이해관계를 갖고 그에 따라 등기, 인도 등을 마쳐 권리를 취득하였다면, 수익자는 민법 제548조 제1항 단서에서 말하는 계약해제의 소급효가 제한되는 제3자에 해당한다고 봄이 타당하다(대판 2021. 8. 19, 2018다244976).

(2) 요약자(채권자)에 대한 효력

1) 요약자의 권리

① **채권자로서의 이행청구권**: 요약자는 제3자에 대한 채무의 이행을 낙약자에게 청구할 수 있는 권리를 가진다(통설). 즉, 제3자도 급부청구권을 가질 뿐 아니라 요약자도 제3자에게 급부할 것을 채무자에게 청구할 수 있다.

② **낙약자**(채무자)**의 채무불이행에 따른 요약자**(채권자)**의 손해배상청구권** : 제3자의 수익의 의사표시 이후 낙약자가 채무를 이행하지 않은 경우에, 채권자도 손해배상을 청구할 수 있는가 하는 점이 문제된다. 부정설은 채권자는 채무자에 대해 제3자에게 손해를 배상할 것을 청구할 수 있을 뿐이고, 자기에게 배상할 것을 청구하지는 못한다고 한다. 이에 반해 긍정설은 채권자가 제3자에게 이행되는 것에 대하여 특별한 이익을 가지며 또한 이를 채무자가 알 수 있는 때에는, 채권자는 채무자의 채무불이행에 대하여 독립된 별개의 손해배상청구권을 가진다고 한다.

2) 계약당사자로서의 지위

요약자는 계약당사자로서 낙약자에 대하여 의사표시의 흠결을 이유로 취소권을 행사할 수 있고, 또한 낙약자의 채무불이행을 이유로 해제권을 행사할 수 있다. 제3자가 수익의 의사표시를 행한 후라 하더라도 요약자는 낙약자의 채무불이행을 이유로 제3자의 동의 없이도 단독으로 계약을 해제할 수 있다(69다1410 · 1411).

(3) 낙약자(채무자)에 대한 효력

1) 채무자의 급부의무

제3자가 수익의 의사를 표시한 때에는 그가 채권자가 되며, 채무자는 제3자에게 급부할 의무를 진다. 따라서 채무자의 채무불이행이 있으면 제3자에 대해 손해배상책임을 부담한다.

2) 낙약자의 항변권

> **제542조【채무자의 항변권】** 채무자는 제539조의 계약에 기한 항변으로 그 계약의 이익을 받을 제3자에게 대항할 수 있다.

채무자가 제3자에 대해 부담하는 급부의무는 채권자와의 계약에 의해 발생한 것이므로, 채무자가 그 계약에서 채권자에 대해 가지는 항변은 제3자에게도 주장할 수 있다. 예컨대 그 계약이 쌍무계약이면 채권자가 반대급부를 제공할 때까지는 동시이행의 항변권을 주장하여 제3자에 대한 이행을 거절할 수 있고, 또한 그 계약에 무효 또는 취소의 사유가 있으면 이를 주장할 수 있다. 다만 이러한 항변권은 채권자와 채무자 사이의 제3자를 위한 계약에서 기인하는 것에 한한다. 따라서 그 계약 이외의 원인에 의하여 채무자가 채권자에게만 대항할 수 있는 항변으로는 제3자에게 대항하지 못한다. 예컨대 채무자는 채권자에 대한 반대채권을 가지고 제3자의 자신에 대한 급부청구권과 상계하지는 못한다.

3) 계약당사자로서의 지위

낙약자는 계약당사자로서 계약상의 채무를 제3자에게 이행할 의무를 지며, 또한 계약의 무효 · 취소 · 해제 등의 사유는 모두 낙약자와 요약자 사이에서 결정된다.

제7절 | 계약의 해제·해지

01 계약해제 서설

1. 의의

계약의 해제란 유효하게 성립하고 있는 계약의 효력을 당사자 일방의 의사표시에 의하여, 그 계약이 처음부터 있지 않았던 것과 같은 상태에 복귀시키는 것을 말한다.

2. 구별개념

(1) 합의해제(해제계약)

1) 의의

계약의 합의해제 또는 해제계약이라 함은 해제권의 유무를 불문하고 계약당사자 쌍방이 합의에 의하여 기존의 계약의 효력을 소멸시켜 당초부터 계약이 체결되지 않았던 것과 같은 상태로 복귀시킬 것을 내용으로 하는 새로운 계약을 말한다. 해제는 해제권자의 일방적 의사표시로 성립하는 단독행위이지만, 합의해제는 기존의 계약당사자가 계약해소에 관하여 합의하는 계약이라는 점에서 다르다.

2) 성립요건

① 합의해제는 계약이므로 청약과 승낙의 합치, 즉 합의를 그 요건으로 한다.
② 묵시적 합의해제는 계약 후 당사자 쌍방의 계약실현의사의 결여 또는 포기로 인하여 계약을 실현하지 아니할 당사자 쌍방의 의사가 합치되어야만 한다.

> **판례**
>
> **계약이 묵시적 합의에 의하여 해제된 것으로 보기 위한 요건**
>
> 계약당사자 쌍방이 합의에 의하여 기존의 계약의 효력을 소멸시켜 당초부터 계약이 체결되지 않았던 것과 같은 상태로 복귀시킬 것을 내용으로 하는 계약의 합의해제는 당사자 쌍방의 묵시적인 의사표시에 의하여도 성립될 수 있는 것이지만, 당사자 쌍방이 계약을 이행하지 아니한 채 장기간 방치하였다고 하더라도 그와 같은 사유만으로 당사자 쌍방의 계약을 실현하지 아니할 의사의 합치로 계약이 묵시적으로 합의해제 되었다고 볼 수는 없고 당사자 쌍방이 계약을 실현할 의사가 있었는지의 여부는 계약이 체결된 후의 여러 가지 사정을 종합적으로 고려하여 판단하여야 한다(대판 1993. 7. 27, 93다19030).

3) 효과

① **해제규정의 적용 여부**: 합의해제의 효력은 그 합의의 내용에 의하여 결정되고 이에는 해제에 관한 민법 제543조 이하의 규정은 적용되지 아니한다(79다1455).

② **합의해제와 원상회복** : 매매계약이 합의해제된 경우에도 매수인에게 이전되었던 소유권은 당연히 매도인에게 복귀하는 것이므로, 합의해제에 따른 매도인의 원상회복청구권은 소유권에 기한 물권적 청구권이고 따라서 소멸시효의 대상이 되지 아니한다(80다2968).

| 판례 |

계약의 합의해제에 대하여 민법 제548조 제2항이 적용되는지 여부

합의해제 또는 해제계약이라 함은 해제권의 유무에 불구하고 계약 당사자 쌍방이 합의에 의하여 기존의 계약의 효력을 소멸시켜 당초부터 계약이 체결되지 않았던 것과 같은 상태로 복귀시킬 것을 내용으로 하는 새로운 계약으로서, 그 효력은 그 합의의 내용에 의하여 결정되고 여기에는 해제에 관한 민법 제548조 제2항의 규정은 적용되지 아니하므로, 당사자 사이에 약정이 없는 이상 합의해제로 인하여 반환할 금전에 그 받은 날로부터의 이자를 가하여야 할 의무가 있는 것은 아니다(대판 1996. 7. 30, 95다16011).

계약의 합의해제와 채무불이행으로 인한 손해배상청구

계약이 합의해제된 경우에는 그 해제 시에 당사자 일방이 상대방에게 손해배상을 하기로 특약하거나 손해배상청구를 유보하는 의사표시를 하는 등 다른 사정이 없는 한 채무불이행으로 인한 손해배상을 청구할 수 없다(대판 1989. 4. 25, 86다카1147·1148).

계약의 합의해제에 있어 민법 제548조 제1항 단서가 적용되는지 여부

계약의 합의해제에 있어서도 민법 제548조의 계약해제의 경우와 같이 이로써 제3자의 권리를 해할 수 없다(대판 2005. 6. 9, 2005다6341).

(2) 해제조건 및 실권약관

① 해제의 의사표시 없이 계약으로 정한 조건이 성취되면 자동 해제되는 것으로 정한 것을 해제조건이라고 하며, 이러한 조건이 붙은 계약을 해제조건부 계약이라고 한다. 이는 해제조건의 성취에 의하여 장래에 향하여 법률행위의 효력이 당연히 실효된다. 따라서 해제권의 행사에 의하여 소급적으로 계약이 소멸되는 해제와 구별된다.

② 채무자의 채무불이행이 있으면 채권자의 특별한 의사표시가 없더라도 당연히 계약의 효력이 소멸한다고 약정하는 경우에, 이러한 계약의 실효조항을 실권약관이라고 한다. 즉 실권약관은 채무자의 채무불이행을 해제조건으로 하는 약정이며, 해제권을 유보하는 약정은 아니다.

| 판례 |

1. '매수인이 중도금을 약정한 일자에 지급하지 아니하면 계약이 해제된 것으로 한다.'라는 특약이 있는 실권약관부 매매계약에 있어서는 매수인이 약정의 중도금지급의무를 이행하지 아니하면, 그 계약은 그 일자에 자동적으로 해제된 것으로 보아야 하며, 매도인이 그 후에 중도금의 지급을 최고하였다 하더라도, 이는 은혜적으로 한 번 지급의무를 이행할 기회를 준 것에 지나지 아니한다(대판 1991. 8. 13, 91다13717).

2. 부동산매매계약에 있어서 '매수인이 잔대금지급기일까지 그 대금을 지급하지 못하면 그 계약이 자동적으로 해제된다.'라는 취지의 약정이 있더라도 매도인이 이행의 제공을 하여 매수인을 이행지체에 빠뜨리지 않는 한 그 약정기일의 도과사실만으로는 매매계약이 자동해제된 것으로 볼 수 없는 것이나, 매수인이 수회에 걸쳐 채무불이행에 대하여 책임을 느끼고 잔금지급기일의 연기를 요청하면서 새로운 약정기일까지는 반드시 계약을 이행할 것을 확약하고 불이행 시에는 매매계약이 자동적으로 해제되는 것을 감수하겠다는 내용의 약정을 한 특별한 사정이 있다면, 매수인이 잔금지급기일까지 잔금을 지급하지 아니함으로써 그 매매계약은 자동적으로 실효된다(대판 1996. 3. 8, 95다55467).

(3) 철회

철회는 표의자가 한 의사표시가 확정적으로 효력을 발생하기 전에 장래에 대하여 이를 소멸시키는 것이다. 단독행위인 점에서는 해제와 같지만, 해제는 이미 계약의 효력이 생긴 것을 소급하여 실효시키는 점에서 철회와는 다르다.

3. 해제권

(1) 의의

해제권은 계약의 당사자가 일방적 의사표시에 의하여 계약을 해소시키는 권리를 말한다. 해제권은 일방적 의사표시에 의하여 법률관계를 변동시키는 형성권이다. 이는 계약당사자의 지위에 수반하는 권리이므로 해제권만을 양도할 수는 없다.

(2) 해제권의 종류

1) 법정해제권

① 법률의 규정에 의하여 발생하는 해제권을 말한다. 계약의 해제에 관한 민법의 규정은 주로 쌍무계약을 그 대상으로 하지만 편무계약에도 법정해제권이 인정한다(통설). 예컨대 편무계약인 증여에 있어 증여자가 이행지체에 빠진 때에 수증자는 증여를 해제하고 손해배상으로서 그 급부에 갈음하는 전보배상을 청구할 수 있다고 한다.

② 해제의 대상이 되는 계약은 채권계약에 한한다. 법정해제는 당사자 일방의 채무불이행을 원인으로 하여 발생하는 것이므로, 처분행위인 물권계약이나 준물권계약에서는 법정해제는 인정되지 않는다.

2) 약정해제권

당사자의 계약에 의하여 발생하는 해제권을 말한다. 즉 당사자가 미리 계약에서 해제권을 보류한 경우이다.

⑫ 해제권의 발생

1. 법정해제권의 발생

(1) 서설

법정해제권의 발생원인에는 계약 일반에 공통된 것(채무불이행)과 증여(제555조 이하)·매매(제570조 이하)·도급(제668조 이하)과 같은 각 계약에 특수한 것이 있다.

(2) 이행지체에 의한 해제권의 발생

1) 보통의 이행지체

> **제544조【이행지체와 해제】** 당사자 일방이 그 채무를 이행하지 아니하는 때에는 상대방은 상당한 기간을 정하여 그 이행을 최고하고 그 기간 내에 이행하지 아니한 때에는 계약을 해제할 수 있다. 그러나 채무자가 미리 이행하지 아니할 의사를 표시한 경우에는 최고를 요하지 아니한다.

① **채무자의 이행지체가 있을 것** : 해제권의 발생은 결국 이행지체의 한 효과이므로, 이행지체의 요건(이행기의 도래·이행의 가능·채무자의 귀책사유·지체의 위법성)이 필요하다. 채무자가 일부의 이행을 지체한 경우에는 그 일부의 불이행에 의해 계약의 목적을 달성할 수 없는 때에만 계약 전부를 해제할 수 있고, 기타의 경우에는 불이행의 부분에 관하여서만 해제할 수 있다. 다만 불이행의 부분이 아주 경미한 경우에는 신의칙상 해제할 수 없다.

판례

쌍무계약에서 상대방의 채무불이행을 이유로 계약을 해제하려면 먼저 자기의 채무이행을 제공하고 상당한 기간을 정하여 상대방의 채무이행을 최고함으로써 상대방으로 하여금 이행지체에 빠지게 하여야 하는 것인바, 자기의 채무의 이행에 상대방의 행위를 요하는 경우에는 이행의 준비를 완료한 다음 그 사실을 상대방에게 통지하고 수령을 최고하는 구두의 제공을 하면 되는 것이기는 하지만, 이 경우에도 상대방이 협력만 한다면 언제든지 현실로 이행을 할 수 있을 정도로 준비를 완료하고 그 사실을 상대방에게 통지하여 수령 기타 상대방의 협력과 상대방의 채무이행을 최고하여야만 상대방을 이행지체에 빠지게 할 수 있는 것이므로 단순히 자기의 채무를 이행할 준비태세를 갖추고 있는 것만으로는 부족하다(대판 1993. 4. 13, 92다56438).

② **채권자가 상당한 기간을 정하여 이행을 최고할 것**
　㉠ **최고의 본질** : 제544조의 최고는 채무자에 대하여 채무의 이행을 촉구하는 채권자의 의사의 통지이며, 제387조 제2항에서 말하는 이행청구와 그 본질이 같다. 따라서 기한을 정하지 아니한 채무의 경우에는 채무자를 지체에 빠지게 하는 최고(제387조 제2항의 이행청구)를 한 후에 다시 해제권 발생을 위한 최고(제544조의 최고)를 할 필요는 없다.

ⓛ **과다최고·과소최고**: 채권자의 이행최고가 본래 이행하여야 할 채무액을 초과하는 경우에도 본래 급부하여야 할 수량과의 차이가 비교적 적거나 채권자가 급부의 수량을 잘못 알고 과다한 최고를 한 것으로서 과다하게 최고한 진의가 본래의 급부를 청구하는 취지라면, 그 최고는 본래 급부하여야 할 수량의 범위 내에서 유효하다. 그러나 그 과다한 정도가 현저하고 채권자가 청구한 금액을 제공하지 않으면 그것을 수령하지 않을 것이라는 의사가 분명한 경우에는 그 최고는 부적법하고, 이러한 최고에 터잡은 계약의 해제는 그 효력이 없다(2004다13083). 한편 과소최고는 채무의 동일성이 인정되는 한 최고에 표시된 수량에 관하여만 유효하다.

ⓒ **상당한 기간**: 상당한 기간은 채무자가 이행을 준비하고 또 이를 이행하는 데 필요한 기간을 말하며, 이행하여야 할 채무의 성질 기타 객관적 사정으로 결정할 것이지 채무자의 여행·질병 등 주관적 사정은 고려되지 않는다. 다만 상당기간을 정하지 않은 최고도 유효하고, 최고 후 객관적으로 상당한 기간이 지나면 해제권이 발생한다(89다카14110).

ⓔ **최고를 요하지 않는 경우**: 채무자가 미리 이행하지 아니할 의사를 표시한 경우에는 최고를 요하지 아니한다(제544조 단서). 나아가 최고를 하여도 채무자가 이행할 의사가 없으리라는 것이 명백하다면 현실로 채무자의 불이행의 의사표시가 없더라도 최고 없이 해제할 수 있고(62다684), 또한 계약상의 의무 없는 과다한 채무의 이행을 요구하는 것은 자기 채무를 이행할 의사가 없음을 표시한 것으로 보아야 하므로 상대방은 이행을 최고할 필요 없이 계약을 해제할 수 있다(92다9463).

| 판례 |

계약상 채무자가 계약을 이행하지 아니할 의사를 명백히 표시한 경우에 채권자는 신의성실의 원칙상 이행기 전이라도 이행의 최고 없이 채무자의 이행거절을 이유로 계약을 해제하거나 채무자를 상대로 손해배상을 청구할 수 있다(대판 2005. 8. 19, 2004다53173).

③ **채무자가 최고기간 내에 이행 또는 이행의 제공이 없을 것**: 채무자가 최고기간 내에 이행하지 않는 것도 그의 귀책사유에 기하여야 한다.

④ **해제권의 발생시기**: 해제권은 원칙적으로 최고기간이 만료한 때에 발생한다. 그러나 채무자가 미리 불이행의 의사표시를 한 때에는 최고를 필요로 하지 않으므로(제544조 단서), 이때에는 이행지체가 있으면 곧 해제권은 발생한다.

⑤ **해제권의 소멸**: 해제권이 발생한 후이더라도 채권자가 해제권을 행사하기 전에 채무자가 채무내용에 좇은 이행을 하면 해제권은 소멸한다.

2) 정기행위의 이행지체

> **제545조【정기행위와 해제】** 계약의 성질 또는 당사자의 의사표시에 의하여 일정한 시일 또는 일정한 기간 내에 이행하지 아니하면 계약의 목적을 달성할 수 없을 경우에 당사자 일방이 그 시기에 이행하지 아니한 때에는 상대방은 전조의 최고를 하지 아니하고 계약을 해제할 수 있다.

① **정기행위의 의의** : 정기행위란 계약의 성질 또는 당사자의 의사표시에 의하여 일정한 시일 또는 일정한 기간 내에 이행하지 않으면 계약을 체결한 목적을 달성할 수 없는 것을 말한다 (제545조). 계약의 성질에 의한 것(⑩ 잔치를 위한 요리의 주문)을 절대적 정기행위라 하고, 당사자의 의사표시에 의한 것(⑩ 결혼식에 착용하기 위한 예복의 주문)을 상대적 정기행위라 한다.

② **해제권의 발생요건**
    ㉠ 정기행위인 계약에 대하여 채무자의 귀책사유로 인한 위법한 이행지체가 있어야 한다.
    ㉡ 정기행위인 계약의 불이행이 있으면 즉시 해제권이 발생한다. 즉 보통의 이행지체의 경우에서 요구되는 이행의 최고를 할 필요도 없이 곧 해제권을 행사할 수 있다.

③ **해제권의 행사** : 정기행위에 있어서 최고는 필요하지 않으나 해제의 의사표시는 반드시 있어야 한다.

(3) 이행불능에 의한 해제권의 발생

> **제546조【이행불능과 해제】** 채무자의 책임 있는 사유로 이행이 불능하게 된 때에는 채권자는 계약을 해제할 수 있다.

1) 해제권의 발생요건

계약이 성립한 후에 채무자의 귀책사유로 인한 이행불능이 있어야 한다. 채권자의 이행의 최고는 그 요건이 아니다. 계약의 일부의 이행이 불능인 경우에는 이행이 가능한 나머지 부분만의 이행으로 계약의 목적을 달할 수 없을 경우에만 계약 전부의 해제가 가능하다(94다57817).

2) 해제권의 발생시기

채무자의 책임 있는 사유에 의한 이행불능이 있으면 곧 해제권이 발생한다. 이행기 전에 불능으로 된 때에도 이행기를 기다릴 필요 없이 해제할 수 있다.

(4) 불완전이행에 의한 해제권의 발생

민법에 명문규정은 없으나, 불완전이행에 의한 해제권의 발생도 인정한다(통설). 따라서 완전이행이 가능한 경우는 상당한 기간을 정하여 완전이행을 최고하였으나 채무자가 완전이행을 하지 않고 최고기간을 도과한 때에 해제권이 발생하고, 완전이행이 불가능한 경우는 채권자는 최고를 할 필요 없이 곧 해제할 수 있다.

(5) 채권자지체에 의한 해제권의 발생

채권자지체가 있을 때 채무자에게 해제권이 발생하느냐는 채권자지체의 본질을 어떻게 파악 하느냐에 따라 결론이 다르다. 즉, 채무불이행설(다수설)에 의하면 해제권이 인정되나, 법정 책임설에 의하면 해제권이 부정된다.

(6) 부수적 채무의 불이행과 해제권 발생 여부

민법 제544조에 의하여 채무불이행을 이유로 계약을 해제하려면, 당해 채무가 계약의 목적 달성에 있어 필요불가결하고 이를 이행하지 아니하면 계약의 목적이 달성되지 아니하여 채 권자가 그 계약을 체결하지 아니하였을 것이라고 여겨질 정도의 주된 채무이어야 하고 그렇지 아니한 부수적 채무를 불이행한 데에 지나지 아니한 경우에는 계약을 해제할 수 없다(2005다 53705·53712).

> **판례**
>
> 계약 본래의 목적은 이미 달성되었고 부수적 채무의 이행만이 지체 중에 있는 경우에는 그 불이행으로 인 하여 채권자가 계약을 달성할 수 없는 경우 또는 특별한 약정이 있는 경우를 제외하고는 원칙적으로 계약 전체의 해제를 허용할 수 없다(대판 1968. 11. 5, 68다1808).

(7) 사정변경의 원칙에 의한 해제권의 발생

통설은 사정변경의 원칙에 기한 해제권을 인정한다. 한편 판례는 종래 이를 부정하는 입장이 었으나, 최근에는 그 가능성을 인정하였다(2004다31302).

> **판례**
>
> 이른바 사정변경으로 인한 계약해제는, 계약성립 당시 당사자가 예견할 수 없었던 현저한 사정의 변경이 발생 하였고 그러한 사정의 변경이 해제권을 취득하는 당사자에게 책임 없는 사유로 생긴 것으로서, 계약내용대 로의 구속력을 인정한다면 신의칙에 현저히 반하는 결과가 생기는 경우에 계약준수원칙의 예외로서 인정되 는 것이고, 여기에서 말하는 사정이라 함은 계약의 기초가 되었던 객관적인 사정으로서, 일방당사자의 주관 적 또는 개인적인 사정을 의미하는 것은 아니다. 또한, 계약의 성립에 기초가 되지 아니한 사정이 그 후 변경되어 일방당사자가 계약 당시 의도한 계약목적을 달성할 수 없게 됨으로써 손해를 입게 되었다 하더라 도 특별한 사정이 없는 한 그 계약내용의 효력을 그대로 유지하는 것이 신의칙에 반한다고 볼 수도 없다. 지방자치단체로부터 매수한 토지가 공공공지에 편입되어 매수인이 의도한 음식점 등의 건축이 불가능하게 되었더라도 이는 매매계약을 해제할 만한 사정변경에 해당하지 않고, 매수인이 의도한 주관적인 매수목적을 달성할 수 없게 되어 손해를 입었다 하더라도 매매계약을 그대로 유지하는 것이 신의칙에 반한다고 볼 수도 없다고 한 사례(대판 2007. 3. 29, 2004다31302).

2. 약정해제권의 발생

해제권을 보류하는 약정은 처음의 계약과 동시에 할 수도 있으나, 계약체결 후에 별개의 계약에 의해서도 할 수 있다. 그리고 당사자가 명백하게 해제권을 보류하지 않았더라도 계약금의 수수 (제565조)와 같이 법률에 의해 해제권을 보류한 것으로 다루어지는 경우도 있다.

⑩ 해제권의 행사

1. 행사의 방법

> **제543조【해지, 해제권】** ① 계약 또는 법률의 규정에 의하여 당사자의 일방이나 쌍방이 해지 또는 해제의 권리가 있는 때에는 그 해지 또는 해제는 상대방에 대한 의사표시로 한다.
> ② 전항의 의사표시는 철회하지 못한다.

⑴ 해제권자의 행사의 자유

약정해제권이나 법정해제권을 불문하고, 그 해제권의 행사여부는 해제권자의 자유이다.

⑵ 상대방에 대한 의사표시

상대방이란 해제되는 계약의 당사자인 상대방 또는 그 법률상의 지위를 승계하고 있는 자를 가리킨다. 그리고 해제의 의사표시의 방식에는 아무런 제한이 없으므로, 서면에 의하든 또는 구두로 하든 상관없다.

⑶ 조건부·기한부 해제의 인정여부

해제의 의사표시에는 원칙적으로 조건이나 기한을 붙이지 못한다. 그러나 조건이나 기한을 붙여도 상대방을 불이익한 지위에 놓이게 할 염려가 없는 경우에는 예외적으로 허용된다. 예컨대 최고를 하면서 최고기간 내에 이행하지 않으면 다시 해제의 의사표시를 하지 않더라도 당연히 해제된다고 하는 것은, 최고기간 내의 불이행을 정지조건으로 하는 해제의 의사표시이나 유효하다(92다28549).

⑷ 철회 여부

해제의 의사표시는 철회하지 못한다(제543조 제2항).

2. 해제권 행사의 불가분성

> **제547조 【해지, 해제권의 불가분성】** ① 당사자의 일방 또는 쌍방이 수인인 경우에는 계약의 해지나 해제는 그 전원으로부터 또는 전원에 대하여 하여야 한다.

(04) 해제의 효과

1. 해제의 효과에 관한 이론구성

(1) 직접효과설

계약에 의한 모든 채권관계는 소급적으로 소멸한다는 견해로서, 다수설·판례의 입장이다. 따라서 미이행채무는 소멸하고, 기이행채무의 경우에는 이행된 급부가 법률상 원인 없는 급부로 되어 수령자는 부당이득반환의무를 부담한다. 다만 반환의무의 범위는 현존이익에 한하지 않고 원상회복으로 확대된다.

(2) 청산관계설

해제에 의한 계약의 소급적 소멸을 부정하여, 계약이 해제되면 미이행채무는 장래에 향하여 소멸하지만, 그때까지 존속하였던 채권관계는 원상회복을 위한 청산관계로 변형된다고 이해하는 견해로서 소수설의 입장이다. 즉, 해제 시의 원상회복의무는 수정된 부당이득반환의무가 아니라 변형된 채권·채무관계이며, 따라서 원래의 채권관계는 계약의 청산을 목적으로 하는 반환채권관계로 변하여 그 동일성을 가진다.

2. 해제의 구체적 효과

> **제548조 【해제의 효과, 원상회복의무】** ① 당사자 일방이 계약을 해제한 때에는 각 당사자는 그 상대방에 대하여 원상회복의 의무가 있다. 그러나 제3자의 권리를 해하지 못한다.
> ② 전항의 경우에 반환할 금전에는 그 받은 날로부터 이자를 가하여야 한다.

(1) 계약의 구속으로부터 해방

1) 계약의 소급적 실효

계약을 해제하면 계약은 소급하여 소멸한다. 그러므로 계약상의 채권과 채무는 소멸한다. 따라서 당사자는 계약의 구속으로부터 해방되며, 이행하지 않은 채무는 이행할 필요가 없고, 이미 이행된 급부는 서로 원상회복을 하여야 한다.

판례

계약의 해제권은 일종의 형성권으로서 당사자의 일방에 의한 계약해제의 의사표시가 있으면 그 효과로서 새로운 법률관계가 발생하고 각 당사자는 그에 구속되는 것이므로, 일방당사의 계약위반을 이유로 한 상대방의 계약해제 의사표시에 의하여 계약이 해제되었음에도 상대방이 계약이 존속함을 전제로 계약상 의무의 이행을 구하는 경우 계약을 위반한 당사자도 당해 계약이 상대방의 해제로 소멸되었음을 들어 그 이행을 거절할 수 있다(대판 2001. 6. 29, 2001다21441).

2) 해제와 물권의 복귀

① 문제는 계약의 이행으로써 등기 또는 인도를 갖추어 물권이 이전되었을 때, 그 물권이 등기 또는 인도 없이도 당연히 복귀하는가이다.

② **채권적 효과설**(물권행위의 무인성설의 입장) : 계약이 해제되더라도 채권행위가 해소될 뿐이며 물권행위는 유효하게 존속하므로 물권변동의 효과는 그대로 유지되고, 따라서 이전된 권리가 해제의 의하여 당연히 복귀하는 것은 아니며 이전된 권리를 회복하기 위해서는 다시 이행행위와 등기 또는 인도가 필요하다는 견해이다. 이에 의하면 제548조 제1항 단서의 제3자 보호는 무의미한 주의적 규정에 불과하게 된다.

③ **물권적 효과설**(물권행위의 유인성설의 입장) : 원인행위인 채권계약이 해제되면 이전하였던 물권은 등기 또는 인도 없이도 당연히 복귀한다는 견해이다. 판례도 '우리의 법제가 물권행위의 독자성과 무인성을 인정하고 있지 않는 점과, 민법 제548조 1항 단서가 거래안정을 위한 특별규정이란 점을 생각할 때' 물권적 효과설이 타당하다고 본다(75다1394).

3) 해제와 제3자의 보호

① **의의** : 제548조 제1항 단서의 제3자라 함은 그 해제된 계약으로부터 생긴 법률적 효과를 기초로 하여 새로운 이해관계를 가졌을 뿐 아니라 등기·인도 등으로 완전한 권리를 취득한 자를 말하는 것이다(2000다16169).

② **제3자의 범위**

　　㉠ **원칙** : 제548조 제1항 단서의 제3자는 원칙적으로 해제의 의사표시가 있기 이전에 해제된 계약에서 생긴 법률적 효과를 기초로 하여 새로운 권리를 취득한 자를 말한다. 따라서 해제에 의하여 소멸하는 채권 그 자체의 양수인이나 그 채권에 대하여 압류명령이나 전부명령을 받은 채권자나 제3자를 위한 계약의 수익자 등은 제548조 제1항 단서의 제3자에 포함되지 않는다.

판례

1. 민법 제548조 제1항 단서에서 말하는 제3자란 일반적으로 그 해제된 계약으로부터 생긴 법률효과를 기초로 하여 해제 전에 새로운 이해관계를 가졌을 뿐 아니라 등기, 인도 등으로 완전한 권리를 취득한 자를 말하는 것인데, 해제된 매매계약에 의하여 채무자의 책임재산이 된 부동산을 가압류 집행한 가압류채권자도 원칙상 위 조항 단서에서 말하는 제3자에 포함된다(대판 2005. 1. 14, 2003다33004).

2. 민법 제548조 제1항 단서에서 규정하는 제3자라 함은 그 해제된 계약으로부터 생긴 법률적 효과를 기초로 하여 새로운 이해관계를 가졌을 뿐 아니라 등기·인도 등으로 완전한 권리를 취득한 자를 지칭하는 것이고, 계약상의 채권을 양도받은 양수인은 특별한 사정이 없는 이상 이에 포함되지 않는다. 따라서 아파트 분양신청권이 전전매매된 후 최초의 매매 당사자가 계약을 합의해제한 경우, 그 분양신청권을 전전매수한 자는 설사 그가 백지 매도증서, 위임장 등 제반 서류를 소지하고 있다 하더라도 완전한 권리를 취득한 것이라고 할 수 없고, 또한 매매계약을 합의해제한 다음 이를 회수하지 아니하였다고 하여 그에 대하여 매매계약의 해제를 주장할 수 없는 것은 아니다(대판 1996. 4. 12, 95다49882).

3. 계약이 해제되기 이전에 계약상의 채권을 양수하여 이를 피보전권리로 하여 처분금지가처분결정을 받은 경우, 그 권리는 채권에 불과하고 대세적 효력을 갖는 완전한 권리가 아니라는 이유로 그 채권자는 민법 제548조 제1항 단서 소정의 해제의 소급효가 미치지 아니하는 '제3자'에 해당하지 아니한다(대판 2000. 8. 22, 2000다23433).

4. 소유권을 취득하였다가 계약해제로 인하여 소유권을 상실하게 된 임대인으로부터 그 계약이 해제되기 전에 주택을 임차받아 주택의 인도와 주민등록을 마침으로써 주택임대차보호법 제3조 제1항에 의한 대항요건을 갖춘 임차인은 민법 제548조 제1항 단서의 규정에 따라 계약해제로 인하여 권리를 침해받지 않는 제3자에 해당하므로 임대인의 임대권원의 바탕이 되는 계약의 해제에도 불구하고 자신의 임차권을 새로운 소유자에게 대항할 수 있고, 이 경우 계약해제로 소유권을 회복한 제3자는 주택임대차보호법 제3조 제2항에 따라 임대인의 지위를 승계한다(대판 2003. 8. 22, 2003다12717).

5. 무허가건물관리대장은 무허가건물에 관한 관리의 편의를 위하여 작성된 것일 뿐 그에 관한 권리관계를 공시할 목적으로 작성된 것이 아니므로 무허가건물관리대장에 소유자로 등재되었다는 사실만으로는 무허가건물에 관한 소유권 기타의 권리를 취득하는 효력이 없다. 따라서 미등기 무허가건물에 관한 매매계약이 해제되기 전에 매수인으로부터 해당 무허가건물을 다시 매수하고 무허가건물관리대장에 소유자로 등재되었다고 하더라도 건물에 관하여 완전한 권리를 취득한 것으로 볼 수 없으므로 민법 제548조 제1항 단서에서 규정하는 제3자에 해당한다고 할 수 없다(대판 2014. 2. 13, 2011다64782).

ⓛ **제3자범위의 확대**: 판례는 거래의 안전을 위하여 해제의 의사표시가 있은 후 그 해제에 기한 말소등기가 있기 이전에 이해관계를 갖게 된 선의의 제3자도 포함한다.

판례

계약해제 시 계약은 소급하여 소멸하게 되어 해약당사자는 각 원상회복의 의무를 부담하게 되나 이 경우 계약해제로 인한 원상회복등기 등이 이루어지기 이전에 해약당사자와 양립되지 아니하는 법률관계를 가지게 되었고 계약해제사실을 몰랐던 제3자에 대하여는 계약해제를 주장할 수 없고, 이 경우 제3자가 악의라는 사실의 주장·입증책임은 계약해제를 주장하는 자에게 있다(대판 2005. 6. 9, 2005다6341).

(2) 원상회복의무

1) 의의

당사자 일방이 계약을 해제한 때에는 각 당사자는 그 상대방에 대하여 원상회복의 의무가 있다(제548조 제1항 본문). 계약을 해제하면 계약은 소급하여 실효되므로, 이미 이행된 급부는 반환되어야 한다.

2) 원상회복의 범위

① 해제에 의하여 생기는 원상회복의무는 부당이득반환의무의 성질을 가지며, 제548조의 규정은 제741조 이하의 특칙을 이룬다. 따라서 원상회복의 범위는 해제에 관한 특칙(제548조)에 의하여 정하여진다. 그 결과 부당이득에 관한 제748조와 달리, 이득의 현존 여부와 상대방의 선의·악의를 묻지 않고 받은 급부 전부를 상대방에게 반환하여야 한다.

② 원물이 존재하면 그 물건을 상대방에게 반환하여야 한다. 즉 원물반환이 원칙이다.

③ 원물이 반환의무자의 귀책사유로 멸실·훼손되거나 그 밖의 사유로 그 반환이 어려운 때에는 그 가액을 반환하여야 한다.

④ 원물반환이 처음부터 불가능한 급부, 예컨대 노무 그 밖의 무형의 것을 급부한 경우에는 그 가액을 반환하여야 한다.

⑤ 채무의 이행으로 금전이 급부된 경우에는, 그 받은 날로부터 이자를 붙여서 반환하여야 한다(제548조 제2항).

> **판례**
>
> 법정해제권 행사의 경우 당사자 일방이 그 수령한 금전을 반환함에 있어 그 받은 때로부터 법정이자를 부가함을 요하는 것은 민법 제548조 제2항이 규정하는 바로서, 이는 원상회복의 범위에 속하는 것이며 일종의 부당이득반환의 성질을 가지는 것이고 반환의무의 이행지체로 인한 것이 아니므로, 부동산 매매계약이 해제된 경우 매도인의 매매대금 반환의무와 매수인의 소유권이전등기말소등기 절차이행의무가 동시이행의 관계에 있는지 여부와는 관계없이 매도인이 반환하여야 할 매매대금에 대하여는 그 받은 날로부터 민법 소정의 법정이율인 연 5푼의 비율에 의한 법정이자를 부가하여 지급하여야 하고, 이와 같은 법리는 약정된 해제권을 행사하는 경우라 하여 달라지는 것은 아니다(대판 2000. 6. 9, 2000다9123).

⑥ 급부받은 물건으로부터 과실을 취득하거나 사용을 하여 이득을 얻은 때에는 그 과실 및 사용이익도 함께 반환하여야 한다.

(3) 손해배상의무

제551조 【해지, 해제와 손해배상】 계약의 해지 또는 해제는 손해배상의 청구에 영향을 미치지 아니한다.

1) 손해배상의 성질

계약상 채무의 불이행이 있는 경우에 법정해제가 인정되고, 이 경우 해제를 하더라도 이미 발생한 손해는 남게 되므로, 계약해제와 손해배상청구는 양립할 수 있는 것이다.

2) 손해배상의 범위

제551조의 손해배상은 채무불이행에 기초하는 것이므로 그 범위는 민법 제390조 이하 특히 제393조에 의해 정해진다. 따라서 채무가 이행되었더라면 채권자가 얻었을 이익, 즉 이행이익의 배상을 원칙으로 한다.

> **판례**
>
> 채무불이행을 이유로 계약해제와 아울러 손해배상을 청구하는 경우에 그 계약이행으로 인하여 채권자가 얻을 이익, 즉 이행이익의 배상을 구하는 것이 원칙이지만, 그에 갈음하여 그 계약이 이행되리라고 믿고 채권자가 지출한 비용, 즉 신뢰이익의 배상을 구할 수도 있다고 할 것이고, 그 신뢰이익 중 계약의 체결과 이행을 위하여 통상적으로 지출되는 비용은 통상의 손해로서 상대방이 알았거나 알 수 있었는지의 여부와는 관계없이 그 배상을 구할 수 있고, 이를 초과하여 지출되는 비용은 특별한 사정으로 인한 손해로서 상대방이 이를 알았거나 알 수 있었던 경우에 한하여 그 배상을 구할 수 있다고 할 것이고, 다만 그 신뢰이익은 과잉배상금지의 원칙에 비추어 이행이익의 범위를 초과할 수 없다(대판 2002. 6. 11, 2002다2539).

(4) 해제의 효과와 동시이행

> **제549조【원상회복의무와 동시이행】** 제536조의 규정은 전조의 경우에 준용한다.

> **판례**
>
> 계약이 해제되면 계약당사자는 상대방에 대하여 원상회복의무와 손해배상의무를 부담하는데, 이때 계약당사자가 부담하는 원상회복의무뿐만 아니라 손해배상의무도 함께 동시이행의 관계에 있다(대판 1996. 7. 26, 95다25138 · 25145).

⑤ 해제권의 소멸

1. 일반적 소멸원인

(1) 이행 또는 이행의 제공

해제권이 발생한 후에도 해제하기 전에 채무자가 이행지체로 인한 손해배상을 포함하는 이행 또는 이행의 제공을 하면 해제권은 소멸한다.

(2) 제척기간

해제권은 형성권이므로 10년의 제척기간에 걸린다(통설).

(3) 해제권의 포기

해제권은 해제권자의 상대방에 대한 의사표시로 포기할 수 있다.

(4) 해제권의 실효

> **판례**
>
> 해제의 의사표시가 있은 무렵을 기준으로 볼 때 무려 1년 4개월가량 전에 발생한 해제권을 장기간 행사하지 아니하고 오히려 매매계약이 여전히 유효함을 전제로 잔존채무의 이행을 최고함에 따라 상대방으로서는 그 해제권이 더 이상 행사되지 아니할 것으로 신뢰하였고, 또 매매계약상의 매매대금 자체는 거의 전부가 지급된 점 등에 비추어 보면 그와 같이 신뢰한 데에는 정당한 사유도 있었다고 봄이 상당하다면, 그 후 새삼스럽게 그 해제권을 행사한다는 것은 신의성실의 원칙에 반하여 허용되지 아니한다 할 것이므로, 이제와서 매매계약을 해제하기 위하여는 다시 이행제공을 하면서 최고를 할 필요가 있다(대판 1994. 11. 25, 94다12234).

2. 특수한 소멸원인

(1) 상대방의 최고권 행사

> **제552조【해제권행사 여부의 최고권】** ① 해제권의 행사의 기간을 정하지 아니한 때에는 상대방은 상당한 기간을 정하여 해제권행사 여부의 확답을 해제권자에게 최고할 수 있다.
> ② 전항의 기간 내에 해제의 통지를 받지 못한 때에는 해제권은 소멸한다.

> **판례**
>
> 해제권의 행사의 기간을 정하지 아니한 때에는 상대방은 상당한 기간을 정하여 해제권 행사 여부의 확답을 해제권자에게 최고할 수 있고, 그 기간 내에 해제의 통지를 받지 못한 때에는 해제권은 소멸하는 것이지만, 이로 인하여 그 후 새로운 사유에 의하여 발생한 해제권까지 행사할 수 없게 되는 것은 아니다(대판 2005. 12. 8, 2003다41463).

(2) 목적물의 훼손 등

> **제553조【훼손 등으로 인한 해제권의 소멸】** 해제권자의 고의나 과실로 인하여 계약의 목적물이 현저히 훼손되거나 이를 반환할 수 없게 된 때 또는 가공이나 개조로 인하여 다른 종류의 물건으로 변경된 때에는 해제권은 소멸한다.

(3) 해제권의 소멸상의 불가분성

> **제547조【해지, 해제권의 불가분성】** ② 전항의 경우에 해지나 해제의 권리가 당사자 1인에 대하여 소멸한 때에는 다른 당사자에 대하여도 소멸한다.

06 계약의 해지

1. 서설

(1) 의의

계속적 계약에서 당사자의 일방적 의사표시만으로 그 효력을 장래에 대해 소멸시키는 것을 해지라고 한다. 해지를 할 수 있기 위해서는 해지권이 있어야 한다.

(2) 구별개념 : 합의해지

① 합의해지(해지계약)란 계속적 계약에 있어서 계약 당사자 쌍방이 합의에 의하여 계속적 계약의 효력을 해지시점 이후부터 장래를 향하여 소멸하게 하는 것을 내용으로 하는 새로운 계약을 말한다.

② 계약의 합의해지는 명시적인 경우뿐만 아니라 묵시적으로도 이루어질 수 있는 것이므로 계약 후 당사자 쌍방의 계약실현의사의 결여 또는 포기가 쌍방 당사자의 표시행위에 나타난 의사의 내용에 의하여 객관적으로 일치하는 경우에는, 그 계약은 계약을 실현하지 아니할 당사자 쌍방의 의사가 일치됨으로써 묵시적으로 해지되었다고 해석함이 상당하다.

③ 합의해지의 효력은 그 합의의 내용에 의하여 결정되고 여기에는 해제에 관한 민법 제548조 제2항의 규정은 적용되지 아니하므로, 당사자 사이에 약정이 없는 이상 합의해지로 인하여 반환할 금전에 그 받은 날로부터의 이자를 가하여야 할 의무가 있는 것은 아니다(2000다 5336 · 5343).

2. 해지권의 발생

(1) 법정해지권의 발생

1) 개별규정에 의한 발생

민법은 각각의 계속적 계약에 관해 개별적으로 해지권을 정하고 있다. 예컨대 사용대차(제610조 제3항), 임대차(제625조 · 제627조 · 제629조 · 제635조 · 제636조 · 제637조 · 제639조 · 제640조), 고용(제657조~제663조), 위임(제689조), 임치(제698조 · 제699조) 등이 그러하다.

2) 채무불이행에 의한 발생

민법은 계약해제의 경우에는 계약총칙 부분에서 일시적 계약 모두에 공통되는 해제권의 발생원인으로 이행지체와 이행불능을 정하고 있는데, 계약해지의 경우에는 이러한 규정을 두고 있지 않다. 여기서 이 규정을 계속적 계약의 해지에 유추적용할 수 있는가에 대해 긍정설과 부정설이 대립한다.

판례

1. 계속적 계약은 당사자 상호 간의 신뢰관계를 그 기초로 하는 것이므로, 당해 계약의 존속 중에 당사자의 일방이 그 계약상의 의무를 위반함으로써 그로 인하여 계약의 기초가 되는 신뢰관계가 파괴되어 계약관계를 그대로 유지하기 어려운 정도에 이르게 된 경우에는 상대방은 그 계약관계를 막바로 해지함으로써 그 효력을 장래에 향하여 소멸시킬 수 있다고 봄이 타당하다(대판 2002. 11. 26, 2002두5948).

2. 회사의 이사의 지위에 있었기 때문에 회사의 요구로 부득이 회사와 은행 사이의 계속적 거래로 인한 위 회사의 채무에 대하여 연대보증인이 된 자가 그 후 위 회사로부터 퇴사하여 이사의 지위를 떠난 것이라면 위 연대보증계약 성립 당시의 사정에 현저한 변경이 생긴 경우에 해당하므로 사정변경을 이유로 위 연대보증계약을 해지할 수 있다(대판 1992. 5. 26, 92다2332).

(2) 약정해지권의 발생

당사자는 계속적 계약에서 당사자의 일방 또는 쌍방이 해지권을 갖기로 약정할 수 있다(제543조 제1항). 특히 임대차에는 명문의 규정이 있다(제636조).

3. 해지권의 행사

(1) 상대방에 대한 일방적 의사표시

해지권은 형성권이므로, 그 행사는 상대방에 대한 일방적 의사표시로 하게 된다(제543조 제1항). 그리고 해제권과 마찬가지로 상대방의 승낙이 없으면 철회할 수 없고(제543조 제2항), 원칙적으로 조건과 기한을 붙이지 못한다.

(2) 해지권의 불가분성

해지권에도 해제권과 마찬가지로 불가분성이 있으므로, 그 행사는 전원으로부터 또는 전원에 대하여 하여야 한다(제547조 제1항). 그리고 해지권이 당사자 1인에 대하여 소멸한 때에는 다른 당사자에 대하여도 소멸한다(제547조 제2항).

4. 해지의 효과

(1) 장래효

> **제550조 【해지의 효과】** 당사자 일방이 계약을 해지한 때에는 계약은 장래에 대하여 그 효력을 잃는다.

해지는 해지 이전의 계약관계에 대하여는 영향을 미치지 않고, 계약은 장래에 향하여 그 효력을 잃는다(제550조). 그러므로 해지 전에 발생한 계약상 채무는 유효하게 존속하므로, 미이행채무는 해지에 관계없이 그대로 이행되어야 하며, 기이행급부는 수령자가 적법하게 보유할 수 있다.

(2) 해지기간

해지는 상대방 있는 의사표시로서 상대방에게 도달한 때부터 그 효력을 발생하는 것이 원칙이지만(제111조 제1항), 예외적으로 상대방이 해지통고를 받은 날로부터 일정기간이 경과한 후에 해지의 효력이 생기는 것으로 하는 경우도 있다(제603조 제2항·제635조·제660조 등). 그 기간을 해지기간이라고 하는데, 해지의 상대방을 보호하려는 것이다.

(3) 청산의무

계약을 해지하면 그 때부터 계약은 그 효력을 잃는다. 예컨대 임대차의 경우에 임차인은 더 이상 목적물을 사용·수익할 권리를 잃게 되므로 목적물을 임대인에게 반환할 의무를 지게 되는데, 이를 청산의무라고 한다.

(4) 손해배상의 청구

계약의 해지는 손해배상의 청구에 영향을 미치지 아니한다(제551조).

행정사
민법(계약)

Chapter_

02

계약각론

02 계약각론

제1절 증여

⑴ 서설

1. 의의

> **제554조【증여의 의의】** 증여는 당사자 일방이 무상으로 재산을 상대방에 수여하는 의사를 표시하고 상대방이 이를 승낙함으로써 그 효력이 생긴다.

증여는 당사자의 일방(증여자)이 대가없이, 즉 무상으로 재산을 상대방에게 수여하는 의사를 표시하고, 상대방(수증자)이 이를 승낙함으로써 성립하는 계약이다.

2. 법적 성질

(1) **계약**

① 증여는 계약이므로, 무상으로 타인에게 재산을 수여하는 경우에도 단독행위인 유증은 증여가 아니다.

② 증여는 채권계약이므로 타인의 재산을 증여의 목적으로 할 수 있다.

③ 수증자의 승낙의 의사표시가 있어야 성립하므로, 태아나 아직 형성되지 않은 종중 또는 친족공동체(91다28344)에 대한 증여의 의사표시는 아무런 효력이 없다.

(2) **낙성 · 무상 · 편무 · 불요식계약**

① 증여는 무상계약이다. 따라서 유상계약을 전제로 하는 규정, 특히 매도인의 담보책임에 관한 규정은 무상계약인 증여에는 준용되지 않고(제567조), 증여자의 담보책임에 관해서는 증여계약에서 따로 정한다(제559조).

② 증여는 증여자만이 의무를 지는 점에서 편무계약이며, 따라서 쌍무계약을 전제로 하는 효력 (제536조~제538조)은 생기지 않는다.

③ 다만 부담부 증여에 관해서는 부담의 한도에서 매도인과 같은 담보책임을 지고, 쌍무계약에 관한 규정을 적용하도록 하고 있다(제559조 제2항, 제561조).

④ 증여는 불요식계약이다. 서면에 의하지 않은 증여는 각 당사자가 이를 해제할 수 있지만 (제555조), 이 조항이 증여계약을 서면으로 작성하여야 유효하다는 의미는 아니다.

02 증여의 효력

1. 증여자의 재산권이전의무

증여자는 증여계약의 내용에 따라 재산권을 이전해 줄 의무를 부담한다(제554조). 즉 동산은 인도, 부동산은 등기, 채권은 대항요건을 갖추어 주어야 한다.

2. 증여자의 담보책임

> **제559조【증여자의 담보책임】** ① 증여자는 증여의 목적인 물건 또는 권리의 하자나 흠결에 대하여 책임을 지지 아니한다. 그러나 증여자가 그 하자나 흠결을 알고 수증자에게 고지하지 아니한 때에는 그러하지 아니하다.
> ② 상대부담 있는 증여에 대하여는 증여자는 그 부담의 한도에서 매도인과 같은 담보의 책임이 있다.

(1) 원칙

증여자는 그가 급부한 물건 또는 권리에 하자나 흠결이 있더라도 그에 대한 담보책임을 부담하지 않는 것이 원칙이다(제559조 제1항 본문). 증여는 무상계약이어서 증여자는 아무런 대가를 받지 않으므로 매매와 같은 유상계약에서 인정되는 담보책임을 증여자에게 부담시키는 것은 적절치 않으며, 또한 증여자는 목적물을 현상대로 수여하려는 의사를 가진다고 볼 수 있기 때문이다. 다만 제559조가 강행규정은 아니므로(통설), 당사자의 특약에 의하여 담보책임이 발생할 수 있다.

(2) 예외

1) 악의증여자가 불고지한 경우

증여자가 그 하자나 흠결을 알고 수증자에게 고지하지 아니한 때에는 담보책임을 진다(제559조 제1항 단서). 이 담보책임의 내용은 수증자가 하자나 흠결이 없다고 오신하였기 때문에 받은 손해, 즉 신뢰이익의 배상이다. 따라서 증여자가 그 사실을 고지하지 않은 경우에도 수증자가 계약 당시에 이를 알고 있었다면 증여자는 담보책임을 지지 않는다(통설).

2) 부담부 증여

부담부 증여에서 증여자는 그 부담의 한도에서 매도인과 같은 담보책임을 진다(제559조 제2항).

(03) 증여계약의 해제

1. 특유한 해제원인

(1) 서면에 의하지 않은 증여의 해제

> **제555조【서면에 의하지 아니한 증여와 해제】** 증여의 의사가 서면으로 표시되지 아니한 경우에는 각 당사자는 이를 해제할 수 있다.

1) 취지

증여의 의사가 서면으로 표시되지 아니한 경우에는 각 당사자(증여자 또는 수증자)는 이를 해제할 수 있다. 증여자가 경솔하게 계약을 맺는 것을 방지하고, 증여의사를 명확히 하여 분쟁을 피하고자 하는 취지이다.

2) 서면에 의한 증여

서면으로 표시되어야 하는 것은 증여자의 증여의사이다. 즉 증여자가 자기의 재산을 상대방에게 준다는 증여의사가 서면에 나타나는 것으로 족하다. 계약서의 작성을 반드시 필요로 하지 않으며, 수증자의 수증의 의사표시가 서면에 기재되어 있을 것을 요하지도 않는다.

판례

1. 서면에 의한 증여란 증여계약 당사자 간에 있어서 증여자가 자기의 재산을 상대방에게 준다는 증여의사가 문서를 통하여 확실히 알 수 있는 정도로 서면에 나타난 증여를 말하는 것으로서, 비록 서면의 문언 자체는 증여계약서로 되어 있지 않더라도 그 서면의 작성에 이르게 된 경위를 아울러 고려할 때 그 서면이 바로 증여의사를 표시한 서면이라고 인정되면 이를 민법 제555조에서 말하는 서면에 해당한다고 보아야 할 것이다(대판 1998. 9. 25, 98다22543).

2. 민법 제555조 소정의 증여의 의사가 표시된 서면의 작성시기에 대하여는 법률상 아무런 제한이 없으므로 증여계약이 성립한 당시에는 서면이 작성되지 않았더라도 그 후 계약이 존속하는 동안 서면을 작성한 때에는 그때부터는 서면에 의한 증여로서 당사자가 임의로 이를 해제할 수 없게 된다(대판 1989. 5. 9, 88다카2271).

(2) 수증자의 망은행위로 인한 증여의 해제

> **제556조【수증자의 행위와 증여의 해제】** ① 수증자가 증여자에 대하여 다음 각 호의 사유가 있는 때에는 증여자는 그 증여를 해제할 수 있다.
> 1. 증여자 또는 그 배우자나 직계혈족에 대한 범죄행위가 있는 때
> 2. 증여자에 대하여 부양의무 있는 경우에 이를 이행하지 아니하는 때
> ② 전항의 해제권은 해제원인 있음을 안 날로부터 6월을 경과하거나 증여자가 수증자에 대하여 용서의 의사를 표시한 때에는 소멸한다.

판례

민법 제556조 제1항 제2호에 규정되어 있는 '부양의무'라 함은 민법 제974조에 규정되어 있는 직계혈족 및 그 배우자 또는 생계를 같이하는 친족간의 부양의무를 가리키는 것으로서, 친족 간이 아닌 당사자 사이의 약정에 의한 부양의무는 이에 해당하지 아니하여 민법 제556조 제2항이나 민법 제558조가 적용되지 않는다 (대판 1996. 1. 26, 95다43358).

(3) 증여자의 재산상태변경으로 인한 증여의 해제

> **제557조【증여자의 재산상태변경과 증여의 해제】** 증여계약 후에 증여자의 재산상태가 현저히 변경되고 그 이행으로 인하여 생계에 중대한 영향을 미칠 경우에는 증여자는 증여를 해제할 수 있다.

2. 해제의 효력제한

> **제558조【해제와 이행완료부분】** 전3조의 규정에 의한 계약의 해제는 이미 이행한 부분에 대하여는 영향을 미치지 아니한다.

판례

1. 민법 제555조에서 말하는 해제는 일종의 특수한 철회일 뿐 민법 제543조 이하에서 규정한 본래 의미의 해제와는 다르다고 할 것이어서 형성권의 제척기간의 적용을 받지 않는다(대판 2003. 4. 11, 2003다1755).

2. 동산의 경우에는 인도시에 이행이 있게 되나, 부동산의 경우에는 그 소유권을 수증자에게 이전하는 등기를 한 때에 이행을 한 것이 되며 증여부동산의 인도까지 하여야 하는 것은 아니다(대판 1981. 10. 13, 81다649).

3. 민법 제558조에 의하면 서면에 의하지 아니한 증여의 해제는 이미 이행한 부분에 대하여는 영향을 미치지 않으므로, 증여자가 서면에 의하지 않고 소유권이전등기가 경료되지 않은 매수 토지를 증여하였으나 위 토지에 관한 소유권이전등기청구권을 수증자에게 양도하고 매도인에게 양도통지까지 마친 경우에는, 그 이후 증여자의 상속인들에 의한 서면에 의하지 아니한 증여라는 이유의 해제는 이에 아무런 영향을 끼치지 않는다(대판 1998. 9. 25, 98다22543).

4. 증여자가 생전에 제공한 서류에 의하여 수증자가 증여자 사망 후 목적 부동산에 관하여 소유권이전등기를 경료한 경우, 증여계약의 이행이 종료되었는지 여부

민법 제555조는 "증여의 의사가 서면으로 표시되지 아니한 경우에는 각 당사자는 이를 해제할 수 있다."라고 규정하고 있고, 민법 제558조는 "전 3조의 규정에 의한 계약의 해제는 이미 이행한 부분에 대하여는 영향을 미치지 아니한다."라고 규정하고 있으므로, 증여의 의사가 서면으로 표시되지 아니한 경우라도 증여자가 생전에 부동산을 증여하고 그의 뜻에 따라 그 소유권이전등기에 필요한 서류를 제공하였다면 증여자가 사망한 후에 그 등기가 경료되었다고 하더라도 증여자의 의사에 따른 증여의 이행으로서의 소유권이전등기가 경료되었다 할 것이므로 증여는 이미 이행되었다 할 것이어서 증여자의 상속인이 서면에 의하지 아니한 증여라는 이유로 증여계약을 해제하였다 하더라도 이에 아무런 영향이 없다(대판 2001. 9. 18, 2001다29643).

⑷ 특수한 증여

1. 부담부 증여

(1) 의의

① 부담부 증여란 수증자도 일정한 급부를 하여야 할 채무를 부담하는 증여계약이다. 이때 수증자의 부담으로부터 이익을 얻는 자는 증여자 자신일 수도 있고, 제3자일 수도 있다.

② 부담부 증여에서 부담은 증여에 대하여 대가관계에 서는 것이 아니므로, 부담부 증여도 편무·무상계약이다.

(2) 부담부 증여에 관한 특칙

1) 매도인과 같은 담보책임

> **제559조【증여자의 담보책임】** ② 상대부담 있는 증여에 대하여는 증여자는 그 부담의 한도에서 매도인과 같은 담보의 책임이 있다.

2) 쌍무계약에 관한 규정의 적용

> **제561조【부담부 증여】** 상대부담 있는 증여에 대하여는 본절의 규정 외에 쌍무계약에 관한 규정을 적용한다.

부담부 증여에 대하여는 증여의 규정이 적용되는 외에, 쌍무계약에 관한 규정을 적용한다(제561조). 따라서 동시이행의 항변권(제536조)·위험부담(제537조·제538조)의 규정이 준용된다.

판례

상대부담 있는 증여에 대하여는 민법 제561조에 의하여 쌍무계약에 관한 규정이 준용되어 부담의무 있는 상대방이 자신의 의무를 이행하지 아니할 때에는 비록 증여계약이 이미 이행되어 있다 하더라도 증여자는 계약을 해제할 수 있고, 그 경우 민법 제555조와 제558조는 적용되지 아니한다(대판 1997. 7. 8, 97다2177).

---

2. 정기증여

> **제560조【정기증여와 사망으로 인한 실효】** 정기의 급여를 목적으로 한 증여는 증여자 또는 수증자의 사망으로 인하여 그 효력을 잃는다.

정기증여란 예컨대 매월 100만 원을 증여하는 것처럼 정기적으로 증여하기로 약정한 것이다. 이때 정기증여의 기간의 약정여부와 관계없이 증여자 또는 수증자가 사망한 때에는 그 효력을 잃는다.

3. 사인증여

> **제562조【사인증여】** 증여자의 사망으로 인하여 효력이 생길 증여에는 유증에 관한 규정을 준용한다.

(1) 의의

사인증여란 증여자의 사망으로 효력을 발생하는 증여를 말한다(제562조). 예컨대 '내가 죽으면 너에게 이 자동차를 주겠다'라고 하는 것이다.

(2) 유증규정의 준용

① 사인증여도 증여계약인 점에서 단독행위인 유증과는 구별되나, 양자는 사망으로 그 효과가 발생하고 증여자의 생전재산이 아닌 상속인의 상속재산으로부터 출연된다는 점에서 공통되므로, 사인증여에는 유증에 관한 규정을 준용한다(제562조).

② 이때 유증의 효력에 관한 규정(제1073조 이하)은 준용되나, 유증이 단독행위임을 전제로 하는 규정, 즉 능력(제1061조~제1063조)·방식(제1065조 이하)·승인과 포기(제1074조~제1077조) 등에 관한 규정은 준용되지 않는다. 다만 유증의 철회에 관한 규정(제1108조 이하)이 준용될 수 있는지에 대하여는 다툼이 있다.

판례

유증의 방식에 관한 민법 제1065조 내지 제1072조가 사인증여에 준용되는지 여부(소극)

민법 제562조는 사인증여에 관하여는 유증에 관한 규정을 준용하도록 규정하고 있지만, 유증의 방식에 관한 민법 제1065조 내지 제1072조는 그것이 단독행위임을 전제로 하는 것이어서 계약인 사인증여에는 적용되지 아니한다.

포괄유증의 효력에 관한 민법 제1078조가 포괄적 사인증여에도 준용되는지 여부(소극)

민법 제562조가 사인증여에 관하여 유증에 관한 규정을 준용하도록 규정하고 있다고 하여, 이를 근거로 포괄적 유증을 받은 자는 상속인과 동일한 권리의무가 있다고 규정하고 있는 민법 제1078조가 포괄적 사인증여에도 준용된다고 해석하면 포괄적 사인증여에도 상속과 같은 효과가 발생하게 된다. 그러나 포괄적 사인증여는 낙성·불요식의 증여계약의 일종이고, 포괄적 유증은 엄격한 방식을 요하는 단독행위이며, 방식을 위배한 포괄적 유증은 대부분 포괄적 사인증여로 보여질 것인바, 포괄적 사인증여에 민법 제1078조가 준용된다면 양자의 효과는 같게 되므로, 결과적으로 포괄적 유증에 엄격한 방식을 요하는 요식행위로 규정한 조항들은 무의미하게 된다. 따라서 민법 제1078조가 포괄적 사인증여에 준용된다고 하는 것은 사인증여의 성질에 반하므로 준용되지 아니한다고 해석함이 상당하다(대판 1996. 4. 12, 94다37714·37721).

제2절 매매

01 서설

1. 매매의 의의 및 법적 성질

> **제563조【매매의 의의】** 매매는 당사자 일방이 재산권을 상대방에게 이전할 것을 약정하고 상대방이 그 대금을 지급할 것을 약정함으로써 그 효력이 생긴다.

매매는 당사자의 일방이 상대방에게 재산권을 이전할 것을 약정하고, 상대방이 이에 대하여 대금을 지급할 것을 약정함으로써 성립하는 유상·쌍무·낙성·불요식 계약이다(제563조).

2. 유상계약에의 준용

> **제567조【유상계약에의 준용】** 본절의 규정은 매매 이외의 유상계약에 준용한다. 그러나 그 계약의 성질이 이를 허용하지 아니하는 때에는 그러하지 아니하다.

매매에 관한 규정은 성질에 반하지 않는 한 매매 이외의 유상계약에 준용한다(제567조). 이 때 준용되는 규정으로 일방예약(제564조)·해약금(제565조)·계약비용의 부담(제566조)·담보책임(제570조 이하) 등을 들 수 있다. 그러나 다른 유상계약에서 따로 특별규정을 두고 있거나 [예 수급인의 담보책임(제667조 이하)], 또는 그 계약의 성질이 이를 허용하지 아니하는 때에는 매매에 관한 규정을 준용하지 않는다(제567조 단서).

02 매매의 성립

1. 성립요건

(1) 당사자의 합의

매매는 낙성계약이므로 매도인의 재산권이전과 매수인의 대금지급에 합의가 있으면 성립한다. 그 밖에 채무의 이행시기 및 이행장소·담보책임·계약의 비용 등과 같은 부수적인 구성부분에 대해서는 당사자가 이를 매매계약의 내용으로 제시하지 않는 한 합의가 없더라도 상관없다. 다만 그러한 부수적인 부분도 당사자가 합의가 필요하다고 표시한 때에는 그 부분에 대한 합의가 있어야 매매계약이 성립한다.

(2) 매매의 목적

1) 재산권의 이전

매매의 목적인 재산권은 물권에 한하지 않고 채권·지식재산권 등도 포함하며, 장래에 성립할 재산권도 매매의 목적이 될 수 있다.

2) 대금의 지급

매수인은 반대급부로 금전을 지급하여야 한다.

> **판례**
>
> 매매계약에 있어 매매목적물과 대금은 반드시 그 계약체결 당시에 구체적으로 특정되어 있을 필요는 없고 이를 사후라도 구체적으로 특정할 수 있는 방법과 기준이 정하여져 있으면 족하다(대판 1986. 2. 11, 84다카 2454).

2. 매매의 예약

(1) 의의

예약이란 장래 일정한 계약을 체결할 것을 미리 약정하는 계약이고, 이 예약에 의하여 장차 맺어질 계약을 본계약이라고 한다.

(2) 종류

1) 쌍무예약·편무예약

예약상의 권리자가 본계약 체결의 청약을 하는 때에 상대방이 승낙의무를 지게 되는 예약의 형태를 말한다. 즉 쌍무예약은 쌍방당사자가 청약을 하여 본계약을 성립시킬 수 있는 예약상의 권리자인 동시에 승낙의무를 지게 되는 예약이고, 편무예약은 일방당사자만이 예약상의 권리자이고 다른 당사자는 승낙의무를 부담하는 예약이다.

2) 쌍방예약·일방예약

예약완결권을 가진 자의 일방적 의사표시로 계약을 성립시키는 예약의 형태를 말한다. 즉 일방예약은 당사자의 일방만이 매매완결의 의사표시를 할 수 있는 권리(예약완결권)를 가지는 예약이고, 쌍방예약은 쌍방이 모두 예약완결권을 가지는 예약이다.

(3) 매매의 일방예약

> **제564조【매매의 일방예약】** ① 매매의 일방예약은 상대방이 매매를 완결할 의사를 표시하는 때에 매매의 효력이 생긴다.
> ② 전항의 의사표시의 기간을 정하지 아니한 때에는 예약자는 상당한 기간을 정하여 매매완결 여부의 확답을 상대방에게 최고할 수 있다.
> ③ 예약자가 전항의 기간 내에 확답을 받지 못한 때에는 예약은 그 효력을 잃는다.

1) 일방예약의 추정

① 매매의 예약이란 당사자 간에 장차 매매계약을 체결할 것을 약속하는 계약을 말한다.

② 매매의 예약은 당사자의 일방이 매매를 완결할 의사를 표시한 때에 매매의 효력이 생기는 것이므로 적어도 일방예약이 성립하려면 그 예약에 터 잡아 맺어질 본계약의 요소가 되는 매매목적물·이전방법·매매가액 및 지급방법 등의 내용이 확정되어 있거나 확정할 수 있어야 한다.

③ 매매의 예약은 원칙적으로 일방예약으로 추정된다(제564조 제1항).

2) 예약완결권

① **의의**: 예약완결권이란 일방예약·쌍방예약에 의하여 일방 또는 쌍방의 당사자(즉 예약권리자)가 상대방에 대하여 갖는 매매완결의 의사표시를 할 수 있는 권리를 말한다. 예약완결권은 일방적 의사표시에 의하여 본계약인 매매를 성립케 하는 형성권이고, 또한 양도성이 있다.

② **예약완결권의 가등기**: 부동산물권의 소유권이전의무를 발생케 하는 예약완결권은 이를 가등기할 수 있다. 예약완결권을 가등기하였는데 제3자가 그 목적물을 양수한 때에는 가등기권리자(예약권리자)가 가등기의무자(당초의 예약의무자)를 상대로 가등기에 기한 본등기를 청구하면 제3자의 소유권이전등기는 직권말소된다.

③ **존속기간**: 당사자가 예약완결권의 행사기간을 계약에서 정한 경우에는 그 약정에 의한다. 당사자가 그 행사기간을 정하지 아니한 때에는 예약완결권은 형성권이므로 그 예약이 성립한 때로부터 10년의 제척기간에 걸린다. 이 경우 예약자는 상당한 기간을 정하여 매매완결 여부의 확답을 상대방에게 최고할 수 있고, 만일에 예약의무자가 그 기간 내에 확답을 받지 못한 때에는 예약은 그 효력을 잃는다(제564조 제2항·제3항).

④ 예약완결권의 제척기간의 기산점

> **판례**
>
> 제척기간은 그 기간의 경과 자체만으로 곧 권리 소멸의 효과를 가져오게 하는 것이므로, 그 기간 진행의 기산점은 특별한 사정이 없는 한 원칙적으로 권리가 발생한 때이고, 당사자 사이에 매매예약완결권을 행사할 수 있는 시기를 특별히 약정한 경우에도 그 제척기간은 당초 권리의 발생일로부터 10년간의 기간이 경과되면 만료되는 것이지 그 기간을 넘어서 그 약정에 따라 권리를 행사할 수 있는 때로부터 10년이 되는 날까지로 연장된다고 볼 수 없다(대판 1995. 11. 10, 94다22682·22699).

3. 계약금

> **제565조【해약금】** ① 매매의 당사자 일방이 계약 당시에 금전 기타 물건을 계약금, 보증금 등의 명목으로 상대방에게 교부한 때에는 당사자 간에 다른 약정이 없는 한 당사자의 일방이 이행에 착수할 때까지 교부자는 이를 포기하고 수령자는 그 배액을 상환하여 매매계약을 해제할 수 있다.
> ② 제551조의 규정은 전항의 경우에 이를 적용하지 아니한다.

(1) 의의

계약금이란 계약을 체결할 때에 당사자 일방이 상대방에 대하여 교부하는 금전 기타의 유가물을 말한다. 계약금계약은 금전 기타의 유가물의 교부를 요건으로 하므로 요물계약이며, 매매 기타의 계약에 부수하여 행하여지는 종된 계약이다.

> **판례**
>
> 1. 계약이 일단 성립한 후에는 당사자의 일방이 이를 마음대로 해제할 수 없는 것이 원칙이고, 다만 주된 계약과 더불어 계약금계약을 한 경우에는 민법 제565조 제1항의 규정에 따라 임의해제를 할 수 있기는 하나, 계약금계약은 금전 기타 유가물의 교부를 요건으로 하므로 단지 계약금을 지급하기로 약정만 한 단계에서는 아직 계약금으로서의 효력, 즉 위 민법 규정에 의해 계약해제를 할 수 있는 권리는 발생하지 않는다고 할 것이다. 따라서 당사자가 계약금의 일부만을 먼저 지급하고 잔액은 나중에 지급하기로 약정하거나 계약금 전부를 나중에 지급하기로 약정한 경우, 교부자가 계약금의 잔금이나 전부를 약정대로 지급하지 않으면 상대방은 계약금 지급의무의 이행을 청구하거나 채무불이행을 이유로 계약금약정을 해제할 수 있고, 나아가 위 약정이 없었더라면 주계약을 체결하지 않았을 것이라는 사정이 인정된다면 주계약도 해제할 수도 있을 것이나, 교부자가 계약금의 잔금 또는 전부를 지급하지 아니하는 한 계약금계약은 성립하지 아니하므로 당사자가 임의로 주계약을 해제할 수는 없다(대판 2008. 3. 13, 2007다73611).
> 2. 매도인이 '계약금 일부만 지급된 경우 지급받은 금원의 배액을 상환하고 매매계약을 해제할 수 있다'라고 주장한 사안에서, '실제 교부받은 계약금'의 배액만을 상환하여 매매계약을 해제할 수 있다면 이는 당사자가 일정한 금액을 계약금으로 정한 의사에 반하게 될 뿐 아니라, 교부받은 금원이 소액일 경우에는 사실상 계약을 자유로이 해제할 수 있어 계약의 구속력이 약화되는 결과가 되어 부당하기 때문에, 계약금 일부만 지급된 경우 수령자가 매매계약을 해제할 수 있다고 하더라도 해약금의 기준이 되는 금원은 '실제 교부받은 계약금'이 아니라 '약정 계약금'이라고 봄이 타당하므로, 매도인이 계약금의 일부로서 지급받은 금원의 배액을 상환하는 것으로는 매매계약을 해제할 수 없다(대판 2015. 4. 23, 2014다231378).

(2) 법적 성질

계약금은 그 기능에 따라 증약금, 해약금, 위약금으로 구분할 수 있다. 계약금은 당사자 사이에 특약이 없는 한 원칙적으로 해약금으로 추정한다(제565조 제1항). 즉 계약금을 교부한 자는 그것을 포기함으로써, 그리고 이를 수령한 자는 그 배액을 상환함으로써 각각 계약을 해제할 수 있다.

(3) 해약금의 효력

1) 해제권 행사의 요건

① **교부자의 계약금 포기**: 계약금의 교부자는 이를 포기해서 매매계약을 해제할 수 있다. 계약금을 포기한다는 것은 계약금의 반환청구권을 포기한다는 의미이며, 해제권을 행사하면 당연히 계약금포기의 효력이 생기며, 포기의 의사표시를 따로 할 필요는 없다.

② **수령자의 배액상환**: 계약금의 수령자는 그 배액을 상환하여 해제하여야 한다. 따라서 단순히 해제의 의사표시만으로는 해제하지 못하며, 그 밖에 배액을 제공하여야 한다(66다699·700). 제공하기만 하면 되고, 상대방이 이를 수령하지 않는다고 해서 공탁까지 할 필요는 없다.

③ **해제할 수 있는 시기**

㉠ 당사자의 일방이 이행에 착수할 때까지 해제할 수 있다. 이행에 착수한다는 것은 객관적으로 외부에서 인식할 수 있는 정도로 채무의 이행행위의 일부(예 중도금의 제공 등)를 하거나 또는 이행을 하기 위하여 필요한 전제행위를 하는 경우를 말하는 것으로서 단순히 이행의 준비를 하는 것만으로는 부족하나 반드시 계약내용에 들어맞는 이행의 제공의 정도에까지 이르러야 하는 것은 아니다(93다1114).

㉡ 여기서 '당사자의 일방'은, 매매 쌍방 중 어느 일방을 지칭하는 것이고 상대방으로 국한하여 해석할 것이 아니므로, 비록 상대방인 매도인이 매매계약의 이행에 착수한 바가 없더라도 매수인이 중도금을 지급하여 이미 이행에 착수한 이상, 매도인이나 매수인이나 이제는 매매계약을 해제할 수 없다(99다62074).

㉢ 이행기 전에 이행의 착수를 한 경우에도 원칙적으로 해약금에 의한 해제는 부정된다.

㉣ 제565조의 해약권은 당사자 간에 다른 약정이 없는 경우에 한하여 인정되는 것이고, 만일 당사자가 위 조항의 해약권을 배제하기로 하는 약정을 하였다면 더 이상 그 해제권을 행사할 수 없다(2008다50615).

판례

1. 토지거래허가구역 내 토지에 관하여 매매계약을 체결하고 계약금만 주고받은 상태에서 토지거래허가를 받은 경우, 매도인이 민법 제565조의 규정에 의하여 그 계약을 해제할 수 있는지 여부(적극)

   토지거래계약에 관한 허가구역으로 지정된 구역 안에 위치한 토지에 관하여 매매계약이 체결된 경우 당사자는 그 매매계약이 효력이 있는 것으로 완성될 수 있도록 서로 협력할 의무가 있지만, 이러한 의무는 그 매매계약의 효력으로서 발생하는 매도인의 재산권이전의무나 매수인의 대금지급의무와는 달리 신의칙상의 의무에 해당하는 것이어서 당사자 쌍방이 위 협력의무에 기초해 토지거래허가신청을 하고 이에 따라 관할관청으로부터 그 허가를 받았다 하더라도, 아직 그 단계에서는 당사자 쌍방 모두 매매계약의 효력으로서 발생하는 의무를 이행하였거나 이행에 착수하였다고 할 수 없을 뿐만 아니라, 그 단계에서 매매계약에 대한 이행의 착수가 있다고 보아 민법 제565조의 규정에 의한 해제권 행사를 부정하게 되면 당사자 쌍방 모두에게 해제권의 행사 기한을 부당하게 단축시키는 결과를 가져올 수도 있다. 그러므로 토지거래계약에 관한 허가구역으로 지정된 구역 안의 토지에 관하여 매매계약이 체결된 후 계약금만 수수한 상태에서 당사자가 토지거래허가신청을 하고 이에 따라 관할관청으로부터 그 허가를 받았다 하더라도, 그러한 사정만으로는 아직 이행의 착수가 있다고 볼 수 없어 매도인으로서는 민법 제565조에 의하여 계약금의 배액을 상환하여 매매계약을 해제할 수 있다(대판 2009. 4. 23, 2008다62427).

2. 매도인이 매수인에게 매매계약의 이행을 최고하고 매매잔대금의 지급을 구하는 소송을 제기한 것만으로 이행에 착수하였다고 볼 수 있는지 여부(소극)

   매수인은 민법 제565조 제1항에 따라 본인 또는 매도인이 이행에 착수할 때까지는 계약금을 포기하고 계약을 해제할 수 있는바, 여기에서 이행에 착수한다는 것은 객관적으로 외부에서 인식할 수 있는 정도로 채무의 이행행위의 일부를 하거나 또는 이행을 하기 위하여 필요한 전제행위를 하는 경우를 말하는 것으로서 단순히 이행의 준비를 하는 것만으로는 부족하고, 그렇다고 반드시 계약내용에 들어맞는 이행제공의 정도에까지 이르러야 하는 것은 아니지만, 매도인이 매수인에 대하여 매매계약의 이행을 최고하고 매매잔대금의 지급을 구하는 소송을 제기한 것만으로는 이행에 착수하였다고 볼 수 없다(대판 2008. 10. 23, 2007다72274·72281).

3. 매매계약 당시 매수인이 중도금 일부의 지급에 갈음하여 매도인에게 제3자에 대한 대여금채권을 양도하기로 약정하고, 그 자리에 제3자도 참석한 경우, 매수인은 매매계약과 함께 채무의 일부 이행에 착수하였으므로, 매도인은 민법 제565조 제1항에 정한 해제권을 행사할 수 없다(대판 2006. 11. 24, 2005다39594).

4. [1] 이행기의 약정이 있는 경우, 이행기 전에 이행에 착수할 수 있는지 여부(한정 적극)

   민법 제565조가 해제권 행사의 시기를 당사자의 일방이 이행에 착수할 때까지로 제한한 것은 당사자의 일방이 이미 이행에 착수한 때에는 그 당사자는 그에 필요한 비용을 지출하였을 것이고, 또 그 당사자는 계약이 이행될 것으로 기대하고 있는데 만일 이러한 단계에서 상대방으로부터 계약이 해제된다면 예측하지 못한 손해를 입게 될 우려가 있으므로 이를 방지하고자 함에 있고, 이행기의 약정이 있는 경우라 하더라도 당사자가 채무의 이행기 전에는 착수하지 아니하기로 하는 특약을 하는 등 특별한 사정이 없는 한 이행기 전에 이행에 착수할 수 있다.

   [2] 매매계약의 체결 이후 시가 상승이 예상되자 매도인이 구두로 구체적인 금액의 제시 없이 매매대금의 증액요청을 하였고, 매수인은 이에 대하여 확답하지 않은 상태에서 중도금을 이행기 전에 제공하였는데, 그 이후 매도인이 계약금의 배액을 공탁하여 해제권을 행사한 사안에서, 시가 상승만으로 매매계약의 기초적 사실관계가 변경되었다고 볼 수 없고, 이행기 전의 이행의 착수가 허용되어서는 안 될 만한 불가피한 사정이 있는 것도 아니므로 매도인은 위의 해제권을 행사할 수 없다(대판 2006. 2. 10, 2004다11599).

5. 매도인이 민법 제565조에 의하여 계약을 해제한다는 의사표시를 하고 일정한 기한까지 해약금의 수령을 최고하며 기한을 넘기면 공탁하겠다고 통지를 한 이상 중도금 지급기일은 매도인을 위하여서도 기한의 이익이 있다고 보는 것이 옳고, 따라서 이 경우에는 매수인이 이행기 전에 이행에 착수할 수 없는 특별한 사정이 있는 경우에 해당하여 매수인은 매도인의 의사에 반하여 이행할 수 없다고 보는 것이 옳으며, 매수인이 이행기 전에, 더욱이 매도인이 정한 해약금 수령기한 이전에 일방적으로 이행에 착수하였다고 하여도 매도인의 계약해제권 행사에 영향을 미칠 수 없다(대판 1993. 1. 19, 92다31323).

2) 해제권 행사의 효과

① **원상회복의무의 불발생**: 해약금에 의한 해제는 당사자 일방의 이행이 있기 전에 교부자는 이를 포기하고 수령자는 그 배액을 상환하여 매매계약을 종결짓는 것이므로, 따로 원상회복의무는 발생하지 않는다.

② **손해배상청구권의 불발생**: 해약금에 의한 해제는 채무불이행이 원인이 아니라 해약금계약이라는 특약에 의한 것이기 때문에, 해제를 하더라도 따로 손해배상의 문제는 생기지 않는다(제565조 제2항).

③ **해약금과 법정해제의 관계**: 계약금이 교부된 경우에도 채무불이행을 이유로 한 법정해제는 물론 가능하며, 각각의 요건을 갖춘 경우 선택적으로 행사할 수 있다.

> **판례**
>
> 계약서에 명문으로 위약 시의 법정해제권의 포기 또는 배제를 규정하지 않은 이상 계약당사자 중 어느 일방에 대한 약정해제권의 유보 또는 위약벌에 관한 특약의 유무 등은 채무불이행으로 인한 법정해제권의 성립에 아무런 영향을 미칠 수 없다(대판 1990. 3. 27, 89다카14110).

4. 계약비용의 부담

> **제566조【매매계약의 비용의 부담】** 매매계약에 관한 비용은 당사자 쌍방이 균분하여 부담한다.

(1) 매매계약에 관한 비용

매매계약에 관한 비용이란 계약을 체결하는 데 일반적으로 소요되는 비용으로서, 예컨대 목적물의 측량비용·계약서 작성비용 등을 말한다. 이는 당사자 쌍방이 균분하여 부담한다(제566조). 다만 제566조는 임의규정이므로 당사자 사이에 특약이 있으면 그에 의한다.

(2) 부동산매매에서 이전등기에 소요되는 비용

그러나 부동산매매에 있어서의 이전등기비용은 매매계약에 관한 비용이 아니라 매도인의 소유권이전채무의 이행에 소요되는 변제비용에 해당한다. 따라서 채무자인 매도인이 부담함이 원칙이나(제473조), 보통 매수인이 부담하는 것이 거래관행으로 되어 있다.

⑩ 매매의 효력

1. 매도인의 재산권이전의무

> **제568조【매매의 효력】** ① 매도인은 매수인에 대하여 매매의 목적이 된 권리를 이전하여야 하며 매
> 수인은 매도인에게 그 대금을 지급하여야 한다.
> ② 전항의 쌍방의무는 특별한 약정이나 관습이 없으면 동시에 이행하여야 한다.

(I) 재산권이전의무의 내용

1) 종국적인 권리이전의무

① 매도인은 매매의 목적인 권리를 매수인에게 이전하여야 할 의무가 있으므로(제568조 제1항),
권리 그 자체를 이전하여야 한다. 부동산소유권은 등기, 동산소유권은 인도, 지식재산권은
등록, 채권은 대항요건을 갖추어 주어야 할 의무를 진다. 타인 권리의 매매인 경우에는 그
권리를 취득하여 매수인에게 이전하여야 한다(제569조).

② 소유권·지상권·전세권과 같이 부동산의 점유를 내용으로 하는 물권의 매매에서는 등기
외에 목적부동산의 점유도 이전하여야 한다.

③ 이전된 권리에 관하여 필요한 서류가 있는 때에는 이를 매수인에게 교부하여야 한다. 예컨
대 채권증서가 있는 경우에 변제자가 채무 전부를 변제한 때에는 채권증서의 반환을 청구
할 수 있으므로(제475조), 채권을 매도한 때에는 채권증서를 매수인에게 교부하여야 한다.

④ 이전하여야 할 권리는 다른 특약이 없는 한 아무런 부담 없는 완전한 것이어야 한다(2000
다8533). 예컨대 제한물권이 설정되어 있는 부동산의 매매에 있어서는 그 제한물권을 소멸
시켜서 완전한 소유권을 이전하여야 하며, 이행인수와 같은 특별한 사정이 없는 한 제한
물권의 소멸의무는 매도인의 재산권이전의무에 포함되어 매수인의 대금지급의무와 동시
이행관계에 있게 된다.

⑤ 종물은 주물의 처분에 따르는 것이 원칙이므로(제100조 제2항), 특약이 없는 한 매도인은
종물 또는 종된 권리도 이전하여야 한다.

2) 매도인의 재산권이전의무와 매수인의 대금지급의무의 관계

매도인의 재산권이전의무는 원칙적으로 매수인의 대금지급의무와 동시이행관계에 있다(제568조
제2항). 이와 관련하여 부동산매매의 매도인의 목적물인도의무와 매수인의 대금지급의무의
동시이행관계에 대해서 학설의 대립이 있으나, 판례는 기본적으로 긍정설의 입장이다.

판례 ▶

부동산의 매매계약이 체결된 경우에는 매도인의 소유권이전등기의무, 인도의무와 매수인의 잔대금지급의무는 동시이행의 관계에 있는 것이 원칙이고, 이 경우 매도인은 특별한 사정이 없는 한 제한이나 부담이 없는 완전한 소유권이전등기의무를 지는 것이므로 가압류등기 등이 있는 부동산의 매매계약에 있어서는 매도인의 소유권이전등기의무와 아울러 가압류등기의 말소의무도 매수인의 대금지급의무와 동시이행 관계에 있다고 할 것이다(대판 2000. 11. 28, 2000다8533).

(2) 과실의 귀속

> **제587조【과실의 귀속, 대금의 이자】** 매매계약 있은 후에도 인도하지 아니한 목적물로부터 생긴 과실은 매도인에게 속한다. 매수인은 목적물의 인도를 받은 날로부터 대금의 이자를 지급하여야 한다. 그러나 대금의 지급에 대하여 기한이 있는 때에는 그러하지 아니하다.

1) 의의

매매계약이 있은 후에도 아직 인도하지 아니한 매매의 목적물로부터 생긴 과실은, 비록 매도인이 그 인도를 지체하고 있더라도 매도인에게 속한다. 이것은 인도할 때까지 매수인이 대금의 이자를 지급할 의무를 지지 않는 것과 대응한다(제587조).

2) 인도와 대금지급의 관계

판례 ▶

1. 부동산매매에 있어 목적부동산을 제3자가 점유하고 있어 인도받지 아니한 매수인이 명도소송제기의 방편으로 미리 소유권이전등기를 경료받았다고 하여도 아직 매매대금을 완급하지 않은 이상 부동산으로부터 발생하는 과실은 매수인이 아니라 매도인에게 귀속되어야 한다(대판 1992. 4. 28, 91다32527).

2. 민법 제587조에 의하면, 매매계약 있은 후에도 인도하지 아니한 목적물로부터 생긴 과실은 매도인에게 속하고, 매수인은 목적물의 인도를 받은 날로부터 대금의 이자를 지급하여야 한다고 규정하고 있는바, 이는 매매당사자 사이의 형평을 꾀하기 위하여 매매목적물이 인도되지 아니하더라도 매수인이 대금을 완제한 때에는 그 시점 이후의 과실은 매수인에게 귀속되지만, 매매목적물이 인도되지 아니하고 또한 매수인이 대금을 완제하지 아니한 때에는 매도인의 이행지체가 있더라도 과실은 매도인에게 귀속되는 것이므로 매수인은 인도의무의 지체로 인한 손해배상금의 지급을 구할 수 없다(대판 2004. 4. 23, 2004다8210).

3. 특정물의 매매에 있어서 매수인의 대금지급채무가 이행지체에 빠졌다 하더라도 그 목적물이 매수인에게 인도될 때까지는 매수인은 매매대금의 이자를 지급할 필요가 없는 것이므로, 목적물의 인도가 이루어지지 아니하는 한 매도인은 매수인의 대금지급의무 이행의 지체를 이유로 매매대금의 이자 상당액의 손해배상청구를 할 수 없다(대판 1995. 6. 30, 95다14190).

3) 제587조의 유추적용문제

판례

쌍무계약이 취소된 경우 선의의 매도인은 대금의 운용이익 내지 법정이자를 반환할 필요가 있는지 여부(소극)

쌍무계약이 취소된 경우 선의의 매수인에게 민법 제201조가 적용되어 과실취득권이 인정되는 이상 선의의 매도인에게도 민법 제587조의 유추적용에 의하여 대금의 운용이익 내지 법정이자의 반환을 부정함이 형평에 맞다(대판 1993. 5. 14, 92다45025).

2. 매도인의 담보책임

(1) 서설

1) 의의

매도인의 담보책임이란 매매에 의하여 매수인이 취득하는 권리 또는 권리의 객체인 물건에 흠결 내지 하자가 있는 경우에 물건을 인도한 매도인이 매수인에게 부담하는 책임을 말한다.

2) 법적 성질

① **권리에 하자가 있는 경우**: 권리의 하자로 인한 담보책임은 매도인이 재산권이전의무를 전부 또는 일부 불이행한 경우이므로, 채무불이행책임으로서의 성격을 가진다.

② **물건에 하자가 있는 경우**

　㉠ **종류물매매**: 매도인이 불특정물(종류물)의 하자에 대하여 담보책임을 지는 것은 본질적으로 매도인이 하자 없는 완전한 물건을 인도하지 않은 것에 대한 채무불이행책임의 성격을 갖는다.

　㉡ **특정물매매**

　　ⓐ **법정책임설**: 매매계약의 유상성에 비추어 매수인을 보호하려는 법정책적 목적, 즉 유상계약에서의 대가관계를 유지하기 위한 목적에서 인정된 법정의 무과실책임이라는 견해이다.

　　ⓑ **채무불이행책임설**: 특정물매매에 있어서도 매도인은 완전물급부의무를 부담하기 때문에 하자 있는 물건을 인도하는 것은 채무불이행에 해당하지만, 급부와 반대급부 사이의 균형을 고려하여 무과실책임으로 구성되었을 뿐이며, 따라서 하자담보책임에 관한 제580조는 채무불이행책임에 관한 제390조에 대한 특별규정으로서의 성격을 갖는다고 보는 견해이다. 이 견해에서는 담보책임에서 특칙으로 정한 요건·효과 외에는 채무불이행의 일반원칙에 따른다고 한다.

3) 담보책임과 다른 제도와의 관계

① **채무불이행책임과 담보책임**

ㄱ 성립요건에서, 채무불이행책임은 채무자의 과실을 요구하고 채권자의 과실은 과실상계의 사유로 되는 데 불과하지만, 담보책임은 매도인의 과실을 요건으로 하지 않는 일종의 무과실책임이다.

ㄴ 책임의 내용에서, 채무불이행책임은 손해배상청구권과 해제권이 발생하는 데 비해, 담보책임은 대금감액청구권·해제권·손해배상청구권·완전물급부청구권의 네 가지가 인정되며, 매수인의 선의 여부 및 하자의 종류에 따라 그 인정범위와 행사요건을 달리한다.

ㄷ 권리행사기간에서, 담보책임의 경우에는 일정한 제척기간이 적용된다.

판례

토지 매도인이 성토작업을 기화로 다량의 폐기물을 은밀히 매립하고 그 위에 토사를 덮은 다음, 도시계획사업을 시행하는 공공사업시행자와 사이에서 정상적인 토지임을 전제로 협의취득절차를 진행하여 이를 매도함으로써, 매수자로 하여금 그 토지의 폐기물처리비용 상당의 손해를 입게 하였다면, 매도인은 이른바 불완전이행으로서 채무불이행으로 인한 손해배상책임을 부담하고, 이는 하자 있는 토지의 매매로 인한 민법 제580조 소정의 하자담보책임과 경합적으로 인정된다(대판 2004. 7. 22, 2002다51586).

② **착오와 하자담보책임** : 착오로 인한 취소 제도와 매도인의 하자담보책임 제도는 취지가 서로 다르고, 요건과 효과도 구별된다. 따라서 매매계약 내용의 중요 부분에 착오가 있는 경우 매수인은 매도인의 하자담보책임이 성립하는지와 상관없이 착오를 이유로 매매계약을 취소할 수 있다(2015다78703).

③ **사기와 담보책임** : 기망에 의해 하자 있는 물건에 관한 매매가 성립한 경우, 매수인은 하자담보책임과 사기에 의한 취소권을 선택적으로 주장할 수 있다(73다268).

④ **다른 유상계약에의 준용** : 매도인의 담보책임은 그 계약의 성질상 허용되지 아니하는 경우를 제외하고는 도급을 제외한 다른 유상계약에도 준용된다(제567조).

(2) 권리의 하자(흠결)에 대한 담보책임

1) 권리의 전부가 타인에게 속하는 경우

제569조 【타인의 권리의 매매】 매매의 목적이 된 권리가 타인에게 속한 경우에는 매도인은 그 권리를 취득하여 매수인에게 이전하여야 한다.

제570조 【동전 – 매도인의 담보책임】 전조의 경우에 매도인이 그 권리를 취득하여 매수인에게 이전할 수 없는 때에는 매수인은 계약을 해제할 수 있다. 그러나 매수인이 계약 당시 그 권리가 매도인에게 속하지 아니함을 안 때에는 손해배상을 청구하지 못한다.

① **요건**

　㉠ **이전불능** : 제570조의 담보책임은 매도인이 타인의 권리를 매도하였는데 이를 이전하지 못한 때에, 즉 제569조를 전제로 하여 발생한다. 즉 매매의 목적물은 현존하나, 그 목적물이 타인의 권리에 속하기 때문에 이전할 수 없는 경우이어야 한다. 만일 목적물이 처음부터 존재하지 않거나 계약 당시 이미 멸실된 상태인 때에는 그 계약은 원시적 불능으로 무효가 되므로 담보책임은 적용되지 않는다. 또한 매도인이 소유하고 있었으나 매수인에게 이전하기 전에 소멸하였기 때문에 이전할 수 없는 경우에는 채무불이행이나 위험부담이 문제되므로 역시 담보책임은 적용되지 않는다.

　　판례

　　1. 부동산임의경매절차에서 낙찰받은 토지를 그 대금납부 전에 피고에게 매도하기로 한 것으로서 민법 제569조에 정해진 타인의 권리의 매매에 해당한다(대판 2008. 8. 11, 2008다25824).
　　2. 명의신탁한 부동산을 명의신탁자가 매도하는 경우에 명의신탁자는 그 부동산을 사실상 처분할 수 있을 뿐 아니라 법률상으로도 처분할 수 있는 권원에 의하여 매도한 것이므로 이를 민법 제569조 소정의 타인의 권리의 매매라고 할 수 없다(대판 1996. 8. 20, 96다18656).

　㉡ **매수인의 귀책사유에 의한 이전불능이 아닐 것** : 매도인의 권리이전불능이 오직 매수인의 귀책사유에 기인한 경우에는 매도인은 제570조의 담보책임을 지지 않는다(79다564).

② **책임의 내용**

　㉠ **계약해제권** : 매수인은 계약 당시에 그 권리가 매도인에게 속하지 않음을 알았든 몰랐든, 즉 매수인의 선의·악의를 불문하고 해제할 수 있다(제570조 본문). 매수인은 상대방에게 최고할 필요가 없고, 또 매도인의 귀책사유도 묻지 않는다.

　㉡ **손해배상청구권** : 선의의 매수인은 손해배상도 청구할 수 있다(제570조 단서). 이때의 배상액의 산정은 매매의 목적물을 취득하여 이전하는 것이 불능으로 된 때의 시가를 표준으로 하고(72다2207), 그 손해배상의 범위는 이행이익 상당액이다.

　　판례

　　1. 타인의 물건 매매에 있어서, 매수인이 그 물건의 소유권이 매도인에게 속하지 아니함을 알지 못한 것이 매수인의 과실에 기인한 경우에는 매도인의 배상액을 산정함에 있어서 이를 참작하여야 한다(대판 1971. 12. 21, 71다218).
　　2. 매매계약 당시 그 토지의 소유권이 매도인에게 속하지 아니함을 알고 있던 매수인은 매도인에 대하여 그 이행불능을 원인으로 손해배상을 청구할 수 없고 다만 그 이행불능이 매도인의 귀속사유로 인하여 이루어진 것인 때에 한하여 그 손해배상을 청구할 수 있는 것이다(대판 1970. 12. 29, 70다2449).
　　3. 타인의 권리를 매매한 자가 권리이전을 할 수 없게 된 때에는 매도인은 선의의 매수인에 대하여 불능 당시의 시가를 표준으로 그 계약이 완전히 이행된 것과 동일한 경제적 이익을 배상할 의무가 있다(대판 1967. 5. 18, 66다2618).

③ **권리행사기간** : 매수인의 해제권과 손해배상청구권의 행사에 특별한 제척기간의 제한규정이 없다.

④ 선의의 매도인의 해제권

> **제571조【동전 – 선의의 매도인의 담보책임】** ① 매도인이 계약 당시에 매매의 목적이 된 권리가 자기에게 속하지 아니함을 알지 못한 경우에 그 권리를 취득하여 매수인에게 이전할 수 없는 때에는 매도인은 손해를 배상하고 계약을 해제할 수 있다.
> ② 전항의 경우에 매수인이 계약 당시 그 권리가 매도인에게 속하지 아니함을 안 때에는 매도인은 매수인에 대하여 그 권리를 이전할 수 없음을 통지하고 계약을 해제할 수 있다.

㉠ 의의 : 매매의 목적이 된 권리가 타인에게 속한다는 사실을 모르고 매도한 선의의 매도인을 보호하기 위해, 매도인이 손해를 배상하고 계약을 해제할 수 있는 특칙을 인정한다(제571조 제1항). 특히 매수인이 타인의 권리의 매매라는 사실을 안 때에는, 매도인은 손해를 배상할 필요 없이 권리를 이전할 수 없음을 통지하고 계약을 해제할 수 있는 것으로 규정한다(제571조 제2항).

판례

민법 제571조의 취지는 선의의 매도인에게 무과실의 손해배상책임을 부담하도록 하면서 그의 보호를 위하여 특별히 해제권을 부여한다는 것인바, 그 해제의 효과에 대하여 특별한 규정은 없지만, 일반적인 해제와 달리 해석할 이유가 없다 할 것이므로 매도인은 매수인에게 손해배상의무를 부담하는 반면에 매수인은 매도인에게 목적물을 반환하고 목적물을 사용하였으면 그 사용이익을 반환할 의무를 부담한다 할 것이다(대판 1993. 4. 9, 92다25946).

㉡ 적용범위 : 권리 전부가 이전불능인 때에만 적용된다.

판례

민법 제571조 제1항은 선의의 매도인이 매매의 목적인 권리의 전부를 이전할 수 없는 경우에 적용될 뿐 매매의 목적인 권리의 일부를 이전할 수 없는 경우에는 적용될 수 없고, 마찬가지로 수 개의 권리를 일괄하여 매매의 목적으로 정하였으나 그중 일부의 권리를 이전할 수 없는 경우에도 위 조항은 적용될 수 없다(대판 2004. 12. 9, 2002다33557).

2) 권리의 일부가 타인에게 속하는 경우

> **제572조【권리의 일부가 타인에게 속한 경우와 매도인의 담보책임】** ① 매매의 목적이 된 권리의 일부가 타인에게 속함으로 인하여 매도인이 그 권리를 취득하여 매수인에게 이전할 수 없는 때에는 매수인은 그 부분의 비율로 대금의 감액을 청구할 수 있다.
> ② 전항의 경우에 잔존한 부분만이면 매수인이 이를 매수하지 아니하였을 때에는 선의의 매수인은 계약전부를 해제할 수 있다.
> ③ 선의의 매수인은 감액청구 또는 계약해제 외에 손해배상을 청구할 수 있다.

① **요건**
㉠ 매매의 목적인 권리의 일부가 타인에게 속하기 때문에, 매도인이 그 부분의 권리를 매수인에게 이전할 수 없는 경우이다.

ⓛ 매도인이 소유권을 취득하여 매수인에게 이전할 수 없는 때라 함은 채무불이행에 있어서와 같은 정도의 엄격한 개념이 아니며 사회관념상 매수인에게 해제권을 행사시키는 것이 타당하다고 인정되는 정도의 이행장애가 있는 경우를 의미한다(77다1283).

② **책임의 내용**

ㄱ **대금감액청구권**: 매수인은 선의·악의에 관계없이 타인에게 속하는 부분의 비율로 대금의 감액을 청구할 수 있다(제572조 제1항).

ㄴ **계약해제권**: 선의의 매수인은 잔존한 부분만이면 이를 매수하지 않았으리라는 사정이 있는 경우에는, 계약의 전부를 해제할 수 있다(제572조 제2항).

ㄷ **손해배상청구권**: 선의의 매수인은 대금감액 또는 계약해제 외에 손해배상도 청구할 수 있다(제572조 제3항). 이 경우에 매도인이 매수인에 대하여 배상하여야 할 손해액은 원칙적으로 매도인이 매매의 목적이 된 권리의 일부를 취득하여 매수인에게 이전할 수 없게 된 때의 이행불능이 된 권리의 시가, 즉 이행이익 상당액이라고 할 것이다(92다37727).

③ **권리행사기간**

> **제573조【전조의 권리행사의 기간】** 전조의 권리는 매수인이 선의인 경우에는 사실을 안 날로부터, 악의인 경우에는 계약한 날로부터 1년 내에 행사하여야 한다.

제573조에서 "사실을 안 날"이라 함은 권리의 일부가 타인에게 속한 사실을 안 날이 아니라, 그 때문에 매도인이 이를 취득해서 매수인에게 이전할 수 없게 되었음이 확실하게 된 사실을 안 날을 의미한다(91다27396).

3) 목적물의 수량부족·일부멸실의 경우

> **제574조【수량부족, 일부멸실의 경우와 매도인의 담보책임】** 전2조의 규정은 수량을 지정한 매매의 목적물이 부족되는 경우와 매매목적물의 일부가 계약 당시에 이미 멸실된 경우에 매수인이 그 부족 또는 멸실을 알지 못한 때에 준용한다.

① **요건**

ㄱ **수량부족**: 당사자가 수량을 지정해서 매매한 경우에 목적물의 수량이 부족되는 때에는 담보책임이 인정된다(제574조). "수량을 지정한 매매"라 함은 당사자가 매매의 목적인 특정물이 일정한 수량을 가지고 있다는 데 주안을 두고 대금도 그 수량을 기준으로 하여 정한 경우를 말한다.

판례

1. 토지의 매매에 있어 목적물을 등기부상의 평수에 따라 특정한 경우라도 당사자가 그 지정된 구획을 전체로서 평가하였고 평수에 의한 계산이 하나의 표준에 지나지 아니하여 그것이 당사자들 사이에 대상토지를 특정하고 대금을 결정하기 위한 방편이었다고 보일 때에는 이를 가리켜 수량을 지정한 매매라 할 수 없다(대판 1993. 6. 25, 92다56674).

Chapter 02

2. 매매계약을 체결함에 있어 토지의 면적을 기초로 하여 평수에 따라 대금을 산정하였는데, 토지의 일부가 매매계약 당시에 이미 도로의 부지로 편입되어 있었고, 매수인이 그와 같은 사실을 알지 못하고 매매계약을 체결한 경우, 매수인은 민법 제574조에 따라 매도인에 대하여 토지 중 도로의 부지로 편입된 부분의 비율로 대금의 감액을 청구할 수 있다(대판 1992. 12. 22, 92다30580).

3. [1] 부동산 매매계약에 있어서 매수인이 일정한 면적이 있는 것으로 믿고 매도인도 그 면적이 있는 것을 명시적 또는 묵시적으로 표시하며, 나아가 계약당사자가 면적을 가격을 정하는 여러 요소 중 가장 중요한 요소로 파악하고, 그 객관적 수치를 기준으로 가격을 정하는 경우라면 특정물이 일정한 수량을 가지고 있다는 데에 주안을 두고, 대금도 그 수량을 기준으로 하여 정한 경우에 속하므로 민법 제574조에 정한 '수량을 지정한 매매'에 해당한다.

   [2] 매매계약당사자가 목적토지의 면적이 공부상의 표시와 같은 것을 전제로 하여 면적을 가격을 정하는 여러 요소 중 가장 중요한 요소로 파악하여 가격을 정하였고, 만약 그 면적이 공부상의 표시와 다르다는 것을 사전에 알았더라면 당연히 그 실제 평수를 기준으로 가격을 정하였으리라는 점이 인정된다면 그 매매는 '수량을 지정한 매매'에 해당되고, 매매계약서에 평당 가격을 기재하지 아니하였다거나 매매계약의 내용에 부수적으로 매도인이 매수인에게 인근 국유지에 대한 점유를 이전해 주고 이축권(이른바 딱지)을 양도하기로 하는 약정이 포함되어 있었다 하더라도 달리 볼 것은 아니라고 한다(대판 2001. 4. 10, 2001다12256).

4. 목적물이 일정한 면적(수량)을 가지고 있다는 데 주안을 두고 대금도 면적을 기준으로 하여 정하여지는 아파트분양계약은 이른바 수량을 지정한 매매라 할 것이다(대판 2002. 11. 8, 99다58136).

5. 건물 일부의 임대차계약을 체결함에 있어 임차인이 건물면적의 일정한 수량이 있는 것으로 믿고 계약을 체결하였고, 임대인도 그 일정수량이 있는 것으로 명시적 또는 묵시적으로 표시하였으며, 또한 임대차보증금과 월 임료 등도 그 수량을 기초로 하여 정하여진 경우에는, 그 임대차는 수량을 지정한 임대차라고 봄이 타당하다(대판 1995. 7. 14, 94다38342).

ⓛ **일부멸실**: 목적물의 일부가 계약 당시에 이미 멸실되어 있는 경우에도 담보책임이 인정된다(제574조).

② **책임의 내용**: 민법은 수량부족이나 일부멸실을 처음부터 권리의 일부가 흠결되어 있는 권리의 하자로 보고, 수량부족 또는 일부멸실의 사실을 모른 선의의 매수인에 한해 권리의 일부가 타인에게 속한 경우의 담보책임에 관한 규정(제572조·제573조)을 준용하는 것으로 정한다(제574조). 즉 선의의 매수인만 대금감액청구권·해제권·손해배상청구권을 행사할 수 있다.

판례

부동산매매계약에 있어서 실제면적이 계약면적에 미달하는 경우에는 그 매매가 수량지정매매에 해당할 때에 한하여 민법 제574조·제572조에 의한 대금감액청구권을 행사함은 별론으로 하고, 그 매매계약이 그 미달부분만큼 일부무효임을 들어 이와 별도로 일반 부당이득반환청구를 하거나 그 부분의 원시적 불능을 이유로 제535조가 규정하는 계약체결상의 과실에 따른 책임의 이행을 구할 수 없다(대판 2002. 4. 9, 99다47396).

③ **권리행사기간**: 선의의 매수인은 사실을 안 날로부터 1년 내에 행사하여야 한다(제574조·제573조).

4) 제한물권 등에 의한 제한이 있는 경우

> **제575조【제한물권 있는 경우와 매도인의 담보책임】** ① 매매의 목적물이 지상권, 지역권, 전세권, 질권 또는 유치권의 목적이 된 경우에 매수인이 이를 알지 못한 때에는 이로 인하여 계약의 목적을 달성할 수 없는 경우에 한하여 매수인은 계약을 해제할 수 있다. 기타의 경우에는 손해배상만을 청구할 수 있다.
> ② 전항의 규정은 매매의 목적이 된 부동산을 위하여 존재할 지역권이 없거나 그 부동산에 등기된 임대차계약이 있는 경우에 준용한다.
> ③ 전2항의 권리는 매수인이 그 사실을 안 날로부터 1년 내에 행사하여야 한다.

① **요건**

　㉠ 제한물권 등의 존재와 지역권의 부존재 : ⓐ 매매의 목적물이 지상권·지역권·전세권·질권·유치권의 목적이 되어 있는 경우, ⓑ 목적부동산을 위하여 존재할 지역권이 없는 경우, ⓒ 목적부동산 위에 등기된 임대차계약이 있는 경우이다. 여기서 등기된 임대차계약이란 임차권이 대항력을 갖춘 것을 의미하므로(제621조 제2항), 건물의 소유를 목적으로 한 토지임대차(제622조), 대항요건을 구비한 주택의 임대차나 상가건물의 임대차에도 적용된다.

　㉡ 매수인의 선의 : 매수인이 제한물권 등에 의한 제한이 있음을 알면서 매수한 때에는 그러한 사정을 고려하여 대금액 등을 정하게 될 것이므로, 악의의 매수인은 이를 보호할 필요가 없기 때문이다.

② **책임의 내용**

　㉠ 계약해제권 : 선의의 매수인은 계약해제권이 있다. 계약의 해제는 제한물권 등의 존재로 인하여 계약의 목적을 달성할 수 없는 경우에 한하여 인정된다.

　㉡ 손해배상청구권 : 선의의 매수인은 손해배상청구권이 있다. 손해가 있는 때에는 어느 경우든 그 배상을 청구할 수 있다.

　㉢ 대금감액청구권의 불인정 : 담보책임으로서 대금감액청구권을 인정하지 않는 것은 그러한 제한물권 등이 있다고 해서 매매계약의 목적인 소유권이전이 불가능하지 않고, 또한 이때에는 매매의 목적인 권리에 양적인 하자가 있는 것이 아니라 질적인 하자가 있는 것이므로 감축되어야 할 액을 비율적으로 산출할 수 없기 때문이다.

③ **권리행사기간** : 제한물권의 존재 또는 지역권의 부존재를 안 날로부터 1년 내에 행사하여야 한다(제575조 제3항).

5) 저당권 또는 전세권의 행사가 있는 경우

> **제576조【저당권, 전세권의 행사와 매도인의 담보책임】** ① 매매의 목적이 된 부동산에 설정된 저당권 또는 전세권의 행사로 인하여 매수인이 그 소유권을 취득할 수 없거나 취득한 소유권을 잃은 때에는 매수인은 계약을 해제할 수 있다.
> ② 전항의 경우에 매수인의 출재로 그 소유권을 보존한 때에는 매도인에 대하여 그 상환을 청구할 수 있다.
> ③ 전2항의 경우에 매수인이 손해를 받은 때에는 그 배상을 청구할 수 있다.

① **요건**

ㄱ **소유권을 취득할 수 없을 때** : 이것은 저당권 또는 전세권이 설정된 부동산에 대해 매매계약을 체결하고 아직 소유권이전등기를 하지 않은 상태에서, 저당권 등에 기한 경매로 인해 제3자가 부동산의 소유권을 취득함으로써, 매수인이 그 소유권을 취득할 수 없게 되는 것을 말한다.

ㄴ **취득한 소유권을 잃은 때** : 이것은 저당권 등이 설정된 부동산을 매수인이 취득한 경우로서, 그 후 저당권의 실행으로 제3자가 소유권을 취득하는 결과 매수인이 취득한 소유권을 잃게 되는 것을 말한다.

판례

1. 가등기의 목적이 된 부동산을 매수한 사람이 그 뒤 가등기에 기한 본등기가 경료됨으로써 그 부동산의 소유권을 상실하게 된 때에는 매매의 목적부동산에 설정된 저당권 또는 전세권의 행사로 인하여 매수인이 취득한 소유권을 상실한 경우와 유사하므로, 이와 같은 경우 민법 제576조의 규정이 준용된다고 보아 같은 조 소정의 담보책임을 진다고 보는 것이 상당하고, 민법 제570조에 의한 담보책임을 진다고 할 수 없다(대판 1992. 10. 27, 92다21784).

2. 가압류 목적이 된 부동산을 매수한 이후 가압류에 기한 강제집행으로 부동산 소유권을 상실한 경우에도 매도인의 담보책임에 관한 민법 제576조가 준용되는지 여부(적극)
   가압류 목적이 된 부동산을 매수한 사람이 그 후 가압류에 기한 강제집행으로 부동산 소유권을 상실하게 되었다면 이는 매매의 목적 부동산에 설정된 저당권 또는 전세권의 행사로 인하여 매수인이 취득한 소유권을 상실한 경우와 유사하므로, 이와 같은 경우 매도인의 담보책임에 관한 민법 제576조의 규정이 준용된다고 보아 매수인은 같은 조 제1항에 따라 매매계약을 해제할 수 있고, 같은 조 제3항에 따라 손해배상을 청구할 수 있다고 보아야 한다(대판 2011. 5. 13, 2011다1941).

ㄷ **소유권을 보존한 때** : 위 ㄱ과 ㄴ에 해당하는 매수인이 그의 출재로 그 소유권을 보존한 경우이다.

② **책임의 내용**

ㄱ **계약해제권** : 매매의 목적이 된 부동산에 설정된 저당권 또는 전세권의 행사로 인하여 매수인이 그 소유권을 취득할 수 없거나 취득한 소유권을 잃은 때에는 매수인은 선의·악의에 관계없이 계약을 해제할 수 있다(제576조 제1항).

ⓛ 상환청구권 : 매수인이 그의 출재로 소유권을 보존한 때에는 출재의 상환을 청구할 수 있다(제576조 제2항).

ⓒ 손해배상청구권 : 계약해제나 상환청구와 함께 손해의 배상을 청구할 수 있다(제576조 제3항).

ⓔ 책임의 배제 : 담보책임의 요건을 충족하는 경우라도 매수인이 저당권의 피담보채무 또는 전세금의 반환채무를 인수한 경우나 이행인수한 경우에는 매도인에게 담보책임을 물을 수 없다.

> **판례** ▶
>
> **매수인이 매매목적물에 관한 근저당권의 피담보채무 중 일부만을 인수하였는데 매도인은 자신이 부담하는 피담보채무를 모두 이행한 반면 매수인은 인수한 부분을 이행하지 않음으로써 근저당권이 실행되어 매수인이 취득한 소유권을 잃게 된 경우, 매도인은 민법 제576조 소정의 담보책임을 부담하게 되는지 여부(소극)**
>
> 매매의 목적이 된 부동산에 설정된 저당권의 행사로 인하여 매수인이 취득한 소유권을 잃은 때에는 매수인은 민법 제576조 제1항의 규정에 의하여 매매계약을 해제할 수 있지만, 매수인이 매매목적물에 관한 근저당권의 피담보채무를 인수하는 것으로 매매대금의 지급에 갈음하기로 약정한 경우에는 특별한 사정이 없는 한, 매수인으로서는 매도인에 대하여 민법 제576조 제1항의 담보책임을 면제하여 주었거나 이를 포기한 것으로 봄이 상당하므로, 매수인이 매매목적물에 관한 근저당권의 피담보채무 중 일부만을 인수한 경우 매도인으로서는 자신이 부담하는 피담보채무를 모두 이행한 이상 매수인이 인수한 부분을 이행하지 않음으로써 근저당권이 실행되어 매수인이 취득한 소유권을 잃게 되더라도 민법 제576조 소정의 담보책임을 부담하게 되는 것은 아니다(대판 2002. 9. 4, 2002다11151).

③ **권리행사기간** : 위 권리의 행사기간(제척기간)에 특별한 제한은 없다.

④ **저당권의 목적인 된 지상권·전세권의 매매의 경우**

> **제577조【저당권의 목적이 된 지상권, 전세권의 매매와 매도인의 담보책임】** 전조의 규정은 저당권의 목적이 된 지상권 또는 전세권이 매매의 목적이 된 경우에 준용한다.

저당권의 목적으로 된 지상권 또는 전세권을 매수한 경우, 저당권에 기해 경매가 실행되면 그 지상권 또는 전세권의 매수인은 그 권리를 취득할 수 없거나 또는 잃게 된다. 이 경우는 매수인이 소유권을 취득할 수 없거나 잃게 되는 제576조와 그 취지를 같이하므로, 그 담보책임에 관해서는 제576조의 규정을 준용한다.

(3) 물건의 하자에 대한 담보책임

> **제580조【매도인의 하자담보책임】** ① 매매의 목적물에 하자가 있는 때에는 제575조 제1항의 규정을 준용한다. 그러나 매수인이 하자 있는 것을 알았거나 과실로 인하여 이를 알지 못한 때에는 그러하지 아니하다.
> ② 전항의 규정은 경매의 경우에 적용하지 아니한다.

Chapter 02

> **제581조【종류매매와 매도인의 담보책임】** ① 매매의 목적물을 종류로 지정한 경우에도 그 후 특정된 목적물에 하자가 있는 때에는 전조의 규정을 준용한다.
> ② 전항의 경우에 매수인은 계약의 해제 또는 손해배상의 청구를 하지 아니하고 하자 없는 물건을 청구할 수 있다.

1) 특정물매매에서 목적물에 하자가 있는 경우

① 요건

ㄱ 매매의 목적물에 하자가 있을 것

ⓐ 판례는 원칙적으로 매매의 목적물이 거래통념상 기대되는 객관적 성질·성능을 결여한 경우에 하자가 있는 것으로 본다.

ⓑ 하자의 존재시기에 대해서는 학설의 대립이 있으나 판례는 특정물매매에서는 계약성립시를, 종류물매매에서는 특정시를 기준으로 한다.

판례

1. 표고버섯 종균을 접종한 표고목의 발아율이 일률적으로 정상적인 발아율의 1/100에도 미치지 못하는 현상이 발생한 경우, 종균을 생산한 회사의 대표가 관리를 잘못하여 종균에 문제가 있다고 말한 사실, 다른 구입처에서 구입한 종균을 동일한 통상의 접종 및 재배조건에서 접종한 표고목에서는 종균이 정상적으로 발아한 사실 등 제반 사정에 비추어, 그 종균은 종균으로서 통상적으로 갖추어야 할 품질이나 특성을 갖추지 못한 하자가 있음을 인정할 수 있다(대판 2003. 6. 27, 2003다20190).

2. 매도인이 매수인에게 기계를 공급하면서 카탈로그와 검사성적서를 제시한 경우, 그 기계에 하자가 있는지 여부의 판단 기준
   매도인이 매수인에게 공급한 기계가 통상의 품질이나 성능을 갖추고 있는 경우, 그 기계에 작업환경이나 상황이 요구하는 품질이나 성능을 갖추고 있지 못하다 하여 하자가 있다고 인정할 수 있기 위하여는, 매수인이 매도인에게 제품이 사용될 작업환경이나 상황을 설명하면서 그 환경이나 상황에 충분히 견딜 수 있는 제품의 공급을 요구한 데 대하여, 매도인이 그러한 품질과 성능을 갖춘 제품이라는 점을 명시적으로나 묵시적으로 보증하고 공급하였다는 사실이 인정되어야만 할 것임은 물론이나, 매도인이 매수인에게 기계를 공급하면서 당해 기계의 카탈로그와 검사성적서를 제시하였다면, 매도인은 그 기계가 카탈로그와 검사성적서에 기재된 바와 같은 정도의 품질과 성능을 갖춘 제품이라는 점을 보증하였다고 할 것이므로, 매도인이 공급한 기계가 매도인이 카탈로그와 검사성적서에 의하여 보증한 일정한 품질과 성능을 갖추지 못한 경우에는 그 기계에 하자가 있다고 보아야 한다(대판 2000. 10. 27, 2000다30554 · 30561).

3. 건축을 목적으로 매매된 토지에 대하여 건축허가를 받을 수 없어 건축이 불가능하다는 법률적 장애가 매매목적물의 하자에 해당하는지 여부(적극) 및 그 하자의 존부에 관한 판단 기준 시(= 매매계약 성립 시)
   매매의 목적물이 거래통념상 기대되는 객관적 성질·성능을 결여하거나, 당사자가 예정 또는 보증한 성질을 결여한 경우에 매도인은 매수인에 대하여 그 하자로 인한 담보책임을 부담한다 할 것이고, 한편 건축을 목적으로 매매된 토지에 대하여 건축허가를 받을 수 없어 건축이 불가능한 경우, 위와 같은 법률적 제한 내지 장애 역시 매매목적물의 하자에 해당한다 할 것이나, 다만 위와 같은 하자의 존부는 매매계약 성립 시를 기준으로 판단하여야 할 것이다(대판 2000. 1. 18, 98다18506).

ⓒ 매수인의 선의·무과실 : 매수인이 하자 있는 것을 알았거나 과실로 인하여 알지 못한 때에는 매도인은 담보책임을 부담하지 않는다(제580조 제1항 단서). 매수인의 악의 또는 과실은 매도인이 이를 입증하여야 한다(통설).

② **책임의 내용**

ⓐ **계약해제권** : 목적물의 하자로 인하여 매매의 목적을 달성할 수 없는 때에는, (선의·무과실의) 매수인은 계약을 해제할 수 있다(제580조 제1항·제575조 제1항).

ⓑ **손해배상청구권** : 목적물의 하자로 인하여 매매의 목적을 달성할 수 없는 때에는, 매수인은 계약의 해제와 아울러 손해배상을 청구할 수 있다(제580조 제1항·제575조 제1항). 그러나 목적물의 하자가 계약의 목적을 달성할 수 없을 정도로 중대한 것이 아닌 때에는, 매수인은 계약을 해제하지 못하고 손해배상만을 청구할 수 있다(제580조 제1항·제575조 제1항 단서).

③ **권리행사기간**

> **제582조【전2조의 권리행사기간】** 전2조에 의한 권리는 매수인이 그 사실을 안 날로부터 6월 내에 행사하여야 한다.

판례

1. [1] 표고버섯 종균에 하자가 존재하는 사실을 알았다고 하기 위해서는 종균의 비정상적인 발아 사실뿐만 아니라 그 원인이 종균에 존재하는 하자로 인한 것이라는 사실도 알아야 하는지 여부(적극)
   표고버섯 종균에 하자가 존재하는 사실을 알았다고 하기 위하여는 종균을 접종한 표고목에서 종균이 정상적으로 발아하지 아니한 사실을 알았다는 것만으로는 부족하고, 종균이 정상적으로 발아하지 아니한 원인이 바로 종균에 존재하는 하자로 인한 것임을 알았을 때라야 비로소 종균에 하자가 존재하는 사실을 알았다고 볼 것이다.

   [2] 민법 제582조의 매수인의 권리행사 기간은 재판상 또는 재판 외에서의 권리행사에 관한 기간이므로 매수인은 소정 기간 내에 재판 외에서 권리행사를 함으로써 그 권리를 보존할 수 있고, 재판 외에서의 권리행사는 특별한 형식을 요구하는 것이 아니므로 매수인이 매도인에 대하여 적당한 방법으로 물건에 하자가 있음을 통지하고, 계약의 해제나 하자의 보수 또는 손해배상을 구하는 뜻을 표시함으로써 충분하다(대판 2003. 6. 27, 2003다20190).

2. [1] 하자담보에 기한 매수인의 손해배상청구권이 소멸시효의 대상이 되는지 여부(적극) 및 소멸시효의 기산점(= 매수인이 매매 목적물을 인도받은 때)
   매도인에 대한 하자담보에 기한 손해배상청구권에 대하여는 민법 제582조의 제척기간이 적용되고, 이는 법률관계의 조속한 안정을 도모하고자 하는 데에 취지가 있다. 그런데 하자담보에 기한 매수인의 손해배상청구권은 권리의 내용·성질 및 취지에 비추어 민법 제162조 제1항의 채권 소멸시효의 규정이 적용되고, 민법 제582조의 제척기간 규정으로 인하여 소멸시효 규정의 적용이 배제된다고 볼 수 없으며, 이때 다른 특별한 사정이 없는 한 무엇보다도 매수인이 매매 목적물을 인도받은 때부터 소멸시효가 진행한다고 해석함이 타당하다.

[2] 부동산 매수인이 매도인을 상대로 하자담보책임에 기한 손해배상을 구한 사안에서, 매수인의 하자
담보에 기한 손해배상청구권은 부동산을 인도받은 날부터 소멸시효가 진행하는데 그로부터 10년
이 경과한 후 소를 제기하였으므로 이미 소멸되었다고 한 사례

甲이 乙 등에게서 부동산을 매수하여 소유권이전등기를 마쳤는데 위 부동산을 순차 매수한 丙이
부동산 지하에 매립되어 있는 폐기물을 처리한 후 甲을 상대로 처리비용 상당의 손해배상청구소
송을 제기하였고, 甲이 丙에게 위 판결에 따라 손해배상금을 지급한 후 乙 등을 상대로 하자담보
책임에 기한 손해배상으로서 丙에게 기지급한 돈의 배상을 구한 사안에서, 甲의 하자담보에 기
한 손해배상청구권은 甲이 乙 등에게서 부동산을 인도받았을 것으로 보이는 소유권이전등기일
로부터 소멸시효가 진행하는데, 甲이 그로부터 10년이 경과한 후 소를 제기하였으므로, 甲의 하자담
보책임에 기한 손해배상청구권은 이미 소멸시효 완성으로 소멸되었다(대판 2011. 10. 13, 2011다
10266).

2) 종류물매매에서 목적물에 하자가 있는 경우

① **요건**: 매매의 목적물을 종류로 지정하였는데 그 후 특정된 목적물에 하자가 있어야 하고,
매수인은 그 하자에 관해 선의·무과실이어야 한다(제581조 제1항).

② **책임의 내용**: 종류물의 매매에서 그 후 특정된 목적물에 하자가 있는 때에는 제580조를
준용한다(제581조 제1항). 이때 매수인은 계약의 해제 또는 손해배상의 청구를 하지 아니
하고 그에 갈음하여 하자 없는 물건(완전물)의 급부를 청구할 수 있다(제581조 제2항).

③ **권리행사기간**: 위 권리는 매수인이 그 사실을 안 날부터 6개월 내에 행사하여야 한다
(제582조).

⑷ 경매에서의 담보책임

> **제578조【경매와 매도인의 담보책임】** ① 경매의 경우에는 경락인은 전8조의 규정에 의하여 채무자에
> 게 계약의 해제 또는 대금감액의 청구를 할 수 있다.
> ② 전항의 경우에 채무자가 자력이 없는 때에는 경락인은 대금의 배당을 받은 채권자에 대하여 그
> 대금 전부나 일부의 반환을 청구할 수 있다.
> ③ 전2항의 경우에 채무자가 물건 또는 권리의 흠결을 알고 고지하지 아니하거나 채권자가 이를 알고
> 경매를 청구한 때에는 경락인은 그 흠결을 안 채무자나 채권자에 대하여 손해배상을 청구할 수 있다.

① **요건**

㉠ **공경매에 의할 것**: 본조가 적용되는 '경매'는 국가기관이 법률에 의해 행하는 공경매를
말하며, 민사집행법에 의한 강제경매·담보권실행경매 및 국세징수법에 의한 공매가
이에 해당한다.

㉡ **경매절차는 유효할 것**: 경매에서의 담보책임은 경매절차는 유효하게 이루어졌으나 경
매의 목적이 된 권리의 전부 또는 일부가 타인에게 속하는 등의 하자로 경락인이 완전한
소유권을 취득할 수 없거나 이를 잃게 되는 경우에 인정되는 것이고, 경매절차 자체가
무효인 경우에는 경매의 채무자나 채권자의 담보책임은 인정될 여지가 없다(92다15574).

ⓒ **권리의 하자(흠결)** : 경매에서의 담보책임은 권리의 하자에 대해서만 인정되며, 물건의 하자에 대해서는 담보책임을 인정하지 않는다(제580조 제2항).

판례

경락인이 강제경매절차를 통하여 부동산을 경락받아 대금을 납부하고 그 앞으로 소유권이전등기까지 마쳤으나, 그 후 위 강제집행의 채무명의가 된 약속어음공정증서가 위조된 것이어서 무효라는 이유로 그 소유권이전등기의 말소를 명하는 판결이 확정됨으로써 경매 부동산에 대한 소유권을 취득하지 못하게 된 경우 경락인은 경매 채권자에게 경매 대금 중 그가 배당받은 금액에 대하여 일반 부당이득의 법리에 따라 반환을 청구할 수 있을 뿐, 제578조 제2항에 의한 담보책임을 물을 수는 없다(대판 1991. 10. 11, 91다21640).

---

② **책임의 내용**

ㄱ **해제권·대금감액청구권** : 경락받은 권리에 하자가 있는 경우에는, 하자의 유형에 따라 경락인은 채무자에게 계약의 해제 또는 대금감액의 청구를 할 수 있다(제578조 제1항). 제578조 제1항의 채무자에는 임의경매에 있어서의 물상보증인도 포함한다(87다카2641).

ㄴ **대금반환청구권** : 제1차적으로 책임을 지는 채무자가 무자력인 때에는 제2차적으로 대금의 배당을 받은 채권자가 책임을 진다. 즉 경락인은 그러한 채권자에 대하여 대금의 전부나 일부의 반환청구할 수 있다(제578조 제2항).

ㄷ **손해배상청구권** : 경매는 채무자의 의사에 따라 행하여지는 것이 아니고, 또 채권자도 경매의 목적인 권리의 상태를 자세히 알지 못하는 것이 보통이므로, 이들은 원칙적으로 손해배상책임을 부담하지 않는다. 다만 예외적으로 채무자가 물건 또는 권리의 흠결을 알고 고지하지 아니한 때에는 채무자에 대하여, 또한 채권자가 그러한 흠결을 알고 있으면서 경매를 청구한 때에는 그 채권자에 대하여 각각 손해배상을 청구할 수 있다(제578조 제3항).

③ **권리행사기간** : 위 권리에 관해서는 권리의 하자의 담보책임규정에서 정한 제척기간이 준용된다(제578조 제1항·제573조·제574조·제575조).

(5) 채권의 매도인의 담보책임

> **제579조 【채권매매와 매도인의 담보책임】** ① 채권의 매도인이 채무자의 자력을 담보한 때에는 매매계약 당시의 자력을 담보한 것으로 추정한다.
> ② 변제기에 도달하지 아니한 채권의 매도인이 채무자의 자력을 담보한 때에는 변제기의 자력을 담보한 것으로 추정한다.

1) 채권에 권리의 하자가 있는 경우

채권의 매매에 있어서 그 채권에 권리의 흠결이 있는 때에는, 제570조 내지 제576조의 규정에 의하여 매도인은 담보책임을 진다. 예컨대 ① 매매의 목적인 채권의 전부 또는 일부가 타인에게 속하는 경우에는 제570조 내지 제573조가 적용되고, ② 채권의 일부가 계약의 무효·취소·해제나 채무의 변제 등의 이유로 존재하지 않는 경우에는 제574조가 적용된다.

2) 채무자의 자력에 관한 담보책임

① **의의**: 채권의 매도인은 채권의 존재와 채권액에 대해서는 책임을 져야 하지만, 채무자의 변제자력에 대해서까지 책임을 지는 것은 아니다. 그런데 채권을 매매하면서 매도인이 채무자의 자력을 담보하는 특약을 맺는 수가 있다. 이 경우에는 그 특약에 기해 매도인이 채무자의 무자력에 대해 담보책임을 지는데, 여기서 '어느 때'의 채무자의 자력을 담보하는지가 문제되고, 제579조는 이에 관해 추정규정을 두고 있다.

② **추정규정**

　　㉠ 변제기에 도달한 채권의 매도인이 채무자의 자력을 담보한 때에는 '매매계약 당시'의 자력을 담보한 것으로 추정한다(제579조 제1항).

　　㉡ 변제기에 도달하지 아니한 채권의 매도인이 채무자의 자력을 담보한 때에는 '변제기'의 자력을 담보한 것으로 추정한다(제579조 제2항).

　　㉢ 변제기가 이미 도래한 채권의 매도인이 채무자의 장래의 자력을 담보하거나, 또는 변제기의 약정 없는 채권에 관하여 채무자의 장래의 자력을 담보하는 경우에 관해서는 민법은 정하고 있지 않으나, 이때에는 실제로 변제될 때까지 매도인이 채무자의 자력을 담보한다는 것이 통설이다.

③ **책임의 내용**: 매도인은 매수인이 채무자의 무자력으로 인해 변제받지 못한 부분에 대해 손해배상책임을 진다.

⑥ 관련문제

1) 담보책임과 동시이행

> **제583조【담보책임과 동시이행】** 제536조의 규정은 제572조 내지 제575조, 제580조 및 제581조의 경우에 준용한다.

민법 제583조의 취지는 매도인은 같은 조에서 명시한 규정들에 터 잡아 이미 지급받은 대금의 전부나 일부의 반환의무, 손해배상의무, 하자 없는 물건의 지급의무가 있는 반면 매수인은 매도인에게서 수령한 목적물이 있다면 원상회복의무로서 이를 반환할 의무가 있는데, 이러한 쌍방 당사자의 의무는 하나의 쌍무계약에서 발생한 것은 아닐지라도 동일한 생활관계에서 발생한 것으로 서로 밀접한 관계에 있어 그 이행에 견련관계를 인정함이 공평의 원칙에 부합하기 때문에, 일반 해제의 경우와 마찬가지로 이들 경우에도 민법 제536조를 준용한다(92다25946).

2) 담보책임면제의 특약

> **제584조【담보책임면제의 특약】** 매도인은 전15조에 의한 담보책임을 면하는 특약을 한 경우에도 매
> 도인이 알고 고지하지 아니한 사실 및 제3자에게 권리를 설정 또는 양도한 행위에 대하여는 책임을
> 면하지 못한다.

① **면책특약의 유효** : 담보책임에 관한 규정은 강행규정이 아니므로, 신의칙에 반하지 않는
한도에서 매도인의 담보책임을 배제하거나 경감 또는 가중하는 특약은 원칙적으로 유효
하다.

② **면책특약의 제한** : 매도인은 담보책임을 면하는 특약을 한 경우에도 매도인이 알고 고지
하지 아니한 사실 및 제3자에게 권리를 설정 또는 양도한 행위에 대하여는 책임을 면하지
못한다(제584조).

3. 매수인의 대금지급의무

(1) 의의

매수인은 매도인의 권리이전에 대한 반대급부로서 대금지급의무를 지며(제568조 제1항), 이
러한 의무는 매도인의 재산권이전의무와 원칙적으로 동시이행관계에 있다(제568조 제2항).

(2) 대금지급시기

> **제585조【동일기한의 추정】** 매매의 당사자 일방에 대한 의무이행의 기한이 있는 때에는 상대방의 의
> 무이행에 대하여도 동일한 기한이 있는 것으로 추정한다.

(3) 대금지급장소

> **제586조【대금지급장소】** 매매의 목적물의 인도와 동시에 대금을 지급할 경우에는 그 인도장소에서 이
> 를 지급하여야 한다.

⑷ 대금지급거절권

> **제588조【권리주장자가 있는 경우와 대금지급거절권】** 매매의 목적물에 대하여 권리를 주장하는 자가 있는 경우에 매수인이 매수한 권리의 전부나 일부를 잃을 염려가 있는 때에는 매수인은 그 위험의 한도에서 대금의 전부나 일부의 지급을 거절할 수 있다. 그러나 매도인이 상당한 담보를 제공한 때에는 그러하지 아니하다.
>
> **제589조【대금공탁청구권】** 전조의 경우에 매도인은 매수인에 대하여 대금의 공탁을 청구할 수 있다.

1) 의의

매매의 목적물에 대하여 권리를 주장하는 자가 있는 경우에 매수인이 매수한 권리를 잃을 염려가 있는 때에는 매수인은 그 위험의 한도에서 대금의 지급을 거절할 수 있다(제588조 본문).

2) 요건

① 매매의 목적물에 대하여 권리를 주장하는 자가 있어야 한다. 이때 제3자가 주장하는 권리에는 소유권뿐만 아니라 용익물권이나 대항력 있는 임차권 등을 포함한다. 또한 저당권과 같은 담보물권을 주장하는 자도 여기에 해당하는가에 대해서는 긍정설이 다수설·판례이다.
② 매수인이 매수한 권리의 전부나 일부를 잃을 염려가 있어야 한다.

3) 효과

① 매수인은 그 위험의 한도에서 대금의 전부나 일부의 지급을 거절할 수 있다(제588조 본문).

> **판례**
>
> 매도인이 말소할 의무를 부담하고 있는 매매목적물상의 근저당권을 말소하지 못하고 있다면 매수인은 그 위험의 한도에서 매매대금의 지급을 거절할 수 있고, 그 결과 민법 제587조 단서에 의하여 매수인이 매매목적물을 인도받았다고 하더라도 미지급 대금에 대한 인도일 이후의 이자를 지급할 의무가 없으나, 이 경우 지급을 거절할 수 있는 매매대금이 어느 경우에나 근저당권의 채권최고액에 상당하는 금액인 것은 아니고, 매수인이 근저당권의 피담보채무액을 확인하여 이를 알고 있는 경우와 같은 특별한 사정이 있는 경우에는 지급을 거절할 수 있는 매매대금은 확인된 피담보채무액에 한정된다(대판 1996. 5. 10, 96다6554).

② 매도인이 상당한 담보를 제공한 때에는 매수인은 대금지급거절권을 행사하지 못한다(제588조 단서). 여기의 담보제공이란 담보물권의 설정 또는 보증계약의 체결을 말하는 것으로서 단지 담보물권설정계약의 청약 또는 보증인으로부터의 보증계약의 청약만으로 불충분하다(62다826).
③ 매수인이 대금지급거절권을 행사한 경우에 매도인은 매수인에 대하여 대금의 공탁을 청구할 수 있다(제589조).

(04) 환매

1. 서설

(1) 의의

환매란 매도인이 매매계약과 동시에 특약으로 환매할 권리, 즉 환매권을 보류한 경우에, 그 환매권을 일정한 기간 내에 행사함으로써, 매매의 목적물을 다시 사 오는 것을 말한다(제590조).

(2) 법적 성질

① **해제권보류부 매매설**: 환매를 매매계약의 해제, 즉 해제권보류부 매매의 일종으로 보고, 환매권은 매매계약의 해제권이므로 환매권을 행사하는 경우에는 당초의 매매계약이 해제되는 것으로 보는 견해이다.

② **재매매예약설**: 환매권의 행사로 원매매의 당사자 사이에는 원매매의 목적물에 대해서 두 번째의 매매, 즉 재매매가 성립하므로 환매는 재매매의 예약이고, 환매권은 예약완결권이라는 견해이다(다수설). 따라서 환매를 실행하여 이전등기를 하면 물권이 복귀된다고 한다.

(3) 재매매의 예약과의 비교

환매에 관해서는 제590조 내지 제595조에서 이를 정하는데, 재매매의 예약에 관해 따로 규정하는 것은 없다. 만약 환매의 성질을 재매매의 예약으로 보는 경우에는 양자의 관계가 문제되는데, 제590조 내지 제595조가 적용되는 경우는 재매매의 예약 중에서도 특히 환매라 하고, 그 요건에 해당하지 않는 그 밖의 경우는 재매매의 예약으로 본다. 즉 환매이기 위해서는 매매계약과 동시에 환매의 특약을 하여야 하고(제590조), 일정기간 내에 환매를 하여야 하며(제591조), 부동산의 경우에 환매등기를 할 수 있음(제592조)에 반해, 매매계약 후에 환매의 특약을 맺거나 또는 일정기간을 넘는 환매기간을 설정하는 경우에는 재매매의 예약으로 보고, 재매매의 예약에서는 그 청구권을 보전하기 위해 가등기를 할 수 있을 뿐이라는 점에서 차이가 있다.

2. 환매의 요건

> **제590조【환매의 의의】** ① 매도인이 매매계약과 동시에 환매할 권리를 보류한 때에는 그 영수한 대금 및 매수인이 부담한 매매비용을 반환하고 그 목적물을 환매할 수 있다.
> ② 전항의 환매대금에 관하여 특별한 약정이 있으면 그 약정에 의한다.
> ③ 전2항의 경우에 목적물의 과실과 대금의 이자는 특별한 약정이 없으면 이를 상계한 것으로 본다.

(1) 목적물

환매의 목적물은 제한이 없다. 즉 부동산·동산 기타의 재산권(채권·지식재산권 등)에 관하여도 환매의 특약이 가능하다.

(2) 시기

환매의 특약은 매매계약과 동시에 하여야 한다(제590조 제1항). 환매의 특약은 매매계약의 「종된 계약」이므로 매매계약이 무효·취소되면 환매계약도 무효로 된다.

(3) 환매대금

환매대금은 특별한 약정이 있으면 그 약정에 의한다(제590조 제2항). 그러나 특별한 약정이 없으면 환매권자는 최초의 매매대금과 매수인이 부담한 매매비용을 반환하고 환매할 수 있다(제590조 제1항). 특별한 약정이 없는 한 대금의 이자와 목적물의 과실은 상계한 것으로 본다(제590조 제3항).

(4) 환매기간

> **제591조 【환매기간】** ① 환매기간은 부동산은 5년, 동산은 3년을 넘지 못한다. 약정기간이 이를 넘는 때에는 부동산은 5년, 동산은 3년으로 단축한다.
> ② 환매기간을 정한 때에는 다시 이를 연장하지 못한다.
> ③ 환매기간을 정하지 아니한 때에는 그 기간은 부동산은 5년, 동산은 3년으로 한다.

(5) 환매의 등기

> **제592조 【환매등기】** 매매의 목적물이 부동산인 경우에 매매등기와 동시에 환매권의 보류를 등기한 때에는 제3자에 대하여 그 효력이 있다.

3. 환매의 실행

(1) 환매권의 행사방법

> **제594조 【환매의 실행】** ① 매도인은 기간 내에 대금과 매매비용을 매수인에게 제공하지 아니하면 환매할 권리를 잃는다.

매도인이 환매기간 내에 환매대금을 제공하고 환매의 의사표시를 함으로써 환매가 성립한다(제594조 제1항). 여기서 환매의 의사표시만으로는 부족하고, 환매대금을 실제로 제공하여야 한다. 환매의 의사표시는 매수인에게 하여야 하지만, 매매계약과 동시에 환매권의 보류를 등기한 때에는 목적물의 전득 시 전득자에 대하여만 환매권을 행사할 수 있다(제592조).

(2) 환매권의 대위행사

> **제593조【환매권의 대위행사와 매수인의 권리】** 매도인의 채권자가 매도인을 대위하여 환매하고자 하는 때에는 매수인은 법원이 선정한 감정인의 평가액에서 매도인이 반환할 금액을 공제한 잔액으로 매도인의 채무를 변제하고 잉여액이 있으면 이를 매도인에게 지급하여 환매권을 소멸시킬 수 있다.

환매권은 양도성이 있고 또 일신전속권이 아니므로 매도인의 채권자는 환매권을 대위행사할 수 있다(제404조). 그런데 매도인의 채권자가 환매권을 대위행사하는 경우에 매수인을 보호하기 위하여, 매수인으로 하여금 목적물의 평가액에서 환매대금을 공제한 잔액으로 매도인의 채무를 변제하여 매도인의 환매권을 소멸시킬 수 있는 특칙을 규정하고 있다(제593조).

4. 환매의 효과

(1) 기본적 효과

해제권보류부 매매설에 의하면 환매의 의사표시로 매매계약은 해제되므로 매매계약을 해제한 경우와 같은 효과가 발생한다. 그러나 다수설인 재매매예약설에 의하면 환매권의 행사로써 매도인과 매수인 간에 두 번째의 매매계약이 성립한 것으로 된다. 따라서 그 이행이 있을 때에 환매권자는 소유권을 취득한다.

> **판례**
>
> **환매특약부 매매계약에 정해진 환매기간 내에 환매의사표시를 하였으나 환매에 의한 권리취득등기를 하지 아니한 매도인이 가압류집행을 한 자에 대하여 이를 주장할 수 있는지 여부(소극)**
>
> 환매특약부 매매계약의 매도인이 환매기간 내에 매수인에게 환매의 의사표시를 한 바 있다고 하여도 그 환매에 의한 권리취득의 등기를 함이 없이는 부동산에 가압류집행을 한 자에 대하여 이를 주장할 수 없다(대판 1990. 12. 26, 90다카16914).

(2) 상계간주

당사자 사이에 다른 특약이 없으면 목적물의 과실과 대금의 이자는 상계한 것으로 본다 (제590조 제3항).

(3) 비용상환청구권

> **제594조【환매의 실행】** ② 매수인이나 전득자가 목적물에 대하여 비용을 지출한 때에는 매도인은 제203조의 규정에 의하여 이를 상환하여야 한다. 그러나 유익비에 대하여는 법원은 매도인의 청구에 의하여 상당한 상환기간을 허여할 수 있다.

5. 공유지분의 환매

> **제595조【공유지분의 환매】** 공유자의 1인이 환매할 권리를 보류하고 그 지분을 매도한 후 그 목적물의 분할이나 경매가 있는 때에는 매도인은 매수인이 받은 또는 받을 부분이나 대금에 대하여 환매권을 행사할 수 있다. 그러나 매도인에게 통지하지 아니한 매수인은 그 분할이나 경매로써 매도인에게 대항하지 못한다.

공유자는 자기의 지분권을 단독으로 처분하는 것이 인정되므로(제263조), 공유자가 그의 지분에 환매권을 보류하고서 매도하는 것도 자유이다. 그런데 민법은 공유물이 지분환매의 특약 후 그 환매권을 행사하기 전에 분할되는 경우에 대비하여 매도인을 보호하기 위한 하나의 특칙을 두고 있다(제595조).

⑤ 할부매매

1. 의의

할부매매는 매수인이 상품을 미리 인도받고 대금은 일정기간 동안 분할하여 지급하는 매매로서, 목적물의 인도시기와 대금의 분할지급에서 특수한 내용을 이룬다.

2. 할부매매와 소유권유보의 특약

(1) 할부매매에서는 매도인의 대금채권 담보를 위해 매수인에게 인도된 목적물의 소유권은 대금이 완제될 때까지 매도인에게 남아 있는 것으로, 즉 소유권을 유보하는 것으로 약정하는 것이 보통이다.

(2) 소유권유보의 법적 성질에 관해, 판례는 물권행위는 성립하지만 그 효력이 발생하기 위해서는 대금이 모두 지급되는 것을 조건으로 하는 정지조건부 물권행위로 파악한다. 즉 대금의 완제가 있으면 그것만으로 당연히 소유권이전의 효력이 발생하는 것으로 본다.

판례

소유권 유보부 동산 매매계약의 법적 성질과 그 목적물의 소유권 귀속관계

동산의 매매계약을 체결하면서, 매도인이 대금을 모두 지급받기 전에 목적물을 매수인에게 인도하지만 대금이 모두 지급될 때까지는 목적물의 소유권은 매도인에게 유보되며 대금이 모두 지급된 때에 그 소유권이 매수인에게 이전된다는 내용의 이른바 소유권유보의 특약을 한 경우, 목적물의 소유권을 이전한다는 당사자 사이의 물권적 합의는 매매계약을 체결하고 목적물을 인도한 때 이미 성립하지만 대금이 모두 지급되는 것을 정지조건으로 하므로, 목적물이 매수인에게 인도되었다고 하더라도 특별한 사정이 없는 한 매도인은 대금이 모두 지급될 때까지 매수인뿐만 아니라 제3자에 대하여도 유보된 목적물의 소유권을 주장할 수 있으며, 이와 같은 법리는 소유권유보의 특약을 한 매매계약이 매수인의 목적물 판매를 예정하고 있고, 그 매매계약에서 소유권유보의 특약을 제3자에 대하여 공시한 바 없고, 또한 그 매매계약이 종류물을 목적물로 하고 있다 하더라도 다를 바 없다(대판 1999. 9. 7, 99다30534).

소유권 이전을 위하여 등기나 등록을 요하는 재산에 대하여 소유권유보부매매가 성립할 수 있는지 여부(소극)

소유권유보부매매는 동산을 매매함에 있어 매매목적물을 인도하면서 대금완납 시까지 소유권을 매도인에게 유보하기로 특약한 것을 말하며, 이러한 내용의 계약은 동산의 매도인이 매매대금을 다 수령할 때까지 그 대금채권에 대한 담보의 효과를 취득·유지하려는 의도에서 비롯된 것이다. 따라서 부동산과 같이 등기에 의하여 소유권이 이전되는 경우에는 등기를 대금완납 시까지 미룸으로써 담보의 기능을 할 수 있기 때문에 굳이 위와 같은 소유권유보부매매의 개념을 원용할 필요성이 없으며, 일단 매도인이 매수인에게 소유권이전등기를 경료하여 준 이상은 특별한 사정이 없는 한 매수인에게 소유권이 귀속되는 것이다. 한편 자동차, 중기, 건설기계 등은 비록 동산이기는 하나 부동산과 마찬가지로 등록에 의하여 소유권이 이전되고, 등록이 부동산 등기와 마찬가지로 소유권이전의 요건이므로, 역시 소유권유보부매매의 개념을 원용할 필요성이 없는 것이다(대판 2010. 2. 25, 2009도5064).

제3절 | 교환

01 서설

1. 의의 및 법적 성질

> **제596조【교환의 의의】** 교환은 당사자 쌍방이 금전 이외의 재산권을 상호 이전할 것을 약정함으로써 그 효력이 생긴다.

교환이란 당사자 쌍방이 금전 이외의 재산권을 서로 이전할 것을 약정함으로써 성립하는 계약이다(제596조). 교환의 법적 성질은 유상·쌍무·낙성·불요식의 계약인 점에서 매매와 같으나, 당사자 간에 서로 금전 이외의 재산권을 이전하는 점에서, 재산권이전의 대가로 매수인이 금전을 지급하는 매매와 구별된다.

02 성립요건

1. 의사의 합치

교환은 당사자 쌍방이 모두 금전 이외의 재산권을 이전하기로 하는 약정이 있어야 성립한다.

2 교환의 목적물

교환은 금전 이외의 재산권을 목적물로 하나, 서로 교환하는 재산권의 가격이 대등하지 않은 때에 일방이 일정액의 금전을 보충지급할 것을 약정하는 수가 있다(제597조). 이때 지급되는 금전을 보충금이라고 한다.

03 효력

1. 매매규정의 준용

교환에 의해 각 당사자는 목적이 된 재산권을 상대방에게 이전해 줄 채무를 부담한다. 그 밖에 쌍무계약에 따른 효과가 발생하고, 교환은 유상계약이므로 매매에 관한 규정이 준용된다(제567조).

2. 보충금

> **제597조【금전의 보충지급의 경우】** 당사자 일방이 전조의 재산권이전과 금전의 보충지급을 약정한 때에는 그 금전에 대하여는 매매대금에 관한 규정을 준용한다.

제4절 | 소비대차

01 서설

1. 의의

> **제598조【소비대차의 의의】** 소비대차는 당사자 일방이 금전 기타 대체물의 소유권을 상대방에게 이전할 것을 약정하고 상대방은 그와 같은 종류, 품질 및 수량으로 반환할 것을 약정함으로써 그 효력이 생긴다.

소비대차는 당사자 일방(대주)이 금전 기타 대체물의 소유권을 상대방에게 이전하고, 상대방 (차주)은 동종·동질·동량의 물건을 반환하는 것을 내용으로 하는 계약이다(제598조).

2. 법적 성질

소비대차는 낙성·불요식계약이다. 또한 원칙적으로 금전 기타 대체물의 사용의 대가인 이자를 요건으로 하지 않는 점에서 무상·편무계약이다(제598조). 그러나 특약 또는 법률의 규정에 의해 이자를 지급하기로 한 이자부 소비대차는 유상·쌍무계약이 된다.

3. 사용대차 · 임대차와의 비교

구분	소비대차	사용대차	임대차
차주의 소유권 취득 여부	소유권을 취득함	소유권을 취득하지 못함	소유권을 취득하지 못함
계약의 목적물	대체물에 한정됨	대체물에 한정되지 않음	대체물에 한정되지 않음
차주의 목적물 이용방법	제한 없음	계약 또는 목적물의 성질에 의해 정해진 용법에 따라 사용·수익(제610조)	계약 또는 목적물의 성질에 의해 정해진 용법에 따라 사용·수익하여야 함
대가의 지급	원칙적으로 대가의 지급이 없으나, 이자부 소비대차는 대가를 지급	대가의 지급이 없음	차임이라는 대가를 지급

02 소비대차의 성립요건

1. 목적물

소비대차의 성질상 목적물은 금전 기타 대체물이어야 한다.

2. 소비대차의 실효와 해제에 관한 특칙

(1) 파산과 소비대차의 실효

> **제599조【파산과 소비대차의 실효】** 대주가 목적물을 차주에게 인도하기 전에 당사자 일방이 파산선고를 받은 때에는 소비대차는 그 효력을 잃는다.

(2) 무이자 소비대차의 해제권

> **제601조【무이자 소비대차와 해제권】** 이자 없는 소비대차의 당사자는 목적물의 인도 전에는 언제든지 계약을 해제할 수 있다. 그러나 상대방에게 생긴 손해가 있는 때에는 이를 배상하여야 한다.

03 소비대차의 효력

1. 대주의 의무

(1) 목적물의 소유권이전의무

대주는 차주가 목적물을 이용할 수 있도록 하기 위하여 목적물의 소유권을 차주에게 이전하여야 한다.

(2) 대주의 담보책임

> **제602조【대주의 담보책임】** ① 이자 있는 소비대차의 목적물에 하자가 있는 경우에는 제580조 내지 제582조의 규정을 준용한다.
> ② 이자 없는 소비대차의 경우에는 차주는 하자 있는 물건의 가액으로 반환할 수 있다. 그러나 대주가 그 하자를 알고 차주에게 고지하지 아니한 때에는 전항과 같다.

1) 이자 있는 소비대차

이자 있는 소비대차의 목적물에 하자가 있는 때에는 매도인의 하자담보책임의 규정을 준용한다(제602조 제1항). 따라서 차주가 목적물에 하자 있음을 모르고 모르는 데 과실이 없는 것을 전제로 하여, 목적물의 하자로 인해 소비대차의 목적을 달성할 수 없는 때에는 계약을 해제하고, 그 밖의 경우에는 손해배상을 청구하며, 또는 이에 갈음하여 하자 없는 물건을 청구할 수 있다. 그리고 이러한 권리는 차주가 그 사실을 안 날부터 6개월 내에 행사하여야 한다.

2) 이자 없는 소비대차

이자 없는 소비대차에서 목적물에 하자가 있는 때에는 차주는 그 하자 있는 물건의 가액으로 반환할 수 있다(제602조 제2항 본문). 다만 대주가 그 하자를 알고 차주에게 고지하지 아니한 때에는 이자 있는 소비대차와 같은 담보책임을 인정한다(제602조 제2항 단서).

2. 차주의 의무

(1) 목적물반환의무

1) 반환할 물건

① **원칙** : 차주는 대주로부터 받은 것과 동종·동질·동량의 물건을 반환하여야 한다(제598조).

② **예외**

> **제606조 【대물대차】** 금전대차의 경우에 차주가 금전에 갈음하여 유가증권 기타 물건의 인도를 받은 때에는 그 인도 시의 가액으로써 차용액으로 한다.
>
> **제607조 【대물반환의 예약】** 차용물의 반환에 관하여 차주가 차용물에 갈음하여 다른 재산권을 이전할 것을 예약한 경우에는 그 재산의 예약 당시의 가액이 차용액 및 이에 붙인 이자의 합산액을 넘지 못한다.
>
> **제608조 【차주에 불이익한 약정의 금지】** 전2조의 규정에 위반한 당사자의 약정으로서 차주에 불리한 것은 환매 기타 여하한 명목이라도 그 효력이 없다.
>
> **제604조 【반환불능으로 인한 시가상환】** 차주가 차용물과 같은 종류, 품질 및 수량의 물건을 반환할 수 없는 때에는 그때의 시가로 상환하여야 한다. 그러나 제376조 및 제377조 제2항의 경우에는 그러하지 아니하다.

ㄱ 대물대차의 경우 : 금전대차에서 차주가 금전에 갈음하여 유가증권 기타 물건의 인도를 받은 경우, 차주는 그 물건이 아닌 금전을 반환하여야 한다. 다만 반환할 금액은 당초의 약정액이 아니라 금전에 갈음하여 인도한 유가증권 기타 물건 인도 시의 가액으로 한다(제606조).

ㄴ 대물변제예약의 경우 : 차용물의 반환에 관하여 차주가 차용물에 갈음하여 다른 재산권을 이전할 것을 예약한 경우에는 그 재산의 예약 당시의 가액이 차용액 및 이에 붙인 이자의 합산액을 넘지 못하며(제607조), 이에 위반한 당사자의 약정으로 차주에 불리한 것은 효력이 없다(제608조). 제607조의 규정에 위반한 대물반환의 예약이 차주에 불리한 것은 그 효력이 없다는 의미는 무엇인가에 대해 견해가 대립한다. 판례는 제607조의 규정에 위반한 대물반환의 예약은 '청산을 전제로 하는 양도담보설정의 약정'으로서 효력을 가지는 것으로 본다(98다51220).

ㄷ 하자 있는 물건을 받은 경우 : 무이자 소비대차에서 목적물에 하자가 있는 때에는 차주는 그 하자 있는 물건의 가액으로 반환할 수 있다(제602조 제2항 본문).

ㄹ 반환불능으로 된 경우 : 차주가 차용물과 같은 것으로 반환할 수 없는 때에는 불능 당시의 시가로 상환하면 된다(제604조 본문). 다만 금전의 소비대차에서 그 빌린 통화가 변제기에 강제통용력을 잃은 때에는 다른 통화로, 또 외화인 경우에는 그 나라의 다른 통화로 변제하여야 하고, 강제통용력을 잃은 당시의 구통화의 시가로 상환하지는 못한다(제604조 단서).

2) 반환시기

> **제603조【반환시기】** ① 차주는 약정시기에 차용물과 같은 종류, 품질 및 수량의 물건을 반환하여야 한다.
> ② 반환시기의 약정이 없는 때에는 대주는 상당한 기간을 정하여 반환을 최고하여야 한다. 그러나 차주는 언제든지 반환할 수 있다.

(2) 이자지급의무

> **제600조【이자계산의 시기】** 이자 있는 소비대차는 차주가 목적물의 인도를 받은 때로부터 이자를 계산하여야 하며 차주가 그 책임 있는 사유로 수령을 지체할 때에는 대주가 이행을 제공한 때로부터 이자를 계산하여야 한다.

⑭ 준소비대차

> **제605조【준소비대차】** 당사자 쌍방이 소비대차에 의하지 아니하고 금전 기타의 대체물을 지급할 의무가 있는 경우에 당사자가 그 목적물을 소비대차의 목적으로 할 것을 약정한 때에는 소비대차의 효력이 생긴다.

1. 서설

(1) 의의

당사자 쌍방이 소비대차에 의하지 아니하고 성립한 금전 기타의 대체물을 지급할 의무가 있는 경우에 당사자가 그 목적물을 소비대차의 목적으로 할 것을 약정한 경우(⑩ 매매계약에 의하여 생긴 대금채무를 매도인과 매수인이 소비대차로 한다는 합의를 한 경우)를 준소비대차라고 한다.

(2) 경개와의 구별

준소비대차는 기존 채무를 소멸케 하고 신채무를 성립시키는 계약인 점에 있어서는 경개와 동일하다. 그러나 경개에 있어서는 기존 채무와 신채무 사이에 동일성이 없는 반면, 준소비대차에 있어서는 원칙적으로 동일성이 인정된다는 점에 차이가 있다. 따라서 기존 채권·채무의 당사자가 그 목적물을 소비대차의 목적으로 할 것을 약정한 경우 그 약정을 경개로 볼 것인가 또는 준소비대차로 볼 것인가는 1차적으로 당사자의 의사에 의하여 결정되고, 만약 당사자의 의사가 명백하지 않을 때에는 특별한 사정이 없는 한 일반적으로 준소비대차로 보아야 할 것이다(2002다31803·31810).

2. 성립요건

(1) 기존 채무의 존재

준소비대차가 성립하려면 우선 당사자 사이에 금전 기타 대체물의 급부를 목적으로 하는 기존의 채무가 존재하여야 한다. 기존의 채무에는 특별한 제한이 없다.

> **판례**
>
> 준소비대차는 기존채무를 소멸하게 하고 신채무를 성립시키는 계약인 점에 있어서는 경개와 동일하지만 경개에 있어서는 기존채무와 신채무 사이에 동일성이 없는 반면, 준소비대차에 있어서는 원칙적으로 동일성이 인정되는바, 이때 신채무와 기존채무의 소멸은 서로 조건을 이루어 기존채무가 부존재하거나 무효인 경우에는 신채무는 성립하지 않고 신채무가 무효이거나 취소된 때에는 기존채무는 소멸하지 않았던 것이 되고, 기존채무와 신채무의 동일성이란 기존채무에 동반한 담보권, 항변권 등이 당사자의 의사나 그 계약의 성질에 반하지 않는 한 신채무에도 그대로 존속한다는 의미이다(대판 2007. 1. 11, 2005다47175).

(2) 당사자 간의 합의

기존채무의 당사자가 그 채무의 목적물을 소비대차의 목적으로 한다는 합의를 하여야 한다.

3. 효력

(1) 소비대차의 효력

준소비대차가 성립하면 소비대차의 효력이 생긴다(제605조). 다만 대주가 금전 기타 대체물의 소유권을 이전해야 할 의무는, 준소비대차에서는 그것이 이미 이행되었다는 점에서 차주의 반환의무만이 문제된다.

⑵ 신채무의 성립과 구채무의 소멸

신채무와 기존채무의 소멸은 서로 조건을 이루어 기존채무가 부존재하거나 무효인 경우에는 신채무는 성립하지 않고 신채무가 무효이거나 취소된 때에는 기존채무는 소멸하지 않았던 것이 된다.

⑶ 신·구채무의 동일성

① 기존 채권·채무의 당사자가 그 목적물을 소비대차의 목적으로 할 것을 약정한 경우, 그 약정을 경개로 볼 것인가 또는 준소비대차로 볼 것인가는 일차적으로 당사자의 의사에 의하여 결정되고, 만약 당사자의 의사가 명백하지 않을 때에는 의사해석의 문제라 할 것이나, 특별한 사정이 없는 한 동일성을 상실함으로써 채권자가 담보를 잃고 채무자가 항변권을 잃게 되는 것과 같이 스스로 불이익을 초래하는 의사를 표시하였다고 볼 수 없으므로 일반적으로 준소비대차로 보아야 할 것이다(89다카2957). 따라서 기존 채무에 동반한 담보권·보증·동시이행의 항변권 등이 당사자의 의사나 그 계약의 성질에 반하지 않는 한 신채무에도 그대로 존속한다(2005다47175).

② 다만 시효는 채무 자체의 성질에 의하여 결정되고 당사자의 의사로 좌우할 수 있는 것이 아니므로, 언제나 신채무를 표준으로 하여야 한다.

판례

대환의 법적 성질과 기존 채무에 대한 보증책임의 존속 여부(적극)

현실적인 자금의 수수 없이 형식적으로만 신규 대출을 하여 기존 채무를 변제하는 대환은 특별한 사정이 없는 한 형식적으로는 별도의 대출에 해당하나, 실질적으로는 기존 채무의 변제기 연장에 불과하므로, 그 법률적 성질은 기존 채무가 여전히 동일성을 유지한 채 존속하는 준소비대차로 보아야 하고, 이러한 경우 채권자와 보증인 사이에 사전에 신규 대출 형식에 의한 대환을 하는 경우 보증책임을 면하기로 약정하는 등의 특별한 사정이 없는 한 기존 채무에 대한 보증책임이 존속된다(대판 2002. 10. 11, 2001다7445).

회사에 대한 노임채권에 관하여 준소비대차계약이 체결된 경우의 소멸시효기간

민법 제164조 제3호 소정의 단기소멸시효의 적용을 받는 노임채권이라도 채권자인 원고와 채무자인 피고 회사사이에 위 노임채권에 관하여 준소비대차의 약정이 있었다면 동 준소비대차계약은 상인인 피고 회사가 영업을 위하여 한 상행위로 추정함이 상당하고, 이에 의하여 새로이 발생한 채권은 상사채권으로서 5년의 상사시효의 적용을 받게 된다(대판1981. 12. 22, 80다1363).

제5절 사용대차

01 서설

1. 의의

> **제609조【사용대차의 의의】** 사용대차는 당사자 일방이 상대방에게 무상으로 사용, 수익하게 하기 위하여 목적물을 인도할 것을 약정하고 상대방은 이를 사용, 수익한 후 그 물건을 반환할 것을 약정함으로써 그 효력이 생긴다.

당사자 일방(대주)이 상대방(차주)에게 무상으로 사용·수익케 하기 위하여 목적물을 인도할 것을 약정하고, 상대방은 이를 사용·수익한 후 그 물건을 반환할 것을 약정함으로써 성립하는 계약이다(제609조).

2. 법적 성질

사용대차는 무상·편무·낙성·불요식계약이다. 대주는 차주에게 목적물을 인도할 의무를 지고, 차주는 사용한 후 그 물건을 반환할 의무를 부담하지만, 양자의 의무가 서로 의존관계에 있는 것이 아니기 때문이다.

02 사용대차의 성립

1. 사용대차의 목적물

사용대차는 물건의 사용·수익을 목적으로 하는 계약으로서, 목적물인 물건에는 제한이 없다. 즉 동산이든 부동산이든, 대체물이든 부대체물이든, 물건의 일부이든 불문한다.

2. 목적물인도 전의 해제권

> **제612조【준용규정】** 제559조, 제601조의 규정은 사용대차에 준용한다.

대주가 차주에게 목적물을 인도하기 전에는 당사자는 언제든지 해제할 수 있다. 그러나 해제로 말미암아 상대방에게 손해가 생긴 때에는 해제한 당사자는 그 손해를 배상하여야 한다(제612조·제601조).

03 사용대차의 효력

1. 대주의 의무

(1) 목적물인도의무(사용·수익허용의무)

대주는 차주가 사용·수익할 수 있도록 목적물을 인도할 의무를 지고(제609조), 인도 후에는 차주의 정당한 용익을 방해하지 않을 의무를 진다. 임대차에서는 임대인은 임차인이 목적물을 사용·수익하는 데 적합한 상태를 유지할 수 있도록 적극적인 수선의무를 부담하지만(제623조), 무상계약인 사용대차에서 대주는 이러한 적극적 의무를 지지 않는다.

(2) 대주의 담보책임

> **제612조【준용규정】** 제559조, 제601조의 규정은 사용대차에 준용한다.

사용대차는 무상계약이므로 그 대주의 담보책임에 관하여는 증여자의 담보책임에 관한 제559조가 준용된다(제612조). 즉 대주는 원칙적으로 담보책임이 없으나, 대주가 목적물의 하자나 흠결을 알고 있으면서 차주에게 고지하지 않은 때에는 담보책임을 진다.

2. 차주의 권리·의무

(1) 차주의 사용·수익권

> **제610조【차주의 사용, 수익권】** ① 차주는 계약 또는 그 목적물의 성질에 의하여 정하여진 용법으로 이를 사용, 수익하여야 한다.
> ② 차주는 대주의 승낙이 없으면 제3자에게 차용물을 사용, 수익하게 하지 못한다.
> ③ 차주가 전2항의 규정에 위반한 때에는 대주는 계약을 해지할 수 있다.

차주는 계약 또는 목적물의 성질에 의해 정하여진 용법으로 이를 사용·수익하여야 하며(제610조 제1항), 대주의 승낙이 없으면 제3자에게 차용물을 사용·수익하게 하지 못한다(제610조 제2항). 차주가 이에 위반한 때에는 대주는 계약을 해지할 수 있다(제610조 제3항).

(2) 차주의 의무

1) 차용물보관의무

차주는 사용기간이 종료한 후에는 차용물을 대주에게 반환하여야 하는 특정물인도채무를 부담하므로, 반환할 때까지 선량한 관리자의 주의로 보존할 의무를 진다(제374조).

2) 비용의 부담

> **제611조【비용의 부담】** ① 차주는 차용물의 통상의 필요비를 부담한다.
> ② 기타의 비용에 대하여는 제594조 제2항의 규정을 준용한다.
>
> **제617조【손해배상, 비용상환청구의 기간】** 계약 또는 목적물의 성질에 위반한 사용, 수익으로 인하여 생긴 손해배상의 청구와 차주가 지출한 비용의 상환청구는 대주가 물건의 반환을 받은 날로부터 6월 내에 하여야 한다.

사용대차의 대주는 계약존속 중 사용·수익에 적합한 상태를 유지할 의무가 없으므로, 차용물의 통상의 필요비는 차주가 부담한다(제611조 제1항). 필요비가 아닌 기타의 비용(유익비)에 대하여는 제594조 제2항이 준용된다(제611조 제2항). 따라서 그 가액의 증가가 현존한 경우에 한하여 대주의 선택에 좇아 그 지출한 금액이나 증가액의 상환을 대주에게 청구할 수 있다. 비용의 상환청구는 대주가 물건의 반환을 받은 날부터 6개월 내에 하여야 한다(제617조).

3) 원상회복의무

> **제615조【차주의 원상회복의무와 철거권】** 차주가 차용물을 반환하는 때에는 이를 원상에 회복하여야 한다. 이에 부속시킨 물건은 철거할 수 있다.

4) 공동차주의 연대의무

> **제616조【공동차주의 연대의무】** 수인이 공동하여 물건을 차용한 때에는 연대하여 그 의무를 부담한다.

⑭ 사용대차의 종료

1. 존속기간의 만료

> **제613조【차용물의 반환시기】** ① 차주는 약정시기에 차용물을 반환하여야 한다.
> ② 시기의 약정이 없는 경우에는 차주는 계약 또는 목적물의 성질에 의한 사용, 수익이 종료한 때에 반환하여야 한다. 그러나 사용, 수익에 족한 기간이 경과한 때에는 대주는 언제든지 계약을 해지할 수 있다.

2. 계약의 해지

(1) 대주의 해지

> **제614조【차주의 사망, 파산과 해지】** 차주가 사망하거나 파산선고를 받은 때에는 대주는 계약을 해지할 수 있다.

① 차주가 계약 또는 목적물의 성질에 의하여 정하여진 용법에 위반하여 사용·수익하거나, 대주의 승낙 없이 제3자에게 차용물을 사용·수익하게 한 때(제610조 제3항), ② 반환시기의 약정이 없는 경우에 사용·수익에 족한 기간이 경과한 때(제613조 제2항 단서), ③ 차주가 사망하거나 파산선고를 받은 때(제614조)에 대주는 사용대차를 해지할 수 있다.

(2) 차주의 해지

차주는 다른 특약이 없는 한 언제든지 계약을 해지할 수 있다(통설, 제153조).

제6절 | 임대차

제1관 임대차 총설

01 서설

1. 의의

> **제618조【임대차의 의의】** 임대차는 당사자 일방이 상대방에게 목적물을 사용, 수익하게 할 것을 약정하고 상대방이 이에 대하여 차임을 지급할 것을 약정함으로써 그 효력이 생긴다.

당사자의 일방(임대인)이 상대방(임차인)에게 목적물을 사용·수익하게 할 것을 약정하고, 상대방은 차임을 지급할 것을 약정함으로써 성립하는 계약이다(제618조).

2. 법적 성질

임대차는 유상·쌍무·낙성·불요식계약이다. 임대인이 임차인에게 목적물을 사용·수익하게 하는 것과 임차인이 그 대가로 차임을 지급하는 것은 서로 의존관계에 있는 점에서 유상·쌍무계약이다.

02 부동산임차권의 물권화

1. 의의

임차권이란 임차물을 사용·수익할 수 있는 채권을 말하는데, 채권인 부동산임차인의 임차권이 강화되어가는 현상을 부동산임차권의 물권화라고 한다.

2. 물권화의 내용

(1) 대항력

임대차의 목적물이 양도·경락된 경우에 임차인이 신소유자에 대하여 임차권을 주장하여 반환을 거절할 수 있느냐의 문제이다. 임차권은 채권이므로 원칙적으로 대항력이 없지만, 일정한 경우에는 임차인을 보호하기 위해 예외를 인정한다. 즉 ① 등기된 부동산임대차(제621조), ② 건물등기 있는 토지임대차(제622조), ③ 인도와 주민등록이 된 주택임대차(주택임대차보호법 제3조 제1항), ④ 인도와 사업자등록이 신청된 상가건물임대차(상가건물임대차보호법 제3조 제1항)의 경우에는 대항력을 인정한다.

(2) 방해배제

① 임차권에 대해 제3자의 침해가 있는 경우에 임차권 자체에 기해 방해배제를 구할 수 있는 지가 문제된다. 민법에는 규정이 없지만 다수설은 대항력을 갖춘 임차권에 한해 임차권 자체에 기한 방해배제청구권을 인정한다. 또한 ② 점유를 취득한 임차인은 점유권에 기한 방해배제를 청구할 수 있고(제204조~제206조), ③ 임차인은 임대인의 소유권에 기한 방해배제청구권을 대위행사할 수도 있다.

(3) 존속보장

민법상의 임대차에는 최단기간에 관한 규정이 없다. 다만 주택임대차는 최단기간 2년(주택임대차보호법 제4조 제1항), 상가건물임대차는 최단기간 1년이 보장된다(상가건물임대차보호법 제9조 제1항).

(4) 처분가능성

임차인의 투하자본회수를 위해서는 임차권의 양도·전대를 허용하는 것이 필요하다. 민법은 임대인의 동의를 조건으로 이를 허용한다(제629조).

제2관 임대차의 성립

⑴ 임대차의 목적

1. 목적물의 사용·수익

임대차는 임차인이 목적물을 사용·수익하는 것을 내용으로 한다. 그런데 사용 또는 수익만을 내용으로 하는 임대차도 유효하다.

2. 목적물

임대차의 목적물은 물건이다. 물건인 이상 동산·부동산, 대체물·부대체물, 물건의 전부·일부를 불문한다. 임대차는 당사자의 일방이 상대방에게 목적물을 사용, 수익케 할 것을 약정하면 되는 것으로서 나아가 임대인이 그 목적물에 대한 소유권이나 기타 그것을 처분할 권한을 반드시 가져야 하는 것은 아니다(88다카30702). 따라서 타인의 소유물에 대해서도 임대차를 성립시킬 수 있다.

⑫ 차임의 지급

임대차에 있어서는 사용·수익의 대가로서 차임을 지급하는 것이 그 요소이다. 차임은 금전에 한하지 않는다.

제3관 임대차의 존속기간

⑴ 계약으로 기간을 정하는 경우

1. 기간의 제한

(1) 최장기의 제한

> **제651조 【임대차존속기간】** 삭제 〈2016.1.6.〉 [2016.1.6. 법률 제13710호에 의하여 2013.12.26. 헌법재판소에서 위헌결정된 이 조를 삭제함.]
>
> **제619조 【처분능력, 권한 없는 자의 할 수 있는 단기임대차】** 처분의 능력 또는 권한 없는 자가 임대차를 하는 경우에는 그 임대차는 다음 각 호의 기간을 넘지 못한다.
> 1. 식목, 채염 또는 석조, 석회조, 연와조 및 이와 유사한 건축을 목적으로 한 토지의 임대차는 10년
> 2. 기타 토지의 임대차는 5년
> 3. 건물 기타 공작물의 임대차는 3년
> 4. 동산의 임대차는 6월

1) 원칙

최근 헌법재판소는 임대차존속기간을 20년으로 제한한 민법 제651조 제1항에 대해 계약의 자유를 침해하여 위헌이라고 결정하였다. 따라서 이제는 원칙적으로 최장기의 제한은 없어졌다.

2) 예외

다만 처분능력이나 처분권한 없는 자가 할 수 있는 단기임대차의 경우에는 최장기의 제한이 있다(제619조). 여기서 처분의 능력 또는 권한 없는 자란 처분권한은 없지만 관리권한은 있는 자를 뜻하는 것으로 해석되는데, 부재자재산관리인(제25조)·권한의 정함이 없는 임의대리인(제118조)·후견인·상속재산관리인 등이 이에 해당한다.

(2) 최단기의 제한

1) 민법상의 임대차

민법에는 아무런 제한규정이 없다.

2) 주택임대차

> **주택임대차보호법 제4조【임대차기간 등】** ① 기간을 정하지 아니하거나 2년 미만으로 정한 임대차는 그 기간을 2년으로 본다. 다만, 임차인은 2년 미만으로 정한 기간이 유효함을 주장할 수 있다.

3) 상가건물임대차

> **상가건물임대차보호법 제9조【임대차기간 등】** ① 기간을 정하지 아니하거나 기간을 1년 미만으로 정한 임대차는 그 기간을 1년으로 본다. 다만, 임차인은 1년 미만으로 정한 기간이 유효함을 주장할 수 있다.

2. 임대차의 갱신

(1) 계약에 의한 갱신

1) 토지임차인의 계약갱신청구권

> **제643조【임차인의 갱신청구권, 매수청구권】** 건물 기타 공작물의 소유 또는 식목, 채염, 목축을 목적으로 한 토지임대차의 기간이 만료한 경우에 건물, 수목 기타 지상시설이 현존한 때에는 제283조의 규정을 준용한다.
> **제652조【강행규정】** 제643조의 규정에 위반한 약정으로 임차인에게 불리한 것은 그 효력이 없다.

① 건물 기타 공작물의 소유 또는 식목·채염·목축을 목적으로 한 토지임대차의 기간이 만료한 경우에 건물·수목 기타 지상시설이 현존한 때에는 임차인은 계약의 갱신을 청구할 수 있다(제643조·제283조 제1항).

② 임차인이 갱신청구권을 행사한 경우에 임대인은 이에 응하여 승낙하여야 할 법률상의 의무는 없다. 다만 임대인이 거절한 경우에 임차인은 그 지상시설의 매수를 청구할 수 있다(제643조·제283조 제2항).

③ 임차인의 채무불이행 등 사유로 인하여 임대차계약이 해지되었을 때에는 임차인에게 계약갱신청구권이나 매수청구권이 발생할 수 없다(72다2013).

2) 단기임대차의 갱신

> **제620조【단기임대차의 갱신】** 전조의 기간은 갱신할 수 있다. 그러나 그 기간 만료 전 토지에 대하여는 1년, 건물 기타 공작물에 대하여는 3월, 동산에 대하여는 1월 내에 갱신하여야 한다.

(2) 묵시의 갱신(법정갱신)

1) 민법의 임대차의 묵시의 갱신

> **제639조【묵시의 갱신】** ① 임대차기간이 만료한 후 임차인이 임차물의 사용, 수익을 계속하는 경우에 임대인이 상당한 기간 내에 이의를 하지 아니한 때에는 전 임대차와 동일한 조건으로 다시 임대차한 것으로 본다. 그러나 당사자는 제635조의 규정에 의하여 해지의 통고를 할 수 있다.
> ② 전항의 경우에 전 임대차에 대하여 제3자가 제공한 담보는 기간의 만료로 인하여 소멸한다.

① 임대차기간이 만료한 후 임차인이 임차물의 사용·수익을 계속하는 경우에 임대인이 상당한 기간 내에 이의를 제기하지 않는 때에는 전 임대차와 동일한 조건으로 다시 임대차한 것으로 본다(제639조 제1항 본문). 다만 그 존속기간만은 전 임대차와 동일한 것이 아니라 기간의 약정이 없는 것으로 한다. 따라서 당사자는 제635조 제1항의 규정에 의해 언제든지 해지의 통고를 할 수 있고, 이 경우 제635조 제2항에서 정한 기간이 경과한 때에 그 효력이 생긴다(제639조 제1항 단서).

② 이러한 법정갱신이 인정되는 경우에 전 임대차에 대하여 제3자가 제공한 담보는 기간의 만료로 인하여 소멸한다(제639조 제2항). 그러나 당사자가 제공한 담보는 소멸하지 않고 갱신 후의 임대차에 관하여도 계속 그 효력을 유지한다.

판례

민법 제639조 제2항이 당사자들의 합의에 따른 임대차 기간연장의 경우에도 적용되는지 여부(소극)

민법 제639조 제1항의 묵시의 갱신은 임차인의 신뢰를 보호하기 위하여 인정되는 것이고, 이 경우 같은 조 제2항에 의하여 제3자가 제공한 담보는 소멸한다고 규정한 것은 담보를 제공한 자의 예상하지 못한 불이익을 방지하기 위한 것이라 할 것이므로, 민법 제639조 제2항은 당사자들의 합의에 따른 임대차 기간연장의 경우에는 적용되지 않는다(대판 2005. 4. 14, 2004다63293).

③ 제639조는 제652조에서 강행규정으로 규정되어 있지 않지만, 판례는 강행규정으로 본다(64누62).

2) 주택임대차의 묵시의 갱신

> **주택임대차보호법 제6조【계약의 갱신】** ① 임대인이 임대차기간이 끝나기 6개월 전부터 2개월 전까지의 기간에 임차인에게 갱신거절의 통지를 하지 아니하거나 계약조건을 변경하지 아니하면 갱신하지 아니한다는 뜻의 통지를 하지 아니한 경우에는 그 기간이 끝난 때에 전 임대차와 동일한 조건으로 다시 임대차한 것으로 본다. 임차인이 임대차기간이 끝나기 2개월 전까지 통지하지 아니한 경우에도 또한 같다.
> ② 제1항의 경우 임대차의 존속기간은 2년으로 본다.
> ③ 2기의 차임액에 달하도록 연체하거나 그 밖에 임차인으로서의 의무를 현저히 위반한 임차인에 대하여는 제1항을 적용하지 아니한다.

제6조의2【묵시적 갱신의 경우 계약의 해지】 ① 제6조 제1항에 따라 계약이 갱신된 경우 같은 조 제2항에도 불구하고 임차인은 언제든지 임대인에게 계약해지를 통지할 수 있다.
② 제1항에 따른 해지는 임대인이 그 통지를 받은 날부터 3개월이 지나면 그 효력이 발생한다.

3) 상가건물임대차의 묵시의 갱신

상가건물임대차보호법 제10조【계약갱신 요구 등】 ① 임대인은 임차인이 임대차기간이 만료되기 6개월 전부터 1개월 전까지 사이에 계약갱신을 요구할 경우 정당한 사유 없이 거절하지 못한다. 다만, 다음 각 호의 어느 하나의 경우에는 그러하지 아니하다.
④ 임대인이 제1항의 기간 이내에 임차인에게 갱신 거절의 통지 또는 조건 변경의 통지를 하지 아니한 경우에는 그 기간이 만료된 때에 전 임대차와 동일한 조건으로 다시 임대차한 것으로 본다. 이 경우에 임대차의 존속기간은 1년으로 본다.
⑤ 제4항의 경우 임차인은 언제든지 임대인에게 계약해지의 통고를 할 수 있고, 임대인이 통고를 받은 날부터 3개월이 지나면 효력이 발생한다.

02 계약으로 기간을 정하지 않은 경우

1. 해지통고와 해지기간

제635조【기간의 약정 없는 임대차의 해지통고】 ① 임대차기간의 약정이 없는 때에는 당사자는 언제든지 계약해지의 통고를 할 수 있다.
② 상대방이 전항의 통고를 받은 날로부터 다음 각 호의 기간이 경과하면 해지의 효력이 생긴다.
1. 토지, 건물 기타 공작물에 대하여는 임대인이 해지를 통고한 경우에는 6월, 임차인이 해지를 통고한 경우에는 1월
2. 동산에 대하여는 5일
제636조【기간의 약정 있는 임대차의 해지통고】 임대차기간의 약정이 있는 경우에도 당사자 일방 또는 쌍방이 그 기간 내에 해지할 권리를 보류한 때에는 전조의 규정을 준용한다.
제652조【강행규정】 제635조의 규정에 위반한 약정으로 임차인에게 불리한 것은 그 효력이 없다.

2. 해지통고의 전차인에 대한 통지

제638조【해지통고의 전차인에 대한 통지】 ① 임대차계약이 해지의 통고로 인하여 종료된 경우에 그 임대물이 적법하게 전대되었을 때에는 임대인은 전차인에 대하여 그 사유를 통지하지 아니하면 해지로써 전차인에게 대항하지 못한다.
② 전차인이 전항의 통지를 받은 때에는 제635조 제2항의 규정을 준용한다.

제4관 임대차의 효력

01 임대인의 권리 · 의무

1. 임대인의 권리

임대인은 차임지급청구권(제618조)을 갖는다. 이와 관련하여 차임증액청구권(제628조), 법정 저당권(제649조), 법정질권(제648조·제650조)을 취득한다. 그 밖에 임대차 종료 시 목적물반 환청구권도 있다.

2. 임대인의 의무

> **제623조【임대인의 의무】** 임대인은 목적물을 임차인에게 인도하고 계약존속 중 그 사용, 수익에 필요한 상태를 유지하게 할 의무를 부담한다.
>
> **제624조【임대인의 보존행위, 인용의무】** 임대인이 임대물의 보존에 필요한 행위를 하는 때에는 임차인은 이를 거절하지 못한다.
>
> **제625조【임차인의 의사에 반하는 보존행위와 해지권】** 임대인이 임차인의 의사에 반하여 보존행위를 하는 경우에 임차인이 이로 인하여 임차의 목적을 달성할 수 없는 때에는 계약을 해지할 수 있다.

(1) 목적물을 사용 · 수익하게 할 의무

1) 목적물인도의무

임차인이 목적물을 사용 · 수익할 수 있도록 하기 위해, 임대인은 목적물을 임차인에게 인도할 의무를 진다(제623조).

2) 방해제거의무

제3자가 임차인의 사용 · 수익을 방해하는 행위를 하는 경우, 임대인은 자신의 채무의 이행의 일환으로서 제3자를 상대로 그 방해의 제거를 구할 의무를 진다. 임차인이 점유권 또는 대항력 있는 임차권에 기해 방해의 제거를 청구할 수 있다고 하여 임대인이 방해제거의무를 면하는 것은 아니다.

3) 수선의무

임대인은 계약존속 중 임차인이 사용 · 수익을 하는 데 필요한 상태를 유지하게 할 의무를 지며(제623조), 따라서 수선의무도 부담하게 된다.

판례

1. 임대차계약에 있어서 임대인은 임차목적물을 계약 존속 중 사용·수익에 필요한 상태를 유지하게 할 의무를 부담하는 것이므로, 임차목적물에 임차인이 계약에 의하여 정해진 목적에 따라 사용·수익할 수 없는 상태로 될 정도의 파손 또는 장해가 생긴 경우 그것이 임차인이 별 비용을 들이지 아니하고도 손쉽게 고칠 수 있을 정도의 사소한 것이어서 임차인의 사용·수익을 방해할 정도의 것이 아니라면 임대인은 수선의무를 부담하지 않지만, 그것을 수선하지 아니하면 임차인이 계약에 의하여 정해진 목적에 따라 사용·수익할 수 없는 상태로 될 정도의 것이라면 임대인은 그 수선의무를 부담한다 할 것이고, 이러한 임대인의 수선의무는 특약에 의하여 이를 면제하거나 임차인의 부담으로 돌릴 수 있으나, 그러한 특약에서 수선의무의 범위를 명시하고 있는 등의 특별한 사정이 없는 한 그러한 특약에 의하여 임대인이 수선의무를 면하거나 임차인이 그 수선의무를 부담하게 되는 것은 통상 생길 수 있는 파손의 수선 등 소규모의 수선에 한한다 할 것이고, 대파손의 수리, 건물의 주요 구성부분에 대한 대수선, 기본적 설비부분의 교체 등과 같은 대규모의 수선은 이에 포함되지 아니하고 여전히 임대인이 그 수선의무를 부담한다고 해석함이 상당하다(대판 2008. 3. 27, 2007다91336·91343).

2. 임대인의 수선의무불이행으로 사용수익에 부분적인 지장만 있는 경우 임차인의 차임지급의무
   임대차계약에 있어서 목적물을 사용수익케 할 임대인의 의무와 임차인의 차임지급의무는 상호 대응관계에 있으므로 임대인이 목적물에 대한 수선의무를 불이행하여 임차인이 목적물을 전혀 사용할 수 없을 경우에는 임차인은 차임전부의 지급을 거절할 수 있으나, 수선의무불이행으로 인하여 부분적으로 지장이 있는 상태에서 그 사용수익이 가능할 경우에는 그 지장이 있는 한도 내에서만 차임의 지급을 거절할 수 있을 뿐 그 전부의 지급을 거절할 수는 없으므로 그 한도를 넘는 차임의 지급거절은 채무불이행이 된다(대판 1989. 6. 13, 88다카13332·13349).

3. 목적물에 파손 또는 장해가 생긴 경우 그것이 임차인이 별 비용을 들이지 아니하고도 손쉽게 고칠 수 있을 정도의 사소한 것이어서 임차인의 사용·수익을 방해할 정도의 것이 아니라면 임대인은 수선의무를 부담하지 않지만, 그것을 수선하지 아니하면 임차인이 계약에 의하여 정하여진 목적에 따라 사용·수익할 수 없는 상태로 될 정도의 것이라면, 임대인은 그 수선의무를 부담한다 할 것이고, 이는 자신에게 귀책사유가 있는 임대차 목적물의 훼손의 경우에는 물론 자신에게 귀책사유가 없는 훼손의 경우에도 마찬가지다(대판 2010. 4. 29, 2009다96984).

⑵ **임대인의 담보책임**

임대차는 유상계약이므로 매매에 관한 규정이 준용되어(제567조), 임대인은 매도인과 같은 담보책임을 부담한다. 따라서 임대차의 목적물에 하자가 있거나 또는 그 권리에 하자가 있는 때에는, 임차인은 임대인에게 손해의 배상을 청구하고, 목적물의 수량이 부족한 경우 등에 있어서는 차임의 감액을 청구할 수 있고, 하자로 인하여 계약의 목적을 달성할 수 없을 때에는 계약을 해제·해지할 수 있다.

⑫ 임차인의 권리·의무

1. 임차인의 권리

(1) 임차권(임차물의 사용·수익권)

1) 의의

임차인은 목적물에 대한 사용·수익권, 즉 임차권이 있다(제618조).

2) 사용·수익의 범위

> **제654조【준용규정】** 제610조 제1항, 제615조 내지 제617조의 규정은 임대차에 이를 준용한다.

임차인은 계약 또는 그 목적물의 성질에 의하여 정하여진 용법으로 사용·수익하여야 한다(제610조·제654조).

(2) 임차권의 대항력

1) 의의

임대차의 목적물이 양도·경락된 경우에 임차인이 신소유자에 대하여 임차권을 주장하여 반환을 거절할 수 있느냐의 문제이다. 원칙적으로 임차권에는 대항력이 없으므로, 임대인으로부터 목적물을 양수한 제3자가 소유권에 기하여 반환을 청구하는 경우에 임차인은 반환해 주어야 한다. 다만 일정한 요건을 갖춘 경우에는 임차인을 보호하기 위해 대항력을 인정한다.

2) 대항력이 인정되는 경우
① 등기된 부동산임대차

> **제621조【임대차의 등기】** ① 부동산임차인은 당사자 간에 반대약정이 없으면 임대인에 대하여 그 임대차등기절차에 협력할 것을 청구할 수 있다.
> ② 부동산임대차를 등기한 때에는 그때부터 제3자에 대하여 효력이 생긴다.

② 건물등기 있는 토지임대차

> **제622조【건물등기 있는 차지권의 대항력】** ① 건물의 소유를 목적으로 한 토지임대차는 이를 등기하지 아니한 경우에도 임차인이 그 지상건물을 등기한 때에는 제3자에 대하여 임대차의 효력이 생긴다.
> ② 건물이 임대차기간 만료 전에 멸실 또는 후폐한 때에는 전항의 효력을 잃는다.

③ 일정한 요건을 갖춘 주택임대차

> **주택임대차보호법 제3조【대항력 등】** ① 임대차는 그 등기가 없는 경우에도 임차인이 주택의 인도
> 와 주민등록을 마친 때에는 그 다음 날부터 제3자에 대하여 효력이 생긴다. 이 경우 전입신고를
> 한 때에 주민등록이 된 것으로 본다.
> ④ 임차주택의 양수인(그 밖에 임대할 권리를 승계한 자를 포함한다)은 임대인의 지위를 승계한
> 것으로 본다.

④ 일정한 요건을 갖춘 상가건물임대차

> **상가건물임대차보호법 제3조【대항력 등】** ① 임대차는 그 등기가 없는 경우에도 임차인이 건물의
> 인도와 부가가치세법 제8조, 소득세법 제168조 또는 법인세법 제111조에 따른 사업자등록을 신
> 청하면 그 다음 날부터 제3자에 대하여 효력이 생긴다.
> ② 임차건물의 양수인(그 밖에 임대할 권리를 승계한 자를 포함한다)은 임대인의 지위를 승계한
> 것으로 본다.

3) 대항력 있는 임대차의 법률관계

① 대항력을 갖춘 임차인은 그 부동산의 소유권을 취득한 제3자에게 대항할 수 있다. 이는 임
차인이 임차물의 소유권을 취득한 제3자에게 임차권을 주장하여 목적물의 인도를 거절할
수 있다는 것이다. 이 경우 종전 소유자와의 임대차관계가 신소유자에게 승계된다고 해석
한다. 즉 주택임대차나 상가건물임대차에 대해서는 임차주택이나 임차건물의 양수인은
임대인의 지위를 승계한 것으로 본다고 규정하고 있는데 민법상 일반임대차에 대해서도
동일하게 해석한다.

② 주택의 임차인이 제3자에 대하여 대항력을 구비한 후에 그 주택의 소유권이 양도된 경우
에는 그 양수인이 임대인의 지위를 승계하게 되는 것으로 임대차보증금반환채무도 주택의
소유권과 결합하여 일체로서 이전하는 것이며 이에 따라 양도인의 임차보증금반환채무는
소멸하는 것이다(88다카13172).

③ 임대인 지위가 양수인에게 승계된 경우 이미 발생한 연체차임채권은 따로 채권양도의 요
건을 갖추지 않는 한 승계되지 않는다(2008다3022).

> **판례**
>
> **대항력 있는 주택임대차에 있어 기간만료나 당사자의 합의 등으로 임대차가 종료된 상태에서 임차주택이 양도되었으나 임차인이 임대인의 지위승계를 원하지 않는 경우, 임차인이 임차주택의 양도사실을 안 때로부터 상당한 기간 내에 이의를 제기하면 양도인의 임차인에 대한 보증금 반환채무는 소멸하지 않게 되는지 여부(적극)**
>
> 대항력 있는 주택임대차에 있어 기간만료나 당사자의 합의 등으로 임대차가 종료된 경우에도 주택임대차보호법 제4조 제2항에 의하여 임차인은 보증금을 반환받을 때까지 임대차관계가 존속하는 것으로 의제되므로 그러한 상태에서 임차목적물인 부동산이 양도되는 경우에는 같은 법 제3조 제2항에 의하여 양수인에게 임대차가 종료된 상태에서의 임대인으로서의 지위가 당연히 승계되고, 양수인이 임대인의 지위를 승계하는 경우에는 임대차보증금 반환채무도 부동산의 소유권과 결합하여 일체로서 이전하는 것이므로 양도인의 임대인으로서의 지위나 보증금 반환채무는 소멸하는 것이지만, 임차인의 보호를 위한 임대차보호법의 입법 취지에 비추어 임차인이 임대인의 지위승계를 원하지 않는 경우에는 임차인이 임차주택의 양도사실을 안 때로부터 상당한 기간 내에 이의를 제기함으로써 승계되는 임대차관계의 구속으로부터 벗어날 수 있다고 봄이 상당하고, 그와 같은 경우에는 양도인의 임차인에 대한 보증금 반환채무는 소멸하지 않는다 (대판 2002. 9. 4, 2001다64615).

(3) 임차인의 비용상환청구권

> **제626조 【임차인의 상환청구권】** ① 임차인이 임차물의 보존에 관한 필요비를 지출한 때에는 임대인에 대하여 그 상환을 청구할 수 있다.
> ② 임차인이 유익비를 지출한 경우에는 임대인은 임대차종료 시에 그 가액의 증가가 현존한 때에 한하여 임차인의 지출한 금액이나 그 증가액을 상환하여야 한다. 이 경우에 법원은 임대인의 청구에 의하여 상당한 상환기간을 허여할 수 있다.

1) 요건

① **필요비상환청구권**: 임차인은 필요비를 임대차의 종료를 기다리지 않고서 지출 즉시 그 상환을 청구할 수 있다(제626조 제1항). 필요비의 범위는 단순히 목적물 자체의 원상을 유지하거나 또는 그 원상을 회복하는 비용에 한하지 않으며, 목적물을 통상의 용도에 적합한 상태로 보존하기 위하여 지출된 비용을 포함한다.

② **유익비상환청구권**: 임차인은 유익비를 임대차종료 시에 그 상환을 청구할 수 있다(제626조 제2항). 유익비라 함은 임차인이 임차물의 객관적 가치를 증가시키기 위하여 투입한 비용을 말한다. 따라서 임차인이 임차건물부분에서 간이음식점을 경영하기 위하여 부착시킨 시설물에 불과한 간판은 건물부분의 객관적 가치를 증가시키기 위한 것이라고 보기 어려울 뿐만 아니라, 그로 인한 가액의 증가가 현존하는 것도 아니어서 그 간판설치비를 유익비라 할 수 없다(94다20389).

판례

유익비의 상환범위는 임차인이 유익비로 지출한 비용과 현존하는 증가액 중 임대인이 선택하는 바에 따라 정하여진다고 할 것이고, 따라서 유익비상환의무자인 임대인의 선택권을 위하여 그 유익비는 실제로 지출한 비용과 현존하는 증가액을 모두 산정하여야 할 것이다(대판 2002. 11. 22, 2001다40381).

2) 행사기간

필요비와 유익비의 상환청구권은 임대인이 목적물을 반환받은 때에는 그날로부터 6개월 내에 행사하여야 한다(제654조 · 제617조). 이는 제척기간이며, 그 기산점은 원칙적으로 임대인이 목적물을 반환받은 때이다. 다만 유익비에 관해 법원이 기한을 허여한 때에는 그 기한이 도래한 때로부터 기산한다.

3) 유치권

비용상환청구권은 목적물에 관하여 생긴 채권이므로, 임차인은 임차물에 대해 유치권을 취득한다(제320조).

4) 임의규정

임차인의 비용상환청구권에 관한 규정은 강행규정이 아니므로(제652조 참조), 당사자의 약정으로 임차인이 비용상환청구권을 포기하도록 정하는 것은 유효하다.

판례

1. 건물의 임차인이 임대차관계 종료 시에는 건물을 원상으로 복구하여 임대인에게 명도하기로 약정한 것은 건물에 지출한 각종 유익비 또는 필요비의 상환청구권을 미리 포기하기로 한 취지의 특약이라고 볼 수 있어 임차인은 유치권을 주장을 할 수 없다(대판 1975. 4. 22, 73다2010).

2. 임대차계약에서 "임차인은 임대인의 승인하에 개축 또는 변조할 수 있으나 부동산의 반환기일 전에 임차인의 부담으로 원상복구키로 한다."라고 약정한 경우, 이는 임차인이 임차 목적물에 지출한 각종 유익비의 상환청구권을 미리 포기하기로 한 취지의 특약이라고 봄이 상당하다(대판 1995. 6. 30, 95다12927).

⑷ 건물 기타 공작물임차인의 부속물매수청구권

제646조 【임차인의 부속물매수청구권】 ① 건물 기타 공작물의 임차인이 그 사용의 편익을 위하여 임대인의 동의를 얻어 이에 부속한 물건이 있는 때에는 임대차의 종료 시에 임대인에 대하여 그 부속물의 매수를 청구할 수 있다.
② 임대인으로부터 매수한 부속물에 대하여도 전항과 같다.

제652조 【강행규정】 제646조의 규정에 위반한 약정으로 임차인에게 불리한 것은 그 효력이 없다.

1) 요건

① **청구권자** : 건물 기타 공작물의 임차인에 한하여 부속물매수청구권을 행사할 수 있다.

② **부속물** : 부속물매수청구의 대상이 되는 '부속물'이란 건물에 부속된 물건으로서 임차인의 소유에 속하고 건물의 구성부분으로는 되지 아니한 것으로서 건물의 사용에 객관적인 편익을 가져오게 하는 물건이라고 할 것이므로, 부속된 물건이 오로지 임차인의 특수목적에 사용하기 위하여 부속된 것일 때에는 이에 해당하지 않는다(93다25738·25745). 건물 자체의 수선 내지 증·개축부분은 특별한 사정이 없는 한 건물 자체의 구성부분을 이루고 독립된 물건이라고 보이지 않으므로 임차인의 부속물매수청구권의 대상이 될 수 없다(80다589). 그리고 부속물은 임대인의 동의를 얻어서 부속시킨 것이거나 또는 임대인으로부터 매수한 것이어야 한다.

2) 행사시기

부속물매수청구권은 존속기간의 만료·해지 등으로 임대차가 종료한 때에 발생한다. 이와 관련하여 임차인의 채무불이행으로 임대차계약이 해지된 경우에도 임차인은 부속물매수청구권을 행사할 수 있는가가 문제된다. 통설은 제646조가 '임대차의 종료 시'에 그 부속물의 매수를 청구할 수 있다고 정하고 특별히 종료원인을 제한하고 있지 않다는 점을 들어 이를 긍정한다. 그러나 판례는, 「임대차계약이 임차인의 채무불이행으로 인하여 해지된 경우에는 임차인은 제646조에 의한 부속물매수청구권이 없다」라고 하여 부정한다(88다카7245·7252).

3) 효과

임차인의 부속물매수청구권은 형성권이며, 임차인의 매수청구의 의사표시만으로 그 부속물에 대해 임대인과 임차인 사이에 매매 유사의 법률관계가 성립한다.

4) 강행규정

임차인의 부속물매수청구권은 강행규정으로서, 이에 위반하는 약정으로 임차인에게 불리한 것은 무효이다(제652조).

> **판례**
>
> 임대차계약의 보증금 및 월 차임을 파격적으로 저렴하게 하고, 그 임대기간도 장기간으로 약정하고, 임대인은 임대차계약의 종료 즉시 임대건물을 철거하고 그 부지에 건물을 신축하려고 하고 있으며 임대차계약 당시부터 임차인도 그와 같은 사정을 알고 있었다면, 임대차계약 시 임차인의 부속시설의 소유권이 임대인에게 귀속하기로 한 특약은 단지 부속물매수청구권을 배제하기로 하거나 또는 부속물을 대가 없이 임대인의 소유에 속하게 하는 약정들과는 달라서 임차인에게 불리한 약정이라고 할 수 없다(대판 1982. 11. 9, 81다1001).

(5) 토지임차인의 지상물매수청구권

> **제643조【임차인의 갱신청구권, 매수청구권】** 건물 기타 공작물의 소유 또는 식목, 채염, 목축을 목적으로 한 토지임대차의 기간이 만료한 경우에 건물, 수목 기타 지상시설이 현존한 때에는 제283조의 규정을 준용한다.
>
> **제283조【지상권자의 갱신청구권, 매수청구권】** ① 지상권이 소멸한 경우에 건물 기타 공작물이나 수목이 현존한 때에는 지상권자는 계약의 갱신을 청구할 수 있다.
> ② 지상권설정자가 계약의 갱신을 원하지 아니하는 때에는 지상권자는 상당한 가액으로 전항의 공작물이나 수목의 매수를 청구할 수 있다.
>
> **제652조【강행규정】** 제643조의 규정에 위반한 약정으로 임차인에게 불리한 것은 그 효력이 없다.

1) 요건

① **매수청구권의 대상** : 지상물매수청구권의 대상이 되는 건물은 그것이 토지의 임대목적에 반하여 축조되고, 임대인이 예상할 수 없을 정도의 고가의 것이라는 특별한 사정이 없는 한 임대차기간 중에 축조되었다고 하더라도 그 만료 시에 그 가치가 잔존하고 있으면 그 범위에 포함되는 것이고, 반드시 임대차계약 당시의 기존 건물이거나 임대인의 동의를 얻어 신축한 것에 한정된다고는 할 수 없다(93다34589). 그리고 무허가 건물도 원칙적으로 매수청구권의 대상이 된다(97다37753).

> **판례**
>
> 1. 민법 제643조·제283조에 규정된 임차인의 매수청구권은 건물의 소유를 목적으로 한 토지임대차의 기간이 만료되어 그 지상에 건물이 현존하고 임대인이 계약의 갱신을 원하지 아니하는 경우에 임차인에게 부여된 권리로서, 그 지상건물이 객관적으로 경제적 가치가 있는지 여부나 임대인에게 소용이 있는지 여부가 그 행사요건이라고 볼 수 없다(대판 2002. 5. 31, 2001다42080).
>
> 2. 건물 소유를 목적으로 하는 토지임대차에 있어서 임차인 소유 건물이 임대인이 임대한 토지 외에 임차인 또는 제3자 소유의 토지 위에 걸쳐서 건립되어 있는 경우에는, 임차지상에 서 있는 건물부분 중 구분소유의 객체가 될 수 있는 부분에 한하여 임차인에게 매수청구가 허용된다고 할 것이다. 따라서 임차인으로서는 임차지상에 있는 건물부분이 구분소유권의 객체이거나 아니면 객체임에 적합한 상태로 만든 후 비로소 매수청구를 할 수 있다고 볼 것이다(대판 전합 1996. 3. 21, 93다42634).
>
> 3. 건물에 근저당권이 설정되어 있는 경우에도 토지임차인의 건물매수청구권이 인정되는지 여부(적극) 및 그 경우 건물 매수가격의 산정 방법
>   건물의 소유를 목적으로 한 토지임대차계약의 기간이 만료함에 따라 지상건물 소유자가 임대인에 대하여 행사하는 민법 제643조 소정의 매수청구권은 매수청구의 대상이 되는 건물에 근저당권이 설정되어 있는 경우에도 인정된다. 이 경우에 그 건물의 매수가격은 건물 자체의 가격 외에 건물의 위치, 주변 토지의 여러 사정 등을 종합적으로 고려하여 매수청구권 행사 당시 건물이 현존하는 대로의 상태에서 평가된 시가 상당액을 의미하고, 여기에서 근저당권의 채권최고액이나 피담보채무액을 공제한 금액을 매수가격으로 정할 것은 아니다. 다만, 매수청구권을 행사한 지상건물 소유자가 위와 같은 근저당권을 말소하지 않는 경우 토지소유자는 민법 제588조에 의하여 위 근저당권의 말소등기가 될 때까지 그 채권최고액에 상당한 대금의 지급을 거절할 수 있다(대판 2008. 5. 29, 2007다4356).

② **매수청구권의 당사자** : 지상물매수청구권자는 토지임차인으로서 그 지상물의 소유자만이 행사할 수 있다(93다6386). 그리고 지상물매수청구의 상대방은 원칙적으로 임차권 소멸 당시의 토지소유자인 임대인이고, 임대인이 임차권 소멸 당시에 이미 토지소유권을 상실한 경우에는 그에게 지상건물의 매수청구권을 행사할 수는 없다(93다59717·93다5972). 다만 임차권 소멸 후 임대인이 그 토지를 제3자에게 양도하는 등으로 그 소유권이 이전되었을 때에는 제3자에 대항할 수 있는 임차권을 가지고 있던 토지임차인은 그 신소유자에 대해서도 지상물매수청구권을 행사할 수 있다(75다348).

2) 행사시기

① 원칙적으로 토지임대차의 기간이 만료되어 임차인이 갱신을 청구하였으나, 임대인이 이를 거절한 경우에 지상물의 매수를 청구할 수 있다. 다만 기간의 약정 없는 토지임대차계약에 대해 임대인이 해지통고를 한 경우에는 임대인이 미리 계약의 갱신을 거절한 것으로 볼 수 있으므로, 임차인은 계약의 갱신을 청구할 필요 없이 곧바로 지상물의 매수를 청구할 수 있다.

② 차임연체 등 채무불이행을 이유로 그 임대차계약이 해지되는 경우에는, 토지임차인은 토지임대인에 대하여 그 지상건물의 매수를 청구할 수 없다(96다54249).

③ 토지의 임대인이 임차인에 대해 제기한 토지인도 및 건물철거청구소송에서 임차인의 패소판결이 확정되었다고 하더라도, 그 확정판결에 의해 건물철거가 집행되지 아니한 이상, 임차인은 별소로써 건물매수청구권을 행사하여 임대인에 대해 건물 매매대금의 지급을 구할 수 있다(95다42195).

3) 효과

지상물매수청구권은 형성권으로서, 임차인의 행사만으로 지상물에 관해 임대인과 임차인 사이에 시가에 의한 매매 유사의 법률관계가 성립한다(91다3260).

> **판례**
>
> **임차인이 민법 제643조의 지상물 매수청구권을 행사한 경우, 임대인으로부터 매수대금을 지급받기 전까지의 부지 사용에 대한 임차인의 부당이득반환의무 성립 여부(적극)**
>
> 건물 기타 공작물의 소유를 목적으로 한 대지임대차에 있어서 임차인이 그 지상건물 등에 대하여 민법 제643조 소정의 매수청구권을 행사한 후에 그 임대인인 대지의 소유자로부터 매수대금을 지급받을 때까지 그 지상건물 등의 인도를 거부할 수 있다고 하여도, 지상건물 등의 점유·사용을 통하여 그 부지를 계속하여 점유·사용하는 한 그로 인한 부당이득으로서 부지의 임료 상당액은 이를 반환할 의무가 있다(대판 2001. 6. 1, 99다60535).

4) 강행규정

제643조는 강행규정이며, 이에 위반하는 것으로서 임차인에게 불리한 약정은 그 효력이 없다 (제652조).

판례

토지임대차계약에 있어 임대차기간 만료 후 임차인이 지상건물을 철거하여 토지를 인도하고 만약 지상건물을 철거하지 아니할 경우에는 그 소유권을 임대인에게 이전하기로 한 약정의 효력 유무(소극)

토지 임대인과 임차인 사이에 임대차기간 만료 후 임차인이 지상건물을 철거하여 토지를 인도하고 만약 지상건물을 철거하지 아니할 경우에는 그 소유권을 임대인에게 이전하기로 한 약정은 민법 제643조 소정 의 임차인의 지상물매수청구권을 배제키로 하는 약정으로서 임차인에게 불리한 것이므로 민법 제652조의 규정에 의하여 무효이다(대판 1991. 4. 23, 90다19695).

민법 제643조 소정의 임차인의 매수청구권에 관한 규정에 위반하는 약정으로서 임차인 등에게 불리한 것 인지의 여부에 관한 판단기준

임차인의 매수청구권에 관한 민법 제643조의 규정은 강행규정이므로 이 규정에 위반하는 약정으로서 임차 인에게 불리한 것은 그 효력이 없는바, 임차인에게 불리한 약정인지의 여부는 우선 당해 계약의 조건 자체에 의하여 가려져야 하지만 계약체결의 경위와 제반 사정 등을 종합적으로 고려하여 실질적으로 임차인에게 불리하다고 볼 수 없는 특별한 사정을 인정할 수 있을 때에는 위 강행규정에 저촉되지 않는 것으로 보아야 한다. 따라서 토지를 점유할 권원이 없어 건물을 철거하여야 할 처지에 있는 건물소유자에게 토지소유자가 은혜적으로 명목상 차임만을 받고 토지의 사용을 일시적으로 허용하는 취지에서 토지 임대차계약이 체결 된 경우라면, 임대인의 요구 시 언제든지 건물을 철거하고 토지를 인도한다는 특약이 임차인에게 불리한 약정에 해당하지 않는다(대판 1997. 4. 8, 96다45443).

2. 임차인의 의무

(I) 차임지급의무

1) 의의

임차인은 임차물을 사용·수익하는 대가로서 차임을 지급할 의무를 부담한다(제618조). 차임은 임대차계약의 요소이나, 반드시 금전이어야 하는 것은 아니며 물건으로 지급하는 것도 상관 없다. 그리고 차임의 액은 당사자가 자유로이 정할 수 있다.

2) 차임의 증감청구

① 일부멸실과 차임감액청구권

> **제627조【일부멸실 등과 감액청구, 해지권】** ① 임차물의 일부가 임차인의 과실 없이 멸실 기타 사유로 인하여 사용, 수익할 수 없는 때에는 임차인은 그 부분의 비율에 의한 차임의 감액을 청구할 수 있다.
> ② 전항의 경우에 그 잔존부분으로 임차의 목적을 달성할 수 없는 때에는 임차인은 계약을 해지할 수 있다.
> **제652조【강행규정】** 제627조의 규정에 위반한 약정으로 임차인에게 불리한 것은 그 효력이 없다.

② 경제사정의 변동과 차임증감청구권

> **제628조【차임증감청구권】** 임대물에 대한 공과부담의 증감 기타 경제사정의 변동으로 인하여 약
> 정한 차임이 상당하지 아니하게 된 때에는 당사자는 장래에 대한 차임의 증감을 청구할 수 있다.
> **제652조【강행규정】** 제628조의 규정에 위반한 약정으로 임차인에게 불리한 것은 그 효력이 없다.

제628조의 차임증감청구권은 형성권이므로, 증감청구의 의사표시가 상대방의 승낙에 관
계없이 상대방에게 도달한 때로부터 차임은 객관적으로 상당한 액까지 증액되거나 감액
된다. 제628조는 강행규정이므로, 이에 위반하는 것으로서 임차인에게 불리한 것은 무효
이다(제652조).

판례

1. 민법 제628조에 의하여 장래에 대한 차임의 증액을 청구하였을 때에 그 청구가 상당하다고 인정되면 그
   효력은 재판 시를 표준으로 할 것이 아니고, 그 청구 시에 곧 발생한다고 보는 것이 상당하고 그 청구는
   재판 외의 청구라도 무방하다(대판 1974. 8. 30, 74다1124).

2. 임대차계약에 있어서 차임부증액의 특약이 있더라도 그 약정 후 그 특약을 그대로 유지시키는 것이 신
   의칙에 반한다고 인정될 정도의 사정변경이 있다고 보여지는 경우에는 형평의 원칙상 임대인에게 차임증
   액청구를 인정하여야 한다(대판 1996. 11. 12, 96다34061).

3) 차임의 지급시기

> **제633조【차임지급의 시기】** 차임은 동산, 건물이나 대지에 대하여는 매월 말에, 기타 토지에 대하여는
> 매년 말에 지급하여야 한다. 그러나 수확기 있는 것에 대하여는 그 수확 후 지체 없이 지급하여야 한다.

당사자 사이의 약정이나 사실인 관습이 없으면 제633조에 의한다.

판례

임대차계약에서 보증금을 지급하였다는 입증책임은 보증금의 반환을 구하는 임차인이 부담하고, 임대차계
약이 성립하였다면 임대인에게 임대차계약에 기한 임료채권이 발생하였다 할 것이므로 임료를 지급하였다
는 입증책임도 임차인이 부담한다(대판 2005. 1. 13, 2004다19647).

4) 차임지급연체와 계약의 해지

> **제640조【차임연체와 해지】** 건물 기타 공작물의 임대차에는 임차인의 차임연체액이 2기의 차임액에
> 달하는 때에는 임대인은 계약을 해지할 수 있다.
> **제641조【동전】** 건물 기타 공작물의 소유 또는 식목, 채염, 목축을 목적으로 한 토지임대차의 경우에
> 도 전조의 규정을 준용한다.
> **제642조【토지임대차의 해지와 지상건물 등에 대한 담보물권자에의 통지】** 전조의 경우에 그 지상에
> 있는 건물 기타 공작물이 담보물권의 목적이 된 때에는 제288조의 규정을 준용한다.

> **제652조【강행규정】** 제640조, 제641조의 규정에 위반한 약정으로 임차인이나 전차인에게 불리한 것은 그 효력이 없다.

① 제640조의 '차임연체액이 2기의 차임액에 달하는 때'라 함은 연속하여 2기의 차임을 연체하는 것을 말하는 것은 아니므로, 연속하지 않더라도 2기의 차임액에 달하는 때에는 해지권이 발생한다.

② 차임지급연체로 인한 해지권을 행사할 때에는 임대인은 상당한 기간을 정하여 최고할 필요도 없다.

③ 제640조와 제641조는 강행규정이며, 임차인에게 불리한 것은 무효이다(제652조). 따라서 1기의 차임을 연체하면 해지할 수 있다는 특약은 무효이다.

5) 공동임차인의 연대의무

수인이 공동하여 목적물을 임차하는 경우에는 그 수인의 임차인들은 연대하여 그 의무를 부담한다(제654조 · 제616조).

6) 부동산임대인의 법정담보물권

① 법정질권

> **제648조【임차지의 부속물, 과실 등에 대한 법정질권】** 토지임대인이 임대차에 관한 채권에 의하여 임차지에 부속 또는 그 사용의 편익에 공용한 임차인의 소유동산 및 그 토지의 과실을 압류한 때에는 질권과 동일한 효력이 있다.

> **제650조【임차건물 등의 부속물에 대한 법정질권】** 건물 기타 공작물의 임대인이 임대차에 관한 채권에 의하여 그 건물 기타 공작물에 부속한 임차인소유의 동산을 압류한 때에는 질권과 동일한 효력이 있다.

② 법정저당권

> **제649조【임차지상의 건물에 대한 법정저당권】** 토지임대인이 변제기를 경과한 최후 2년의 차임채권에 의하여 그 지상에 있는 임차인소유의 건물을 압류한 때에는 저당권과 동일한 효력이 있다.

(2) 임차물보관의무

> **제634조【임차인의 통지의무】** 임차물의 수리를 요하거나 임차물에 대하여 권리를 주장하는 자가 있는 때에는 임차인은 지체 없이 임대인에게 이를 통지하여야 한다. 그러나 임대인이 이미 이를 안 때에는 그러하지 아니하다.

① 임차인은 반환시기에 임차물 자체를 반환하여야 하는 특정물인도채무를 지므로, 그 반환할 때까지 선량한 관리자의 주의로 이를 보존할 의무를 부담한다(제374조).

② 이 의무에 대한 종된 의무로서 통지의무(제634조)와 임대인이 임대물의 보존에 필요한 행위를 하는 때에는 임차인이 이를 거절하지 못하는 보존행위인용의무(제624조)를 부담한다.

(3) 임차물반환의무

> **제654조【준용규정】** 제610조 제1항, 제615조 내지 제617조의 규정은 임대차에 이를 준용한다.

① 임대차가 종료한 때에는 임차인은 임차물 자체를 반환하여야 한다.
② 임차인이 임차물을 반환하는 때에는 이를 원상으로 회복하여야 하고, 부속시킨 물건은 철거할 수 있다(제654조・제615조).

판례

임대인의 귀책사유로 임대차계약이 해지된 경우에도 임차인이 원상회복의무를 부담하는지 여부(적극)

임대차계약이 중도에 해지되어 종료하면 임차인은 목적물을 원상으로 회복하여 반환하여야 하는 것이고, 임대인의 귀책사유로 임대차계약이 해지되었다고 하더라도 임차인은 그로 인한 손해배상을 청구할 수 있음은 별론으로 하고 원상회복의무를 부담하지 않는다고 할 수는 없다(대판 2002. 12. 6, 2002다42278).

③ 임차인의 과실로 임차물을 반환할 수 없는 경우 임차인은 이행불능에 따른 손해배상책임을 진다. 임차인의 임차물 반환채무가 이행불능이 된 경우 임차인이 그 이행불능으로 인한 손해배상책임을 면하려면 그 이행불능이 임차인의 귀책사유로 말미암은 것이 아님을 입증할 책임이 있으며, 임차건물이 화재로 소훼된 경우에 있어서 그 화재의 발생원인이 불명인 때에도 임차인이 그 책임을 면하려면 그 임차건물의 보존에 관하여 선량한 관리자의 주의의무를 다하였음을 입증하여야 한다(2000다57351).

판례

1. [1] 임차인의 목적물반환의무가 이행불능이 된 경우 그 귀책사유에 관한 증명책임자(= 임차인) 및 이는 임대인의 의무 위반으로 인한 이행불능인 경우에도 마찬가지인지 여부(소극)
   임차인은 임차건물의 보존에 관하여 선량한 관리자의 주의의무를 다하여야 하고, 임차인의 목적물반환의무가 이행불능이 됨으로 인한 손해배상책임을 면하려면 그 이행불능이 임차인의 귀책사유로 인한 것이 아님을 입증할 책임이 있다. 그러나 그 이행불능이 임대차목적물을 임차인이 사용・수익하기에 필요한 상태로 유지하여야 할 임대인의 의무 위반에 원인이 있음이 밝혀진 경우에까지 임차인이 별도로 목적물보존의무를 다하였음을 주장・입증하여야만 그 책임을 면할 수 있는 것은 아니다.
   [2] 주택 기타 건물 또는 그 일부의 임차인이 임대인으로부터 목적물을 인도받아 점유・용익하고 있는 동안에 목적물이 화재로 멸실된 경우, 그 화재가 건물소유자 측이 설치하여 건물구조의 일부를 이루는 전기배선과 같이 임대인이 지배・관리하는 영역에 존재하는 하자로 인하여 발생한 것으로 추단된다면, 그 하자를 보수・제거하는 것은 임대차 목적물을 사용・수익하기에 필요한 상태로

유지할 의무를 부담하는 임대인의 의무에 속하는 것이므로, 그 화재로 인한 목적물반환의무의 이행불능 등에 관한 손해배상책임을 임차인에게 물을 수 없다(대판 2009. 5. 28, 2009다13170).

2. 임차건물이 건물구조의 일부인 전기배선의 이상으로 인한 화재로 소훼되어 임차인의 임차목적물반환채무가 이행불능이 되었다고 하더라도, 당해 임대차가 장기간 계속되었고 화재의 원인이 된 전기배선을 임차인이 직접 하였으며 임차인이 전기배선의 이상을 미리 알았거나 알 수 있었던 경우에는, 당해 전기배선에 대한 관리는 임차인의 지배관리 영역 내에 있었다 할 것이므로, 위와 같은 전기배선의 하자로 인한 화재는 특별한 사정이 없는 한 임차인이 임차목적물의 보존에 관한 선량한 관리자의 주의의무를 다하지 아니한 결과 발생한 것으로 보아야 한다는 이유로 임차인의 손해배상책임을 인정한 사례(대판 2006. 1. 13, 2005다51013 · 51020).

제5관 임차권의 양도와 임차물의 전대

⑴ 서설

1. 의의

(1) 임차권의 양도

① 임차권의 양도는 임차인이 임차권을 제3자에게 양도하는 것인데, 이는 임차권을 동일성을 유지하면서 이전하는 계약, 즉 지명채권의 양도로서 처분행위(준물권행위)라고 보는 것이 종래 다수설이다. 이에 대해 단순한 지명채권의 양도가 아니라 계약당사자로서의 지위의 이전을 가져오는 계약인수로 보는 견해도 있다.

② 임차권의 양도를 지명채권의 양도로 보게 되면 임차권의 양도에 임대인의 동의가 없더라도 임차권의 양수인은 임대인에게 대항할 수 없을 뿐 임차권 자체는 양수인에게 이전하는 것으로 된다. 이에 반해 임차권의 양도를 계약인수로 본다면 임대인의 동의가 없으면 임차권의 양도는 무효가 되므로 임차권이 양수인에게 이전되는 효과가 발생하지 않는다.

③ 판례는 임차권의 양도를 지명채권의 양도로 보는 것을 전제로 임대인의 동의를 임대인에게 대항하기 위한 요건으로 본다(85다카1812). 또한 임차보증금반환채권은 임차권과는 별개의 지명채권으로 보아 임대인의 동의를 얻은 임차권의 양도가 있더라도 특약이 없는 한 당연히 임차권의 양수인에게 이전되는 것은 아니라고 한다(96다17202).

(2) 임차물의 전대

임차물의 전대는 임차인 자신이 다시 임대인(또는 사용대주)이 되어 임차물을 제3자로 하여금 사용·수익하게 하는 계약이다. 임차인과 제3자 간의 관계는 임대차인 것이 보통이지만 사용대차이어도 무방하며, 또 임차물의 전부 또는 일부에 대하여도 이루어질 수 있다. 임차물의 전대에서는 임차인이 종전의 계약상의 지위를 그대로 유지한다.

2. 민법의 태도

> **제629조【임차권의 양도, 전대의 제한】** ① 임차인은 임대인의 동의 없이 그 권리를 양도하거나 임차물을 전대하지 못한다.
> ② 임차인이 전항의 규정에 위반한 때에는 임대인은 계약을 해지할 수 있다.
> **제632조【임차건물의 소부분을 타인에게 사용케 하는 경우】** 전조의 규정은 건물의 임차인이 그 건물의 소부분을 타인에게 사용하게 하는 경우에 적용하지 아니한다.

임대차는 계속적 채권관계로서 신뢰관계가 중요하므로, 임차권의 양도와 임차물의 전대에 임대인의 동의를 얻도록 함으로써 임대인의 이익을 보호하려는 데 본조의 취지가 있다.

민법의 무단양도·무단전대의 금지규정은 단순히 임대인의 이익을 보호하기 위한 것일 뿐이므로 임의규정이고, 따라서 당사자 간의 특약으로 임대인의 동의 없이도 양도나 전대를 할 수 있도록 정하는 것은 유효하다. 그리고 건물의 임차인이 그 건물의 소부분을 타인에게 사용하게 하는 경우에는 임대인의 동의 없이 자유롭게 할 수 있다(제632조).

⑩ 임대인의 동의 없는 양도·전대의 법률관계

1. 무단양도(임대인의 동의 없는 임차권의 양도)

(1) 임차인(양도인)과 양수인의 관계

임대인의 동의를 받지 아니하고 임차권을 양도한 계약도 이로써 임대인에게 대항할 수 없을 뿐 임차인과 양수인 사이에는 유효한 것이고 이 경우 임차인은 양수인을 위하여 임대인의 동의를 받아 줄 의무가 있다(85다카1812).

(2) 임대인과 양수인의 관계

① 양수인은 동의하지 않은 임대인에 대하여 임차권을 취득하였음을 주장하지 못한다. 따라서 목적물에 대한 점유·사용은 불법점유가 되어, 임대인은 소유권에 기한 방해배제청구를 할 수 있다. 그러나 임대인은 임차인과의 임대차를 해지하지 않는 한, 직접 자기에게 인도할 것을 양수인에게 청구하지는 못하며, 양도인에게 반환할 것을 청구할 수 있을 뿐이다.

② 임차인이 임대인의 동의를 받지 않고 제3자에게 임차권을 양도하거나 전대하는 등의 방법으로 임차물을 사용·수익하게 하더라도, 임대인이 이를 이유로 임대차계약을 해지하거나 그 밖의 다른 사유로 임대차계약이 적법하게 종료되지 않는 한 임대인은 임차인에 대하여 여전히 차임청구권을 가지므로, 임대차계약이 존속하는 한도 내에서는 제3자에게 불법점유를 이유로 한 차임상당 손해배상청구나 부당이득반환청구를 할 수 없다(2006다10323).

(3) 임대인과 임차인(양도인)의 관계

① 임대인은 임차인의 무단양도로 해지권을 취득한다(제629조 제2항). 그러나 임차인의 변경이 당사자의 개인적인 신뢰를 기초로 하는 계속적 법률관계인 임대차를 더 이상 지속시키기 어려울 정도로 당사자 간의 신뢰관계를 파괴하는 임대인에 대한 배신행위가 아니라고 인정되는 특별한 사정이 있는 때에는 임대인은 자신의 동의 없이 임차권이 이전되었다는 것만을 이유로 임대차계약을 해지할 수 없다(92다24950).

> **판례**
>
> 임차인이 임대인으로부터 별도의 승낙을 얻은 바 없이 제3자에게 임차물을 사용·수익하도록 한 경우에 있어서도 임차인의 당해 행위가 임대인에 대한 배신적 행위라고 인정할 수 없는 특별한 사정이 있는 경우에는 제629조에 의한 해지권은 발생하지 않는다. 임차권의 양수인이 임차인과 부부로서 임차건물에 동거하면서 함께 가구점을 경영하고 있는 등의 사정은 여기의 "특별한 사정"에 해당한다(대판 1993. 4. 27, 92다45308).

② 임대차관계가 존속하는 한 임차인은 임대인에 대하여 목적물보관의무를 부담하므로, 양수인의 행위로 임대인에게 손해가 생기면, 임대인에 대한 관계에서는 양수인은 임차인의 이행보조자의 지위에 서므로, 임차인은 임대인에 대하여 손해배상의 책임을 지게 된다.

2. 무단전대(임대인의 동의 없는 임차물의 전대)

(1) 전대인과 전차인의 관계

전대차계약은 하나의 임대차계약으로서 유효하게 성립하며, 전대인은 임대인의 동의를 얻을 의무를 전차인에 대하여 부담한다. 따라서 전차인은 전대인에 대한 관계에 있어서 유효하게 임차권을 취득하는 것이 되고, 그 결과 임대인의 동의가 없더라도 전대인은 전차인에 대하여 차임청구권을 가진다.

(2) 임대인과 전차인의 관계

① 전차인은 전대인으로부터 취득한 임차권을 가지고 임대인에게 대항하지 못한다. 따라서 임대인은 소유권에 기한 물권적 청구권을 전차인에 대하여 행사함으로써 방해배제를 청구할 수 있다. 그러나 전대인과의 임대차를 해지하지 않는 한, 직접 자기에게 반환할 것을 청구하지는 못하고, 전대인에게 반환할 것을 청구할 수 있을 뿐이다.

② 전대차되었다는 사실만으로 임대인에게 손해가 생겼다고 볼 수 없다. 따라서 임대인은 전차인에 대하여 불법점유를 이유로 차임에 갈음하는 손해배상을 청구하지 못한다.

(3) 임대인과 임차인(전대인)의 관계

임대인은 임차인과의 임대차를 해지할 수 있다(제629조 제2항). 그러나 해지하지 않는 한 임대인과 임차인의 임대차관계는 직접 어떤 영향을 받지는 않는다. 따라서 임대인은 임차인에 대하여 계속 차임청구권을 가진다. 다만 민법은 임차인을 보호하기 위해, 건물임차인이 그 건물의 소부분을 타인에게 전대한 때에는 임대인은 이 전대를 이유로 임대차를 해지하지 못하도록 하였다(제632조).

⑬ 임대인의 동의 있는 양도 · 전대의 법률관계

1. 임대인의 동의 있는 임차권의 양도

임차권은 그 동일성을 유지하면서 양수인에게 확정적으로 이전한다. 즉, 양도인에 대한 관계에 있어서 뿐만 아니라, 임대인이나 기타 제3자에 대한 관계에 있어서도, 임차권은 양수인에게 승계적으로 이전하며, 양도인은 임대차관계에서 벗어나게 된다. 따라서 차임지급의무도 당연히 양수인에게 이전하나, 양도인의 연체차임채무나 기타의 다른 의무위반에 의한 손해배상의무 등은 그것을 인수하는 데 관한 특약이 없는 한 양수인에게 이전하지 않는다.

> **판례**
>
> 임대차보증금에 관한 구 임차인의 권리의무관계는 구 임차인이 임대인과 사이에 임대차보증금을 신 임차인의 채무불이행의 담보로 하기로 약정하거나 신 임차인에 대하여 임대차보증금반환채권을 양도하기로 하는 등의 특별한 사정이 없는 한 신 임차인에게 승계되지 아니한다(대판 1998. 7. 14, 96다17202).

2. 임대인의 동의 있는 임차물의 전대

(1) 임차인(전대인)과 전차인의 관계

전대차계약의 내용에 의하여 결정된다. 전대가 유상이면 임대차가 되겠고, 무상이면 사용대차가 될 것이다. 전차인이 임대인에 대하여 직접 차임을 지급하면, 그 한도에서 전대인에 대한 차임지급의무를 면한다. 임대인 · 임차인 사이의 임대차와 전대인 · 전차인 사이의 전대차가 동시에 종료하는 경우에, 전차인이 임대인에게 목적물을 반환하면 전대인에 대한 반환의무를 면하게 된다.

⑵ **임대인과 임차인(전대인)의 관계**

전대차의 성립에 의하여 아무런 영향도 받지 않는다. 임대인이 전차인에 대하여 직접 권리를 행사할 수 있다고 하여, 임대인이 임차인에 대한 그의 임대차상의 채권을 행사할 수 없게 되는 것은 아니다(제630조 제2항). 즉 임대인은 차임의 청구나 해지권의 행사 등을 임차인(전대인)에게 하여야 한다.

⑶ **임대인과 전차인의 관계**

① **임대차관계의 불성립** : 임대인의 동의 있는 임대차가 임대인에 대한 관계에서도 적법하다고 하여, 임대인과 전차인 사이에 직접 임대차관계가 성립하는 것은 아니다. 즉 전차인은 임대인에 대하여 임대차상의 권리를 갖지 않는다. 따라서 전차인은 임대인에 대하여 수선이나 비용상환을 청구하지는 못한다.

② **전차인의 의무부담**

> **제630조 【전대의 효과】** ① 임차인이 임대인의 동의를 얻어 임차물을 전대한 때에는 전차인은 직접 임대인에 대하여 의무를 부담한다. 이 경우에 전차인은 전대인에 대한 차임의 지급으로써 임대인에게 대항하지 못한다.
> ② 전항의 규정은 임대인의 임차인에 대한 권리행사에 영향을 미치지 아니한다.

전차인은 임대인에 대하여 직접 의무를 부담한다(제630조 제1항 전문). 전차인이 부담하는 의무의 주요한 것은, 목적물의 보관의무·그 위반에 의한 손해배상의무·임대차종료 시의 목적물반환의무·차임지급의무 등이다. 한편 전차인은 임대인 또는 전대인 중의 어느 일방에 대하여 이행하면 다른 쪽에 대하여는 그 의무를 면하게 된다. 그러나 전차인은 전대인에 대한 차임의 지급으로써 임대인에 대하여 대항하지 못한다(제630조 제1항 후문).

판례

민법 제630조 제1항에 따라 임대인의 동의를 얻은 전대차의 전차인이 전대인에 대한 차임의 지급으로 임대인에게 대항할 수 없게 되는 차임의 범위

민법 제630조 제1항은 임차인이 임대인의 동의를 얻어 임차물을 전대한 때에는 전차인은 직접 임대인에 대하여 의무를 부담하고, 이 경우에 전차인은 전대인에 대한 차임의 지급으로써 임대인에게 대항할 수 없다고 규정하고 있는바, 위 규정에 의하여 전차인이 임대인에게 대항할 수 없는 차임의 범위는 전대차계약상의 차임지급시기를 기준으로 하여 그 전에 전대인에게 지급한 차임에 한정되고, 그 이후에 지급한 차임으로는 임대인에게 대항할 수 있다(대판 2008. 3. 27, 2006다45459).

③ 전차인보호를 위한 특별규정

㉠ 해지통고의 전차인에 대한 통지

> **제638조【해지통고의 전차인에 대한 통지】** ① 임대차계약이 해지의 통고로 인하여 종료된 경우
> 에 그 임대물이 적법하게 전대되었을 때에는 임대인은 전차인에 대하여 그 사유를 통지하지 아니하
> 면 해지로써 전차인에게 대항하지 못한다.
> ② 전차인이 전항의 통지를 받은 때에는 제635조 제2항의 규정을 준용한다.
>
> **제652조【강행규정】** 제638조의 규정에 위반한 약정으로 전차인에게 불리한 것은 그 효력이 없다.

㉡ 전차인의 임대청구권과 지상물매수청구권

> **제644조【전차인의 임대청구권, 매수청구권】** ① 건물 기타 공작물의 소유 또는 식목, 채염, 목축
> 을 목적으로 한 토지임차인이 적법하게 그 토지를 전대한 경우에 임대차 및 전대차의 기간이 동
> 시에 만료되고 건물, 수목 기타 지상시설이 현존한 때에는 전차인은 임대인에 대하여 전전대차와
> 동일한 조건으로 임대할 것을 청구할 수 있다.
> ② 전항의 경우에 임대인이 임대할 것을 원하지 아니하는 때에는 제283조 제2항의 규정을 준용한다.
>
> **제645조【지상권목적토지의 임차인의 임대청구권, 매수청구권】** 전조의 규정은 지상권자가 그 토
> 지를 임대한 경우에 준용한다.
>
> **제652조【강행규정】** 제644조, 제645조의 규정에 위반한 약정으로 전차인에게 불리한 것은 그 효
> 력이 없다.

㉢ 전차인의 부속물매수청구권

> **제647조【전차인의 부속물매수청구권】** ① 건물 기타 공작물의 임차인이 적법하게 전대한 경우에
> 전차인이 그 사용의 편익을 위하여 임대인의 동의를 얻어 이에 부속한 물건이 있는 때에는 전대차의
> 종료 시에 임대인에 대하여 그 부속물의 매수를 청구할 수 있다.
> ② 임대인으로부터 매수하였거나 그 동의를 얻어 임차인으로부터 매수한 부속물에 대하여도 전항과
> 같다.
>
> **제652조【강행규정】** 제647조의 규정에 위반한 약정으로 전차인에게 불리한 것은 그 효력이 없다.

㉣ 임차권의 소멸에 의한 전차권의 소멸

> **제631조【전차인의 권리의 확정】** 임차인이 임대인의 동의를 얻어 임차물을 전대한 경우에는 임대
> 인과 임차인의 합의로 계약을 종료한 때에도 전차인의 권리는 소멸하지 아니한다.
>
> **제652조【강행규정】** 제631조의 규정에 위반한 약정으로 전차인에게 불리한 것은 그 효력이 없다.

전대차는 임대차를 기초로 하는 것이므로 임대차관계가 소멸하면 전대차관계도 소멸하게
된다. 그러나 임대인과 임차인의 합의로 계약을 종료한 때에는 전차인의 권리는 소멸하지
아니한다(제631조).

제6관 보증금과 권리금

⑴ 보증금

1. 서설

(1) 보증금의 의의

보증금이란 임대차에 있어서 임차인의 채무를 담보하기 위하여 임차인 또는 제3자가 임대인에게 교부하는 금전 기타 유가물을 말한다.

(2) 보증금의 법적 성질

① **정지조건설**: 임대차 종료 후 임차물 반환 시에 임차인의 반대채무가 없음을 정지조건으로 하는 정지조건부반환채무를 수반하는 금전 기타 유가물의 소유권 이전이라는 견해이다. 정지조건설에 따르면 보증금반환청구권은 목적물 반환 시에 공제한 잔액에 대해 발생한다. 따라서 임차인이 공제할 채무가 없음을 입증해야 전액반환을 청구할 수 있다.

② **해제조건설**: 임대차 종료 시에 일단 반환청구권이 발생하고 임차인의 반대채무가 있음을 해제조건으로 공제한다는 견해이다. 해제조건설에 따르면 보증금반환청구권은 임대차 종료 시에 발생하고 그 후 목적물 인도 시까지의 임차인의 채무를 공제하게 되므로 임대인이 공제할 채무가 있음을 입증해야 한다.

2. 보증금계약

보증금계약은 보증금을 수수하기로 하는 계약을 말한다. 이는 임대차계약과 동시에 하는 것이 보통이나, 반드시 동시에 해야 하는 것은 아니다. 보증금계약은 임대차계약에 종된 계약이다. 보증금계약을 보증금을 수수하기로 하는 채권·채무를 발생시키는 낙성계약으로 보는 견해도 있으나 원칙적으로 보증금의 수수를 보증금계약의 성립요건으로 하는 요물계약으로 보면서 낙성계약으로도 가능하다는 견해가 다수설이다.

3. 보증금의 효력

(1) 담보적 효력

임대차계약에 있어 임대차보증금은 임대차계약 종료 후 목적물을 임대인에게 명도할 때까지 발생하는, 임대차에 따른 임차인의 모든 채무를 담보하는 것으로서, 그 피담보채무 상당액은 임대차관계의 종료 후 목적물이 반환될 때에, 특별한 사정이 없는 한, 별도의 의사표시 없이 보증금에서 당연히 공제되는 것이므로, 임대인은 임대차보증금에서 그 피담보채무를 공제한 나머지만을 임차인에게 반환할 의무가 있다.

> **판례**
>
> **임대차보증금에서 공제될 차임채권 등의 발생원인에 관한 주장 · 증명책임의 소재(= 임대인) 및 그 발생한 채권의 소멸에 관한 주장 · 증명책임의 소재(= 임차인)**
>
> 임대차계약의 경우 임대차보증금에서 그 피담보채무 등을 공제하려면 임대인으로서는 그 피담보채무인 연체차임, 연체관리비 등을 임대차보증금에서 공제하여야 한다는 주장을 하여야 하고 나아가 그 임대차보증금에서 공제될 차임채권, 관리비채권 등의 발생원인에 관하여 주장 · 입증을 하여야 하는 것이며, 다만 그 발생한 채권이 변제 등의 이유로 소멸하였는지에 관하여는 임차인이 주장 · 입증책임을 부담한다(대판 2005. 9. 28, 2005다8323 · 8330).

(2) 임대차존속 중의 보증금의 충당

원래 보증금은 매기의 차임 기타의 채무를 담보하는 것이므로, 임대인은 임대차가 아직 존속하고 있는 동안에 보증금으로써 연체차임 등에 충당하느냐 않느냐는 임대인의 자유이다. 따라서 임대인은 보증금으로 연체차임 등에 충당할 수도 있고, 혹은 충당하지 않고서 그 지급을 임차인에게 청구할 수도 있다. 이 경우에 임차인은 보증금의 존재를 이유로 채무의 이행을 거절하지 못한다.

4. 보증금반환청구권

(1) 보증금반환청구권의 상대방

보증금반환청구의 상대방은 임대차가 종료할 때의 임대인이 보통이다. 다만, 제3자에 대한 대항력을 갖춘 임차권의 경우 목적물의 소유권이 양도되어 그 양수인이 임대인의 지위를 승계하는 경우에는 임대차보증금의 반환채무도 부동산의 소유권과 결합하여 일체로서 이전하는 것이므로, 양도인의 임대인으로서의 지위나 보증금반환채무는 소멸하고, 따라서 양수인이 그 상대방이 된다(95다35616).

(2) 동시이행의 항변권

임대차계약의 기간이 만료된 경우에 임차인이 임차목적물을 명도할 의무와 임대인이 보증금 중 연체차임 등 당해 임대차에 관하여 명도 시까지 생긴 모든 채무를 청산한 나머지를 반환할 의무는 모두 이행기에 도달하고 이들 의무 상호 간에는 동시이행의 관계가 있다(77다1241 · 1242).

> **판례**
>
> 1. 임대차계약의 종료에 의하여 발생된 임차인의 목적물반환의무와 임대인의 연체차임을 공제한 나머지 보증금의 반환의무는 동시이행의 관계에 있으므로, 임대차계약 종료 후에도 임차인이 동시이행의 항변권을 행사하여 임차건물을 계속 점유하여 온 것이라면, 임대인이 임차인에게 보증금반환의무를 이행하였다거나 현실적인 이행의 제공을 하여 임차인의 건물명도의무가 지체에 빠지는 등의 사유로 동시이행의 항변권을 상실하지 않는 이상, 임차인의 건물에 대한 점유는 불법점유라고 할 수 없으며, 따라서 임차인으로서는 이에 대한 손해배상의무도 없다(대판 1998. 5. 29, 98다6497).

2. [1] 임대차계약의 종료에 의하여 발생된 임차인의 임차목적물반환의무와 임대인의 연체차임을 공제한 나머지 보증금의 반환의무는 동시이행의 관계에 있는 것이므로, 임대차계약 종료 후에도 임차인이 동시이행의 항변권을 행사하여 임차건물을 계속 점유하여 온 것이라면, 임차인의 그 건물에 대한 점유는 불법점유라고 할 수는 없으나, 그로 인하여 이득이 있다면 이는 부당이득으로서 반환하여야 하는 것은 당연하다.

[2] 법률상의 원인 없이 이득하였음을 이유로 한 부당이득의 반환에 있어서 이득이라 함은 실질적인 이익을 가리키는 것이므로 법률상 원인 없이 건물을 점유하고 있다 하여도 이를 사용·수익하지 않았다면 이익을 얻은 것이라고 볼 수 없는 것인바, 임차인이 임대차계약 종료 이후에도 동시이행의 항변권을 행사하는 방법으로 목적물의 반환을 거부하기 위하여 임차건물부분을 계속 점유하기는 하였으나 이를 본래의 임대차계약상의 목적에 따라 사용·수익하지 아니하여 실질적인 이득을 얻은 바 없는 경우에는 그로 인하여 임대인에게 손해가 발생하였다 하더라도 임차인의 부당이득반환의무는 성립되지 않는다(대판 1992. 4. 14, 91다45202·45219).

3. [1] 소멸시효가 완성되기 위해서는 권리의 불행사라는 사실상태가 일정한 기간 동안 계속되어야 한다. 채권을 일정한 기간 행사하지 않으면 소멸시효가 완성하지만, 채권을 계속 행사하고 있다고 볼 수 있다면 소멸시효가 진행하지 않는다.

[2] 임대차 종료 후 임차인이 보증금을 반환받기 위해 목적물을 점유하는 경우 보증금반환채권에 대한 권리를 행사하는 것으로 보아야 하고, 임차인이 임대인에 대하여 직접적인 이행청구를 하지 않았다고 해서 권리의 불행사라는 상태가 계속되고 있다고 볼 수 없다.

[3] 주택임대차보호법에 따른 임대차에서 그 기간이 끝난 후 임차인이 보증금을 반환받기 위해 목적물을 점유하고 있는 경우 보증금반환채권에 대한 소멸시효는 진행하지 않는다고 보아야 한다(대판 2020. 7. 9, 2016다244224·244231).

4. 부동산임대차에서 임차인이 임대인에게 지급하는 임대차보증금은 임대차관계가 종료되어 목적물을 반환하는 때까지 임대차관계에서 발생하는 임차인의 모든 채무를 담보하는 것으로서, 임대인이 임차인을 상대로 차임연체로 인한 임대차계약의 해지를 원인으로 임대차목적물인 부동산의 인도 및 연체차임의 지급을 구하는 소송비용은 임차인이 부담할 원상복구비용 및 차임지급의무 불이행으로 인한 것이어서 임대차관계에서 발생하는 임차인의 채무에 해당하므로 이를 반환할 임대차보증금에서 당연히 공제할 수 있고, 한편 임대인의 임대차보증금 반환의무는 임대차관계가 종료되는 경우에 임대차보증금 중에서 목적물을 반환받을 때까지 생긴 임차인의 모든 채무를 공제한 나머지 금액에 관하여서만 비로소 이행기에 도달하는 것이므로, 임차인이 다른 사람에게 임대차보증금 반환채권을 양도하고, 임대인에게 양도통지를 하였어도 임차인이 임대차목적물을 인도하기 전까지는 임대인이 위 소송비용을 임대차보증금에서 당연히 공제할 수 있다(대판 2012. 9. 27, 2012다49490).

5. [1] 상가건물 임대차보호법 제3조는 '대항력 등'이라는 표제로 제1항에서 대항력의 요건을 정하고, 제2항에서 "임차건물의 양수인(그 밖에 임대할 권리를 승계한 자를 포함한다)은 임대인의 지위를 승계한 것으로 본다."라고 정하고 있다. 이 조항은 임차인이 취득하는 대항력의 내용을 정한 것으로, 상가건물의 임차인이 제3자에 대한 대항력을 취득한 다음 임차건물의 양도 등으로 소유자가 변동된 경우에는 양수인 등 새로운 소유자(이하 '양수인'이라 한다)가 임대인의 지위를 당연히 승계한다는 의미이다. 소유권 변동의 원인이 매매 등 법률행위든 상속·경매 등 법률의 규정이든 상관없이 이 규정이 적용된다. 따라서 임대를 한 상가건물을 여러 사람이 공유하고 있다가 이를 분할하기 위한 경매절차에서 건물의 소유자가 바뀐 경우에도 양수인이 임대인의 지위를 승계한다.

[2] 위 조항에 따라 임차건물의 양수인이 임대인의 지위를 승계하면, 양수인은 임차인에게 임대보증금 반환의무를 부담하고 임차인은 양수인에게 차임지급의무를 부담한다. 그러나 임차건물의 소유권이 이전되기 전에 이미 발생한 연체차임이나 관리비 등은 별도의 채권양도절차가 없는 한 원칙적으로 양수인에게 이전되지 않고 임대인만이 임차인에게 청구할 수 있다. 차임이나 관리비 등은 임차건물을 사용한 대가로서 임차인에게 임차건물을 사용하도록 할 당시의 소유자 등 처분권한 있는 자에게 귀속된다고 볼 수 있기 때문이다.

[3] 임대차계약에서 임대차보증금은 임대차계약 종료 후 목적물을 임대인에게 명도할 때까지 발생하는, 임대차에 따른 임차인의 모든 채무를 담보한다. 따라서 이러한 채무는 임대차관계 종료 후 목적물이 반환될 때에 특별한 사정이 없는 한 별도의 의사표시 없이 보증금에서 당연히 공제된다. 임차건물의 양수인이 건물 소유권을 취득한 후 임대차관계가 종료되어 임차인에게 임대차보증금을 반환해야 하는 경우에 임대인의 지위를 승계하기 전까지 발생한 연체차임이나 관리비 등이 있으면 이는 특별한 사정이 없는 한 임대차보증금에서 당연히 공제된다. 일반적으로 임차건물의 양도 시에 연체차임이나 관리비 등이 남아있더라도 나중에 임대차관계가 종료되는 경우 임대차보증금에서 이를 공제하겠다는 것이 당사자들의 의사나 거래관념에 부합하기 때문이다(대판 2017. 3. 22, 2016다218874).

(02) 권리금

1. 의의

권리금이란 주로 부동산이 갖는 특수한 장소적 이익의 대가로서 임차인으로부터 임대인에게 또는 신규임차인으로부터 임차인에게 지급되는 금전을 말한다.

2. 내용

권리금과 대가관계에 서는 것은 부동산 자체의 용익이 아니라 지리적 위치나 고객관계·신용 기타의 영업적 요소이다.

3. 효력

통상 권리금은 임대차가 종료하더라도 반환을 청구할 수 없는 것이 거래상 관행이다. 판례도 임대인의 권리금 반환의무를 인정하기 위해서는 반환의 약정이 있는 등 특별한 사정이 있을 것을 요구한다(87다카823). 또한 임대인과 임차인 사이에 건물명도 시 권리금을 반환하기로 하는 약정이 있었다 하더라도 그와 같은 권리금반환청구권은 건물에 관하여 생긴 채권이라 할 수 없으므로 그와 같은 채권을 가지고 건물에 대한 유치권을 행사할 수 없다(93다62119).

판례

1. 통상 권리금은 새로운 임차인으로부터만 지급받을 수 있을 뿐이고 임대인에 대하여는 지급을 구할 수 없는 것이므로, 임대인이 임대차계약서의 단서조항에 '모든 권리금을 인정함'이라는 기재를 하였다고 하여 임대차 종료 시 임차인에게 권리금을 반환하겠다고 약정하였다고 볼 수 없고, 단지 임차인이 나중에 임차권을 승계한 자로부터 권리금을 수수하는 것을 임대인이 용인하고, 나아가 임대인이 정당한 사유 없이 명도를 요구하거나 점포에 대한 임대차계약의 갱신을 거절하고 타에 처분하면서 권리금을 지급받지 못하도록 하는 등으로 임차인의 권리금회수기회를 박탈하거나 권리금회수를 방해하는 경우에 임대인이 임차인에게 직접 권리금지급을 책임지겠다는 취지로 해석해야 할 것이다(대판 2000. 4. 11, 2000다4517·4524).

2. 영업용 건물의 임대차에 수반되어 행하여지는 권리금의 지급은 임대차계약의 내용을 이루는 것은 아니고 권리금 자체는 거기의 영업시설·비품 등 유형물이나 거래처·신용·영업상의 know-how 혹은 점포 위치에 따른 영업상의 이점 등 무형의 재산적 가치의 양도 또는 일정기간 동안의 이용대가라고 볼 것인바, 권리금이 그 수수 후 일정한 기간 이상으로 그 임대차를 존속시키기로 하는 임차권보장의 약정하에 임차인으로부터 임대인에게 지급된 경우에는, 보장기간 동안의 이용이 유효하게 이루어진 이상 임대인은 그 권리금의 반환의무를 지지 아니하며, 다만 임차인은 당초의 임대차에서 반대되는 약정이 없는 한 임차권의 양도 또는 전대차 기회에 부수하여 자신도 일정기간 이용할 수 있는 권리를 다른 사람에게 양도하거나 또는 다른 사람으로 하여금 일정기간 이용케 함으로써 권리금 상당액을 회수할 수 있을 것이지만, 반면 임대인의 사정으로 임대차계약이 중도 해지됨으로써 당초 보장된 기간 동안의 이용이 불가능하였다는 등의 특별한 사정이 있을 때에는 임대인은 임차인에 대하여 그 권리금의 반환의무를 진다고 할 것이고, 그 경우 임대인이 반환의무를 부담하는 권리금의 범위는, 지급된 권리금을 경과기간과 잔존기간에 대응하는 것으로 나누어, 임대인은 임차인으로부터 수령한 권리금 중 임대차계약이 종료될 때까지의 기간에 대응하는 부분을 공제한 잔존기간에 대응하는 부분만을 반환할 의무를 부담한다고 봄이 공평의 원칙에 합치된다(대판 2002. 7. 26, 2002다25013).

4. 상가건물 임대차보호법상 권리금 보호제도

상가건물임대차보호법 제10조의3 【권리금의 정의 등】 ① 권리금이란 임대차 목적물인 상가건물에서 영업을 하는 자 또는 영업을 하려는 자가 영업시설·비품, 거래처, 신용, 영업상의 노하우, 상가건물의 위치에 따른 영업상의 이점 등 유형·무형의 재산적 가치의 양도 또는 이용대가로서 임대인, 임차인에게 보증금과 차임 이외에 지급하는 금전 등의 대가를 말한다.
② 권리금 계약이란 신규임차인이 되려는 자가 임차인에게 권리금을 지급하기로 하는 계약을 말한다.

제10조의4 【권리금 회수기회 보호 등】 ① 임대인은 임대차기간이 끝나기 6개월 전부터 임대차 종료 시까지 다음 각 호의 어느 하나에 해당하는 행위를 함으로써 권리금 계약에 따라 임차인이 주선한 신규임차인이 되려는 자로부터 권리금을 지급받는 것을 방해하여서는 아니 된다. 다만, 제10조 제1항 각 호의 어느 하나에 해당하는 사유가 있는 경우에는 그러하지 아니하다.
  1. 임차인이 주선한 신규임차인이 되려는 자에게 권리금을 요구하거나 임차인이 주선한 신규임차인이 되려는 자로부터 권리금을 수수하는 행위
  2. 임차인이 주선한 신규임차인이 되려는 자로 하여금 임차인에게 권리금을 지급하지 못하게 하는 행위

3. 임차인이 주선한 신규임차인이 되려는 자에게 상가건물에 관한 조세, 공과금, 주변상가건물의 차임 및 보증금, 그 밖의 부담에 따른 금액에 비추어 현저히 고액의 차임과 보증금을 요구하는 행위

4. 그 밖에 정당한 사유 없이 임대인이 임차인이 주선한 신규임차인이 되려는 자와 임대차계약의 체결을 거절하는 행위

② 다음 각 호의 어느 하나에 해당하는 경우에는 제1항 제4호의 정당한 사유가 있는 것으로 본다.

1. 임차인이 주선한 신규임차인이 되려는 자가 보증금 또는 차임을 지급할 자력이 없는 경우

2. 임차인이 주선한 신규임차인이 되려는 자가 임차인으로서의 의무를 위반할 우려가 있거나 그 밖에 임대차를 유지하기 어려운 상당한 사유가 있는 경우

3. 임대차 목적물인 상가건물을 1년 6개월 이상 영리목적으로 사용하지 아니한 경우

4. 임대인이 선택한 신규임차인이 임차인과 권리금 계약을 체결하고 그 권리금을 지급한 경우

③ 임대인이 제1항을 위반하여 임차인에게 손해를 발생하게 한 때에는 그 손해를 배상할 책임이 있다. 이 경우 그 손해배상액은 신규임차인이 임차인에게 지급하기로 한 권리금과 임대차 종료 당시의 권리금 중 낮은 금액을 넘지 못한다.

④ 제3항에 따라 임대인에게 손해배상을 청구할 권리는 임대차가 종료한 날부터 3년 이내에 행사하지 아니하면 시효의 완성으로 소멸한다.

⑤ 임차인은 임대인에게 임차인이 주선한 신규임차인이 되려는 자의 보증금 및 차임을 지급할 자력 또는 그 밖에 임차인으로서의 의무를 이행할 의사 및 능력에 관하여 자신이 알고 있는 정보를 제공하여야 한다.

제7관 임대차의 종료

01 임대차의 종료원인

1. 존속기간의 만료

임대차기간의 약정이 있는 때에는 그 기간의 만료로 임대차는 종료한다.

2. 해지의 통고

(1) 기간의 약정이 없는 경우

제635조 【기간의 약정 없는 임대차의 해지통고】 ① 임대차기간의 약정이 없는 때에는 당사자는 언제든지 계약해지의 통고를 할 수 있다.

② 상대방이 전항의 통고를 받은 날로부터 다음 각 호의 기간이 경과하면 해지의 효력이 생긴다.

1. 토지, 건물 기타 공작물에 대하여는 임대인이 해지를 통고한 경우에는 6월, 임차인이 해지를 통고한 경우에는 1월

2. 동산에 대하여는 5일

(2) 해지할 권리를 보류한 경우

> **제636조【기간의 약정 있는 임대차의 해지통고】** 임대차기간의 약정이 있는 경우에도 당사자 일방 또는 쌍방이 그 기간 내에 해지할 권리를 보류한 때에는 전조의 규정을 준용한다.

(3) 임차인의 파산선고

> **제637조【임차인의 파산과 해지통고】** ① 임차인이 파산선고를 받은 경우에는 임대차기간의 약정이 있는 때에도 임대인 또는 파산관재인은 제635조의 규정에 의하여 계약해지의 통고를 할 수 있다.
> ② 전항의 경우에 각 당사자는 상대방에 대하여 계약해지로 인하여 생긴 손해의 배상을 청구하지 못한다.

3. 해지

다음의 경우에는 임대차계약을 해지할 수 있으며, 상대방에게 그 의사표시가 도달한 때에 즉시 해지의 효력이 생긴다. 즉 ① 임대인이 임차인의 의사에 반하여 보존행위를 하는 때(제625조), ② 임차물의 일부가 임차인의 과실 없이 멸실한 경우에 그 잔존부분만으로는 임차의 목적을 달성할 수 없을 때(제627조 제2항), ③ 임차인이 임대인의 동의 없이 임차권을 양도하거나 임차물을 전대한 때(제629조 제2항), ④ 차임 연체액이 2기의 차임액에 달하는 때(제640조·제641조), ⑤ 그 밖에 당사자 일방의 채무불이행으로 인하여 임대차의 목적을 달성할 수 없는 사정이 있는 경우이다.

판례

임대차에서는 임대인이 그 목적물에 대한 소유권 기타 이를 임대할 권한이 있을 것을 성립요건으로 하지 아니하므로, 임대차계약이 성립된 후 그 존속기간 중에 임대인이 임대차 목적물에 대한 소유권을 상실한 사실 그 자체만으로 바로 임대차에 직접적인 영향을 미친다고 볼 수는 없지만, 임대인이 임대차 목적물의 소유권을 제3자에게 양도하고 그 소유권을 취득한 제3자가 임차인에게 그 임대차 목적물의 인도를 요구하여 이를 인도하였다면, 임대인이 임차인에게 임대차 목적물을 사용·수익케 할 의무는 이행불능이 되었다고 할 것이고, 이 경우 임대차는 당사자의 해지의 의사표시를 기다릴 필요없이 당연히 종료되었다고 볼 것이지, 임대인의 채무가 손해배상채무로 변환된 상태로 채권·채무관계가 존속한다고 볼 수 없다(대판 1996. 3. 8, 95다15087).

02 임대차종료의 효과

1. 임차권의 소멸

임대차는 계속적 계약으로서 그 종료의 효과는 장래에 대하여 생길 뿐이다.

2. 원상회복의무

임대차가 종료하면 임차인은 목적물을 원상으로 회복하여 임대인에게 반환하여야하는 것이 원칙이다.

판례

임대차종료로 인한 임차인의 원상회복의무에 임대인이 임대 당시의 부동산 용도에 맞게 다시 사용할 수 있도록 협력할 의무가 포함되는지 여부(적극) 및 임차건물 부분에서의 영업허가에 대한 폐업신고절차 이행 의무도 이에 포함되는지 여부(적극)

임대차종료로 인한 임차인의 원상회복의무에는 임차인이 사용하고 있던 부동산의 점유를 임대인에게 이전하는 것은 물론 임대인이 임대 당시의 부동산 용도에 맞게 다시 사용할 수 있도록 협력할 의무도 포함한다. 따라서 임대인 또는 그 승낙을 받은 제3자가 임차건물 부분에서 다시 영업허가를 받는 데 방해가 되지 않도록 임차인은 임차건물 부분에서의 영업허가에 대하여 폐업신고절차를 이행할 의무가 있다(대판 2008. 10. 9, 2008다34903).

제8관 특수한 임대차

01 일시임대차

제653조【일시사용을 위한 임대차의 특례】 제628조, 제638조, 제640조, 제646조 내지 제648조, 제650조 및 전조의 규정은 일시사용하기 위한 임대차 또는 전대차인 것이 명백한 경우에는 적용하지 아니한다.

02 주택임대차보호법

1. 목적

제1조【목적】 이 법은 주거용 건물의 임대차에 관하여 민법에 대한 특례를 규정함으로써 국민 주거생활의 안정을 보장함을 목적으로 한다.

2. 적용범위

제2조【적용범위】 이 법은 주거용 건물(이하 "주택"이라 한다)의 전부 또는 일부의 임대차에 관하여 적용한다. 그 임차주택의 일부가 주거 외의 목적으로 사용되는 경우에도 또한 같다.

3. 대항력 등

제3조【대항력 등】 ① 임대차는 그 등기가 없는 경우에도 임차인이 주택의 인도와 주민등록을 마친 때에는 그 다음 날부터 제3자에 대하여 효력이 생긴다. 이 경우 전입신고를 한 때에 주민등록이 된 것으로 본다.

② 주택도시기금을 재원으로 하여 저소득층 무주택자에게 주거생활 안정을 목적으로 전세임대주택을 지원하는 법인이 주택을 임차한 후 지방자치단체의 장 또는 그 법인이 선정한 입주자가 그 주택을 인도받고 주민등록을 마쳤을 때에는 제1항을 준용한다. 이 경우 대항력이 인정되는 법인은 대통령령으로 정한다.

③ 「중소기업기본법」 제2조에 따른 중소기업에 해당하는 법인이 소속 직원의 주거용으로 주택을 임차한 후 그 법인이 선정한 직원이 해당 주택을 인도받고 주민등록을 마쳤을 때에는 제1항을 준용한다. 임대차가 끝나기 전에 그 직원이 변경된 경우에는 그 법인이 선정한 새로운 직원이 주택을 인도받고 주민등록을 마친 다음 날부터 제3자에 대하여 효력이 생긴다.

④ 임차주택의 양수인(그 밖에 임대할 권리를 승계한 자를 포함한다)은 임대인의 지위를 승계한 것으로 본다.

판례

[1] 주택임대차보호법 제3조 제1항 소정의 주민등록이 대항력의 요건을 충족시키는 공시방법이 되기 위한 요건 : 주택임대차보호법 제3조 제1항에서 주택의 인도와 더불어 대항력의 요건으로 규정하고 있는 주민등록은 거래의 안전을 위하여 임차권의 존재를 제3자가 명백히 인식할 수 있게 하는 공시방법으로 마련된 것으로서, 주민등록이 어떤 임대차를 공시하는 효력이 있는가의 여부는 그 주민등록으로 제3자가 임차권의 존재를 인식할 수 있는가에 따라 결정된다고 할 것이므로, 주민등록이 대항력의 요건을 충족시킬 수 있는 공시방법이 되려면 단순히 형식적으로 주민등록이 되어 있다는 것만으로는 부족하고, 주민등록에 의하여 표상되는 점유관계가 임차권을 매개로 하는 점유임을 제3자가 인식할 수 있는 정도는 되어야 한다.

[2] 등기부상 소유자로 되어 있는 상태에서는 주민등록이 주택임대차보호법 제3조 제1항 소정의 대항력 인정의 요건이 되는 적법한 공시방법으로서의 효력이 없다고 본 사례 : 갑이 1988. 8. 30. 당해 주택에 관하여 자기 명의로 소유권이전등기를 경료하고 같은 해 10. 1. 그 주민등록 전입신고까지 마친 후 이에 거주하다가 1993. 10. 23. 을과의 사이에 그 주택을 을에게 매도함과 동시에 그로부터 이를 다시 임차하되 매매잔금 지급기일인 1993. 12. 23.부터는 주택의 거주관계를 바꾸어 갑이 임차인의 자격으로 이에 거주하는 것으로 하기로 약정하고 계속하여 거주해 왔으나, 위 매매에 따른 을 명의의 소유권이전등기는 1994. 3. 9.에야 비로소 경료된 경우, 제3자로서는 그 주택에 관하여 갑으로부터 을 앞으로 소유권이전등기가 경료되기 전에는 갑의 주민등록이 소유권 아닌 임차권을 매개로 하는 점유라는 것을 인식하기 어려웠다 할 것이므로, 갑의 주민등록은 그 주택에 관하여 을 명의의 소유권이전등기가 경료된 1994. 3. 9. 이전에는 주택임대차의 대항력 인정의 요건이 되는 적법한 공시방법으로서의 효력이 없고, 그 이후에야 비로소 갑과 을 사이의 임대차를 공시하는 유효한 공시방법이 된다.

[3] 후순위 저당권의 실행으로 주택이 경락된 경우, 선순위 저당권과 후순위 저당권 사이에 대항력을 갖춘 임차인이 경락인에 대하여 그 임차권의 효력을 주장할 수 있는지 여부(소극) : 후순위 저당권의 실행으로 목적부동산이 경락된 경우에는 민사소송법 제728조, 제608조 제2항의 규정에 의하여 선순위 저당권까지도 당연히 소멸하는 것이므로, 이 경우 비록 후순위 저당권자에게는 대항할 수 있는 임차권이라 하더라도 소멸된 선순위 저당권보다 뒤에 등기되었거나 대항력을 갖춘 임차권은 함께 소멸하는 것이고, 따라서 그 경락인은 주택임대차보호법 제3조에서 말하는 임차주택의 양수인 중에 포함된다고 할 수 없을 것이므로 경락인에 대하여 그 임차권의 효력을 주장할 수 없다(대판 1999. 4. 23, 98다32939).

4. 보증금의 회수

제3조의2【보증금의 회수】 ① 임차인(제3조 제2항 및 제3항의 법인을 포함한다. 이하 같다)이 임차주택에 대하여 보증금반환청구소송의 확정판결이나 그 밖에 이에 준하는 집행권원에 따라서 경매를 신청하는 경우에는 집행개시요건에 관한 「민사집행법」 제41조에도 불구하고 반대의무의 이행이나 이행의 제공을 집행개시의 요건으로 하지 아니한다.

② 제3조 제1항·제2항 또는 제3항의 대항요건과 임대차계약증서(제3조 제2항 및 제3항의 경우에는 법인과 임대인 사이의 임대차계약증서를 말한다)상의 확정일자를 갖춘 임차인은 「민사집행법」에 따른 경매 또는 「국세징수법」에 따른 공매를 할 때에 임차주택(대지를 포함한다)의 환가대금에서 후순위권리자나 그 밖의 채권자보다 우선하여 보증금을 변제받을 권리가 있다.

③ 임차인은 임차주택을 양수인에게 인도하지 아니하면 제2항에 따른 보증금을 받을 수 없다.

④ 제2항 또는 제7항에 따른 우선변제의 순위와 보증금에 대하여 이의가 있는 이해관계인은 경매법원이나 체납처분청에 이의를 신청할 수 있다.

⑥ 제4항에 따라 이의신청을 받은 체납처분청은 이해관계인이 이의신청일부터 7일 이내에 임차인 또는 제7항에 따라 우선변제권을 승계한 금융기관 등을 상대로 소를 제기한 것을 증명하면 해당 소송이 끝날 때까지 이의가 신청된 범위에서 임차인 또는 제7항에 따라 우선변제권을 승계한 금융기관 등에 대한 보증금의 변제를 유보하고 남은 금액을 배분하여야 한다. 이 경우 유보된 보증금은 소송의 결과에 따라 배분한다.

⑦ 다음 각 호의 금융기관 등이 제2항, 제3조의3 제5항, 제3조의4 제1항에 따른 우선변제권을 취득한 임차인의 보증금반환채권을 계약으로 양수한 경우에는 양수한 금액의 범위에서 우선변제권을 승계한다.

1. 「은행법」에 따른 은행
2. 「중소기업은행법」에 따른 중소기업은행
3. 「한국산업은행법」에 따른 한국산업은행
4. 「농업협동조합법」에 따른 농협은행
5. 「수산업협동조합법」에 따른 수협은행
6. 「우체국예금·보험에 관한 법률」에 따른 체신관서
7. 「한국주택금융공사법」에 따른 한국주택금융공사
8. 「보험업법」 제4조 제1항 제2호 라목의 보증보험을 보험종목으로 허가받은 보험회사
9. 「주택도시기금법」에 따른 주택도시보증공사
10. 그 밖에 제1호부터 제9호까지에 준하는 것으로서 대통령령으로 정하는 기관

⑧ 제7항에 따라 우선변제권을 승계한 금융기관 등(이하 "금융기관 등"이라 한다)은 다음 각 호의 어느 하나에 해당하는 경우에는 우선변제권을 행사할 수 없다.

1. 임차인이 제3조 제1항·제2항 또는 제3항의 대항요건을 상실한 경우
2. 제3조의3 제5항에 따른 임차권등기가 말소된 경우
3. 「민법」 제621조에 따른 임대차등기가 말소된 경우

⑨ 금융기관 등은 우선변제권을 행사하기 위하여 임차인을 대리하거나 대위하여 임대차를 해지할 수 없다.

> **판례**
>
> 주택임차인이 그 지위를 강화하고자 별도로 전세권설정등기를 마치더라도 주택임대차보호법상 주택임차인으로서의 우선변제를 받을 수 있는 권리와 전세권자로서 우선변제를 받을 수 있는 권리는 근거규정 및 성립요건을 달리하는 별개의 것이라는 점, 주택임대차보호법 제3조의3 제1항에서 규정한 임차권등기명령에 의한 임차권등기와 동법 제3조의4 제2항에서 규정한 주택임대차등기는 공통적으로 주택임대차보호법상의 대항요건인 '주민등록일자', '점유개시일자' 및 '확정일자'를 등기사항으로 기재하여 이를 공시하지만 전세권설정등기에는 이러한 대항요건을 공시하는 기능이 없는 점, 주택임대차보호법 제3조의4 제1항에서 임차권등기명령에 의한 임차권등기의 효력에 관한 동법 제3조의3 제5항의 규정은 민법 제621조에 의한 주택임대차등기의 효력에 관하여 이를 준용한다고 규정하고 있을 뿐 주택임대차보호법 제3조의3 제5항의 규정을 전세권설정등기의 효력에 관하여 준용할 법적 근거가 없는 점 등을 종합하면, 주택임차인이 그 지위를 강화하고자 별도로 전세권설정등기를 마쳤더라도 주택임차인이 주택임대차보호법 제3조 제1항의 대항요건을 상실하면 이미 취득한 주택임대차보호법상의 대항력 및 우선변제권을 상실한다고 봄이 상당하다 (대판 2007. 6. 28, 2004다69741).

5. 임차권등기명령

> **제3조의3【임차권등기명령】** ① 임대차가 끝난 후 보증금이 반환되지 아니한 경우 임차인은 임차주택의 소재지를 관할하는 지방법원·지방법원지원 또는 시·군 법원에 임차권등기명령을 신청할 수 있다.
>
> ④ 임차권등기명령의 신청을 기각하는 결정에 대하여 임차인은 항고할 수 있다.
>
> ⑤ 임차인은 임차권등기명령의 집행에 따른 임차권등기를 마치면 제3조 제1항·제2항 또는 제3항에 따른 대항력과 제3조의2 제2항에 따른 우선변제권을 취득한다. 다만, 임차인이 임차권등기 이전에 이미 대항력이나 우선변제권을 취득한 경우에는 그 대항력이나 우선변제권은 그대로 유지되며, 임차권등기 이후에는 제3조 제1항·제2항 또는 제3항의 대항요건을 상실하더라도 이미 취득한 대항력이나 우선변제권을 상실하지 아니한다.
>
> ⑥ 임차권등기명령의 집행에 따른 임차권등기가 끝난 주택(임대차의 목적이 주택의 일부분인 경우에는 해당 부분으로 한정한다)을 그 이후에 임차한 임차인은 제8조에 따른 우선변제를 받을 권리가 없다.
>
> ⑧ 임차인은 제1항에 따른 임차권등기명령의 신청과 그에 따른 임차권등기와 관련하여 든 비용을 임대인에게 청구할 수 있다.
>
> ⑨ 금융기관 등은 임차인을 대위하여 제1항의 임차권등기명령을 신청할 수 있다. 이 경우 제3항·제4항 및 제8항의 "임차인"은 "금융기관 등"으로 본다.

6. 민법의 규정에 의한 주택임대차등기의 효력 등

> **제3조의4【「민법」에 따른 주택임대차등기의 효력 등】** ① 「민법」 제621조에 따른 주택임대차등기의 효력에 관하여는 제3조의3 제5항 및 제6항을 준용한다.

7. 경매에 의한 임차권의 소멸

> **제3조의5【경매에 의한 임차권의 소멸】** 임차권은 임차주택에 대하여 「민사집행법」에 따른 경매가 행하여진 경우에는 그 임차주택의 경락에 따라 소멸한다. 다만, 보증금이 모두 변제되지 아니한, 대항력이 있는 임차권은 그러하지 아니하다

8. 확정일자 부여 및 임대차 정보제공 등

> **제3조의6【확정일자 부여 및 임대차 정보제공 등】** ① 제3조의2 제2항의 확정일자는 주택 소재지의 읍·면사무소, 동 주민센터 또는 시(특별시·광역시·특별자치시는 제외하고, 특별자치도는 포함한다)·군·구(자치구를 말한다)의 출장소, 지방법원 및 그 지원과 등기소 또는 「공증인법」에 따른 공증인(이하 이 조에서 "확정일자부여기관"이라 한다)이 부여한다.
> ② 확정일자부여기관은 해당 주택의 소재지, 확정일자 부여일, 차임 및 보증금 등을 기재한 확정일자부를 작성하여야 한다. 이 경우 전산처리정보조직을 이용할 수 있다.
> ③ 주택의 임대차에 이해관계가 있는 자는 확정일자부여기관에 해당 주택의 확정일자 부여일, 차임 및 보증금 등 정보의 제공을 요청할 수 있다. 이 경우 요청을 받은 확정일자부여기관은 정당한 사유 없이 이를 거부할 수 없다.
> ④ 임대차계약을 체결하려는 자는 임대인의 동의를 받아 확정일자부여기관에 제3항에 따른 정보제공을 요청할 수 있다.

9. 임대차기간 등

> **제4조【임대차기간 등】** ① 기간을 정하지 아니하거나 2년 미만으로 정한 임대차는 그 기간을 2년으로 본다. 다만, 임차인은 2년 미만으로 정한 기간이 유효함을 주장할 수 있다.
> ② 임대차기간이 끝난 경우에도 임차인이 보증금을 반환받을 때까지는 임대차관계가 존속되는 것으로 본다.

10. 계약의 갱신

> **제6조【계약의 갱신】** ① 임대인이 임대차기간이 끝나기 6개월 전부터 2개월 전까지의 기간에 임차인에게 갱신거절의 통지를 하지 아니하거나 계약조건을 변경하지 아니하면 갱신하지 아니한다는 뜻의 통지를 하지 아니한 경우에는 그 기간이 끝난 때에 전 임대차와 동일한 조건으로 다시 임대차한 것으로 본다. 임차인이 임대차기간이 끝나기 2개월 전까지 통지하지 아니한 경우에도 또한 같다. 〈개정 2020.6.9., 시행 2020.12.10.〉
> ② 제1항의 경우 임대차의 존속기간은 2년으로 본다.
> ③ 2기의 차임액에 달하도록 연체하거나 그 밖에 임차인으로서의 의무를 현저히 위반한 임차인에 대하여는 제1항을 적용하지 아니한다.

11. 묵시적 갱신의 경우의 계약의 해지

제6조의2【묵시적 갱신의 경우 계약의 해지】 ① 제6조 제1항에 따라 계약이 갱신된 경우 같은 조 제2항에도 불구하고 임차인은 언제든지 임대인에게 계약해지를 통지할 수 있다.
② 제1항에 따른 해지는 임대인이 그 통지를 받은 날부터 3개월이 지나면 그 효력이 발생한다.

12. 계약갱신요구권

제6조의3【계약갱신 요구 등】 ① 제6조에도 불구하고 임대인은 임차인이 제6조 제1항 전단의 기간 이내에 계약갱신을 요구할 경우 정당한 사유 없이 거절하지 못한다. 다만, 다음 각 호의 어느 하나에 해당하는 경우에는 그러하지 아니하다.
1. 임차인이 2기의 차임액에 해당하는 금액에 이르도록 차임을 연체한 사실이 있는 경우
2. 임차인이 거짓이나 그 밖의 부정한 방법으로 임차한 경우
3. 서로 합의하여 임대인이 임차인에게 상당한 보상을 제공한 경우
4. 임차인이 임대인의 동의 없이 목적 주택의 전부 또는 일부를 전대한 경우
5. 임차인이 임차한 주택의 전부 또는 일부를 고의나 중대한 과실로 파손한 경우
6. 임차한 주택의 전부 또는 일부가 멸실되어 임대차의 목적을 달성하지 못할 경우
7. 임대인이 다음 각 목의 어느 하나에 해당하는 사유로 목적 주택의 전부 또는 대부분을 철거하거나 재건축하기 위하여 목적 주택의 점유를 회복할 필요가 있는 경우
   가. 임대차계약 체결 당시 공사시기 및 소요기간 등을 포함한 철거 또는 재건축 계획을 임차인에게 구체적으로 고지하고 그 계획에 따르는 경우
   나. 건물이 노후·훼손 또는 일부 멸실되는 등 안전사고의 우려가 있는 경우
   다. 다른 법령에 따라 철거 또는 재건축이 이루어지는 경우
8. 임대인(임대인의 직계존속·직계비속을 포함한다)이 목적 주택에 실제 거주하려는 경우
9. 그 밖에 임차인이 임차인으로서의 의무를 현저히 위반하거나 임대차를 계속하기 어려운 중대한 사유가 있는 경우
② 임차인은 제1항에 따른 계약갱신요구권을 1회에 한하여 행사할 수 있다. 이 경우 갱신되는 임대차의 존속기간은 2년으로 본다.
③ 갱신되는 임대차는 전 임대차와 동일한 조건으로 다시 계약된 것으로 본다. 다만, 차임과 보증금은 제7조의 범위에서 증감할 수 있다.
④ 제1항에 따라 갱신되는 임대차의 해지에 관하여는 제6조의2를 준용한다.
⑤ 임대인이 제1항 제8호의 사유로 갱신을 거절하였음에도 불구하고 갱신요구가 거절되지 아니하였더라면 갱신되었을 기간이 만료되기 전에 정당한 사유 없이 제3자에게 목적 주택을 임대한 경우 임대인은 갱신거절로 인하여 임차인이 입은 손해를 배상하여야 한다.
⑥ 제5항에 따른 손해배상액은 거절 당시 당사자 간에 손해배상액의 예정에 관한 합의가 이루어지지 않는 한 다음 각 호의 금액 중 큰 금액으로 한다.
1. 갱신거절 당시 월차임(차임 외에 보증금이 있는 경우에는 그 보증금을 제7조의2 각 호 중 낮은 비율에 따라 월 단위의 차임으로 전환한 금액을 포함한다. 이하 "환산월차임"이라 한다)의 3개월분에 해당하는 금액

2. 임대인이 제3자에게 임대하여 얻은 환산월차임과 갱신거절 당시 환산월차임 간 차액의 2년분에 해당하는 금액
3. 제1항 제8호의 사유로 인한 갱신거절로 인하여 임차인이 입은 손해액

13. 차임 등의 증감청구권

제7조【차임 등의 증감청구권】 ① 당사자는 약정한 차임이나 보증금이 임차주택에 관한 조세, 공과금, 그 밖의 부담의 증감이나 경제사정의 변동으로 인하여 적절하지 아니하게 된 때에는 장래에 대하여 그 증감을 청구할 수 있다. 이 경우 증액청구는 임대차계약 또는 약정한 차임이나 보증금의 증액이 있은 후 1년 이내에는 하지 못한다.
② 제1항에 따른 증액청구는 약정한 차임이나 보증금의 20분의 1의 금액을 초과하지 못한다. 다만, 특별시·광역시·특별자치시·도 및 특별자치도는 관할 구역 내의 지역별 임대차 시장 여건 등을 고려하여 본문의 범위에서 증액청구의 상한을 조례로 달리 정할 수 있다.

14. 월차임 전환 시 산정율의 제한

제7조의2【월차임 전환 시 산정률의 제한】 보증금의 전부 또는 일부를 월 단위의 차임으로 전환하는 경우에는 그 전환되는 금액에 다음 각 호 중 낮은 비율을 곱한 월차임의 범위를 초과할 수 없다.
1. 「은행법」에 따른 은행에서 적용하는 대출금리와 해당 지역의 경제 여건 등을 고려하여 대통령령으로 정하는 비율
2. 한국은행에서 공시한 기준금리에 대통령령으로 정하는 이율을 더한 비율
시행령 제9조【월차임 전환 시 산정률】 ① 법 제7조의2 제1호에서 "대통령령으로 정하는 비율"이란 연 1할을 말한다.
② 법 제7조의2 제2호에서 "대통령령으로 정하는 이율"이란 연 2퍼센트를 말한다.

15. 보증금 중 일정액의 보호

제8조【보증금 중 일정액의 보호】 ① 임차인은 보증금 중 일정액을 다른 담보물권자보다 우선하여 변제받을 권리가 있다. 이 경우 임차인은 주택에 대한 경매신청의 등기 전에 제3조 제1항의 요건을 갖추어야 한다.
② 제1항의 경우에는 제3조의2 제4항부터 제6항까지의 규정을 준용한다.
③ 제1항에 따라 우선변제를 받을 임차인 및 보증금 중 일정액의 범위와 기준은 제8조의2에 따른 주택임대차위원회의 심의를 거쳐 대통령령으로 정한다. 다만, 보증금 중 일정액의 범위와 기준은 주택가액(대지의 가액을 포함한다)의 2분의 1을 넘지 못한다.

시행령 제11조 【우선변제를 받을 임차인의 범위】 법 제8조에 따라 우선변제를 받을 임차인은 보증금이 다음 각 호의 구분에 의한 금액 이하인 임차인으로 한다.

1. 서울특별시 : 1억 5천만 원
2. 「수도권정비계획법」에 따른 과밀억제권역(서울특별시는 제외한다), 세종특별자치시, 용인시, 화성시 및 김포시 : 1억 3천만 원
3. 광역시(「수도권정비계획법」에 따른 과밀억제권역에 포함된 지역과 군지역은 제외한다), 안산시, 광주시, 파주시, 이천시 및 평택시 : 7천만 원
4. 그 밖의 지역 : 6천만 원

시행령 제10조 【보증금 중 일정액의 범위 등】 ① 법 제8조에 따라 우선변제를 받을 보증금 중 일정액의 범위는 다음 각 호의 구분에 의한 금액 이하로 한다.

1. 서울특별시 : 5천만 원
2. 「수도권정비계획법」에 따른 과밀억제권역(서울특별시는 제외한다), 세종특별자치시, 용인시, 화성시 및 김포시 : 4천300만 원
3. 광역시(「수도권정비계획법」에 따른 과밀억제권역에 포함된 지역과 군지역은 제외한다), 안산시, 광주시, 파주시, 이천시 및 평택시 : 2천300만 원
4. 그 밖의 지역 : 2천만 원

② 임차인의 보증금 중 일정액이 주택가액의 2분의 1을 초과하는 경우에는 주택가액의 2분의 1에 해당하는 금액까지만 우선변제권이 있다.

③ 하나의 주택에 임차인이 2명 이상이고, 그 각 보증금 중 일정액을 모두 합한 금액이 주택가액의 2분의 1을 초과하는 경우에는 그 각 보증금 중 일정액을 모두 합한 금액에 대한 각 임차인의 보증금 중 일정액의 비율로 그 주택가액의 2분의 1에 해당하는 금액을 분할한 금액을 각 임차인의 보증금 중 일정액으로 본다.

④ 하나의 주택에 임차인이 2명 이상이고 이들이 그 주택에서 가정공동생활을 하는 경우에는 이들을 1명의 임차인으로 보아 이들의 각 보증금을 합산한다.

16. 주택의 임차권의 승계

제9조【주택 임차권의 승계】 ① 임차인이 상속인 없이 사망한 경우에는 그 주택에서 가정공동생활을 하던 사실상의 혼인 관계에 있는 자가 임차인의 권리와 의무를 승계한다.

② 임차인이 사망한 때에 사망 당시 상속인이 그 주택에서 가정공동생활을 하고 있지 아니한 경우에는 그 주택에서 가정공동생활을 하던 사실상의 혼인 관계에 있는 자와 2촌 이내의 친족이 공동으로 임차인의 권리와 의무를 승계한다.

③ 제1항과 제2항의 경우에 임차인이 사망한 후 1개월 이내에 임대인에게 제1항과 제2항에 따른 승계대상자가 반대의사를 표시한 경우에는 그러하지 아니하다.

④ 제1항과 제2항의 경우에 임대차 관계에서 생긴 채권·채무는 임차인의 권리의무를 승계한 자에게 귀속된다.

17. 강행규정

제10조【강행규정】 이 법에 위반된 약정으로서 임차인에게 불리한 것은 그 효력이 없다.

18. 초과 차임 등의 반환청구

제10조의2【초과 차임 등의 반환청구】 임차인이 제7조에 따른 증액비율을 초과하여 차임 또는 보증금을 지급하거나 제7조의2에 따른 월차임 산정률을 초과하여 차임을 지급한 경우에는 초과 지급된 차임 또는 보증금 상당금액의 반환을 청구할 수 있다.

19. 일시사용을 위한 임대차

제11조【일시사용을 위한 임대차】 이 법은 일시사용하기 위한 임대차임이 명백한 경우에는 적용하지 아니한다.

20. 미등기전세에의 준용

제12조【미등기 전세에의 준용】 주택의 등기를 하지 아니한 전세계약에 관하여는 이 법을 준용한다. 이 경우 "전세금"은 "임대차의 보증금"으로 본다.

21. 소액사건심판법의 준용

제13조【「소액사건심판법」의 준용】 임차인이 임대인에 대하여 제기하는 보증금반환청구소송에 관하여는 「소액사건심판법」 제6조, 제7조, 제10조 및 제11조의2를 준용한다.

22. 주택임대차표준계약서 사용

제30조【주택임대차표준계약서 사용】 주택임대차계약을 서면으로 체결할 때에는 법무부장관이 국토교통부장관과 협의하여 정하는 주택임대차표준계약서를 우선적으로 사용한다. 다만, 당사자가 다른 서식을 사용하기로 합의한 경우에는 그러하지 아니하다. 〈개정 2020.7.31., 시행 2020.11.1.〉

⑬ 상가건물임대차보호법

1. 목적

> **제1조【목적】** 이 법은 상가건물 임대차에 관하여 민법에 대한 특례를 규정하여 국민 경제생활의 안정을 보장함을 목적으로 한다.

2. 적용범위

> **제2조【적용범위】** ① 이 법은 상가건물(제3조 제1항에 따른 사업자등록의 대상이 되는 건물을 말한다)의 임대차(임대차 목적물의 주된 부분을 영업용으로 사용하는 경우를 포함한다)에 대하여 적용한다. 다만, 제14조의2에 따른 상가건물임대차위원회의 심의를 거쳐 대통령령으로 정하는 보증금액을 초과하는 임대차에 대하여는 그러하지 아니하다.
> ② 제1항 단서에 따른 보증금액을 정할 때에는 해당 지역의 경제 여건 및 임대차 목적물의 규모 등을 고려하여 지역별로 구분하여 규정하되, 보증금 외에 차임이 있는 경우에는 그 차임액에 「은행법」에 따른 은행의 대출금리 등을 고려하여 대통령령으로 정하는 비율을 곱하여 환산한 금액을 포함하여야 한다.
> ③ 제1항 단서에도 불구하고 제3조, 제10조 제1항, 제2항, 제3항 본문, 제10조의2부터 제10조의9까지의 규정, 제11조의2 및 제19조는 제1항 단서에 따른 보증금액을 초과하는 임대차에 대하여도 적용한다. 〈개정 2022. 1. 4.〉
>
> **시행령 제2조【적용범위】** ① 「상가건물 임대차보호법」(이하 "법"이라 한다) 제2조 제1항 단서에서 "대통령령으로 정하는 보증금액"이라 함은 다음 각 호의 구분에 의한 금액을 말한다. 〈개정 2019. 4. 2.〉
> 1. 서울특별시 : 9억 원
> 2. 「수도권정비계획법」에 따른 과밀억제권역(서울특별시는 제외한다) 및 부산광역시 : 6억 9천만 원
> 3. 광역시(「수도권정비계획법」에 따른 과밀억제권역에 포함된 지역과 군지역, 부산광역시는 제외한다), 세종특별자치시, 파주시, 화성시, 안산시, 용인시, 김포시 및 광주시 : 5억 4천만 원
> 4. 그 밖의 지역 : 3억 7천만 원
> ② 법 제2조 제2항의 규정에 의하여 보증금 외에 차임이 있는 경우의 차임액은 월 단위의 차임액으로 한다.
> ③ 법 제2조 제2항에서 "대통령령으로 정하는 비율"이라 함은 1분의 100을 말한다.

3. 대항력 등

> **제3조【대항력 등】** ① 임대차는 그 등기가 없는 경우에도 임차인이 건물의 인도와 「부가가치세법」 제8조, 「소득세법」 제168조 또는 「법인세법」 제111조에 따른 사업자등록을 신청하면 그 다음 날부터 제3자에 대하여 효력이 생긴다.
> ② 임차건물의 양수인(그 밖에 임대할 권리를 승계한 자를 포함한다)은 임대인의 지위를 승계한 것으로 본다.

4. 확정일자 부여 및 임대차정보의 제공 등

제4조【확정일자 부여 및 임대차정보의 제공 등】 ① 제5조 제2항의 확정일자는 상가건물의 소재지 관할 세무서장이 부여한다.

② 관할 세무서장은 해당 상가건물의 소재지, 확정일자 부여일, 차임 및 보증금 등을 기재한 확정일자부를 작성하여야 한다. 이 경우 전산정보처리조직을 이용할 수 있다.

③ 상가건물의 임대차에 이해관계가 있는 자는 관할 세무서장에게 해당 상가건물의 확정일자 부여일, 차임 및 보증금 등 정보의 제공을 요청할 수 있다. 이 경우 요청을 받은 관할 세무서장은 정당한 사유 없이 이를 거부할 수 없다.

④ 임대차계약을 체결하려는 자는 임대인의 동의를 받아 관할 세무서장에게 제3항에 따른 정보제공을 요청할 수 있다.

⑤ 확정일자부에 기재하여야 할 사항, 상가건물의 임대차에 이해관계가 있는 자의 범위, 관할 세무서장에게 요청할 수 있는 정보의 범위 및 그 밖에 확정일자 부여사무와 정보제공 등에 필요한 사항은 대통령령으로 정한다.

5. 보증금의 회수

제5조【보증금의 회수】 ① 임차인이 임차건물에 대하여 보증금반환청구소송의 확정판결, 그 밖에 이에 준하는 집행권원에 의하여 경매를 신청하는 경우에는 「민사집행법」 제41조에도 불구하고 반대의무의 이행이나 이행의 제공을 집행개시의 요건으로 하지 아니한다.

② 제3조 제1항의 대항요건을 갖추고 관할 세무서장으로부터 임대차계약서상의 확정일자를 받은 임차인은 「민사집행법」에 따른 경매 또는 「국세징수법」에 따른 공매 시 임차건물(임대인 소유의 대지를 포함한다)의 환가대금에서 후순위권리자나 그 밖의 채권자보다 우선하여 보증금을 변제받을 권리가 있다.

③ 임차인은 임차건물을 양수인에게 인도하지 아니하면 제2항에 따른 보증금을 받을 수 없다.

④ 제2항 또는 제7항에 따른 우선변제의 순위와 보증금에 대하여 이의가 있는 이해관계인은 경매법원 또는 체납처분청에 이의를 신청할 수 있다.

⑥ 제4항에 따라 이의신청을 받은 체납처분청은 이해관계인이 이의신청일부터 7일 이내에 임차인 또는 제7항에 따라 우선변제권을 승계한 금융기관 등을 상대로 소를 제기한 것을 증명한 때에는 그 소송이 종결될 때까지 이의가 신청된 범위에서 임차인 또는 제7항에 따라 우선변제권을 승계한 금융기관 등에 대한 보증금의 변제를 유보하고 남은 금액을 배분하여야 한다. 이 경우 유보된 보증금은 소송 결과에 따라 배분한다.

⑦ 다음 각 호의 금융기관 등이 제2항, 제6조 제5항 또는 제7조 제1항에 따른 우선변제권을 취득한 임차인의 보증금반환채권을 계약으로 양수한 경우에는 양수한 금액의 범위에서 우선변제권을 승계한다.
1. 「은행법」에 따른 은행
2. 「중소기업은행법」에 따른 중소기업은행
3. 「한국산업은행법」에 따른 한국산업은행
4. 「농업협동조합법」에 따른 농협은행
5. 「수산업협동조합법」에 따른 수협은행
6. 「우체국예금·보험에 관한 법률」에 따른 체신관서

7. 「보험업법」 제4조 제1항 제2호 라목의 보증보험을 보험종목으로 허가받은 보험회사

8. 그 밖에 제1호부터 제7호까지에 준하는 것으로서 대통령령으로 정하는 기관

⑧ 제7항에 따라 우선변제권을 승계한 금융기관 등(이하 "금융기관 등"이라 한다)은 다음 각 호의 어느 하나에 해당하는 경우에는 우선변제권을 행사할 수 없다.

1. 임차인이 제3조 제1항의 대항요건을 상실한 경우

2. 제6조 제5항에 따른 임차권등기가 말소된 경우

3. 「민법」 제621조에 따른 임대차등기가 말소된 경우

⑨ 금융기관 등은 우선변제권을 행사하기 위하여 임차인을 대리하거나 대위하여 임대차를 해지할 수 없다.

6. 임차권등기명령

제6조【임차권등기명령】 ① 임대차가 종료된 후 보증금이 반환되지 아니한 경우 임차인은 임차건물의 소재지를 관할하는 지방법원, 지방법원지원 또는 시·군법원에 임차권등기명령을 신청할 수 있다.

④ 임차권등기명령신청을 기각하는 결정에 대하여 임차인은 항고할 수 있다.

⑤ 임차권등기명령의 집행에 따른 임차권등기를 마치면 임차인은 제3조 제1항에 따른 대항력과 제5조 제2항에 따른 우선변제권을 취득한다. 다만, 임차인이 임차권등기 이전에 이미 대항력 또는 우선변제권을 취득한 경우에는 그 대항력 또는 우선변제권이 그대로 유지되며, 임차권등기 이후에는 제3조 제1항의 대항요건을 상실하더라도 이미 취득한 대항력 또는 우선변제권을 상실하지 아니한다.

⑥ 임차권등기명령의 집행에 따른 임차권등기를 마친 건물(임대차의 목적이 건물의 일부분인 경우에는 그 부분으로 한정한다)을 그 이후에 임차한 임차인은 제14조에 따른 우선변제를 받을 권리가 없다.

⑧ 임차인은 제1항에 따른 임차권등기명령의 신청 및 그에 따른 임차권등기와 관련하여 든 비용을 임대인에게 청구할 수 있다.

⑨ 금융기관 등은 임차인을 대위하여 제1항의 임차권등기명령을 신청할 수 있다. 이 경우 제3항·제4항 및 제8항의 "임차인"은 "금융기관 등"으로 본다.

7. 민법의 규정에 의한 임대차등기의 효력 등

제7조【「민법」에 따른 임대차등기의 효력 등】 ① 민법 제621조에 따른 건물임대등기의 효력에 관하여는 제6조 제5항 및 제6항을 준용한다.

8. 경매에 의한 임차권의 소멸

제8조【경매에 의한 임차권의 소멸】 임차권은 임차건물에 대하여 「민사집행법」에 따른 경매가 실시된 경우에는 그 임차건물이 매각되면 소멸한다. 다만, 보증금이 전액 변제되지 아니한 대항력이 있는 임차권은 그러하지 아니하다.

9. 임대차기간 등

제9조【임대차기간 등】 ① 기간을 정하지 아니하거나 기간을 1년 미만으로 정한 임대차는 그 기간을 1년으로 본다. 다만, 임차인은 1년 미만으로 정한 기간이 유효함을 주장할 수 있다.
② 임대차가 종료한 경우에도 임차인이 보증금을 돌려받을 때까지는 임대차 관계는 존속하는 것으로 본다.

10. 계약갱신요구 등

제10조【계약갱신요구 등】 ① 임대인은 임차인이 임대차기간이 만료되기 6개월 전부터 1개월 전까지 사이에 계약갱신을 요구할 경우 정당한 사유 없이 거절하지 못한다. 다만, 다음 각 호의 어느 하나의 경우에는 그러하지 아니하다.
  1. 임차인이 3기의 차임액에 해당하는 금액에 이르도록 차임을 연체한 사실이 있는 경우
  2. 임차인이 거짓이나 그 밖의 부정한 방법으로 임차한 경우
  3. 서로 합의하여 임대인이 임차인에게 상당한 보상을 제공한 경우
  4. 임차인이 임대인의 동의 없이 목적 건물의 전부 또는 일부를 전대한 경우
  5. 임차인이 임차한 건물의 전부 또는 일부를 고의나 중대한 과실로 파손한 경우
  6. 임차한 건물의 전부 또는 일부가 멸실되어 임대차의 목적을 달성하지 못할 경우
  7. 임대인이 다음 각 목의 어느 하나에 해당하는 사유로 목적 건물의 전부 또는 대부분을 철거하거나 재건축하기 위하여 목적 건물의 점유를 회복할 필요가 있는 경우
      가. 임대차계약 체결 당시 공사시기 및 소요기간 등을 포함한 철거 또는 재건축 계획을 임차인에게 구체적으로 고지하고 그 계획에 따르는 경우
      나. 건물이 노후·훼손 또는 일부 멸실되는 등 안전사고의 우려가 있는 경우
      다. 다른 법령에 따라 철거 또는 재건축이 이루어지는 경우
  8. 그 밖에 임차인이 임차인으로서의 의무를 현저히 위반하거나 임대차를 계속하기 어려운 중대한 사유가 있는 경우
② 임차인의 계약갱신요구권은 최초의 임대차기간을 포함한 전체 임대차기간이 10년을 초과하지 아니하는 범위에서만 행사할 수 있다. 〈개정 2018. 10. 16.〉
③ 갱신되는 임대차는 전 임대차와 동일한 조건으로 다시 계약된 것으로 본다. 다만, 차임과 보증금은 제11조에 따른 범위에서 증감할 수 있다.
④ 임대인이 제1항의 기간 이내에 임차인에게 갱신 거절의 통지 또는 조건 변경의 통지를 하지 아니한 경우에는 그 기간이 만료된 때에 전 임대차와 동일한 조건으로 다시 임대차한 것으로 본다. 이 경우에 임대차의 존속기간은 1년으로 본다.
⑤ 제4항의 경우 임차인은 언제든지 임대인에게 계약해지의 통고를 할 수 있고, 임대인이 통고를 받은 날부터 3개월이 지나면 효력이 발생한다.
제10조의2【계약갱신의 특례】 제2조 제1항 단서에 따른 보증금액을 초과하는 임대차의 계약갱신의 경우에는 당사자는 상가건물에 관한 조세, 공과금, 주변 상가건물의 차임 및 보증금, 그 밖의 부담이나 경제사정의 변동 등을 고려하여 차임과 보증금의 증감을 청구할 수 있다.

판례

상가건물 임대차보호법에서 기간을 정하지 않은 임대차는 그 기간을 1년으로 간주하지만(제9조 제1항), 대통령령으로 정한 보증금액을 초과하는 임대차는 위 규정이 적용되지 않으므로(제2조 제1항 단서), 원래의 상태 그대로 기간을 정하지 않은 것이 되어 민법의 적용을 받는다. 민법 제635조 제1항, 제2항 제1호에 따라 이러한 임대차는 임대인이 언제든지 해지를 통고할 수 있고 임차인이 통고를 받은 날로부터 6개월이 지남으로써 효력이 생기므로, 임대차기간이 정해져 있음을 전제로 기간 만료 6개월 전부터 1개월 전까지 사이에 행사하도록 규정된 임차인의 계약갱신요구권(제10조 제1항)은 발생할 여지가 없다(대판 2021. 12. 30, 2021다233730).

11. 권리금 회수기회 보호 등

제10조의3【권리금의 정의 등】 ① 권리금이란 임대차 목적물인 상가건물에서 영업을 하는 자 또는 영업을 하려는 자가 영업시설·비품, 거래처, 신용, 영업상의 노하우, 상가건물의 위치에 따른 영업상의 이점 등 유형·무형의 재산적 가치의 양도 또는 이용대가로서 임대인, 임차인에게 보증금과 차임 이외에 지급하는 금전 등의 대가를 말한다.
② 권리금 계약이란 신규임차인이 되려는 자가 임차인에게 권리금을 지급하기로 하는 계약을 말한다.

제10조의4【권리금 회수기회 보호 등】 ① 임대인은 임대차기간이 끝나기 6개월 전부터 임대차 종료 시까지 다음 각 호의 어느 하나에 해당하는 행위를 함으로써 권리금 계약에 따라 임차인이 주선한 신규임차인이 되려는 자로부터 권리금을 지급받는 것을 방해하여서는 아니 된다. 다만, 제10조 제1항 각 호의 어느 하나에 해당하는 사유가 있는 경우에는 그러하지 아니하다. 〈개정 2018.10.16.〉
1. 임차인이 주선한 신규임차인이 되려는 자에게 권리금을 요구하거나 임차인이 주선한 신규임차인이 되려는 자로부터 권리금을 수수하는 행위
2. 임차인이 주선한 신규임차인이 되려는 자로 하여금 임차인에게 권리금을 지급하지 못하게 하는 행위
3. 임차인이 주선한 신규임차인이 되려는 자에게 상가건물에 관한 조세, 공과금, 주변 상가건물의 차임 및 보증금, 그 밖의 부담에 따른 금액에 비추어 현저히 고액의 차임과 보증금을 요구하는 행위
4. 그 밖에 정당한 사유 없이 임대인이 임차인이 주선한 신규임차인이 되려는 자와 임대차계약의 체결을 거절하는 행위
② 다음 각 호의 어느 하나에 해당하는 경우에는 제1항 제4호의 정당한 사유가 있는 것으로 본다.
1. 임차인이 주선한 신규임차인이 되려는 자가 보증금 또는 차임을 지급할 자력이 없는 경우
2. 임차인이 주선한 신규임차인이 되려는 자가 임차인으로서의 의무를 위반할 우려가 있거나 그 밖에 임대차를 유지하기 어려운 상당한 사유가 있는 경우
3. 임대차 목적물인 상가건물을 1년 6개월 이상 영리목적으로 사용하지 아니한 경우
4. 임대인이 선택한 신규임차인이 임차인과 권리금 계약을 체결하고 그 권리금을 지급한 경우
③ 임대인이 제1항을 위반하여 임차인에게 손해를 발생하게 한 때에는 그 손해를 배상할 책임이 있다. 이 경우 그 손해배상액은 신규임차인이 임차인에게 지급하기로 한 권리금과 임대차 종료 당시의 권리금 중 낮은 금액을 넘지 못한다.
④ 제3항에 따라 임대인에게 손해배상을 청구할 권리는 임대차가 종료한 날부터 3년 이내에 행사하지 아니하면 시효의 완성으로 소멸한다.
⑤ 임차인은 임대인에게 임차인이 주선한 신규임차인이 되려는 자의 보증금 및 차임을 지급할 자력 또는 그 밖에 임차인으로서의 의무를 이행할 의사 및 능력에 관하여 자신이 알고 있는 정보를 제공하여야 한다.

제10조의5【권리금 적용 제외】 제10조의4는 다음 각 호의 어느 하나에 해당하는 상가건물 임대차의 경우에는 적용하지 아니한다. 〈개정 2018.10.16.〉

1. 임대차 목적물인 상가건물이 「유통산업발전법」 제2조에 따른 대규모점포 또는 준대규모점포의 일부인 경우 (다만, 「전통시장 및 상점가 육성을 위한 특별법」 제2조 제1호에 따른 전통시장은 제외한다)
2. 임대차 목적물인 상가건물이 「국유재산법」에 따른 국유재산 또는 「공유재산 및 물품 관리법」에 따른 공유재산인 경우

제10조의6【표준권리금계약서의 작성 등】 국토교통부장관은 법무부장관과 협의를 거쳐 임차인과 신규임차인이 되려는 자의 권리금 계약 체결을 위한 표준권리금계약서를 정하여 그 사용을 권장할 수 있다. 〈개정 2020.7.31., 시행 2020.11.1.〉

제10조의7【권리금 평가기준의 고시】 국토교통부장관은 권리금에 대한 감정평가의 절차와 방법 등에 관한 기준을 고시할 수 있다.

12. 차임연체와 해지

제10조의8【차임연체와 해지】 임차인의 차임연체액이 3기의 차임액에 달하는 때에는 임대인은 계약을 해지할 수 있다.

제10조의9【계약 갱신요구 등에 관한 임시 특례】 임차인이 이 법(법률 제17490호 상가건물 임대차보호법 일부개정법률을 말한다) 시행일부터 6개월까지의 기간 동안 연체한 차임액은 제10조 제1항 제1호, 제10조의4 제1항 단서 및 제10조의8의 적용에 있어서는 차임연체액으로 보지 아니한다. 이 경우 연체한 차임액에 대한 임대인의 그 밖의 권리는 영향을 받지 아니한다.

13. 차임 등의 증감청구권

제11조【차임 등의 증감청구권】 ① 차임 또는 보증금이 임차건물에 관한 조세, 공과금, 그 밖의 부담의 증감이나 「감염병의 예방 및 관리에 관한 법률」 제2조 제2호에 따른 제1급 감염병 등에 의한 경제사정의 변동으로 인하여 상당하지 아니하게 된 경우에는 당사자는 장래의 차임 또는 보증금에 대하여 증감을 청구할 수 있다. 그러나 증액의 경우에는 대통령령으로 정하는 기준에 따른 비율을 초과하지 못한다.

② 제1항에 따른 증액 청구는 임대차계약 또는 약정한 차임 등의 증액이 있은 후 1년 이내에는 하지 못한다.

③ 「감염병의 예방 및 관리에 관한 법률」 제2조 제2호에 따른 제1급 감염병에 의한 경제사정의 변동으로 차임 등이 감액된 후 임대인이 제1항에 따라 증액을 청구하는 경우에는 증액된 차임 등이 감액 전 차임 등의 금액에 달할 때까지는 같은 항 단서를 적용하지 아니한다.

시행령 제4조【차임 등 증액청구의 기준】 법 제11조 제1항의 규정에 의한 차임 또는 보증금의 증액청구는 청구당시의 차임 또는 보증금의 100분의 5의 금액을 초과하지 못한다. 〈개정 2018. 1. 26.〉

13-1. 폐업으로 인한 임차인의 해지권

제11조의2 【폐업으로 인한 임차인의 해지권】 ① 임차인은 「감염병의 예방 및 관리에 관한 법률」 제49조 제1항 제2호에 따른 집합 제한 또는 금지 조치(같은 항 제2호의2에 따라 운영시간을 제한한 조치를 포함한다)를 총 3개월 이상 받음으로써 발생한 경제사정의 중대한 변동으로 폐업한 경우에는 임대차 계약을 해지할 수 있다.
② 제1항에 따른 해지는 임대인이 계약해지의 통고를 받은 날부터 3개월이 지나면 효력이 발생한다. 〈신설 2022. 1. 4.〉

14. 월차임 전환 시 산정율의 제한

제12조 【월차임 전환 시 산정률의 제한】 보증금의 전부 또는 일부를 월 단위의 차임으로 전환하는 경우에는 그 전환되는 금액에 다음 각 호 중 낮은 비율을 곱한 월차임의 범위를 초과할 수 없다.
1. 「은행법」에 따른 은행의 대출금리 및 해당 지역의 경제 여건 등을 고려하여 대통령령으로 정하는 비율
2. 한국은행에서 공시한 기준금리에 대통령령으로 정하는 배수를 곱한 비율

시행령 제5조 【월차임 전환 시 산정률】 ① 법 제12조 제1호에서 "대통령령으로 정하는 비율"이란 연 1할2푼을 말한다.
② 법 제12조 제2호에서 "대통령령으로 정하는 배수"란 4.5배를 말한다.

15. 전대차관계에 대한 적용 등

제13조 【전대차관계에 대한 적용 등】 ① 제10조, 제10조의2, 제10조의8, 제10조의9(제10조 및 제10조 의8에 관한 부분으로 한정한다), 제11조 및 제12조는 전대인(轉貸人)과 전차인(轉借人)의 전대차관계 에 적용한다.
② 임대인의 동의를 받고 전대차계약을 체결한 전차인은 임차인의 계약갱신요구권 행사기간 이내에 임차인을 대위하여 임대인에게 계약갱신요구권을 행사할 수 있다.

16. 보증금 중 일정액의 보호

제14조 【보증금 중 일정액의 보호】 ① 임차인은 보증금 중 일정액을 다른 담보물권자보다 우선하여 변제받을 권리가 있다. 이 경우 임차인은 건물에 대한 경매신청의 등기 전에 제3조 제1항의 요건을 갖추어야 한다.
③ 제1항에 따라 우선변제를 받을 임차인 및 보증금 중 일정액의 범위와 기준은 임대건물가액(임대인 소유의 대지가액을 포함한다)의 2분의 1 범위에서 해당 지역의 경제 여건, 보증금 및 차임 등을 고려 하여 제14조의2에 따른 상가건물임대차위원회의 심의를 거쳐 대통령령으로 정한다. 〈개정 2020.7.31., 시행 2020.11.1.〉

시행령 제6조【우선변제를 받을 임차인의 범위】 법 제14조의 규정에 의하여 우선변제를 받을 임차인은 보증금과 차임이 있는 경우 법 제2조 제2항의 규정에 의하여 환산한 금액의 합계가 다음 각 호의 구분에 의한 금액 이하인 임차인으로 한다.

1. 서울특별시 : 6천 500만 원
2. 「수도권정비계획법」에 따른 과밀억제권역(서울특별시는 제외한다) : 5천 500만 원
3. 광역시(「수도권정비계획법」에 따른 과밀억제권역에 포함된 지역과 군지역은 제외한다), 안산시, 용인시, 김포시 및 광주시 : 3천 8백만 원
4. 그 밖의 지역 : 3천만 원

시행령 제7조【우선변제를 받을 보증금의 범위 등】 ① 법 제14조의 규정에 의하여 우선변제를 받을 보증금중 일정액의 범위는 다음 각 호의 구분에 의한 금액 이하로 한다.

1. 서울특별시 : 2천 200만 원
2. 「수도권정비계획법」에 따른 과밀억제권역(서울특별시는 제외한다) : 1천 900만 원
3. 광역시(「수도권정비계획법」에 따른 과밀억제권역에 포함된 지역과 군지역은 제외한다), 안산시, 용인시, 김포시 및 광주시 : 1천 300만 원
4. 그 밖의 지역 : 1천만 원

② 임차인의 보증금 중 일정액이 상가건물의 가액의 2분의 1을 초과하는 경우에는 상가건물의 가액의 2분의 1에 해당하는 금액에 한하여 우선변제권이 있다.

③ 하나의 상가건물에 임차인이 2인 이상이고, 그 각 보증금 중 일정액의 합산액이 상가건물의 가액의 2분의 1을 초과하는 경우에는 그 각 보증금 중 일정액의 합산액에 대한 각 임차인의 보증금 중 일정액의 비율로 그 상가건물의 가액의 2분의 1에 해당하는 금액을 분할한 금액을 각 임차인의 보증금 중 일정액으로 본다.

17. 강행규정

제15조【강행규정】 이 법의 규정에 위반된 약정으로서 임차인에게 불리한 것은 그 효력이 없다.

18. 일시사용을 위한 임대차

제16조【일시사용을 위한 임대차】 이 법은 일시사용을 위한 임대차임이 명백한 경우에는 적용하지 아니한다.

19. 미등기전세에의 준용

제17조【미등기전세에의 준용】 목적건물을 등기하지 아니한 전세계약에 관하여 이 법을 준용한다. 이 경우 "전세금"은 "임대차의 보증금"으로 본다.

20. 소액사건심판법의 준용

제18조 【「소액사건심판법」의 준용】 임차인이 임대인에게 제기하는 보증금반환청구소송에 관하여는 「소액사건심판법」 제6조·제7조·제10조 및 제11조의2를 준용한다.

21. 표준계약서의 작성 등

제19조 【표준계약서의 작성 등】 법무부장관은 국토교통부장관과 협의를 거쳐 보증금, 차임액, 임대차 기간, 수선비 분담 등의 내용이 기재된 상가건물임대차표준계약서를 정하여 그 사용을 권장할 수 있다. 〈개정 2020.7.31., 시행 2020.11.1.〉

제7절 고용

01 서설

1. 의의

> **제655조 【고용의 의의】** 고용은 당사자 일방이 상대방에 대하여 노무를 제공할 것을 약정하고 상대방이 이에 대하여 보수를 지급할 것을 약정함으로써 그 효력이 생긴다.

당사자 일방(노무자)이 상대방에 대하여 노무 내지 노동력을 제공할 것을 약정하고, 상대방(사용자)이 이에 대하여 보수를 지급할 것을 약정함으로써 성립하는 계약이다(제655조).

2. 법적 성질

고용은 노무제공에 대한 대가로서 사용자의 보수의 지급을 그 요소로 한다. 즉 쌍무·유상계약이며, 낙성·불요식의 계약이다.

02 고용의 효력

1. 노무자의 의무

(1) 노무제공의무

> **제657조 【권리의무의 전속성】** ① 사용자는 노무자의 동의 없이 그 권리를 제3자에게 양도하지 못한다.
> ② 노무자는 사용자의 동의 없이 제3자로 하여금 자기에 갈음하여 노무를 제공하게 하지 못한다.
> ③ 당사자 일방이 전2항의 규정에 위반한 때에는 상대방은 계약을 해지할 수 있다.

① 노무자는 계약에서 약정한 노무를 스스로 제공할 의무를 진다. 따라서 제3자로 하여금 자기에 갈음하여 노무를 제공케 할 때에는 사용자의 동의가 있어야 한다(제657조 제2항). 노무자가 이에 위반한 때에는 사용자는 계약을 해지할 수 있다(제657조 제3항).

② 사용자가 노무자에 대해 갖는 권리도 노무자의 동의 없이는 제3자에게 양도하지 못한다(제657조 제1항). 노무자는 사용자에 대한 신뢰에 기초하여 노무를 제공하고 또 사용자가 누구냐에 따라 보수의 지급능력에 차이가 있을 수 있기 때문이다. 사용자가 이에 위반한 때에는 노무자는 계약을 해지할 수 있다(제657조 제3항).

2. 사용자의 의무

(1) 보수지급의무

> **제656조【보수액과 그 지급시기】** ① 보수 또는 보수액의 약정이 없는 때에는 관습에 의하여 지급하여야 한다.
> ② 보수는 약정한 시기에 지급하여야 하며 시기의 약정이 없으면 관습에 의하고 관습이 없으면 약정한 노무를 종료한 후 지체 없이 지급하여야 한다.

사용자는 노무자의 노무제공에 대한 대가로서 보수를 지급하여야 하는데, 민법은 그 지급시기에 관해서만 정할 뿐 그 밖의 사항에 대해서는 관습이나 당사자의 약정에 맡기고 있다. 보수는 약정한 시기에 지급하여야 하며, 시기의 약정이 없으면 관습에 의하고, 관습이 없으면 약정한 노무를 종료한 후 지체 없이 지급하여야 한다(제656조 제2항). 즉 보수는 특약이 없는 한 후급이 원칙이다.

(2) 보호의무

사용자는 근로계약에 수반되는 신의칙상의 부수적 의무로서 피용자가 노무를 제공하는 과정에서 생명·신체·건강을 해치는 일이 없도록 인적·물적 환경을 정비하는 등 필요한 조치를 강구하여야 할 보호의무를 부담한다(99다47129). 사용자가 안전배려의무를 위반하여 노무자가 피해를 입은 경우에는 고용계약의 위반에 따른 채무불이행으로서 손해배상책임을 진다(제390조).

03 고용의 종료

1. 고용기간의 만료

> **제662조【묵시의 갱신】** ① 고용기간이 만료한 후 노무자가 계속하여 그 노무를 제공하는 경우에 사용자가 상당한 기간 내에 이의를 하지 아니한 때에는 전 고용과 동일한 조건으로 다시 고용한 것으로 본다. 그러나 당사자는 제660조의 규정에 의하여 해지의 통고를 할 수 있다.
> ② 전항의 경우에는 전 고용에 대하여 제3자가 제공한 담보는 기간의 만료로 인하여 소멸한다.

(1) 당사자가 고용기간을 정한 경우에는 그 기간의 만료로 고용은 종료한다.

(2) 고용기간이 만료하기 전에 또는 만료한 후에도 당사자의 합의로 이를 갱신할 수 있다.

(3) 그런데 고용기간이 만료한 후에 갱신의 합의 없이 노무자가 계속하여 노무를 제공하고 이에 대해 사용자가 상당한 기간 내에 이의를 제기하지 않는 경우, 민법은 당사자의 의사를 추단하여 전 고용과 동일한 조건으로 다시 고용한 것으로 본다(제662조 제1항 본문). 다만 고용기간에 한해서는 기간의 정함이 없는 것으로 보고, 따라서 당사자는 언제든지 계약해지의 통고를 할 수 있고, 그 통고를 받은 때로부터 1개월이 경과하면 해지의 효력이 생긴다(제662조 제1항 단서·제660조).

(4) 묵시의 갱신의 경우에 전 고용과 동일성이 유지되므로, 노무자의 채무의 담보로서 노무자 자신이 제공한 담보는 그대로 존속한다. 그러나 제3자가 담보를 제공한 때에는 기간의 만료로 그 담보는 소멸한다(제662조 제2항).

2. 해지통고

(1) 기간의 약정이 없는 경우

> **제660조【기간의 약정이 없는 고용의 해지통고】** ① 고용기간의 약정이 없는 때에는 당사자는 언제든지 계약해지의 통고를 할 수 있다.
> ② 전항의 경우에는 상대방이 해지의 통고를 받은 날로부터 1월이 경과하면 해지의 효력이 생긴다.
> ③ 기간으로 보수를 정한 때에는 상대방이 해지의 통고를 받은 당기 후의 1기를 경과함으로써 해지의 효력이 생긴다.

(2) 기간의 약정이 있는 경우

> **제659조【3년 이상의 경과와 해지통고권】** ① 고용의 약정기간이 3년을 넘거나 당사자의 일방 또는 제3자의 종신까지로 된 때에는 각 당사자는 3년을 경과한 후 언제든지 계약해지의 통고를 할 수 있다.
> ② 전항의 경우에는 상대방이 해지의 통고를 받은 날로부터 3월이 경과하면 해지의 효력이 생긴다.

3. 해지

(1) 제657조와 제658조의 해지

> **제657조【권리의무의 전속성】** ① 사용자는 노무자의 동의 없이 그 권리를 제3자에게 양도하지 못한다.
> ② 노무자는 사용자의 동의 없이 제3자로 하여금 자기에 갈음하여 노무를 제공하게 하지 못한다.
> ③ 당사자 일방이 전2항의 규정에 위반한 때에는 상대방은 계약을 해지할 수 있다.
> **제658조【노무의 내용과 해지권】** ① 사용자가 노무자에 대하여 약정하지 아니한 노무의 제공을 요구한 때에는 노무자는 계약을 해지할 수 있다.
> ② 약정한 노무가 특수한 기능을 요하는 경우에 노무자가 그 기능이 없는 때에는 사용자는 계약을 해지할 수 있다.

⑵ 부득이한 사유와 해지

> **제661조【부득이한 사유와 해지권】** 고용기간의 약정이 있는 경우에도 부득이한 사유 있는 때에는 각 당사자는 계약을 해지할 수 있다. 그러나 그 사유가 당사자 일방의 과실로 인하여 생긴 때에는 상대방에 대하여 손해를 배상하여야 한다.

⑶ 사용자의 파산과 해지

> **제663조【사용자파산과 해지통고】** ① 사용자가 파산선고를 받은 경우에는 고용기간의 약정이 있는 때에도 노무자 또는 파산관재인은 계약을 해지할 수 있다.
> ② 전항의 경우에는 각 당사자는 계약해지로 인한 손해의 배상을 청구하지 못한다.

4. 당사자의 사망

노무제공의무는 일신전속적인 것이므로 노무자의 사망은 고용관계를 종료케 한다. 그러나 사용자의 사망은 고용관계를 종료시키지 않는 것이 원칙이다. 다만, 사용자를 교수하고 간호한다는 것처럼 사용자의 개성에 중점을 두고 있는 노무의 경우에는, 그 사용자의 사망으로 고용은 종료된다고 본다.

제8절 도급

01 서설

1. 의의

> **제664조【도급의 의의】** 도급은 당사자 일방이 어느 일을 완성할 것을 약정하고 상대방이 그 일의 결과에 대하여 보수를 지급할 것을 약정함으로써 그 효력이 생긴다.

도급은 당사자의 일방(수급인)이 어떤 일을 완성할 것을 약정하고, 상대방(도급인)이 그 일의 결과에 대하여 보수를 지급할 것을 약정함으로써 성립하는 계약이다(제664조). 도급은 고용·위임·임치 등과 같이 타인의 노무를 이용하는 계약에 속하는 것이지만, '일의 완성'이라는 결과에 목적을 두는 점에서 차이가 있다.

2. 법적 성질

도급계약은 유상·쌍무·낙성·불요식계약이다.

3. 제작물공급계약

(1) 의의

당사자의 일방이 상대방의 주문에 따라서 자기의 소유에 속하는 재료를 사용하여 만든 물건을 공급할 것을 약정하고, 이에 대하여 상대방이 대가를 지급하기로 약정하는 계약이다.

(2) 법적 성질

제작물공급계약은, 그 제작의 측면에서는 도급의 성질이 있고 공급의 측면에서는 매매의 성질이 있어 이러한 계약은 대체로 매매와 도급의 성질을 함께 가지고 있는 것으로서, 그 적용 법률은 계약에 의하여 제작 공급하여야 할 물건이 대체물인 경우에는 매매로 보아서 매매에 관한 규정이 적용된다고 할 것이나, 물건이 특정의 주문자의 수요를 만족시키기 위한 부대체 물인 경우에는 당해 물건의 공급과 함께 그 제작이 계약의 주목적이 되어 도급의 성질을 띠는 것이다(94다42976).

판례

제작물공급계약에서 보수의 지급시기 및 보수 지급의 요건인 '목적물의 인도'의 의미

제작물공급계약에서 보수의 지급시기에 관하여 당사자 사이의 특약이나 관습이 없으면 도급인은 완성된 목적물을 인도받음과 동시에 수급인에게 보수를 지급하는 것이 원칙이고, 이때 목적물의 인도는 완성된 목적물에 대한 단순한 점유의 이전만을 의미하는 것이 아니라 도급인이 목적물을 검사한 후 그 목적물이 계약내용대로 완성되었음을 명시적 또는 묵시적으로 시인하는 것까지 포함하는 의미이다.

제작물공급계약의 당사자들이 보수의 지급시기에 관하여 "수급인이 공급한 목적물을 도급인이 검사하여 합격하면, 도급인은 수급인에게 그 보수를 지급한다."라는 내용으로 약정을 체결한 경우, 그 약정이 조건부 약정 또는 순수수의조건부 약정에 해당하는지 여부(소극)

제작물공급계약의 당사자들이 보수의 지급시기에 관하여 "수급인이 공급한 목적물을 도급인이 검사하여 합격하면, 도급인은 수급인에게 그 보수를 지급한다."라는 내용으로 한 약정은 도급인의 수급인에 대한 보수지급의무와 동시이행관계에 있는 수급인의 목적물 인도의무를 확인한 것에 불과하므로, 법률행위의 효력 발생을 장래의 불확실한 사실의 성부에 의존하게 하는 법률행위의 부관인 조건에 해당하지 아니할 뿐만 아니라, 조건에 해당한다 하더라도 검사에의 합격 여부는 도급인의 일방적인 의사에만 의존하지 않고 그 목적물이 계약내용대로 제작된 것인지 여부에 따라 객관적으로 결정되므로 순수수의조건에 해당하지 않는다.

제작물공급계약의 수급인이 보수의 지급을 청구하는 경우에 주장·증명하여야 할 사항

도급계약에 있어 일의 완성에 관한 주장·입증책임은 일의 결과에 대한 보수의 지급을 청구하는 수급인에게 있고, 제작물공급계약에서 일이 완성되었다고 하려면 당초 예정된 최후의 공정까지 일단 종료하였다는 점만으로는 부족하고 목적물의 주요구조 부분이 약정된 대로 시공되어 사회통념상 일반적으로 요구되는 성능을 갖추고 있어야 하므로, 제작물공급에 대한 보수의 지급을 청구하는 수급인으로서는 그 목적물 제작에 관하여 계약에서 정해진 최후 공정을 일단 종료하였다는 점뿐만 아니라 그 목적물의 주요구조 부분이 약정된 대로 시공되어 사회통념상 일반적으로 요구되는 성능을 갖추고 있다는 점까지 주장·입증하여야 한다(대판 2006. 10. 13, 2004다21862).

⑩ 도급의 성립

1. 도급계약의 목적

(1) 일의 완성

① 도급은 일의 완성을 목적으로 한다. 일이라 함은 노무에 의하여 생기는 결과를 말하며, 건물의 건축·선박의 건조·가구의 제작이나 수선 등과 유형적인 결과뿐만 아니라, 원고의 출판·운송·병의 치료·소송사건의 처리·음악의 연주 등과 같은 무형적인 결과도 포함한다.

② 일의 완성이 있으면 되므로 반드시 수급인의 노무에 의하여 이루어질 것을 요구하지는 않는다. 그리고 도급에 있어서 수급인의 채무는 일의 완성에 있으므로, 고용과 같은 계속적 채권관계가 아니다. 따라서 도급에서는 기간만료나 계약의 해지와 같은 것은 종료원인이 되지 않는다.

(2) 보수의 지급

일의 완성에 대한 보수는 금전에 한하지 않는다. 또한 일의 완성과 보수의 지급은 대가관계에 있다. 따라서 도급계약에 의하여 수급인이 노무를 제공하더라도 일의 완성이 없으면 도급인은 보수를 지급할 의무를 지지 않는다는 점에 있어서 위임계약과 구별된다.

(3) 동시이행의 관계

도급인의 보수지급의무와 수급인의 목적물의 인도의무는 동시이행의 관계에 있다(92다22114).

⑬ 도급의 효력

1. 수급인의 의무

(1) 일을 완성할 의무

① 수급인은 약정된 기한 내에 계약의 내용에 좇아 일을 완성할 의무를 진다(제664조). 도급인은 그 일의 결과에 대하여 보수를 지급할 의무가 있는 것이므로, 수급인이 그 기한 내에 일을 완성하지 못하면 채무불이행책임을 진다.

② 건설공사의 도급에서는 준공기한 내에 공사를 완성하지 아니한 때에는 매 지체일수마다 계약에서 정한 지체상금률을 계약금액에 곱하여 지체상금을 지급하도록 약정하는 것이 보통이다. 이러한 지체상금의 약정의 법적 성질은 준공기한의 약정 위반에 대한 손해배상액의 예정이다. 수급인이 완공기한 내에 공사를 완성하지 못한 채 공사를 중단하고 계약이 해제된 결과 완공이 지연된 경우에 있어서 지체상금은 약정 준공일 다음 날부터 발생하되 그 종기는 수급인이 공사를 중단하거나 기타 해제사유가 있어 도급인이 공사도급계약을 해제할 수 있었을 때부터 도급인이 다른 업자에게 맡겨서 공사를 완성할 수 있었던 시점까지이다(2009다41137·41144).

1. 공사도급계약에 있어서 반드시 수급인 자신이 직접 일을 완성하지 않으면 계약불이행이 되는지 여부(한정 소극)

   당사자 사이에 특약이 있거나 일의 성질상 수급인 자신이 하지 않으면 채무의 본지에 따른 이행이 될 수 없다는 등의 특별한 사정이 없는 한 반드시 수급인 자신이 직접 일을 완성하여야 하는 것은 아니고, 이행보조자 또는 이행대행자를 사용하더라도 공사도급계약에서 정한 대로 공사를 이행하는 한 계약을 불이행하였다고 볼 수 없다(대판 2002. 4. 12, 2001다82545 · 82552).

2. 공사도급계약에 있어서 수급인의 공사중단이나 공사지연으로 인하여 약정된 공사기한 내의 공사완공이 불가능하다는 것이 명백하여진 경우에는 도급인은 그 공사기한이 도래하기 전이라도 계약을 해제할 수 있지만, 그에 앞서 수급인에 대하여 위 공사기한으로부터 상당한 기간 내에 완공할 것을 최고하여야 하고, 다만 예외적으로 수급인이 미리 이행하지 아니할 의사를 표시한 때에는 위와 같은 최고 없이도 계약을 해제할 수 있다(대판 1996. 10. 25, 96다21393 · 21409).

(2) 완성물 인도의무

> **제665조【보수의 지급시기】** ① 보수는 그 완성된 목적물의 인도와 동시에 지급하여야 한다. 그러나 목적물의 인도를 요하지 아니하는 경우에는 그 일을 완성한 후 지체없이 지급하여야 한다.
> ② 전항의 보수에 관하여는 제656조 제2항의 규정을 준용한다.

① 도급에서 완성된 일의 결과가 물건인 때에는 수급인은 그 목적물을 도급인에게 인도하여야 한다. 수급인이 부담하는 일의 완성에는 그 결과인 물건의 인도도 포함된 것으로 본다.

② 도급계약에서 일의 완성에 관한 주장 · 입증책임은 일의 결과에 대한 보수의 지급을 청구하는 수급인에게 있다.

③ **완성물의 소유권귀속**

　㉠ 도급계약에 기하여 유형물을 완성한 때에 그 완성물의 소유권은 도급인과 수급인 중 누구에게 귀속하느냐가 문제된다.

　㉡ 도급인이 재료의 전부 또는 주요부분을 공급한 경우에는 도급인에게, 수급인이 제공한 때에는 수급인에게 각각 소유권이 귀속한다.

　㉢ 수급인이 자기의 노력과 재료를 들여 건물을 완성하더라도, 완성된 건물의 소유권을 도급인에게 귀속시키기로 하는 특약이 있는 때에는, 그 건물의 소유권은 원시적으로 도급인에게 귀속한다(91다25505).

신축건물의 소유권을 원칙상 자기의 노력과 재료를 들여 이를 건축한 사람이 원시취득하는 것임은 물론이나, 건물신축도급계약에 있어서는 수급인이 자기의 노력과 재료를 들여 건물을 완성하더라도 도급인과 수급인 사이에 도급인명의로 건축허가를 받아 소유권보존등기를 하기로 하는 등 완성된 건물의 소유권을 도급인에게 귀속시키기로 합의한 경우에는 그 건물의 소유권은 도급인에게 원시적으로 귀속된다(대판 2005. 11. 25, 2004다36352).

(3) 수급인의 담보책임

1) 의의

도급은 매매와 같은 유상계약이지만, 매도인의 담보책임에 관한 규정을 준용하지 않고, 수급인의 담보책임에 관해서는 따로 규정한다(제667조~제672조). 수급인의 담보책임도 대가성의 유지를 실현하기 위해 법률이 정한 무과실책임이다.

> **판례**
>
> **수급인의 담보책임에 의한 하자보수의무와 채무불이행책임에 의한 손해배상의무의 관계**
>
> 액젓 저장탱크의 제작·설치공사도급계약에 의하여 완성된 저장탱크에 균열이 발생한 경우, 보수비용은 민법 제667조 제2항에 의한 수급인의 하자담보책임 중 하자보수에 갈음하는 손해배상이고, 액젓 변질로 인한 손해배상은 위 하자담보책임을 넘어서 수급인이 도급계약의 내용에 따른 의무를 제대로 이행하지 못함으로 인하여 도급인의 신체·재산에 발생한 손해에 대한 배상으로서 양자는 별개의 권원에 의하여 경합적으로 인정된다(대판 2004. 8. 20, 2001다70337).

2) 책임의 내용

> **제667조 【수급인의 담보책임】** ① 완성된 목적물 또는 완성 전의 성취된 부분에 하자가 있는 때에는 도급인은 수급인에 대하여 상당한 기간을 정하여 그 하자의 보수를 청구할 수 있다. 그러나 하자가 중요하지 아니한 경우에 그 보수에 과다한 비용을 요할 때에는 그러하지 아니하다.
> ② 도급인은 하자의 보수에 갈음하여 또는 보수와 함께 손해배상을 청구할 수 있다.
> ③ 전항의 경우에는 제536조의 규정을 준용한다.

① 하자보수청구권

- ㉠ 요건: 완성된 목적물 또는 완성 전의 성취된 부분에 하자가 있어야 한다(제667조 제1항). 완성 전의 성취된 부분이란 도급계약에 따른 일이 전부 완성되지는 않았지만 하자가 발생한 부분의 작업이 완료된 상태를 말한다(2001다9304).
- ㉡ 효과: 도급인은 수급인에 대하여 상당한 기간을 정하여 그 하자의 보수를 청구할 수 있다(제667조 제1항 본문). 하자가 중요하지 아니한 경우에 그 보수에 과다한 비용을 요할 때에는 하자의 보수를 청구할 수 없다(제667조 제1항 단서).

> **판례**
>
> **도급인의 하자보수청구권 또는 손해배상청구권이 수급인의 보수지급청구권과 동시이행의 관계에 있는지 여부(적극)**
>
> 도급계약에 있어서 완성된 목적물에 하자가 있는 때에는 도급인은 수급인에 대하여 하자의 보수를 청구할 수 있고, 그 하자의 보수에 갈음하여 또는 보수와 함께 손해배상을 청구할 수 있는바, 이들 청구권은 특별한 사정이 없는 한 수급인의 보수지급청구권과 동시이행의 관계에 있다(대판 1991. 12. 10, 91다33056).

도급계약에서 완성된 목적물에 중요한 하자가 있는 경우, 하자의 보수에 갈음한 손해배상의 범위 / 완성된 건물 등에 중대한 하자가 있어 보수가 불가능하고 다시 건축할 수밖에 없는 경우, 건물 등을 철거하고 다시 건축하는 데 드는 비용 상당액을 하자로 인한 손해배상으로 청구할 수 있는지 여부(원칙적 적극)

도급계약에서 완성된 목적물에 하자가 있는 경우에 도급인은 수급인에게 하자의 보수나 하자의 보수에 갈음한 손해배상을 청구할 수 있다. 이때 하자가 중요한 경우에는 비록 보수에 과다한 비용이 필요하더라도 보수에 갈음하는 비용, 즉 실제로 보수에 필요한 비용이 모두 손해배상에 포함된다. 나아가 완성된 건물 기타 토지의 공작물(이하 '건물 등'이라 한다)에 중대한 하자가 있고 이로 인하여 건물 등이 무너질 위험성이 있어서 보수가 불가능하고 다시 건축할 수밖에 없는 경우에는, 특별한 사정이 없는 한 건물 등을 철거하고 다시 건축하는 데 드는 비용 상당액을 하자로 인한 손해배상으로 청구할 수 있다(대판 2016. 8. 18, 2014다31691 · 31707).

② **손해배상청구권**: 도급인은 하자의 보수에 갈음하여 또는 보수와 함께 손해배상을 청구할 수 있다(제667조 제2항). 도급인의 손해배상청구권과 수급인의 보수청구권은 동시이행의 관계에 선다. 다만, 동시이행관계에 있는 보수청구권은 손해배상의 액에 상응하는 부분에 한한다.

판례

도급계약에 있어서 완성된 목적물에 하자가 있을 경우에 도급인은 수급인에게 그 하자의 보수나 하자의 보수에 갈음한 손해배상을 청구할 수 있으나, 다만 하자가 중요하지 아니하면서 동시에 보수에 과다한 비용을 요할 때에는 하자의 보수나 하자의 보수에 갈음하는 손해배상을 청구할 수는 없고 하자로 인하여 입은 손해의 배상만을 청구할 수 있다고 할 것이고, 이러한 경우 하자로 인하여 입은 통상의 손해는 특별한 사정이 없는 한 도급인이 하자 없이 시공하였을 경우의 목적물의 교환가치와 하자가 있는 현재의 상태대로의 교환가치와의 차액이 된다 할 것이므로, 교환가치의 차액을 산출하기가 현실적으로 불가능한 경우의 통상의 손해는 하자 없이 시공하였을 경우의 시공비용과 하자 있는 상태대로의 시공비용의 차액이라고 봄이 상당하다(대판 1998. 3. 13, 97다54376).

③ **계약의 해제권**

제668조 【동전 – 도급인의 해제권】 도급인이 완성된 목적물의 하자로 인하여 계약의 목적을 달성할 수 없는 때에는 계약을 해제할 수 있다. 그러나 건물 기타 토지의 공작물에 대하여는 그러하지 아니하다.

㉠ 하자보수청구권의 경우(제667조 제1항)와는 달리, 완성 전의 성취된 부분에 하자가 있는 때에는 해제권은 인정되지 않는다.

㉡ 완성된 목적물이 건물 기타 토지의 공작물인 경우에는 해제할 수 없다(제668조 단서).

판례

완공된 집합건물의 하자로 인하여 계약의 목적을 달성할 수 없는 경우 수분양자는 이를 이유로 분양계약을 해제할 수 있는지 여부(적극)

집합건물의 소유 및 관리에 관한 법률 제9조 제1항이 위 법 소정의 건물을 건축하여 분양한 자의 담보책임에 관하여 수급인에 관한 민법 제667조 내지 제668조의 규정을 준용하도록 규정한 취지는 건축업자 내지 분양자로 하여금 견고한 건물을 짓도록 유도하고 부실하게 건축된 집합건물의 소유자를 두텁게 보호하기 위하여 집합건물의 분양자의 담보책임에 관하여 민법상 수급인의 담보책임에 관한 규정을 준용하도록 함으로써 분양자의 담보책임의 내용을 명확히 하는 한편 이를 강행규정화한 것으로서 분양자가 부담하는 책임의 내용이 민법상 수급인의 담보책임이라는 것이지 그 책임이 분양계약에 기한 것이라거나 아니면 분양계약의 법률적 성격이 도급이라는 취지는 아니며, 통상 대단위 집합건물의 경우 분양자는 대규모 건설업체임에 비하여 수분양자는 경제적 약자로서 수분양자를 보호할 필요성이 높다는 점, 집합건물이 완공된 후 개별분양계약이 해제되더라도 분양자가 집합건물의 부지사용권을 보유하고 있으므로 계약해제에 의하여 건물을 철거하여야 하는 문제가 발생하지 않을 뿐 아니라 분양자는 제3자와 새로 분양계약을 체결함으로써 그 집합건물 건축의 목적을 충분히 달성할 수 있는 점 등에 비추어 볼 때 집합건물의 소유 및 관리에 관한 법률 제9조 제1항이 적용되는 집합건물의 분양계약에 있어서는 민법 제668조 단서가 준용되지 않고 따라서 수분양자는 집합건물의 완공 후에도 분양목적물의 하자로 인하여 계약의 목적을 달성할 수 없는 때에는 분양계약을 해제할 수 있다(대판 2003. 11. 14, 2002다2485).

건축공사가 상당한 정도로 진척된 후 도급계약이 해제된 경우의 법률관계

건축공사도급계약에 있어서는 공사 도중에 계약이 해제되어 미완성 부분이 있는 경우라도 그 공사가 상당한 정도로 진척되어 원상회복이 중대한 사회적·경제적 손실을 초래하게 되고 완성된 부분이 도급인에게 이익이 되는 때에는 도급계약은 미완성 부분에 대해서만 실효되어 수급인은 해제된 상태 그대로 그 건물을 도급인에게 인도하고, 도급인은 그 건물의 기성고 등을 참작하여 인도받은 건물에 대하여 상당한 보수를 지급하여야 할 의무가 있다(대판 1997. 2. 25, 96다43454).

3) 책임의 감면에 관한 특칙

제669조【동전 – 하자가 도급인의 제공한 재료 또는 지시에 기인한 경우의 면책】 전2조의 규정은 목적물의 하자가 도급인이 제공한 재료의 성질 또는 도급인의 지시에 기인한 때에는 적용하지 아니한다. 그러나 수급인이 그 재료 또는 지시의 부적당함을 알고 도급인에게 고지하지 아니한 때에는 그러하지 아니하다.

제672조【담보책임면제의 특약】 수급인은 제667조, 제668조의 담보책임이 없음을 약정한 경우에도 알고 고지하지 아니한 사실에 대하여는 그 책임을 면하지 못한다.

판례

민법 제672조의 규정은 수급인의 담보책임기간을 단축하는 등 법에 규정된 담보책임을 제한하는 약정을 한 경우에도 유추적용되는지 여부(한정 적극)

민법 제672조가 수급인이 담보책임이 없음을 약정한 경우에도 알고 고지하지 아니한 사실에 대하여는 그 책임을 면하지 못한다고 규정한 취지는 그와 같은 경우에도 담보책임을 면하게 하는 것은 신의성실의 원칙에 위배된다는 데 있으므로, 담보책임을 면제하는 약정을 한 경우뿐만 아니라 담보책임기간을 단축하는 등 법에 규정된 담보책임을 제한하는 약정을 한 경우에도, 수급인이 알고 고지하지 아니한 사실에 대하여 그 책임을 제한하는 것이 신의성실의 원칙에 위배된다면 그 규정의 취지를 유추하여 그 사실에 대하여는 담보 책임이 제한되지 않는다고 보아야 한다(대판 1999. 9. 21, 99다19032).

4) 책임의 존속기간

제670조【담보책임의 존속기간】 ① 전3조의 규정에 의한 하자의 보수, 손해배상의 청구 및 계약의 해제는 목적물의 인도를 받은 날로부터 1년 내에 하여야 한다.
② 목적물의 인도를 요하지 아니하는 경우에는 전항의 기간은 일의 종료한 날로부터 기산한다.

제671조【수급인의 담보책임 – 토지, 건물 등에 대한 특칙】 ① 토지, 건물 기타 공작물의 수급인은 목적물 또는 지반공사의 하자에 대하여 인도 후 5년간 담보의 책임이 있다. 그러나 목적물이 석조, 석회조, 연와조, 금속 기타 이와 유사한 재료로 조성된 것인 때에는 그 기간을 10년으로 한다.
② 전항의 하자로 인하여 목적물이 멸실 또는 훼손된 때에는 도급인은 그 멸실 또는 훼손된 날로부터 1년 내에 제667조의 권리를 행사하여야 한다.

판례

수급인의 담보책임에 기한 하자보수에 갈음하는 손해배상청구권에 대하여는 민법 제670조 또는 제671조의 제척기간이 적용되고, 이는 법률관계의 조속한 안정을 도모하고자 하는 데에 취지가 있다. 그런데 이러한 도급인의 손해배상청구권에 대하여는 권리의 내용·성질 및 취지에 비추어 민법 제162조 제1항의 채권 소멸 시효의 규정 또는 도급계약이 상행위에 해당하는 경우에는 상법 제64조의 상사시효의 규정이 적용되고, 민법 제670조 또는 제671조의 제척기간 규정으로 인하여 위 각 소멸시효 규정의 적용이 배제된다고 볼 수 없다(대판 2012. 11. 15, 2011다56491).

2. 도급인의 의무

(1) 보수지급의무

제665조【보수의 지급시기】 ① 보수는 그 완성된 목적물의 인도와 동시에 지급하여야 한다. 그러나 목적물의 인도를 요하지 아니하는 경우에는 그 일을 완성한 후 지체 없이 지급하여야 한다.
② 전항의 보수에 관하여는 제656조 제2항의 규정을 준용한다.

(2) 부동산공사 수급인의 저당권설정청구권

> **제666조【수급인의 목적부동산에 대한 저당권설정청구권】** 부동산공사의 수급인은 전조의 보수에 관한 채권을 담보하기 위하여 그 부동산을 목적으로 한 저당권의 설정을 청구할 수 있다.

⑭ 도급의 종료

1. 완성 전의 도급인의 해제권

> **제673조【완성 전의 도급인의 해제권】** 수급인이 일을 완성하기 전에는 도급인은 손해를 배상하고 계약을 해제할 수 있다.

판례

민법 제673조에 의하여 도급계약이 해제된 경우, 도급인이 수급인에 대한 손해배상에 있어서 과실상계나 손해배상예정액 감액을 주장할 수 있는지 여부(소극)

민법 제673조에서 도급인으로 하여금 자유로운 해제권을 행사할 수 있도록 하는 대신 수급인이 입은 손해를 배상하도록 규정하고 있는 것은 도급인의 일방적인 의사에 기한 도급계약 해제를 인정하는 대신, 도급인의 일방적인 계약해제로 인하여 수급인이 입게 될 손해, 즉 수급인이 이미 지출한 비용과 일을 완성하였더라면 얻었을 이익을 합한 금액을 전부 배상하게 하는 것이라 할 것이므로, 위 규정에 의하여 도급계약을 해제한 이상은 특별한 사정이 없는 한 도급인은 수급인에 대한 손해배상에 있어서 과실상계나 손해배상예정액 감액을 주장할 수는 없다.

민법 제673조에 의하여 도급계약이 해제된 경우, 수급인의 손해액 산정에 있어서 손익상계의 적용 여부(적극)

채무불이행이나 불법행위 등이 채권자 또는 피해자에게 손해를 생기게 하는 동시에 이익을 가져다 준 경우에는 공평의 관념상 그 이익은 당사자의 주장을 기다리지 아니하고 손해를 산정함에 있어서 공제되어야만 하는 것이므로, 민법 제673조에 의하여 도급계약이 해제된 경우에도, 그 해제로 인하여 수급인이 그 일의 완성을 위하여 들이지 않게 된 자신의 노력을 타에 사용하여 소득을 얻었거나 또는 얻을 수 있었음에도 불구하고, 태만이나 과실로 인하여 얻지 못한 소득 및 일의 완성을 위하여 준비하여 둔 재료를 사용하지 아니하게 되어 타에 사용 또는 처분하여 얻을 수 있는 대가 상당액은 당연히 손해액을 산정함에 있어서 공제되어야 한다(대판 2002. 5. 10, 2000다37296·37302).

2. 도급인의 파산과 수급인 또는 파산관재인의 해제권

> **제674조【도급인의 파산과 해제권】** ① 도급인이 파산선고를 받은 때에는 수급인 또는 파산관재인은 계약을 해제할 수 있다. 이 경우에는 수급인은 일의 완성된 부분에 대한 보수 및 보수에 포함되지 아니한 비용에 대하여 파산재단의 배당에 가입할 수 있다.
> ② 전항의 경우에는 각 당사자는 상대방에 대하여 계약해제로 인한 손해의 배상을 청구하지 못한다.

제8절의 2 여행계약

01 의의

> **제674조의2 【여행계약의 의의】** 여행계약은 당사자 한쪽이 상대방에게 운송, 숙박, 관광 또는 그 밖의 여행 관련 용역을 결합하여 제공하기로 약정하고 상대방이 그 대금을 지급하기로 약정함으로써 효력이 생긴다.

여행계약은 당사자 한쪽이 상대방에게 운송, 숙박, 관광 또는 그 밖의 여행 관련 용역을 결합하여 제공하기로 약정하고 상대방이 그 대금을 지급하기로 약정함으로써 성립하는 계약이다 (제674조의2). 여행계약은 낙성·쌍무·유상·불요식계약이다.

02 여행계약의 효력

1. 여행주최자의 담보책임

(1) 시정청구권 및 대금감액청구권

> **제674조의6 【여행주최자의 담보책임】** ① 여행에 하자가 있는 경우에는 여행자는 여행주최자에게 하자의 시정 또는 대금의 감액을 청구할 수 있다. 다만, 그 시정에 지나치게 많은 비용이 들거나 그 밖에 시정을 합리적으로 기대할 수 없는 경우에는 시정을 청구할 수 없다.
> ② 제1항의 시정 청구는 상당한 기간을 정하여 하여야 한다. 다만, 즉시 시정할 필요가 있는 경우에는 그러하지 아니하다.

(2) 손해배상청구권

> **제674조의6 【여행주최자의 담보책임】** ③ 여행자는 시정 청구, 감액 청구를 갈음하여 손해배상을 청구하거나 시정 청구, 감액 청구와 함께 손해배상을 청구할 수 있다.

(3) 계약해지권

> **제674조의7 【여행주최자의 담보책임과 여행자의 해지권】** ① 여행자는 여행에 중대한 하자가 있는 경우에 그 시정이 이루어지지 아니하거나 계약의 내용에 따른 이행을 기대할 수 없는 경우에는 계약을 해지할 수 있다.
> ② 계약이 해지된 경우에는 여행주최자는 대금청구권을 상실한다. 다만, 여행자가 실행된 여행으로 이익을 얻은 경우에는 그 이익을 여행주최자에게 상환하여야 한다.

③ 여행주최자는 계약의 해지로 인하여 필요하게 된 조치를 할 의무를 지며, 계약상 귀환운송 의무가 있으면 여행자를 귀환운송하여야 한다. 이 경우 상당한 이유가 있는 때에는 여행주최자는 여행자에게 그 비용의 일부를 청구할 수 있다.

⑷ 담보책임의 존속기간

제674조의8【담보책임의 존속기간】 제674조의6과 제674조의7에 따른 권리는 여행 기간 중에도 행사할 수 있으며, 계약에서 정한 여행 종료일부터 6개월 내에 행사하여야 한다.

2. 여행자의 의무

제674조의5【대금의 지급시기】 여행자는 약정한 시기에 대금을 지급하여야 하며, 그 시기의 약정이 없으면 관습에 따르고, 관습이 없으면 여행의 종료 후 지체 없이 지급하여야 한다.

⑱ 여행계약의 종료

1. 여행 개시 전의 계약 해제

제674조의3【여행 개시 전의 계약 해제】 여행자는 여행을 시작하기 전에는 언제든지 계약을 해제할 수 있다. 다만, 여행자는 상대방에게 발생한 손해를 배상하여야 한다.

2. 부득이한 사유로 인한 계약 해지

제674조의4【부득이한 사유로 인한 계약 해지】 ① 부득이한 사유가 있는 경우에는 각 당사자는 계약을 해지할 수 있다. 다만, 그 사유가 당사자 한쪽의 과실로 인하여 생긴 경우에는 상대방에게 손해를 배상하여야 한다.
② 제1항에 따라 계약이 해지된 경우에도 계약상 귀환운송(歸還運送) 의무가 있는 여행주최자는 여행자를 귀환운송할 의무가 있다.
③ 제1항의 해지로 인하여 발생하는 추가 비용은 그 해지 사유가 어느 당사자의 사정에 속하는 경우에는 그 당사자가 부담하고, 누구의 사정에도 속하지 아니하는 경우에는 각 당사자가 절반씩 부담한다.

제9절 현상광고

01 서설

> **제675조【현상광고의 의의】** 현상광고는 광고자가 어느 행위를 한 자에게 일정한 보수를 지급할 의사를 표시하고 이에 응한 자가 그 광고에 정한 행위를 완료함으로써 그 효력이 생긴다.

1. 의의

광고자가 어떤 행위를 한 자에게 일정한 보수를 지급할 의사를 표시하고, 이에 응한 자가 그 광고에서 정한 지정행위를 완료함으로써 성립하는 계약이다. 이때 현상광고에 정한 지정행위의 완료에 조건이나 기한을 붙일 수도 있다(2000다3675).

2. 법적 성질

지정행위를 완료한 자에게 보수를 지급하기로 하는 광고자의 일방적 의사표시로 보는 단독행위설도 있으나 광고자의 광고를 불특정 다수인에 대한 '청약'으로, 응모자의 그에 대한 응모 및 지정행위의 완료를 '승낙'으로 보는 계약설이 통설이다. 계약설에 의할 때 현상광고는 유상·편무계약이고, 또한 요물계약이다.

02 현상광고의 성립

1. 광고

(1) 광고란 어떤 지정된 행위를 한 자에게 일정한 보수를 지급한다는 내용을 불특정 다수인에게 하는 의사표시를 말한다.

(2) 광고에서는 상대방이 하여야 할 행위가 무엇인지를 지정하여야 한다. 따라서 어떤 사실상태의 존재에 대하여 일정한 이익을 준다는 뜻의 광고(⑩ 우량아선발대회나 미인대회의 광고)는 현상광고가 아니다.

(3) 광고에서는 일정한 보수를 준다는 의사가 표시되어야 한다. 그 보수는 지정행위를 한 자에게 주어지는 이익을 말하는데, 그 종류에 제한이 없다.

2. 지정행위의 완료

광고에 응한 자가 광고에서 정한 행위를 완료하여야 한다.

3. 현상광고의 철회

> **제679조【현상광고의 철회】** ① 광고에 그 지정한 행위의 완료기간을 정한 때에는 그 기간 만료 전에 광고를 철회하지 못한다.
> ② 광고에 행위의 완료기간을 정하지 아니한 때에는 그 행위를 완료한 자가 있기 전에는 그 광고와 동일한 방법으로 광고를 철회할 수 있다.
> ③ 전광고와 동일한 방법으로 철회할 수 없는 때에는 그와 유사한 방법으로 철회할 수 있다. 이 철회는 철회한 것을 안 자에 대하여만 그 효력이 있다.

⑩ 현상광고의 효력

1. 광고자의 보수지급의무

> **제677조【광고부지의 행위】** 전조의 규정은 광고 있음을 알지 못하고 광고에 정한 행위를 완료한 경우에 준용한다.

본조는 광고 후 그 광고 있음을 모르고 지정행위를 완료한 경우에 적용된다. 그러나 본조의 취지상, 광고 전에 이미 지정행위를 완료한 경우에도 유추적용된다.

2. 보수수령권자(지정행위의 완료자가 수인인 경우)

> **제676조【보수수령권자】** ① 광고에 정한 행위를 완료한 자가 수인인 경우에는 먼저 그 행위를 완료한 자가 보수를 받을 권리가 있다.
> ② 수인이 동시에 완료한 경우에는 각각 균등한 비율로 보수를 받을 권리가 있다. 그러나 보수가 그 성질상 분할할 수 없거나 광고에 1인만이 보수를 받을 것으로 정한 때에는 추첨에 의하여 결정한다.

⑭ 우수현상광고

> **제678조【우수현상광고】** ① 광고에 정한 행위를 완료한 자가 수인인 경우에 그 우수한 자에 한하여 보수를 지급할 것을 정하는 때에는 그 광고에 응모기간을 정한 때에 한하여 그 효력이 생긴다.

② 전항의 경우에 우수의 판정은 광고 중에 정한 자가 한다. 광고 중에 판정자를 정하지 아니한 때에는 광고자가 판정한다.
③ 우수한 자 없다는 판정은 이를 할 수 없다. 그러나 광고 중에 다른 의사표시가 있거나 광고의 성질상 판정의 표준이 정하여져 있는 때에는 그러하지 아니하다.
④ 응모자는 전2항의 판정에 대하여 이의를 하지 못한다.
⑤ 수인의 행위가 동등으로 판정된 때에는 제676조 제2항의 규정을 준용한다.

1. 의의

(1) 건축설계의 공모처럼 광고에서 정한 행위에 그 우열이 있는 경우에 응모기간을 정하여 그 기간 내에 응모한 자 중에서 우수한 자로 판정된 자에게만 보수를 지급하기로 하는 내용의 현상광고를 말한다.

(2) 보통의 현상광고는 지정행위의 완료로써 보수청구권을 취득하는 데 비해, 우수현상광고는 응모의 절차와 우수의 판정을 거쳐야 하는 점에서 차이가 있다.

2. 광고와 응모

(1) 우수현상광고의 요건은 여러 사람이 독립하여 완료할 수 있는 것이어야 하고, 또 그에 관해 우열의 비교가 가능한 것이어야 한다.

(2) 우수현상광고에는 반드시 응모기간을 정해야 하고, 그렇지 않은 것은 무효이다(제678조 제1항 후문). 따라서 우수현상광고는 광고자가 이를 철회할 수도 없다(제679조 제1항).

(3) 광고에서 정한 바에 따라 응모기간 내에 응모하여야 한다.

3. 판정

(1) 우수의 판정은 광고에서 정한 자가 하지만, 그 정함이 없는 때에는 광고자가 한다(제678조 제2항).

(2) 우열의 판단은 응모자들 가운데에서 상대적으로 정하는 것이므로, 우수한 자가 없다는 판정은 원칙적으로 할 수 없다(제678조 제3항 본문). 그러나 광고 중에 다른 의사표시가 있거나 광고의 성질상 판정의 표준이 정하여져 있는 때에는 그렇지 않다(제678조 제3항 단서).

(3) 응모자는 판정에 대하여 이의를 하지 못한다(제678조 제4항).

(4) 수인의 행위가 동등으로 판정된 때에는, 보수가 가분이면 균등한 비율로 나누어 가지고 불가분이면 추첨으로 보수를 받을 자를 결정한다(제678조 제5항·제676조 제2항).

제10절 위임

01 서설

1. 의의

> **제680조 【위임의 의의】** 위임은 당사자 일방이 상대방에 대하여 사무의 처리를 위탁하고 상대방이 이를 승낙함으로써 그 효력이 생긴다.

당사자 일방(위임인)이 상대방에 대하여 사무의 처리를 위탁하고, 상대방(수임인)이 이를 승낙함으로써 성립하는 계약이다.

2. 법적 성질

위임은 무상을 원칙으로 하므로, 일반적으로 편무·무상계약이다. 그러나 특약에 의해 유상으로 한 때에는 유상·쌍무계약이 된다. 위임은 유상이든 무상이든 낙성·불요식계약이다.

02 위임의 성립

1. 의사의 합치

위임계약은 증서의 작성 기타의 형식을 필요로 하지 않고서, 당사자 간의 의사의 합치만으로 성립한다. 따라서 현실적으로 위임장이 교부되는 경우에도 이는 하나의 증거방법이 될 뿐이다.

2. 위임의 목적

(1) 위임은 일정한 사무처리의 위탁을 목적으로 한다. 이때 사무는 법률상 또는 사실상 모든 행위를 포함한다.

(2) 타인이 처리할 수 있는 사무이어야 하므로, 혼인·입양·이혼 등의 가족법상 법률행위처럼 성질상 본인 스스로 의사를 결정하여야 하는 행위는 위임의 목적이 될 수 없다.

⑬ 위임의 효력

1. 수임인의 의무

(1) 위임사무 처리의무

> **제681조 【수임인의 선관의무】** 수임인은 위임의 본지에 따라 선량한 관리자의 주의로써 위임사무를 처리하여야 한다.
>
> **제682조 【복임권의 제한】** ① 수임인은 위임인의 승낙이나 부득이한 사유 없이 제3자로 하여금 자기에 갈음하여 위임사무를 처리하게 하지 못한다.
> ② 수임인이 전항의 규정에 의하여 제3자에게 위임사무를 처리하게 한 경우에는 제121조, 제123조의 규정을 준용한다.

1) 수임인의 선관의무

수임인은 유상·무상을 불문하고 위임의 취지에 따라 선량한 관리자의 주의로써 위임사무를 처리할 의무를 부담한다. 수임인이 선관의무에 위반한 경우에는 채무불이행이 된다. 선량한 관리자의 주의는 자기재산과 동일한 주의(제695조)에 대비되는 개념으로서, 수임인의 개별적 능력에 따른 주의(구체적 과실)가 아니라 위임사무의 처리에 통상 요구되는 주의(추상적 과실)를 말한다.

2) 복임권의 제한

수임인은 원칙적으로 스스로 위임사무를 처리하여야 하나, 위임인의 승낙이 있는 때 또는 부득이한 사유가 있는 때에 한하여 예외적으로 복위임을 할 수 있다(제682조 제2항).

(2) 부수적 의무

1) 보고의무

> **제683조 【수임인의 보고의무】** 수임인은 위임인의 청구가 있는 때에는 위임사무의 처리상황을 보고하고 위임이 종료한 때에는 지체 없이 그 전말을 보고하여야 한다.

2) 취득물 등의 인도·이전의무

> **제684조 【수임인의 취득물 등의 인도, 이전의무】** ① 수임인은 위임사무의 처리로 인하여 받은 금전 기타의 물건 및 그 수취한 과실을 위임인에게 인도하여야 한다.
> ② 수임인이 위임인을 위하여 자기의 명의로 취득한 권리는 위임인에게 이전하여야 한다.

취득물 등의 인도시기는 당사자 간에 특약이 있거나 위임의 본뜻에 반하는 경우 등과 같은 특별한 사정이 있지 않는 한 위임계약이 종료한 때이므로, 수임인이 반환할 금전의 범위도 위임종료 시를 기준으로 정해진다(2004다64432).

3) 금전소비의 책임

> **제685조【수임인의 금전소비의 책임】** 수임인이 위임인에게 인도할 금전 또는 위임인의 이익을 위하여 사용할 금전을 자기를 위하여 소비한 때에는 소비한 날 이후의 이자를 지급하여야 하며 그 외에 손해가 있으면 배상하여야 한다.

2. 위임인의 의무(수임인의 권리)

(1) 보수지급의무(보수청구권)

> **제686조【수임인의 보수청구권】** ① 수임인은 특별한 약정이 없으면 위임인에 대하여 보수를 청구하지 못한다.
> ② 수임인이 보수를 받을 경우에는 위임사무를 완료한 후가 아니면 이를 청구하지 못한다. 그러나 기간으로 보수를 정한 때에는 그 기간이 경과한 후에 이를 청구할 수 있다.
> ③ 수임인이 위임사무를 처리하는 중에 수임인의 책임 없는 사유로 인하여 위임이 종료된 때에는 수임인은 이미 처리한 사무의 비율에 따른 보수를 청구할 수 있다.

판례

변호사는 당사자 기타 관계인의 위임 또는 공무소의 위촉 등에 의하여 소송에 관한 행위 및 행정처분의 청구에 관한 대리행위와 일반 법률사무를 행함을 그 직무로 하고 사회통념에 비추어 현저히 부당한 보수를 받을 수 없을 뿐이므로, 변호사에게 계쟁사건의 처리를 위임함에 있어서 그 보수지급 및 수액에 관하여 명시적인 약정을 아니하였다 하여도, 무보수로 한다는 등 특별한 사정이 없는 한 응분의 보수를 지급할 묵시의 약정이 있는 것으로 봄이 상당하다(대판 1993. 11. 12, 93다36882).

(2) 비용선급의무(비용선급청구권)

> **제687조【수임인의 비용선급청구권】** 위임사무의 처리에 비용을 요하는 때에는 위임인은 수임인의 청구에 의하여 이를 선급하여야 한다.

(3) 필요비상환의무(필요비상환청구권)

> **제688조【수임인의 비용상환청구권 등】** ① 수임인이 위임사무의 처리에 관하여 필요비를 지출한 때에는 위임인에 대하여 지출한 날 이후의 이자를 청구할 수 있다.

(4) 채무대변제의무 및 담보제공의무(채무대변제청구권·담보제공청구권)

> **제688조【수임인의 비용상환청구권 등】** ② 수임인이 위임사무의 처리에 필요한 채무를 부담한 때에는 위임인에게 자기에 갈음하여 이를 변제하게 할 수 있고 그 채무가 변제기에 있지 아니한 때에는 상당한 담보를 제공하게 할 수 있다.

(5) 손해배상의무(손해배상청구권)

> **제688조【수임인의 비용상환청구권 등】** ③ 수임인이 위임사무의 처리를 위하여 과실 없이 손해를 받은 때에는 위임인에 대하여 그 배상을 청구할 수 있다.

⑭ 위임의 종료

1. 위임의 종료사유

(1) 해지

> **제689조【위임의 상호해지의 자유】** ① 위임계약은 각 당사자가 언제든지 해지할 수 있다.
> ② 당사자 일방이 부득이한 사유 없이 상대방의 불리한 시기에 계약을 해지한 때에는 그 손해를 배상하여야 한다.

① 위임은 당사자 쌍방의 특별한 대인적 신뢰관계를 기초로 하기 때문에, 위임인이나 수임인은 언제든지 자유로이 해지할 수 있다(제689조 제1항).

② 당사자가 위임을 해지한 경우에 그로 인해 상대방이 손해를 입는 일이 있어도 배상할 의무를 부담하지 않는 것이 원칙이다. 그러나 상대방이 불리한 시기에 해지한 때에는, 그 해지가 부득이한 사유에 의한 것이 아닌 한 그로 인한 손해를 배상하여야 한다(제689조 제2항).

판례

1. 민법 제689조 제2항에 기하여 부득이한 사유 없이 상대방의 불리한 시기에 위임계약을 해지한 때 배상하여야 할 손해의 범위
   민법 제689조 제1항은 위임계약은 각 당사자가 언제든지 해지할 수 있다고 하면서 제2항에는 당사자 일방이 부득이한 사유 없이 상대방의 불리한 시기에 계약을 해지한 때에는 그 손해를 배상하여야 한다고 규정하고 있는데, 민법상의 위임계약은 그것이 유상계약이든 무상계약이든 당사자 쌍방의 특별한 대인적 신뢰관계를 기초로 하는 위임계약의 본질상 각 당사자는 언제든지 이를 해지할 수 있고 그로 말미암아 상대방이 손해를 입는 일이 있어도 그것을 배상할 의무를 부담하지 않는 것이 원칙이며, 다만 상대방이 불리한 시기에 해지한 때에는 그 해지가 부득이한 사유에 의한 것이 아닌 한 그로 인한 손해를 배상하여야 하나, 그 배상의 범위는 위임이 해지되었다는 사실로부터 생기는 손해가 아니라 적당한 시기에 해지되었더라면 입지 아니하였을 손해에 한한다(대판 2000. 6. 9, 98다64202).

2. [1] 등기권리자와 등기의무자 쌍방으로부터 등기절차 위임을 받은 법무사와의 위임계약을 등기의무자의 일방적 의사표시로 해제할 수 있는지 여부(소극)
   등기권리자와 등기의무자 쌍방으로부터 등기절차의 위임을 받고 그 절차에 필요한 서류를 교부받은 법무사는 절차가 끝나기 전에 등기의무자로부터 등기신청을 보류해 달라는 요청이 있었다 해도 등기권리자에 대한 관계에 있어서는 그 사람의 동의가 있는 등 특별한 사정이 없는 한 그 요청을 거부해야 할 위임계약상의 의무가 있는 것이므로 이와 같은 경우에는 등기의무자와 법무사 사이의 위임계약은 계약의 성질상 민법 제689조 제1항의 규정에 관계없이 등기권리자의 동의 등 특별한 사정이 없는 한 해제할 수 없다고 할 것이다.

[2] 등기권리자와 등기의무자 쌍방으로부터 위임받은 등기절차가 마쳐지기 전에 등기의무자로부터 동일한 등기목적 부동산에 관하여 제3자에게로 등기절차를 경료하여 달라는 요청을 받은 경우, 법무사가 등기권리자의 수임자로서 요청을 거부하거나 최소한 그 사실을 등기권리자에게 알려줄 위임계약상 의무를 부담하는지 여부(적극)

법무사의 성실의무 등에 비추어 위와 같이 등기권리자와 등기의무자 쌍방으로부터 위임받은 등기절차가 마쳐지기 전에 등기의무자로부터 동일한 등기목적 부동산에 관하여 기존의 등기권리자가 아닌 제3자에게로의 등기절차를 경료하여 달라는 요청을 받은 경우, 법무사는 등기권리자의 수임자로서 그 요청을 거부하거나 최소한 그 사실을 위임인인 등기권리자에게 알려주어 등기권리자가 권리보호를 위하여 적당한 조치를 취할 기회를 가지게 할 위임계약상의 의무가 있다고 할 것이다(대판 2011. 4. 28, 2010다98771).

3. 민법 제689조 제1항, 제2항은 임의규정에 불과하므로 당사자의 약정에 의하여 위 규정의 적용을 배제하거나 내용을 달리 정할 수 있다. 그리고 당사자가 위임계약의 해지사유 및 절차, 손해배상책임 등에 관하여 민법 제689조 제1항, 제2항과 다른 내용으로 약정을 체결한 경우, 이러한 약정은 당사자에게 효력을 미치면서 당사자 간의 법률관계를 명확히 함과 동시에 거래의 안전과 이에 대한 각자의 신뢰를 보호하기 위한 취지라고 볼 수 있으므로, 이를 단순히 주의적인 성격의 것이라고 쉽게 단정해서는 아니 된다. 따라서 당사자가 위임계약을 체결하면서 민법 제689조 제1항, 제2항에 규정된 바와 다른 내용으로 해지사유 및 절차, 손해배상책임 등을 정하였다면, 민법 제689조 제1항, 제2항이 이러한 약정과는 별개 독립적으로 적용된다고 볼 만한 특별한 사정이 없는 한, 약정에서 정한 해지사유 및 절차에 의하지 않고는 계약을 해지할 수 없고, 손해배상책임에 관한 당사자 간 법률관계도 약정이 정한 바에 의하여 규율된다고 봄이 타당하다(대판 2019. 5. 30, 2017다53265).

(2) 당사자의 사망ㆍ파산 및 수임인의 성년후견개시

> **제690조【사망, 파산 등과 위임의 종료】** 위임은 당사자 한쪽의 사망이나 파산으로 종료된다. 수임인이 성년후견개시의 심판을 받은 경우에도 이와 같다.

2. 위임종료 시의 특칙

(1) 수임인측의 긴급처리의무

> **제691조【위임종료 시의 긴급처리】** 위임종료의 경우에 급박한 사정이 있는 때에는 수임인, 그 상속인이나 법정대리인은 위임인, 그 상속인이나 법정대리인이 위임사무를 처리할 수 있을 때까지 그 사무의 처리를 계속하여야 한다. 이 경우에는 위임의 존속과 동일한 효력이 있다.

(2) 위임종료의 대항요건

> **제692조【위임종료의 대항요건】** 위임종료의 사유는 이를 상대방에게 통지하거나 상대방이 이를 안 때가 아니면 이로써 상대방에게 대항하지 못한다.

제11절 임치

01 서설

1. 의의

> **제693조【임치의 의의】** 임치는 당사자 일방이 상대방에 대하여 금전이나 유가증권 기타 물건의 보관을 위탁하고 상대방이 이를 승낙함으로써 효력이 생긴다.

임치는 당사자 일방(임치인)이 상대방에 대하여 금전이나 유가증권 기타 물건의 보관을 위탁하고 상대방(수치인)이 이를 승낙함으로써 성립하는 계약이다(제693조).

2. 법적 성질

임치는 보관의 대가로서 보수의 지급을 요소로 하지 않기 때문에(제693조), 원칙적으로 무상·편무계약이다. 다만 당사자의 약정으로 보수를 지급하는 것으로 정할 수 있고(제701조·제686조), 이때에는 유상·쌍무계약이 된다. 즉 임치는 무상·편무계약이 원칙이나, 유상특약이 있으면 유상·쌍무계약이 된다. 또한 임치는 낙성·불요식계약이다.

02 임치의 성립

1. 의사의 합치

임치계약은 당사자의 의사의 합치만으로 성립한다. 따라서 현실적인 임치물의 교부는 그 요건이 아니다.

2. 임치의 목적

임치의 목적물은 금전이나 유가증권 기타의 물건이며, 동산이든 부동산이든 상관없다. 임치에 있어서 소유권의 귀속은 문제가 되지 않는다. 따라서 임치인은 자기의 소유물이 아닌 물건을 임치할 수 있다. 임치에서 보관은 수치인이 임치물을 자기의 지배하에 두고 멸실·훼손을 방지하여 원상을 유지하는 것을 말한다. 따라서 단순히 보관장소만을 제공하는 경우는 임치가 아니며 임대차 내지 사용대차이다.

⑩ 임치의 효력

1. 수치인의 의무

(1) 임치물 보관의무

> **제695조【무상수치인의 주의의무】** 보수 없이 임치를 받은 자는 임치물을 자기재산과 동일한 주의로 보관하여야 한다.
>
> **제694조【수치인의 임치물사용금지】** 수치인은 임치인의 동의 없이 임치물을 사용하지 못한다.

① 유상임치의 경우에는 수치인은 선량한 관리자의 주의로 보관하여야 한다(제374조). 반면에 무상임치의 경우에는 자기재산과 동일한 주의로 보관하면 된다(제695조).
② **임치물의 사용금지**: 수치인은 임치인의 동의 없이 임치물을 사용하지 못한다(제694조).

(2) 보관에 따른 부수적 의무

① 통지의무

> **제696조【수치인의 통지의무】** 임치물에 대한 권리를 주장하는 제3자가 수치인에 대하여 소를 제기하거나 압류한 때에는 수치인은 지체 없이 임치인에게 이를 통지하여야 한다.

② 수임인에 준하는 의무

> **제701조【준용규정】** 제682조, 제684조, 제685조의 규정은 임치에 준용한다.

㉠ 복임치의 제한: 복임치에 관해서는 복위임의 제한에 관한 제682조가 준용된다(제701조). 따라서 수치인은 임치인의 승낙이나 부득이한 사유 없이는 제3자로 하여금 자기에 갈음하여 보관하게 할 수 없다(제682조 제1항·제701조).
㉡ 취득물 등의 인도·이전의무와 금전소비의 책임: 위임의 제684조(수임인의 취득물 등의 인도·이전의무)와 제685조(수임인의 금전소비의 책임)의 규정이 준용되는 결과(제701조), 수치인은 취득물 등의 인도·이전의무와 금전소비의 책임을 진다.

(3) 임치물반환의무

> **제700조【임치물의 반환장소】** 임치물은 그 보관한 장소에서 반환하여야 한다. 그러나 수치인이 정당한 사유로 인하여 그 물건을 전치한 때에는 현존하는 장소에서 반환할 수 있다.

임치계약상 수치인이 반환할 목적물은 당사자 사이에 특약이 없는 한 수치한 물건 그 자체이고 그 물건이 전부 멸실된 때에는 임치물 반환채무는 이행불능이 되는 것이고 임치한 물건이 대체물인 경우라도 그와 동종·동량의 물건을 인도할 의무가 없다(76다1932).

2. 임치인의 의무

(1) 위임인에 준하는 의무

> **제701조【준용규정】** 제686조, 제687조 및 제688조 제1항, 제2항의 규정은 임치에 준용한다.

① **보수지급의무**: 위임의 제686조(수임인의 보수청구권)규정이 준용되어, 유상임치의 경우에는 임치인은 보수를 지급하여야 한다.

② **비용선급의무·필요비상환의무·채무대변제의무 및 담보제공의무**: 위임의 제687조(수임인의 비용선급청구권) 및 제688조 제1항(수임인의 비용상환청구권), 제2항(수임인의 채무대변제청구권, 담보제공청구권)의 규정은 임치에 준용한다(제701조). 따라서 임치인은 비용선급의무·필요비상환의무·채무대변제 및 담보제공의 의무를 진다.

(2) 손해배상의무

> **제697조【임치물의 성질, 하자로 인한 임치인의 손해배상의무】** 임치인은 임치물의 성질 또는 하자로 인하여 생긴 손해를 수치인에게 배상하여야 한다. 그러나 수치인이 그 성질 또는 하자를 안 때에는 그러하지 아니하다.

04 임치의 종료

1. 임치의 종료사유

임치는 기간만료·목적물의 멸실 등과 같은 계약종료의 일반원인에 의하여 종료한다. 임치에는 위임에 관한 다수의 규정을 준용하고 있지만(제701조), 위임종료사유인 당사자의 사망·파산·성년후견개시심판(제690조)은 임치의 종료원인으로서 준용되지 않는다.

2. 임치의 해지

> **제698조【기간의 약정 있는 임치의 해지】** 임치기간의 약정이 있는 때에는 수치인은 부득이한 사유 없이 그 기간 만료 전에 계약을 해지하지 못한다. 그러나 임치인은 언제든지 계약을 해지할 수 있다.
>
> **제699조【기간의 약정 없는 임치의 해지】** 임치기간의 약정이 없는 때에는 각 당사자는 언제든지 계약을 해지할 수 있다.

⑤ 특수한 임치

1. 혼장임치

혼장임치란 수치인이 수인의 임치인으로부터 물건을 수취하여 동종·동질의 다른 임치물과 혼합하여 보관하고, 반환할 때에는 임치된 것과 동량을 반환하기로 하는 특약이 있는 임치이다. 대체물을 반환한다는 점에서 임치한 물건 그 자체를 반환하여야 하는 일반적 임치와 다르다.

2. 소비임치

> **제702조【소비임치】** 수치인이 계약에 의하여 임치물을 소비할 수 있는 경우에는 소비대차에 관한 규정을 준용한다. 그러나 반환시기의 약정이 없는 때에는 임치인은 언제든지 그 반환을 청구할 수 있다.

(1) 의의

소비임치란 임치한 물건 자체를 반환하는 보통의 임치와 달리, 예컨대 예금계약처럼 당사자 간의 계약으로 수치인이 임치물을 소비하고 그와 같은 종류의 것으로 반환하는 것을 말한다. 임치물의 소유권이 수치인에게 이전되는 점도 보통의 임치와 다르다.

(2) 법적 성질

소비임치에서 목적물을 수치인에게 주는 것은 바로 보관을 위한 것이며, 수치인의 소비는 보관의 수단에 불과하므로, 임치의 일종으로 본다(통설).

(3) 성립

목적물은 대체물이어야 한다. 대표적인 소비임치계약에 해당하는 예금계약은 예금자가 예금의 의사를 표시하면서 금융기관에 돈을 제공하고 금융기관이 그 의사에 따라 그 돈을 받아 확인을 하면 그로써 성립한다(2003다30159).

(4) 효력

수치인이 목적물의 소유권을 취득하고 동종·동량의 것을 반환한다는 점에서 소비대차와 같으므로, 소비대차의 규정이 준용된다(제702조 본문). 그러나 반환시기의 약정이 없는 때에는, 소비대차에서는 대주는 상당한 기간을 정하여 반환을 최고하여야 하지만(제603조 제2항 본문), 소비임치에서는 임치인은 언제든지 그 반환을 청구할 수 있는 것으로 따로 규정한다(제702조 단서).

제12절 조합

01 서설

1. 의의

> **제703조【조합의 의의】** ① 조합은 2인 이상이 상호 출자하여 공동사업을 경영할 것을 약정함으로써 그 효력이 생긴다.

조합이란 2인 이상의 특정인이 서로 출자하여 공동사업을 경영할 목적으로 결합한 단체를 말한다. 조합계약이란 2인 이상이 서로 출자하여 공동사업을 경영할 것을 약정함으로써 성립하는 계약이다.

2. 법적 성질

(1) 계약인지 여부

조합은 공동목적을 위한 제약이 따르는 계약이다(통설).

(2) 쌍무계약규정의 적용여부

① **동시이행의 항변권** : 출자청구를 하는 조합원이 이행을 하지 않은 경우 청구를 받은 자는 동시이행의 항변이 가능하나, 다른 조합원의 출자의무불이행을 이유로 항변하는 것은 허용되지 않는다.

② **위험부담** : 조합원 일인의 출자의무가 귀책사유 없는 후발적 불능으로 된 경우에, 출자가 불능인 조합원은 조합원이 되지 못할 뿐이며 다른 조합원의 출자의무도 당연히 소멸하는 것은 아니라고 본다.

(3) 조합계약의 해제·해지 여부

조합계약에 관해서는 임의탈퇴·제명·해산청구 등의 규정이 있고, 이들 규정은 해제·해지에 대한 특칙으로서의 성격을 가지므로, 조합에는 계약의 해제·해지의 규정이 적용되지 않는다(통설).

> 판례
>
> **조합계약 당사자 사이에 조합계약을 해제하고 그로 인한 원상회복을 주장할 수 있는지 여부**
>
> 동업계약과 같은 조합계약에 있어서는 조합의 해산청구를 하거나 조합으로부터 탈퇴를 하거나 또는 다른 조합원을 제명할 수 있을 뿐이지 일반계약에 있어서처럼 조합계약을 해제하고 상대방에게 그로 인한 원상회복의 의무를 부담지울 수는 없다(대판 1994. 5. 13, 94다7157).

02 조합의 성립

1. 계약에 의한 성립

(1) 단체성

조합계약은 일종의 단체의 결성을 목적으로 하는 것이므로, 그 성립에는 2인 이상의 당사자를 필요로 한다.

(2) 공동사업경영의 목적

① 공동으로 할 사업의 종류나 성질에는 제한이 없다. 공익이든 사익이든, 영리적이든 비영리적이든 불문한다. 계원들이 곗돈을 내고 일정한 순번에 따라 곗돈을 타는 것을 목적으로 하는 계도 조합에 속한다.

② 사업은 공동의 것이어야 한다. 즉 조합원 전원이 사업의 성공에 대해 이해관계를 가져야 하고, 따라서 이익은 조합원 모두에게 분배되어야 한다. 일부의 조합원만이 이익분배를 받는 경우는 민법상의 조합이 아니다. 반면 어느 조합원만이 손실을 부담하기로 하는 것은 조합의 성질에 반하는 것은 아니다.

(3) 출자의무의 부담

> 제703조【조합의 의의】 ② 전항의 출자는 금전 기타 재산 또는 노무로 할 수 있다.

2. 법률의 규정에 의한 성립

공동광업출원인은 조합계약을 한 것으로 본다(광업법 제17조 제5항).

03 조합의 법률관계

1. 조합의 대내관계(업무집행)

> 제706조【사무집행의 방법】 ① 조합계약으로 업무집행자를 정하지 아니한 경우에는 조합원의 3분의 2 이상의 찬성으로써 이를 선임한다.
> ② 조합의 업무집행은 조합원의 과반수로써 결정한다. 업무집행자 수인인 때에는 그 과반수로써 결정한다.
> ③ 조합의 통상사무는 전항의 규정에 불구하고 각 조합원 또는 각 업무집행자가 전행할 수 있다. 그러나 그 사무의 완료 전에 다른 조합원 또는 다른 업무집행자의 이의가 있는 때에는 즉시 중지하여야 한다.
> 제707조【준용규정】 조합업무를 집행하는 조합원에는 제681조 내지 제688조의 규정을 준용한다.

> **제710조 【조합원의 업무, 재산상태검사권】** 각 조합원은 언제든지 조합의 업무 및 재산상태를 검사할 수 있다.

(1) 의의

① 대내적 업무집행은 조합의 본래의 목적 달성을 위하여 무엇을 어떻게 할 것인가를 결정하고 (의사의 결정), 그 결정에 따라서 일을 처리하는 것(사실적 집행)을 말한다. 각 조합원은 조합의 업무집행에 참여할 권리, 즉 업무집행권을 가지는 것이 원칙이다.

② 구체적으로 조합업무를 집행하는 데에는, 모든 조합원이 그 업무집행을 담당하는 경우와 일부의 조합원이나 또는 외부의 제3자에게 업무집행을 맡기는 경우가 있게 된다.

(2) 업무집행자를 정하지 아니한 경우

1) 원칙

업무집행은 조합원의 과반수로서 결정한다(제706조 제2항).

판례

조합의 업무집행자 선임 등의 의결정족수를 정한 민법 제706조에 규정된 '조합원'의 의미(= 조합원의 인원수) 및 위 규정이 임의규정인지 여부(적극)

민법 제706조에서는 조합원 3분의 2 이상의 찬성으로 조합의 업무집행자를 선임하고 조합원 과반수의 찬성으로 조합의 업무집행방법을 결정하도록 규정하고 있는바, 여기서 말하는 조합원은 조합원의 출자가액이나 지분이 아닌 조합원의 인원수를 뜻한다. 다만, 위와 같은 민법의 규정은 임의규정이므로, 당사자 사이의 약정으로 업무집행자의 선임이나 업무집행방법의 결정을 조합원의 인원수가 아닌 그 출자가액 내지 지분의 비율에 의하도록 하는 등 그 내용을 달리 정할 수 있고, 그와 같은 약정이 있는 경우에는 그 정한 바에 따라 업무집행자를 선임하거나 업무집행방법을 결정하여야만 유효하다(대판 2009. 4. 23, 2008다4247).

2) 예외

그러나 조합의 통상사무만은 각 조합원이 전행할 수 있다(제706조 제3항). 다만 그 사무의 완료 전에 다른 조합원의 이의가 있으면 중지하여야 한다(제706조 제3항 단서).

3) 업무집행기준

조합업무를 집행하는 조합원과 다른 조합원 간에는 위임에 관한 규정(제681조~제688조)을 준용한다(제707조). 그리고 각 조합원은 언제든지 조합의 업무 및 재산상태를 검사할 수 있다(제710조).

⑶ 업무집행자를 정한 경우

1) 일부의 조합원을 업무집행자로 한 경우

> **제708조【업무집행자의 사임, 해임】** 업무집행자인 조합원은 정당한 사유 없이 사임하지 못하며 다른 조합원의 일치가 아니면 해임하지 못한다.

① **업무집행자의 선임**: 조합원 3분의 2 이상의 찬성으로 업무집행자를 선임할 수 있다(제706조).

② **업무집행의 방법**: 업무집행자가 수인인 때에 그 업무집행은 과반수로 결정한다(제706조 제2항 단서). 그러나 조합의 통상사무는 각자가 단독으로 전행할 수 있다(제706조 제3항 본문). 역시 다른 업무집행자가 그 사무의 완료 전에 이의를 한 때에는 곧 중지하여야 한다(제706조 제3항 단서).

> **판례**
>
> **조합재산의 처분·변경행위에 대하여 민법 제706조 제2항이 민법 제272조에 우선하여 적용되는지 여부(적극) 및 조합재산의 처분·변경에 관한 의사결정 방법**
>
> 민법 제272조에 따르면 합유물을 처분 또는 변경함에는 합유자 전원의 동의가 있어야 하나, 합유물 가운데서도 조합재산의 경우 그 처분·변경에 관한 행위는 조합의 특별사무에 해당하는 업무집행으로서, 이에 대하여는 특별한 사정이 없는 한 민법 제706조 제2항이 민법 제272조에 우선하여 적용되므로, 조합재산의 처분·변경은 업무집행자가 없는 경우에는 조합원의 과반수로 결정하고, 업무집행자가 수인 있는 경우에는 그 업무집행자의 과반수로써 결정하며, 업무집행자가 1인만 있는 경우에는 그 업무집행자가 단독으로 결정한다(대판 2010. 4. 29, 2007다18911).

③ **업무집행자의 지위**: 업무집행자와 다른 조합원 간에는 위임에 관한 규정(제681조~제688조)이 준용된다(제707조). 다만 업무집행자의 사임·해임에 관해서는 위임에 관한 제689조를 준용하지 않고 따로 정한다. 즉 업무집행인 조합원은 정당한 사유 없이 사임하지 못하며, 또 다른 조합원의 일치가 아니면 업무집행자를 해임하지 못한다(제708조). 한편 각 조합원은 언제든지 조합의 업무 및 재산상태를 검사할 수 있다(제710조).

2) 제3자에게 업무집행을 위임한 경우

조합원이 아닌 제3자에게 업무집행을 위임한 경우에는 조합과 업무집행자는 순수한 위임관계로 된다. 따라서 업무집행의 관계는 위임의 규정에 의해 규율된다. 다만 제3자인 업무집행자가 수인인 경우에 학설은 제706조 제2항과 제3항을 유추적용한다.

2. 조합의 대외관계(조합대리)

(1) 의의

조합은 법인격이 없어 독립한 권리의무의 주체가 되지 못하므로, 조합이 대외적인 법률행위를 하려면 조합원 전원의 이름으로 하여야 함이 원칙이다. 그러나 거래의 편의를 위해 대리제도가 활용된다. 조합의 대외관계는 이처럼 대리의 형식에 의하고 있기 때문에 이를 조합대리라고 한다.

(2) 조합대리

> **제709조【업무집행자의 대리권추정】** 조합의 업무를 집행하는 조합원은 그 업무집행의 대리권 있는 것으로 추정한다.

① 조합의 업무를 집행하는 조합원은 그 업무집행의 대리권 있는 것으로 추정한다(제709조). 따라서 업무집행자가 정해지지 않은 때에는 각 조합원이, 업무집행자가 정해진 때에는 그가 대리권이 있는 것으로 추정된다.
② 원칙적으로 대리행위는 본인을 위한 것임을 표시하여야 직접 본인에 대하여 효력이 생기는 것이고, 한편 민법상 조합의 경우 법인격이 없어 조합 자체가 본인이 될 수 없으므로, 이른바 조합대리에 있어서는 본인에 해당하는 모든 조합원을 위한 것임을 표시하여야 하나, 반드시 조합원 전원의 성명을 제시할 필요는 없고, 상대방이 알 수 있을 정도로 조합을 표시하는 것으로 충분하다(2008다79340).

(3) 조합의 소송업무

민사소송법은 법인 아닌 사단이나 재단에 당사자능력을 인정하지만(민사소송법 제52조), 조합에는 그 적용이 없고 조합의 당사자능력은 인정되지 않는다. 따라서 조합원 전원의 공동명의로만 원고가 되고 피고가 될 수 있다.

04 조합의 재산관계

1. 조합재산

(1) 의의

조합재산의 가장 기본적인 것은 조합원이 출자한 재산이며, 그 밖에 출자가 이행되기 전에 존재하는 출자청구권·조합의 업무집행으로 취득한 재산·조합재산에서 생긴 재산(조합재산의 과실·수용의 대가·제3자에 대한 손해배상채권 등) 그리고 조합의 채무(소극적으로 조합재산을 구성) 등으로 구성된다.

(2) 출자의무의 지체

> **제705조【금전출자지체의 책임】** 금전을 출자의 목적으로 한 조합원이 출자시기를 지체한 때에는 연체이자를 지급하는 외에 손해를 배상하여야 한다.

(3) 합유관계

> **제704조【조합재산의 합유】** 조합원의 출자 기타 조합재산은 조합원의 합유로 한다.

(4) 조합재산과 조합원의 개인재산의 분리

1) 지분에 대한 압류의 효력

> **제714조【지분에 대한 압류의 효력】** 조합원의 지분에 대한 압류는 그 조합원의 장래의 이익배당 및 지분의 반환을 받을 권리에 대하여 효력이 있다.

판례

민법상 조합원의 조합탈퇴권이 채권자대위권의 목적이 될 수 있는지 여부(적극)

민법상 조합원은 조합의 존속기간이 정해져 있는 경우 등을 제외하고는 원칙적으로 언제든지 조합에서 탈퇴할 수 있고(민법 제716조 참조), 조합원이 탈퇴하면 그 당시의 조합재산상태에 따라 다른 조합원과 사이에 지분의 계산을 하여 지분환급청구권을 가지게 되는바(민법 제719조 참조), 조합원이 조합을 탈퇴할 권리는 그 성질상 조합계약의 해지권으로서 그의 일반재산을 구성하는 재산권의 일종이라 할 것이고 채권자대위가 허용되지 않는 일신전속적 권리라고는 할 수 없다. 따라서 채무자의 재산인 조합원 지분을 압류한 채권자는, 당해 채무자가 속한 조합에 존속기간이 정하여져 있다거나 기타 채무자 본인의 조합탈퇴가 허용되지 아니하는 것과 같은 특별한 사유가 있지 않은 한, 채권자대위권에 의하여 채무자의 조합 탈퇴의 의사표시를 대위행사할 수 있다 할 것이고, 일반적으로 조합원이 조합을 탈퇴하면 조합목적의 수행에 지장을 초래할 것이라는 사정만으로는 이를 불허할 사유가 되지 아니한다.

조합재산을 구성하는 개개의 재산에 대한 합유지분에 관하여 압류 기타 강제집행이 가능한지 여부(소극)

민법 제714조는 "조합원의 지분에 대한 압류는 그 조합원의 장래의 이익배당 및 지분의 반환을 받을 권리에 대하여 효력이 있다."라고 규정하여 조합원의 지분에 대한 압류를 허용하고 있으나, 여기에서의 조합원의 지분이란 전체로서의 조합재산에 대한 조합원 지분을 의미하는 것이고, 이와 달리 조합재산을 구성하는 개개의 재산에 대한 합유지분에 대하여는 압류 기타 강제집행의 대상으로 삼을 수 없다(대결 2007. 11. 30, 2005마1130).

2) 조합채무자의 상계금지

> **제715조【조합채무자의 상계의 금지】** 조합의 채무자는 그 채무와 조합원에 대한 채권으로 상계하지 못한다.

[판례]

조합채무자가 그 채무를 조합원 중 1인에 대한 개인 채권과 상계할 수 있는지 여부(소극)

조합에 대한 채무자는 그 채무와 조합원에 대한 채권으로 상계할 수는 없는 것이므로(민법 제715조), 조합으로부터 부동산을 매수하여 잔대금 채무를 지고 있는 자가 조합원 중의 1인에 대하여 개인 채권을 가지고 있다고 하더라도 그 채권과 조합과의 매매계약으로 인한 잔대금 채무를 서로 대등액에서 상계할 수는 없다 (대판 1998. 3. 13, 97다6919).

2. 조합채무에 대한 책임

(1) 책임의 성질

조합이 권리의무의 주체가 되지 못하므로 조합채무는 각 조합원의 채무가 된다. 따라서 조합채무에 관해서는 조합재산을 가지고 조합원 전원이 공동으로 책임을 짐과 동시에, 각 조합원이 그의 개인재산을 가지고도 책임을 진다. 즉 양 책임은 병존적이므로, 조합의 채권자는 조합재산으로부터 변제를 받지 못한 한도에서 각 조합원에게 청구하여야 하는 것이 아니라 바로 각 조합원에게 청구할 수도 있는 것이다.

(2) 조합재산에 의한 조합원 모두의 공동책임

① 조합의 채권자는 채권 전액에 관해 조합재산으로부터 변제를 청구할 수 있다.
② 조합의 채권자는 조합원 모두를 상대로 하여 채권액 전부에 관한 이행의 소를 제기하고, 그 판결에 기해 조합재산에 대해 강제집행하게 된다.

(3) 각 조합원의 개인재산에 의한 개별책임

> **제712조【조합원에 대한 채권자의 권리행사】** 조합채권자는 그 채권발생 당시에 조합원의 손실부담의 비율을 알지 못한 때에는 각 조합원에게 균분하여 그 권리를 행사할 수 있다.
> **제713조【무자력조합원의 채무와 타조합원의 변제책임】** 조합원 중에 변제할 자력 없는 자가 있는 때에는 그 변제할 수 없는 부분은 다른 조합원이 균분하여 변제할 책임이 있다.

① 조합의 채권자가 조합원에 대하여 조합재산에 의한 공동책임을 묻는 것이 아니라 각 조합원의 개인적 책임에 기하여 당해 채권을 행사하는 경우에는 조합원 각자를 상대로 하여 그 이행의 소를 제기할 수 있다(91다30705).

② 각 조합원은 손실부담의 비율에 따라 조합채무를 나눈 것에 대해 채무를 부담하지만, 조합채권자가 그 채권발생 당시에 그 비율을 알지 못한 때에는 각 조합원에게 균등한 비율로 그 권리를 행사할 수 있다(제712조).

3. 손익분배

> **제711조【손익분배의 비율】** ① 당사자가 손익분배의 비율을 정하지 아니한 때에는 각 조합원의 출자가액에 비례하여 이를 정한다.
> ② 이익 또는 손실에 대하여 분배의 비율을 정한 때에는 그 비율은 이익과 손실에 공통된 것으로 추정한다.

손익분배의 비율은 조합계약에서 정할 수 있다. 이익 및 손실의 분배비율이 같아야 하는 것은 아니며, 다르게 할 수 있다. 조합의 본질상 이익은 모든 조합원에게 분배되어야 하지만 손실의 공동부담은 반드시 필요한 것이 아니기 때문에, 손실을 부담하지 않는 조합원을 정하는 것도 무방하다. 손익분배의 비율을 조합계약에서 정하지 않은 경우에는 제711조가 보충적으로 적용된다.

(05) 조합원의 변동

1. 조합원의 탈퇴

(I) 탈퇴의 유형

1) 임의탈퇴

> **제716조【임의탈퇴】** ① 조합계약으로 조합의 존속기간을 정하지 아니하거나 조합원의 종신까지 존속할 것을 정한 때에는 각 조합원은 언제든지 탈퇴할 수 있다. 그러나 부득이한 사유 없이 조합의 불리한 시기에 탈퇴하지 못한다.
> ② 조합의 존속기간을 정한 때에도 조합원은 부득이한 사유가 있으면 탈퇴할 수 있다.

일정한 경우에는 조합원은 임의로 탈퇴할 수 있다(제716조). 이 임의탈퇴는 다른 조합원 전원에 대한 의사표시로 하여야 하며(4291민상668), 업무집행자가 따로 있더라도 조합원 전원에 대하여 탈퇴의 의사표시를 하여야 한다.

Chapter 02

판례

2인으로 된 조합관계에서 1인이 탈퇴한 경우의 조합재산에 대한 법률관계

두 사람으로 된 동업관계 즉, 조합관계에 있어 그중 1인이 탈퇴하면 조합관계는 해산됨이 없이 종료되어 청산이 뒤따르지 아니하며 조합원의 합유에 속한 조합재산은 남은 조합원의 단독소유에 속하고, 탈퇴자와 남은 자 사이에 탈퇴로 인한 계산을 하여야 한다(대판 1999. 3. 12, 98다54458).

2인으로 구성된 조합에서 1인이 탈퇴한 경우, 조합채권자가 잔존 조합원에 대하여 조합채무 전부의 이행을 청구할 수 있는지 여부(적극)

조합채무는 조합원들이 조합재산에 의하여 합유적으로 부담하는 채무이고, 두 사람으로 이루어진 조합관계에 있어 그중 1인이 탈퇴하면 탈퇴자와의 사이에 조합관계는 종료된다 할 것이나 특별한 사정이 없는 한 조합은 해산되지 아니하고, 조합원들의 합유에 속한 조합재산은 남은 조합원에게 귀속하게 되므로, 이 경우 조합채권자는 잔존 조합원에게 여전히 그 조합채무 전부에 대한 이행을 청구할 수 있다(대판 1999. 5. 11, 99다1284).

2) 비임의탈퇴

> **제717조【비임의탈퇴】** 제716조의 경우 외에 조합원은 다음 각 호의 어느 하나에 해당하는 사유가 있으면 탈퇴된다.
> 1. 사망
> 2. 파산
> 3. 성년후견의 개시
> 4. 제명

① **조합원의 사망**: 조합원의 지위가 상속인에게 승계되는지 여부에 관하여 조합에 있어서 조합원의 1인이 사망한 때에는 민법 제717조에 의하여 그 조합관계로부터 당연히 탈퇴하고 특히 조합계약에서 사망한 조합원의 지위를 그 상속인이 승계하기로 약정한 바 없다면 사망한 조합원의 지위는 상속인에게 승계되지 아니한다(86다카2951).

② **조합원의 파산**: 민법 제717조는 조합원이 사망·파산·성년후견의 개시·제명된 경우 조합으로부터 탈퇴된다고 규정하고 있어서 조합원들이 조합계약 당시 위 민법규정과 달리 차후 조합원 중에 파산하는 자가 발생하더라도 조합에서 탈퇴하지 않기로 약정한다면 이는 장래의 불특정 다수의 파산채권자의 이해에 관련된 것을 임의로 위 법규정과 달리 정하는 것이어서 원칙적으로는 허용되지 않는다 할 것이지만, 파산한 조합원이 제3자와의 공동사업을 계속하기 위하여 그 조합에 잔류하는 것이 파산한 조합원의 채권자들에게 불리하지 아니하여 파산한 조합원의 채권자들의 동의를 얻어 파산관재인이 조합에 잔류할 것을 선택한 경우까지 조합원이 파산하여도 조합으로부터 탈퇴하지 않는다고 하는 조합원들 사이의 탈퇴금지의 약정이 무효라고 할 것은 아니다(2003다26020).

③ **조합원의 성년후견의 개시**

④ 조합원의 제명

> **제718조【제명】** ① 조합원의 제명은 정당한 사유 있는 때에 한하여 다른 조합원의 일치로써 이를 결정한다.
> ② 전항의 제명결정은 제명된 조합원에게 통지하지 아니하면 그 조합원에게 대항하지 못한다.

(2) 탈퇴의 효과

1) 조합원지위의 상실

탈퇴조합원은 장래에 향하여 조합원으로서의 지위를 상실한다. 그러나 조합 자체는 나머지 조합원들 사이에서 그 동일성을 유지하면서 존속한다.

2) 지분의 계산

> **제719조【탈퇴조합원의 지분의 계산】** ① 탈퇴한 조합원과 다른 조합원 간의 계산은 탈퇴 당시의 조합 재산상태에 의하여 한다.
> ② 탈퇴한 조합원의 지분은 그 출자의 종류 여하에 불구하고 금전으로 반환할 수 있다.
> ③ 탈퇴 당시에 완결되지 아니한 사항에 대하여는 완결 후에 계산할 수 있다.

2. 조합원 지위의 양도

다른 조합원 전원의 동의가 있거나, 조합원 지위의 양도에 관한 별도의 특약이 있는 경우에 한하여 조합원 지위의 양도가 가능하다.

판례

조합원이 조합지분의 양도로 조합원의 지위를 상실하는 시기(= 양도양수 약정 시)

조합원은 다른 조합원 전원의 동의가 있으면 그 지분을 처분할 수 있으나 조합의 목적과 단체성에 비추어 조합원으로서의 자격과 분리하여 그 지분권만을 처분할 수는 없으므로, 조합원이 지분을 양도하면 그로써 조합원의 지위를 상실하게 되며, 이와 같은 조합원 지위의 변동은 조합지분의 양도양수에 관한 약정으로써 바로 효력이 생긴다(대판 2009. 3. 12, 2006다28454).

06 조합의 해산 및 청산

1. 조합의 해산

> **제720조【부득이한 사유로 인한 해산청구】** 부득이한 사유가 있는 때에는 각 조합원은 조합의 해산을 청구할 수 있다.

(1) 의의

조합이 소멸하기 위해 그 목적인 사업을 중지하고, 조합재산을 정리하는 단계에 들어가는 것이 조합의 해산이다. 그러나 조합은 해산으로 곧 소멸하는 것이 아니고 청산이 끝난 때에 비로소 소멸한다.

> **판례**
>
> 조합의 해산사유와 청산에 관한 규정은 그와 내용을 달리하는 당사자의 특약까지 배제하는 강행규정이 아니므로 당사자가 민법의 조합의 해산사유와 청산에 관한 규정과 다른 내용의 특약을 한 경우 그 특약은 유효한 것으로 보아야 한다(대판 1985. 2. 26, 84다카1921).

(2) 해산사유

1) 일반적 해산사유

민법에서 특별히 정하고 있지는 않으나, 일반적으로 존속기간의 만료 기타 조합계약에서 정한 사유의 발생, 조합원 전원의 합의, 조합의 목적인 사업의 성공 또는 성공불능 등의 경우에 조합은 해산하게 된다.

2) 해산청구

① 조합관계를 유지하지 못할 부득이한 사유가 있는 때에 한해 각 조합원은 일방적 의사표시로 조합의 해산을 청구할 수 있고, 그에 따라 조합은 해산된다.
② 해산청구는 조합의 해지의 성질을 가지는 것이어서, 그 의사표시는 조합원 전원에 대해 하여야 한다.

> **판례**
>
> 민법 제720조에 규정된 조합의 해산사유인 부득이한 사유에는 경제계의 사정변경이나 조합의 재산상태의 악화 또는 영업부진 등으로 조합의 목적달성이 현저히 곤란하게 된 경우 외에 조합원 사이의 반목·불화로 인한 대립으로 신뢰관계가 파괴되어 조합의 원만한 공동운영을 기대할 수 없게 된 경우도 포함되며, 위와 같이 공동사업의 계속이 현저히 곤란하게 된 이상 신뢰관계의 파괴에 책임이 있는 당사자도 조합의 해산청구권이 있다(대판 1993. 2. 9, 92다21098).

(3) 해산의 효과

해산의 효과는 장래에 향하여서만 발생하며, 해산으로 인하여 청산절차가 개시된다.

2. 조합의 청산

(1) 청산인

> **제721조【청산인】** ① 조합이 해산한 때에는 청산은 총조합원 공동으로 또는 그들이 선임한 자가 그 사무를 집행한다.
> ② 전항의 청산인의 선임은 조합원의 과반수로써 결정한다.
> **제722조【청산인의 업무집행방법】** 청산인이 수인인 때에는 제706조 제2항 후단의 규정을 준용한다.
> **제723조【조합원인 청산인의 사임, 해임】** 조합원 중에서 청산인을 정한 때에는 제708조의 규정을 준용한다.

① 조합이 해산한 때에는 청산은 총조합원 공동으로 또는 그들이 선임한 자가 그 사무를 집행한다. 청산인의 선임은 조합원의 과반수로써 결정한다(제721조).
② 청산인이 수인인 때에는 업무집행은 그 과반수로써 결정한다(제722조).
③ 조합원 중에서 청산인을 정한 때에는 정당한 사유 없이 사임하지 못하며, 다른 조합원의 일치가 아니면 해임하지 못한다(제723조).

(2) 청산인의 직무·권한

> **제724조【청산인의 직무, 권한과 잔여재산의 분배】** ① 청산인의 직무 및 권한에 관하여는 제87조의 규정을 준용한다.
> ② 잔여재산은 각 조합원의 출자가액에 비례하여 이를 분배한다.

① 청산인의 직무 및 권한에 관하여는 제87조를 준용한다(제724조 제1항). 따라서 청산인의 직무는 '현존사무의 종결, 채권의 추심 및 채무의 변제, 잔여재산의 인도'이며(제87조 제1항), 이 직무를 행하기 위해 필요한 모든 행위를 할 수 있다(제87조 제2항).
② 잔여재산은 각 조합원의 출자가액에 비례하여 이를 분배한다(제724조 제2항).

제13절 종신정기금

01 서설

1. 의의

> **제725조【종신정기금계약의 의의】** 종신정기금계약은 당사자 일방이 자기, 상대방 또는 제3자의 종신까지 정기로 금전 기타의 물건을 상대방 또는 제3자에게 지급할 것을 약정함으로써 그 효력이 생긴다.

당사자의 일방(정기금채무자)이 자기나 상대방 또는 제3자의 종신(사망할 때)까지 정기로 금전 기타의 물건을 상대방 또는 제3자에게 지급할 것을 약정함으로써 성립하는 계약이다.

2. 법적 성질

종신정기금계약은 증여·매매·소비대차 등의 원인행위의 효력에 직접 영향을 받는 유인계약이다. 또한 대가의 유무에 따라 유상·쌍무계약 또는 무상·편무계약일 수도 있다. 즉 원인행위가 무상인 때에는 무상·편무계약이 되고(예 증여에 기초한 종신정기금), 유상인 때에는 유상·쌍무계약이 된다(예 매매에 기초한 종신정기금).

02 종신정기금계약의 성립

1. 계약에 의한 성립

종신정기금은 당사자의 합의에 의해 성립한다. 정기금채무자가 되는 것은 언제나 계약의 일방당사자이지만, 정기금채권자는 계약의 상대방에 한하지 않으며 제3자일 수도 있다(제725조). 종신정기금의 목적물은 금전 기타의 대체물이다.

2. 유증에 의한 성립

> **제730조【유증에 의한 종신정기금】** 본절의 규정은 유증에 의한 종신정기금채권에 준용한다.

종신정기금채권은 계약이 아닌 유언에 의해서도 발생할 수 있다. 이 경우 유언의 방식(제1065조 이하)과 효력(제1073조 이하)이 적용되는 것 외에, 종신정기금에 관한 규정이 준용된다(제730조).

⑩ 종신정기금계약의 효력

1. 종신정기금채권의 발생

> **제726조【종신정기금의 계산】** 종신정기금은 일수로 계산한다.

종신정기금은 특정인의 사망으로 소멸한다. 그런데 매달 정기적으로 급부를 하기로 하였는데 특정인이 월중에 사망한 경우에 그때의 마지막 지분적 급부를 어떻게 계산할 것인지가 문제된다. 이때 종신정기금은 일수로 계산한다(제726조).

2. 종신정기금계약의 해제

> **제727조【종신정기금계약의 해제】** ① 정기금채무자가 정기금채무의 원본을 받은 경우에 그 정기금채무의 지급을 해태하거나 기타 의무를 이행하지 아니한 때에는 정기금채권자는 원본의 반환을 청구할 수 있다. 그러나 이미 지급을 받은 채무액에서 그 원본의 이자를 공제한 잔액을 정기금채무자에게 반환하여야 한다.
> ② 전항의 규정은 손해배상의 청구에 영향을 미치지 아니한다.
> **제728조【해제와 동시이행】** 제536조의 규정은 전조의 경우에 준용한다.

3. 채무자의 귀책사유로 인한 사망과 채권존속선고

> **제729조【채무자귀책사유로 인한 사망과 채권존속선고】** ① 사망이 정기금채무자의 책임 있는 사유로 인한 때에는 법원은 정기금채권자 또는 그 상속인의 청구에 의하여 상당한 기간 채권의 존속을 선고할 수 있다.
> ② 전항의 경우에도 제727조의 권리를 행사할 수 있다.

제14절 화해

01 서설

1. 의의

> **제731조【화해의 의의】** 화해는 당사자가 상호 양보하여 당사자 간의 분쟁을 종지할 것을 약정함으로써 그 효력이 생긴다.

당사자가 서로 양보하여 그들 사이의 분쟁을 종지할 것을 약정함으로써 성립하는 계약이다.

2. 법적 성질

유상·쌍무·낙성·불요식계약이다.

02 화해의 성립

1. 분쟁의 존재

분쟁이란 법률관계의 존부·범위·태양 등에 관하여 당사자가 서로 다르게 주장하는 것을 의미한다(통설). 화해의 목적이 되는 분쟁사항은 자유로이 처분할 수 있는 법률관계이어야 하므로, 친족관계의 존부에 관한 분쟁 등 가족법상 법률관계는 원칙적으로 화해의 대상이 되지 못한다.

2. 당사자의 상호양보

상호양보란 당사자 쌍방이 서로 불이익을 부담한다는 것을 의미한다. 여기서 양보는 진실한 권리관계를 기준으로 하는 것이 아니라 당사자의 주장을 기준으로 한다.

3. 당사자의 자격

화해는 처분행위의 성질을 갖기 때문에 화해의 당사자는 처분능력 또는 처분권한을 가지고 있어야 한다.

4. 분쟁을 끝내는 합의

이는 나중에 사실과 다르다는 것이 드러나도 구속된다는 뜻이다.

⑬ 화해의 효력

1. 창설적 효력

> **제732조【화해의 창설적 효력】** 화해계약은 당사자 일방이 양보한 권리가 소멸되고 상대방이 화해로 인하여 그 권리를 취득하는 효력이 있다.

화해계약이 성립하면 당사자 사이에 다툼이 있던 법률관계는 화해계약의 내용에 따라서 확정된다. 이러한 효력은 창설적이다. 즉 종래 법률관계가 어떠했는가를 묻지 않고 화해에 의하여 새로운 권리의 취득·상실이 있게 된다.

2. 화해와 착오취소의 관계

> **제733조【화해의 효력과 착오】** 화해계약은 착오를 이유로 하여 취소하지 못한다. 그러나 화해당사자의 자격 또는 화해의 목적인 분쟁 이외의 사항에 착오가 있는 때에는 그러하지 아니하다.

화해계약이 성립되면 특별한 사정이 없는 한, 그 창설적 효력에 의하여 종전의 법률관계를 바탕으로 한 권리의무관계는 소멸되고 계약당사자 간에는 종전의 법률관계가 어떠하였느냐를 묻지 않고 화해계약에 의하여 새로운 법률관계가 생기는 것이므로, 화해계약의 의사표시에 착오가 있더라도 이것이 당사자의 자격이나 화해의 목적인 분쟁 이외의 사항에 관한 것이 아니고 분쟁의 대상인 법률관계 자체에 관한 것일 때에는 이를 취소할 수 없다(2002다20353). 여기서 화해의 목적인 분쟁 이외의 사항이라 함은 분쟁의 대상이 아니라 분쟁의 전제 또는 기초가 된 사항으로서 쌍방 당사자가 예정한 것이어서 상호 양보의 내용으로 되지 않고 다툼이 없는 사실로 양해된 사항을 말한다(2004다53173).

판례

1. 환자가 의료과실로 사망한 것으로 전제하고 의사가 유족들에게 손해배상금을 지급하기로 하는 합의가 이루어졌으나 그 사인이 진료와는 관련이 없는 것으로 판명되었다면, 위 합의는 그 목적이 아닌 망인의 사인에 관한 착오로 이루어진 화해이므로 착오를 이유로 취소할 수 있다(대판 1991. 1. 25, 90다12526).

2. 화해계약이 사기로 인하여 이루어진 경우에는 화해의 목적인 분쟁에 관한 사항에 착오가 있더라도 민법 제110조에 따라 이를 취소할 수 있는지 여부(적극)
   민법 제733조의 규정에 의하면, 화해계약은 화해당사자의 자격 또는 화해의 목적인 분쟁 이외의 사항에 착오가 있는 경우를 제외하고는 착오를 이유로 취소하지 못하지만, 화해계약이 사기로 인하여 이루어진 경우에는 화해의 목적인 분쟁에 관한 사항에 착오가 있는 때에도 민법 제110조에 따라 이를 취소할 수 있다(대판 2008. 9. 11, 2008다15278).

3. 화해와 후발손해의 관계

판례

1. 불법행위로 인한 손해배상에 관하여 피해자가 일정금액을 지급받고 나머지 청구를 포기하기로 한 약정의 해석

   불법행위로 인한 손해배상에 관하여 가해자와 피해자 사이에 피해자가 일정한 금액을 받고 그 나머지 청구를 포기하기로 약정한 때에는 그 이상의 손해가 사후에 발생했다는 이유로 합의금액을 넘는 손해배상청구를 인용해 줄 수는 없지만 모든 손해가 확실하게 파악되지 않는 상황 아래에서 조급하게 적은 금액을 받고 그와 같은 합의가 이루어진 경우에는 피해자가 포기한 손해배상청구권은 그 당시에 예측이 가능한 손해에 대한 것뿐이지 예상할 수 없었던 적극적 치료비나 후유증이 그 후에 생긴 경우의 그 손해에 대하여서까지 배상청구권을 포기했다고 해석할 것은 아니다(대판 1989. 7. 25, 89다카968).

2. 불법행위로 인한 손해배상에 관하여 가해자와 피해자 사이에 피해자가 일정한 금액을 지급받고 그 나머지 청구를 포기하기로 합의가 이루어진 때에는 그 후 그 이상의 손해가 발생하였다 하여 다시 그 배상을 청구할 수 없는 것이지만, 그 합의가 손해발생의 원인인 사고 후 얼마 지나지 아니하여 손해의 범위를 정확히 확인하기 어려운 상황에서 이루어진 것이고, 후발손해가 합의 당시의 사정으로 보아 예상이 불가능한 것으로서, 당사자가 후발손해를 예상하였더라면 사회통념상 그 합의금액으로는 화해하지 않았을 것이라고 보는 것이 상당할 만큼 그 손해가 중대한 것일 때에는 당사자의 의사가 이러한 손해에 대해서까지 그 배상청구권을 포기한 것이라고 볼 수 없으므로 다시 그 배상을 청구할 수 있다고 보아야 한다(대판 2000. 3. 23, 99다63176).

행정사
민법(계약)

부록

기출문제 모범답안
관련 법령

민법(계약) 모범답안

논술형 1 甲은 자신이 소유하는 X부동산을 乙에게 팔면서, 乙의 편의를 위하여 매매 대금을 지급받지도 않은 상태에서 X부동산의 소유권등기를 乙에게 이전하였다. 그럼에도 불구하고 乙이 약속한 날짜에 매매대금을 지급하지 않자 甲은 수차례에 걸쳐 상당한 기간을 정하여 乙에게 대금지급을 촉구하였으나 여전히 乙은 甲에게 대금을 지급하지 않고 있다. 이에 甲이 乙과의 매매계약을 해제한다는 통지를 한 경우, 그 '효과'에 관하여 논술하시오. (40점)

모·범·답·안

1. 문제의 소재

본 문제는 매도인 甲이 매수인 乙의 매매대금채무의 이행지체를 이유로 매매계약을 해제한 경우이다. 이행지체를 원인으로 계약이 해제되기 위해서는 ① 채무자의 이행지체가 있을 것, ② 채권자가 상당한 기간을 정하여 이행을 최고할 것, ③ 채무자가 최고기간 내에 이행 또는 이행의 제공이 없을 것, ④ 채권자의 해제의 의사표시가 필요하다(제544조). 채권자 甲의 해제는 이러한 요건을 모두 충족하였으므로 적법하고, 이하에서는 甲의 해제의 효과에 대해서 살펴본다.

2. 법정해제의 효과

(1) 계약의 구속으로부터 해방

① **계약의 소급적 실효**

계약을 해제하면 계약은 소급하여 소멸한다. 따라서 당사자는 계약의 구속으로부터 해방되며, 아직 이행하지 않은 채무는 이행할 필요가 없고, 이미 이행된 급부는 서로 원상회복을 하여야 한다.

② **해제와 물권의 복귀**

㉠ 문제는 계약의 이행으로써 등기 또는 인도를 갖추어 물권이 이전되었을 때, 그 물권이 등기 또는 인도 없이도 당연히 복귀하는가이다.

㉡ 채권적 효과설은 계약이 해제되더라도 채권행위가 해소될 뿐이며 물권변동의 효과는 그대로 유지되고, 따라서 이전된 권리를 회복하기 위해서는 다시 이행행위와 등기 또는 인도가 필요하다는 견해이다.

㉢ 물권적 효과설은 채권계약이 해제되면 이전하였던 물권은 등기 또는 인도 없이도 당연히 복귀한다는 견해로서 판례의 입장이다.

③ **해제와 제3자의 보호**

㉠ **의의** : 제548조 제1항 단서의 제3자는 원칙적으로 해제의 의사표시가 있기 이전에 해제된 계약에서 생긴 법률적 효과를 기초로 하여 새로운 이해관계를 가졌을 뿐 아니라 등기·인도 등으로 완전한 권리를 취득한 자를 말한다.

㉡ **제3자 범위의 확대** : 통설·판례는 거래의 안전을 위해 제3자의 범위에 해제의 의사표시가 있은 후 그 해제에 기한 말소등기가 있기 이전에 이해관계를 갖게 된 선의의 제3자도 포함시킨다.

(2) **원상회복의무**

① **의의**

당사자 일방이 계약을 해제한 때에는 각 당사자는 그 상대방에 대하여 원상회복의 의무가 있다(제548조 제1항 본문).

② **원상회복의 범위**

이익의 현존 여부나 선의·악의를 불문하고 받은 급부 전부를 반환하여야 한다. 이때 반환할 금전에는 그 받은 날부터 이자를 가산하여야 하고(제548조 제2항), 이와 균형상 반환할 물건에는 그 받은 날부터 사용이익을 가산하여 반환하여야 한다.

(3) **손해배상의무**

① **손해배상의 성질**

계약의 해제는 손해배상의 청구에 영향을 미치지 아니한다(제551조). 이는 채무불이행을 원인으로 한 손해배상책임으로 본다.

② **손해배상의 범위**

㉠ 제551조의 손해배상은 채무불이행에 기초하는 것이므로, 그 범위는 채무가 이행되었더라면 채권자가 얻었을 이익, 즉 이행이익의 배상을 원칙으로 한다.

㉡ 판례는 이행이익의 배상이 원칙이지만, 그에 갈음하여 신뢰이익의 배상을 구할 수도 있다고 하며, 다만 그 신뢰이익은 이행이익의 범위를 초과할 수 없다고 한다.

(4) **해제의 효과와 동시이행**

계약이 해제되면 계약당사자는 서로 원상회복의무와 손해배상의무를 부담하는데, 이러한 의무는 동시이행의 관계에 있다고 본다.

3. **문제의 해결**

(1) 甲의 해제로 인해 甲·乙 간의 계약은 소급하여 소멸한다. 따라서 아직 이행하지 않은 채무는 이행할 필요가 없고, 이미 이행된 급부는 서로 원상회복을 하여야 한다.

(2) 매매목적물인 X부동산의 소유권등기가 乙에게 이전된 상태에서 계약이 해제되면, 이전되었던 X부동산의 소유권은 말소등기 없이도 甲에게 당연히 복귀한다(물권적 효과설).

(3) 계약이 해제되면 각 당사자는 상대방에 대하여 원상회복의 의무가 있으므로, 만약 乙이 X부동산을 점유하고 있다면 받은 날부터 사용이익을 가산하여 반환하여야 한다.

(4) 계약의 해제는 손해배상의 청구에 영향을 미치지 아니하므로, 甲은 乙의 이행지체를 이유로 손해배상을 청구할 수 있다.

약술형 2 수급인이 재료의 전부를 조달하여 '완성한 물건의 소유권귀속'에 관하여 약술하시오. (20점)

모·범·답·안

1. **문제의 소재**

   도급은 당사자 일방이 어느 일을 완성할 것을 약정하고 상대방이 그 일의 결과에 대하여 보수를 지급할 것을 약정함으로써 성립하는 계약이다. 수급인은 약정된 기한 내에 계약의 내용에 좇아 일을 완성할 의무를 진다. 만약 완성된 일의 결과가 물건인 때에는 수급인은 그 목적물을 도급인에게 인도하여야 한다.

2. **완성한 물건의 소유권귀속**

   (1) **도급인이 재료의 전부 또는 주요부분을 공급한 경우**

   도급인이 재료의 전부 또는 주요부분을 공급한 경우에는, 완성물의 소유권은 동산이든 부동산이든 모두 원시적으로 도급인에게 속한다는 것이 통설·판례이다.

   (2) **수급인이 재료의 전부 또는 주요부분을 공급한 경우**

   ① **특약이 없는 경우**

   ㉠ **학설**

   ⓐ **수급인귀속설** : 동산이든 부동산이든 수급인이 원시취득한다는 견해이다.

   ⓑ **도급인귀속설** : 동산인 때에는 원시적으로 수급인에게 속하나, 부동산은 도급인이 원시취득한다는 견해이다.

   ㉡ **판례** : 특약이 없는 한 수급인귀속설을 따른다. 즉 수급인이 자기의 재료와 노력으로 건물을 건축한 경우에 특별한 의사표시가 없는 한 도급인이 도급대금을 지급하고 건물의 인도를 받기까지는 그 소유권은 수급인에게 있다고 한다.

   ② **특약이 있는 경우**

   ㉠ 소유권귀속에 관한 특약은 유효하므로, 그 특약에 따라 소유권자가 정해진다.

   ㉡ 판례도 완성된 건물의 소유권을 도급인에게 귀속시키기로 하는 특약이 있는 때에는, 그 건물의 소유권은 원시적으로 도급인에게 귀속한다(91다25505)고 본다.

약술형 3 주택임대차보호법상 '묵시적 갱신'에 관하여 약술하시오. (20점)

모·범·답·안

1. 의의

임대차 기간은 당사자 간의 합의에 의하여 이를 갱신할 수 있다. 그런데 당사자 간에 갱신의 합의가 이루어지지 않은 경우에도 일정한 요건을 갖추면 당연히 갱신된 것으로 보는 묵시적 갱신을 인정하고 있다.

2. 요건

(1) 임대인이 임대차기간이 끝나기 6개월 전부터 1개월(→ 2개월, 개정 2020. 6. 9, 시행 2020. 12. 10) 전까지의 기간에 임차인에게 갱신거절의 통지를 하지 아니하거나 계약조건을 변경하지 아니하면 갱신하지 아니한다는 뜻의 통지를 하지 아니한 경우에는, 그 기간이 끝난 때에 전 임대차와 동일한 조건으로 다시 임대차한 것으로 본다.

(2) 임차인이 임대차기간이 끝나기 1개월(→ 2개월, 개정 2020. 6. 9, 시행 2020. 12. 10) 전까지 통지하지 아니한 경우에도 또한 같다.

(3) 이러한 묵시적 갱신은 임차인이 2기의 차임액에 달하도록 연체하거나 그 밖에 임차인으로서의 의무를 현저히 위반한 때에는 적용하지 아니한다.

3. 효과

(1) 묵시적 갱신이 인정되면 그 기간이 끝난 때에 전 임대차와 동일한 조건으로 다시 임대차한 것으로 본다. 다만 존속기간은 2년으로 본다.

(2) 묵시적 갱신이 된 경우에 임차인은 언제든지 임대인에게 계약해지를 통지할 수 있다. 이에 따른 해지는 임대인이 그 통지를 받은 날부터 3개월이 지나면 그 효력이 발생한다.

약술형 4 위임계약에서 '수임인의 의무'에 관하여 약술하시오. (20점)

모·범·답·안

1. **위임의 의의**

   위임은 당사자 일방이 상대방에 대하여 사무의 처리를 위탁하고 상대방이 이를 승낙함으로써 성립하는 계약이다.

2. **수임인의 의무**

   (1) **위임사무 처리의무**

   ① **선관의무**

   수임인은 위임의 본지에 따라 선량한 관리자의 주의로써 위임사무를 처리하여야 한다(제681조).

   ② **복임권의 제한**

   수임인은 위임인의 승낙이나 부득이한 사유 없이 제3자로 하여금 자기에 갈음하여 위임사무를 처리하게 하지 못한다(제682조 제1항).

   (2) **부수적 의무**

   ① **보고의무**

   수임인은 위임인의 청구가 있는 때에는 위임사무의 처리상황을 보고하고 위임이 종료한 때에는 지체 없이 그 전말을 보고하여야 한다(제683조).

   ② **취득물 등의 인도·이전의무**

   수임인은 위임사무의 처리로 인하여 받은 금전 기타의 물건 및 그 수취한 과실을 위임인에게 인도하여야 한다. 수임인이 위임인을 위하여 자기의 명의로 취득한 권리는 위임인에게 이전하여야 한다(제684조).

   ③ **금전소비의 책임**

   수임인이 위임인에게 인도할 금전 또는 위임인의 이익을 위하여 사용할 금전을 자기를 위하여 소비한 때에는 소비한 날 이후의 이자를 지급하여야 하며 그 외의 손해가 있으면 배상하여야 한다(제685조).

논술형 1 │ 甲은 자신의 토지 위에 5층짜리 상가건물을 신축하기 위하여 乙과 공사기간 1년, 공사대금 30억 원으로 하는 도급계약을 체결하였다. 각각의 독립된 질문에 대하여 답하시오. (40점)

(1) 건축에 필요한 재료의 전부를 제공한 乙이 완공기한 내에 약정한 내용대로 상가건물을 완공하였으나 그 인도기일 전에 강진(强震)으로 인하여 상가건물이 붕괴된 경우, 甲과 乙의 법률관계를 논하시오. (20점)

(2) 乙이 공사일정에 맞춰 기초공사를 마쳤으나 일부 경미한 하자가 발견된 상태에서 甲이 같은 토지 위에 10층짜리 주상복합건물을 대체 신축할 목적으로 위 도급계약을 해제한 경우, 甲과 乙의 법률관계를 논하시오. (20점)

모·범·답·안

Ⅰ 문제 1 - (1)

1. 문제의 소재

본 문제는 도급인 甲과 수급인 乙의 건물도급계약에 있어서 수급인 乙이 건물을 완공하였으나 인도기일 전에 강진으로 건물이 붕괴된 경우이므로 위험부담이 문제된다.

2. 도급에서의 위험부담

(1) 의의

도급계약은 쌍무계약이므로 제537조 및 제538조에서 정하는 위험부담의 법리가 원칙적으로 적용된다. 그러나 도급의 특질을 고려하여 일정한 보충적 또는 수정적 해석을 한다.

(2) 일의 완성 전에 목적물이 멸실·훼손된 경우

① 일의 완성이 불가능한 경우

㉠ 당사자 쌍방의 귀책사유 없이 목적물이 멸실·훼손된 경우에는 일을 완성할 수급인의 의무는 소멸하며, 수급인은 지출한 비용과 보수도 청구하지 못한다(제537조).

㉡ 그러나 도급인의 귀책사유로 급부불능이 되거나 도급인의 수령지체 중에 급부불능이 된 경우에는, 수급인은 보수를 청구할 수 있고, 다만 수급인이 면하게 된 노력이나 비용은 도급인에게 상환하여야 한다(제538조).

② 일의 완성이 가능한 경우

일의 완성을 목적으로 하는 도급의 성질상, 일의 완성이 가능한 한 원칙적으로 수급인은 여전히 일을 완성할 의무를 진다.

(3) 일의 완성 후에 목적물이 멸실·훼손된 경우

① 이 경우에 누가 위험을 부담하는지는 목적물이 완성된 후 어느 시점에서 위험이 도급인에게 이전하느냐에 따라 달라진다. 인도할 때 이전한다는 견해와 검수가 끝난 때 이전한다는 견해가 대립한다.

② 판례는 "목적물의 인도는 완성된 목적물에 대한 단순한 점유의 이전만을 의미하는 것이 아니라 도급인이 목적물을 검사한 후 그 목적물이 계약내용대로 완성되었음을 명시적 또는 묵시적으로 시인하는 것까지 포함하는 의미이다"라고 판시하여 검수가 끝난 때 위험이 이전된다고 본다. 따라서 검수 전에 목적물이 쌍방 귀책사유 없이 멸실·훼손된 경우에는 여전히 수급인이 위험을 부담한다.

3. 사안의 해결

사안의 경우는 일이 완성된 후 인도 전에 목적물이 멸실·훼손된 경우이다. 따라서 수급인이 여전히 위험을 부담하므로 수급인 乙은 도급인 甲에게 공사대금을 청구할 수 없다.

Ⅱ 문제 1 - (2)

1. 문제의 소재

본 사안은 도급계약체결 후 공사도중에 도급인에 사정변경이 생겨서 그 일의 완성이 필요 없게 되어 도급인이 계약을 해제한 경우이다. 이러한 해제의 경우에 도급인 甲과 수급인 乙의 관계를 검토하기로 한다.

2. 일의 완성 전의 도급인의 임의해제

(1) **의의**

수급인이 일을 완성하기 전에는 도급인은 손해를 배상하고 도급계약을 해제할 수 있다(제673조). 이는 담보책임이나 채무불이행과는 관계없는 도급의 특유한 법정해제권이다.

(2) **요건**

① 수급인이 일을 완성하기 전에 한해 해제할 수 있다.
② 완성할 일이 물건인 경우, 일을 완성한 때에는 아직 인도를 하지 않았더라도 제673조에 의한 해제는 인정되지 않는다.

(3) **효과**

① 도급인이 본조에 의해 계약을 해제하는 때에는 수급인에게 그 손해를 배상하여야 한다.
② 손해배상은 수급인이 이미 지출한 비용과 일을 완성하였더라면 얻었을 이익을 합한 금액을 전부배상하게 하는 것이므로, 이때 과실상계나 손해배상액예정액 감액을 주장할 수는 없고, 다만 손익상계만 인정된다(판례).

3. 사안의 해결

본 사안은 일의 완성 전에 도급인이 임의해제를 한 경우로서, 도급인 甲은 수급인 乙에게 손해를 배상해 주어야 한다. 이때 도급인 甲은 과실상계나 손해배상예정액 감액을 주장할 수는 없고, 손익상계를 주장할 수는 있다.

약술형 2 법정해제와 합의해제의 의의 및 효과상의 차이점에 대해서 약술하시오. (20점)

모·범·답·안

1. 의의

(1) 계약의 해제란 유효하게 성립하고 있는 계약의 효력을 당사자 일방의 의사표시에 의하여, 그 계약이 처음부터 있지 않았던 것과 같은 상태에 복귀시키는 단독행위이다. 이때 해제권은 당사자 간의 약정이나 법률의 규정에 의해 발생한다. 즉 법정해제란 법정해제권에 의한 해제를 말하는 데, 주로 채무불이행을 그 원인으로 한다.

(2) 합의해제란 계약당사자 쌍방이 합의에 의하여 기존의 계약의 효력을 소멸시켜 당초부터 계약이 체결되지 않았던 것과 같은 상태로 복귀시킬 것을 내용으로 하는 새로운 계약을 말한다.

2. 효과상의 차이점

(1) **원칙**

① 일시적 계약 모두에 공통되는 법정해제권의 발생원인과 그 효과에 대해서는 제543조 이하에서 규정하고 있다.

② 그러나 합의해제의 효과는 그 합의의 내용에 의하여 결정되므로 해제에 관한 민법 규정은 원칙적으로 적용되지 아니한다.

(2) **이자지급의무 유무**

① 당사자 일방이 계약을 해제한 때에는 각 당사자는 그 상대방에 대하여 원상회복의 의무가 있다. 이때 반환할 금전에는 그 받은 날로부터 이자를 가산하여야 한다(제548조 제2항).

② 그러나 제548조 제2항의 규정은 합의해제에는 적용되지 아니하므로, 당사자 사이에 특약이 없는 이상 합의해제로 인하여 반환할 금전에 그 받은 날로부터의 이자를 지급하여야 할 의무는 없다.

(3) **손해배상의무 유무**

① 계약의 해제는 손해배상의 청구에 영향을 미치지 아니한다(제551조). 즉 법정해제와 손해배상의 청구는 양립가능하다.

② 그러나 합의해제의 경우에는 합의해제 시에 손해배상에 관한 특약이 없는 한 채무불이행으로 인한 손해배상을 청구할 수 없다.

3. 효과상의 공통점

(1) **물권변동의 문제**

판례에 의하면, 채권계약이 해제되면 이전하였던 물권은 등기 또는 인도 없이도 당연히 복귀한다. 또한 합의해제된 경우에도 매수인에게 이전되었던 물권은 당연히 매도인에게 복귀하는 것으로 본다.

(2) **제3자의 보호**

해제는 제3자의 권리를 해하지 못한다는 제548조 제1항 단서 규정은 합의해제의 경우에도 유추적용된다.

약술형 3 임차인의 유익비상환청구권에 대하여 약술하시오. (20점)

모·범·답·안

1. 의의

유익비는 임차인이 임차물의 객관적 가치를 증가시키기 위하여 투입한 비용을 말한다. 이러한 유익비는 가치증가에 따른 이익을 결국 임대인이 얻는다는 점에서 임차인은 임대인에게 상환을 청구할 수 있다.

2. 요건

(1) 임차물의 객관적 가치를 증가시키기 위하여 비용을 지출할 것

(2) 임차인이 지출한 결과가 독립성이 없고 임차목적물의 구성부분으로 될 것

(3) 임대차 종료 시에 가액의 증가가 현존할 것

3. 효과

(1) 행사기간

유익비상환청구권은 임대인이 목적물을 반환받은 때에는 그날로부터 6개월 내에 행사하여야 한다.

(2) 유치권

유익비상환청구권은 목적물에 관하여 생긴 채권이므로, 임차인은 임차물에 대해 유치권을 취득한다. 다만 유익비의 상환에 관하여 법원이 임대인에게 상당한 상환기간을 허여한 때에는 그 기간에는 유치권이 인정되지 않는다.

(3) 포기특약의 유효성

강행규정이 아니므로 유익비상환청구권의 포기특약도 유효하다.

(4) 유익비상환청구권의 상대방

임차권이 대항력이 있는 경우에는 새로운 소유자가 임대인의 지위를 승계하기 때문에 임차인은 새로운 소유자에게 비용상환을 청구할 수 있으나, 대항력이 없는 경우에는 종전의 소유자에게 비용상환을 청구할 수 있을 뿐이다.

약술형 4 조합채무에 대한 조합원의 책임 범위에 대하여 약술하시오. (20점)

모·범·답·안

1. 조합채무의 의의

조합이란 2인 이상이 서로 출자하여 공동사업을 경영할 것을 약정함으로써 성립하는 계약이다. 조합채무는 전 조합원에게 합유적으로 귀속하며 조합재산으로 책임을 진다. 동시에 조합채무는 각 조합원의 채무이기도 하므로 각 조합원은 개인재산으로도 책임을 져야 한다.

2. 조합채무에 대한 책임

(1) 조합재산에 의한 조합원 모두의 공동책임

① 조합의 채권자는 채권 전액에 관해 조합재산으로부터 변제를 청구할 수 있다.

② 조합의 채권자는 조합원 모두를 상대로 하여 채권액 전부에 관한 이행의 소를 제기하고, 그 판결에 기해 조합재산에 대해 강제집행하게 된다.

(2) 각 조합원의 개인재산에 의한 개별책임

① 각 조합원은 손실부담의 비율에 따라 조합채무를 나눈 것에 대해 채무를 부담하지만, 조합채권자가 그 채권발생 당시에 조합원의 손실부담의 비율을 알지 못한 때에는 각 조합원에게 균분하여 그 권리를 행사할 수 있다(제712조).

② 조합원 중에 변제할 자력 없는 자가 있는 때에는 그 변제할 수 없는 부분은 다른 조합원이 균분하여 변제할 책임이 있다(제713조).

(3) 공동책임과 개별책임의 관계

양책임의 관계는 공동책임을 통해 완제를 받지 못한 때에 개별책임을 묻는 보충적인 것이 아니라 병존적이므로, 조합의 채권자는 처음부터 개별책임을 물을 수도 있다.

민법(계약) 모범답안

논술형1 甲은 자기 소유의 X토지에 대하여 乙과 매매계약을 체결하였다. 그 계약에 의하면 乙은 甲에게 계약 당일 계약금을 지급하고, 계약일부터 1개월 후에 중도금을 지급하며, 잔금은 계약일부터 2개월 후에 등기에 필요한 서류와 목적물을 인도받음과 동시에 지급하기로 되어 있었다. 甲은 계약 당일 乙로부터 계약금을 지급받았다. 다음 각각 독립된 물음에 답하시오. (40점)

(1) 잔금지급기일이 지났으나 乙은 잔금은 물론 중도금도 지급하지 않았고, 甲도 그때까지 등기에 필요한 서류와 목적물의 인도의무를 이행하지 않았다. 甲이 乙에게 중도금과 잔금의 지급을 청구하자 乙은 등기에 필요한 서류와 목적물을 인도받을 때까지 중도금과 잔금을 둘 다 지급하지 않겠다고 주장하였다. 甲과 乙 사이의 동시이행관계에 관하여 설명하고, 乙의 주장이 타당한지에 관하여 논하시오. (20점)

(2) 乙은 甲에게 중도금과 잔금을 약정한 기일에 지급하였으나, 甲은 등기에 필요한 서류와 목적물의 인도를 미루다가 잔금을 수령한 날부터 3개월 후에 그 의무를 이행하였다. 乙은 甲에 대하여 매매대금 전액에 대한 3개월간의 이자 및 X토지에 대한 3개월간의 차임 상당 손해배상금을 청구하였다. 乙의 청구가 타당한지에 관하여 논하시오. (20점)

모·범·답·안

Ⅰ 문제 1 – (1)

1. 문제의 소재

사안의 경우 잔금지급기일이 지났으나 매수인 乙은 잔금은 물론 중도금도 지급하지 않았고, 매도인 甲도 그때까지 등기에 필요한 서류와 목적물의 인도의무를 이행하지 않고 있는 상태이다. 이 경우에도 양자 간에 여전히 동시이행관계가 유지되는지에 대해 검토한다.

2. 동시이행의 항변권의 성립요건

(1) **동일한 쌍무계약에 기하여 발생한 대가적 채무의 존재**

(2) **상대방의 채무가 변제기에 있을 것**

① 원칙

하나의 쌍무계약에서 발생하는 각 채무가 그 성질상 이행상의 견련성이 인정되더라도, 당사자 사이의 특약에 의하여 선이행의무를 지는 경우에는 동시이행의 항변권이 인정되지 않는다.

② 예외

㉠ **선이행의무의 불이행 중 상대방 채무의 변제기가 도래한 경우**: 선이행의무자가 이행하지 않고 있는 동안에 상대방의 채무의 변제기가 도래하면 상대방의 청구에 대하여 이제부터는 선이행의무자도 동시이행의 항변권을 행사할 수 있다.

㉡ **불안의 항변권**: 상대방의 이행이 곤란할 현저한 사유가 있는 때에는 선이행의무자라도 상대방이 채무이행을 제공할 때까지 자기의 채무이행을 거절할 수 있다.

(3) **상대방이 자기 채무의 이행 또는 이행의 제공을 하지 않고서 청구하였을 것**

3. 문제의 해결

매수인 乙이 선이행하여야 할 중도금지급을 하지 아니한 채 잔대금지급일을 경과한 경우에는 매수인 乙의 중도금 및 이에 대한 지급일 다음 날부터 잔대금지급일까지의 지연손해금과 잔대금의 지급채무는 매도인 甲의 소유권이전등기의무와 특별한 사정이 없는 한 동시이행관계에 있다. 따라서 동시이행을 요구하는 乙의 주장은 타당하다.

Ⅱ 문제 1 - (2)

1. 문제의 소재

사안은 매수인 乙은 중도금과 잔금을 약정기일에 지급하였으나, 매도인 甲이 등기에 필요한 서류와 목적물의 인도를 잔금수령일부터 3개월 후에 이행한 경우이다. 이러한 매도인 甲의 이행지체에 대한 매수인 乙의 3개월간의 이자 및 3개월간의 차임 상당 손해배상금 청구의 타당성을 검토한다.

2. 매매와 과실의 귀속

(1) 의의

매매계약 있은 후에도 아직 목적물을 인도하기 전에는 매도인이 과실을 수취한다. 반대로 인도한 후에는 매수인이 과실을 수취한다.

(2) 매도인이 목적물을 인도하기 전인 경우

① 대금완납 전

이 경우 매도인의 이행지체가 있더라도 과실은 매도인에게 귀속되는 것이므로, 매수인은 인도의무의 지체로 인한 손해배상금의 지급을 구할 수 없다.

② 대금완납 후

매매목적물의 인도 전이라도 매수인이 매매대금을 완납한 때에는 그 이후의 과실수취권은 매수인에게 귀속된다.

(3) 매도인이 목적물을 인도한 경우

이 경우는 매수인이 과실을 수취한다. 만약 매수인이 대금을 지급하지 않았다면 목적물의 인도를 받은 날로부터 대금의 이자를 지급하여야 한다.

3. 문제의 해결

본 사안은 매매목적물의 인도 전이지만 매수인 乙이 매매대금을 완납한 경우이므로, 그 이후의 과실수취권은 매수인 乙에게 귀속된다. 따라서 매수인 乙은 인도의무의 지체로 인한 손해배상금의 지급을 구할 수 있다.

이 경우 목적물의 임료 상당액이 통상의 손해가 되므로, 3개월간의 이자는 이에 포함되지 않고 3개월간의 차임 상당액을 청구할 수 있다.

약술형 2 매매예약완결권에 관하여 설명하고, 그 가등기에 관하여 약술하시오. (20점)

모·범·답·안

1. 의의

매매의 예약이란 당사자 간에 장차 매매계약을 체결할 것을 약정하는 계약을 말한다. 이때 예약완결권이란 일방예약·쌍방예약에 의하여 일방 또는 쌍방의 당사자(즉 예약권리자)가 상대방에 대하여 갖는 매매 완결의 의사표시를 할 수 있는 권리를 말한다. 이러한 예약완결권은 형성권이고 양도성이 있다.

2. 매매예약완결권의 가등기

부동산물권의 소유권이전의무를 발생케 하는 예약완결권은 이를 가등기할 수 있다. 예약완결권을 가등기하였는데 제3자가 그 목적물을 양수한 때에는 가등기권리자(예약권리자)가 가등기의무자(당초의 예약의무자)를 상대로 가등기에 기한 본등기를 청구하면 제3자의 소유권이전등기는 직권말소된다.

3. 매매예약완결권의 존속기간

행사기간을 약정한 경우에는 그 기간 내에, 약정하지 않은 경우에는 예약이 성립한 때로부터 10년의 제척기간에 걸린다. 이 경우 예약자는 상당한 기간을 정하여 매매완결 여부의 확답을 상대방에게 최고할 수 있고, 만일에 예약자가 그 기간 내에 확답을 받지 못한 때에 예약은 그 효력을 잃는다.

4. 매매예약완결권의 제척기간의 기산점

기산점은 원칙적으로 권리가 발생한 때이고, 매매예약완결권을 행사할 수 있는 시기를 특별히 약정한 경우에도 그 제척기간은 당초 권리의 발생일로부터 10년간의 기간이 경과되면 만료되는 것이지 그 기간을 넘어서 그 약정에 따라 권리를 행사할 수 있는 때로부터 10년이 되는 날까지로 연장된다고 볼 수 없다.

약술형 3 준소비대차의 의의, 성립요건 및 효과에 관하여 설명하시오. (20점)

모·범·답·안

1. 의의

소비대차에 의하지 아니하고 금전 기타의 대체물을 지급할 의무가 있는 경우에 당사자가 그 목적물을 소비대차의 목적으로 할 것을 약정한 경우를 말한다.

2. 성립요건

(1) 기존 채무의 존재

준소비대차가 성립하려면 우선 당사자 사이에 금전 기타 대체물의 급부를 목적으로 하는 기존의 채무가 존재하여야 한다. 기존의 채무에는 특별한 제한이 없다.

(2) 당사자 간의 합의

기존 채무의 당사자가 그 채무의 목적물을 소비대차의 목적으로 한다는 합의를 하여야 한다.

3. 효과

(1) 소비대차의 효력

준소비대차가 성립하면 소비대차의 효력이 생긴다.

(2) 기존 채무의 소멸과 신채무의 성립

기존의 채무가 소멸하면서 소비대차에 따른 새로운 채무가 발생하며, 후자는 전자를 토대로 하는 점에서 서로 조건관계를 이룬다. 따라서 기존 채무가 존재하지 않거나 무효인 경우에는 신채무는 성립하지 않고, 신채무가 무효이거나 취소된 때에는 기존 채무는 소멸하지 않는다.

(3) 기존 채무와 신채무의 동일성

① 소멸하는 기존 채무와 준소비대차에 의해 성립하는 신채무 사이에 원칙적으로 동일성이 유지되므로, 기존 채무에 존재하던 항변권·담보·보증은 신채무를 위해서 존속한다.

② 다만 시효는 채무 자체의 성질에 의하여 결정되므로, 신채무를 기준으로 한다.

약술형 4 토지임차인의 지상물매수청구권의 의의와 법적 성질, 그 권리의 행사로 발생하는 법률관계를 설명하고, 임대차 종료 전에 임차인이 그 지상물매수청구권을 포기하기로 임대인과 약정한 경우 그 약정의 효력에 관하여 약술하시오. (20점)

모·범·답·안

1. 의의

일정한 목적의 토지임대차에서 존속기간이 만료한 경우, 그 지상시설이 현존한 때에 토지임차인은 임대인을 상대로 계약의 갱신을 청구할 수 있고, 임대인이 이를 거절한 때에는 상당한 가액으로 지상시설의 매수를 청구할 수 있다.

2. 법적 성질

지상물매수청구권은 형성권이므로, 행사만으로 지상물에 관해 시가에 의한 매매계약이 성립한다.

3. 요건

(1) 건물 기타 공작물의 소유 또는 식목, 채염, 목축을 목적으로 한 토지임대차일 것

(2) 임대차기간의 만료로 임차권이 소멸하고 임대인의 갱신거절이 있을 것

(3) 임대차기간의 만료 시 임차인 소유의 지상시설이 현존할 것

4. 효과

(1) 매매계약의 성립

지상물매수청구권을 행사하면 지상물에 관해 시가에 의한 매매계약이 성립한다.

(2) 동시이행의 항변권

임차인의 지상물 이전의무와 임대인의 지상물 대금지급의무는 동시이행관계이다.

(3) 유치권의 인정여부

지상물 매매대금채권은 토지에 관하여 생긴 채권이 아니므로 토지에 대해서 유치권을 행사할 수 없다.

5. 포기특약의 유효성

지상물매수청구권은 강행규정이며, 이에 위반하는 것으로서 임차인에게 불리한 약정은 그 효력이 없다.

민법(계약) 모범답안

논술형 1 2016. 9. 1. 甲(매도인)은 별장으로 사용하는 X건물에 대하여 乙(매수인)과 매매계약을 체결하였다. 이 계약에 따라 乙은 계약체결 당일에 계약금을 지급하였고, 2016. 9. 30. 乙의 잔금지급과 동시에 甲은 乙에게 소유권이전에 필요한 서류를 교부해주기로 하였다. 다음 각 독립된 물음에 답하시오. (40점)

(1) 2016. 9. 1. 계약체결 당시 위 X건물이 甲의 소유가 아니라 제3자 丙의 소유인 경우에, 위 매매계약의 효력 및 甲과 乙 사이의 법률관계에 관하여 논하시오. (20점)

(2) 만약 甲의 소유인 X건물이 계약체결 전날인 2016. 8. 31. 인접한 야산에서 발생한 원인불명의 화재로 인하여 전부 멸실되었을 경우에, 위 매매계약의 효력 및 甲과 乙 사이의 법률관계에 관하여 논하시오. (20점)

모·범·답·안

I 문제 1 - (1)

1. 문제의 소재

사안은 甲과 乙의 매매계약에 있어 매매 목적물인 X건물의 소유권이 매도인 甲이 아니라 제3자 丙에게 속하는 경우이다. 이 경우 매매계약의 효력 및 甲과 乙 사이의 법률관계에 관하여 검토한다.

2. 권리의 전부가 타인에게 속하는 경우의 매매계약의 효력

사안처럼 매매의 목적인 권리가 전부 타인에게 속한 경우에도 원시적·객관적 불능은 아니므로 그 계약 자체는 유효하다. 따라서 매도인 甲은 제3자 丙으로부터 소유권을 취득하여 매수인 乙에게 이전할 의무가 있다. 만약 그 의무를 이행하지 못한다면 매도인 甲은 매수인 乙에게 담보책임을 지게 된다.

3. 권리의 전부가 타인에게 속하는 경우의 담보책임

(1) 담보책임의 성립요건

① 전부 타인권리의 매매

매매의 목적물은 현존하나 그 목적물이 타인의 권리에 속하기 때문에 이전할 수 없는 경우이어야 한다.

② 이전불능

㉠ 권리의 이전불능은 사회통념상 매수인에게 해제권을 행사시키거나 손해배상을 구하게 하는 것이 형평에 타당하다고 인정되는 정도의 이행장애가 있으면 족하고 반드시 객관적 불능에 한하는 엄격한 개념은 아니다.

㉡ 다만 매도인의 이전불능이 오직 매수인의 귀책사유에 기인한 경우에는 매도인은 담보책임을 지지 않는다.

(2) 담보책임의 내용

① 계약해제권

매수인은 자신의 선의·악의를 불문하고 계약을 해제할 수 있다.

② 손해배상청구권

㉠ 매수인이 계약 당시 그 권리가 매도인에게 속하지 아니함을 안 때에는 손해배상은 청구하지 못한다. 즉 선의의 매수인만 손해배상을 청구할 수 있다.

㉡ 이 경우의 손해배상은 원칙적으로 타인의 권리를 이전하는 것이 불능으로 된 때의 목적물의 시가, 즉 이행이익 상당액이다.

③ 권리행사기간

매수인의 해제권과 손해배상청구권의 행사기간에 관해 따로 규정하고 있지 않다.

④ 선의의 매도인의 해제권

선의의 매도인은, 매수인이 선의인 경우에는 그 손해를 배상하고, 매수인이 악의인 경우에는 손해배상 없이, 계약을 해제할 수 있다.

4. 채무불이행책임과의 경합

판례는 담보책임과 채무불이행책임의 경합을 인정한다. 만약 사안에서 매도인의 의무가 매도인의 귀책사유로 인하여 이행불능이 된 경우라면 매수인은 채무불이행 일반의 규정에 좇아서 계약해제 및 손해배상을 청구할 수도 있다.

5. 문제의 해결

(1) 사안은 매매 목적물인 X건물이 현존하고 있으나 소유권이 매도인 甲이 아니라 제3자 丙에게 속하는 경우이다.

(2) 이때 매도인 甲은 丙으로부터 소유권을 취득하여 매수인 乙에게 이전할 의무가 있다. 만약 그 의무를 이행하지 못한다면 매수인 乙은 매도인 甲에게 담보책임을 주장할 수 있다.

(3) 즉 매수인 乙은 자신의 선의·악의를 불문하고 계약을 해제할 수 있다. 다만 손해배상은 매수인이 선의인 경우에만 청구할 수 있다.

(4) 만약 매도인 甲의 의무가 매도인의 귀책사유로 인하여 이행불능이 된 경우라면 매수인 乙은 채무불이행책임을 주장할 수도 있다.

Ⅱ 문제 1 - (2)

1. 문제의 소재

사안에서 X건물은 계약 성립 전에 전부 멸실된 경우이다. 이 경우 매매계약의 효력 및 甲과 乙 사이의 법률관계에 관하여 검토한다.

2. 원시적 불능과 매매계약의 효력

법률행위가 유효하게 성립하기 위해서는 법률행위의 목적의 확정·가능·적법·사회적 타당성이 요구된다. 따라서 원시적·객관적 불능인 甲·乙 간의 계약은 무효이고, 다만 제535조의 요건을 갖춘 경우에 매도인 甲은 매수인 乙에 대하여 계약체결상의 과실책임을 부담한다.

3. 제535조의 계약체결상의 과실책임의 성립요건

(1) 목적이 원시적·객관적·전부 불능이어야 한다.

(2) 불능인 급부를 이행하여야 할 당사자인 甲은 불능을 알았거나 알 수 있었어야 한다.

(3) 상대방 乙은 선의·무과실이어야 한다.

4. 문제의 해결

제535조의 성립요건을 모두 충족한 경우라면, 甲은 상대방 乙이 그 계약의 유효를 믿었음으로 인하여 받은 손해(신뢰이익)를 배상하여야 한다. 다만 이는 계약이 유효함으로 인하여 생길 이익액(이행이익)을 넘지 못한다.

약술형 2 甲(임대인)의 동의 없이 乙(임차인)이 임대목적물을 제3자 丙에게 전대(轉貸)한 경우에 甲, 乙, 丙 사이의 법률관계에 관하여 설명하시오. (20점)

모·범·답·안

1. 문제의 소재

임차물의 전대란 임차인이 다시 임대인이 되어 임차목적물을 제3자에게 사용·수익하게 하는 계약이다. 임차인은 임대인의 동의 없이 임차물을 전대하지 못한다. 만약 임차인 乙이 임대인 甲의 동의 없이 전대한 경우에는 甲은 乙과의 임대차계약을 해지할 수 있다.

2. 임대인의 동의 없는 전대

(1) **임차인(전대인) 乙과 전차인 丙의 관계**

전대차계약은 하나의 임대차계약으로서 유효하게 성립하며, 임차인 乙은 임대인의 동의를 얻을 의무를 전차인 丙에 대하여 부담한다.

(2) **임대인 甲과 전차인 丙의 관계**

① 전차인 丙은 임차인 乙으로부터 취득한 임차권을 가지고 임대인 甲에게 대항하지 못한다. 그러나 임대인 甲은 임차인과의 임대차를 해지하지 않는 한, 직접 자기에게 반환할 것을 청구하지는 못하고, 임차인에게 반환할 것을 청구할 수 있을 뿐이다.

② 전대차되었다는 사실만으로 임대인에게 손해가 생겼다고 볼 수 없다. 따라서 임대인은 전차인에 대하여 불법점유를 이유로 차임에 갈음하는 손해배상을 청구하지 못한다.

(3) **임대인 甲과 임차인 乙의 관계**

① 임대인 甲은 무단전대를 이유로 임차인 乙과의 임대차계약을 해지할 수 있다.

② 그러나 임차인의 무단전대가 임대인에 대한 배신행위가 아니라고 인정되는 특별한 사정이 있는 때에는 임대인은 해지할 수 없다.

약술형 3 가해자 甲과 피해자 乙 쌍방의 과실로 교통사고가 발생하였음에도, 甲은 자신의 과실만으로 인해 그 교통사고가 발생한 것으로 잘못 알고 치료비 명목의 합의금에 관하여 乙과 화해계약을 체결하였다. 이러한 경우에 甲은 위 화해계약을 취소할 수 있는지 설명하시오. (20점)

모·범·답·안

1. **문제의 소재**

   사안에서 甲과 乙은 교통사고로 인해 乙에게 발생한 손해를 배상함에 있어 치료비 명목의 합의금에 관하여 화해계약을 체결하였다. 그런데 가해자 甲은 실제로는 쌍방과실의 교통사고를 자신의 전적인 과실로 인한 것으로 잘못 알고 화해계약을 체결한 경우이다. 이때 그 화해계약을 분쟁의 목적 이외의 사항에 관하여 착오가 있음을 이유로 취소할 수 있는가가 문제된다.

2. **화해의 성립요건**

   (1) **분쟁의 존재**

   (2) **당사자의 상호양보**

   여기서 양보는 당사자의 주장을 기준으로 한다.

   (3) **당사자의 자격**

   화해는 처분행위이므로, 화해의 당사자는 처분권한을 가지고 있어야 한다.

   (4) **분쟁을 끝내는 합의**

   이는 나중에 사실과 다르다는 것이 드러나도 구속된다는 뜻의 합의이다.

3. **화해의 효력**

   (1) **법률관계를 확정하는 효력**

   화해계약이 성립하면 다툼이 있던 법률관계는 화해계약의 내용에 따라서 확정된다.

   (2) **창설적 효력**

   화해계약은 당사자 일방이 양보한 권리가 소멸되고 상대방이 화해로 인하여 그 권리를 취득하는 창설적 효력이 있다.

4. **화해와 착오취소의 관계**

   (1) 화해계약은 착오를 이유로 하여 취소하지 못한다. 그러나 화해당사자의 자격 또는 화해의 목적인 분쟁 이외의 사항에 착오가 있는 때에는 취소할 수 있다.

   (2) 여기서 화해의 목적인 분쟁 이외의 사항이라 함은 분쟁의 대상이 아니라 분쟁의 전제 또는 기초가 된 사항으로서 쌍방 당사자가 예정한 것이어서 상호 양보의 내용으로 되지 않고 다툼이 없는 사실로 양해된 사항을 말한다.

5. **문제의 해결**

   사안에서 교통사고가 가해자 甲의 전적인 과실로 발생하였다는 사실은 분쟁 이외의 사항이고, 실제로 쌍방과실이라는 것은 여기에 착오가 있는 경우이므로, 甲은 乙과의 화해계약을 착오를 이유로 취소할 수 있다.

약술형 4 청약과 승낙의 결합에 의하지 아니하고 계약이 성립될 수 있는 경우를 약술하시오. (20점)

모·범·답·안

1. 의의

계약은 원칙적으로 청약과 승낙의 합치에 의하여 성립한다. 그런데 우리 민법은 그 외에도 의사실현과 교차청약에 의하여 계약이 성립할 수 있음을 인정한다.

2. 의사실현에 의한 계약의 성립

(1) **의의**

청약자의 의사표시 또는 관습에 의하여 승낙의 통지를 필요로 하지 않는 경우에는 승낙의 의사표시로 인정되는 사실이 있는 때에 계약이 성립한다.

(2) **계약의 성립시기**

의사실현에 의하여 계약이 성립하는 시기는 승낙의 의사표시로 인정되는 사실이 있는 때이며, 청약자가 그 사실을 안 때가 아니다.

3. 교차청약에 의한 계약의 성립

(1) **의의**

교차청약이란 당사자 간에 동일한 내용의 청약을 서로 행한 경우, 즉 각 당사자가 우연히 서로 교차해서 청약을 하였는데 그 청약의 내용이 일치하고 있는 경우이다.

(2) **계약의 성립시기**

양 청약이 상대방에게 도달한 때에 계약이 성립한다. 따라서 동시에 도달하지 않을 때에는, 후에 상대방에게 도달한 청약이 도달하는 때에 계약은 성립한다.

민법(계약) 모범답안

논술형 1   乙 소유의 X건물은 5층 건물로서 1층과 2층의 공부상 용도는 음식점이었다. 甲은 乙로부터 X건물의 1층과 2층을 5년간 임차하여 대중음식점을 경영하면서 음식점영업의 편익을 위하여 乙의 동의를 얻어 건물과는 별개인 차양과 유리 출입문 등 영업에 필요한 시설을 1층에 부속시켰다. 한편 甲은 임차한 지 얼마 되지 않아 음식점영업이 부진하자 丙에게 그 건물의 2층에 대한 임차권을 양도하였다. 다음 각 독립된 물음에 답하시오. (40점)

   (1) 甲은 임대차 종료 시 위 차양과 유리 출입문 등 영업에 필요한 시설에 대하여 부속물매수청구권을 행사할 수 있는지 여부를 설명하시오. (20점)

   (2) 丙에게 위 건물의 2층에 대한 임차권을 양도한 경우의 법률관계를 乙의 동의가 있는 경우와 乙의 동의가 없는 경우로 나누어 설명하시오. (20점)

모·범·답·안

Ⅰ 문제 1 – (1)

1. 문제의 소재

본 사안에서 차양과 유리 출입문 등 영업에 필요한 시설은 건물과 별개로 독립성이 있으므로 임차인 甲이 부속물매수청구권을 행사할 수 있는지 여부가 문제된다.

2. 임차인 甲의 부속물매수청구권의 성립 여부

(1) 의의

건물 기타 공작물의 임차인이 임대차 종료 시에 임대인에 대하여 그 사용의 편익을 위하여 임대인의 동의를 얻어 이에 부속한 물건과 임대인으로부터 매수한 부속물의 매수를 청구할 수 있는 권리를 말한다(제646조).

(2) 성립요건

① 건물 기타 공작물의 임대차일 것

② 임차인이 임차목적물 사용의 편익을 위하여 부속시킨 것일 것

   매수청구의 대상이 되는 부속물이란 임차인의 소유에 속하고 건물의 구성부분으로는 되지 아니한 것으로서 건물의 사용에 객관적인 편익을 가져오게 하는 물건이라고 할 것이므로, 오로지 임차인의 특수목적에 사용하기 위하여 부속된 것일 때에는 이에 해당하지 않는다.

③ 임대인의 동의를 얻어 부속시킨 것이거나 임대인으로부터 매수한 부속물일 것

④ 임대차가 종료하였을 것

   판례는 임대차계약이 임차인의 채무불이행으로 인하여 해지된 경우 임차인이 부속물매수청구권을 행사할 수 없다고 한다.

(3) 효과

① 매매계약의 성립

   부속물매수청구권은 형성권이므로, 임차인의 매수청구의 의사표시만으로 그 부속물에 대해 매매계약이 성립한다.

② **포기특약의 유효성**

부속물매수청구권은 강행규정이므로, 이에 위반하는 약정으로 임차인에게 불리한 것은 무효이다.

3. 문제의 해결

차양과 유리 출입문 등 영업에 필요한 시설은 일단 건물과 별개의 물건이며, 음식점 건물의 사용에 객관적인 편익을 가져오는 부속물로서 임대인 乙의 동의하에 부속시킨 것이므로, 판례에 따르면 임차인의 채무불이행으로 인하여 해지된 경우가 아니라면 임대차 종료 시에 임차인 甲은 부속물매수청구권을 행사할 수 있다.

Ⅱ 문제 1 - (2)

1. 문제의 소재

임차권의 양도란 임차권을 동일성을 유지하면서 이전하는 것이다. 임차인은 임대인의 동의 없이 임차권을 양도하지 못한다. 만약 임대인 乙의 동의 없이 양도한 경우에는 임대인 乙은 임차인 甲과의 임대차계약을 해지할 수 있다(제629조).

2. 임대인 乙의 동의 있는 양도

(1) **임차권의 이전**

임차권은 그 동일성을 유지하면서 양수인 丙에게 확정적으로 이전하며, 양도인(임차인) 甲은 임대차관계에서 벗어나게 된다. 다만 양도인의 연체차임채무 등은 별도의 특약이 없는 한 양수인에게 이전하지 않는다.

(2) **임대차보증금반환채권의 이전여부**

판례는 보증금반환채권을 임차권과는 별개의 지명채권으로 보고, 따라서 임대인의 동의를 얻은 임차권의 양도가 있더라도 특약이 없는 한 보증금반환채권이 당연히 임차권의 양수인에게 이전되는 것은 아니라고 본다.

3. 임대인 乙의 동의 없는 양도

(1) **임차인 甲과 양수인 丙의 관계**

임대인의 동의를 받지 아니하고 임차권을 양도한 계약도 이로써 임대인에게 대항할 수 없을 뿐 임차인과 양수인 사이에는 유효한 것이고 이 경우 임차인은 양수인을 위하여 임대인의 동의를 받아 줄 의무가 있다.

(2) **임대인 乙과 양수인 丙의 관계**

① 양수인은 임대인에게는 대항할 수 없으므로, 양수인의 점유는 불법점유가 된다. 그러나 임대인은 임차인과의 임대차를 해지하지 않는 한, 직접 자기에게 인도할 것을 양수인에게 청구하지는 못하며, 임차인에게 반환할 것을 청구할 수 있을 뿐이다.

② 다만 임차인과의 임대차를 해지하지 않는 한 임대인은 임차인에 대하여 여전히 차임청구권을 가지므로, 양수인에게 불법점유를 이유로 한 차임상당 손해배상청구나 부당이득반환청구를 할 수 없다.

(3) **임대인 乙과 임차인 甲의 관계**

① 임대인은 임차인의 무단양도를 이유로 임대차계약을 해지할 수 있다.

② 그러나 임차인의 무단양도가 임대인에 대한 배신행위가 아니라고 인정되는 특별한 사정이 있는 때에 임대인은 해지할 수 없다.

약술형 2 민법상 증여계약의 특유한 해제원인 3가지를 설명하고, 이행완료 부분에 대한 효력에 관하여 약술하시오. (20점)

모·범·답·안

1. 증여의 의의

증여는 당사자 일방이 무상으로 재산을 상대방에 수여하는 의사를 표시하고 상대방이 승낙함으로써 성립하는 계약이다. 증여는 낙성·무상·편무·불요식의 계약이다.

2. 증여계약의 특유한 해제원인

(1) 서면에 의하지 않은 증여의 해제

① 증여의 의사가 서면으로 표시되지 아니한 경우에는 각 당사자는 이를 해제할 수 있다(제555조).

② 이러한 제555조의 해제는 일종의 특수한 철회일 뿐 본래 의미의 해제와는 다르므로 형성권 제척기간의 적용을 받지 않는다.

(2) 수증자의 망은행위로 인한 해제

수증자가 증여자 또는 그 배우자나 직계혈족에 대하여 범죄행위를 한 때나 수증자가 증여자에 대하여 부양의무가 있는 경우에 이를 이행하지 아니하는 때에는 증여자는 그 증여를 해제할 수 있다(제556조).

(3) 증여자의 재산상태변경으로 인한 해제

증여계약 후에 증여자의 재산상태가 현저히 변경되고 그 이행으로 인하여 생계에 중대한 영향을 미칠 경우에는 증여자는 증여를 해제할 수 있다(제557조).

(4) 해제와 이행완료부분에 대한 효력

위 세 가지 경우의 증여의 해제는 이미 이행한 부분에 대하여는 영향을 미치지 아니한다(제558조).

약술형 3 매매계약 체결 시 교부되는 계약금의 종류를 약술하고, 해약금의 효력에 관하여 설명하시오.
(20점)

모·범·답·안

1. 계약금의 의의

계약금은 계약을 체결함에 있어서 그 계약에 부수하여 일방이 상대방에게 교부하는 금전 기타 유가물을 말한다.

2. 계약금의 종류

(1) 증약금

계약체결의 증거로서의 의미를 갖는 계약금이다.

(2) 위약금

위약금이란 계약위반, 즉 채무불이행이 있을 때에 의미를 갖는 계약금이다. 계약금이 위약금의 성질을 갖기 위해서는 반드시 위약금 특약이 있어야 한다.

(3) 해약금

해제권을 보류하는 작용을 하는 계약금이다. 민법은 계약금이 교부된 때에는 약정해제권을 보류한 것으로 추정한다.

3. 해약금의 효력

(1) 해약금에 의한 해제의 의의

해약금은 해제권을 유보하는 계약금을 말한다. 계약금이 교부된 때에는 일방이 이행에 착수할 때까지, 교부자는 이를 포기하고 수령자는 그 배액을 상환하여 매매계약을 해제할 수 있는 약정해제권을 보류한 것으로 추정한다.

(2) 해약금에 의한 해제의 요건

① 당사자 일방이 이행에 착수할 때까지만 가능하다.
② 교부자는 포기하고 수령자는 배액을 상환하여야 한다.

(3) 해약금에 의한 해제의 효과

① 계약을 소급적으로 소멸시키지만, 이행의 착수 전에만 가능하므로 원상회복의무는 발생하지 않는다.
② 채무불이행을 이유로 한 해제가 아니므로 손해배상청구권도 인정되지 않는다.

약술형 4 甲과 乙은 甲 소유의 건물을 乙에게 매도하면서 甲의 요청으로 乙은 丙에 대하여 직접 대금 지급채무를 부담하는 내용의 제3자를 위한 계약을 체결하였다. 이 경우 丙의 법적 지위를 수익의 의사표시 이전과 이후로 구분하여 설명하시오. (20점)

모·범·답·안

1. 문제의 소재

본 사안은 건물매매계약의 매도인 甲과 매수인 乙이 제3자 丙을 위해서 乙이 丙에게 직접 대금지급 채무를 부담하는 내용의 제3자를 위한 계약이다. 이때 甲을 요약자, 乙을 낙약자, 丙을 제3자라고 한다. 제3자 丙의 지위를 수익의 의사표시 이전과 이후로 나누어 검토한다.

2. 제3자 丙의 지위

(1) 제3자의 수익의 의사표시

① 제3자의 권리는 그 제3자가 낙약자에 대하여 계약의 이익을 받을 의사를 표시한 때에 생긴다 (제539조 제2항).

② 제3자의 수익의 의사표시는 제3자를 위한 계약의 성립요건이 아니라 제3자를 위한 계약에 있어서 제3자의 권리의 발생요건이다.

(2) 수익의 의사표시 전의 제3자 丙의 지위

① **형성권** : 제3자는 일방적 의사표시에 의하여 권리취득의 효과를 발생케 하는 일종의 형성권 을 가지고 있다.

② **일신비전속권** : 이러한 형성권은 재산적 색채가 강하므로 일신전속권이라 할 수 없다. 따라서 상속·양도는 물론이고, 채권자대위권의 목적이 된다.

③ **행사기간** : 제3자가 수익의 의사표시를 할 수 있는 기간은 계약에서 특별히 정한 바가 없으 면 10년의 제척기간에 걸린다. 그러나 낙약자는 상당한 기간을 정하여 이익의 향수 여부의 확답을 제3자에게 최고할 수 있고, 낙약자가 그 기간 내에 확답을 받지 못한 때에는 제3자가 수익을 거절한 것으로 본다(제540조).

(3) 수익의 의사표시 후의 제3자 丙의 지위

① **제3자의 지위 확정** : 제3자가 수익의 의사표시를 함으로써 제3자에게 권리가 확정적으로 귀 속된 경우에는, 요약자와 낙약자의 합의에 의하여 제3자의 권리를 변경·소멸시킬 수 있음 을 미리 유보하였거나, 제3자의 동의가 있는 경우가 아니면 계약의 당사자인 요약자와 낙약 자는 제3자의 권리를 변경·소멸시키지 못한다(제541조).

② 제3자는 계약당사자가 아니므로 취소권이나 해제권이나 해제를 원인으로 한 원상회복청구 권을 행사할 수는 없고, 다만 요약자가 계약을 해제한 경우에 낙약자에게 자기가 입은 손해 의 배상을 청구할 수는 있다.

③ 제3자가 취득하는 권리는 계약으로부터 직접 생기는 것이므로, 민법의 제3자보호규정(제107 조~제110조, 제548조 제1항 단서)의 제3자에는 해당하지 않는다.

민법(계약) 모범답안

논술형 1 甲은 2018. 2. 1. 자신의 소유인 X주택을 매매대금 10억 원에 乙에게 매각하는 매매계약을 체결하면서, 계약금은 1억 원으로 약정하였다. 乙은 甲에게 계약금 1억 원 중 3,000만 원은 계약 당일에 지급하였고, 나머지 7,000만 원은 2018. 2. 15. 지급하기로 약정하였다. 다음 각 독립된 물음에 답하시오. (40점)

(1) 甲이 2018. 2. 10. 계약금에 기하여 매매계약을 해제하고자 할 때, 계약금의 법적 의미와 甲은 얼마의 금액을 乙에게 지급하고 매매계약을 해제할 수 있는지에 관하여 설명하시오. (20점)

(2) 乙은 甲에게 2018. 2. 15. 지급하기로 한 나머지 계약금 7,000만 원을 지급하였다. 한편, 위 매매계약에서 중도금 3억 원은 2018. 6. 1. 지급하기로 약정하였다. 乙은 X주택의 시가 상승을 예상하면서 2018. 5. 1. 甲을 만나 중도금 3억 원의 지급을 위하여 자기앞수표를 교부하였으나, 甲은 이의 수령을 거절하였다. 그 후, 甲은 2018. 5. 5. 수령한 계약금의 2배인 2억 원의 자기앞수표를 乙에게 교부하면서 매매계약 해제의 의사표시를 하였다. 乙은 이의 수령을 거절하였으며, 甲은 2억 원을 공탁하였다. 이러한 경우, 매매계약이 해제되었는지 여부에 관하여 설명하시오. (20점)

모·범·답·안

Ⅰ 문제 1 – (1)

1. 문제의 소재

사안은 계약금의 일부만 지급된 상황에서 매도인이 해약금에 의한 해제를 하기 위해 얼마의 금액을 상환해야 하는지가 문제된다.

2. 계약금의 법적 의미

매매의 당사자 일방이 계약금을 상대방에게 교부한 때에는 다른 약정이 없는 한 일방이 이행에 착수할 때까지 교부자는 이를 포기하고 수령자는 그 배액을 상환하여 매매계약을 해제할 수 있다.

3. 계약금의 일부를 받은 매도인이 얼마의 금액을 상환해야 해약금에 의한 해제를 할 수 있는지 여부

계약금 일부만 지급된 경우 수령자가 매매계약을 해제할 수 있다고 하더라도 해약금의 기준이 되는 금원은 '실제 교부받은 계약금'이 아니라 '약정 계약금'이라고 봄이 타당하므로, 매도인이 계약금의 일부로서 지급받은 금원의 배액을 상환하는 것으로는 매매계약을 해제할 수 없다(대법원 2015.04.23. 선고 2014다231378 판결). 따라서 매도인은 실제로 교부받은 계약금과 약정 계약금을 합한 금액을 상환하여야 계약을 해제할 수 있다(참고 : 이 경우에 약정 계약금의 배액을 상환해야 계약을 해제할 수 있다는 견해도 있다).

4. 문제의 해결

계약금 1억 원 중 일부인 3,000만 원만 매도인에게 교부된 상태에서 매도인 甲이 해약금에 의한 해제를 하기 위해서 매수인에게 상환할 금액은 실제로 교부받은 계약금 3,000만 원과 약정 계약금 1억 원을 합한 1억 3,000만 원이다.

Ⅲ 문제 1 - (2)

1. 문제의 소재

사안에서 2018. 5. 5. 매도인 甲의 해제가 해약금에 의한 해제로서의 요건을 갖추었는지가 문제된다. 특히 매수인 乙이 2018. 5. 1. 甲을 만나 중도금 3억 원의 지급을 위하여 자기앞수표를 교부한 행위를 이행의 착수로 볼 수 있는지가 쟁점이다.

2. 해약금에 의한 해제의 요건

매매의 당사자 일방이 계약금을 상대방에게 교부한 때에는 다른 약정이 없는 한 일방이 이행에 착수할 때까지 교부자는 이를 포기하고 수령자는 그 배액을 상환하여 매매계약을 해제할 수 있다.

3. 이행기 전의 이행의 착수

(1) 이행기 전에는 착수하지 아니하기로 하는 특약을 하는 등 특별한 사정이 없는 한 이행기 전에 이행에 착수할 수도 있다.

(2) 사안에서 이행기 전의 이행의 착수가 허용되어서는 안 되는 특별한 사정은 없으므로 2018. 5. 1. 매수인 乙의 행위는 이행의 착수로 인정된다.

4. 문제의 해결

해약금에 의한 해제는 당사자 일방이 이행에 착수할 때까지만 할 수 있는데, 乙이 이행기 이전인 2018. 5. 1. 甲을 만나 중도금 3억 원의 지급을 위하여 자기앞수표를 교부한 행위도 이행의 착수에 해당하므로, 그 이후에는 甲과 乙 모두 해약금에 의한 해제를 할 수 없다. 따라서 2018. 5. 5. 매도인 甲의 해제는 부적법하고 甲과 乙의 매매계약은 해제되지 않았다.

약술형 2 물건의 하자에 대한 매도인의 담보책임의 성립요건과 책임의 내용을 설명하시오. (20점)

모·범·답·안

1. 의의

물건의 하자에 대한 담보책임은 매매에 의하여 매수인이 취득하는 물건에 하자가 있는 경우에 물건을 인도한 매도인이 매수인에게 부담하는 담보책임이다.

2. 성립요건

(1) 매매의 목적물에 하자가 있을 것

① **하자의 개념**

판례는 매매목적물이 거래통념상 기대되는 객관적 성질·성능을 결여하거나, 당사자가 예정 또는 보증한 성질을 결여한 경우에 하자가 있다고 한다.

② **하자의 존재시기**

특정물의 경우는 계약체결 시, 종류물의 경우는 특정 시에 하자가 존재하여야 한다.

③ **법률적 장애**

㉠ 공장 부지를 매수하였으나 법령상 공장을 지을 수 없는 경우와 같이 매매목적물에 법률상 장애가 있는 경우에, 이를 물건의 하자(제580조)로 볼 것인지, 권리의 하자(제575조)로 볼 것인지가 문제된다.

㉡ 판례는 건축을 목적으로 매매된 토지에 대하여 건축허가를 받을 수 없어 건축이 불가능한 경우, 위와 같은 법률적 제한 내지 장애 역시 물건의 하자에 해당한다고 본다.

(2) 매수인의 선의·무과실

매수인이 하자 있는 것을 알았거나 과실로 인하여 알지 못한 때에는 매도인은 담보책임을 부담하지 않는다. 매수인의 악의 또는 과실은 매도인이 입증하여야 한다.

3. 책임의 내용

(1) 계약해제권과 손해배상청구권

① 매수인은 그 하자로 인해 계약의 목적을 달성할 수 없는 경우에는 계약을 해제하고 아울러 손해배상을 청구할 수 있다.

② 목적물의 하자가 계약의 목적을 달성할 수 없을 정도로 중대한 것이 아닌 경우에는 매수인은 손해배상만을 청구할 수 있다.

(2) 종류물 매매와 완전물급부청구권

종류물 매매의 매수인은 계약의 해제 또는 손해배상의 청구를 하지 아니하고 하자 없는 물건을 청구할 수 있다(제581조 제2항).

(3) 권리행사기간

매수인이 그 사실을 안 날로부터 6월 내에 행사하여야 한다(제582조).

약술형 3 甲은 乙이 소유한 X토지상에 건물을 지어 음식점을 경영할 목적으로, 乙과 X토지에 대한 임대차계약을 체결하였다. 그 후 甲은 건물을 신축하여 음식점을 경영하고 있다. 한편, 임대차 계약서에는 '임대차기간 만료 시 甲은 X토지상의 건물을 철거하고 원상회복하여 X토지를 반환한다'라는 특약이 기재되어 있다. 이러한 경우 임대차기간이 만료된 때에, 甲이 신축한 건물과 관련하여 乙에게 주장할 수 있는 지상물매수청구권에 관하여 설명하시오. (20점)

모·범·답·안

1. **문제의 소재**

   일정한 목적의 토지임대차에서 그 존속기간이 만료한 경우에 그 지상시설이 현존한 때에, 토지임차인은 임대인을 상대로 계약의 갱신을 청구할 수 있고, 임대인이 이를 거절한 때에는 상당한 가액으로 지상시설의 매수를 청구할 수 있다(제643조). 사안에서는 지상물매수청구권 포기특약의 유효성이 문제된다.

2. **성립요건**

   (1) 건물 기타 공작물의 소유 또는 식목, 채염, 목축을 목적으로 한 토지임대차일 것

   (2) 임대차기간의 만료로 임차권이 소멸하고 임대인의 갱신거절이 있을 것

   임차인의 차임연체 등 채무불이행으로 인해 임대인이 임대차계약을 해지한 때에는 임차인은 지상물의 매수청구를 할 수 없다.

   (3) 임대차기간의 만료 시 임차인 소유의 지상시설이 현존할 것

3. **효과**

   (1) 매매계약의 성립

   지상물매수청구권은 형성권이므로, 행사만으로 지상물에 관해 시가에 의한 매매계약이 성립한다.

   (2) 동시이행의 항변권

   임차인의 지상물 이전의무와 임대인의 지상물 대금지급의무는 동시이행관계이다.

   (3) 유치권의 인정 여부

   지상물매매대금채권은 토지에 관하여 생긴 채권이 아니므로 토지에 대해서 유치권을 행사할 수 없다.

   (4) 포기특약의 유효성

   지상물매수청구권 규정은 강행규정이며, 이에 위반하는 것으로서 임차인에게 불리한 약정은 효력이 없다.

4. **문제의 해결**

   지상물매수청구권 규정은 강행규정이므로 그 포기특약으로서 임차인에게 불리한 약정은 무효이다. 따라서 지상물매수청구권의 성립요건을 모두 갖추었다면 임차인 甲은 지상물매수청구권을 행사할 수 있다.

약술형 4 甲은 2018. 7. 25. 자신의 X도자기를 乙에게 50만 원에 매각하였다. 매매계약에서 X도자기의 인도일은 2018. 8. 5.로 하면서, X도자기의 인도 시에 甲이 50만 원의 매매대금을 받기로 하였다. 2018. 8. 4. 甲의 친구 丙이 X도자기를 구경하던 중 丙의 과실로 X도자기가 완전히 파손되었다. 이러한 경우 甲은 乙에게 X도자기 매매대금 50만 원의 지급을 청구할 수 있는지 여부를 설명하시오. (20점)

모·범·답·안

1. 문제의 소재

사안은 쌍무계약의 일방의 채무가 쌍방의 책임 없는 사유로 후발적 불능이 되어 소멸하는 경우에 그에 대응하는 상대방의 채무는 어떻게 되는지에 관한 위험부담의 문제이다.

2. 채무자 위험부담주의(제537조)

(1) 요건

쌍무계약의 당사자 일방의 채무가 당사자 쌍방의 책임 없는 사유로 이행할 수 없게 된 때에는 채무자는 상대방의 이행을 청구하지 못한다.

(2) 효과

채무자는 급부의무를 면함과 더불어 반대급부도 청구하지 못하므로, 쌍방 급부가 없었던 경우에는 계약관계는 소멸하고 이미 이행한 급부는 법률상 원인 없는 급부가 되어 부당이득의 법리에 따라 반환청구할 수 있다.

3. 문제의 해결

甲와 乙 사이에 매매계약을 체결한 후 매도인 甲의 X도자기 인도의무가 쌍방의 책임 없는 사유인 제3자 丙의 과실로 이행할 수 없게 되었으므로 제537조의 채무자위험부담주의가 적용된다. 따라서 甲은 상대방 乙에게 X도자기 매매대금 50만 원의 지급을 청구할 수 없다.

| **민법(계약)** 모범답안

논술형 1 乙은 교육관을 건립하기로 하고 그 건립방법에 관하여 5인가량의 설계사를 선정하여 건물에 대한 설계시안 작성을 의뢰한 후 그중에서 최종적으로 1개의 시안을 선정한 다음 그 선정된 설계사와 교육관에 대한 설계계약을 체결하기로 하였다. 甲설계사는 이 제안에 응모하기 위하여 제안서와 견적서 작성비용 300만 원을 지출하였다. 乙은 甲의 시안을 당선작으로 선정하였으나, 그후 乙은 여러 가지 사정으로 甲과 설계기간, 설계대금 및 그에 따른 제반사항을 정한 구체적인 계약을 체결하지 않고 있다가 당선사실 통지 시로부터 약 2년이 경과한 시점에 甲에게 교육관 건립을 취소하기로 하였다고 통보하였다. 甲은 당선사실 통지 후 설계계약이 체결될 것이라고 기대하고 교육관 설계를 위한 준비비용 500만 원을 지출하였다. 다음 물음에 답하시오. (40점)

(1) 甲은 乙에게 계약체결상의 과실책임을 물을 수 있는지를 논하시오. (30점)

(2) 甲이 乙에게 청구할 수 있는 손해배상책임의 범위에 관하여 설명하시오. (10점)

모·범·답·안

Ⅰ 문제 1 – (1)

1. 문제의 소재

본 사안에서 乙은 甲의 시안을 당선작으로 선정하였으나, 그 후 여러 가지 사정으로 甲과 계약을 체결하지 않고 있다가 약 2년이 경과한 시점에 교육관 건립을 취소하기로 하였다고 통보한 것이므로, 이는 계약교섭의 부당한 중도파기에 해당한다. 이 문제를 계약체결상의 과실로 다룰지 아니면 단순히 불법행위로 볼 것인가에 대해 견해가 대립한다.

2. 계약교섭의 부당한 중도파기의 법적 취급

(1) 학설

계약체결을 위한 접촉이 계속되는 동안에 당사자 일방의 과실로 상대방에게 손해를 준 경우에는 접촉의 결렬로 계약이 불성립으로 끝났다 하더라도 책임 있는 당사자는 계약체결상의 과실 책임을 져야 한다고 보는 학설이 있다.

(2) 판례

판례는 계약체결상 과실책임을 제535조의 원시적 불능의 경우 외에는 인정하지 않고 있으며 계약교섭의 부당한 중도파기를 계약자유원칙의 한계를 넘는 위법한 행위로서 불법행위를 구성한다고 본다.

3. 문제의 해결

판례에 따르면 乙의 행위는 계약교섭을 부당하게 중도 파기한 불법행위에 해당하므로 피해자 甲은 가해자 乙에게 제750조에 따라 손해배상책임을 추궁할 수 있다.

Ⅱ 문제 1 – ⑵

1. 문제의 소재

판례에 따라 계약교섭의 부당한 중도파기를 불법행위로 구성하는 경우에 甲이 乙에게 청구할 수 있는 구체적 손해배상책임의 범위가 문제된다.

2. 판례에 따른 손해배상책임의 범위

⑴ 계약교섭의 부당한 중도파기가 불법행위를 구성하는 경우 그러한 불법행위로 인한 손해는 일방이 신의에 반하여 상당한 이유 없이 계약교섭을 파기함으로써 계약체결을 신뢰한 상대방이 입게 된 상당인과관계 있는 손해로서 계약이 유효하게 체결된다고 믿었던 것에 의하여 입었던 손해, 즉 신뢰손해에 한정된다.

⑵ 이때 아직 계약체결에 관한 확고한 신뢰가 부여되기 이전 상태에서 계약교섭의 당사자가 계약체결이 좌절되더라도 어쩔 수 없다고 생각하고 지출한 비용, 예컨대 경쟁입찰에 참가하기 위하여 지출한 제안서, 견적서 작성비용 등은 여기에 포함되지 아니한다.

⑶ 또한 계약교섭의 파기로 인한 불법행위가 인격적 법익을 침해함으로써 상대방에게 정신적 고통을 초래하였다고 인정되는 경우라면 그러한 정신적 고통에 대한 손해에 대하여는 별도로 배상을 구할 수 있다.

3. 문제의 해결

⑴ 제안서와 견적서 작성비용 300만 원은 신뢰이익의 손해에 포함되지 않으므로 청구할 수 없다.

⑵ 당선사실 통지 후 설계계약이 체결될 것이라고 기대하고 교육관 설계를 위한 준비비용 500만 원은 계약의 성립을 기대하고 지출한 계약준비비용이므로 신뢰이익의 손해로서 청구할 수 있다.

⑶ 사안에 구체적인 언급은 없지만 계약교섭의 파기로 인한 불법행위가 상대방에게 정신적 고통을 초래하였다고 인정되는 경우라면 그러한 정신적 고통에 대한 손해에 대하여는 별도로 배상을 구할 수 있다.

약술형 2 甲은 2019년 8월 중순경 乙여행사와 여행기간 5박 6일, 여행지 동남아 X국으로 정하여 기획여행계약을 체결하였다. 이 계약에서 여행주최자 乙의 의무와 담보책임을 설명하시오. (20점)

모·범·답·안

1. 여행계약의 의의

여행계약은 당사자 한쪽이 상대방에게 운송, 숙박, 관광 또는 그 밖의 여행 관련 용역을 결합하여 제공하기로 약정하고 상대방이 그 대금을 지급하기로 약정함으로써 성립하는 계약이다.

2. 여행주최자의 의무

(1) **여행 관련 급부의무**

여행주최자는 여행자에게 여행계약에 따른 급부를 이행할 의무가 있다. 즉 계약상 운송, 숙박, 관광 또는 그 밖의 여행 관련 용역을 제공하여야 한다.

(2) **부득이한 사유로 인한 계약 해지와 귀환운송의무**

부득이한 사유가 있는 경우에는 각 당사자는 계약을 해지할 수 있다. 계약이 해지된 경우에도 계약상 귀환운송 의무가 있는 여행주최자는 여행자를 귀환운송할 의무가 있다.

3. 여행주최자의 담보책임

(1) **시정청구권 및 대금감액청구권**

① 여행에 하자가 있는 경우 여행자는 여행주최자에게 하자의 시정 또는 대금의 감액을 청구할 수 있다. 다만, 그 시정에 지나치게 많은 비용이 들거나 그 밖에 시정을 합리적으로 기대할 수 없는 경우에는 시정을 청구할 수 없다.

② 시정 청구는 상당한 기간을 정하여 하여야 한다. 다만, 즉시 시정할 필요가 있는 경우에는 그러하지 아니하다.

(2) **손해배상청구권**

여행자는 시정 청구, 감액 청구를 갈음하여 손해배상을 청구하거나 시정 청구, 감액 청구와 함께 손해배상을 청구할 수 있다.

(3) **계약해지권**

① 여행자는 여행에 중대한 하자가 있는 경우에 그 시정이 이루어지지 아니하거나 계약의 내용에 따른 이행을 기대할 수 없는 때에는 계약을 해지할 수 있다.

② 계약이 해지된 경우에는 여행주최자는 대금청구권을 상실한다. 다만, 여행자가 실행된 여행으로 이익을 얻은 경우에는 그 이익을 여행주최자에게 상환하여야 한다.

③ 여행주최자는 계약의 해지로 인하여 필요하게 된 조치를 할 의무를 지며, 계약상 귀환운송의무가 있으면 여행자를 귀환운송하여야 한다. 이 경우 상당한 이유가 있는 때에는 여행주최자는 여행자에게 그 비용의 일부를 청구할 수 있다.

(4) **담보책임의 존속기간**

여행자의 시정청구권, 대금감액청구권, 손해배상청구권, 계약해지권은 여행 기간 중에도 행사할 수 있으며, 계약에서 정한 여행 종료일부터 6개월 내에 행사하여야 한다.

약술형 3 상가건물 임대차보호법상 권리금의 의의와 임차인의 권리금 회수기회보호규정에 관하여 설명하시오. (20점)

모·범·답·안

1. 권리금의 의의

권리금이란 임대차 목적물인 상가건물에서 영업을 하는 자 또는 영업을 하려는 자가 영업시설·비품, 거래처, 신용, 영업상의 노하우, 상가건물의 위치에 따른 영업상의 이점 등 유형·무형의 재산적 가치의 양도 또는 이용대가로서 임대인, 임차인에게 보증금과 차임 이외에 지급하는 금전 등의 대가를 말한다.

2. 적용 범위

권리금회수 보호규정은 제2조 제1항 단서에 따른 보증금액을 초과하는 임대차에 대하여도 적용한다. 그러나 대규모점포 또는 준대규모점포의 일부인 경우(다만, 전통시장은 제외)나 국·공유재산인 경우에는 적용하지 아니한다.

3. 임대인의 방해행위 금지

(1) 임대인은 임대차기간이 끝나기 6개월 전부터 임대차 종료 시까지 다음 각 호의 어느 하나에 해당하는 행위를 함으로써 권리금 계약에 따라 임차인이 주선한 신규임차인이 되려는 자로부터 권리금을 지급받는 것을 방해하여서는 아니 된다. 다만, 제10조 제1항 각 호의 어느 하나에 해당하는 사유(계약갱신요구권이 배제되는 사유)가 있는 경우에는 그러하지 아니하다.

① 임차인이 주선한 신규임차인이 되려는 자에게 권리금을 요구하거나 임차인이 주선한 신규임차인이 되려는 자로부터 권리금을 수수하는 행위

② 임차인이 주선한 신규임차인이 되려는 자로 하여금 임차인에게 권리금을 지급하지 못하게 하는 행위

③ 임차인이 주선한 신규임차인이 되려는 자에게 상가건물에 관한 조세, 공과금, 주변 상가건물의 차임 및 보증금, 그 밖의 부담에 따른 금액에 비추어 현저히 고액의 차임과 보증금을 요구하는 행위

④ 그 밖에 정당한 사유 없이 임대인이 임차인이 주선한 신규임차인이 되려는 자와 임대차계약의 체결을 거절하는 행위

(2) 다음 각 호의 어느 하나에 해당하는 경우에는 제1항 제4호의 정당한 사유가 있는 것으로 본다.

① 임차인이 주선한 신규임차인이 되려는 자가 보증금 또는 차임을 지급할 자력이 없는 경우

② 임차인이 주선한 신규임차인이 되려는 자가 임차인으로서의 의무를 위반할 우려가 있거나 그 밖에 임대차를 유지하기 어려운 상당한 사유가 있는 경우

③ 임대차 목적물인 상가건물을 1년 6개월 이상 영리목적으로 사용하지 아니한 경우

④ 임대인이 선택한 신규임차인이 임차인과 권리금 계약을 체결하고 그 권리금을 지급한 경우

4. 위반의 효과

(1) 임대인이 방해행위 금지규정을 위반하여 임차인에게 손해를 발생하게 한 때에는 그 손해를 배상할 책임이 있다. 이 경우 그 손해배상액은 신규임차인이 임차인에게 지급하기로 한 권리금과 임대차 종료 당시의 권리금 중 낮은 금액을 넘지 못한다.

(2) 이러한 손해배상청구권은 임대차가 종료한 날부터 3년 이내에 행사하지 아니하면 시효의 완성으로 소멸한다.

약술형 4 甲은 乙에게 금전을 차용하기 위하여 2016년 5월 2일 자신의 1억 상당의 X 토지를 乙에게 8천만 원에 매도하는 계약을 체결한 후 등기도 이전해 주었다. 그 후 2016년 5월 12일에 甲과 乙은 X 토지를 3년 후에 甲에게 다시 매도할 것을 약정하는 계약을 체결하고, 이 청구권을 보전하기 위하여 甲은 가등기를 하였다. 甲은 2019년 5월 13일에 乙에게 8천만 원을 제시하면서 X 토지를 자신에게 매도할 것을 요구하고 있다. 이에 대하여 甲은 본 약정은 환매계약이라고 주장하고, 乙은 재매매의 예약이라고 주장하고 있다. 환매와 재매매의 예약과의 차이점에 관하여 설명하고 甲의 주장이 타당한지 검토하시오. (20점)

모·범·답·안

1. **환매와 재매매의 예약의 의의**

   환매란 매도인이 매매계약과 동시에 특약으로 환매권을 보류한 경우에, 그 환매권을 일정한 기간 내에 행사함으로써, 매매의 목적물을 다시 사 오는 것을 말한다(제590조). 이에 반해 재매매의 예약은 매도인과 매수인 사이에 장래 매수인이 다시 그 매매 목적물을 매도인에게 매각할 것을 예약하는 것이다.

2. **환매와 재매매의 예약의 관계**

   환매에 관해서는 제590조 내지 제595조에서 이를 정하는데, 재매매의 예약에 관해 따로 규정하는 것은 없다. 만약 환매의 성질을 재매매의 예약으로 보는 경우에는 양자의 관계가 문제되는데, 제590조 내지 제595조가 적용되는 경우는 재매매의 예약 중에서도 특히 환매라 하고, 그 요건에 해당하지 않는 그 밖의 경우는 재매매의 예약으로 본다.

3. **환매와 재매매의 예약의 구체적 차이점**

   (1) **특약의 시기**

   환매의 특약은 매매계약과 동시에 하여야 하나, 재매매의 예약은 그러한 제한이 없다.

   (2) **대금**

   특별한 약정이 없으면 환매권자는 최초의 매매대금과 매수인이 부담한 매매비용을 반환하고 환매할 수 있으나, 재매매의 예약은 그러한 제한이 없다.

   (3) **기간**

   환매기간은 부동산은 5년, 동산은 3년을 넘지 못하나, 재매매의 예약은 그러한 제한이 없다.

   (4) **등기**

   환매의 경우에는 환매권의 보류를 등기할 수 있으나, 재매매의 예약은 청구권 보전의 가등기를 할 수 있을 뿐이다.

4. **문제의 해결**

   (1) 甲과 乙 사이의 X 토지를 3년 후에 甲에게 다시 매도할 것을 약정하는 계약은 원 매매계약이 성립된 2016년 5월 2일 이후인 2016년 5월 12일에 체결된 것이므로 이는 재매매의 예약에 해당한다. 따라서 환매계약이라는 甲의 주장은 타당하지 않다.

   (2) X 토지를 3년 후에 甲에게 다시 매도할 것을 약정하는 계약을 재매매의 예약으로 본다면 甲이 2019년 5월 13일에 乙에게 8천만 원을 제시하면서 X 토지를 자신에게 매도할 것을 요구하는 것은 재매매의 예약에 따른 예약완결권의 행사로 볼 수 있다. 결국 이러한 예약완결권의 행사로 두 번째 매매계약이 성립하게 되고 서로 간에 매매계약상 의무를 이행하여야 한다. 따라서 甲은 乙에게 X 토지의 소유권 이전을 청구할 수 있다.

민법(계약) 모범답안

논술형 1 2018. 10. 10. 甲은 그 소유의 X토지 위에 특수한 기능과 외관을 가진 Y단독주택을 신축하기로 건축업자 乙과 약정하면서(총 공사대금은 10억 원, 공사기간은 계약체결일부터 6개월), 같은 날 계약금의 명목으로 총 공사대금의 10%만 지급하였고, 나머지 공사대금은 완공 이후에 甲의 검수를 거친 뒤 지급하기로 하였다. 그런데 Y단독주택에 관한 건축허가와 소유권보존등기는 甲 명의로 하기로 乙과 약정하였다. 다음 물음에 답하시오. (40점)

⑴ Y단독주택을 신축하기 위하여 甲과 乙 사이에 체결된 계약의 법적 성질을 설명하고, Y단독주택이 완성된 경우 그 소유권이 누구에게 귀속하는지에 관하여 설명하시오. (20점)

⑵ Y단독주택이 약정한 공사기간 내에 완성되어 甲에게 인도되었으나 2020. 5. 6. 그 주택의 붕괴가 우려되는 정도의 하자가 발견된 경우, 甲은 乙을 상대로 계약을 해제할 수 있는지 여부와 Y단독주택의 철거 및 신축에 필요한 비용에 상응하는 금액을 손해배상으로 청구할 수 있는지 여부에 관하여 설명하시오. (20점)

모·범·답·안

Ⅰ 문제 1 – ⑴

1. 문제의 소재
甲은 자신 소유의 X토지 위에 주택을 신축하기로 건축업자 乙과 약정하였다. 이러한 계약의 법적 성질과 완성된 주택의 소유권 귀속이 문제된다.

2. 甲과 乙 사이에 체결된 계약의 법적 성질
⑴ 제작물공급계약은 당사자의 일방이 상대방의 주문에 따라서 자기의 소유에 속하는 재료를 사용하여 만든 물건을 공급할 것을 약정하고, 이에 대하여 상대방이 대가를 지급하기로 약정하는 계약이다.

⑵ 판례에 따르면 제작물공급계약에 있어 제작 공급하여야 할 물건이 대체물인 경우에는 매매로 보아서 매매에 관한 규정이 적용된다고 할 것이나, 물건이 특정의 주문자의 수요를 만족시키기 위한 부대체물인 경우에는 당해 물건의 공급과 함께 그 제작이 계약의 주목적이 되어 도급의 성질을 띠는 것이다(94다42976).

⑶ 사안에서 Y단독주택은 부대체물이므로 토지 소유자 甲과 건축업자 乙 사이의 계약은 도급에 해당한다.

3. 도급에 있어서 완성물의 소유권 귀속
⑴ 판례에 따르면 도급인이 재료의 전부 또는 주요부분을 공급한 경우에는 도급인에게, 수급인이 제공한 때에는 수급인에게 각각 소유권이 귀속한다. 다만 수급인이 자기의 노력과 재료를 들여 건물을 완성하더라도, 완성된 건물의 소유권을 도급인에게 귀속시키기로 하는 특약이 있는 때에는, 그 건물의 소유권은 원시적으로 도급인에게 귀속한다(91다25505).

⑵ 문제의 사안은 수급인 乙이 자기의 노력과 재료를 들여 건물을 완성하였지만 도급인 甲명의로 건축허가를 받아 소유권보존등기를 하기로 하는 등 완성된 건물의 소유권을 도급인 甲에게 귀속시키기로 합의한 경우이므로 그 건물의 소유권은 도급인 甲에게 원시적으로 귀속된다.

Ⅱ 문제 1-(2)

1. 문제의 소재

도급계약에 따라 완공된 Y단독주택에 붕괴가 우려되는 정도의 하자가 발견된 경우에 도급인 甲이 수급인 乙에게 추궁할 수 있는 담보책임의 내용이 문제된다.

2. 도급인 甲의 계약해제권 여부

(1) 도급인이 완성된 목적물의 하자로 인하여 계약의 목적을 달성할 수 없는 때에는 계약을 해제할 수 있다. 그러나 완성된 목적물이 건물 기타 토지의 공작물인 경우에는 아무리 중대한 하자가 있더라도 해제할 수 없다(제668조 참조).

(2) 사안은 건물신축도급계약이므로 제668조 단서에 해당하여 도급인 甲은 계약을 해제할 수 없다.

3. 도급인 甲의 손해배상청구권 행사 범위

(1) 도급인은 하자의 보수에 갈음하여 또는 보수와 함께 손해배상을 청구할 수 있다(제667조 제2항). 이때 하자의 보수에 갈음하는 손해배상은 '실제로 보수에 필요한 비용'이다.

(2) 판례에 따르면 완성된 건물 기타 토지의 공작물에 중대한 하자가 있고 이로 인하여 건물 등이 무너질 위험성이 있어서 보수가 불가능하고 다시 건축할 수밖에 없는 경우에는, 특별한 사정이 없는 한 건물 등을 철거하고 다시 건축하는 데 드는 비용 상당액을 하자로 인한 손해배상으로 청구할 수 있다(2014다31691).

(3) 사안에서 도급인 甲은 수급인 乙을 상대로 Y단독주택의 철거 및 신축에 필요한 비용에 상응하는 금액을 손해배상으로 청구할 수 있다.

(4) **담보책임의 존속기간**

건물의 수급인은 목적물의 하자에 대하여 인도 후 5년 또는 10년간 담보의 책임이 있다(제671조 참조). 사안은 약정한 공사기간 내(계약체결일인 2018. 10. 10.부터 6개월)에 완성되어 인도되었으나 2020. 5. 6. 하자가 발견된 경우이므로 제671조의 제척기간 경과문제는 없는 것으로 보인다.

약술형 2 X주택의 임대인 甲이 임대차 종료 후 정당한 사유 없이 보증금을 반환하지 아니하자 임차인 乙이 임차권등기명령을 신청하여 임차권 등기가 이루어진 경우, 그 효과에 관하여 설명하시오.
(20점)

모·범·답·안

1. 의의
주거를 이전하더라도 대항력과 우선변제권을 그대로 유지케 하자는 취지에서 주택임대차보호법은, 임대차가 종료된 후 보증금을 반환받지 못한 임차인이 법원에 임차권등기명령을 신청할 수 있는 것으로 규정한다.

2. 신청
(1) 임대차가 끝난 후 보증금이 반환되지 아니한 경우 임차인 乙은 임차주택의 소재지를 관할하는 법원에 임차권등기명령을 신청할 수 있다.

(2) 임차인 乙은 임차권등기명령의 신청과 그에 따른 임차권등기와 관련하여 든 비용을 임대인 甲에게 청구할 수 있다.

3. 효과
(1) **대항력과 우선변제권의 취득 및 유지**
임차인 乙이 임차권등기명령의 집행에 따른 임차권등기를 마치면 대항력과 우선변제권을 취득한다. 다만, 임차인 乙이 임차권등기 이전에 이미 대항력이나 우선변제권을 취득한 경우에는 그 대항력이나 우선변제권은 그대로 유지되며, 임차권등기 이후에는 대항요건을 상실하더라도 이미 취득한 대항력이나 우선변제권을 상실하지 아니한다.

(2) **소액임차인의 최우선변제권 배제**
임차권등기명령의 집행에 따른 임차권등기가 끝난 주택을 그 이후에 임차한 임차인은 제8조에 따른 우선변제를 받을 권리가 없다.

(3) **동시이행관계에 있는지 여부**
임차권등기는 기왕의 대항력이나 우선변제권을 유지하는 담보적 기능만을 주목적으로 하는 점 등에 비추어 볼 때, 임대인 甲의 임대차보증금의 반환의무가 임차인 乙의 임차권등기 말소의무보다 먼저 이행되어야 할 의무이다(2005다4529).

약술형 3 甲은 그 소유의 X토지를 乙에게 매도하면서 약정기일에 중도금과 잔금이 모두 지급되면 그와 동시에 X토지의 소유권이전등기에 필요한 서류 일체를 乙에게 교부하기로 하였으나 乙이 중도금지급기일에 중도금을 지급하지 않은 상태에서 잔금지급기일이 도래하였다. 이 경우, 甲이 소유권이전등기에 필요한 서류의 제공 없이 乙에게 중도금지급을 청구하였다면 乙은 동시이행의 항변권을 행사할 수 있는지에 관하여 설명하시오. (20점)

모·범·답·안

1. 문제의 소재

동시이행의 항변권이란 쌍무계약에 있어서 상대방의 채무이행의 제공이 있을 때까지 일방이 자기 채무의 이행을 거절할 수 있는 권리를 말한다. 매수인 乙이 자신의 선이행의무인 중도금지급을 지체하다가 잔금지급기일이 도래한 경우에 매도인 甲의 중도금지급청구에 대해 매수인 乙이 동시이행항변권을 행사할 수 있는지가 문제된다.

2. 동시이행항변권의 성립요건

(1) **동일한 쌍무계약에 기하여 발생한 대가적 채무의 존재**

(2) **상대방의 채무가 변제기에 있을 것**

① **원칙**

하나의 쌍무계약에서 발생하는 각 채무가 그 성질상 이행상의 견련성이 인정되더라도, 당사자 사이의 특약에 의하여 선이행의무를 지는 경우에는 동시이행의 항변권이 인정되지 않는다.

② **예외**

㉠ **선이행의무의 불이행 중 상대방 채무의 변제기가 도래한 경우**: 이 경우에는 선이행의무자도 동시이행의 항변권을 행사할 수 있다.

㉡ **불안의 항변권**: 상대방의 이행이 곤란할 현저한 사유가 있는 때에는 선이행의무자라도 상대방이 채무이행을 제공할 때까지 자기의 채무이행을 거절할 수 있다.

(3) **상대방이 자기 채무의 이행 또는 이행의 제공을 하지 않고서 청구하였을 것**

3. 문제의 해결

(1) 문제된 사안은 '선이행의무의 불이행 중 상대방 채무의 변제기가 도래한 경우'이다.

(2) 판례에 따르면 매수인 乙이 선이행하여야 할 중도금지급을 하지 아니한 채 잔대금지급일을 경과한 경우에는 매수인 乙의 중도금 및 이에 대한 지급일 다음 날부터 잔대금지급일까지의 지연손해금과 잔대금의 지급채무는 매도인 甲의 소유권이전등기의무와 특별한 사정이 없는 한 동시이행관계에 있다(90다19930).

(3) 따라서 매도인 甲이 소유권이전등기에 필요한 서류의 제공 없이 매수인 乙에게 중도금지급을 청구하였다면 매수인 乙은 동시이행의 항변권을 행사할 수 있다.

약술형 4 임차인의 부속물매수청구권의 의의와 요건 및 효과에 관하여 설명하시오. (20점)

모·범·답·안

1. 의의

건물 기타 공작물의 임차인이 임대차 종료 시에 임대인에 대하여 그 사용의 편익을 위하여 임대인의 동의를 얻어 이에 부속한 물건과 임대인으로부터 매수한 부속물의 매수를 청구할 수 있는 권리를 말한다(제646조).

2. 요건

(1) 건물 기타 공작물의 임대차일 것

(2) 임차인이 임차목적물의 사용의 편익을 위하여 부속시킨 것일 것

매수청구의 대상이 되는 부속물이란 임차인의 소유에 속하고 건물의 구성부분으로는 되지 아니한 것으로서 건물의 사용에 객관적인 편익을 가져오게 하는 물건이라고 할 것이므로, 오로지 임차인의 특수목적에 사용하기 위하여 부속된 것일 때에는 이에 해당하지 않는다.

(3) 임대인의 동의를 얻어 부속시킨 것이거나 임대인으로부터 매수한 부속물일 것

(4) 임대차가 종료하였을 것

3. 효과

(1) 매매계약의 성립

부속물매수청구권은 형성권이므로, 임차인의 매수청구의 의사표시만으로 그 부속물에 대해 매매계약이 성립한다.

(2) 동시이행의 항변권

부속물매매대금의 지급과 부속물의 인도는 동시이행의 관계에 있다.

(3) 유치권의 인정여부

부속물은 임차물과는 독립한 물건이고 매매대금채권은 임차물에 관하여 생긴 채권이 아니므로 유치권은 부정된다(통설).

(4) 포기특약의 유효성

부속물매수청구권은 강행규정이므로, 이에 위반하는 약정으로 임차인에게 불리한 것은 무효이다.

민법(계약) 모범답안

논술형 1 甲은 2000. 3.경 늦은 나이에 홀로 탈북하여 현재까지 대한민국에서 거주하고 있다. 甲은 탈북 이후 10여 년간 다양한 일을 하며 모은 돈으로 2010. 5.경 북한음식점을 개업하여 운영하고 있다. 甲은 탈북 이후 어려운 생활 등을 이유로 일에만 전념하다보니 어느 덧 80세를 바라보는 고령이 되었음에도 가족이 없이 홀로 생활하고 있다. 최근 들어서는 더 나이가 든 후에는 어떻게 살아가야 할지에 대한 고민이 많아졌고, 이제는 누군가에게 의지를 하며 여생을 보내고 싶어졌다. 이에 甲은 음식점 개업 초기부터 자신을 도와 성실히 일하던 종업원인 乙에게 자신이 가지고 있는 X토지(시가 10억 원 상당)를 줄테니 앞으로 자신을 부양해 줄 수 있겠냐고 제안을 하였고 乙은 여러 고민 끝에 甲의 제안을 받아들였다. 甲은 2019. 5. 10. 乙에게 토지의 소유권이전등기를 마쳐 주었다. 다음 물음에 답하시오. (40점)

(1) X토지의 소유권을 이전하기 위하여 甲과 乙 사이에 이루어진 합의의 법적 성질은 무엇인지 설명하시오. (10점)

(2) X토지의 소유권을 이전받은 乙은 2019. 12.경 甲이 운영하는 식당을 그만 두고 2021. 5.경 현재까지 甲과 약속한 부양도 하지 않고 있다. 이에 억울해 하던 甲은 X토지를 다시 되찾아 오고 싶어 한다. 甲이 X토지를 되찾아 오기 위해 검토해 볼 수 있는 방법들을 제시하고 그 방법들의 당부를 검토하시오. (20점)

(3) 甲이 乙에게 지속적으로 부양의무의 이행을 요구하자, 2021. 6. 7. 乙은 견디다 못해 甲에게 甲과 乙 사이의 기존의 합의를 없던 것으로 하자고 제안하였다. 이에 2021. 6. 10. 甲도 乙의 제안을 받아들여 乙 명의로 되어 있는 X토지의 소유권을 다시 甲에게 원상회복하기로 합의하였다. 한편 乙은 X토지의 소유권을 甲에게 원상회복해 주지 않고 2021. 7. 10. X토지를 丙에게 매도하기로 하고 2021. 8. 10. 丙 앞으로 X토지의 소유권이전등기를 마쳐 주었다. 뒤늦게 이러한 사실을 알게 된 甲은 丙에게 X토지 소유권의 원상회복을 청구하였다. 甲의 이러한 청구는 받아들여질 수 있는지 검토하시오. (10점)

모·범·답·안

Ⅰ 문제 1 – (1)

1. 甲과 乙 사이 합의의 법적 성질

사안처럼 수증자도 일정한 급부를 하여야 할 채무를 부담하는 증여를 부담부 증여라고 한다. 부담부 증여의 부담은 증여에 대하여 대가관계에 서는 것이 아니므로, 부담부 증여도 여전히 편무·무상계약이다.

2. 부담부 증여에 관한 특칙

(1) 매도인과 같은 담보책임

상대부담 있는 증여에 대하여는 증여자는 그 부담의 한도에서 매도인과 같은 담보의 책임이 있다(제559조 제2항).

(2) 쌍무계약에 관한 규정의 적용

부담부 증여에 대하여는 증여의 규정 외에, 쌍무계약에 관한 규정을 적용한다(제561조).

Ⅱ 문제 1 - (2)

1. 문제의 소재

이 경우 甲이 제556조에 근거하여 수증자 乙의 망은행위를 이유로 증여를 해제할 수 있는지 여부와 부담부 증여에 있어 부담을 불이행한 때에 해당하여 채무불이행을 이유로 해제할 수 있는지를 검토한다.

2. 수증자의 망은행위로 인한 증여의 해제 여부

(1) 의의

수증자가 증여자 또는 그 배우자나 직계혈족에 대하여 범죄행위를 한 때(제1호)나 수증자가 증여자에 대하여 부양의무 있는 경우에 이를 이행하지 아니하는 때(제2호)에는 증여자는 그 증여를 해제할 수 있다(제556조 제1항).

(2) 부양의무

제556조 제1항 제2호의 '부양의무'는 제974조의 직계혈족 및 그 배우자 또는 생계를 같이하는 친족 간의 부양의무를 말한다.

(3) 사안의 경우

본 사안처럼 당사자 사이의 약정에 의한 부양의무는 이에 해당하지 아니하므로, 甲은 제556조에 근거하여 乙의 망은행위를 이유로 증여를 해제할 수는 없다.

3. 부담부 증여에 있어 부담의 불이행

(1) 의의

본 사안은 수증자도 일정한 의무를 부담하는 부담부 증여로서, 수증자가 부담을 불이행하고 있는 경우이다.

(2) 부담의 불이행과 해제

부담의무 있는 상대방이 자신의 의무를 이행하지 아니할 때에는 비록 증여계약이 이미 이행되어 있다 하더라도 증여자는 계약을 해제할 수 있다(97다2177).

(3) 사안의 해결

甲은 乙에게 상당기간을 정하여 약속한 부양의 이행을 최고하고, 그 기간 내에 乙이 이를 이행하지 않으면 부담의무의 이행지체를 이유로 증여를 해제하고 이미 이행한 X토지의 반환 및 소유권이전등기의 말소를 청구할 수 있다.

Ⅲ 문제 1 - (3)

1. 문제의 소재

해제와 제3자 보호에 관한 제548조 제1항 단서가 甲과 乙의 합의해제에도 유추적용되는지 여부와 丙이 X토지에 대해 보호되는 제3자인지 여부가 문제된다.

2. 합의해제와 제3자 보호

(1) 계약의 해제는 제3자의 권리를 해하지 못한다(제548조 제1항 단서). 이 규정은 합의해제에도 유추적용된다. 즉 합의해제도 제3자의 권리를 해하지 못한다.

(2) 제548조 제1항 단서의 제3자의 의미

① 원칙적으로 해제의 의사표시가 있기 이전에 해제된 계약에서 생긴 법률적 효과를 기초로 하여 새로운 이해관계를 가졌을 뿐 아니라 등기·인도 등으로 완전한 권리를 취득한 자를 말한다.
② 통설·판례는 제3자의 범위에 해제의 의사표시가 있은 후 그 해제에 기한 말소등기가 있기 이전에 이해관계를 갖게 된 선의의 제3자도 포함시킨다.

3. 문제의 해결

丙은 합의해제 후 말소등기 전에 이해관계를 갖게 된 제3자이므로 선의인 경우에 한하여 제548조 제1항 단서의 제3자에 해당하게 된다. 따라서 만약 丙이 선의라면 甲은 丙를 상대로 X토지 소유권의 원상회복을 청구할 수 없다.

약술형 2 甲과 乙은 음식점 동업계약을 체결하면서 각각 현금 1억 원씩 투자하였고 음식점 운영으로 발생된 수익금은 50:50으로 나누어 분배하기로 하였다. 乙은 음식점의 운영방식 등에서 甲과 대립하던 중 위 동업계약에서 탈퇴하였다. 乙의 탈퇴로 인한 甲과 乙의 법률관계와 위 음식점에 식자재를 납품해 온 丙이 甲에 대하여 대금채무의 이행을 청구할 수 있는지에 관하여 검토하시오. (20점)

모·범·답·안

1. 乙의 탈퇴로 인한 甲과 乙의 법률관계

(1) 甲과 乙의 동업계약은 2인 이상이 서로 출자하여 공동사업을 경영할 것을 약정함으로써 성립하는 조합계약이다. 2인 조합에서 조합원 1인이 탈퇴하면 조합관계는 종료되지만 조합이 해산되지 아니하고, 조합원의 합유에 속하였던 재산은 남은 조합원의 단독소유에 속하게 되어 기존의 공동사업은 청산절차를 거치지 않고 잔존자가 계속 유지할 수 있다(2004다49693,49709). 이때 탈퇴자와 남은 자 사이에서 탈퇴로 인한 계산을 하여야 한다(98다54458).

(2) 乙의 탈퇴로 인해 조합재산은 남은 조합원 甲의 단독소유에 속하고, 탈퇴자 乙과 남은 자 甲 사이에 탈퇴로 인한 계산을 하여야 한다.

2. 丙이 甲에 대하여 대금채무의 이행을 청구할 수 있는지 여부

(1) 두 사람으로 이루어진 조합관계에 있어 그중 1인이 탈퇴하면 조합원들의 합유에 속한 조합재산은 남은 조합원에게 귀속하게 되므로, 이 경우 조합채권자는 잔존 조합원에게 여전히 조합채무 전부에 대한 이행을 청구할 수 있다(99다1284).

(2) 조합채권자 丙은 잔존 조합원 甲에게 식자재 대금채무 전부에 대한 이행을 청구할 수 있다.

약술형 3 2021. 5. 11. 甲은 비어있는 자신의 X주택을 乙에게 매도하기로 하는 계약을 체결하였는데, 이행기 전에 甲의 승낙을 받고 X주택 내부를 수리하던 乙의 과실로 인해 X주택이 전소되었다. 甲은 乙에게 매매대금의 지급을 청구할 수 있는지에 관하여 검토하시오. (20점)

모·범·답·안

1. 문제의 소재

사안은 매도인 甲이 매수인 乙에 대하여 부담하는 X주택에 대한 소유권이전의무가 매수인 乙의 과실로 후발적 불능이 된 경우이다. 이때는 제538조의 위험부담이 문제된다.

2. 제538조의 위험부담

쌍무계약의 당사자 일방의 채무가 채권자의 책임 있는 사유로 이행할 수 없게 된 때에는 채무자는 상대방의 이행을 청구할 수 있다(제538조 제1항 전문).

3. 문제의 해결

매수인 乙의 책임 있는 사유로 매도인 甲의 X주택의 소유권이전의무가 불능이 되었으므로, 제538조에 따라서 甲은 乙에게 매매대금의 지급을 청구할 수 있다.

약술형 4 상가건물 임대차보호법상 임차인의 계약갱신요구권에 관하여 설명하시오. (20점)

모·범·답·안

1. 의의
상가건물 임대차보호법상 임대인은 임차인이 임대차기간이 만료되기 6개월 전부터 1개월 전까지 사이에 계약갱신을 요구할 경우 정당한 사유 없이 거절하지 못한다.

2. 임대인의 계약갱신거절사유
(1) 임차인이 계약갱신을 요구할 경우에 임대인은 정당한 사유가 있으면 계약갱신을 거절할 수 있다 (제10조 제1항).

(2) **임대인이 임차인의 계약갱신요구를 거절할 수 있는 사유**
① 임차인이 3기의 차임액에 해당하는 금액에 이르도록 차임을 연체한 사실이 있는 경우
② 임차인이 거짓이나 그 밖의 부정한 방법으로 임차한 경우
③ 서로 합의하여 임대인이 임차인에게 상당한 보상을 제공한 경우
④ 임차인이 임대인의 동의 없이 목적 건물의 전부 또는 일부를 전대한 경우
⑤ 임차인이 임차한 건물의 전부 또는 일부를 고의나 중대한 과실로 파손한 경우
⑥ 임차한 건물의 전부 또는 일부가 멸실되어 임대차의 목적을 달성하지 못할 경우
⑦ 임대인이 다음 각 목의 어느 하나에 해당하는 사유로 목적 건물의 전부 또는 대부분을 철거하거나 재건축하기 위하여 목적건물의 점유를 회복할 필요가 있는 경우
⑧ 그 밖에 임차인이 임차인으로서의 의무를 현저히 위반하거나 임대차를 계속하기 어려운 중대한 사유가 있는 경우

3. 효력
(1) **갱신기간**
임차인의 계약갱신요구권은 최초의 임대차기간을 포함한 전체 임대차기간이 10년을 초과하지 아니하는 범위에서만 행사할 수 있다(제10조 제2항).

(2) **갱신내용**
갱신되는 임대차는 전 임대차와 동일한 조건으로 다시 계약된 것으로 본다. 다만, 차임과 보증금은 100분의 5 범위에서 증감할 수 있다(제10조 제3항).

4. 계약갱신의 특례
제2조 제1항 단서에 따른 보증금액을 초과하는 임대차의 계약갱신의 경우에는 당사자는 상가건물에 관한 조세, 공과금, 주변 상가건물의 차임 및 보증금, 그 밖의 부담이나 경제사정의 변동 등을 고려하여 차임과 보증금의 증감을 청구할 수 있다(제10조의2).

민법(계약) 모범답안

논술형1 X주택의 소유자 甲과 Y토지의 소유자 乙은 서로 X주택과 Y토지를 교환하기로 하는 계약을 체결하였다. 이에 따라 甲은 乙에게 X주택의 소유권을 이전해 주었다. 乙은 X주택에 관하여 丙과 임대차계약을 체결하여, 丙은 乙에게 보증금을 지급함과 동시에 X주택을 인도받고 전입신고를 마쳤다. 다음의 독립된 질문에 답하시오. (단, X주택에 관하여 다른 이해관계인은 없음을 전제로 함) (40점)

⑴ 2010. 10. 1. 乙과 丙 사이의 임대차계약이 종료되었으나, 2022. 10. 1. 현재 丙은 乙로부터 보증금을 반환받지 못하였음을 이유로 X주택에 계속 거주하여 이를 사용하고 있다. 乙이 X주택의 반환을 청구하자 丙은 보증금의 반환을 요구하였고, 이에 대해 乙은 丙의 보증금반환청구권은 시효로 소멸하였다고 주장한다. 이러한 경우에 丙은 乙로부터 보증금을 반환받을 수 있는지에 관하여 설명하시오. (20점)

⑵ 甲은 교환계약에 따라 X주택의 소유권을 乙에게 이전하였음에도 불구하고 乙이 계약을 위반하여 Y토지의 소유권을 이전해주지 않자, 甲은 위 교환계약을 적법하게 해제하였다. 이러한 경우에 丙은 乙과 맞은 임대차계약상의 임차권을 甲에게 주장할 수 있는지에 관하여 설명하시오. (20점)

모·범·답·안

I 문제 1 – ⑴

1. 임대차종료시 임차물반환의무와 보증금반환의무의 관계

임대차계약의 기간이 만료된 경우에 임차인이 임차목적물을 명도할 의무와 임대인이 보증금 중 연체차임 등 당해 임대차에 관하여 명도 시까지 생긴 모든 채무를 청산한 나머지를 반환할 의무는 동시이행의 관계이다(77다1241·1242).

2. 임차인의 부당이득반환의무

임대차계약 종료 후에도 임차인이 동시이행의 항변권을 행사하여 임차건물을 계속 점유하여 온 것이라면, 임차인의 점유는 불법점유라고 할 수는 없으나, 그로 인하여 이득이 있다면 이는 부당이득으로서 반환하여야 한다(91다45202·45219).

3. 보증금반환청구권의 소멸시효 진행여부

임대차 종료 후 임차인이 보증금을 반환받기 위해 목적물을 점유하는 경우 보증금반환청구권에 대한 권리를 행사하는 것으로 보아야 하므로, 보증금반환청구권에 대한 소멸시효는 진행하지 않는다(2016다244224·244231).

4. 丙이 乙로부터 보증금을 반환받을 수 있는지 여부

사안에서 임차인 丙의 목적물반환의무와 임대인 乙의 연체차임을 공제한 나머지 보증금의 반환의무는 동시이행의 관계에 있고, 丙의 보증금반환청구권의 소멸시효는 진행하지 않으므로 丙은 乙로부터 연체차임 등 당해 임대차에 관하여 명도 시까지 생긴 모든 채무를 청산한 나머지 보증금을 반환받을 수 있다.

Ⅱ 문제 1 – (2)

1. 해제와 제3자 보호

(1) 해제는 제3자의 권리를 해하지 못한다(제548조 제1항 단서).

(2) 여기서 제3자는 원칙적으로 해제의 의사표시가 있기 이전에 해제된 계약에서 생긴 법률적 효과를 기초로 하여 새로운 이해관계를 가졌을 뿐 아니라 등기·인도 등으로 완전한 권리를 취득한 자를 말한다.

(3) 또한 판례는 해제의 의사표시가 있은 후 그 해제에 기한 말소등기가 있기 이전에 이해관계를 갖게 된 선의의 제3자도 포함한다.

2. 대항력 있는 임차권을 취득한 丙이 제3자에 해당하는 지 여부

소유권을 취득하였다가 계약해제로 인하여 소유권을 상실하게 된 임대인 乙로부터 그 계약이 해제되기 전에 주택을 임차받아 주택의 인도와 주민등록을 마침으로써 주택임대차보호법 제3조 제1항에 의한 대항요건을 갖춘 임차인 丙은 민법 제548조 제1항 단서의 규정에 따라 계약해제로 인하여 권리를 침해받지 않는 제3자에 해당하므로 임대인의 임대권원의 바탕이 되는 계약의 해제에도 불구하고 자신의 임차권을 새로운 소유자 甲에게 대항할 수 있다. 이 경우 계약해제로 소유권을 회복한 甲은 주택임대차보호법 제3조 제2항에 따라 임대인의 지위를 승계한다(2003다12717).

약술형 2 甲과 乙은 공동사업을 경영할 목적으로 각각 5천만 원씩을 출자하기로 하는 민법상 조합계약을 체결하면서 A조합을 설립하였다. 이후 乙은 A조합의 업무집행조합원으로서 丙으로부터 1억 원의 조합운영자금을 차용하였는데, 그 후 乙은 교통사고로 사망하였다. 이러한 경우에 A조합의 존속여부 및 甲이 丙에게 부담하는 조합채무의 범위에 관하여 설명하시오. (단, 乙에게는 상속인이 없음을 전제로 함) (20점)

모·범·답·안

1. A조합의 존속여부

사안은 2인으로 구성된 조합에서 1인이 탈퇴한 경우이다. 조합원이 사망하면 조합관계에서 당연히 탈퇴된다(제717조 제1호). 甲과 乙 2인으로 구성된 조합에서 乙이 탈퇴되면 조합관계는 해산됨이 없이 종료되어 청산이 뒤따르지 아니하며, 조합원의 합유에 속한 조합재산은 남은 조합원 甲의 단독소유에 속한다(98다54458).

2. 甲이 丙에게 부담하는 조합채무의 범위

이 경우 조합채권자 丙은 잔존 조합원 甲에게 그 조합채무 전부에 대한 이행을 청구할 수 있다(99다1284).

약술형 3 X토지가 甲소유임을 알고 있는 乙은 자신의 명의로 X토지를 丙에게 매도하기로 하는 계약을 체결하였다. 乙과 丙 사이에 체결된 X토지에 대한 매매계약의 효력 및 乙이 X토지의 소유권을 丙에게 넘겨주지 못하는 경우에 丙이 乙에게 물을 수 있는 담보책임의 내용에 관하여 설명하시오. (20점)

모·범·답·안

1. X토지에 대한 매매계약의 효력

사안은 乙과 丙의 매매계약에 있어 매매 목적물인 X토지의 소유권이 매도인 乙이 아니라 타인 甲에게 속하는 경우이다. 이 경우에도 원시적(객관적·전부)불능은 아니므로 그 매매계약 자체는 유효하다.

2. 丙이 乙에게 물을 수 있는 담보책임의 내용

(1) **계약해제권**

매수인 丙은 그의 선의·악의를 묻지 않고 계약을 해제할 수 있다(제570조 본문).

(2) **손해배상청구권**

① 매수인 丙이 선의라면 손해배상을 청구할 수 있다(제570조 단서).

② 이 경우의 손해배상은 원칙적으로 타인의 권리를 이전하는 것이 불능으로 된 때의 목적물의 시가, 즉 이행이익 상당액이다.

(3) **권리행사기간**

매수인의 해제권과 손해배상청구권의 행사기간에 관해 따로 규정하고 있지 않다.

(4) **선의의 매도인의 해제권**

선의의 매도인은, 매수인이 선의인 경우에는 그 손해를 배상하고, 매수인이 악의인 경우에는 손해배상 없이, 계약을 해제할 수 있다(제571조). 사안에서 매도인 乙은 악의이므로 이러한 권리를 행사할 수 없다.

약술형 4 화가 甲은 미술품 수집상 乙에게 자신의 'A그림을 100만 원에 사달라'는 청약의 편지를 2022. 9. 1. 발송하여 그 편지가 동년 9. 5. 乙에게 도달하였다. 한편 그러한 사실을 모르는 乙은 甲에게 'A그림을 100만 원에 팔라'는 청약의 편지를 2022. 9. 3. 발송하여 그 편지가 동년 9. 7. 甲에게 도달하였다. 이러한 경우에 甲과 乙사이에서 A그림에 대한 매매계약의 성립여부에 관하여 설명하시오. (20점)

모·범·답·안

1. 교차청약의 의의

사안처럼 계약 당사자 甲과 乙이 같은 내용을 가진 계약의 청약을 서로 행한 경우, 즉 각 당사자가 우연히 서로 교차해서 청약을 하였는데 그 청약의 내용이 완전히 일치하고 있는 경우를 교차청약이라 한다.

2. A그림에 대한 매매계약의 성립여부

당사자 간에 동일한 내용의 청약이 상호 교차된 경우에는 양 청약이 상대방에게 도달한 때에 계약이 성립한다(제533조). 따라서 A그림 매매계약은 2022. 9. 7.에 성립한다.

민 법

[시행 2021. 1. 26.]
[법률 제17905호, 2021. 1. 26, 일부개정]

제2장 계약

제1절 총칙

제1관 계약의 성립

제527조【계약의 청약의 구속력】 계약의 청약은 이를 철회하지 못한다.

제528조【승낙기간을 정한 계약의 청약】 ① 승낙의 기간을 정한 계약의 청약은 청약자가 그 기간 내에 승낙의 통지를 받지 못한 때에는 그 효력을 잃는다.
② 승낙의 통지가 전항의 기간 후에 도달한 경우에 보통 그 기간 내에 도달할 수 있는 발송인 때에는 청약자는 지체없이 상대방에게 그 연착의 통지를 하여야 한다. 그러나 그 도달 전에 지연의 통지를 발송한 때에는 그러하지 아니하다.
③ 청약자가 전항의 통지를 하지 아니한 때에는 승낙의 통지는 연착되지 아니한 것으로 본다.

제529조【승낙기간을 정하지 아니한 계약의 청약】 승낙의 기간을 정하지 아니한 계약의 청약은 청약자가 상당한 기간 내에 승낙의 통지를 받지 못한 때에는 그 효력을 잃는다.

제530조【연착된 승낙의 효력】 전2조의 경우에 연착된 승낙은 청약자가 이를 새 청약으로 볼 수 있다.

제531조【격지자간의 계약성립시기】 격지자간의 계약은 승낙의 통지를 발송한 때에 성립한다.

제532조【의사실현에 의한 계약성립】 청약자의 의사표시나 관습에 의하여 승낙의 통지가 필요하지 아니한 경우에는 계약은 승낙의 의사표시로 인정되는 사실이 있는 때에 성립한다.

제533조【교차청약】 당사자 간에 동일한 내용의 청약이 상호교차된 경우에는 양청약이 상대방에게 도달한 때에 계약이 성립한다.

제534조【변경을 가한 승낙】 승낙자가 청약에 대하여 조건을 붙이거나 변경을 가하여 승낙한 때에는 그 청약의 거절과 동시에 새로 청약한 것으로 본다.

제535조【계약체결상의 과실】 ① 목적이 불능한 계약을 체결할 때에 그 불능을 알았거나 알 수 있었을 자는 상대방이 그 계약의 유효를 믿었음으로 인하여 받은 손해를 배상하여야 한다. 그러나 그 배상액은 계약이 유효함으로 인하여 생길 이익액을 넘지 못한다.
② 전항의 규정은 상대방이 그 불능을 알았거나 알 수 있었을 경우에는 적용하지 아니한다.

제2관 계약의 효력

제536조【동시이행의 항변권】 ① 쌍무계약의 당사자 일방은 상대방이 그 채무이행을 제공할 때 까지 자기의 채무이행을 거절할 수 있다. 그러나 상대방의 채무가 변제기에 있지 아니하는 때에는 그러하지 아니하다.
② 당사자 일방이 상대방에게 먼저 이행하여야 할 경우에 상대방의 이행이 곤란할 현저한 사유가 있는 때에는 전항 본문과 같다.

제537조【채무자위험부담주의】 쌍무계약의 당사자 일방의 채무가 당사자쌍방의 책임없는 사유로 이행할 수 없게 된 때에는 채무자는 상대방의 이행을 청구하지 못한다.

제538조【채권자귀책사유로 인한 이행불능】 ① 쌍무계약의 당사자 일방의 채무가 채권자의 책임있는 사유로 이행할 수 없게 된 때에는 채무자는 상대방의 이행을 청구할 수 있다. 채권자의 수령지체 중에 당사자쌍방의 책임없는 사유로 이행할 수 없게 된 때에도 같다.
② 전항의 경우에 채무자는 자기의 채무를 면함으로써 이익을 얻은 때에는 이를 채권자에게 상환하여야 한다.

제539조【제삼자를 위한 계약】 ① 계약에 의하여 당사자 일방이 제삼자에게 이행할 것을 약정한 때에는 그 제삼자는 채무자에게 직접 그 이행을 청구할 수 있다.
② 전항의 경우에 제삼자의 권리는 그 제삼자가 채무자에 대하여 계약의 이익을 받을 의사를 표시한 때에 생긴다.

제540조【채무자의 제삼자에 대한 최고권】 전조의 경우에 채무자는 상당한 기간을 정하여 계약의 이익의 향수여부의 확답을 제삼자에게 최고할 수 있다. 채무자가 그 기간 내에 확답을 받지 못한 때에는 제삼자가 계약의 이익을 받을 것을 거절한 것으로 본다.

제541조【제삼자의 권리의 확정】 제539조의 규정에 의하여 제삼자의 권리가 생긴 후에는 당사자는 이를 변경 또는 소멸시키지 못한다.

제542조【채무자의 항변권】 채무자는 제539조의 계약에 기한 항변으로 그 계약의 이익을 받을 제삼자에게 대항할 수 있다.

제3관 계약의 해지, 해제

제543조【해지, 해제권】 ① 계약 또는 법률의 규정에 의하여 당사자의 일방이나 쌍방이 해지 또는 해제의 권리가 있는 때에는 그 해지 또는 해제는 상대방에 대한 의사표시로 한다.
② 전항의 의사표시는 철회하지 못한다.

제544조【이행지체와 해제】 당사자 일방이 그 채무를 이행하지 아니하는 때에는 상대방은 상당한 기간을 정하여 그 이행을 최고하고 그 기간 내에 이행하지 아니한 때에는 계약을 해제할 수 있다. 그러나 채무자가 미리 이행하지 아니할 의사를 표시한 경우에는 최고를 요하지 아니한다.

제545조【정기행위와 해제】 계약의 성질 또는 당사자의 의사표시에 의하여 일정한 시일 또는 일정한 기간내에 이행하지 아니하면 계약의 목적을 달성할 수 없을 경우에 당사자 일방이 그 시기에 이행하지 아니한 때에는 상대방은 전조의 최고를 하지 아니하고 계약을 해제할 수 있다.

제546조【이행불능과 해제】 채무자의 책임있는 사유로 이행이 불능하게 된 때에는 채권자는 계약을 해제할 수 있다.

제547조【해지, 해제권의 불가분성】 ① 당사자의 일방 또는 쌍방이 수인인 경우에는 계약의 해지나 해제는 그 전원으로부터 또는 전원에 대하여 하여야 한다.
② 전항의 경우에 해지나 해제의 권리가 당사자 1인에 대하여 소멸한 때에는 다른 당사자에 대하여도 소멸한다.

제548조【해제의 효과, 원상회복의무】 ① 당사자 일방이 계약을 해제한 때에는 각 당사자는 그 상대방에 대하여 원상회복의 의무가 있다. 그러나 제삼자의 권리를 해하지 못한다.
② 전항의 경우에 반환할 금전에는 그 받은 날로부터 이자를 가하여야 한다.

제549조【원상회복의무와 동시이행】 제536조의 규정은 전조의 경우에 준용한다.

제550조【해지의 효과】 당사자 일방이 계약을 해지한 때에는 계약은 장래에 대하여 그 효력을 잃는다.

제551조【해지, 해제와 손해배상】 계약의 해지 또는 해제는 손해배상의 청구에 영향을 미치지 아니한다.

제552조【해제권행사여부의 최고권】 ① 해제권의 행사의 기간을 정하지 아니한 때에는 상대방은 상당한 기간을 정하여 해제권행사여부의 확답을 해제권자에게 최고할 수 있다.
② 전항의 기간 내에 해제의 통지를 받지 못한 때에는 해제권은 소멸한다.

제553조【훼손 등으로 인한 해제권의 소멸】 해제권자의 고의나 과실로 인하여 계약의 목적물이 현저히 훼손되거나 이를 반환할 수 없게 된 때 또는 가공이나 개조로 인하여 다른 종류의 물건으로 변경된 때에는 해제권은 소멸한다.

제2절 증여

제554조【증여의 의의】 증여는 당사자 일방이 무상으로 재산을 상대방에 수여하는 의사를 표시하고 상대방이 이를 승낙함으로써 그 효력이 생긴다.

제555조【서면에 의하지 아니한 증여와 해제】 증여의 의사가 서면으로 표시되지 아니한 경우에는 각 당사자는 이를 해제할 수 있다.

제556조【수증자의 행위와 증여의 해제】 ① 수증자가 증여자에 대하여 다음 각 호의 사유가 있는 때에는 증여자는 그 증여를 해제할 수 있다.
1. 증여자 또는 그 배우자나 직계혈족에 대한 범죄행위가 있는 때
2. 증여자에 대하여 부양의무 있는 경우에 이를 이행하지 아니하는 때

② 전항의 해제권은 해제원인 있음을 안 날로부터 6월을 경과하거나 증여자가 수증자에 대하여 용서의 의사를 표시한 때에는 소멸한다.

제557조【증여자의 재산상태변경과 증여의 해제】 증여계약 후에 증여자의 재산상태가 현저히 변경되고 그 이행으로 인하여 생계에 중대한 영향을 미칠 경우에는 증여자는 증여를 해제할 수 있다.

제558조【해제와 이행완료부분】 전3조의 규정에 의한 계약의 해제는 이미 이행한 부분에 대하여는 영향을 미치지 아니한다.

제559조【증여자의 담보책임】 ① 증여자는 증여의 목적인 물건 또는 권리의 하자나 흠결에 대하여 책임을 지지 아니한다. 그러나 증여자가 그 하자나 흠결을 알고 수증자에게 고지하지 아니한 때에는 그러하지 아니하다.
② 상대부담있는 증여에 대하여는 증여자는 그 부담의 한도에서 매도인과 같은 담보의 책임이 있다.

제560조【정기증여와 사망으로 인한 실효】 정기의 급여를 목적으로 한 증여는 증여자 또는 수증자의 사망으로 인하여 그 효력을 잃는다.

제561조【부담부증여】 상대부담 있는 증여에 대하여는 본절의 규정 외에 쌍무계약에 관한 규정을 적용한다.

제562조【사인증여】 증여자의 사망으로 인하여 효력이 생길 증여에는 유증에 관한 규정을 준용한다.

제3절 매매

제1관 총칙

제563조【매매의 의의】 매매는 당사자 일방이 재산권을 상대방에게 이전할 것을 약정하고 상대방이 그 대금을 지급할 것을 약정함으로써 그 효력이 생긴다.

제564조【매매의 일방예약】 ① 매매의 일방예약은 상대방이 매매를 완결할 의사를 표시하는 때에 매매의 효력이 생긴다.
② 전항의 의사표시의 기간을 정하지 아니한 때에는 예약자는 상당한 기간을 정하여 매매완결여부의 확답을 상대방에게 최고할 수 있다.

③ 예약자가 전항의 기간 내에 확답을 받지 못한 때에는 예약은 그 효력을 잃는다.

제565조【해약금】 ① 매매의 당사자 일방이 계약당시에 금전 기타 물건을 계약금, 보증금 등의 명목으로 상대방에게 교부한 때에는 당사자 간에 다른 약정이 없는 한 당사자의 일방이 이행에 착수할 때까지 교부자는 이를 포기하고 수령자는 그 배액을 상환하여 매매계약을 해제할 수 있다.
② 제551조의 규정은 전항의 경우에 이를 적용하지 아니한다.

제566조【매매계약의 비용의 부담】 매매계약에 관한 비용은 당사자 쌍방이 균분하여 부담한다.

제567조【유상계약에의 준용】 본절의 규정은 매매 이외의 유상계약에 준용한다. 그러나 그 계약의 성질이 이를 허용하지 아니하는 때에는 그러하지 아니하다.

제2관 매매의 효력

제568조【매매의 효력】 ① 매도인은 매수인에 대하여 매매의 목적이 된 권리를 이전하여야 하며 매수인은 매도인에게 그 대금을 지급하여야 한다.
② 전항의 쌍방의무는 특별한 약정이나 관습이 없으면 동시에 이행하여야 한다.

제569조【타인의 권리의 매매】 매매의 목적이 된 권리가 타인에게 속한 경우에는 매도인은 그 권리를 취득하여 매수인에게 이전하여야 한다.

제570조【동전-매도인의 담보책임】 전조의 경우에 매도인이 그 권리를 취득하여 매수인에게 이전할 수 없는 때에는 매수인은 계약을 해제할 수 있다. 그러나 매수인이 계약당시 그 권리가 매도인에게 속하지 아니함을 안 때에는 손해배상을 청구하지 못한다.

제571조【동전-선의의 매도인의 담보책임】 ① 매도인이 계약당시에 매매의 목적이 된 권리가 자기에게 속하지 아니함을 알지 못한 경우에 그 권리를 취득하여 매수인에게 이전할 수 없는 때에는 매도인은 손해를 배상하고 계약을 해제할 수 있다.
② 전항의 경우에 매수인이 계약당시 그 권리가 매도인에게 속하지 아니함을 안 때에는 매도인은 매수인에 대하여 그 권리를 이전할 수 없음을 통지하고 계약을 해제할 수 있다.

제572조【권리의 일부가 타인에게 속한 경우와 매도인의 담보책임】 ① 매매의 목적이 된 권리의 일부가 타인에게 속함으로 인하여 매도인이 그 권리를 취득하여 매수인에게 이전할 수 없는 때에는 매수인은 그 부분의 비율로 대금의 감액을 청구할 수 있다.
② 전항의 경우에 잔존한 부분만이면 매수인이 이를 매수하지 아니하였을 때에는 선의의 매수인은 계약전부를 해제할 수 있다.
③ 선의의 매수인은 감액청구 또는 계약해제 외에 손해배상을 청구할 수 있다.

제573조【전조의 권리행사의 기간】 전조의 권리는 매수인이 선의인 경우에는 사실을 안 날로부터, 악의인 경우에는 계약한 날로부터 1년 내에 행사하여야 한다.

제574조【수량부족, 일부멸실의 경우와 매도인의 담보책임】 전2조의 규정은 수량을 지정한 매매의 목적물이 부족되는 경우와 매매목적물의 일부가 계약당시에 이미 멸실된 경우에 매수인이 그 부족 또는 멸실을 알지 못한 때에 준용한다.

제575조【제한물권 있는 경우와 매도인의 담보책임】 ① 매매의 목적물이 지상권, 지역권, 전세권, 질권 또는 유치권의 목적이 된 경우에 매수인이 이를 알지 못한 때에는 이로 인하여 계약의 목적을 달성할 수 없는 경우에 한하여 매수인은 계약을 해제할 수 있다. 기타의 경우에는 손해배상만을 청구할 수 있다.
② 전항의 규정은 매매의 목적이 된 부동산을 위하여 존재할 지역권이 없거나 그 부동산에 등기된 임대차계약이 있는 경우에 준용한다.
③ 전2항의 권리는 매수인이 그 사실을 안 날로부터 1년 내에 행사하여야 한다.

제576조【저당권, 전세권의 행사와 매도인의 담보책임】 ① 매매의 목적이 된 부동산에 설정된 저당권 또는 전세권의 행사로 인하여 매수인이 그 소유권을 취득할 수 없거나 취득한 소유권을 잃은 때에는 매수인은 계약을 해제할 수 있다.
② 전항의 경우에 매수인의 출재로 그 소유권을 보존한 때에는 매도인에 대하여 그 상환을 청구할 수 있다.
③ 전2항의 경우에 매수인이 손해를 받은 때에는 그 배상을 청구할 수 있다.

제577조【저당권의 목적이 된 지상권, 전세권의 매매와 매도인의 담보책임】 전조의 규정은 저당권의 목적이 된 지상권 또는 전세권이 매매의 목적이 된 경우에 준용한다.

제578조【경매와 매도인의 담보책임】 ① 경매의 경우에는 경락인은 전8조의 규정에 의하여 채무자에게 계약의 해제 또는 대금감액의 청구를 할 수 있다.
② 전항의 경우에 채무자가 자력이 없는 때에는 경락인은 대금의 배당을 받은 채권자에 대하여 그 대금전부나 일부의 반환을 청구할 수 있다.
③ 전2항의 경우에 채무자가 물건 또는 권리의 흠결을 알고 고지하지 아니하거나 채권자가 이를 알고 경매를 청구한 때에는 경락인은 그 흠결을 안 채무자나 채권자에 대하여 손해배상을 청구할 수 있다.

제579조【채권매매와 매도인의 담보책임】 ① 채권의 매도인이 채무자의 자력을 담보한 때에는 매매계약당시의 자력을 담보한 것으로 추정한다.
② 변제기에 도달하지 아니한 채권의 매도인이 채무자의 자력을 담보한 때에는 변제기의 자력을 담보한 것으로 추정한다.

제580조【매도인의 하자담보책임】 ① 매매의 목적물에 하자가 있는 때에는 제575조 제1항의 규정을 준용한다. 그러나 매수인이 하자 있는 것을 알았거나 과실로 인하여 이를 알지 못한 때에는 그러하지 아니하다.
② 전항의 규정은 경매의 경우에 적용하지 아니한다.

제581조【종류매매와 매도인의 담보책임】 ① 매매의 목적물을 종류로 지정한 경우에도 그 후 특정된 목적물에 하자가 있는 때에는 전조의 규정을 준용한다.
② 전항의 경우에 매수인은 계약의 해제 또는 손해배상의 청구를 하지 아니하고 하자없는 물건을 청구할 수 있다.

제582조【전2조의 권리행사기간】 전2조에 의한 권리는 매수인이 그 사실을 안 날로부터 6월 내에 행사하여야 한다.

제583조【담보책임과 동시이행】 제536조의 규정은 제572조 내지 제575조, 제580조 및 제581조의 경우에 준용한다.

제584조【담보책임면제의 특약】 매도인은 전15조에 의한 담보책임을 면하는 특약을 한 경우에도 매도인이 알고 고지하지 아니한 사실 및 제삼자에게 권리를 설정 또는 양도한 행위에 대하여는 책임을 면하지 못한다.

제585조【동일기한의 추정】 매매의 당사자 일방에 대한 의무이행의 기한이 있는 때에는 상대방의 의무이행에 대하여도 동일한 기한이 있는 것으로 추정한다.

제586조【대금지급장소】 매매의 목적물의 인도와 동시에 대금을 지급할 경우에는 그 인도장소에서 이를 지급하여야 한다.

제587조【과실의 귀속, 대금의 이자】 매매계약 있은 후에도 인도하지 아니한 목적물로부터 생긴 과실은 매도인에게 속한다. 매수인은 목적물의 인도를 받은 날로부터 대금의 이자를 지급하여야 한다. 그러나 대금의 지급에 대하여 기한이 있는 때에는 그러하지 아니하다.

제588조【권리주장자가 있는 경우와 대금지급거절권】 매매의 목적물에 대하여 권리를 주장하는 자가 있는 경우에 매수인이 매수한 권리의 전부나 일부를 잃을 염려가 있는 때에는 매수인은 그 위험의 한도에서 대금의 전부나 일부의 지급을 거절할 수 있다. 그러나 매도인이 상당한 담보를 제공한 때에는 그러하지 아니하다.

제589조【대금공탁청구권】 전조의 경우에 매도인은 매수인에 대하여 대금의 공탁을 청구할 수 있다.

제3관 환매

제590조【환매의 의의】 ① 매도인이 매매계약과 동시에 환매할 권리를 보류한 때에는 그 영수한 대금 및 매수인이 부담한 매매비용을 반환하고 그 목적물을 환매할 수 있다.
② 전항의 환매대금에 관하여 특별한 약정이 있으면 그 약정에 의한다.
③ 전2항의 경우에 목적물의 과실과 대금의 이자는 특별한 약정이 없으면 이를 상계한 것으로 본다.

제591조【환매기간】 ① 환매기간은 부동산은 5년, 동산은 3년을 넘지 못한다. 약정기간이 이를 넘는 때에는 부동산은 5년, 동산은 3년으로 단축한다.
② 환매기간을 정한 때에는 다시 이를 연장하지 못한다.
③ 환매기간을 정하지 아니한 때에는 그 기간은 부동산은 5년, 동산은 3년으로 한다.

제592조【환매등기】 매매의 목적물이 부동산인 경우에 매매등기와 동시에 환매권의 보류를 등기한 때에는 제삼자에 대하여 그 효력이 있다.

제593조【환매권의 대위행사와 매수인의 권리】 매도인의 채권자가 매도인을 대위하여 환매하고자 하는 때에는 매수인은 법원이 선정한 감정인의 평가액에서 매도인이 반환할 금액을 공제한 잔액으로 매도인의 채무를 변제하고 잉여액이 있으면 이를 매도인에게 지급하여 환매권을 소멸시킬 수 있다.

제594조【환매의 실행】 ① 매도인은 기간 내에 대금과 매매비용을 매수인에게 제공하지 아니하면 환매할 권리를 잃는다.
② 매수인이나 전득자가 목적물에 대하여 비용을 지출한 때에는 매도인은 제203조의 규정에 의하여 이를 상환하여야 한다. 그러나 유익비에 대하여는 법원은 매도인의 청구에 의하여 상당한 상환기간을 허여할 수 있다.

제595조【공유지분의 환매】 공유자의 1인이 환매할 권리를 보류하고 그 지분을 매도한 후 그 목적물의 분할이나 경매가 있는 때에는 매도인은 매수인이 받은 또는 받을 부분이나 대금에 대하여 환매권을 행사할 수 있다. 그러나 매도인에게 통지하지 아니한 매수인은 그 분할이나 경매로써 매도인에게 대항하지 못한다.

제4절 교환

제596조【교환의 의의】 교환은 당사자 쌍방이 금전 이외의 재산권을 상호이전할 것을 약정함으로써 그 효력이 생긴다.

제597조【금전의 보충지급의 경우】 당사자 일방이 전조의 재산권이전과 금전의 보충지급을 약정한 때에는 그 금전에 대하여는 매매대금에 관한 규정을 준용한다.

제5절 소비대차

제598조【소비대차의 의의】 소비대차는 당사자 일방이 금전 기타 대체물의 소유권을 상대방에게 이전할 것을 약정하고 상대방은 그와 같은 종류, 품질 및 수량으로 반환할 것을 약정함으로써 그 효력이 생긴다.

제599조【파산과 소비대차의 실효】 대주가 목적물을 차주에게 인도하기 전에 당사자 일방이 파산선고를 받은 때에는 소비대차는 그 효력을 잃는다.

제600조【이자계산의 시기】 이자 있는 소비대차는 차주가 목적물의 인도를 받은 때로부터 이자를 계산하여야 하며 차주가 그 책임 있는 사유로 수령을 지체할 때에는 대주가 이행을 제공한 때로부터 이자를 계산하여야 한다.

제601조【무이자소비대차와 해제권】 이자 없는 소비대차의 당사자는 목적물의 인도 전에는 언제든지 계약을 해제할 수 있다. 그러나 상대방에게 생긴 손해가 있는 때에는 이를 배상하여야 한다.

제602조【대주의 담보책임】 ① 이자 있는 소비대차의 목적물에 하자가 있는 경우에는 제580조 내지 제582조의 규정을 준용한다.

② 이자 없는 소비대차의 경우에는 차주는 하자 있는 물건의 가액으로 반환할 수 있다. 그러나 대주가 그 하자를 알고 차주에게 고지하지 아니한 때에는 전항과 같다.

제603조【반환시기】 ① 차주는 약정시기에 차용물과 같은 종류, 품질 및 수량의 물건을 반환하여야 한다.

② 반환시기의 약정이 없는 때에는 대주는 상당한 기간을 정하여 반환을 최고하여야 한다. 그러나 차주는 언제든지 반환할 수 있다.

제604조【반환불능으로 인한 시가상환】 차주가 차용물과 같은 종류, 품질 및 수량의 물건을 반환할 수 없는 때에는 그때의 시가로 상환하여야 한다. 그러나 제376조 및 제377조 제2항의 경우에는 그러하지 아니하다.

제605조【준소비대차】 당사자 쌍방이 소비대차에 의하지 아니하고 금전 기타의 대체물을 지급할 의무가 있는 경우에 당사자가 그 목적물을 소비대차의 목적으로 할 것을 약정한 때에는 소비대차의 효력이 생긴다.

제606조【대물대차】 금전대차의 경우에 차주가 금전에 갈음하여 유가증권 기타 물건의 인도를 받은 때에는 그 인도시의 가액으로써 차용액으로 한다. <개정 2014. 12. 30.>

제607조【대물반환의 예약】 차용물의 반환에 관하여 차주가 차용물에 갈음하여 다른 재산권을 이전할 것을 예약한 경우에는 그 재산의 예약당시의 가액이 차용액 및 이에 붙인 이자의 합산액을 넘지 못한다. <개정 2014. 12. 30.>

제608조【차주에 불이익한 약정의 금지】 전2조의 규정에 위반한 당사자의 약정으로서 차주에 불리한 것은 환매 기타 여하한 명목이라도 그 효력이 없다.

제6절 사용대차

제609조【사용대차의 의의】 사용대차는 당사자 일방이 상대방에게 무상으로 사용, 수익하게 하기 위하여 목적물을 인도할 것을 약정하고 상대방은 이를 사용, 수익한 후 그 물건을 반환할 것을 약정함으로써 그 효력이 생긴다.

제610조【차주의 사용, 수익권】 ① 차주는 계약 또는 그 목적물의 성질에 의하여 정하여진 용법으로 이를 사용, 수익하여야 한다.

② 차주는 대주의 승낙이 없으면 제삼자에게 차용물을 사용, 수익하게 하지 못한다.

③ 차주가 전2항의 규정에 위반한 때에는 대주는 계약을 해지할 수 있다.

제611조【비용의 부담】 ① 차주는 차용물의 통상의 필요비를 부담한다.

② 기타의 비용에 대하여는 제594조 제2항의 규정을 준용한다.

제612조【준용규정】 제559조, 제601조의 규정은 사용대차에 준용한다.

제613조【차용물의 반환시기】 ① 차주는 약정시기에 차용물을 반환하여야 한다.

② 시기의 약정이 없는 경우에는 차주는 계약 또는 목적물의 성질에 의한 사용, 수익이 종료한 때에 반환하여야 한다. 그러나 사용, 수익에 족한 기간이 경과한 때에는 대주는 언제든지 계약을 해지할 수 있다.

제614조【차주의 사망, 파산과 해지】 차주가 사망하거나 파산선고를 받은 때에는 대주는 계약을 해지할 수 있다.

제615조【차주의 원상회복의무와 철거권】 차주가 차용물을 반환하는 때에는 이를 원상에 회복하여야 한다. 이에 부속시킨 물건은 철거할 수 있다.

제616조【공동차주의 연대의무】 수인이 공동하여 물건을 차용한 때에는 연대하여 그 의무를 부담한다.

제617조【손해배상, 비용상환청구의 기간】 계약 또는 목적물의 성질에 위반한 사용, 수익으로 인하여 생긴 손해배상의 청구와 차주가 지출한 비용의 상환청구는 대주가 물건의 반환을 받은 날로부터 6월 내에 하여야 한다.

제7절 임대차

제618조【임대차의 의의】 임대차는 당사자 일방이 상대방에게 목적물을 사용, 수익하게 할 것을 약정하고 상대방이 이에 대하여 차임을 지급할 것을 약정함으로써 그 효력이 생긴다.

제619조【처분능력, 권한 없는 자의 할 수 있는 단기임대차】 처분의 능력 또는 권한 없는 자가 임대차를 하는 경우에는 그 임대차는 다음 각 호의 기간을 넘지 못한다.
1. 식목, 채염 또는 석조, 석회조, 연와조 및 이와 유사한 건축을 목적으로 한 토지의 임대차는 10년
2. 기타 토지의 임대차는 5년
3. 건물 기타 공작물의 임대차는 3년
4. 동산의 임대차는 6월

제620조【단기임대차의 갱신】 전조의 기간은 갱신할 수 있다. 그러나 그 기간만료전 토지에 대하여는 1년, 건물 기타 공작물에 대하여는 3월, 동산에 대하여는 1월 내에 갱신하여야 한다.

제621조【임대차의 등기】 ① 부동산임차인은 당사자 간에 반대약정이 없으면 임대인에 대하여 그 임대차등기절차에 협력할 것을 청구할 수 있다.
② 부동산임대차를 등기한 때에는 그때부터 제삼자에 대하여 효력이 생긴다.

제622조【건물등기있는 차지권의 대항력】 ① 건물의 소유를 목적으로 한 토지임대차는 이를 등기하지 아니한 경우에도 임차인이 그 지상건물을 등기한 때에는 제삼자에 대하여 임대차의 효력이 생긴다.
② 건물이 임대차기간만료 전에 멸실 또는 후폐한 때에는 전항의 효력을 잃는다.

제623조【임대인의 의무】 임대인은 목적물을 임차인에게 인도하고 계약존속 중 그 사용, 수익에 필요한 상태를 유지하게 할 의무를 부담한다.

제624조【임대인의 보존행위, 인용의무】 임대인이 임대물의 보존에 필요한 행위를 하는 때에는 임차인은 이를 거절하지 못한다.

제625조【임차인의 의사에 반하는 보존행위와 해지권】 임대인이 임차인의 의사에 반하여 보존행위를 하는 경우에 임차인이 이로 인하여 임차의 목적을 달성할 수 없는 때에는 계약을 해지할 수 있다.

제626조【임차인의 상환청구권】 ① 임차인이 임차물의 보존에 관한 필요비를 지출한 때에는 임대인에 대하여 그 상환을 청구할 수 있다.
② 임차인이 유익비를 지출한 경우에는 임대인은 임대차종료 시에 그 가액의 증가가 현존한 때에 한하여 임차인의 지출한 금액이나 그 증가액을 상환하여야 한다. 이 경우에 법원은 임대인의 청구에 의하여 상당한 상환기간을 허여할 수 있다.

제627조【일부멸실 등과 감액청구, 해지권】 ① 임차물의 일부가 임차인의 과실 없이 멸실 기타 사유로 인하여 사용, 수익할 수 없는 때에는 임차인은 그 부분의 비율에 의한 차임의 감액을 청구할 수 있다.
② 전항의 경우에 그 잔존부분으로 임차의 목적을 달성할 수 없는 때에는 임차인은 계약을 해지할 수 있다.

제628조【차임증감청구권】 임대물에 대한 공과부담의 증감 기타 경제사정의 변동으로 인하여 약정한 차임이 상당하지 아니하게 된 때에는 당사자는 장래에 대한 차임의 증감을 청구할 수 있다.

제629조【임차권의 양도, 전대의 제한】 ① 임차인은 임대인의 동의 없이 그 권리를 양도하거나 임차물을 전대하지 못한다.
② 임차인이 전항의 규정에 위반한 때에는 임대인은 계약을 해지할 수 있다.

제630조【전대의 효과】 ① 임차인이 임대인의 동의를 얻어 임차물을 전대한 때에는 전차인은 직접 임

대인에 대하여 의무를 부담한다. 이 경우에 전차인은 전대인에 대한 차임의 지급으로써 임대인에게 대항하지 못한다.

② 전항의 규정은 임대인의 임차인에 대한 권리행사에 영향을 미치지 아니한다.

제631조【전차인의 권리의 확정】 임차인이 임대인의 동의를 얻어 임차물을 전대한 경우에는 임대인과 임차인의 합의로 계약을 종료한 때에도 전차인의 권리는 소멸하지 아니한다.

제632조【임차건물의 소부분을 타인에게 사용케 하는 경우】 전3조의 규정은 건물의 임차인이 그 건물의 소부분을 타인에게 사용하게 하는 경우에 적용하지 아니한다.

제633조【차임지급의 시기】 차임은 동산, 건물이나 대지에 대하여는 매월 말에, 기타 토지에 대하여는 매년 말에 지급하여야 한다. 그러나 수확기 있는 것에 대하여는 그 수확 후 지체없이 지급하여야 한다.

제634조【임차인의 통지의무】 임차물의 수리를 요하거나 임차물에 대하여 권리를 주장하는 자가 있는 때에는 임차인은 지체없이 임대인에게 이를 통지하여야 한다. 그러나 임대인이 이미 이를 안 때에는 그러하지 아니하다.

제635조【기간의 약정없는 임대차의 해지통고】 ① 임대차기간의 약정이 없는 때에는 당사자는 언제든지 계약해지의 통고를 할 수 있다.

② 상대방이 전항의 통고를 받은 날로부터 다음 각 호의 기간이 경과하면 해지의 효력이 생긴다.

1. 토지, 건물 기타 공작물에 대하여는 임대인이 해지를 통고한 경우에는 6월, 임차인이 해지를 통고한 경우에는 1월

2. 동산에 대하여는 5일

제636조【기간의 약정있는 임대차의 해지통고】 임대차기간의 약정이 있는 경우에도 당사자일방 또는 쌍방이 그 기간 내에 해지할 권리를 보류한 때에는 전조의 규정을 준용한다.

제637조【임차인의 파산과 해지통고】 ① 임차인이 파산선고를 받은 경우에는 임대차기간의 약정이 있는 때에도 임대인 또는 파산관재인은 제635조의 규정에 의하여 계약해지의 통고를 할 수 있다.

② 전항의 경우에 각 당사자는 상대방에 대하여 계약해지로 인하여 생긴 손해의 배상을 청구하지 못한다.

제638조【해지통고의 전차인에 대한 통지】 ① 임대차계약이 해지의 통고로 인하여 종료된 경우에 그 임대물이 적법하게 전대되었을 때에는 임대인은 전차인에 대하여 그 사유를 통지하지 아니하면 해지로써 전차인에게 대항하지 못한다.

② 전차인이 전항의 통지를 받은 때에는 제635조제2항의 규정을 준용한다.

제639조【묵시의 갱신】 ① 임대차기간이 만료한 후 임차인이 임차물의 사용, 수익을 계속하는 경우에 임대인이 상당한 기간 내에 이의를 하지 아니한 때에는 전임대차와 동일한 조건으로 다시 임대차한 것으로 본다. 그러나 당사자는 제635조의 규정에 의하여 해지의 통고를 할 수 있다.

② 전항의 경우에 전임대차에 대하여 제삼자가 제공한 담보는 기간의 만료로 인하여 소멸한다.

제640조【차임연체와 해지】 건물 기타 공작물의 임대차에는 임차인의 차임연체액이 2기의 차임액에 달하는 때에는 임대인은 계약을 해지할 수 있다.

제641조【동전】 건물 기타 공작물의 소유 또는 식목, 채염, 목축을 목적으로 한 토지임대차의 경우에도 전조의 규정을 준용한다.

제642조【토지임대차의 해지와 지상건물 등에 대한 담보물권자에의 통지】 전조의 경우에 그 지상에 있는 건물 기타 공작물이 담보물권의 목적이 된 때에는 제288조의 규정을 준용한다.

제643조【임차인의 갱신청구권, 매수청구권】 건물 기타 공작물의 소유 또는 식목, 채염, 목축을 목적으로 한 토지임대차의 기간이 만료한 경우에 건물, 수목 기타 지상시설이 현존한 때에는 제283조의 규정을 준용한다.

제644조【전차인의 임대청구권, 매수청구권】 ① 건물 기타 공작물의 소유 또는 식목, 채염, 목축을 목적으로 한 토지임차인이 적법하게 그 토지를 전대한 경우에 임대차 및 전대차의 기간이 동시에 만료되고 건물, 수목 기타 지상시설이 현존한 때에는 전차인은 임대인에 대하여 전전대차와 동일한 조건으로 임대할 것을 청구할 수 있다.

② 전항의 경우에 임대인이 임대할 것을 원하지 아니하는 때에는 제283조 제2항의 규정을 준용한다.

제645조【지상권목적토지의 임차인의 임대청구권, 매수청구권】 전조의 규정은 지상권자가 그 토지를 임대한 경우에 준용한다.

제646조【임차인의 부속물매수청구권】 ① 건물 기타 공작물의 임차인이 그 사용의 편익을 위하여 임대인의 동의를 얻어 이에 부속한 물건이 있는 때에는 임대차의 종료 시에 임대인에 대하여 그 부속물의 매수를 청구할 수 있다.

② 임대인으로부터 매수한 부속물에 대하여도 전항과 같다.

제647조【전차인의 부속물매수청구권】 ① 건물 기타 공작물의 임차인이 적법하게 전대한 경우에 전차인이 그 사용의 편익을 위하여 임대인의 동의를 얻어 이에 부속한 물건이 있는 때에는 전대차의 종료 시에 임대인에 대하여 그 부속물의 매수를 청구할 수 있다.

② 임대인으로부터 매수하였거나 그 동의를 얻어 임차인으로부터 매수한 부속물에 대하여도 전항과 같다.

제648조【임차지의 부속물, 과실 등에 대한 법정질권】 토지임대인이 임대차에 관한 채권에 의하여 임차지에 부속 또는 그 사용의 편익에 공용한 임차인의 소유동산 및 그 토지의 과실을 압류한 때에는 질권과 동일한 효력이 있다.

제649조【임차지상의 건물에 대한 법정저당권】 토지임대인이 변제기를 경과한 최후 2년의 차임채권에 의하여 그 지상에 있는 임차인소유의 건물을 압류한 때에는 저당권과 동일한 효력이 있다.

제650조【임차건물등의 부속물에 대한 법정질권】 건물 기타 공작물의 임대인이 임대차에 관한 채권에 의하여 그 건물 기타 공작물에 부속한 임차인소유의 동산을 압류한 때에는 질권과 동일한 효력이 있다.

제651조 삭제 <2016. 1. 6.>

[2016. 1. 6. 법률 제13710호에 의하여 2013. 12. 26. 헌법재판소에서 위헌결정된 이 조를 삭제함]

제652조【강행규정】 제627조, 제628조, 제631조, 제635조, 제638조, 제640조, 제641조, 제643조 내지 제647조의 규정에 위반하는 약정으로 임차인이나 전차인에게 불리한 것은 그 효력이 없다.

제653조【일시사용을 위한 임대차의 특례】 제628조, 제638조, 제640조, 제646조 내지 제648조, 제650조 및 전조의 규정은 일시사용하기 위한 임대차 또는 전대차인 것이 명백한 경우에는 적용하지 아니한다.

제654조【준용규정】 제610조 제1항, 제615조 내지 제617조의 규정은 임대차에 이를 준용한다.

제8절 고용

제655조【고용의 의의】 고용은 당사자 일방이 상대방에 대하여 노무를 제공할 것을 약정하고 상대방이 이에 대하여 보수를 지급할 것을 약정함으로써 그 효력이 생긴다.

제656조【보수액과 그 지급시기】 ① 보수 또는 보수액의 약정이 없는 때에는 관습에 의하여 지급하여야 한다.

② 보수는 약정한 시기에 지급하여야 하며 시기의 약정이 없으면 관습에 의하고 관습이 없으면 약정한 노무를 종료한 후 지체없이 지급하여야 한다.

제657조【권리의무의 전속성】 ① 사용자는 노무자의 동의없이 그 권리를 제삼자에게 양도하지 못한다.

② 노무자는 사용자의 동의 없이 제삼자로 하여금 자기에 갈음하여 노무를 제공하게 하지 못한다. <개정 2014. 12. 30.>

③ 당사자 일방이 전2항의 규정에 위반한 때에는 상대방은 계약을 해지할 수 있다.

제658조【노무의 내용과 해지권】 ① 사용자가 노무자에 대하여 약정하지 아니한 노무의 제공을 요구한 때에는 노무자는 계약을 해지할 수 있다.

② 약정한 노무가 특수한 기능을 요하는 경우에 노무자가 그 기능이 없는 때에는 사용자는 계약을 해지할 수 있다.

제659조【3년 이상의 경과와 해지통고권】 ① 고용의 약정기간이 3년을 넘거나 당사자의 일방 또는 제삼자의 종신까지로 된 때에는 각 당사자는 3년을 경과한 후 언제든지 계약해지의 통고를 할 수 있다.

② 전항의 경우에는 상대방이 해지의 통고를 받은 날로부터 3월이 경과하면 해지의 효력이 생긴다.

제660조【기간의 약정이 없는 고용의 해지통고】 ① 고용기간의 약정이 없는 때에는 당사자는 언제든지 계약해지의 통고를 할 수 있다.
② 전항의 경우에는 상대방이 해지의 통고를 받은 날로부터 1월이 경과하면 해지의 효력이 생긴다.
③ 기간으로 보수를 정한 때에는 상대방이 해지의 통고를 받은 당기후의 일기를 경과함으로써 해지의 효력이 생긴다.

제661조【부득이한 사유와 해지권】 고용기간의 약정이 있는 경우에도 부득이한 사유있는 때에는 각 당사자는 계약을 해지할 수 있다. 그러나 그 사유가 당사자 일방의 과실로 인하여 생긴 때에는 상대방에 대하여 손해를 배상하여야 한다.

제662조【묵시의 갱신】 ① 고용기간이 만료한 후 노무자가 계속하여 그 노무를 제공하는 경우에 사용자가 상당한 기간내에 이의를 하지 아니한 때에는 전고용과 동일한 조건으로 다시 고용한 것으로 본다. 그러나 당사자는 제660조의 규정에 의하여 해지의 통고를 할 수 있다.
② 전항의 경우에는 전고용에 대하여 제삼자가 제공한 담보는 기간의 만료로 인하여 소멸한다.

제663조【사용자파산과 해지통고】 ① 사용자가 파산선고를 받은 경우에는 고용기간의 약정이 있는 때에도 노무자 또는 파산관재인은 계약을 해지할 수 있다.
② 전항의 경우에는 각 당사자는 계약해지로 인한 손해의 배상을 청구하지 못한다.

제9절 도급

제664조【도급의 의의】 도급은 당사자 일방이 어느 일을 완성할 것을 약정하고 상대방이 그 일의 결과에 대하여 보수를 지급할 것을 약정함으로써 그 효력이 생긴다.

제665조【보수의 지급시기】 ① 보수는 그 완성된 목적물의 인도와 동시에 지급하여야 한다. 그러나 목적물의 인도를 요하지 아니하는 경우에는 그 일을 완성한 후 지체없이 지급하여야 한다.
② 전항의 보수에 관하여는 제656조 제2항의 규정을 준용한다.

제666조【수급인의 목적부동산에 대한 저당권설정청구권】 부동산공사의 수급인은 전조의 보수에 관한 채권을 담보하기 위하여 그 부동산을 목적으로 한 저당권의 설정을 청구할 수 있다.

제667조【수급인의 담보책임】 ① 완성된 목적물 또는 완성 전의 성취된 부분에 하자가 있는 때에는 도급인은 수급인에 대하여 상당한 기간을 정하여 그 하자의 보수를 청구할 수 있다. 그러나 하자가 중요하지 아니한 경우에 그 보수에 과다한 비용을 요할 때에는 그러하지 아니하다.
② 도급인은 하자의 보수에 갈음하여 또는 보수와 함께 손해배상을 청구할 수 있다. <개정 2014. 12. 30.>
③ 전항의 경우에는 제536조의 규정을 준용한다.

제668조【동전-도급인의 해제권】 도급인이 완성된 목적물의 하자로 인하여 계약의 목적을 달성할 수 없는 때에는 계약을 해제할 수 있다. 그러나 건물 기타 토지의 공작물에 대하여는 그러하지 아니하다.

제669조【동전-하자가 도급인의 제공한 재료 또는 지시에 기인한 경우의 면책】 전2조의 규정은 목적물의 하자가 도급인이 제공한 재료의 성질 또는 도급인의 지시에 기인한 때에는 적용하지 아니한다. 그러나 수급인이 그 재료 또는 지시의 부적당함을 알고 도급인에게 고지하지 아니한 때에는 그러하지 아니하다.

제670조【담보책임의 존속기간】 ① 전3조의 규정에 의한 하자의 보수, 손해배상의 청구 및 계약의 해제는 목적물의 인도를 받은 날로부터 1년 내에 하여야 한다.
② 목적물의 인도를 요하지 아니하는 경우에는 전항의 기간은 일의 종료한 날로부터 기산한다.

제671조【수급인의 담보책임-토지, 건물 등에 대한 특칙】 ① 토지, 건물 기타 공작물의 수급인은 목적물 또는 지반공사의 하자에 대하여 인도 후 5년간 담보의 책임이 있다. 그러나 목적물이 석조, 석회조, 연와조, 금속 기타 이와 유사한 재료로 조성된 것인 때에는 그 기간을 10년으로 한다.
② 전항의 하자로 인하여 목적물이 멸실 또는 훼손된 때에는 도급인은 그 멸실 또는 훼손된 날로부터 1년 내에 제667조의 권리를 행사하여야 한다.

제672조【담보책임면제의 특약】 수급인은 제667조, 제668조의 담보책임이 없음을 약정한 경우에도 알고 고지하지 아니한 사실에 대하여는 그 책임을 면하지 못한다.

제673조【완성전의 도급인의 해제권】 수급인이 일을 완성하기 전에는 도급인은 손해를 배상하고 계약을 해제할 수 있다.

제674조【도급인의 파산과 해제권】 ① 도급인이 파산선고를 받은 때에는 수급인 또는 파산관재인은 계약을 해제할 수 있다. 이 경우에는 수급인은 일의 완성된 부분에 대한 보수 및 보수에 포함되지 아니한 비용에 대하여 파산재단의 배당에 가입할 수 있다.

② 전항의 경우에는 각 당사자는 상대방에 대하여 계약해제로 인한 손해의 배상을 청구하지 못한다.

제9절의2 여행계약 〈신설 2015. 2. 3.〉

제674조의2【여행계약의 의의】 여행계약은 당사자 한쪽이 상대방에게 운송, 숙박, 관광 또는 그 밖의 여행 관련 용역을 결합하여 제공하기로 약정하고 상대방이 그 대금을 지급하기로 약정함으로써 효력이 생긴다.
[본조신설 2015. 2. 3.]

제674조의3【여행 개시 전의 계약 해제】 여행자는 여행을 시작하기 전에는 언제든지 계약을 해제할 수 있다. 다만, 여행자는 상대방에게 발생한 손해를 배상하여야 한다.
[본조신설 2015. 2. 3.]

제674조의4【부득이한 사유로 인한 계약 해지】 ① 부득이한 사유가 있는 경우에는 각 당사자는 계약을 해지할 수 있다. 다만, 그 사유가 당사자 한쪽의 과실로 인하여 생긴 경우에는 상대방에게 손해를 배상하여야 한다.

② 제1항에 따라 계약이 해지된 경우에도 계약상 귀환운송(歸還運送) 의무가 있는 여행주최자는 여행자를 귀환운송할 의무가 있다.

③ 제1항의 해지로 인하여 발생하는 추가 비용은 그 해지 사유가 어느 당사자의 사정에 속하는 경우에는 그 당사자가 부담하고, 누구의 사정에도 속하지 아니하는 경우에는 각 당사자가 절반씩 부담한다.
[본조신설 2015. 2. 3.]

제674조의5【대금의 지급시기】 여행자는 약정한 시기에 대금을 지급하여야 하며, 그 시기의 약정이 없으면 관습에 따르고, 관습이 없으면 여행의 종료 후 지체 없이 지급하여야 한다.
[본조신설 2015. 2. 3.]

제674조의6【여행주최자의 담보책임】 ① 여행에 하자가 있는 경우에는 여행자는 여행주최자에게 하자의 시정 또는 대금의 감액을 청구할 수 있다. 다만, 그 시정에 지나치게 많은 비용이 들거나 그 밖에 시정을 합리적으로 기대할 수 없는 경우에는 시정을 청구할 수 없다.

② 제1항의 시정 청구는 상당한 기간을 정하여 하여야 한다. 다만, 즉시 시정할 필요가 있는 경우에는 그러하지 아니하다.

③ 여행자는 시정 청구, 감액 청구를 갈음하여 손해배상을 청구하거나 시정 청구, 감액 청구와 함께 손해배상을 청구할 수 있다.
[본조신설 2015. 2. 3.]

제674조의7【여행주최자의 담보책임과 여행자의 해지권】 ① 여행자는 여행에 중대한 하자가 있는 경우에 그 시정이 이루어지지 아니하거나 계약의 내용에 따른 이행을 기대할 수 없는 경우에는 계약을 해지할 수 있다.

② 계약이 해지된 경우에는 여행주최자는 대금청구권을 상실한다. 다만, 여행자가 실행된 여행으로 이익을 얻은 경우에는 그 이익을 여행주최자에게 상환하여야 한다.

③ 여행주최자는 계약의 해지로 인하여 필요하게 된 조치를 할 의무를 지며, 계약상 귀환운송 의무가 있으면 여행자를 귀환운송하여야 한다. 이 경우 상당한 이유가 있는 때에는 여행주최자는 여행자에게 그 비용의 일부를 청구할 수 있다.
[본조신설 2015. 2. 3.]

제674조의8【담보책임의 존속기간】 제674조의6과 제674조의7에 따른 권리는 여행 기간 중에도 행사할 수 있으며, 계약에서 정한 여행 종료일부터 6개월 내에 행사하여야 한다.
[본조신설 2015. 2. 3.]

제674조의9【강행규정】 제674조의3, 제674조의4 또는 제674조의6부터 제674조의8까지의 규정을 위반하는 약정으로서 여행자에게 불리한 것은 효력이 없다. [본조신설 2015. 2. 3.]

제10절 현상광고

제675조【현상광고의 의의】 현상광고는 광고자가 어느 행위를 한 자에게 일정한 보수를 지급할 의사를 표시하고 이에 응한 자가 그 광고에 정한 행위를 완료함으로써 그 효력이 생긴다.

제676조【보수수령권자】 ① 광고에 정한 행위를 완료한 자가 수인인 경우에는 먼저 그 행위를 완료한 자가 보수를 받을 권리가 있다.
② 수인이 동시에 완료한 경우에는 각각 균등한 비율로 보수를 받을 권리가 있다. 그러나 보수가 그 성질상 분할할 수 없거나 광고에 1인만이 보수를 받을 것으로 정한 때에는 추첨에 의하여 결정한다.

제677조【광고부지의 행위】 전조의 규정은 광고있음을 알지 못하고 광고에 정한 행위를 완료한 경우에 준용한다.

제678조【우수현상광고】 ① 광고에 정한 행위를 완료한 자가 수인인 경우에 그 우수한 자에 한하여 보수를 지급할 것을 정하는 때에는 그 광고에 응모기간을 정한 때에 한하여 그 효력이 생긴다.
② 전항의 경우에 우수의 판정은 광고 중에 정한 자가 한다. 광고 중에 판정자를 정하지 아니한 때에는 광고자가 판정한다.
③ 우수한 자 없다는 판정은 이를 할 수 없다. 그러나 광고 중에 다른 의사표시가 있거나 광고의 성질상 판정의 표준이 정하여져 있는 때에는 그러하지 아니하다.
④ 응모자는 전2항의 판정에 대하여 이의를 하지 못한다.
⑤ 수인의 행위가 동등으로 판정된 때에는 제676조제2항의 규정을 준용한다.

제679조【현상광고의 철회】 ① 광고에 그 지정한 행위의 완료기간을 정한 때에는 그 기간만료 전에 광고를 철회하지 못한다.
② 광고에 행위의 완료기간을 정하지 아니한 때에는 그 행위를 완료한 자 있기 전에는 그 광고와 동일한 방법으로 광고를 철회할 수 있다.
③ 전광고와 동일한 방법으로 철회할 수 없는 때에는 그와 유사한 방법으로 철회할 수 있다. 이 철회는 철회한 것을 안 자에 대하여만 그 효력이 있다.

제11절 위임

제680조【위임의 의의】 위임은 당사자 일방이 상대방에 대하여 사무의 처리를 위탁하고 상대방이 이를 승낙함으로써 그 효력이 생긴다.

제681조【수임인의 선관의무】 수임인은 위임의 본지에 따라 선량한 관리자의 주의로써 위임사무를 처리하여야 한다.

제682조【복임권의 제한】 ① 수임인은 위임인의 승낙이나 부득이한 사유없이 제삼자로 하여금 자기에 갈음하여 위임사무를 처리하게 하지 못한다. <개정 2014. 12. 30.>
② 수임인이 전항의 규정에 의하여 제삼자에게 위임사무를 처리하게 한 경우에는 제121조, 제123조의 규정을 준용한다.

제683조【수임인의 보고의무】 수임인은 위임인의 청구가 있는 때에는 위임사무의 처리상황을 보고하고 위임이 종료한 때에는 지체없이 그 전말을 보고하여야 한다.

제684조【수임인의 취득물 등의 인도, 이전의무】 ① 수임인은 위임사무의 처리로 인하여 받은 금전 기타의 물건 및 그 수취한 과실을 위임인에게 인도하여야 한다.
② 수임인이 위임인을 위하여 자기의 명의로 취득한 권리는 위임인에게 이전하여야 한다.

제685조【수임인의 금전소비의 책임】 수임인이 위임인에게 인도할 금전 또는 위임인의 이익을 위하여 사용할 금전을 자기를 위하여 소비한 때에는 소비한 날 이후의 이자를 지급하여야 하며 그 외의 손해가 있으면 배상하여야 한다.

제686조【수임인의 보수청구권】 ① 수임인은 특별한 약정이 없으면 위임인에 대하여 보수를 청구하지 못한다.

② 수임인이 보수를 받을 경우에는 위임사무를 완료한 후가 아니면 이를 청구하지 못한다. 그러나 기간으로 보수를 정한 때에는 그 기간이 경과한 후에 이를 청구할 수 있다.

③ 수임인이 위임사무를 처리하는 중에 수임인의 책임없는 사유로 인하여 위임이 종료된 때에는 수임인은 이미 처리한 사무의 비율에 따른 보수를 청구할 수 있다.

제687조【수임인의 비용선급청구권】 위임사무의 처리에 비용을 요하는 때에는 위임인은 수임인의 청구에 의하여 이를 선급하여야 한다.

제688조【수임인의 비용상환청구권 등】 ① 수임인이 위임사무의 처리에 관하여 필요비를 지출한 때에는 위임인에 대하여 지출한 날 이후의 이자를 청구할 수 있다.

② 수임인이 위임사무의 처리에 필요한 채무를 부담한 때에는 위임인에게 자기에 갈음하여 이를 변제하게 할 수 있고 그 채무가 변제기에 있지 아니한 때에는 상당한 담보를 제공하게 할 수 있다. <개정 2014. 12. 30.>

③ 수임인이 위임사무의 처리를 위하여 과실 없이 손해를 받은 때에는 위임인에 대하여 그 배상을 청구할 수 있다.

제689조【위임의 상호해지의 자유】 ① 위임계약은 각 당사자가 언제든지 해지할 수 있다.

② 당사자 일방이 부득이한 사유없이 상대방의 불리한 시기에 계약을 해지한 때에는 그 손해를 배상하여야 한다.

제690조【사망·파산 등과 위임의 종료】 위임은 당사자 한쪽의 사망이나 파산으로 종료된다. 수임인이 성년후견개시의 심판을 받은 경우에도 이와 같다. [전문개정 2011. 3. 7.]

제691조【위임종료 시의 긴급처리】 위임종료의 경우에 급박한 사정이 있는 때에는 수임인, 그 상속인이나 법정대리인은 위임인, 그 상속인이나 법정대리인이 위임사무를 처리할 수 있을 때까지 그 사무의 처리를 계속하여야 한다. 이 경우에는 위임의 존속과 동일한 효력이 있다.

제692조【위임종료의 대항요건】 위임종료의 사유는 이를 상대방에게 통지하거나 상대방이 이를 안 때가 아니면 이로써 상대방에게 대항하지 못한다.

제12절 임치

제693조【임치의 의의】 임치는 당사자 일방이 상대방에 대하여 금전이나 유가증권 기타 물건의 보관을 위탁하고 상대방이 이를 승낙함으로써 효력이 생긴다.

제694조【수치인의 임치물사용금지】 수치인은 임치인의 동의없이 임치물을 사용하지 못한다.

제695조【무상수치인의 주의의무】 보수없이 임치를 받은 자는 임치물을 자기재산과 동일한 주의로 보관하여야 한다.

제696조【수치인의 통지의무】 임치물에 대한 권리를 주장하는 제삼자가 수치인에 대하여 소를 제기하거나 압류한 때에는 수치인은 지체없이 임치인에게 이를 통지하여야 한다.

제697조【임치물의 성질, 하자로 인한 임치인의 손해배상의무】 임치인은 임치물의 성질 또는 하자로 인하여 생긴 손해를 수치인에게 배상하여야 한다. 그러나 수치인이 그 성질 또는 하자를 안 때에는 그러하지 아니하다.

제698조【기간의 약정있는 임치의 해지】 임치기간의 약정이 있는 때에는 수치인은 부득이한 사유 없이 그 기간만료전에 계약을 해지하지 못한다. 그러나 임치인은 언제든지 계약을 해지할 수 있다.

제699조【기간의 약정없는 임치의 해지】 임치기간의 약정이 없는 때에는 각 당사자는 언제든지 계약을 해지할 수 있다.

제700조【임치물의 반환장소】 임치물은 그 보관한 장소에서 반환하여야 한다. 그러나 수치인이 정당한 사유로 인하여 그 물건을 전치한 때에는 현존하는 장소에서 반환할 수 있다.

제701조【준용규정】 제682조, 제684조 내지 제687조 및 제688조 제1항, 제2항의 규정은 임치에 준용한다.

제702조【소비임치】 수치인이 계약에 의하여 임치물을 소비할 수 있는 경우에는 소비대차에 관한 규정을 준용한다. 그러나 반환시기의 약정이 없는 때에는 임치인은 언제든지 그 반환을 청구할 수 있다.

제13절 조합

제703조【조합의 의의】 ① 조합은 2인 이상이 상호 출자하여 공동사업을 경영할 것을 약정함으로써 그 효력이 생긴다.

② 전항의 출자는 금전 기타 재산 또는 노무로 할 수 있다.

제704조【조합재산의 합유】 조합원의 출자 기타 조합재산은 조합원의 합유로 한다.

제705조【금전출자지체의 책임】 금전을 출자의 목적으로 한 조합원이 출자시기를 지체한 때에는 연체이자를 지급하는 외에 손해를 배상하여야 한다.

제706조【사무집행의 방법】 ① 조합계약으로 업무집행자를 정하지 아니한 경우에는 조합원의 3분의 2 이상의 찬성으로써 이를 선임한다.

② 조합의 업무집행은 조합원의 과반수로써 결정한다. 업무집행자 수인인 때에는 그 과반수로써 결정한다.

③ 조합의 통상사무는 전항의 규정에 불구하고 각 조합원 또는 각 업무집행자가 전행할 수 있다. 그러나 그 사무의 완료 전에 다른 조합원 또는 다른 업무집행자의 이의가 있는 때에는 즉시 중지하여야 한다.

제707조【준용규정】 조합업무를 집행하는 조합원에는 제681조 내지 제688조의 규정을 준용한다.

제708조【업무집행자의 사임, 해임】 업무집행자인 조합원은 정당한 사유 없이 사임하지 못하며 다른 조합원의 일치가 아니면 해임하지 못한다.

제709조【업무집행자의 대리권추정】 조합의 업무를 집행하는 조합원은 그 업무집행의 대리권있는 것으로 추정한다.

제710조【조합원의 업무, 재산상태검사권】 각 조합원은 언제든지 조합의 업무 및 재산상태를 검사할 수 있다.

제711조【손익분배의 비율】 ① 당사자가 손익분배의 비율을 정하지 아니한 때에는 각 조합원의 출자가액에 비례하여 이를 정한다.

② 이익 또는 손실에 대하여 분배의 비율을 정한 때에는 그 비율은 이익과 손실에 공통된 것으로 추정한다.

제712조【조합원에 대한 채권자의 권리행사】 조합채권자는 그 채권발생 당시에 조합원의 손실부담의 비율을 알지 못한 때에는 각 조합원에게 균분하여 그 권리를 행사할 수 있다.

제713조【무자력조합원의 채무와 타조합원의 변제책임】 조합원 중에 변제할 자력없는 자가 있는 때에는 그 변제할 수 없는 부분은 다른 조합원이 균분하여 변제할 책임이 있다.

제714조【지분에 대한 압류의 효력】 조합원의 지분에 대한 압류는 그 조합원의 장래의 이익배당 및 지분의 반환을 받을 권리에 대하여 효력이 있다.

제715조【조합채무자의 상계의 금지】 조합의 채무자는 그 채무와 조합원에 대한 채권으로 상계하지 못한다.

제716조【임의탈퇴】 ① 조합계약으로 조합의 존속기간을 정하지 아니하거나 조합원의 종신까지 존속할 것을 정한 때에는 각 조합원은 언제든지 탈퇴할 수 있다. 그러나 부득이한 사유 없이 조합의 불리한 시기에 탈퇴하지 못한다.

② 조합의 존속기간을 정한 때에도 조합원은 부득이한 사유가 있으면 탈퇴할 수 있다.

제717조【비임의 탈퇴】 제716조의 경우 외에 조합원은 다음 각 호의 어느 하나에 해당하는 사유가 있으면 탈퇴된다.

1. 사망
2. 파산
3. 성년후견의 개시
4. 제명(除名)

[전문개정 2011. 3. 7.]

제718조【제명】 ① 조합원의 제명은 정당한 사유 있는 때에 한하여 다른 조합원의 일치로써 이를 결정한다.

② 전항의 제명결정은 제명된 조합원에게 통지하지 아니하면 그 조합원에게 대항하지 못한다.

제719조【탈퇴조합원의 지분의 계산】 ① 탈퇴한 조합원과 다른 조합원 간의 계산은 탈퇴당시의 조합재산상태에 의하여 한다.

② 탈퇴한 조합원의 지분은 그 출자의 종류여하에 불구하고 금전으로 반환할 수 있다.

③ 탈퇴당시에 완결되지 아니한 사항에 대하여는 완결 후에 계산할 수 있다.

제720조【부득이한 사유로 인한 해산청구】 부득이한 사유가 있는 때에는 각 조합원은 조합의 해산을 청구할 수 있다.

제721조【청산인】 ① 조합이 해산한 때에는 청산은 총조합원 공동으로 또는 그들이 선임한 자가 그 사무를 집행한다.

② 전항의 청산인의 선임은 조합원의 과반수로써 결정한다.

제722조【청산인의 업무집행방법】 청산인이 수인인 때에는 제706조 제2항 후단의 규정을 준용한다.

제723조【조합원인 청산인의 사임, 해임】 조합원 중에서 청산인을 정한 때에는 제708조의 규정을 준용한다.

제724조【청산인의 직무, 권한과 잔여재산의 분배】 ① 청산인의 직무 및 권한에 관하여는 제87조의 규정을 준용한다.

② 잔여재산은 각 조합원의 출자가액에 비례하여 이를 분배한다.

제14절 종신정기금

제725조【종신정기금계약의 의의】 종신정기금계약은 당사자 일방이 자기, 상대방 또는 제삼자의 종신까지 정기로 금전 기타의 물건을 상대방 또는 제삼자에게 지급할 것을 약정함으로써 그 효력이 생긴다.

제726조【종신정기금의 계산】 종신정기금은 일수로 계산한다.

제727조【종신정기금계약의 해제】 ① 정기금채무자가 정기금채무의 원본을 받은 경우에 그 정기금채무의 지급을 해태하거나 기타 의무를 이행하지 아니한 때에는 정기금채권자는 원본의 반환을 청구할 수 있다. 그러나 이미 지급을 받은 채무액에서 그 원본의 이자를 공제한 잔액을 정기금채무자에게 반환하여야 한다.

② 전항의 규정은 손해배상의 청구에 영향을 미치지 아니한다.

제728조【해제와 동시이행】 제536조의 규정은 전조의 경우에 준용한다.

제729조【채무자귀책사유로 인한 사망과 채권존속선고】 ① 사망이 정기금채무자의 책임 있는 사유로 인한 때에는 법원은 정기금채권자 또는 그 상속인의 청구에 의하여 상당한 기간 채권의 존속을 선고할 수 있다.

② 전항의 경우에도 제727조의 권리를 행사할 수 있다.

제730조【유증에 의한 종신정기금】 본절의 규정은 유증에 의한 종신정기금채권에 준용한다.

제15절 화해

제731조【화해의 의의】 화해는 당사자가 상호양보하여 당사자간의 분쟁을 종지할 것을 약정함으로써 그 효력이 생긴다.

제732조【화해의 창설적효력】 화해계약은 당사자 일방이 양보한 권리가 소멸되고 상대방이 화해로 인하여 그 권리를 취득하는 효력이 있다.

제733조【화해의 효력과 착오】 화해계약은 착오를 이유로 하여 취소하지 못한다. 그러나 화해당사자의 자격 또는 화해의 목적인 분쟁 이외의 사항에 착오가 있는 때에는 그러하지 아니하다.

약관의 규제에 관한 법률

[시행 2021. 12. 30.]
[법률 제17799호, 2020. 12. 29, 타법개정]

제1장 총칙 〈개정 2010. 3. 22.〉

제1조【목적】 이 법은 사업자가 그 거래상의 지위를 남용하여 불공정한 내용의 약관(約款)을 작성하여 거래에 사용하는 것을 방지하고 불공정한 내용의 약관을 규제함으로써 건전한 거래질서를 확립하고, 이를 통하여 소비자를 보호하고 국민생활을 균형 있게 향상시키는 것을 목적으로 한다.
[전문개정 2010. 3. 22.]

제2조【정의】 이 법에서 사용하는 용어의 정의는 다음과 같다.

1. "약관"이란 그 명칭이나 형태 또는 범위에 상관 없이 계약의 한쪽 당사자가 여러 명의 상대방과 계약을 체결하기 위하여 일정한 형식으로 미리 마련한 계약의 내용을 말한다.
2. "사업자"란 계약의 한쪽 당사자로서 상대 당사자에게 약관을 계약의 내용으로 할 것을 제안하는 자를 말한다.
3. "고객"이란 계약의 한쪽 당사자로서 사업자로부터 약관을 계약의 내용으로 할 것을 제안받은 자를 말한다.

[전문개정 2010. 3. 22.]

제3조【약관의 작성 및 설명의무 등】 ① 사업자는 고객이 약관의 내용을 쉽게 알 수 있도록 한글로 작성하고, 표준화·체계화된 용어를 사용하며, 약관의 중요한 내용을 부호, 색채, 굵고 큰 문자 등으로 명확하게 표시하여 알아보기 쉽게 약관을 작성하여야 한다. 〈개정 2011. 3. 29.〉
② 사업자는 계약을 체결할 때에는 고객에게 약관의 내용을 계약의 종류에 따라 일반적으로 예상되는 방법으로 분명하게 밝히고, 고객이 요구할 경우 그 약관의 사본을 고객에게 내주어 고객이 약관의 내용을 알 수 있게 하여야 한다. 다만, 다음 각 호의 어느 하나에 해당하는 업종의 약관에 대하여는 그러하지 아니하다. 〈개정 2011. 3. 29.〉

1. 여객운송업
2. 전기·가스 및 수도사업
3. 우편업
4. 공중전화 서비스 제공 통신업

③ 사업자는 약관에 정하여져 있는 중요한 내용을 고객이 이해할 수 있도록 설명하여야 한다. 다만, 계약의 성질상 설명하는 것이 현저하게 곤란한 경우에는 그러하지 아니하다.
④ 사업자가 제2항 및 제3항을 위반하여 계약을 체결한 경우에는 해당 약관을 계약의 내용으로 주장할 수 없다.
[전문개정 2010. 3. 22.]

제4조【개별 약정의 우선】 약관에서 정하고 있는 사항에 관하여 사업자와 고객이 약관의 내용과 다르게 합의한 사항이 있을 때에는 그 합의 사항은 약관보다 우선한다.
[전문개정 2010. 3. 22.]

제5조【약관의 해석】 ① 약관은 신의성실의 원칙에 따라 공정하게 해석되어야 하며 고객에 따라 다르게 해석되어서는 아니 된다.
② 약관의 뜻이 명백하지 아니한 경우에는 고객에게 유리하게 해석되어야 한다.
[전문개정 2010. 3. 22.]

제2장 불공정약관조항 〈개정 2010. 3. 22.〉

제6조【일반원칙】 ① 신의성실의 원칙을 위반하여 공정성을 잃은 약관 조항은 무효이다.
② 약관의 내용 중 다음 각 호의 어느 하나에 해당하는 내용을 정하고 있는 조항은 공정성을 잃은 것으로 추정된다.

1. 고객에게 부당하게 불리한 조항
2. 고객이 계약의 거래형태 등 관련된 모든 사정에 비추어 예상하기 어려운 조항
3. 계약의 목적을 달성할 수 없을 정도로 계약에 따르는 본질적 권리를 제한하는 조항

[전문개정 2010. 3. 22.]

제7조【면책조항의 금지】 계약 당사자의 책임에 관하여 정하고 있는 약관의 내용 중 다음 각 호의 어느 하나에 해당하는 내용을 정하고 있는 조항은 무효로 한다.

1. 사업자, 이행 보조자 또는 피고용자의 고의 또는 중대한 과실로 인한 법률상의 책임을 배제하는 조항

2. 상당한 이유 없이 사업자의 손해배상 범위를 제한하거나 사업자가 부담하여야 할 위험을 고객에게 떠넘기는 조항

3. 상당한 이유 없이 사업자의 담보책임을 배제 또는 제한하거나 그 담보책임에 따르는 고객의 권리행사의 요건을 가중하는 조항

4. 상당한 이유 없이 계약목적물에 관하여 견본이 제시되거나 품질·성능 등에 관한 표시가 있는 경우 그 보장된 내용에 대한 책임을 배제 또는 제한하는 조항

[전문개정 2010. 3. 22.]

제8조【손해배상액의 예정】 고객에게 부당하게 과중한 지연 손해금 등의 손해배상 의무를 부담시키는 약관 조항은 무효로 한다.

[전문개정 2010. 3. 22.]

제9조【계약의 해제·해지】 계약의 해제·해지에 관하여 정하고 있는 약관의 내용 중 다음 각 호의 어느 하나에 해당되는 내용을 정하고 있는 조항은 무효로 한다.

1. 법률에 따른 고객의 해제권 또는 해지권을 배제하거나 그 행사를 제한하는 조항

2. 사업자에게 법률에서 규정하고 있지 아니하는 해제권 또는 해지권을 부여하여 고객에게 부당하게 불이익을 줄 우려가 있는 조항

3. 법률에 따른 사업자의 해제권 또는 해지권의 행사 요건을 완화하여 고객에게 부당하게 불이익을 줄 우려가 있는 조항

4. 계약의 해제 또는 해지로 인한 원상회복의무를 상당한 이유 없이 고객에게 과중하게 부담시키거나 고객의 원상회복 청구권을 부당하게 포기하도록 하는 조항

5. 계약의 해제 또는 해지로 인한 사업자의 원상회복의무나 손해배상의무를 부당하게 경감하는 조항

6. 계속적인 채권관계의 발생을 목적으로 하는 계약에서 그 존속기간을 부당하게 단기 또는 장기로 하거나 묵시적인 기간의 연장 또는 갱신이 가능하도록 정하여 고객에게 부당하게 불이익을 줄 우려가 있는 조항

[전문개정 2010. 3. 22.]

제10조【채무의 이행】 채무의 이행에 관하여 정하고 있는 약관의 내용 중 다음 각 호의 어느 하나에 해당하는 내용을 정하고 있는 조항은 무효로 한다.

1. 상당한 이유 없이 급부(給付)의 내용을 사업자가 일방적으로 결정하거나 변경할 수 있도록 권한을 부여하는 조항

2. 상당한 이유 없이 사업자가 이행하여야 할 급부를 일방적으로 중지할 수 있게 하거나 제3자에게 대행할 수 있게 하는 조항

[전문개정 2010. 3. 22.]

제11조【고객의 권익 보호】 고객의 권익에 관하여 정하고 있는 약관의 내용 중 다음 각 호의 어느 하나에 해당하는 내용을 정하고 있는 조항은 무효로 한다.

1. 법률에 따른 고객의 항변권(抗辯權), 상계권(相計權) 등의 권리를 상당한 이유 없이 배제하거나 제한하는 조항

2. 고객에게 주어진 기한의 이익을 상당한 이유 없이 박탈하는 조항

3. 고객이 제3자와 계약을 체결하는 것을 부당하게 제한하는 조항

4. 사업자가 업무상 알게 된 고객의 비밀을 정당한 이유 없이 누설하는 것을 허용하는 조항

[전문개정 2010. 3. 22.]

제12조【의사표시의 의제】 의사표시에 관하여 정하고 있는 약관의 내용 중 다음 각 호의 어느 하나에 해당하는 내용을 정하고 있는 조항은 무효로 한다.

1. 일정한 작위(作爲) 또는 부작위(不作爲)가 있을 경우 고객의 의사표시가 표명되거나 표명되지 아니한 것으로 보는 조항. 다만, 고객에게 상당한 기한 내에 의사표시를 하지 아니하면 의사표시가 표명되거나 표명되지 아니한 것으로 본다는 뜻을 명확하게 따로 고지한 경우이거나 부득이한 사유로 그러한 고지를 할 수 없는 경우에는 그러하지 아니하다.

2. 고객의 의사표시의 형식이나 요건에 대하여 부당하게 엄격한 제한을 두는 조항

3. 고객의 이익에 중대한 영향을 미치는 사업자의 의사표시가 상당한 이유 없이 고객에게 도달된 것으로 보는 조항

4. 고객의 이익에 중대한 영향을 미치는 사업자의 의사표시 기한을 부당하게 길게 정하거나 불확정하게 정하는 조항

[전문개정 2010. 3. 22.]

제13조【대리인의 책임 가중】 고객의 대리인에 의하여 계약이 체결된 경우 고객이 그 의무를 이행하지 아니하는 경우에는 대리인에게 그 의무의 전부 또는 일부를 이행할 책임을 지우는 내용의 약관 조항은 무효로 한다.

[전문개정 2010. 3. 22.]

제14조【소송 제기의 금지 등】 소송 제기 등과 관련된 약관의 내용 중 다음 각 호의 어느 하나에 해당하는 조항은 무효로 한다.

1. 고객에게 부당하게 불리한 소송 제기 금지 조항 또는 재판관할의 합의 조항

2. 상당한 이유 없이 고객에게 입증책임을 부담시키는 약관 조항

[전문개정 2010. 3. 22.]

제15조【적용의 제한】 국제적으로 통용되는 약관이나 그 밖에 특별한 사정이 있는 약관으로서 대통령령으로 정하는 경우에는 제7조부터 제14조까지의 규정을 적용하는 것을 조항별·업종별로 제한할 수 있다.

[전문개정 2010. 3. 22.]

제16조【일부 무효의 특칙】 약관의 전부 또는 일부의 조항이 제3조 제4항에 따라 계약의 내용이 되지 못하는 경우나 제6조부터 제14조까지의 규정에 따라 무효인 경우 계약은 나머지 부분만으로 유효하게 존속한다. 다만, 유효한 부분만으로는 계약의 목적 달성이 불가능하거나 그 유효한 부분이 한쪽 당사자에게 부당하게 불리한 경우에는 그 계약은 무효로 한다.

[전문개정 2010. 3. 22.]

제3장 약관의 규제 〈개정 2010. 3. 22.〉

제17조【불공정약관조항의 사용금지】 사업자는 제6조부터 제14조까지의 규정에 해당하는 불공정한 약관 조항(이하 "불공정약관조항"이라 한다)을 계약의 내용으로 하여서는 아니 된다.

[전문개정 2010. 3. 22.]

제17조의2【시정 조치】 ① 공정거래위원회는 사업자가 제17조를 위반한 경우에는 사업자에게 해당 불공정약관조항의 삭제·수정 등 시정에 필요한 조치를 권고할 수 있다.

② 공정거래위원회는 제17조를 위반한 사업자가 다음 각 호의 어느 하나에 해당하는 경우에는 사업자에게 해당 불공정약관조항의 삭제·수정, 시정명령을 받은 사실의 공표, 그 밖에 약관을 시정하기 위하여 필요한 조치를 명할 수 있다. 〈개정 2013. 5. 28., 2020. 12. 29.〉

1. 사업자가 「독점규제 및 공정거래에 관한 법률」 제2조 제3호의 시장지배적사업자인 경우

2. 사업자가 자기의 거래상의 지위를 부당하게 이용하여 계약을 체결하는 경우

3. 사업자가 일반 공중에게 물품·용역을 공급하는 계약으로서 계약 체결의 긴급성·신속성으로 인하여 고객이 계약을 체결할 때에 약관 조항의 내용을 변경하기 곤란한 경우

4. 사업자의 계약 당사자로서의 지위가 현저하게 우월하거나 고객이 다른 사업자를 선택할 범위가 제한되어 있어 약관을 계약의 내용으로 하는 것이 사실상 강제되는 경우

5. 계약의 성질상 또는 목적상 계약의 취소·해제 또는 해지가 불가능하거나 계약을 취소·해제 또는 해지하면 고객에게 현저한 재산상의 손해가 발생하는 경우

6. 사업자가 제1항에 따른 권고를 정당한 사유 없이 따르지 아니하여 여러 고객에게 피해가 발생하거나 발생할 우려가 현저한 경우

③ 공정거래위원회는 제1항 및 제2항에 따른 시정권고 또는 시정명령을 할 때 필요하면 해당 사업자와 같은 종류의 사업을 하는 다른 사업자에게 같은 내용의 불공정약관조항을 사용하지 말 것을 권고할 수 있다.

[전문개정 2010. 3. 22.]

제18조【관청 인가 약관 등】 ① 공정거래위원회는 행정관청이 작성한 약관이나 다른 법률에 따라 행정관청의 인가를 받은 약관이 제6조부터 제14조까지의 규정에 해당된다고 인정할 때에는 해당 행정관청에 그 사실을 통보하고 이를 시정하기 위하여 필요한 조치를 하도록 요청할 수 있다.

② 공정거래위원회는 「은행법」에 따른 은행의 약관이 제6조부터 제14조까지의 규정에 해당된다고 인정할 때에는 「금융위원회의 설치 등에 관한 법률」에 따라 설립된 금융감독원에 그 사실을 통보하고 이를 시정하기 위하여 필요한 조치를 권고할 수 있다. <개정 2010. 5. 17.>

③ 제1항에 따라 행정관청에 시정을 요청한 경우 공정거래위원회는 제17조의2 제1항 및 제2항에 따른 시정권고 또는 시정명령은 하지 아니한다.

[전문개정 2010. 3. 22.]

제19조【약관의 심사청구】 ① 다음 각 호의 자는 약관 조항이 이 법에 위반되는지 여부에 관한 심사를 공정거래위원회에 청구할 수 있다.

1. 약관의 조항과 관련하여 법률상의 이익이 있는 자
2. 「소비자기본법」제29조에 따라 등록된 소비자단체
3. 「소비자기본법」제33조에 따라 설립된 한국소비자원
4. 사업자단체

② 제1항에 따른 약관의 심사청구는 공정거래위원회에 서면이나 전자문서로 제출하여야 한다.

[전문개정 2010. 3. 22.]

제19조의2【약관변경으로 인한 심사대상의 변경】 공정거래위원회는 심사대상인 약관 조항이 변경된 때에는 직권으로 또는 심사청구인의 신청에 의하여 심사대상을 변경할 수 있다.

[본조신설 2012. 2. 17.]

[종전 제19조의2는 제19조의3으로 이동 <2012. 2. 17.>]

제19조의3【표준약관】 ① 사업자 및 사업자단체는 건전한 거래질서를 확립하고 불공정한 내용의 약관이 통용되는 것을 방지하기 위하여 일정한 거래 분야에서 표준이 될 약관의 제정·개정안을 마련하여 그 내용이 이 법에 위반되는지 여부에 관하여 공정거래위원회에 심사를 청구할 수 있다. <개정 2016. 3. 29.>

② 「소비자기본법」제29조에 따라 등록된 소비자단체 또는 같은 법 제33조에 따라 설립된 한국소비자원(이하 "소비자단체등"이라 한다)은 소비자 피해가 자주 일어나는 거래 분야에서 표준이 될 약관을 제정 또는 개정할 것을 공정거래위원회에 요청할 수 있다. <개정 2016. 3. 29.>

③ 공정거래위원회는 다음 각 호의 어느 하나에 해당하는 경우에 사업자 및 사업자단체에 대하여 표준이 될 약관의 제정·개정안을 마련하여 심사 청구할 것을 권고할 수 있다. <개정 2016. 3. 29.>

1. 소비자단체등의 요청이 있는 경우
2. 일정한 거래 분야에서 여러 고객에게 피해가 발생하거나 발생할 우려가 있는 경우에 관련 상황을 조사하여 약관이 없거나 불공정약관조항이 있는 경우
3. 법률의 제정·개정·폐지 등으로 약관을 정비할 필요가 발생한 경우

④ 공정거래위원회는 사업자 및 사업자단체가 제3항의 권고를 받은 날부터 4개월 이내에 필요한 조치를 하지 아니하면 관련 분야의 거래 당사자 및 소비자단체등의 의견을 듣고 관계 부처의 협의를 거쳐 표준이 될 약관을 제정 또는 개정할 수 있다. <개정 2016. 3. 29.>

⑤ 공정거래위원회는 제1항 또는 제4항에 따라 심사하거나 제정·개정한 약관(이하 "표준약관"이라 한다)을 공시(公示)하고 사업자 및 사업자단체에 표준약관을 사용할 것을 권장할 수 있다. <개정 2016. 3. 29.>

⑥ 공정거래위원회로부터 표준약관의 사용을 권장받은 사업자 및 사업자단체는 표준약관과 다른 약관을 사용하는 경우 표준약관과 다르게 정한 주요 내용을 고객이 알기 쉽게 표시하여야 한다.

⑦ 공정거래위원회는 표준약관의 사용을 활성화하기 위하여 표준약관 표지(標識)를 정할 수 있고, 사업자 및 사업자단체는 표준약관을 사용하는 경우 공정거래위원회가 고시하는 바에 따라 표준약관 표지를 사용할 수 있다.

⑧ 사업자 및 사업자단체는 표준약관과 다른 내용을 약관으로 사용하는 경우 표준약관 표지를 사용하여서는 아니 된다.

⑨ 사업자 및 사업자단체가 제8항을 위반하여 표준약관 표지를 사용하는 경우 표준약관의 내용보다 고객에게 더 불리한 약관의 내용은 무효로 한다.

[전문개정 2010. 3. 22.]

[제19조의2에서 이동 <2012. 2. 17.>]

제20조【조사】 ① 공정거래위원회는 다음 각 호의 어느 하나의 경우 약관이 이 법에 위반된 사실이 있는지 여부를 확인하기 위하여 필요한 조사를 할 수 있다.

1. 제17조의2 제1항 또는 제2항에 따른 시정권고 또는 시정명령을 하기 위하여 필요하다고 인정되는 경우

2. 제19조에 따라 약관의 심사청구를 받은 경우

② 제1항에 따라 조사를 하는 공무원은 그 권한을 표시하는 증표를 지니고 이를 관계인에게 내보여야 한다.

[전문개정 2010. 3. 22.]

제21조 삭제 <2010. 3. 22.>

제22조【의견 진술】 ① 공정거래위원회는 약관의 내용이 이 법에 위반되는지 여부에 대하여 심의하기 전에 그 약관에 따라 거래를 한 사업자 또는 이해관계인에게 그 약관이 심사 대상이 되었다는 사실을 알려야 한다.

② 제1항에 따라 통지를 받은 당사자 또는 이해관계인은 공정거래위원회의 회의에 출석하여 의견을 진술하거나 필요한 자료를 제출할 수 있다.

③ 공정거래위원회는 심사 대상이 된 약관이 다른 법률에 따라 행정관청의 인가를 받았거나 받아야 할 것인 경우에는 심의에 앞서 그 행정관청에 의견을 제출하도록 요구할 수 있다.

[전문개정 2010. 3. 22.]

제23조【불공정약관조항의 공개】 공정거래위원회는 이 법에 위반된다고 심의·의결한 약관 조항의 목록을 인터넷 홈페이지에 공개하여야 한다. <개정 2011. 3. 29.>

[전문개정 2010. 3. 22.]

제4장 분쟁의 조정 등 〈신설 2012. 2. 17.〉

제24조【약관 분쟁조정협의회의 설치 및 구성】 ① 제17조를 위반한 약관 또는 이와 비슷한 유형의 약관으로서 대통령령으로 정하는 약관과 관련된 분쟁을 조정하기 위하여 「독점규제 및 공정거래에 관한 법률」 제72조 제1항에 따른 한국공정거래조정원(이하 "조정원"이라 한다)에 약관 분쟁조정협의회(이하 "협의회"라 한다)를 둔다. <개정 2020. 12. 29.>

② 협의회는 위원장 1명을 포함한 9명의 위원으로 구성한다.

③ 협의회 위원장은 조정원의 장의 제청으로 공정거래위원회 위원장이 위촉한다.

④ 협의회 위원장이 사고로 직무를 수행할 수 없을 때에는 협의회의 위원장이 지명하는 협의회 위원이 그 직무를 대행한다.

⑤ 협의회 위원은 약관규제·소비자 분야에 경험 또는 전문지식이 있는 사람으로서 다음 각 호의 어느 하나에 해당하는 사람 중에서 조정원의 장의 제청으로 공정거래위원회 위원장이 위촉한다.

1. 공정거래 및 소비자보호 업무에 관한 경험이 있는 4급 이상 공무원(고위공무원단에 속하는 일반직공무원을 포함한다)의 직에 있거나 있었던 사람

2. 판사·검사 직에 있거나 있었던 사람 또는 변호사의 자격이 있는 사람

3. 대학에서 법률학·경제학·경영학 또는 소비자 관련 분야 학문을 전공한 사람으로서 「고등교육법」 제2조 제1호·제2호·제4호 또는 제5호에 따른 학교나 공인된 연구기관에서 부교수 이상의 직 또는 이에 상당하는 직에 있거나 있었던 사람

4. 그 밖에 기업경영 및 소비자권익과 관련된 업무에 관한 학식과 경험이 풍부한 사람

⑥ 협의회 위원의 임기는 3년으로 하되, 연임할 수 있다.

⑦ 협의회 위원 중 결원이 생긴 때에는 제5항에 따라 보궐위원을 위촉하여야 하며, 그 보궐위원의 임기는 전임자의 남은 임기로 한다.

⑧ 협의회의 회의 등 업무지원을 위하여 별도 사무지원 조직을 조정원 내에 둔다.

[본조신설 2012. 2. 17.]

제25조【협의회의 회의】 ① 협의회의 회의는 위원 전원으로 구성되는 회의(이하 "전체회의"라 한다)와 위원장이 지명하는 3명의 위원으로 구성되는 회의(이하 "분과회의"라 한다)로 구분된다.

② 분과회의는 전체회의로부터 위임받은 사항에 관하여 심의·의결한다.

③ 전체회의는 위원장이 주재하며, 재적위원 과반수의 출석으로 개의하고, 출석위원 과반수의 찬성으로 의결한다.

④ 분과회의는 위원장이 지명하는 위원이 주재하며, 구성위원 전원의 출석과 출석위원 전원의 찬성으로 의결한다. 이 경우 분과회의의 의결은 협의회의 의결로 보되, 회의의 결과를 전체회의에 보고하여야 한다.

⑤ 조정의 대상이 된 분쟁의 당사자인 고객(「소비자기본법」 제2조 제1호에 따른 소비자는 제외한다. 이하 이 장에서 같다)과 사업자(이하 "분쟁당사자"라 한다)는 협의회의 회의에 출석하여 의견을 진술하거나 관계 자료를 제출할 수 있다.
[본조신설 2012. 2. 17.]

제26조【협의회 위원의 제척·기피·회피】 ① 협의회 위원은 다음 각 호의 어느 하나에 해당하는 경우에는 해당 분쟁조정사항의 조정에서 제척된다.

1. 협의회 위원 또는 그 배우자나 배우자였던 사람이 해당 분쟁조정사항의 분쟁당사자가 되거나 공동권리자 또는 의무자의 관계에 있는 경우
2. 협의회 위원이 해당 분쟁조정사항의 분쟁당사자와 친족관계에 있거나 있었던 경우
3. 협의회 위원 또는 협의회 위원이 속한 법인이 분쟁당사자의 법률·경영 등에 대하여 자문이나 고문의 역할을 하고 있는 경우
4. 협의회 위원 또는 협의회 위원이 속한 법인이 해당 분쟁조정사항에 대하여 분쟁당사자의 대리인으로 관여하거나 관여하였던 경우 및 증언 또는 감정을 한 경우

② 분쟁당사자는 협의회 위원에게 협의회의 조정에 공정을 기하기 어려운 사정이 있는 때에 협의회에 해당 협의회 위원에 대한 기피신청을 할 수 있다.

③ 협의회 위원이 제1항 또는 제2항의 사유에 해당하는 경우에는 스스로 해당 분쟁조정사항의 조정에서 회피할 수 있다.
[본조신설 2012. 2. 17.]

제27조【분쟁조정의 신청 등】 ① 제17조를 위반한 약관 또는 이와 비슷한 유형의 약관으로서 대통령령으로 정하는 약관으로 인하여 피해를 입은 고객은 대통령령으로 정하는 사항을 기재한 서면(이하 "분쟁조정 신청서"라 한다)을 협의회에 제출함으로써 분쟁조정을 신청할 수 있다. 다만, 다음 각 호의 어느 하나에 해당하는 경우에는 그러하지 아니하다.

1. 분쟁조정 신청이 있기 이전에 공정거래위원회가 조사 중인 사건
2. 분쟁조정 신청의 내용이 약관의 해석이나 그 이행을 요구하는 사건
3. 약관의 무효판정을 요구하는 사건
4. 해당 분쟁조정사항에 대하여 법원에 소를 제기한 사건
5. 그 밖에 분쟁조정에 적합하지 아니한 것으로 대통령령으로 정하는 사건

② 공정거래위원회는 제1항에 따른 분쟁조정을 협의회에 의뢰할 수 있다.

③ 협의회는 제1항에 따라 분쟁조정 신청서를 접수하거나 제2항에 따라 분쟁조정을 의뢰받은 경우에는 즉시 분쟁당사자에게 통지하여야 한다.
[본조신설 2012. 2. 17.]

제27조의2【조정 등】 ① 협의회는 분쟁당사자에게 분쟁조정사항을 스스로 조정하도록 권고하거나 조정안을 작성하여 이를 제시할 수 있다.

② 협의회는 해당 분쟁조정사항에 관한 사실을 확인하기 위하여 필요한 경우 조사를 하거나 분쟁당사자에게 관련 자료의 제출이나 출석을 요구할 수 있다.

③ 협의회는 제27조 제1항 각 호의 어느 하나에 해당하는 사건에 대하여는 조정신청을 각하하여야 한다.

④ 협의회는 다음 각 호의 어느 하나에 해당하는 경우에는 조정절차를 종료하여야 한다.

1. 분쟁당사자가 협의회의 권고 또는 조정안을 수락하거나 스스로 조정하는 등 조정이 성립된 경우
2. 조정을 신청 또는 의뢰받은 날부터 60일(분쟁당사자 쌍방이 기간연장에 동의한 경우에는 90일로 한다)이 경과하여도 조정이 성립되지 아니한 경우

3. 분쟁당사자의 일방이 조정을 거부하거나 해당 분쟁조정사항에 대하여 법원에 소를 제기하는 등 조정절차를 진행할 실익이 없는 경우

⑤ 협의회는 제3항에 따라 조정신청을 각하하거나 제4항에 따라 조정절차를 종료한 경우에는 대통령령으로 정하는 바에 따라 공정거래위원회에 조정신청 각하 또는 조정절차 종료의 사유 등과 관계 서류를 서면으로 지체 없이 보고하여야 하고 분쟁당사자에게 그 사실을 통보하여야 한다.
[본조신설 2012. 2. 17.]

제28조【조정조서의 작성과 그 효력】 ① 협의회는 분쟁조정사항의 조정이 성립된 경우 조정에 참가한 위원과 분쟁당사자가 기명날인하거나 서명한 조정조서를 작성한다. 이 경우 분쟁당사자 간에 조정조서와 동일한 내용의 합의가 성립된 것으로 본다. <개정 2018. 6. 12.>

② 협의회는 조정절차를 개시하기 전에 분쟁당사자가 분쟁조정사항을 스스로 조정하고 조정조서의 작성을 요청하는 경우에는 그 조정조서를 작성한다.
[본조신설 2012. 2. 17.]

제28조의2【분쟁조정의 특례】 ① 제27조 제1항에도 불구하고 공정거래위원회, 고객 또는 사업자는 제28조에 따라 조정이 성립된 사항과 같거나 비슷한 유형의 피해가 다수 고객에게 발생할 가능성이 크다고 판단한 경우로서 대통령령으로 정하는 사건에 대하여는 협의회에 일괄적인 분쟁조정(이하 "집단분쟁조정"이라 한다)을 의뢰하거나 신청할 수 있다.

② 제1항에 따라 집단분쟁조정을 의뢰받거나 신청받은 협의회는 협의회의 의결로서 제3항부터 제7항까지의 규정에 따른 집단분쟁조정의 절차를 개시할 수 있다. 이 경우 협의회는 분쟁조정된 사안 중 집단분쟁조정신청에 필요한 사항에 대하여 대통령령으로 정하는 방법에 따라 공표하고, 대통령령으로 정하는 기간 동안 그 절차의 개시를 공고하여야 한다.

③ 협의회는 집단분쟁조정의 당사자가 아닌 고객으로부터 그 분쟁조정의 당사자에 추가로 포함될 수 있도록 하는 신청을 받을 수 있다.

④ 협의회는 협의회의 의결로써 제1항 및 제3항에 따른 집단분쟁조정의 당사자 중에서 공동의 이익을 대표하기에 가장 적합한 1인 또는 수인을 대표당사자로 선임할 수 있다.

⑤ 협의회는 사업자가 협의회의 집단분쟁조정의 내용을 수락한 경우에는 집단분쟁조정의 당사자가 아닌 자로서 피해를 입은 고객에 대한 보상계획서를 작성하여 협의회에 제출하도록 권고할 수 있다.

⑥ 협의회는 집단분쟁조정의 당사자인 다수의 고객 중 일부의 고객이 법원에 소를 제기한 경우에는 그 절차를 중지하지 아니하고 소를 제기한 일부의 고객은 그 절차에서 제외한다.

⑦ 집단분쟁조정의 기간은 제2항에 따른 공고가 종료된 날의 다음 날부터 기산한다.

⑧ 집단분쟁조정의 절차 등에 관하여 필요한 사항은 대통령령으로 정한다.

⑨ 조정원은 집단분쟁조정 대상 발굴, 조정에 의한 피해구제 사례 연구 등 집단분쟁조정 활성화에 필요한 연구를 하며, 연구결과를 인터넷 홈페이지에 공개한다.
[본조신설 2012. 2. 17.]

제29조【협의회의 조직·운영 등】 제24조부터 제27조까지, 제27조의2, 제28조 및 제28조의2 외에 협의회의 조직·운영·조정절차 등에 필요한 사항은 대통령령으로 정한다.
[본조신설 2012. 2. 17.]

제29조의2【협의회의 재원】 정부는 협의회의 운영, 업무 및 관련 연구에 필요한 경비를 조정원에 출연한다.
[본조신설 2012. 2. 17.]

제5장 보칙 <개정 2010. 3. 22.>

제30조【적용 범위】 ① 약관이 「상법」 제3편, 「근로기준법」 또는 그 밖에 대통령령으로 정하는 비영리사업의 분야에 속하는 계약에 관한 것일 경우에는 이 법을 적용하지 아니한다.

② 특정한 거래 분야의 약관에 대하여 다른 법률에 특별한 규정이 있는 경우를 제외하고는 이 법에 따른다.
[전문개정 2010. 3. 22.]

제30조의2 【「독점규제 및 공정거래에 관한 법률」의 준용】 ① 이 법에 따른 공정거래위원회의 심의·의결에 관하여는 「독점규제 및 공정거래에 관한 법률」 제64조부터 제68조까지의 규정을 준용한다. <개정 2020. 12. 29.>
② 이 법에 따른 공정거래위원회의 처분에 대한 이의신청, 소송 제기 및 불복 소송의 전속관할(專屬管轄)에 대하여는 「독점규제 및 공정거래에 관한 법률」 제96조부터 제101조까지의 규정을 준용한다. <개정 2020. 12. 29.>
[전문개정 2010. 3. 22.]

제31조 【인가·심사의 기준】 행정관청이 다른 법률에 따라 약관을 인가하거나 다른 법률에 따라 특정한 거래 분야에 대하여 설치된 심사기구에서 약관을 심사하는 경우에는 제6조부터 제14조까지의 규정을 그 인가·심사의 기준으로 하여야 한다.
[전문개정 2010. 3. 22.]

제31조의2 【자문위원】 ① 공정거래위원회는 이 법에 따른 약관 심사 업무를 수행하기 위하여 필요하다고 인정하면 자문위원을 위촉할 수 있다.
② 제1항에 따른 자문위원의 위촉과 그 밖에 필요한 사항은 대통령령으로 정한다.
[전문개정 2010. 3. 22.]

제6장 벌칙 〈개정 2010. 3. 22.〉

제32조 【벌칙】 제17조의2 제2항에 따른 명령을 이행하지 아니한 자는 2년 이하의 징역 또는 1억 원 이하의 벌금에 처한다.
[전문개정 2010. 3. 22.]

제33조 【양벌규정】 법인의 대표자나 법인 또는 개인의 대리인, 사용인, 그 밖의 종업원이 그 법인 또는 개인의 업무에 관하여 제32조의 위반행위를 하면 그 행위자를 벌하는 외에 그 법인 또는 개인에게도 해당 조문의 벌금형을 과(科)한다. 다만, 법인 또는 개인이 그 위반행위를 방지하기 위하여 해당 업무에 관하여 상당한 주의와 감독을 게을리하지 아니한 경우에는 그러하지 아니하다.
[전문개정 2010. 3. 22.]

제34조 【과태료】 ① 다음 각 호의 어느 하나에 해당하는 자에게는 5천만 원 이하의 과태료를 부과한다. <개정 2012. 2. 17., 2018. 6. 12.>
1. 제19조의3 제8항을 위반하여 표준약관과 다른 내용을 약관으로 사용하면서 표준약관 표지를 사용한 자
2. 제20조 제1항에 따른 조사를 거부·방해 또는 기피한 사업자 또는 사업자단체
② 사업자 또는 사업자단체의 임원 또는 종업원, 그 밖의 이해관계인이 제20조 제1항에 따른 조사를 거부·방해 또는 기피한 경우에는 1천만 원 이하의 과태료를 부과한다. <신설 2018. 6. 12.>
③ 다음 각 호의 어느 하나에 해당하는 자에게는 500만 원 이하의 과태료를 부과한다. <개정 2012. 2. 17., 2018. 6. 12.>
1. 제3조 제2항을 위반하여 고객에게 약관의 내용을 밝히지 아니하거나 그 약관의 사본을 내주지 아니한 자
2. 제3조 제3항을 위반하여 고객에게 약관의 중요한 내용을 설명하지 아니한 자
3. 제19조의3 제6항을 위반하여 표준약관과 다르게 정한 주요 내용을 고객이 알기 쉽게 표시하지 아니한 자
④ 제30조의2 제1항에 따라 준용되는 「독점규제 및 공정거래에 관한 법률」 제66조를 위반하여 질서유지의 명령을 따르지 아니한 자에게는 100만 원 이하의 과태료를 부과한다. <신설 2018. 6. 12., 2020. 12. 29.>
⑤ 제1항부터 제4항까지의 규정에 따른 과태료는 대통령령으로 정하는 바에 따라 공정거래위원회가 부과·징수한다. <개정 2018. 6. 12.>
[전문개정 2010. 3. 22.]

부칙 〈제17799호, 2020. 12. 29.〉
(독점규제 및 공정거래에 관한 법률)

제1조 【시행일】 이 법은 공포 후 1년이 경과한 날부터 시행한다. <단서 생략>

제2조 부터 제24조까지 생략

제25조 【다른 법률의 개정】 ①부터 ⑭까지 생략

㊺ 약관의 규제에 관한 법률 일부를 다음과 같이 개정한다.

제17조의2 제2항 제1호 중 "「독점규제 및 공정거래에 관한 법률」 제2조 제7호"를 "「독점규제 및 공정거래에 관한 법률」 제2조 제3호"로 한다.

제24조 제1항 중 "「독점규제 및 공정거래에 관한 법률」 제48조의2제1항"을 "「독점규제 및 공정거래에 관한 법률」 제72조 제1항"으로 한다.

제30조의2제1항 중 "「독점규제 및 공정거래에 관한 법률」 제42조, 제43조, 제43조의2, 제44조 및 제45조를"을 "「독점규제 및 공정거래에 관한 법률」 제64조부터 제68조까지의 규정을"로 하고, 같은 조 제2항 중 "「독점규제 및 공정거래에 관한 법률」 제53조, 제53조의2, 제53조의3, 제54조, 제55조 및 제55조의2를"을 "「독점규제 및 공정거래에 관한 법률」 제96조부터 제101조까지의 규정을"로 한다.

제34조 제4항 중 "「독점규제 및 공정거래에 관한 법률」 제43조의2"를 "「독점규제 및 공정거래에 관한 법률」 제66조"로 한다.

㊻부터 <82>까지 생략

제26조 생략

주택임대차보호법

[시행 2020. 12. 10.]
[법률 제17363호, 2020. 6. 9, 일부개정]

제1조【목적】 이 법은 주거용 건물의 임대차(賃貸借)에 관하여「민법」에 대한 특례를 규정함으로써 국민 주거생활의 안정을 보장함을 목적으로 한다.
[전문개정 2008. 3. 21.]

제2조【적용 범위】 이 법은 주거용 건물(이하 "주택"이라 한다)의 전부 또는 일부의 임대차에 관하여 적용한다. 그 임차주택(賃借住宅)의 일부가 주거 외의 목적으로 사용되는 경우에도 또한 같다.
[전문개정 2008. 3. 21.]

제3조【대항력 등】 ① 임대차는 그 등기(登記)가 없는 경우에도 임차인(賃借人)이 주택의 인도(引渡)와 주민등록을 마친 때에는 그 다음 날부터 제삼자에 대하여 효력이 생긴다. 이 경우 전입신고를 한 때에 주민등록이 된 것으로 본다.
② 주택도시기금을 재원으로 하여 저소득층 무주택자에게 주거생활 안정을 목적으로 전세임대주택을 지원하는 법인이 주택을 임차한 후 지방자치단체의 장 또는 그 법인이 선정한 입주자가 그 주택을 인도받고 주민등록을 마쳤을 때에는 제1항을 준용한다. 이 경우 대항력이 인정되는 법인은 대통령령으로 정한다. <개정 2015. 1. 6.>
③「중소기업기본법」 제2조에 따른 중소기업에 해당하는 법인이 소속 직원의 주거용으로 주택을 임차한 후 그 법인이 선정한 직원이 해당 주택을 인도받고 주민등록을 마쳤을 때에는 제1항을 준용한다. 임대차가 끝나기 전에 그 직원이 변경된 경우에는 그 법인이 선정한 새로운 직원이 주택을 인도받고 주민등록을 마친 다음 날부터 제삼자에 대하여 효력이 생긴다. <신설 2013. 8. 13.>
④ 임차주택의 양수인(讓受人)(그 밖에 임대할 권리를 승계한 자를 포함한다)은 임대인(賃貸人)의 지위를 승계한 것으로 본다. <개정 2013. 8. 13.>
⑤ 이 법에 따라 임대차의 목적이 된 주택이 매매나 경매의 목적물이 된 경우에는「민법」 제575조 제1항·제3항 및 같은 법 제578조를 준용한다. <개정 2013. 8. 13.>
⑥ 제5항의 경우에는 동시이행의 항변권(抗辯權)에 관한「민법」 제536조를 준용한다. <개정 2013. 8. 13.>
[전문개정 2008. 3. 21.]

제3조의2【보증금의 회수】 ① 임차인(제3조 제2항 및 제3항의 법인을 포함한다. 이하 같다)이 임차주택에 대하여 보증금반환청구소송의 확정판결이나 그 밖에 이에 준하는 집행권원(執行權原)에 따라서 경매를 신청하는 경우에는 집행개시(執行開始)요건에 관한「민사집행법」 제41조에도 불구하고 반대의무(反對義務)의 이행이나 이행의 제공을 집행개시의 요건으로 하지 아니한다. <개정 2013. 8. 13.>
② 제3조 제1항·제2항 또는 제3항의 대항요건(對抗要件)과 임대차계약증서(제3조 제2항 및 제3항의 경우에는 법인과 임대인 사이의 임대차계약증서를 말한다)상의 확정일자(確定日字)를 갖춘 임차인은「민사집행법」에 따른 경매 또는「국세징수법」에 따른 공매(公賣)를 할 때에 임차주택(대지를 포함한다)의 환가대금(換價代金)에서 후순위권리자(後順位權利者)나 그 밖의 채권자보다 우선하여 보증금을 변제(辨濟)받을 권리가 있다. <개정 2013. 8. 13.>
③ 임차인은 임차주택을 양수인에게 인도하지 아니하면 제2항에 따른 보증금을 받을 수 없다.
④ 제2항 또는 제7항에 따른 우선변제의 순위와 보증금에 대하여 이의가 있는 이해관계인은 경매법원이나 체납처분청에 이의를 신청할 수 있다. <개정 2013. 8. 13.>
⑤ 제4항에 따라 경매법원에 이의를 신청하는 경우에는「민사집행법」 제152조부터 제161조까지의 규정을 준용한다.
⑥ 제4항에 따라 이의신청을 받은 체납처분청은 이해관계인이 이의신청일부터 7일 이내에 임차인 또는 제7항에 따라 우선변제권을 승계한 금융기관 등을 상대로 소(訴)를 제기한 것을 증명하면 해당 소송이 끝날 때까지 이의가 신청된 범위에서 임차인 또는 제7항에 따라 우선변제권을 승계한 금융

기관 등에 대한 보증금의 변제를 유보(留保)하고 남은 금액을 배분하여야 한다. 이 경우 유보된 보증금은 소송의 결과에 따라 배분한다. <개정 2013. 8. 13.>

⑦ 다음 각 호의 금융기관 등이 제2항, 제3조의3 제5항, 제3조의4 제1항에 따른 우선변제권을 취득한 임차인의 보증금반환채권을 계약으로 양수한 경우에는 양수한 금액의 범위에서 우선변제권을 승계한다. <신설 2013. 8. 13., 2015. 1. 6., 2016. 5. 29.>

1. 「은행법」에 따른 은행
2. 「중소기업은행법」에 따른 중소기업은행
3. 「한국산업은행법」에 따른 한국산업은행
4. 「농업협동조합법」에 따른 농협은행
5. 「수산업협동조합법」에 따른 수협은행
6. 「우체국예금ㆍ보험에 관한 법률」에 따른 체신관서
7. 「한국주택금융공사법」에 따른 한국주택금융공사
8. 「보험업법」 제4조 제1항 제2호 라목의 보증보험을 보험종목으로 허가받은 보험회사
9. 「주택도시기금법」에 따른 주택도시보증공사
10. 그 밖에 제1호부터 제9호까지에 준하는 것으로서 대통령령으로 정하는 기관

⑧ 제7항에 따라 우선변제권을 승계한 금융기관 등(이하 "금융기관 등"이라 한다)은 다음 각 호의 어느 하나에 해당하는 경우에는 우선변제권을 행사할 수 없다. <신설 2013. 8. 13.>

1. 임차인이 제3조 제1항ㆍ제2항 또는 제3항의 대항요건을 상실한 경우
2. 제3조의3 제5항에 따른 임차권등기가 말소된 경우
3. 「민법」 제621조에 따른 임대차등기가 말소된 경우

⑨ 금융기관 등은 우선변제권을 행사하기 위하여 임차인을 대리하거나 대위하여 임대차를 해지할 수 없다. <신설 2013. 8. 13.>
[전문개정 2008. 3. 21.]

제3조의3【임차권등기명령】 ① 임대차가 끝난 후 보증금이 반환되지 아니한 경우 임차인은 임차주택의 소재지를 관할하는 지방법원ㆍ지방법원지원 또는 시ㆍ군 법원에 임차권등기명령을 신청할 수 있다. <개정 2013. 8. 13.>

② 임차권등기명령의 신청서에는 다음 각 호의 사항을 적어야 하며, 신청의 이유와 임차권등기의 원인이 된 사실을 소명(疏明)하여야 한다. <개정 2013. 8. 13.>

1. 신청의 취지 및 이유
2. 임대차의 목적인 주택(임대차의 목적이 주택의 일부분인 경우에는 해당 부분의 도면을 첨부한다)
3. 임차권등기의 원인이 된 사실(임차인이 제3조 제1항ㆍ제2항 또는 제3항에 따른 대항력을 취득하였거나 제3조의2 제2항에 따른 우선변제권을 취득한 경우에는 그 사실)
4. 그 밖에 대법원규칙으로 정하는 사항

③ 다음 각 호의 사항 등에 관하여는 「민사집행법」 제280조 제1항, 제281조, 제283조, 제285조, 제286조, 제288조 제1항ㆍ제2항 본문, 제289조, 제290조 제2항 중 제288조 제1항에 대한 부분, 제291조 및 제293조를 준용한다. 이 경우 "가압류"는 "임차권등기"로, "채권자"는 "임차인"으로, "채무자"는 "임대인"으로 본다.

1. 임차권등기명령의 신청에 대한 재판
2. 임차권등기명령의 결정에 대한 임대인의 이의신청 및 그에 대한 재판
3. 임차권등기명령의 취소신청 및 그에 대한 재판
4. 임차권등기명령의 집행

④ 임차권등기명령의 신청을 기각(棄却)하는 결정에 대하여 임차인은 항고(抗告)할 수 있다.

⑤ 임차인은 임차권등기명령의 집행에 따른 임차권등기를 마치면 제3조 제1항ㆍ제2항 또는 제3항에 따른 대항력과 제3조의2 제2항에 따른 우선변제권을 취득한다. 다만, 임차인이 임차권등기 이전에 이미 대항력이나 우선변제권을 취득한 경우에는 그 대항력이나 우선변제권은 그대로 유지되며, 임차권등기 이후에는 제3조 제1항ㆍ제2항 또는 제3항의 대항요건을 상실하더라도 이미 취득한 대항력이나 우선변제권을 상실하지 아니한다. <개정 2013. 8. 13.>

⑥ 임차권등기명령의 집행에 따른 임차권등기가 끝난 주택(임대차의 목적이 주택의 일부분인 경우에는 해당 부분으로 한정한다)을 그 이후에 임차한 임차인은 제8조에 따른 우선변제를 받을 권리가 없다.

⑦ 임차권등기의 촉탁(囑託), 등기관의 임차권등기 기입(記入) 등 임차권등기명령을 시행하는 데에 필요한 사항은 대법원규칙으로 정한다. <개정 2011. 4. 12.>

⑧ 임차인은 제1항에 따른 임차권등기명령의 신청과 그에 따른 임차권등기와 관련하여 든 비용을 임대인에게 청구할 수 있다.

⑨ 금융기관 등은 임차인을 대위하여 제1항의 임차권등기명령을 신청할 수 있다. 이 경우 제3항·제4항 및 제8항의 "임차인"은 "금융기관등"으로 본다. <신설 2013. 8. 13.>

[전문개정 2008. 3. 21.]

제3조의4【「민법」에 따른 주택임대차등기의 효력 등】 ① 「민법」 제621조에 따른 주택임대차등기의 효력에 관하여는 제3조의3 제5항 및 제6항을 준용한다.

② 임차인이 대항력이나 우선변제권을 갖추고 「민법」 제621조 제1항에 따라 임대인의 협력을 얻어 임대차등기를 신청하는 경우에는 신청서에 「부동산등기법」 제74조 제1호부터 제6호까지의 사항 외에 다음 각 호의 사항을 적어야 하며, 이를 증명할 수 있는 서면(임대차의 목적이 주택의 일부분인 경우에는 해당 부분의 도면을 포함한다)을 첨부하여야 한다. <개정 2011. 4. 12., 2020. 2. 4.>

1. 주민등록을 마친 날
2. 임차주택을 점유(占有)한 날
3. 임대차계약증서상의 확정일자를 받은 날

[전문개정 2008. 3. 21.]

제3조의5【경매에 의한 임차권의 소멸】 임차권은 임차주택에 대하여 「민사집행법」에 따른 경매가 행하여진 경우에는 그 임차주택의 경락(競落)에 따라 소멸한다. 다만, 보증금이 모두 변제되지 아니한, 대항력이 있는 임차권은 그러하지 아니하다.

[전문개정 2008. 3. 21.]

제3조의6【확정일자 부여 및 임대차 정보제공 등】 ① 제3조의2 제2항의 확정일자는 주택 소재지의 읍·면사무소, 동 주민센터 또는 시(특별시·광역시·특별자치시는 제외하고, 특별자치도는 포함한다)·군·구(자치구를 말한다)의 출장소, 지방법원 및 그 지원과 등기소 또는 「공증인법」에 따른 공증인(이하 이 조에서 "확정일자부여기관"이라 한다)이 부여한다.

② 확정일자부여기관은 해당 주택의 소재지, 확정일자 부여일, 차임 및 보증금 등을 기재한 확정일자부를 작성하여야 한다. 이 경우 전산처리정보조직을 이용할 수 있다.

③ 주택의 임대차에 이해관계가 있는 자는 확정일자부여기관에 해당 주택의 확정일자 부여일, 차임 및 보증금 등 정보의 제공을 요청할 수 있다. 이 경우 요청을 받은 확정일자부여기관은 정당한 사유 없이 이를 거부할 수 없다.

④ 임대차계약을 체결하려는 자는 임대인의 동의를 받아 확정일자부여기관에 제3항에 따른 정보제공을 요청할 수 있다.

⑤ 제1항·제3항 또는 제4항에 따라 확정일자를 부여받거나 정보를 제공받으려는 자는 수수료를 내야 한다.

⑥ 확정일자부에 기재하여야 할 사항, 주택의 임대차에 이해관계가 있는 자의 범위, 확정일자부여기관에 요청할 수 있는 정보의 범위 및 수수료, 그 밖에 확정일자부여사무와 정보제공 등에 필요한 사항은 대통령령 또는 대법원규칙으로 정한다.

[본조신설 2013. 8. 13.]

제4조【임대차기간 등】 ① 기간을 정하지 아니하거나 2년 미만으로 정한 임대차는 그 기간을 2년으로 본다. 다만, 임차인은 2년 미만으로 정한 기간이 유효함을 주장할 수 있다.

② 임대차기간이 끝난 경우에도 임차인이 보증금을 반환받을 때까지는 임대차관계가 존속되는 것으로 본다.

[전문개정 2008. 3. 21.]

제5조 삭제 <1989. 12. 30.>

제6조【계약의 갱신】 ① 임대인이 임대차기간이 끝나기 6개월 전부터 2개월 전까지의 기간에 임차인에게 갱신거절(更新拒絶)의 통지를 하지 아니하거나 계약조건을 변경하지 아니하면 갱신하지 아니한다는 뜻의 통지를 하지 아니한 경우에는 그 기간이 끝난 때에 전 임대차와 동일한 조건으로 다시 임대차한 것으로 본다. 임차인이 임대차기간이 끝나기 2개월 전까지 통지하지 아니한 경우에도 또한 같다. <개정 2020. 6. 9.>

② 제1항의 경우 임대차의 존속기간은 2년으로 본다.

<개정 2009. 5. 8.>

③ 2기(期)의 차임액(借賃額)에 달하도록 연체하거나 그 밖에 임차인으로서의 의무를 현저히 위반한 임차인에 대하여는 제1항을 적용하지 아니한다. [전문개정 2008. 3. 21.]

제6조의2【묵시적 갱신의 경우 계약의 해지】 ① 제6조 제1항에 따라 계약이 갱신된 경우 같은 조 제2항에도 불구하고 임차인은 언제든지 임대인에게 계약해지(契約解止)를 통지할 수 있다. <개정 2009. 5. 8.>
② 제1항에 따른 해지는 임대인이 그 통지를 받은 날부터 3개월이 지나면 그 효력이 발생한다. [전문개정 2008. 3. 21.]

제6조의3【계약갱신 요구 등】 ① 제6조에도 불구하고 임대인은 임차인이 제6조 제1항 전단의 기간 이내에 계약갱신을 요구할 경우 정당한 사유 없이 거절하지 못한다. 다만, 다음 각 호의 어느 하나에 해당하는 경우에는 그러하지 아니하다.
1. 임차인이 2기의 차임액에 해당하는 금액에 이르도록 차임을 연체한 사실이 있는 경우
2. 임차인이 거짓이나 그 밖의 부정한 방법으로 임차한 경우
3. 서로 합의하여 임대인이 임차인에게 상당한 보상을 제공한 경우
4. 임차인이 임대인의 동의 없이 목적 주택의 전부 또는 일부를 전대(轉貸)한 경우
5. 임차인이 임차한 주택의 전부 또는 일부를 고의나 중대한 과실로 파손한 경우
6. 임차한 주택의 전부 또는 일부가 멸실되어 임대차의 목적을 달성하지 못할 경우
7. 임대인이 다음 각 목의 어느 하나에 해당하는 사유로 목적 주택의 전부 또는 대부분을 철거하거나 재건축하기 위하여 목적 주택의 점유를 회복할 필요가 있는 경우
   가. 임대차계약 체결 당시 공사시기 및 소요기간 등을 포함한 철거 또는 재건축 계획을 임차인에게 구체적으로 고지하고 그 계획에 따르는 경우
   나. 건물이 노후·훼손 또는 일부 멸실되는 등 안전사고의 우려가 있는 경우
   다. 다른 법령에 따라 철거 또는 재건축이 이루어지는 경우

8. 임대인(임대인의 직계존속·직계비속을 포함한다)이 목적 주택에 실제 거주하려는 경우
9. 그 밖에 임차인이 임차인으로서의 의무를 현저히 위반하거나 임대차를 계속하기 어려운 중대한 사유가 있는 경우
② 임차인은 제1항에 따른 계약갱신요구권을 1회에 한하여 행사할 수 있다. 이 경우 갱신되는 임대차의 존속기간은 2년으로 본다.
③ 갱신되는 임대차는 전 임대차와 동일한 조건으로 다시 계약된 것으로 본다. 다만, 차임과 보증금은 제7조의 범위에서 증감할 수 있다.
④ 제1항에 따라 갱신되는 임대차의 해지에 관하여는 제6조의2를 준용한다.
⑤ 임대인이 제1항 제8호의 사유로 갱신을 거절하였음에도 불구하고 갱신요구가 거절되지 아니하였더라면 갱신되었을 기간이 만료되기 전에 정당한 사유 없이 제3자에게 목적 주택을 임대한 경우 임대인은 갱신거절로 인하여 임차인이 입은 손해를 배상하여야 한다.
⑥ 제5항에 따른 손해배상액은 거절 당시 당사자 간에 손해배상액의 예정에 관한 합의가 이루어지지 않는 한 다음 각 호의 금액 중 큰 금액으로 한다.
1. 갱신거절 당시 월차임(차임 외에 보증금이 있는 경우에는 그 보증금을 제7조의2 각 호 중 낮은 비율에 따라 월 단위의 차임으로 전환한 금액을 포함한다. 이하 "환산월차임"이라 한다)의 3개월분에 해당하는 금액
2. 임대인이 제3자에게 임대하여 얻은 환산월차임과 갱신거절 당시 환산월차임 간 차액의 2년분에 해당하는 금액
3. 제1항 제8호의 사유로 인한 갱신거절로 인하여 임차인이 입은 손해액
[전문개정 2020. 7. 31.]

제7조【차임 등의 증감청구권】 ① 당사자는 약정한 차임이나 보증금이 임차주택에 관한 조세, 공과금, 그 밖의 부담의 증감이나 경제사정의 변동으로 인하여 적절하지 아니하게 된 때에는 장래에 대하여 그 증감을 청구할 수 있다. 이 경우 증액청구는 임대차계약 또는 약정한 차임이나 보증금의 증액이 있은 후 1년 이내에는 하지 못한다. <개정 2020. 7. 31.>

② 제1항에 따른 증액청구는 약정한 차임이나 보증금의 20분의 1의 금액을 초과하지 못한다. 다만, 특별시·광역시·특별자치시·도 및 특별자치도는 관할 구역 내의 지역별 임대차 시장 여건 등을 고려하여 본문의 범위에서 증액청구의 상한을 조례로 달리 정할 수 있다. <신설 2020. 7. 31.>
[전문개정 2008. 3. 21.]

제7조의2【월차임 전환 시 산정률의 제한】 보증금의 전부 또는 일부를 월 단위의 차임으로 전환하는 경우에는 그 전환되는 금액에 다음 각 호 중 낮은 비율을 곱한 월차임(月借賃)의 범위를 초과할 수 없다. <개정 2010. 5. 17., 2013. 8. 13., 2016. 5. 29.>
1. 「은행법」에 따른 은행에서 적용하는 대출금리와 해당 지역의 경제 여건 등을 고려하여 대통령령으로 정하는 비율
2. 한국은행에서 공시한 기준금리에 대통령령으로 정하는 이율을 더한 비율
[전문개정 2008. 3. 21.]

제8조【보증금 중 일정액의 보호】 ① 임차인은 보증금 중 일정액을 다른 담보물권자(擔保物權者)보다 우선하여 변제받을 권리가 있다. 이 경우 임차인은 주택에 대한 경매신청의 등기 전에 제3조 제1항의 요건을 갖추어야 한다.
② 제1항의 경우에는 제3조의2 제4항부터 제6항까지의 규정을 준용한다.
③ 제1항에 따라 우선변제를 받을 임차인 및 보증금 중 일정액의 범위와 기준은 제8조의2에 따른 주택임대차위원회의 심의를 거쳐 대통령령으로 정한다. 다만, 보증금 중 일정액의 범위와 기준은 주택가액(대지의 가액을 포함한다)의 2분의 1을 넘지 못한다. <개정 2009. 5. 8.>
[전문개정 2008. 3. 21.]

제8조의2【주택임대차위원회】 ① 제8조에 따라 우선변제를 받을 임차인 및 보증금 중 일정액의 범위와 기준을 심의하기 위하여 법무부에 주택임대차위원회(이하 "위원회"라 한다)를 둔다.
② 위원회는 위원장 1명을 포함한 9명 이상 15명 이하의 위원으로 성별을 고려하여 구성한다. <개정 2020. 7. 31.>
③ 위원회의 위원장은 법무부차관이 된다.

④ 위원회의 위원은 다음 각 호의 어느 하나에 해당하는 사람 중에서 위원장이 임명하거나 위촉하되, 제1호부터 제5호까지에 해당하는 위원을 각각 1명 이상 임명하거나 위촉하여야 하고, 위원 중 2분의 1 이상은 제1호·제2호 또는 제6호에 해당하는 사람을 위촉하여야 한다. <개정 2013. 3. 23·2020. 7. 31.>
1. 법학·경제학 또는 부동산학 등을 전공하고 주택임대차 관련 전문지식을 갖춘 사람으로서 공인된 연구기관에서 조교수 이상 또는 이에 상당하는 직에 5년 이상 재직한 사람
2. 변호사·감정평가사·공인회계사·세무사 또는 공인중개사로서 5년 이상 해당 분야에서 종사하고 주택임대차 관련 업무경험이 풍부한 사람
3. 기획재정부에서 물가 관련 업무를 담당하는 고위공무원단에 속하는 공무원
4. 법무부에서 주택임대차 관련 업무를 담당하는 고위공무원단에 속하는 공무원(이에 상당하는 특정직 공무원을 포함한다)
5. 국토교통부에서 주택사업 또는 주거복지 관련 업무를 담당하는 고위공무원단에 속하는 공무원
6. 그 밖에 주택임대차 관련 학식과 경험이 풍부한 사람으로서 대통령령으로 정하는 사람
⑤ 그 밖에 위원회의 구성 및 운영 등에 필요한 사항은 대통령령으로 정한다.
[본조신설 2009. 5. 8.]

제9조【주택 임차권의 승계】 ① 임차인이 상속인 없이 사망한 경우에는 그 주택에서 가정공동생활을 하던 사실상의 혼인 관계에 있는 자가 임차인의 권리와 의무를 승계한다.
② 임차인이 사망한 때에 사망 당시 상속인이 그 주택에서 가정공동생활을 하고 있지 아니한 경우에는 그 주택에서 가정공동생활을 하던 사실상의 혼인 관계에 있는 자와 2촌 이내의 친족이 공동으로 임차인의 권리와 의무를 승계한다.
③ 제1항과 제2항의 경우에 임차인이 사망한 후 1개월 이내에 임대인에게 제1항과 제2항에 따른 승계 대상자가 반대의사를 표시한 경우에는 그러하지 아니하다.
④ 제1항과 제2항의 경우에 임대차 관계에서 생긴 채권·채무는 임차인의 권리의무를 승계한 자에게 귀속된다.

[전문개정 2008. 3. 21.]

제10조【강행규정】 이 법에 위반된 약정(約定)으로서 임차인에게 불리한 것은 그 효력이 없다.

[전문개정 2008. 3. 21.]

제10조의2【초과 차임 등의 반환청구】 임차인이 제7조에 따른 증액비율을 초과하여 차임 또는 보증금을 지급하거나 제7조의2에 따른 월차임 산정률을 초과하여 차임을 지급한 경우에는 초과 지급된 차임 또는 보증금 상당금액의 반환을 청구할 수 있다.

[본조신설 2013. 8. 13.]

제11조【일시사용을 위한 임대차】 이 법은 일시사용하기 위한 임대차임이 명백한 경우에는 적용하지 아니한다.

[전문개정 2008. 3. 21.]

제12조【미등기 전세에의 준용】 주택의 등기를 하지 아니한 전세계약에 관하여는 이 법을 준용한다. 이 경우 "전세금"은 "임대차의 보증금"으로 본다.

[전문개정 2008. 3. 21.]

제13조【「소액사건심판법」의 준용】 임차인이 임대인에 대하여 제기하는 보증금반환청구소송에 관하여는 「소액사건심판법」 제6조, 제7조, 제10조 및 제11조의2를 준용한다.

[전문개정 2008. 3. 21.]

제14조【주택임대차분쟁조정위원회】 ① 이 법의 적용을 받는 주택임대차와 관련된 분쟁을 심의·조정하기 위하여 대통령령으로 정하는 바에 따라 「법률구조법」 제8조에 따른 대한법률구조공단(이하 "공단"이라 한다)의 지부, 「한국토지주택공사법」에 따른 한국토지주택공사(이하 "공사"라 한다)의 지사 또는 사무소 및 「한국감정원법」에 따른 한국감정원(이하 "감정원"이라 한다)의 지사 또는 사무소에 주택임대차분쟁조정위원회(이하 "조정위원회"라 한다)를 둔다. 특별시·광역시·특별자치시·도 및 특별자치도(이하 "시·도"라 한다)는 그 지방자치단체의 실정을 고려하여 조정위원회를 둘 수 있다. <개정 2020. 7. 31.>

② 조정위원회는 다음 각 호의 사항을 심의·조정한다.

1. 차임 또는 보증금의 증감에 관한 분쟁
2. 임대차 기간에 관한 분쟁
3. 보증금 또는 임차주택의 반환에 관한 분쟁
4. 임차주택의 유지·수선 의무에 관한 분쟁
5. 그 밖에 대통령령으로 정하는 주택임대차에 관한 분쟁

③ 조정위원회의 사무를 처리하기 위하여 조정위원회에 사무국을 두고, 사무국의 조직 및 인력 등에 필요한 사항은 대통령령으로 정한다.

④ 사무국의 조정위원회 업무담당자는 「상가건물 임대차보호법」 제20조에 따른 상가건물임대차분쟁조정위원회 사무국의 업무를 제외하고 다른 직위의 업무를 겸직하여서는 아니 된다. <개정 2018. 10. 16.>

[본조신설 2016. 5. 29.]

제15조【예산의 지원】 국가는 조정위원회의 설치·운영에 필요한 예산을 지원할 수 있다.

[본조신설 2016. 5. 29.]

제16조【조정위원회의 구성 및 운영】 ① 조정위원회는 위원장 1명을 포함하여 5명 이상 30명 이하의 위원으로 성별을 고려하여 구성한다. <개정 2020. 7. 31.>

② 조정위원회의 위원은 조정위원회를 두는 기관에 따라 공단 이사장, 공사 사장, 감정원 원장 또는 조정위원회를 둔 지방자치단체의 장이 각각 임명하거나 위촉한다. <개정 2020. 7. 31.>

③ 조정위원회의 위원은 주택임대차에 관한 학식과 경험이 풍부한 사람으로서 다음 각 호의 어느 하나에 해당하는 사람으로 한다. 이 경우 제1호부터 제4호까지에 해당하는 위원을 각 1명 이상 위촉하여야 하고, 위원 중 5분의 2 이상은 제2호에 해당하는 사람이어야 한다.

1. 법학·경제학 또는 부동산학 등을 전공하고 대학이나 공인된 연구기관에서 부교수 이상 또는 이에 상당하는 직에 재직한 사람
2. 판사·검사 또는 변호사로 6년 이상 재직한 사람
3. 감정평가사·공인회계사·법무사 또는 공인중개사로서 주택임대차 관계 업무에 6년 이상 종사한 사람
4. 「사회복지사업법」에 따른 사회복지법인과 그 밖의 비영리법인에서 주택임대차분쟁에 관한 상담에 6년 이상 종사한 경력이 있는 사람
5. 해당 지방자치단체에서 주택임대차 관련 업무를 담당하는 4급 이상의 공무원

6. 그 밖에 주택임대차 관련 학식과 경험이 풍부한 사람으로서 대통령령으로 정하는 사람

④ 조정위원회의 위원장은 제3항 제2호에 해당하는 위원 중에서 위원들이 호선한다.

⑤ 조정위원회위원장은 조정위원회를 대표하여 그 직무를 총괄한다.

⑥ 조정위원회위원장이 부득이한 사유로 직무를 수행할 수 없는 경우에는 조정위원회위원장이 미리 지명한 조정위원이 그 직무를 대행한다.

⑦ 조정위원의 임기는 3년으로 하되 연임할 수 있으며, 보궐위원의 임기는 전임자의 남은 임기로 한다.

⑧ 조정위원회는 조정위원회위원장 또는 제3항 제2호에 해당하는 조정위원 1명 이상을 포함한 재적위원 과반수의 출석과 출석위원 과반수의 찬성으로 의결한다.

⑨ 그 밖에 조정위원회의 설치, 구성 및 운영 등에 필요한 사항은 대통령령으로 정한다.
[본조신설 2016. 5. 29.]

제17조【조정부의 구성 및 운영】 ① 조정위원회는 분쟁의 효율적 해결을 위하여 3명의 조정위원으로 구성된 조정부를 둘 수 있다.

② 조정부에는 제16조 제3항 제2호에 해당하는 사람이 1명 이상 포함되어야 하며, 그중에서 조정위원회위원장이 조정부의 장을 지명한다.

③ 조정부는 다음 각 호의 사항을 심의·조정한다.

1. 제14조 제2항에 따른 주택임대차분쟁 중 대통령령으로 정하는 금액 이하의 분쟁

2. 조정위원회가 사건을 특정하여 조정부에 심의·조정을 위임한 분쟁

④ 조정부는 조정부의 장을 포함한 재적위원 과반수의 출석과 출석위원 과반수의 찬성으로 의결한다.

⑤ 제4항에 따라 조정부가 내린 결정은 조정위원회가 결정한 것으로 본다.

⑥ 그 밖에 조정부의 설치, 구성 및 운영 등에 필요한 사항은 대통령령으로 정한다.
[본조신설 2016. 5. 29.]

제18조【조정위원의 결격사유】「국가공무원법」제33조 각 호의 어느 하나에 해당하는 사람은 조정위원이 될 수 없다.
[본조신설 2016. 5. 29.]

제19조【조정위원의 신분보장】 ① 조정위원은 자신의 직무를 독립적으로 수행하고 주택임대차분쟁의 심리 및 판단에 관하여 어떠한 지시에도 구속되지 아니한다.

② 조정위원은 다음 각 호의 어느 하나에 해당하는 경우를 제외하고는 그 의사에 반하여 해임 또는 해촉되지 아니한다.

1. 제18조에 해당하는 경우

2. 신체상 또는 정신상의 장애로 직무를 수행할 수 없게 된 경우
[본조신설 2016. 5. 29.]

제20조【조정위원의 제척 등】 ① 조정위원이 다음 각 호의 어느 하나에 해당하는 경우 그 직무의 집행에서 제척된다.

1. 조정위원 또는 그 배우자나 배우자이었던 사람이 해당 분쟁사건의 당사자가 되는 경우

2. 조정위원이 해당 분쟁사건의 당사자와 친족관계에 있거나 있었던 경우

3. 조정위원이 해당 분쟁사건에 관하여 진술, 감정 또는 법률자문을 한 경우

4. 조정위원이 해당 분쟁사건에 관하여 당사자의 대리인으로서 관여하거나 관여하였던 경우

② 사건을 담당한 조정위원에게 제척의 원인이 있는 경우에는 조정위원회는 직권 또는 당사자의 신청에 따라 제척의 결정을 한다.

③ 당사자는 사건을 담당한 조정위원에게 공정한 직무집행을 기대하기 어려운 사정이 있는 경우 조정위원회에 기피신청을 할 수 있다.

④ 기피신청에 관한 결정은 조정위원회가 하고, 해당 조정위원 및 당사자 쌍방은 그 결정에 불복하지 못한다.

⑤ 제3항에 따른 기피신청이 있는 때에는 조정위원회는 그 신청에 대한 결정이 있을 때까지 조정절차를 정지하여야 한다.

⑥ 조정위원은 제1항 또는 제3항에 해당하는 경우 조정위원회의 허가를 받지 아니하고 해당 분쟁사건의 직무집행에서 회피할 수 있다.
[본조신설 2016. 5. 29.]

제21조【조정의 신청 등】 ① 제14조 제2항 각 호의 어느 하나에 해당하는 주택임대차분쟁의 당사자는 해

당 주택이 소재하는 지역을 관할하는 조정위원회에 분쟁의 조정을 신청할 수 있다. <개정 2020. 7. 31.>
② 조정위원회는 신청인이 조정을 신청할 때 조정 절차 및 조정의 효력 등 분쟁조정에 관하여 대통령령으로 정하는 사항을 안내하여야 한다.
③ 조정위원회의 위원장은 다음 각 호의 어느 하나에 해당하는 경우 신청을 각하한다. 이 경우 그 사유를 신청인에게 통지하여야 한다. <개정 2020. 6. 9.>
1. 이미 해당 분쟁조정사항에 대하여 법원에 소가 제기되거나 조정 신청이 있은 후 소가 제기된 경우
2. 이미 해당 분쟁조정사항에 대하여 「민사조정법」에 따른 조정이 신청된 경우나 조정신청이 있은 후 같은 법에 따른 조정이 신청된 경우
3. 이미 해당 분쟁조정사항에 대하여 이 법에 따른 조정위원회에 조정이 신청된 경우나 조정신청이 있은 후 조정이 성립된 경우
4. 조정신청 자체로 주택임대차에 관한 분쟁이 아님이 명백한 경우
5. 피신청인이 조정절차에 응하지 아니한다는 의사를 통지한 경우
6. 신청인이 정당한 사유 없이 조사에 응하지 아니하거나 2회 이상 출석요구에 응하지 아니한 경우
[본조신설 2016. 5. 29.]

제22조【조정절차】 ① 조정위원회의 위원장은 신청인으로부터 조정신청을 접수한 때에는 지체 없이 조정절차를 개시하여야 한다. <개정 2020. 6. 9.>
② 조정위원회의 위원장은 제1항에 따라 조정신청을 접수하면 피신청인에게 조정신청서를 송달하여야 한다. 이 경우 제21조 제2항을 준용한다. <개정 2020. 6. 9.>
③ 조정서류의 송달 등 조정절차에 관하여 필요한 사항은 대통령령으로 정한다.
[본조신설 2016. 5. 29.]

제23조【처리기간】 ① 조정위원회는 분쟁의 조정신청을 받은 날부터 60일 이내에 그 분쟁조정을 마쳐야 한다. 다만, 부득이한 사정이 있는 경우에는 조정위원회의 의결을 거쳐 30일의 범위에서 그 기간을 연장할 수 있다.
② 조정위원회는 제1항 단서에 따라 기간을 연장

한 경우에는 기간 연장의 사유와 그 밖에 기간 연장에 관한 사항을 당사자에게 통보하여야 한다.
[본조신설 2016. 5. 29.]

제24조【조사 등】 ① 조정위원회는 조정을 위하여 필요하다고 인정하는 경우 신청인, 피신청인, 분쟁 관련 이해관계인 또는 참고인에게 출석하여 진술하게 하거나 조정에 필요한 자료나 물건 등을 제출하도록 요구할 수 있다.
② 조정위원회는 조정을 위하여 필요하다고 인정하는 경우 조정위원 또는 사무국의 직원으로 하여금 조정 대상물 및 관련 자료에 대하여 조사하게 하거나 자료를 수집하게 할 수 있다. 이 경우 조정위원이나 사무국의 직원은 그 권한을 표시하는 증표를 지니고 이를 관계인에게 내보여야 한다.
③ 조정위원회위원장은 특별시장, 광역시장, 특별자치시장, 도지사 및 특별자치도지사(이하 "시·도지사"라 한다)에게 해당 조정업무에 참고하기 위하여 인근지역의 확정일자 자료, 보증금의 월차임 전환율 등 적정 수준의 임대료 산정을 위한 자료를 요청할 수 있다. 이 경우 시·도지사는 정당한 사유가 없으면 조정위원회위원장의 요청에 따라야 한다.
[본조신설 2016. 5. 29.]

제25조【조정을 하지 아니하는 결정】 ① 조정위원회는 해당 분쟁이 그 성질상 조정을 하기에 적당하지 아니하다고 인정하거나 당사자가 부당한 목적으로 조정을 신청한 것으로 인정할 때에는 조정을 하지 아니할 수 있다.
② 조정위원회는 제1항에 따라 조정을 하지 아니하기로 결정하였을 때에는 그 사실을 당사자에게 통지하여야 한다.
[본조신설 2016. 5. 29.]

제26조【조정의 성립】 ① 조정위원회가 조정안을 작성한 경우에는 그 조정안을 지체 없이 각 당사자에게 통지하여야 한다.
② 제1항에 따라 조정안을 통지받은 당사자가 통지받은 날부터 14일 이내에 수락의 의사를 서면으로 표시하지 아니한 경우에는 조정을 거부한 것으로 본다. <개정 2020. 6. 9.>
③ 제2항에 따라 각 당사자가 조정안을 수락한 경우에는 조정안과 동일한 내용의 합의가 성립된 것

으로 본다.

④ 제3항에 따른 합의가 성립한 경우 조정위원회 위원장은 조정안의 내용을 조정서로 작성한다. 조정위원회위원장은 각 당사자 간에 금전, 그 밖의 대체물의 지급 또는 부동산의 인도에 관하여 강제집행을 승낙하는 취지의 합의가 있는 경우에는 그 내용을 조정서에 기재하여야 한다.

[본조신설 2016. 5. 29.]

제27조【집행력의 부여】 제26조 제4항 후단에 따라 강제집행을 승낙하는 취지의 내용이 기재된 조정서의 정본은 「민사집행법」 제56조에도 불구하고 집행력 있는 집행권원과 같은 효력을 가진다. 다만, 청구에 관한 이의의 주장에 대하여는 같은 법 제44조 제2항을 적용하지 아니한다.

[본조신설 2016. 5. 29.]

제28조【비밀유지의무】 조정위원, 사무국의 직원 또는 그 직에 있었던 자는 다른 법률에 특별한 규정이 있는 경우를 제외하고는 직무상 알게 된 정보를 타인에게 누설하거나 직무상 목적 외에 사용하여서는 아니 된다.

[본조신설 2016. 5. 29.]

제29조【다른 법률의 준용】 조정위원회의 운영 및 조정절차에 관하여 이 법에서 규정하지 아니한 사항에 대하여는 「민사조정법」을 준용한다.

[본조신설 2016. 5. 29.]

제30조【주택임대차표준계약서 사용】 주택임대차계약을 서면으로 체결할 때에는 법무부장관이 국토교통부장관과 협의하여 정하는 주택임대차표준계약서를 우선적으로 사용한다. 다만, 당사자가 다른 서식을 사용하기로 합의한 경우에는 그러하지 아니하다. <개정 2020. 7. 31.>

[본조신설 2016. 5. 29.]

제31조【벌칙 적용에서 공무원 의제】 공무원이 아닌 주택임대차위원회의 위원 및 주택임대차분쟁조정위원회의 위원은 「형법」 제127조, 제129조부터 제132조까지의 규정을 적용할 때에는 공무원으로 본다.

[본조신설 2016. 5. 29.]

[시행일: 2017. 5. 30.] 제31조(주택임대차분쟁조정위원회에 관한 부분만 해당한다)

부칙 〈제17470호, 2020. 7. 31.〉

제1조【시행일】 이 법은 공포한 날부터 시행한다. 다만, 제8조의2 제2항·제4항, 제14조 제1항, 제16조 제1항·제2항, 제21조 제1항 및 제30조의 개정규정은 공포 후 3개월이 경과한 날부터 시행한다.

제2조【계약갱신 요구 등에 관한 적용례】 ① 제6조의3 및 제7조의 개정규정은 이 법 시행 당시 존속 중인 임대차에 대하여도 적용한다.

② 제1항에도 불구하고 이 법 시행 전에 임대인이 갱신을 거절하고 제3자와 임대차계약을 체결한 경우에는 이를 적용하지 아니한다.

상가건물 임대차보호법

[시행 2022. 1. 4.]
[법률 제18675호, 2022. 1. 4, 일부개정]

제1조【목적】 이 법은 상가건물 임대차에 관하여 「민법」에 대한 특례를 규정하여 국민 경제생활의 안정을 보장함을 목적으로 한다.
[전문개정 2009. 1. 30.]

제2조【적용범위】 ① 이 법은 상가건물(제3조 제1항에 따른 사업자등록의 대상이 되는 건물을 말한다)의 임대차(임대차 목적물의 주된 부분을 영업용으로 사용하는 경우를 포함한다)에 대하여 적용한다. 다만, 제14조의2에 따른 상가건물임대차위원회의 심의를 거쳐 대통령령으로 정하는 보증금액을 초과하는 임대차에 대하여는 그러하지 아니하다. <개정 2020. 7. 31.>
② 제1항 단서에 따른 보증금액을 정할 때에는 해당 지역의 경제 여건 및 임대차 목적물의 규모 등을 고려하여 지역별로 구분하여 규정하되, 보증금 외에 차임이 있는 경우에는 그 차임액에 「은행법」에 따른 은행의 대출금리 등을 고려하여 대통령령으로 정하는 비율을 곱하여 환산한 금액을 포함하여야 한다. <개정 2010. 5. 17.>
③ 제1항 단서에도 불구하고 제3조, 제10조 제1항, 제2항, 제3항 본문, 제10조의2부터 제10조의9까지의 규정, 제11조의2 및 제19조는 제1항 단서에 따른 보증금액을 초과하는 임대차에 대하여도 적용한다. <신설 2013. 8. 13., 2015. 5. 13., 2020. 9. 29., 2022. 1. 4.>
[전문개정 2009. 1. 30.]

제3조【대항력 등】 ① 임대차는 그 등기가 없는 경우에도 임차인이 건물의 인도와 「부가가치세법」 제8조, 「소득세법」 제168조 또는 「법인세법」 제111조에 따른 사업자등록을 신청하면 그 다음 날부터 제3자에 대하여 효력이 생긴다. <개정 2013. 6. 7.>
② 임차건물의 양수인(그 밖에 임대할 권리를 승계

한 자를 포함한다)은 임대인의 지위를 승계한 것으로 본다.
③ 이 법에 따라 임대차의 목적이 된 건물이 매매 또는 경매의 목적물이 된 경우에는 「민법」 제575조 제1항·제3항 및 제578조를 준용한다.
④ 제3항의 경우에는 「민법」 제536조를 준용한다.
[전문개정 2009. 1. 30.]

제4조【확정일자 부여 및 임대차정보의 제공 등】 ① 제5조 제2항의 확정일자는 상가건물의 소재지 관할 세무서장이 부여한다.
② 관할 세무서장은 해당 상가건물의 소재지, 확정일자 부여일, 차임 및 보증금 등을 기재한 확정일자부를 작성하여야 한다. 이 경우 전산정보처리조직을 이용할 수 있다.
③ 상가건물의 임대차에 이해관계가 있는 자는 관할 세무서장에게 해당 상가건물의 확정일자 부여일, 차임 및 보증금 등 정보의 제공을 요청할 수 있다. 이 경우 요청을 받은 관할 세무서장은 정당한 사유 없이 이를 거부할 수 없다.
④ 임대차계약을 체결하려는 자는 임대인의 동의를 받아 관할 세무서장에게 제3항에 따른 정보제공을 요청할 수 있다.
⑤ 확정일자부에 기재하여야 할 사항, 상가건물의 임대차에 이해관계가 있는 자의 범위, 관할 세무서장에게 요청할 수 있는 정보의 범위 및 그 밖에 확정일자 부여사무와 정보제공 등에 필요한 사항은 대통령령으로 정한다.
[전문개정 2015. 5. 13.]

제5조【보증금의 회수】 ① 임차인이 임차건물에 대하여 보증금반환청구소송의 확정판결, 그 밖에 이에 준하는 집행권원에 의하여 경매를 신청하는 경우에는 「민사집행법」 제41조에도 불구하고 반대의무의 이행이나 이행의 제공을 집행개시의 요건으로 하지 아니한다.
② 제3조 제1항의 대항요건을 갖추고 관할 세무서장으로부터 임대차계약서상의 확정일자를 받은 임차인은 「민사집행법」에 따른 경매 또는 「국세징수법」에 따른 공매 시 임차건물(임대인 소유의 대지를 포함한다)의 환가대금에서 후순위권리자나 그 밖의 채권자보다 우선하여 보증금을 변제받을 권리가 있다.

③ 임차인은 임차건물을 양수인에게 인도하지 아니하면 제2항에 따른 보증금을 받을 수 없다.

④ 제2항 또는 제7항에 따른 우선변제의 순위와 보증금에 대하여 이의가 있는 이해관계인은 경매법원 또는 체납처분청에 이의를 신청할 수 있다. <개정 2013. 8. 13.>

⑤ 제4항에 따라 경매법원에 이의를 신청하는 경우에는 「민사집행법」 제152조부터 제161조까지의 규정을 준용한다.

⑥ 제4항에 따라 이의신청을 받은 체납처분청은 이해관계인이 이의신청일부터 7일 이내에 임차인 또는 제7항에 따라 우선변제권을 승계한 금융기관 등을 상대로 소(訴)를 제기한 것을 증명한 때에는 그 소송이 종결될 때까지 이의가 신청된 범위에서 임차인 또는 제7항에 따라 우선변제권을 승계한 금융기관 등에 대한 보증금의 변제를 유보(留保)하고 남은 금액을 배분하여야 한다. 이 경우 유보된 보증금은 소송 결과에 따라 배분한다. <개정 2013. 8. 13.>

⑦ 다음 각 호의 금융기관 등이 제2항, 제6조 제5항 또는 제7조 제1항에 따른 우선변제권을 취득한 임차인의 보증금반환채권을 계약으로 양수한 경우에는 양수한 금액의 범위에서 우선변제권을 승계한다. <신설 2013. 8. 13., 2016. 5. 29.>

1. 「은행법」에 따른 은행
2. 「중소기업은행법」에 따른 중소기업은행
3. 「한국산업은행법」에 따른 한국산업은행
4. 「농업협동조합법」에 따른 농협은행
5. 「수산업협동조합법」에 따른 수협은행
6. 「우체국예금·보험에 관한 법률」에 따른 체신관서
7. 「보험업법」 제4조 제1항 제2호라목의 보증보험을 보험종목으로 허가받은 보험회사
8. 그 밖에 제1호부터 제7호까지에 준하는 것으로서 대통령령으로 정하는 기관

⑧ 제7항에 따라 우선변제권을 승계한 금융기관 등(이하 "금융기관등"이라 한다)은 다음 각 호의 어느 하나에 해당하는 경우에는 우선변제권을 행사할 수 없다. <신설 2013. 8. 13.>

1. 임차인이 제3조 제1항의 대항요건을 상실한 경우
2. 제6조 제5항에 따른 임차권등기가 말소된 경우

3. 「민법」 제621조에 따른 임대차등기가 말소된 경우

⑨ 금융기관등은 우선변제권을 행사하기 위하여 임차인을 대리하거나 대위하여 임대차를 해지할 수 없다. <신설 2013. 8. 13.>

[전문개정 2009. 1. 30.]

제6조【임차권등기명령】 ① 임대차가 종료된 후 보증금이 반환되지 아니한 경우 임차인은 임차건물의 소재지를 관할하는 지방법원, 지방법원지원 또는 시·군법원에 임차권등기명령을 신청할 수 있다. <개정 2013. 8. 13.>

② 임차권등기명령을 신청할 때에는 다음 각 호의 사항을 기재하여야 하며, 신청 이유 및 임차권등기의 원인이 된 사실을 소명하여야 한다.

1. 신청 취지 및 이유
2. 임대차의 목적인 건물(임대차의 목적이 건물의 일부분인 경우에는 그 부분의 도면을 첨부한다)
3. 임차권등기의 원인이 된 사실(임차인이 제3조 제1항에 따른 대항력을 취득하였거나 제5조 제2항에 따른 우선변제권을 취득한 경우에는 그 사실)
4. 그 밖에 대법원규칙으로 정하는 사항

③ 임차권등기명령의 신청에 대한 재판, 임차권등기명령의 결정에 대한 임대인의 이의신청 및 그에 대한 재판, 임차권등기명령의 취소신청 및 그에 대한 재판 또는 임차권등기명령의 집행 등에 관하여는 「민사집행법」 제280조 제1항, 제281조, 제283조, 제285조, 제286조, 제288조 제1항·제2항 본문, 제289조, 제290조 제2항 중 제288조 제1항에 대한 부분, 제291조, 제293조를 준용한다. 이 경우 "가압류"는 "임차권등기"로, "채권자"는 "임차인"으로, "채무자"는 "임대인"으로 본다.

④ 임차권등기명령신청을 기각하는 결정에 대하여 임차인은 항고할 수 있다.

⑤ 임차권등기명령의 집행에 따른 임차권등기를 마치면 임차인은 제3조 제1항에 따른 대항력과 제5조 제2항에 따른 우선변제권을 취득한다. 다만, 임차인이 임차권등기 이전에 이미 대항력 또는 우선변제권을 취득한 경우에는 그 대항력 또는 우선변제권이 그대로 유지되며, 임차권등기 이후에는 제3조 제1항의 대항요건을 상실하더라도 이미 취득한 대항력 또는 우선변제권을 상실하지 아니한다.

⑥ 임차권등기명령의 집행에 따른 임차권등기를 마친 건물(임대차의 목적이 건물의 일부분인 경우에는 그 부분으로 한정한다)을 그 이후에 임차한 임차인은 제14조에 따른 우선변제를 받을 권리가 없다.

⑦ 임차권등기의 촉탁, 등기관의 임차권등기 기입 등 임차권등기명령의 시행에 관하여 필요한 사항은 대법원규칙으로 정한다.

⑧ 임차인은 제1항에 따른 임차권등기명령의 신청 및 그에 따른 임차권등기와 관련하여 든 비용을 임대인에게 청구할 수 있다.

⑨ 금융기관등은 임차인을 대위하여 제1항의 임차권등기명령을 신청할 수 있다. 이 경우 제3항·제4항 및 제8항의 "임차인"은 "금융기관등"으로 본다. <신설 2013. 8. 13.>

[전문개정 2009. 1. 30.]

제7조 【「민법」에 따른 임대차등기의 효력 등】 ① 「민법」 제621조에 따른 건물임대차등기의 효력에 관하여는 제6조 제5항 및 제6항을 준용한다.

② 임차인이 대항력 또는 우선변제권을 갖추고 「민법」 제621조 제1항에 따라 임대인의 협력을 얻어 임대차등기를 신청하는 경우에는 신청서에 「부동산등기법」 제74조 제1호부터 제6호까지의 사항 외에 다음 각 호의 사항을 기재하여야 하며, 이를 증명할 수 있는 서면(임대차의 목적이 건물의 일부분인 경우에는 그 부분의 도면을 포함한다)을 첨부하여야 한다. <개정 2011. 4. 12., 2020. 2. 4.>

1. 사업자등록을 신청한 날
2. 임차건물을 점유한 날
3. 임대차계약서상의 확정일자를 받은 날

[전문개정 2009. 1. 30.]

제8조 【경매에 의한 임차권의 소멸】 임차권은 임차건물에 대하여 「민사집행법」에 따른 경매가 실시된 경우에는 그 임차건물이 매각되면 소멸한다. 다만, 보증금이 전액 변제되지 아니한 대항력이 있는 임차권은 그러하지 아니하다.

[전문개정 2009. 1. 30.]

제9조 【임대차기간 등】 ① 기간을 정하지 아니하거나 기간을 1년 미만으로 정한 임대차는 그 기간을 1년으로 본다. 다만, 임차인은 1년 미만으로 정한 기간이 유효함을 주장할 수 있다.

② 임대차가 종료한 경우에도 임차인이 보증금을 돌려받을 때까지는 임대차 관계는 존속하는 것으로 본다.

[전문개정 2009. 1. 30.]

제10조 【계약갱신 요구 등】 ① 임대인은 임차인이 임대차기간이 만료되기 6개월 전부터 1개월 전까지 사이에 계약갱신을 요구할 경우 정당한 사유 없이 거절하지 못한다. 다만, 다음 각 호의 어느 하나의 경우에는 그러하지 아니하다. <개정 2013. 8. 13.>

1. 임차인이 3기의 차임액에 해당하는 금액에 이르도록 차임을 연체한 사실이 있는 경우
2. 임차인이 거짓이나 그 밖의 부정한 방법으로 임차한 경우
3. 서로 합의하여 임대인이 임차인에게 상당한 보상을 제공한 경우
4. 임차인이 임대인의 동의 없이 목적 건물의 전부 또는 일부를 전대(轉貸)한 경우
5. 임차인이 임차한 건물의 전부 또는 일부를 고의나 중대한 과실로 파손한 경우
6. 임차한 건물의 전부 또는 일부가 멸실되어 임대차의 목적을 달성하지 못할 경우
7. 임대인이 다음 각 목의 어느 하나에 해당하는 사유로 목적 건물의 전부 또는 대부분을 철거하거나 재건축하기 위하여 목적 건물의 점유를 회복할 필요가 있는 경우
   가. 임대차계약 체결 당시 공사시기 및 소요기간 등을 포함한 철거 또는 재건축 계획을 임차인에게 구체적으로 고지하고 그 계획에 따르는 경우
   나. 건물이 노후·훼손 또는 일부 멸실되는 등 안전사고의 우려가 있는 경우
   다. 다른 법령에 따라 철거 또는 재건축이 이루어지는 경우
8. 그 밖에 임차인이 임차인으로서의 의무를 현저히 위반하거나 임대차를 계속하기 어려운 중대한 사유가 있는 경우

② 임차인의 계약갱신요구권은 최초의 임대차기간을 포함한 전체 임대차기간이 10년을 초과하지 아니하는 범위에서만 행사할 수 있다. <개정 2018. 10. 16.>

③ 갱신되는 임대차는 전 임대차와 동일한 조건으로 다시 계약된 것으로 본다. 다만, 차임과 보증금은 제11조에 따른 범위에서 증감할 수 있다.
④ 임대인이 제1항의 기간 이내에 임차인에게 갱신 거절의 통지 또는 조건 변경의 통지를 하지 아니한 경우에는 그 기간이 만료된 때에 전 임대차와 동일한 조건으로 다시 임대차한 것으로 본다. 이 경우에 임대차의 존속기간은 1년으로 본다. <개정 2009. 5. 8.>
⑤ 제4항의 경우 임차인은 언제든지 임대인에게 계약해지의 통고를 할 수 있고, 임대인이 통고를 받은 날부터 3개월이 지나면 효력이 발생한다.
[전문개정 2009. 1. 30.]

제10조의2【계약갱신의 특례】 제2조 제1항 단서에 따른 보증금액을 초과하는 임대차의 계약갱신의 경우에는 당사자는 상가건물에 관한 조세, 공과금, 주변 상가건물의 차임 및 보증금, 그 밖의 부담이나 경제사정의 변동 등을 고려하여 차임과 보증금의 증감을 청구할 수 있다.
[본조신설 2013. 8. 13.]

제10조의3【권리금의 정의 등】 ① 권리금이란 임대차 목적물인 상가건물에서 영업을 하는 자 또는 영업을 하려는 자가 영업시설·비품, 거래처, 신용, 영업상의 노하우, 상가건물의 위치에 따른 영업상의 이점 등 유형·무형의 재산적 가치의 양도 또는 이용대가로서 임대인, 임차인에게 보증금과 차임 이외에 지급하는 금전 등의 대가를 말한다.
② 권리금 계약이란 신규임차인이 되려는 자가 임차인에게 권리금을 지급하기로 하는 계약을 말한다.
[본조신설 2015. 5. 13.]

제10조의4【권리금 회수기회 보호 등】 ① 임대인은 임대차기간이 끝나기 6개월 전부터 임대차 종료 시까지 다음 각 호의 어느 하나에 해당하는 행위를 함으로써 권리금 계약에 따라 임차인이 주선한 신규임차인이 되려는 자로부터 권리금을 지급받는 것을 방해하여서는 아니 된다. 다만, 제10조 제1항 각 호의 어느 하나에 해당하는 사유가 있는 경우에는 그러하지 아니하다. <개정 2018. 10. 16.>
1. 임차인이 주선한 신규임차인이 되려는 자에게 권리금을 요구하거나 임차인이 주선한 신규임차인이 되려는 자로부터 권리금을 수수하는 행위

2. 임차인이 주선한 신규임차인이 되려는 자로 하여금 임차인에게 권리금을 지급하지 못하게 하는 행위
3. 임차인이 주선한 신규임차인이 되려는 자에게 상가건물에 관한 조세, 공과금, 주변 상가건물의 차임 및 보증금, 그 밖의 부담에 따른 금액에 비추어 현저히 고액의 차임과 보증금을 요구하는 행위
4. 그 밖에 정당한 사유 없이 임대인이 임차인이 주선한 신규임차인이 되려는 자와 임대차계약의 체결을 거절하는 행위
② 다음 각 호의 어느 하나에 해당하는 경우에는 제1항 제4호의 정당한 사유가 있는 것으로 본다.
1. 임차인이 주선한 신규임차인이 되려는 자가 보증금 또는 차임을 지급할 자력이 없는 경우
2. 임차인이 주선한 신규임차인이 되려는 자가 임차인으로서의 의무를 위반할 우려가 있거나 그 밖에 임대차를 유지하기 어려운 상당한 사유가 있는 경우
3. 임대차 목적물인 상가건물을 1년 6개월 이상 영리목적으로 사용하지 아니한 경우
4. 임대인이 선택한 신규임차인이 임차인과 권리금 계약을 체결하고 그 권리금을 지급한 경우
③ 임대인이 제1항을 위반하여 임차인에게 손해를 발생하게 한 때에는 그 손해를 배상할 책임이 있다. 이 경우 그 손해배상액은 신규임차인이 임차인에게 지급하기로 한 권리금과 임대차 종료 당시의 권리금 중 낮은 금액을 넘지 못한다.
④ 제3항에 따라 임대인에게 손해배상을 청구할 권리는 임대차가 종료한 날부터 3년 이내에 행사하지 아니하면 시효의 완성으로 소멸한다.
⑤ 임차인은 임대인에게 임차인이 주선한 신규임차인이 되려는 자의 보증금 및 차임을 지급할 자력 또는 그 밖에 임차인으로서의 의무를 이행할 의사 및 능력에 관하여 자신이 알고 있는 정보를 제공하여야 한다.
[본조신설 2015. 5. 13.]

제10조의5【권리금 적용 제외】 제10조의4는 다음 각 호의 어느 하나에 해당하는 상가건물 임대차의 경우에는 적용하지 아니한다. <개정 2018. 10. 16.>

1. 임대차 목적물인 상가건물이 「유통산업발전법」 제2조에 따른 대규모점포 또는 준대규모점포의 일부인 경우(다만, 「전통시장 및 상점가 육성을 위한 특별법」 제2조 제1호에 따른 전통시장은 제외한다)
2. 임대차 목적물인 상가건물이 「국유재산법」에 따른 국유재산 또는 「공유재산 및 물품 관리법」에 따른 공유재산인 경우

[본조신설 2015. 5. 13.]

제10조의6【표준권리금계약서의 작성 등】 국토교통부장관은 법무부장관과 협의를 거쳐 임차인과 신규임차인이 되려는 자의 권리금 계약 체결을 위한 표준권리금계약서를 정하여 그 사용을 권장할 수 있다. <개정 2020. 7. 31.>

[본조신설 2015. 5. 13.]

제10조의7【권리금 평가기준의 고시】 국토교통부장관은 권리금에 대한 감정평가의 절차와 방법 등에 관한 기준을 고시할 수 있다.

[본조신설 2015. 5. 13.]

제10조의8【차임연체와 해지】 임차인의 차임연체액이 3기의 차임액에 달하는 때에는 임대인은 계약을 해지할 수 있다.

[본조신설 2015. 5. 13.]

제10조의9【계약 갱신요구 등에 관한 임시 특례】 임차인이 이 법(법률 제17490호 상가건물 임대차보호법 일부개정법률을 말한다) 시행일부터 6개월까지의 기간 동안 연체한 차임액은 제10조 제1항 제1호, 제10조의4 제1항 단서 및 제10조의8의 적용에 있어서는 차임연체액으로 보지 아니한다. 이 경우 연체한 차임액에 대한 임대인의 그 밖의 권리는 영향을 받지 아니한다.

[본조신설 2020. 9. 29.]

제11조【차임 등의 증감청구권】 ① 차임 또는 보증금이 임차건물에 관한 조세, 공과금, 그 밖의 부담의 증감이나 「감염병의 예방 및 관리에 관한 법률」 제2조 제2호에 따른 제1급감염병 등에 의한 경제사정의 변동으로 인하여 상당하지 아니하게 된 경우에는 당사자는 장래의 차임 또는 보증금에 대하여 증감을 청구할 수 있다. 그러나 증액의 경우에는 대통령령으로 정하는 기준에 따른 비율을 초과하지 못한다. <개정 2020. 9. 29.>

② 제1항에 따른 증액 청구는 임대차계약 또는 약정한 차임 등의 증액이 있은 후 1년 이내에는 하지 못한다.

③ 「감염병의 예방 및 관리에 관한 법률」 제2조 제2호에 따른 제1급감염병에 의한 경제사정의 변동으로 차임 등이 감액된 후 임대인이 제1항에 따라 증액을 청구하는 경우에는 증액된 차임 등이 감액 전 차임 등의 금액에 달할 때까지는 같은 항 단서를 적용하지 아니한다. <신설 2020. 9. 29.>

[전문개정 2009. 1. 30.]

제11조의2【폐업으로 인한 임차인의 해지권】 ① 임차인은 「감염병의 예방 및 관리에 관한 법률」 제49조 제1항 제2호에 따른 집합 제한 또는 금지 조치(같은 항 제2호의2에 따라 운영시간을 제한한 조치를 포함한다)를 총 3개월 이상 받음으로써 발생한 경제사정의 중대한 변동으로 폐업한 경우에는 임대차계약을 해지할 수 있다.

② 제1항에 따른 해지는 임대인이 계약해지의 통고를 받은 날부터 3개월이 지나면 효력이 발생한다.

[본조신설 2022. 1. 4.]

제12조【월 차임 전환 시 산정률의 제한】 보증금의 전부 또는 일부를 월 단위의 차임으로 전환하는 경우에는 그 전환되는 금액에 다음 각 호 중 낮은 비율을 곱한 월 차임의 범위를 초과할 수 없다. <개정 2010. 5. 17., 2013. 8. 13.>

1. 「은행법」에 따른 은행의 대출금리 및 해당 지역의 경제 여건 등을 고려하여 대통령령으로 정하는 비율
2. 한국은행에서 공시한 기준금리에 대통령령으로 정하는 배수를 곱한 비율

[전문개정 2009. 1. 30.]

제13조【전대차관계에 대한 적용 등】 ① 제10조, 제10조의2, 제10조의8, 제10조의9(제10조 및 제10조의8에 관한 부분으로 한정한다), 제11조 및 제12조는 전대인(轉貸人)과 전차인(轉借人)의 전대차관계에 적용한다. <개정 2015. 5. 13., 2020. 9. 29.>

② 임대인의 동의를 받고 전대차계약을 체결한 전차인은 임차인의 계약갱신요구권 행사기간 이내에 임차인을 대위(代位)하여 임대인에게 계약갱신요구권을 행사할 수 있다.

[전문개정 2009. 1. 30.]

제14조【보증금 중 일정액의 보호】 ① 임차인은 보증금 중 일정액을 다른 담보물권자보다 우선하여 변제받을 권리가 있다. 이 경우 임차인은 건물에 대한 경매신청의 등기 전에 제3조 제1항의 요건을 갖추어야 한다.

② 제1항의 경우에 제5조 제4항부터 제6항까지의 규정을 준용한다.

③ 제1항에 따라 우선변제를 받을 임차인 및 보증금 중 일정액의 범위와 기준은 임대건물가액(임대인 소유의 대지가액을 포함한다)의 2분의 1 범위에서 해당 지역의 경제 여건, 보증금 및 차임 등을 고려하여 제14조의2에 따른 상가건물임대차위원회의 심의를 거쳐 대통령령으로 정한다. <개정 2013. 8. 13., 2020. 7. 31.>

[전문개정 2009. 1. 30.]

제14조의2【상가건물임대차위원회】 ① 상가건물 임대차에 관한 다음 각 호의 사항을 심의하기 위하여 법무부에 상가건물임대차위원회(이하 "위원회"라 한다)를 둔다.

1. 제2조 제1항 단서에 따른 보증금액
2. 제14조에 따라 우선변제를 받을 임차인 및 보증금 중 일정액의 범위와 기준

② 위원회는 위원장 1명을 포함한 10명 이상 15명 이하의 위원으로 성별을 고려하여 구성한다.

③ 위원회의 위원장은 법무부차관이 된다.

④ 위원회의 위원은 다음 각 호의 어느 하나에 해당하는 사람 중에서 위원장이 임명하거나 위촉하되, 제1호부터 제6호까지에 해당하는 위원을 각각 1명 이상 임명하거나 위촉하여야 하고, 위원 중 2분의 1 이상은 제1호·제2호 또는 제7호에 해당하는 사람을 위촉하여야 한다.

1. 법학·경제학 또는 부동산학 등을 전공하고 상가건물 임대차 관련 전문지식을 갖춘 사람으로서 공인된 연구기관에서 조교수 이상 또는 이에 상당하는 직에 5년 이상 재직한 사람
2. 변호사·감정평가사·공인회계사·세무사 또는 공인중개사로서 5년 이상 해당 분야에서 종사하고 상가건물 임대차 관련 업무경험이 풍부한 사람
3. 기획재정부에서 물가 관련 업무를 담당하는 고위공무원단에 속하는 공무원

4. 법무부에서 상가건물 임대차 관련 업무를 담당하는 고위공무원단에 속하는 공무원(이에 상당하는 특정직공무원을 포함한다)
5. 국토교통부에서 상가건물 임대차 관련 업무를 담당하는 고위공무원단에 속하는 공무원
6. 중소벤처기업부에서 소상공인 관련 업무를 담당하는 고위공무원단에 속하는 공무원
7. 그 밖에 상가건물 임대차 관련 학식과 경험이 풍부한 사람으로서 대통령령으로 정하는 사람

⑤ 그 밖에 위원회의 구성 및 운영 등에 필요한 사항은 대통령령으로 정한다.

[본조신설 2020. 7. 31.]

제15조【강행규정】 이 법의 규정에 위반된 약정으로서 임차인에게 불리한 것은 효력이 없다.

[전문개정 2009. 1. 30.]

제16조【일시사용을 위한 임대차】 이 법은 일시사용을 위한 임대차임이 명백한 경우에는 적용하지 아니한다.

[전문개정 2009. 1. 30.]

제17조【미등기전세에의 준용】 목적건물을 등기하지 아니한 전세계약에 관하여 이 법을 준용한다. 이 경우 "전세금"은 "임대차의 보증금"으로 본다.

[전문개정 2009. 1. 30.]

제18조【「소액사건심판법」의 준용】 임차인이 임대인에게 제기하는 보증금반환청구소송에 관하여는 「소액사건심판법」 제6조·제7조·제10조 및 제11조의2를 준용한다.

[전문개정 2009. 1. 30.]

제19조【표준계약서의 작성 등】 법무부장관은 국토교통부장관과 협의를 거쳐 보증금, 차임액, 임대차기간, 수선비 분담 등의 내용이 기재된 상가건물임대차표준계약서를 정하여 그 사용을 권장할 수 있다. <개정 2020. 7. 31.>

[본조신설 2015. 5. 13.]

제20조【상가건물임대차분쟁조정위원회】 ① 이 법의 적용을 받는 상가건물 임대차와 관련된 분쟁을 심의·조정하기 위하여 대통령령으로 정하는 바에 따라 「법률구조법」 제8조에 따른 대한법률구조공단의 지부, 「한국토지주택공사법」에 따른 한국토지

주택공사의 지사 또는 사무소 및 「한국감정원법」에 따른 한국감정원의 지사 또는 사무소에 상가건물임대차분쟁조정위원회(이하 "조정위원회"라 한다)를 둔다. 특별시·광역시·특별자치시·도 및 특별자치도는 그 지방자치단체의 실정을 고려하여 조정위원회를 둘 수 있다. <개정 2020. 7. 31.>

② 조정위원회는 다음 각 호의 사항을 심의·조정한다.

1. 차임 또는 보증금의 증감에 관한 분쟁

2. 임대차 기간에 관한 분쟁

3. 보증금 또는 임차상가건물의 반환에 관한 분쟁

4. 임차상가건물의 유지·수선 의무에 관한 분쟁

5. 권리금에 관한 분쟁

6. 그 밖에 대통령령으로 정하는 상가건물 임대차에 관한 분쟁

③ 조정위원회의 사무를 처리하기 위하여 조정위원회에 사무국을 두고, 사무국의 조직 및 인력 등에 필요한 사항은 대통령령으로 정한다.

④ 사무국의 조정위원회 업무담당자는 「주택임대차보호법」 제14조에 따른 주택임대차분쟁조정위원회 사무국의 업무를 제외하고 다른 직위의 업무를 겸직하여서는 아니 된다.

[본조신설 2018. 10. 16.]

제21조【주택임대차분쟁조정위원회 준용】 조정위원회에 대하여는 이 법에 규정한 사항 외에는 주택임대차분쟁조정위원회에 관한 「주택임대차보호법」 제14조부터 제29조까지의 규정을 준용한다. 이 경우 "주택임대차분쟁조정위원회"는 "상가건물임대차분쟁조정위원회"로 본다.

[본조신설 2018. 10. 16.]

제22조【벌칙 적용에서 공무원 의제】 공무원이 아닌 상가건물임대차위원회의 위원 및 상가건물임대차분쟁조정위원회의 위원은 「형법」 제127조, 제129조부터 제132조까지의 규정을 적용할 때에는 공무원으로 본다. <개정 2020. 7. 31.>

[본조신설 2018. 10. 16.]

부칙 〈제18675호, 2022. 1. 4.〉

제1조【시행일】 이 법은 공포한 날부터 시행한다.

제2조【임차인의 해지권에 관한 적용례】 제11조의2의 개정규정은 이 법 시행 당시 존속 중인 임대차에 대해서도 적용한다.

2023 2차

행정사
민법(계약)

초 판 인 쇄 : 2022년 11월 11일
초 판 발 행 : 2022년 11월 15일
편 저 자 : 조민기
발 행 인 : 박 용
등   록 : 2015. 4. 29. 제2015-000104호
발 행 처 : (주)박문각출판
주   소 : 06654 서울특별시 서초구 효령로 283 서경빌딩
전   화 : 교재 문의 (02)6466-7202
팩   스 : (02)584-2927

판 권
본 사
소 유

정가 18,000원
ISBN 979-11-6704-952-0
      979-11-6704-951-3(세트)

2022 최신개정판
Final Test

1

한 권으로 끝내는

군무원
행정학

핵심 + 기출 + 실전 모의고사

한방에,
군무원 합격

시험에 꼭 나오는 행정학 핵심정리
정성껏 복원한 최신 6개년 기출문제
최종 마무리용 실전 모의고사 7회분

조은종
편저

1

한 권으로 끝내는

군무원
행정학

군무원 대규모 채용이라는 좋은 기회에 '한 권으로 끝내는 군무원 행정학'을 출간하게 되었습니다. 이 교재는 이론 정리, 기출문제, 실전문제 등을 한 번에 해결할 수 있도록 핵심 이론, 핵심 문제로 구성하였습니다. 여기 있는 내용만 잘 숙지한다면 합격하는 데는 무난할 것으로 믿습니다.

군무원 행정학은 일반 공무원 시험과는 확연히 다른 출제경향을 보이고 있습니다. 군무원 전용 교재로 공부해야 할 이유이기도 합니다. 물론 그렇다고 해서 내용 자체가 크게 다른 게 아니라 기본 내용의 출제 패턴이 다르다는 것입니다.
일반 공무원 행정학과 가장 큰 차이점은 일반 수험교재에 없는 내용이 반드시 몇 개씩 출제되어 수험생들을 당황스럽게 한다는 점입니다. 아무리 두꺼운 책으로 공부한다고 해도 이 내용을 미리 공부하고 시험장에 갈 수는 없습니다. 평소 문제풀이 때 많은 연습을 해야 해결될 수 있습니다. 혼자 문제만 많이 푼다고 되는 것이 아니므로 반드시 군무원 관련 강의(문제풀이)를 통해 해결하기를 바랍니다.

이 책을 효과적으로 활용하는 방법은 다음과 같습니다.

1. 기본서로 내용을 어느 정도 숙지한 후 각 단원 앞에 정리되어 있는 핵심 요약으로 다시 한 번 내용을 확인 또는 암기해야 합니다. 내용 이해가 전혀 안 되어 있다면 문제 푸는 것이 큰 도움이 되지 않습니다. 무엇이 부족한지 파악할 수 없기 때문입니다.

2. 기출문제의 답이 되는 이유, 답이 안 되는 이유를 명확히 알고 넘어가야 합니다. 시간이 걸려도 그 이유를 알아야 다음에 유사한 문제를 풀 때 실수를 하지 않습니다.

3. 오답노트를 만들어서 활용하십시오. 조금이라도 애매했던 문제나 틀렸던 문제는 다음에 다시 봐도 틀릴 가능성이 큽니다. 이러한 문제들을 한곳에 모아 둔다면 빠른 시간 안에 자신의 약점을 보완할 수 있습니다.

4. 기출문제를 풀어봤다면 실전 모의고사를 통해 실력을 마지막으로 점검해야 합니다. 이 단계에서는 실수가 허용되지 않습니다. 최선을 다해서 한 문제라도 더 맞추기 위해 사력을 다 하시기를 바랍니다.

5. 이런 과정을 충실히 거쳤다면 여러분에게 행정학은 만점, 전략과목이 될 것이며 합격에 큰 기여를 할 것으로 믿습니다.

수험생의 마지막은 '합격'이어야 합니다. 그 합격으로 가는 데 이 문제집이 큰 힘이 되기를 진심으로 바랍니다.

2022년 4월
저자 조은종

6개년 군무원 출제 경향 분석

구분		2021	2020	2019 1차	2019 2차	2018	2017	2016	계
기초이론	행정의 본질	1	1	1	1		2		6
	행정의 환경		1		1		2	1	5
	행정의 가치	1	3	1			1	2	8
	행정학의 성립·성격		1	1					2
	행정학의 접근방법	4	2	4	3	1	1	3	18
정책론	정책학의 기초	1	1		1	1	1	1	6
	정책의제설정	1		1		2	1	2	7
	정책결정		1	2			1	1	5
	정책집행		1	1	1		1		4
	정책평가(정책변동)				1				1
	기획론								−
조직론	조직의 기초이론	2	2			3	2	1	10
	조직구조론	1		3	2	2	1	1	10
	조직관리론	3	1				2		6
인사행정론	인사행정의 기초	2	2	3	4	7	4	3	25
	임용		1						1
	능력발전			1					1
	사기앙양								−
	근무규율	1	1		1	1	2		6
재무행정론	재무행정의 기초			1	2	3		1	7
	예산과정	3	2	1	2	2	1	1	12
	예산제도	2	1	2			2	1	8
전자정부와 지식관리 행정						1		1	2
행정환류론	행정책임과 행정통제		1		1			1	3
	행정개혁				1		1		2
지방행정론	지방행정					1		2	3
	지방자치	3	3	2	3	2	1	3	17
합계		25	25	25	25	25	25	25	175

📢 군무원 행정학 이렇게 출제된다!

영역	출제내용
01 행정학총론	• 행정과 경영 • 행태론 • 정치와 행정 • 공공선택론 • 시장실패와 정부실패 • 신공공관리론 • 정부규제 • 뉴거버넌스론 • 행정이념 • 신공공서비스론
02 정책론	• 정책의 유형 • 정책결정모형 • 정책네트워크모형 • 정책집행(일선관료제) • 무의사결정 • 정책평가(타당성)
03 조직론	• 조직의 유형 • 관료제와 탈관료제 • 동기이론 • 정부조직구조 • 리더십
04 인사행정론	• 인사제도 • 근무성적평정 • 공직분류 • 공직윤리 • 중앙인사기관 • 공직부패
05 재무행정론	• 예산의 원칙 • 예산집행 • 예산의 종류 • 정부회계 • 예산심의 • 예산제도
06 전자정부와 지식관리 행정	• 정보화사회의 특징 • 전자거버넌스
07 행정환류론	• 행정책임 • 행정통제 • 행정개혁 • 옴부즈만 • 균형성과표(BSC)
08 지방행정론	• 신중앙집권화 • 기관구성 • 특별지방행정기관 • 주민참여 • 자치입법 • 지방교부세와 국고보조금 • 자치계층구조

📊 출제비율

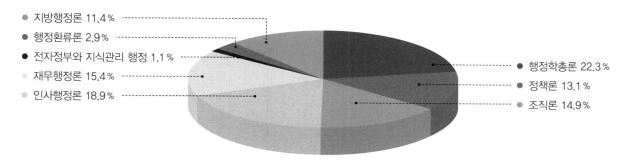

- 지방행정론 11.4 %
- 행정환류론 2.9 %
- 전자정부와 지식관리 행정 1.1 %
- 재무행정론 15.4 %
- 인사행정론 18.9 %
- 행정학총론 22.3 %
- 정책론 13.1 %
- 조직론 14.9 %

이 책의
구성과 특징

이론의 빈틈을 메우는 핵심 정리로
군무원 시험 완벽 대비!

- ✓ 군무원 시험 대비를 위한 교재이지만 행정학 개념을 숙지하고 넘어갈 수 있도록 '핵심 정리' 파트가 추가되었습니다. 8개로 나뉜 '핵심 정리'를 활용한다면 이론과 실전 두 마리 토끼를 모두 잡을 수 있을 것입니다.

- ✓ 기본서로 내용을 어느 정도 숙지한 다음 '핵심 정리'로 이론을 한 번 더 확인한 후 문제를 풀어서 부족한 부분이 무엇인지를 확실히 알고 나면, 한 단계 업그레이드 된 실력으로 군무원 시험에 대비할 수 있을 것입니다.

실제 시험 문제 풀이로
군무원 합격 실력 완성!

- ✓ 2016년부터 2021년까지 6개년 군무원 행정학 기출문제가 수록되어 있습니다. 2019년도는 1, 2차 시험 문제를 모두 복원 및 수록하여 수험생들이 최신 기출문제를 모두 섭렵할 수 있도록 구성하였습니다.

- ✓ '최신 기출문제' 7회분으로 수험생들은 실전 감각을 극대화하고, 군무원 시험 대비를 더욱 철저하게 할 수 있습니다.

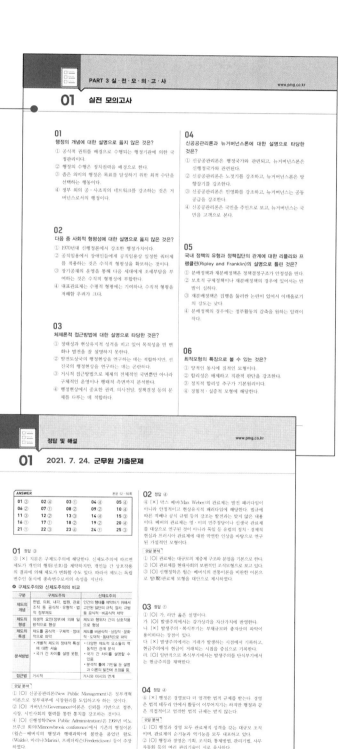

실전 모의고사 7회분으로
실전 대비 능력 향상!

✔ 최신 기출문제를 풀어보는 데서 그치지 않고, 더욱 확실하게 실전 대비를 할 수 있도록 '실전 모의고사' 7회분도 수록하였습니다. 수험생들은 '실전 모의고사' 파트를 활용해 실력을 마지막으로 점검해 볼 수 있을 것입니다.

✔ 실제 시험처럼 한 문제라도 더 맞추려는 마음으로 '실전 모의고사' 파트를 활용한다면, '최신 기출문제' 파트에서 쌓아 올린 실전 대비 능력을 더욱 끌어올리는 데 도움이 될 것입니다.

상세한 정답 풀이부터 꼼꼼한
오답 분석까지 가능한 해설!

✔ 정답이 되는 이유를 설명하는 것은 물론, 오답에 대한 상세한 해설까지 제공하여 수험생들이 부족한 부분을 빠르게 파악하고, 취약한 영역을 공략할 수 있도록 구성되었습니다.

✔ 문제와 관련된 이론을 정리하여 수록함으로써 빈틈없는 행정학 학습이 가능하도록 하였습니다.

이 책의 차례

CONTENTS

PART

1

핵심 정리

01 행정학총론

1 행정의 의의

1. 광의 : 고도의 합리성을 수반한 협동적 인간노력의 한 형태(협의 : 정부관료제의 활동, 최협의 : 행정부의 활동)

2. 거버넌스로서의 행정 : 공(公)·사(私)의 일을 엄격히 구분하지 않음. 행정을 협동을 통한 통치(협치)로 봄.

3. 행정은 정치과정과 분리될 수 없음. 공공서비스를 정부가 독점하지 않음. 국민의 권리제한 의무부과도 함.

2 행정과 경영의 비교

1. 유사점 : 목표달성을 위한 수단, 관료제적 성격, 관리기술, 협동행위, 의사결정, 봉사성 등

2. 차이점

구분	목적	법적 규제	고객 관계	정치성	권력 수단	활동 범위	공개성	윤리성	신분 보장	기술 변화
행정	공익	많음	평등	강함	강제성	보편성	공개	강함	강함	둔감
경영	사익	적음	차등	약함	공리성	한정성	미공개	약함	약함	민감

3 정부와 행정

1. 이념에 따른 정부의 역할·기능

구분	진보주의	보수주의
인간관	• 욕구, 협동, 오류 가능성 여지가 있는 인간관 • 경제적 인간관 부정	합리적이고 이기적인 경제인
가치 판단	• 자유를 열렬히 옹호 • 평등을 증진시키기 위해 실질적인 정부개입 허용 • 행복의 극대화, 공동선, 시민의 미덕 등 강조	• 자유 강조 : 소극적 자유 = 정부로부터의 자유를 의미 • 기회 평등과 경제적 자유를 강조 • 소득, 부(富) 또는 기타 경제적 결과의 평등은 경시
시장과 정부에 대한 평가	• 효율과 공정, 번영과 진보에 대한 자유시장의 잠재력 인정 • 시장의 결함과 윤리적 결여를 인지함. • 시장실패는 정부개입으로 수정 가능하다고 봄.	• 자유시장에 대한 신념 • 정부 불신, 정부는 개인의 자유를 위협하고, 경제조건을 악화시키는 전제적 횡포
선호 하는 정책	• 소외집단을 위한 정책 • 공익 목적의 정부규제 • 조세 제도를 통한 소득재분배 • 낙태 금지를 위한 정부권력 사용 반대 • 공립학교에서의 종교 교육 반대	• 소외집단 지원정책 비선호 • 경제적 규제 완화, 시장 지향 정책 • 조세 감면과 완화 • 낙태 금지를 위한 정부권력 사용 찬성 • 공립학교에서의 종교 교육 찬성
기타	복지국가, 혼합자본주의, 진보주의, 규제된 자본주의, 개혁주의	자유방임적 자본주의

2. 행정국가(현대행정)의 특징

(1) 양적 특징 : 행정기구의 확대, 준공공기관의 증가, 공무원의 증가[파킨슨 법칙(공무원의 수가 본질적인 업무량과 관계없이 증가) – 부하배증의 법칙과 업무배증의 법칙], 재정규모의 팽창, 행정기능의 확대·강화

(2) 질적 특징 : 행정의 전문화·기술화, 기획의 중시, 행정의 정보화, 행정조직의 동태화, 인사행정의 적극성, 신중앙집권화의 경향, 예산의 기획지향성, 행정평가제도의 도입, 행정의 광역화, 행정책임과 통제 중시

4 정치와 행정

1. 정치 : 가치개입적 행위, 민주성, 목표설정, 도의적 책임과 관련됨.

2. 행정 : 가치중립적 행위, 효율성, 수단선택, 법적 책임과 관련됨.

3. 정치·행정의 관계

정치·행정이원론	정치·행정일원론
• 엽관주의 폐단극복과 실적주의의 확립 • 과학적 관리론의 영향 • 행정학의 독자성 확보를 위한 노력 • 행정국가화에 따른 행정기능의 양적 확대와 질적 전문화	• 1929년의 경제대공황·New Deal 정책에 따른 행정기능의 확대·강화 • 행정의 전문화·기술화 및 위임입법(행정기관의 명령·규칙)의 증가 • 국가·사회의 동일화 • 기계적 능률관에 대한 비판과 사회적 능률관의 강조 • 시장실패를 치유하기 위한 정부의 적극적 개입

5 행정과 법

법치주의 원리－법률의 법규창조력, 법률의 우위(소극적 의미의 합법성), 법률의 유보(적극적 의미의 합법성)

6 시장실패의 원인과 정부의 대응방식

정부대응 원인	공적공급(조직)	공적유도(보조금)	정부규제(권위)
공공재의 존재	○		
외부효과의 발생		○	○
자연 독점	○		○
불완전 경쟁			○
정보의 비대칭성		○	○

7 정부규제

1. 정부규제의 유형

경제적 규제 (기업의 본원적 활동 규제)	독과점 금지 및 불공정거래 규제	규제 강화 대상	지대추구행위와 포획 없음.
	가격규제, 진입·퇴거규제, 품질규제 등	규제 완화 대상	지대추구행위와 포획 발생
사회적 규제 (기업의 사회적 책임에 관한 규제)	소비자 안전규제, 환경 규제, 작업안전·보건규 제, 사회적 차별규제 등	규제 강화 대상	지대추구행위와 포획 없음.

2. Wilson의 규제정치이론

구분		감지된 편익	
		넓게 분산	좁게 집중
감지된 비용	넓게 분산	대중적 정치 (음란물규제, 낙태규제)	고객 정치 (수입규제, 최저가격규제)
	좁게 집중	기업가적 정치 (환경오염규제)	이익집단 정치 (의약분업규제)

3. 규제의 대상

수단규제	정부의 목표를 달성하기 위해 필요한 기술이나 행위에 대해 사전적으로 규제하는 것
성과규제	정부가 특정한 사회문제 해결에 대한 목표 달성 수준을 정하 고 피규제자에게 이를 달성할 것을 요구하는 것
관리규제	수단과 성과가 아닌 과정을 규제하는 것(식품위해요소 중점 관리기준, HACCP)

4. 규제의 개입 범위: 네거티브 규제와 포지티브 규제

네거티브 규제	'원칙 허용, 예외 금지'를 의미하는 것으로 '~할 수 없다', 혹은 '~가 아니다'의 형식
포지티브 규제	'원칙 금지, 예외 허용'의 형태를 띠는 방식으로 '~할 수 있다', 혹은 '~이다'의 형식

5. 규제의 수행 주체

직접규제	정부가 규제의 주체가 되는 것
자율규제	개인과 기업 등 피규제자가 스스로 규제의 주체가 됨.
공동규제	정부로부터 위임을 받은 민간집단에 의해 이루어짐.

8 공공서비스(재화)의 종류

구분	경합성	비경합성
배제성	사적재(민간재)	요금재(유료재)
비배제성	공유재(공동재)	공공재(집합재)

1. **사적재(= 민간재, Private Goods)**: 정부의 부분적 개입의 필요성은 인정됨. **예** 빵, 구두, 옷, 핸드폰 등

2. **요금재(= 유료재, Toll Goods)**: 자연 독점 발생 ⇨ 정부 개입 필요 **예** 전기, 가스, 상하수도, 고속도로, 케이블 TV 등

3. **공유재(= 공동재, Common-pool Goods)**: 과잉소비로 인한 고갈 위험 때문에 정부의 개입 필요 **예** 자연 자원, 공공 시설 등

4. **공공재(= 집합재, Public Goods)**: '무임승차자(free-rider)' 문제 발생 **예** 국방, 외교, 치안, 등대 등
   ≫ 공공재의 특징: 비경합성, 비배제성, 등량소비성, 무임승차성, 비분할성(공동소비성), 비시장성, 비축적성, 파생적 외부효과성, 내생적 선호 등

9 정부실패

1. 정부실패를 야기하는 정부개입의 수요와 공급의 특성

정부개입의 수요의 특성	정부개입의 공급의 특성
• 정치인의 단견(높은 시간할인율): 단 기적 이익과 손해의 현재 가치를 높 게 평가 • 이익과 손해의 분리 (비용과 편익의 괴리)	• 정부산출물 정의 및 측정 곤란성 • 독점적 생산 • 생산기술의 불확실성 • 최저선과 종결 메커니즘의 결여 • 공급의 확대

2. 정부실패의 원인과 대응방식

구분	민영화	정부보조 삭감	규제완화
사적 목표의 설정	○		
X-비효율·비용체증	○	○	○
파생적 외부효과		○	○
권력의 편재(지대추구행위)	○		○

3. 공공재의 과소공급과 과다공급

과소공급	과다공급
• Galbraith의 선전효과(의존효과) • Musgrave의 조세저항 • Duesenberry의 전시효과 • Downs의 합리적 무지	• Wagner의 법칙 • Peacock & Wiseman의 전위효과 • Baumol's Effect(보몰효과) • Niskanen의 예산극대화가설 • 리바이어던 가설

PART
01

PART
02

PART
03

정답
및
해설

10 민영화

● 공공서비스 공급 방식(Savas, 권기헌)

구분		배열자(공급자, arranger)	
		공공부문	민간부문
생산자 (producer)	공공 부문	• 정부 서비스 • 정부 간 협약	• 정부판매(정부응찰)
	민간 부문	• 민간위탁 • 인허가 • 보조금 • 민자사업 • 바우처	• 시장 • 자원봉사 • 자조(자급자족)

≫ 정부판매는 정부가 생산을 하고 민간이 응찰받아 구매하는 방식으로 과거 담배 · 홍삼의 전매방식이 대표적인 예이다.

1. 민영화 유형

(1) **민간위탁(계약공급 ; Contracting Out)** : 정부가 필요로 하거나 공급해야 하는 재화 · 용역을 계약을 통해 민간에서 공급하게 하는 것(정부가 비용 부담)

(2) **보조금(Grants or Subsidies)** : 민간조직 또는 개인이 제공한 서비스 활동에 대해 정부가 재정 또는 현물을 지원하는 것. 공공서비스에 대한 요건을 구체적으로 명시하기 곤란하거나 서비스가 기술적으로 복잡한 경우에 적합 예 교육시설, 탁아시설, 사설박물관 운영비 지원 등

(3) **면허방식(인 · 허가, Franchise)** : 민간에게 일정한 구역 내에서 공공서비스를 제공하는 권리를 인정하는 방식으로, 이용자는 서비스 제공자에게 비용을 지불하고 서비스 수준과 질은 정부가 규제하는 방식

(4) **바우처(Voucher or Coupon)** : 공공서비스 생산을 민간부문에 위탁하면서 시민들의 서비스 구입부담을 완화시키기 위해 금전적 가치가 있는 종이바우처, 전자바우처 등의 쿠폰을 제공하는 방식 예 노인돌봄서비스, 장애인활동보조서비스, 가사 · 간병서비스, 산모 · 신생아 도우미서비스, 지역사회서비스혁신사업, 보육서비스 등

(5) **자조(Self help)** : 자조 방식(self service)이라고도 하며 공공서비스의 수혜자와 제공자가 같은 집단에 소속되어 서로 돕는 형식으로 활동하는 것

(6) **자원봉사자 방식(Volunteers)** : 직접적인 보수는 받지 않지만 서비스의 생산과 관련된 실비에 대해서만 보상받고 봉사하는 사람들을 활용하는 것

2. 민영화의 필요성 : 효율성의 제고, 정부규모의 적정화와 작은 정부 구현, 업무의 전문성 제고, 행정서비스의 질적 향상, 시장경제의 활성화, 정부재정의 건전화, 자본시장저변의 확대, 임금인상 요구의 억제

3. 민영화의 폐단 : 책임소재의 불분명, 독점화, 형평성의 저해, 서비스공급의 안정성 저해, 가격의 인상, 역대리인 이론(도덕적 해이), 변화의 적용에 대한 신축성의 감소, 서비스의 누출, 크림 스키밍(cream skimming)현상, 취업기회의 축소, 공무원 수 증가의 은폐, 불공정거래의 위험, 정치적 오용의 위험, 거래비용의 증가 등

11 행정문화

1. 선진국의 행정문화 : 합리주의, 상대주의(수평적 관계중시), 모험주의, 성취주의, 사실정향주의, 중립주의, 전문가주의(조정과 통합 곤란)

2. 개도국(후진국)의 행정문화 : 권위주의(과잉충성, 과잉동조 초래), 가족주의, 연고주의, 의식주의(형식주의), 정적 인간주의(온정주의), 운명주의(순응주의), 일반가주의(상식차원에서 문제 해결)

12 행정정보공개

1. 협의 : 청구(수동적) 공개–행정정보공개의 일반적 의미 (광의 : 능동적 공개도 포함)

2. 필요성과 한계 : 알권리 충족, 기밀유출, 정보의 왜곡, 비용과 업무량의 증가

3. 정보공개법의 주요 내용

(1) **정보공개청구권자** : 모든 국민, 외국인도 가능

(2) **정보공개기관** : 국가, 지방자치단체, 정부투자기관 및 대통령령이 정하는 기관으로 입법부 및 사법부, 정부투자기관, 정부출자 · 출연기관 및 각급 학교까지 포함

(3) **공개대상정보** : 직무상 작성 · 취득하여 관리하고 있는 문서(전자문서 포함) 및 전자매체를 비롯한 모든 형태의 매체 등에 기록된 사항

(4) **대상정보의 공개시점** : 청구를 받은 날로부터 10일 이내에 공개 여부를 결정하여야 함(10일 이내 연장가능).

(5) **비공개대상정보** : 공공기관의 모든 정보는 원칙적으로 공개되어야 하나 국민전체의 권익이나 개인의 프라이버시를 침해할 위험이 있는 정보는 제외(단, 공무원의 성명과 직위는 공개 대상)

(6) **비용부담** : 정보의 공개 및 우송 등에 소요되는 비용은 청구인 부담으로 함.

(7) **공개 거부 시** : 이의신청, 행정심판, 행정소송 가능

13 행정이념의 분류

1. 본질적 행정가치 : 공익, 정의, 형평, 자유, 평등, 복지 등

2. 수단적 행정가치 : 합법성, 능률성, 민주성, 합리성, 효과성, 생산성, 투명성, 신뢰성, 가외성 등

14 공익

1. **실체설** : 적극설 또는 규범설
   (1) 전체주의(집단주의)적 공익관으로, 공익이란 사익이나 특수이익을 초월한 선험적·도덕적·규범적으로 존재
   (2) 공익과 사익의 갈등이란 있을 수 없고, 상충되는 경우에는 당연히 공익 우선
   (3) 투입기능이 활발하지 못한 개도국에 적용되는 이론
   (4) 전체효용의 극대화, 도덕적 절대가치, 보편성 강조
   (5) 공익 결정 과정이 비민주적이고, 공익 개념이 지나치게 추상적임(행정의 중심적 역할 강조).
   (6) 집단이기주의 극복을 위한 공익 개념

2. **과정설** : 민주적 공익관, 현실주의적 공익관, 소극설
   (1) 개인주의·자유주의·다원주의적 공익관으로, 공익은 실체적인 내용이 선험적으로 존재하는 것이 아니라, 사익 간의 갈등과 대립을 조정하는 과정 속에서 나타남.
   (2) 사익을 초월한 별도의 공익이란 존재할 수 없으며, 공익이란 사익의 총합이거나 사익 간의 조정과 타협의 산물(절차적 합리성·적법절차의 강조)
   (3) 투입기능이 활발한 다원화된 선진사회에 적용되는 이론
   (4) 공익결정에 있어서 행정인보다는 다수의 이해관계자가 더 큰 역할을 함.
   (5) 공익과 사익은 본질적 차이가 아닌 상대적·양적 차이로 봄.
   (6) 정책결정론의 점증모형과 그 맥을 같이 함.
   (7) 사회의 조직화되지 않은 이익을 고려하지 않음.

3. **합의설** : 공익은 특수한 개별집단의 이익보다 광범위함(다수의 이익이 공익). ⇨ 소수의 이익이 아무리 강도가 높다 할지라도 희생될 수밖에 없음.

15 정의(＝형평성)

1. **의의** : 공정한 배분상태 의미(같은 것은 같게, 다른 것은 다르게－자유와 평등의 중도입장). 원초적 상태에서 구성원들이 합의하는 규칙이 공정할 것이라고 전제함(원초적 상태에서 합리적 인간은 최소극대화원리에 따름).

2. **롤스(Rawls)의 정의론**
   (1) 정의의 제1원리 : 기본적 자유의 평등원리
   (2) 정의의 제2원리 : 차등조정의 원리[공정한 기회균등의 원리, 차등원리－최소극대화(maximin) 원리]
   (3) 원리 간 관계 : 제1원리가 제2원리보다 앞서고, 제2원리 중 기회균등의 원리가 차등원리보다 앞섬.

16 능률성

구분	기계적 능률	사회적 능률
행정이론	• 과학적 관리론, 관료제론 • 정치·행정이원론에서 중시	• 인간관계론 • 정치·행정일원론에서 중시
목적	• 경제적 이익의 극대화 • 투입 대 산출의 극대화	• 사회적 목적의 실현(인간가치의 실현) • 다원적 이익의 통합
유사개념	단기적 능률, 절대적 능률, 양적 능률, 가치중립적 능률, 경제적 능률, 수단적 능률, 대차대조표적 능률, 수치적 능률, 물리적 능률, 몰가치적 능률, 사실적 능률, 금전적 능률	장기적 능률, 상대적 능률, 질적 능률, 가치적 능률, 인간적 능률, 합목적적 능률, 발전적 능률, 대내적 민주성, 규범적 능률

17 효과성 : 목표의 달성도를 의미

1. 1960년대 발전행정론에서 강조
2. 경쟁적 가치접근법(Quinn & Rohrbaugh)

가치	조직(외부)	인간(내부)
통제	합리적 목표 모형 • 목표 : 생산성, 능률성 • 수단 : 기획, 목표설정 • 성장단계 : 공식화의 단계	내부과정 모형 • 목표 : 안정성, 균형, 통제와 감독 • 수단 : 정보관리, 의사소통 • 성장단계 : 공식화의 단계
유연성 (융통성)	개방체제 모형 • 목표 : 성장, 자원획득, 환경적응 • 수단 : 유연성(융통성), 외적평가 • 성장단계 : 창업·정교화의 단계	인간관계 모형 • 목표 : 인적자원 개발 • 수단 : 응집력, 사기 및 훈련 • 성장단계 : 집단공동체의 단계

18 가외성(Landau)

1. 남는 부분, 잉여분을 의미(구별개념 : 중첩성, 중복성, 동등잠재성) 예 삼권분립, 삼심제, 양원제, 연방주의, 비행기 보조엔진, 계선과 막료, 분권화, 복수목표, 순차적 결재, 거부권 등
2. 효용 : 조직의 신뢰성 증진, 적응성·대응성, 창의성 유발, 정보의 정확성 확보, 수용범위의 확대와 조직의 동태화, 목표전환의 완화
3. 정당화 근거 : 정책결정의 불확실성, 조직의 신경구조성, 조직의 체제성, 협상의 사회
4. 한계 : 비용과 자원상의 한계, 능률성과의 충돌(비경제성), 조직 간 갈등·충돌·대립 등

19 합리성

1. 개념 : 목표달성을 위한 최적의 수단을 선택하는 것
2. 합리성의 유형

구분	이성적 · 인지적 사유과정을 거쳤는지 여부	목표 달성의 적합성(순기능) 여부
만하임 (Mannheim)	실질적 합리성 (substantial rationality)	기능적 합리성 (functional rationality)
사이먼 (Simon)	절차적 합리성 (procedural rationality)	내용적 합리성 (substantive rationality)

20 행정학의 기원과 성립

1. 독일 행정학
   (1) 관방학(행복촉진주의적 복지국가관) ⇨ 경찰학 ⇨ 행정법학 ⇨ 슈타인 행정학(헌정과 행정의 분리, 헌정과 행정의 상대적 우월성)
   (2) 전기관방학과 후기관방학(Halle대학과 Frankfurt대학에 관방학과를 설치한 것을 기준으로 나눔.)
2. 미국의 행정학 : 행정학 태동기의 사상적 배경
   (1) 해밀턴주의 : 연방주의(중앙집권)
   (2) 제퍼슨주의 : 자유주의(지방분권)
   (3) 매디슨주의 : 다원주의(이익집단의 요구에 대한 조정을 위해 견제와 균형 중시)
   (4) 잭슨주의 : 민주주의(공직경질제를 통한 민주주의의 실현을 강조)
   (5) 윌슨주의 : 능률주의(엽관주의의 비능률과 부패 비판)

21 행정학의 학문적 성격

1. 과학성과 기술성

구분	과학성	기술성
중심개념	why를 중심으로 하는 개념으로 설명성, 인과성, 유형성 강조	how를 중심으로 하는 개념으로 문제 해결 강조
특징	이론의 규칙성 · 일반성 추구, 경험성, 재생가능성, 객관성, 개념의 조작적 정의	실용성 · 실천성 · 처방성 추구, 규범성, 가치성, 적실성
대표이론	행태론	발전행정론 · 신행정론
학자	Simon, Landau	Waldo, Marx, Sayre, Wilson
종합	기술성이나 전문성을 강조했던 Waldo도 과학성을 부인하지는 않았으며, 동시에 과학성을 강조했던 Simon도 행정학의 기술성을 인정

2. 보편성과 특수성
   (1) 각종 행정문제를 해결하기 위해서 외국의 제도를 고찰하고 도입하는 것, 일반이론 구축 – 보편성
   (2) 상황을 확인하고, 1950년대 비교행정 발달배경 – 특수성
   (3) 외국의 제도를 도입할 수 있다는 것은 행정이론의 보편성 때문이며, 동시에 상황의 유사성을 확인해야 한다는 것은 행정이론의 특수성 때문임.

22 과학적 관리론과 인간관계론의 비교

구분	차이점		공통점
	과학적 관리론	인간관계론	
능률관	기계적 능률관	사회적 능률관	• 조직을 폐쇄체제로 인식 • 조직목표와 개인목표의 양립성 인정 • 인간가치의 수단화 • 관리층을 위한 연구 • 인간행동의 피동성 및 동기부여의 외재성 • 욕구의 단일성 중시 • 궁극적으로 생산성 향상 추구
인간관	합리적 경제인관	사회적 인간관	
조직관	공식적 조직의 중시	비공식적 조직의 중시	
보수관	직무급	생활급	
연구	시간동작연구	호손실험	

23 행태론적 접근방법 : Simon

1. 내용 : 가치와 사실의 구분, 계량적 분석 및 기법 중시, 논리실증주의, 집단행태 및 행정문화 중시, 규칙성 · 유형성 가정, 방법론적 개체주의, 순수과학 · 종합학문적 성격
2. 비판 : 가치배제의 비현실성, 연구범위의 축소, 폐쇄체제적 관점, 관조과학(어용학설), 낮은 정체성 등

24 생태론적 접근방법 : Gaus(7가지), Riggs(5가지)

1. 내용 : 행정현상을 자연적 · 문화적 · 사회적 환경과 관련시켜 이해
2. 비판 : 결정론적 시각(deterministic view)과 행정의 독립변수성 경시, 정태적 균형이론, 특정국가의 개별적 환경만을 연구함으로써 일반이론화에 실패, 행정의 목표나 방향제시 부족, 외부환경에만 치중한 나머지 내부 문제는 상대적으로 경시, 개별적 행위자에 대한 설명 미흡, 환경의 분리측정 곤란 등

25 체제론적 접근방법

1. 개방체제의 특징 : 투입 – 전환 – 산출 – 환류의 반복, 분화와 통합, 항상성과 동태적 균형 유지, 등종국성(유일 최선의 방법 부인), 부정적 엔트로피
2. 체제는 '투입(요구, 지지) – 전환(정책결정절차) – 산출(정책, 법령, 서비스) – 환류(개혁)'의 구조

26 비교행정론 : Riggs

1. 내용 : 일반법칙적이고 과학적인 행정이론 개발을 위하여 각국의 행정현상을 체계적으로 비교 · 연구
2. 대두배경 : 미국행정학의 적용범위상 한계, 행정학의 과학화 · 객관화 요청 등

27 발전행정론

정치 · 행정새일원론(국가주의적 관점), 독립변수로서의 발전인 중시(행정인의 적극적 역할 강조 – 선량주의적 관점), 효과성과 기술성의 중시, 경제성장주의적 관점, 사회체제론과 불균형적 접근법의 중시, '기관형성(IB)' 중시

28 신행정론

1. **의의** : 기존의 행정이론을 비판하고 사회적 약자나 소외된 계층을 배려하여 사회적 형평을 실현하고(총체적 효용 비판), 행정의 처방성·적실성을 확보하려는 가치중심의 행정. 가치중립성과 전문직업주의에 대한 집착 비판

2. **성립배경**
   (1) 1970년대를 전후한 미국적 상황(격동기)
   (2) 큰 정부, 강한 정부 강조(Johnson 대통령의 'Great Society 건설'이란 슬로건 제시)
   (3) Waldo, Frederickson, Marini 등 소장학자들이 중심이 되어 Minnowbrook회의(1968) 개최

3. **특징** : 사회적 형평성, 적극적 행정인의 중요성, 고객지향적 행정 및 참여와 합의 중시, 반계층제와 탈관료제, 중립성의 지양(가치주의)과 행정책임의 강화, 사회적 적실성·처방성·대응성, 조직과 개인의 통합, 정책분석 및 평가체제의 강조, 현상학적 접근방법의 중시 - 선험적·철학적 방법론 중시, 인본주의

29 현상학적 접근방법 - Harmon의 행위이론

실증주의의 비판(의도된 행위 연구), 해석학적 방법 선호, 주관성·상호주관성(간주관성), 물상화의 배격(인본주의), 개인의 자율과 책임 중시, 인간의 능동성(사회적 자아), 행태가 아닌 행위 중시, 사회유명론, 주의주의(임의론), 투표보다는 합의 중시 등

30 공공선택론

1. **내용**
   (1) 비시장적 의사결정에 대한 경제학적 연구 또는 정치학에 경제학을 응용하는 것(Mueller)
   (2) 정부(관료, 정치인)를 공공재의 공급자(생산자), 국민은 공공재의 소비자로 간주(행정에 관한 소비자 보호운동)

2. **기본가정과 특징** : 방법론적 개체주의, 합리적·이기적·경제인관, 공공재의 효율적인 공급을 위한 다양한 규모의 제도적 장치의 마련 강조(중첩적인 관할구역과 분권적 중복적인 조직장치의 필요), 연역적 접근방법, 민주주의에 의한 집단적 결정 중시

3. **공공선택론의 주요 모형**
   (1) Buchanan과 Tullock의 비용극소화 모형(최적다수결제도) : 참여자가 많을수록 결정비용 증가, 집행비용 감소

(2) Ostrom 부부의 민주행정 패러다임(1973) : 윌슨의 패러다임 비판
(3) Niskanen의 관료예산극대화 가설 : 정부의 산출물은 적정생산수준보다 2배의 과잉생산
(4) Downs의 이론 : 합리적 무지로 인한 과소공급
(5) 투표정치이론 : Arrow의 불가능성 정리, 투표의 교환(Log-Rolling), 정치적 경기순환론, 중위투표자정리
(6) 티부가설 : 지방분권 강조(효율성 중시 ⇨ 형평성 저해), 가정 - 다수의 지방정부 존재, 완전한 정보, 자유로운 이동 가능성, 외부효과의 부재, 규모수익 불변, 최적의 인구규모 파악 가능, 비례적 재산세, 고정적 생산요소의 존재, 배당수입에 의한 소득 등

4. **공헌과 한계**
   (1) 공헌 : 민주적 패러다임, 능률성과 대응성 중시, 분권 강조, 외부효과와 지역이기주의 극복대안
   (2) 한계 : 경제적 동기의 지나친 강조, 정부의 역할과 가치개입에 대한 소홀(시장실패 가능성), 보수주의적 접근(기득권주의)

31 신제도주의

1. **합리적 선택 신제도주의**
   (1) 의의 : 제도는 자신의 선호를 극대화하기 위한 합리적인 선택의 결과
   (2) 특징 : 방법론적 개체주의, 연역적 설명, 외생적 선호
   (3) 관련이론 : 공공선택론, 주인-대리인이론, 거래비용 경제학 등

2. **역사적 신제도주의**
   (1) 의의 : 제도는 장기간에 걸쳐 형성된 정형화된 패턴, 개인의 행위는 제도적 맥락 속에서 형성되고 제약됨.
   (2) 특징 : 방법론적 전체주의, 중범위이론, 귀납적 설명, 내생적 선호, 정책연구에서의 역사와 맥락의 강조, 정치적 영역의 상대적 자율성 강조, 지속성·경로의 존성(Path Dependence)·의도되지 않은 결과, 권력관계의 불균형에 대한 강조, 제도의 급격한 변화에 대한 설명(단절적 균형모형)

3. **사회학적 신제도주의**
   (1) 의의 : 제도의 형성은 환경적 상황, 즉 '제도의 장'에 의존하는 바가 큼.
   (2) 특징 : 제도에 대한 폭넓은 정의(현상학·해석학·민속학에 근거), 방법론적 전체주의, 귀납적 설명, 내생적 선호, 제도적 영향의 인지적 차원의 강조, 적절성의 논리(제도적 동형화)

32 신공공관리론 : 신자유주의, 신보수주의

1. 의의 : 신관리주의(내부규제완화 - 자율부여) + 시장주의 (가격, 고객, 경쟁요소 도입)

2. 특징
   (1) 정부의 기능 및 규모의 축소[시장성 검증(테스트)] ⇨ CCT(의무경쟁입찰) · 사전적 대안분석 ⇨ BEST Value
   (2) 성과중심체제 지향
   (3) 비용가치(VFM)의 증대
   (4) 분권화와 융통성 부여
   (5) 책임과 통제의 강화
   (6) 경쟁 및 고객서비스 지향
   (7) 정부규제의 개혁
   (8) 정부 간 협력
   (9) 정책능력의 강화[노젓기(Rowing)보다는 방향잡기 (Steering)]

3. 전통적 관료제 정부와 기업가적 정부의 비교

기준	전통적인 관료제 정부	기업가적 정부
정부의 역할	노젓기 역할	방향잡기 역할
정부의 활동	직접적인 서비스 제공	할 수 있는 권한 부여
행정의 가치	형평성, 민주성	경제성, 효율성, 효과성
서비스공급 방식	독점적 공급	경쟁도입 : 민영화, 민간위탁 등
행정관리 기제	행정 메커니즘	시장 메커니즘
행정관리 방식	• 법령 · 규칙 중심 관리 • 투입중심 예산 • 지출지향 • 사후대처 • 명령과 통제	• 임무 중심 관리 • 성과연계 예산 • 수익 창출 • 예측과 예방 • 참여와 팀워크 및 네트워크 관리
행정주도 주체	관료 및 행정기관 중심	고객 중심
책임성	계층제적 책임 확보	참여적 대응성 확보

33 신공공서비스론(NPS) : 신공공관리론 비판

1. 이론적 기초 : 시민행정학, 인간중심 조직이론(인본주의), 신행정학, 포스트모던 행정학(담론이론), 현상학, 비판학 등

2. 특징
   (1) 봉사하는 정부(방향잡기보다는 서비스 제공)
   (2) 공익의 중시(공익을 행정의 부산물이 아닌 목적으로 보아야 함.)
   (3) 전략적 사고와 민주적 행동
   (4) 시민에 대한 봉사(시민을 고객으로 대하지 말고 봉사하는 입장에서 출발)
   (5) 책임의 다원성
   (6) 인간존중(생산성보다는 인간 중시)
   (7) 시티즌십과 공공서비스의 중시(기업가적 정신보다 시민정신 강조)

❖ 전통행정이론 · 신공공관리론 · 신공공서비스론

관점＼유파	전통행정이론	신공공관리론 (NPM)	신공공서비스론 (NPS)
이론과 인식의 토대	• 초기의 사회과학의 정치이론 • 사회학이론	• 신고전학파 경제이론 • 드러커의 성과관리론	• 민주주의이론 • 실증주의 · 해석학 · 비판이론 · 후기근대주의를 포괄하는 다양한 접근
합리성모형과 행태모형	• 개괄적 합리성 • 행정인	• 기술적 · 경제적 합리성 • 경제인 또는 자기이익에 기초한 의사결정자	• 전략적 합리성 • 정치적 · 경제적 · 조직적 합리성에 대한 다원적 검증
공익에 대한 입장	법률로 표현된 정치적 결정	개인들의 총이익	공유가치에 대한 담론의 결과
관료의 반응대상	고객과 유권자	고객	시민
정부의 역할	노젓기	방향잡기	봉사
정책목표의 달성 기제	기존의 정부기구를 통한 프로그램	개인 및 비영리기구를 활용해 정책목표를 달성할 기제와 유인체제를 창출	동의된 욕구를 충족시키기 위한 공공기관, 비영리기관, 개인들의 연합체 구축
책임에 대한 접근 양식	계층제적	시장지향적	다면적
행정재량	관료에게 제한된 재량만을 허용	기업적 목적을 달성하기 위해 넓은 재량 허용	재량이 필요하지만 제약과 책임이 수반
기대하는 조직구조	조직 내에 상명하복으로 움직이는 관료적 조직과 고객에 대한 규제와 통제	기본적 통제를 수행하는 분권화된 공조직	조직 내외적으로 공유된 리더십을 갖는 협동적 구조
관료의 동기유발	• 임금과 편익 • 공무원 보호	• 기업가 정신 • 정부규모를 축소하려는 이데올로기적 욕구	• 공공서비스 • 사회에 기여하려는 욕구

34 뉴거버넌스론 : 참여주의, 공동체주의

1. 주요 특성 : 파트너십 중시, 유기적 결합관계의 중시, 공식적 · 비공식적 요인의 고려, 정치적 특성의 강조, 세력연합 · 협상 · 타협의 중시, 행정조직의 재량성 중시

2. 주요모형
   (1) Peters의 모형

구분	시장적 정부모형	참여적 정부모형	신축적 정부모형	탈내부규제 정부모형
문제의 진단기준	독점	계층제	영속성	내부규제
구조의 개혁방안	분권화	평면조직	가상조직	(특정제안 없음.)
관리의 개혁방안	성과급, 민간부문의 기법	총품질관리, 팀제	가변적 인사관리	관리재량권 확대
정책결정의 개혁방안	내부시장, 시장적 유인	협의, 협상	실험	기업가적 정부
공익의 기준	저비용	참여, 협의	저비용, 조정	창의성, 활동주의

(2) Rhodes의 뉴거버넌스 주요모형: 좋은 거버넌스

세계은행은 제3세계 국가들에 대한 대출정책에서 행정의 투명성, 책임성, 통제, 대응성이 높을수록 좋은 거버넌스라고 함. 신공공관리와 자유민주주의의 결합. 세가지 차원의 의미 ① 거버넌스의 체제적 사용(내외정치적 및 경제적 권력의 배분을 주로 다룸.), ② 정치적 수준(국가가 민주주의적 위임에 따라 정당성과 권위 모두를 부여받고 인정된 상태), ③ 행정적 수준(효율적이면서 개방적이며 믿을 수 있고, 감사의 대상이 되면서도 적절한 정책결정과 집행수행)

3. 신공공관리와 뉴거버넌스의 관계

구분		신공공관리	뉴거버넌스
유사점		• 정부의 역할은 노젓기(Rowing)보다는 방향잡기(Steering) • 공공부문과 민간부문의 구분 필요성에 회의적 • 대리인체제의 불필요성(정부실패) • 투입보다는 산출에 대한 통제 강조	
차이점	인식론적 기초	신자유주의	공동체주의
	관리기구	시장	연계망
	관리가치	결과	신뢰(과정)
	관료역할	공공기업가	조정자
	작동원리	경쟁(시장메커니즘)	협력체제
	서비스	민영화, 민간위탁 등	공동공급(시민, 기업 등 참여)
	관리방식	고객 지향	임무 중심
	정치성	약함(탈정치성─정치·행정이원론)	강함(재정치성─정치·행정일원론)
	경영성	강함(공·사행정일원론)	약함(공·사행정이원론)
	분석수준	조직 내	조직 간

35 포스트모더니즘

1. 특징

(1) 객관주의 배척 및 구성주의 지지, 상대주의와 다원주의, 해방주의, 행동과 과정의 중시

(2) 원자적·분권적 사회, 다양화, 상이성 존중의 사회질서, 반관료제적 규범, 다품종 소량생산, 탈물질화, 반규제주의, 환경의 부단한 변동, 높아지는 불확실성과 세계화

2. 주요이론

(1) Farmer의 반관료제론: 상상, 해체(탈구성), 탈영역화(영역해체), 타자성

(2) Fox와 Miller의 담론이론(Discourse Theory): 환류모형에 입각한 민주주의 개념, 즉 대의민주주의의 한계와 문제점을 비판하고 그 대안으로 참여적 공동체주의, 입헌주의, 담론이론 등을 제시

36 기타 이론

1. 딜레마이론

(1) 딜레마 상황: 관련 참여자, 선택 기회, 문제 등의 모호성 여부와는 상관없이 대안들의 표면화된 가치를 비교할 수 없기 때문에 선택이 어려운 상황에 처해 있는 상태

(2) 딜레마의 논리적 구성 요건

① 분절성(discreteness): 대안 간 절충이 불가능하다는 것

② 상충성(trade-off): 대안의 상충으로 인해 하나의 대안만 선택해야 한다는 것

③ 균등성(equality): 대안이 가져올 결과가치가 균등해야 한다는 것

④ 선택 불가피성(unavoidability): 최소한 하나의 대안을 반드시 선택해야 한다는 것

(3) 딜레마의 유형

① 일치된 딜레마: 주어진 딜레마를 주관적으로 딜레마로 설정

② 무시된 딜레마: 주어진 딜레마를 주관적으로 딜레마로 파악하지 않음.

③ 의사 딜레마: 딜레마가 아닌 상황을 딜레마로 파악

2. 시차이론(시차적 접근방법)

(1) 개념: 사회 현상을 발생시키는 주체들의 속성이나 행태가, 주체에 따라 시간적 차이를 두고 변화되는 사실을 사회현상에 적용하는 연구방법

(2) 특징

① 정부개혁이 효과를 거두지 못하는 이유를 파악하려는 이론

② '시간' 변수를 중요한 분석 요소로 도입

③ 시차적 요소: 시간 차이에 대한 전제, 인과관계의 시차적 성격, 숙성 기간(동태적 시간), 변화의 속도와 안정성, 선후 관계·적시성·시간 규범 등

④ 정책이나 제도의 개혁은 시차적 요소로 인해 결과가 달라짐.

02 정책론

1 정책의 유형

1. 학자별 분류

학자	내용		
Lowi	구분	강제력 적용 대상	
		개인의 행태	개인행태의 환경
	강제력 행사방법 간접	분배정책	구성정책
	직접	규제정책	재분배정책
Almond & Powell	분배정책, 규제정책, 상징정책, 추출정책		
Salisbury	분배정책, 규제정책, 재분배정책, 자율규제정책		
Ripley & Franklin	분배정책, 재분배정책, 경쟁적 규제정책, 보호적 규제정책		

2. 특징과 사례

(1) 분배정책 : 포크배럴(나눠먹기식 다툼 : Pork-barrel politics)이라 함. 로그롤링(투표의 담합 : Log-rolling), 세부사업으로 쉽게 분해됨. 예 국유지 불하, 수출특혜금융, 학교·공원·도로·항만·공항 등 사회간접자본 확충, 영농정보 제공, 지방자치단체에 국고보조금 지급, 연구개발비 지원, 주택자금의 대출, 택지 분양, 국·공립학교 교육서비스 등

(2) 규제정책 : 다원론적 정치과정이 나타남. 법률의 형태를 띰. 예 환경오염규제, 독과점규제, 공공요금 규제 등

(3) 재분배정책 : 계급대립적 성격, 엘리트론적 시각에서 이해됨. 예 임대주택의 건설, 누진소득세, 공공근로사업, 영세민 취로사업, 기초생활보장법, 통합의료보험정책, 종합부동산세, 역교부세, 세액공제나 감면, 연방은행의 신용통제 등

(4) 구성정책 : 헌정 수행에 필요한 운영규칙과 관련됨. 정부의 총체적 기능에 초점, 정부는 권위적 성격, 정부기관의 신설이나 변경, 선거구 조정, 공직자 보수와 공무원 연금에 관한 정책 등 포함

(5) 상징정책 : 국기, 동상, 고궁(경복궁) 복원, 군대 열병, 월드컵 개최 등 국민 전체의 자긍심을 높이기 위한 정책

(6) 추출정책 : 인적·물적 자원 획득, 징세, 징집, 성금 모집, 노동력 동원 등과 관련된 정책

(7) 자율규제정책 : 의사회나 변호사회에 규제권한 부여 (전문분야에 대해 규제권한 부여)

(8) 보호적 규제정책 : 식품 및 의약품의 사전허가, 의약분업(약품오남용으로부터 보호), 개발제한구역(그린벨트) 지정, 근로기준 설정, 최저임금제, 독과점규제, 불공정 거래행위 제재, 남녀고용평등법, 성희롱 행위 규제 등

(9) 경쟁적 규제정책 : 많은 이권이 걸려 있는 서비스나 용역을 특정한 개인이나 기업체, 단체에게 부여하면서 이들에게 특별한 규제 장치를 부여하는 정책 예 방송국 설립인가, 항공기 노선배정, 이동통신 사업자 선정, 라디오 주파수 배정 등

2 Lasswell과 Dror의 정책과학 패러다임의 특징 : 행태주의 비판(후기 행태주의)

Lasswell	Dror
• 맥락성 • 문제지향성 • 방법의 다양성 • 규범성(인간의 존엄성 실현) • 다학문성 등	상위학문, 순수연구와 응용연구의 통합, 비공식적(묵시적) 지식과 경험의 중시, 가치지향성, 창조성, 역사성, 동태성, 초합리적·비합리적 과정의 중시 등

3 정책결정요인론

1. 경제학자들의 연구 : Fabricant, Brazer, Fisher ⇨ 사회경제적 변수가 정책의 내용을 거의 결정

2. 정치학자들의 연구

(1) V. O. Key, D. Lockard, Fenton 등의 참여경쟁모형 (1940년대) : 정치적 요인만이 정책에 영향을 미침.

(2) Dawson-Robinson의 경제적 자원모형(1963) : 정치체제와 정책의 관계는 허위상관관계(정치제제의 독자적 영향력 부정)

(3) Lewis-Beck, Cnudde, McCrone, Tompkins 등의 혼합모형 : 혼란관계, 정치체제의 독자적 영향력 인정

3. 한계 : 경제적 변수는 과대평가, 정치적 변수는 과소평가

4 정책과정의 참여자

1. 공식적 참여자 : 대통령, 입법부, 사법부(재판을 통해 실질적으로 정책과정에 참여), 행정기관과 관료, 자치단체장 등

2. 비공식 참여자 : 이익집단, 정당(여당, 야당), 시민단체, 시민, 언론, 전문가 등

5 정책네트워크(모형)

1. 하위정부모형(철의 삼각)
   (1) 소수(관료, 의회상임위원회, 이익집단 등)의 참여와 협력
   (2) 특징 : 참여자들은 지속적인 상호작용을 통해 협력관계를 형성, 협상과 합의로 정책결정 연계관계의 안정성과 자율성이 높음, 대통령과 공공의 관심이 덜하고 일상화 수준이 높은 정책결정(분배정책)과정 설명, 다원주의 이론

2. 이슈네트워크(Issue Network) : 헤클로(Heclo) - 철의 삼각(하위정부모형) 비판
   (1) 수많은 참여자들을 유동적이고 불안정한 관계로 파악
   (2) 참여자의 범위가 넓고 경계의 개방성이 높음, 교환할 자원을 가진 참여자는 제한적임. 권력배분은 불평등. 공동체의식이 약함. 네거티브섬 게임(제로섬 게임)적 권력이 나타남.

3. 정책공동체(Policy Community)
   (1) 개념 : 대학교수, 연구원, 공무원, 국회의원 보좌관, 신문기자 등과 같은 전문가로 구성되고 단순한 이해관계자(수혜자)는 배제
   (2) 특징 : 영국(Rhodes)이 정당과 의회 중심의 정책과정의 한계를 지적하면서 등장. 참여자가 제한적임. 참여자들 사이에 권력균형이 이루어져 있음. 모든 참여자가 교환할 자원을 가지고 있음. 기본가치의 공유도 높음. 포지티브섬 게임이 나타남(행위자 간의 관계가 의존적·협력적).

6 정책의제설정

1. 정책의제설정 과정
   (1) Cobb과 Elder의 유형
      ① 사회문제 : 많은 사람들이 느끼는 결함이나 기대에 미치지 못하는 상황
      ② 사회적 이슈 : 다수의 개인이나 집단들 간에 논쟁의 대상이 되어 있는 문제
      ③ 체제의제 : 일반대중의 주목을 받을 가치가 있으며, 정부가 문제 해결을 하는 것이 정당한 것으로 인정되는 문제. '공중의제', '환경의제', '토의의제'라고도 함.
      ④ 제도의제 : 정부가 정책적 해결을 의도하여 공식적으로 채택한 문제. '공식의제', '정부의제, '행동의제'라고도 함.

   (2) Cobb & Ross : 이슈의 제기 ⇨ 구체화 ⇨ 확장 ⇨ 진입

2. 정책의제설정모형
   (1) 외부주도형 : 사회문제 ⇨ 사회적 이슈 ⇨ 공중의제 ⇨ 정부의제
      ① 정부 밖에 있는 주도집단에 의해 제기된 사회문제가 공식의제로 채택되는 경우
      ② Hirshman이 말하는 '강요된 정책문제'에 해당
      ③ 사회적 지위가 낮은 집단이 이용할 가능성이 높으며, 구성원의 수는 많으나 재정력이 빈약한 집단이 사용하면 성공할 가능성이 높은 모형[이익집단이 발달하고 정부가 외부의 요구에 민감하게 반응하는 다원화(민주화)된 선진국에서 나타나는 유형]
      ④ 협상과 타협 등 진흙탕 싸움(muddling-through)
      ⑤ 의사결정비용은 높지만 집행에 대한 순응확보를 위한 노력이 필요 없으므로 집행비용은 감소
      ⑥ 예 여성채용목표제, 지역할당제, 대구 페놀사건, 금융실명제, 시군통합, 그린벨트 완화, 한·일어업협정 등

   (2) 동원형 : 사회문제 ⇨ 정부의제 ⇨ 이슈화 ⇨ 공중의제
      ① 정부 내의 정책결정자가 주도집단이 되어 사회문제가 공식의제로 채택되는 형태의 모형. 이것은 주로 정치지도자의 지시에 의하여 바로 정부의제로 채택되고 일반대중의 지지를 얻기 위해 정부의 PR 활동을 통해 공중의제로 확산시키는 의제설정 과정. Hirshman은 이를 '채택된 정책문제'라고 함.
      ② 정부의 힘이 강하고 민간부문의 힘이 약한 후진국에서 주로 나타남. 전문가의 영향이 크고, 정책결정 과정과 내용이 좀 더 분석적
      ③ 예 월드컵이나 올림픽 유치, 새마을 운동, 가족계획사업, 경차우대정책, 미국의 이라크 전쟁, 제2건국운동, 의약분업, 전자주민카드, 수도·공기업이전 등

   (3) 내부접근형(음모형) : 사회문제 ⇨ 정부의제
      ① 정부기관 내의 관료집단이나 정책결정자에게 쉽게 접근할 수 있는 외부집단에 의하여 주도
      ② 외교·국방 정책 등
      ③ 동원형에 비해 낮은 지위의 행정관료가 의제설정을 주도하며, 공중의제화의 과정을 막으려는 것(행정 PR에 소극적)
      ④ 예 무기구입, 대북지원사업, 이동통신 사업자 선정, 특혜금융 등

7 정책의제설정이론 : 신엘리트론(무의사결정론)

1. 의의
(1) 의사결정자의 가치나 이해에 대한 잠재적이거나 명시적인 도전을 억압하거나 방해하는 결과를 초래하는 결정. 혹은 특정 사회문제를 정책의제로 다루지 않기로 하는 결정
(2) 『권력의 두 얼굴(two faces of power)』(1962)이라는 저서에서, 권력을 자신의 의사를 관철시키려는 차원(밝은 얼굴)과 타인의 의견을 억누르는(decide not to decide) 차원(어두운 얼굴)으로 구분
(3) Dahl은 권력의 밝은 얼굴은 보았지만 어두운 얼굴은 보지 못했다고 비판(고전적 다원론 비판)

2. 특징
(1) 정책결정자의 무관심이나 무능력으로 나타나는 것이 아님.
(2) 좁은 의미의 무의사결정은 정책의제채택과정에서 나타나지만, 넓은 의미의 무의사결정은 결정·집행·평가 등 정책의 전 과정에서 나타남.
(3) 권력은 자신에게 손해가 되지 않는 문제에만 국민이 고려하도록 정치과정을 축소
(4) 기득권에 손해가 되는 문제는 고려하지 않음.
(5) 일반대중이나 약자의 이익과 의견이 무시됨.

8 정책문제의 정의

1. 정책문제의 파악과 정의의 중요성 : 정책문제를 잘못 파악한 근본적 오류 ⇨ 메타오류(meta-error : 제3종 오류)

2. 정책문제의 특징 : 공공성, 주관성·인공성, 상호관련성·복잡성, 동태성, 정치성, 역사성 등

9 정책문제의 분석기법(구조화방법)

1. 경계분석 : 문제의 위치, 그 문제가 존재했던 기간, 문제를 형성해 온 역사적 사건들을 구체화하는 것
2. 분류분석 : 문제상황을 정의하고 분류하는 데 사용되는 각종 개념들을 명확히 하는 기법
3. 계층분석 : 문제상황의 가능성 있는 원인을 식별하기 위한 방법
4. 시네틱스(Synectics, 유추분석) : 개인적 유추, 직접적 유추, 상징적 유추, 환상적 유추
5. 가정분석 : 정책문제에 관한 서로 대립되는 가정의 창조적 종합을 목표로 하는 기법
6. 브레인스토밍 : 문제상황을 식별하고 개념화하는 데 도움을 주는 아이디어, 목표, 전략을 도출하기 위한 방법
7. 복수관점분석 : 문제상황에 개인적·조직적·기술적 관점을 체계적으로 적용함으로써 문제와 잠정적 해결방안에 대하여 보다 큰 통찰력을 얻기 위한 방법

10 정책대안의 탐색·개발·예측

1. 직관적 예측
(1) 브레인스토밍(Brainstorming, 집단토의) : 터무니없는 의견까지도 자유분방하게 허용(비판·평가 금지)
(2) 델파이기법(Delphi Method) : 설문지(질문지)
① 여러 전문가들로부터 식견 있는 견해를 획득하고 교환하고 개발하는 판단적 예측절차로, 1948년 RAND 연구소에서 개발
② 상호 토론 없이 독자적으로 형성된 전문가들의 판단을 종합 정리하는 방법
(3) 기타 : 교차영향분석, 변증법적 토론(지명반론자기법), 시나리오 작성, 명목집단기법(문제해결에 참여하는 개인들이 개별적으로 해결방안을 구상하고 집단토론을 거쳐 해결방안에 대해 표결하는 방법) 등

2. 연장적 예측(투사) : 시계열 분석, 선형경향 추정 등

3. 이론적 예측 : 선형계획, 대기행렬이론, 계층분석기법, 목표계획법, 인과모형, 회귀분석, 모의분석, 상관분석, 분산분석(두 개 이상의 표본에 대한 평균차이 검정), 이론지도작성, 투입산출분석, 요인분석, 경로분석 등

11 정책대안들의 비교·평가 방법

1. 비용편익분석 : 비용과 편익을 화폐가치로 환산 ⇨ 동종·이종사업 비교 가능
(1) 순현재가치(NPV : Net Present Value)
① 개념 : 편익(B)의 총현재가치에서 비용(C)의 총현재가치를 뺀 값
② B−C>0이면 사업의 타당성이 있다고 보며, 가장 널리 사용되는 일차적 기준
(2) 편익비용비
① 개념 : 편익의 총현재가치를 비용의 총현재가치로 나눈 값
② 편익비용비(B/C)가 1보다 크면 그 사업은 타당성이 있음.
(3) 내부수익률(IRR : Internal Rate of Return)
① 개념 : 내부수익률은 비용편익비가 1 또는 순현재가치가 0이 되는 할인율
② 내용
㉠ 내부수익률이 클수록 타당한 사업이며, 할인율을 모르는 경우 사용
㉡ 내부수익률이 기준할인율보다 크면 타당한 사업

(4) 자본회수기간
  ① 개념 : 투자비용을 회수하는 데 소요되는 시간
  ② 내용
    ㉠ 일반적으로 자본회수기간이 짧을수록 우수한 사업
    ㉡ 낮은 할인율은 장기투자에 유리하고 높은 할인율은 단기투자에 유리
  ③ 한계 : 능률성(효율성) 중심의 분석이므로 소득재분배 등 형평성은 검토할 수 없음.
2. 비용효과분석 : 비용편익분석의 한계 보완

12 정책분석

1. **개념** : 정책결정자들이 보다 나은 판단을 할 수 있도록 정책결정에 필요한 지식과 정보를 창출하고 제시하는 활동
2. **관리과학** : 과학적·미시적·연역적 방법에 의존 − 수학적·계량적 모형을 강조하는 점
3. **체제분석(SA)** : 합리모형의 기법, 경제적 합리성 추구, 관리과학의 보완, 비용편익분석과 비용효과성분석이 핵심수단 등
4. **정책분석(PA)** : 형평성(가치) 고려, 정치적 합리성(협상과 타협, 권력작용이 이루어지는 정치적 접근법과 구별됨)

13 합리모형(이상적·규범적 모형) : 전지전능인 가정

1. 목표와 수단의 연쇄관계를 인정하지 않으므로 가치·목표와 사실·수단을 엄격히 구분하여 분석하는 '목표수단분석' 실시
2. 목표와 수단은 선후개념으로 구별되고, 목표는 주어지며 단일하고 고정되어 있다고 가정
3. 부분적 최적화가 아닌 전체적 최적화를 추구하기 위하여 모든 대안 검토
4. 절대적 합리성, 완전한 합리성, 순수합리성이나 경제적 합리성에 근거
5. 수리적·연역적·미시경제적·순수이론적 지식에 많이 의존하며 의사결정이 계획적·단발적
6. 과정에 대한 고려없이 주로 정책 내용에 초점을 두어 분석

14 만족모형(Simon, March)

1. 완전무결한 합리성이 아닌 '제한된 합리성(Bounded Rationality)'에 기초를 둠.
2. 경제인이 아니라 행정인을 가정함.
3. 습득가능한 몇 개의 대안을 우선적으로 검토하여 현실적으로 만족하다고 생각하는 선에서 대안을 채택

15 점증모형(Lindblom, Wildavsky)

1. 기존의 정책을 수정 보완하여 약간 수정된 정책을 추구하는 방식으로 정책을 경정하는 것(현존정책 ± α 식 결정) ⇨ 결정비용 절감
2. 분석의 대폭적 제한과 계속적인 정책결정
3. **목표와 수단의 상호의존성** : 목표수단분석 미실시(목표와 수단의 연쇄관계) − 정책목표를 먼저 선택하고 그에 상응하는 정책대안을 선택하는 것이 아니라 정책대안을 고려하면서 정책목표 설정
4. **정치적 합리성 추구** : 이해관계의 원만한 타협과 조정을 통한 정치적 합리성 중시

16 혼합주사모형(Etzioni)

1. 근본적인 결정에 대해서는 합리모형, 부분적 결정에 대해서는 점증모형 적용
2. 근본적 결정과 부분적 결정의 구분 곤란

17 최적모형(Dror)

1. 경제적 합리성과 함께 직관적 판단 등 초합리성 중시
2. 기본적으로는 경제적 합리성을 중시하는 합리모형(규범모형)에 가까움.
3. 양적인 동시에 질적인 모형(Dror는 질적모형으로 봄.)
4. 결정능력의 향상을 위해 정책집행의 평가와 환류기능 강조
5. Dror는 정책결정의 단계를 초정책결정단계(meta-policy making), 정책결정단계, 후정책결정단계(post-policy making)로 구분하고, 이 중 초정책결정 중시

18 회사모형(＝ 연합모형, Cyert, March)

갈등의 준해결, 불확실성의 회피, 문제중심적 탐색, 조직의 학습, 표준운영절차 중시 등

19 사이버네틱스 모형 − 자동제어장치

적응적 의사결정, 불확실성의 통제, 집단적 의사결정, 도구적 학습(시행착오적 학습)

20 쓰레기통모형(Olsen, Cohen, March)

1. **개념** : 조직화된 무정부상태(시간적 제약 때문) 속에서 조직이 어떠한 결정행태를 나타내는가를 설명하기 위한 모형. 문제의 흐름, 해결책의 흐름, 선택기회의 흐름, 참여자의 흐름이 우연히 동시에 한곳에서 모여지게 될 때 의사결정이 이루어짐. 쓰레기통은 선택의 기회를 의미
2. **전제조건** : 문제성 있는 선호, 불명확한 기술, 일시적(수시적) 참여자
3. **의사결정방식** : 날치기(간과, oversight) 통과, 진빼기(탈피, flight) 결정

21 Allison모형 : 쿠바 미사일 위기 분석

구분	합리모형 (모형Ⅰ)	조직모형 (모형Ⅱ)	관료정치모형 (모형Ⅲ)
조직관	조정과 통제가 잘 된 유기체	느슨하게 연결된 하 위조직들의 연합체	독립적인 개인적 행 위자들의 집합체
권력의 소재	최고관리자	반독립적인 하위조직	독립된 자유재량을 가진 개인적 행위자
행위자의 목표	조직전체의 목표	조직전체의 목표 + 하위 조직들의 목표	조직전체의 목표 + 하위조직들의 목표 + 개별행위자들의 목표
목표의 공유도	매우 강함	약함	매우 약함
정책결정의 양태	최고지도자가 조직 의 두뇌와 같이 명 령하고 지시	SOP에 대한 프로그램 목록에서 대안 추출	정치적 게임의 규칙 에 따라 타협, 흥정, 지배
정책결정의 일관성	매우 강함(항상 일관성 유지)	약함(자주 바뀐다)	매우 약함(거의 일치하지 않는다)
적용계층	전체계층	하위계층	상위계층

22 정책집행에 대한 관심대두

1. 존슨 대통령의 '위대한 사회건설(The Oakland Project 사업)'의 실패 분석 : 1973년 Pressman과 Wildavsky가 『집행론』을 출간하면서부터 정책집행부분에 대한 연구 확대
2. **정책집행 실패(원인)** : 연방제의 전통, 엄격한 삼권분립, 많은 참여자, 집행관료의 빈번한 교체, 부적절한 기관 등

23 정책집행의 접근방법

1. **하향적(고전적) 접근방법** : Berman의 정형적, Elmore의 전방향적 접근방법
   (1) 의의 : 정책결정자의 관점. 정치·행정이원론의 시각에서 기계적인 집행을 이상적인 집행으로 보는 입장
   (2) 특징 : 법적 구조화의 필요성(구체적인 법령과 계획 등) 강조, 정책결정과 집행의 분리, 단일과정적 집행과정, 집행의 비정치적이고 기술적인 성격 강조, 성공적 집행의 조건으로서 정책과 집행의 완전한 인과관계 강조, 집행과정의 자세한 기술이나 문제점에 대한 인과론적 설명보다는 바람직한 집행을 위한 규범적 처방제시(이론구축 중시), 결정자의 의도가 충실히 구현되는 것을 중시하며, 최고관리층의 리더십을 성공적 집행의 조건으로 봄. 거시적이며 연역적인 접근법

2. **상향적(현대적) 접근방법** : Berman의 적응적, Elmore의 후방향적 접근방법
   (1) 의의 : 집행자(일선관료) 관점
   (2) 특징 : 정책의 정치적 성격, 일선 집행관료의 재량과 역할, 자율적 책임 강조, 기술적 능률성보다 조직 내 개인의 활동과 문제상황에 대한 대응성 강조, 정책과정의 순환성, 정책목표의 일반성·모호성으로 인한 법적 구조화의 곤란, 정책집행을 반대하는 입장이나 전략 파악 중시, 미시적 접근이며 귀납적 접근

   > ❖ **일선관료제(Lipsky)**
   >
   > 1. **의의**: 업무수행과정에서 시민들과 자주 접촉하며, 상당한 재량권을 보유하는 공무원(교사, 사회복지사, 경찰, 검사, 하급법원의 판사 등)
   > 2. **일선관료의 업무특성과 업무관행**
   >   (1) **업무특성** : 시민과의 상호접촉, 노동집약적 성격, 높은 재량 등
   >   (2) **일선관료의 작업환경** : 다양하고 복잡, 과중한 업무와 자원의 부족, 객관적 평가기준의 부재 등
   >   (3) **업무관행** : 업무의 단순화·정형화·관례화, 수요의 인위적 제한 등

3. **통합모형**
   (1) Elmore의 상호가역적 논리 : 정책결정 시 - 하향적 접근, 정책수단 선택 시 - 상향적 접근
   (2) Sabatier
   ① 비교우위접근법 : 하향적 또는 상향적 방법 중 상대적으로 적용 가능성이 높은 조건을 발견하여, 그러한 조건에 따라 하나의 접근방법을 개별 집행 연구의 이론적 틀로 이용
   ② 정책지지연합모형(advocacy coalition framework) : 상향식 접근방법의 분석 단위를 채택하고 여기에 영향을 미치는 요인으로 하향식 접근방법의 여러 가지 변수 결합. 특히 이 모형은 행위자의 집단을 구분하는 기준으로 신념 체계를 사용하고 있으며, 이에 따라 행위자 집단인 지지연합의 정책학습 강조

24 Nakamura & Smallwood의 정책집행자 유형

구분	정책결정자의 역할	정책집행자의 역할
고전적 기술자형	구체적인 목표와 수단 설정	• 정책결정자가 전 과정 지배(집행자는 충실히 집행) • 기술적인 권한(재량)
지시적 위임가형	구체적인 목표와 수단 설정	• 정책결정자의 목표를 지지함(바람직스러움에 동의). • 행정적·협상적·기술적 권한
협상자형	목표와 수단 설정	• 정책결정자의 목표와 수단의 바람직스러움에 동의하지 않음. • 정책결정자와 목표 달성 수단에 관해 협상
재량적 실험가형	일반적·추상적인 목표 설정	• 구체적인 목표를 수립함. • 집행자에게 광범위한 재량 부여
관료적 기업가형	집행자가 설정한 목표와 목표 달성 수단 지지	목표와 수단을 형성하고 정책결정자로 하여금 그것을 받아들이도록 협상·설득·흥정함.

25 효과적인 정책집행 조건(Sabatier & Mazmanian)

1. 타당한 인과모형의 존재 : 정책수단과 정책목표 간의 인과관계(기술적 타당성)

2. 명확한 정책지침과 대상집단의 순응 극대화 : 명확한 정책목표, 목표 간 우선순위의 명료화, 집행기관의 충분한 재정적 지원, 적절한 집행기관의 선정, 집행기관 간 계층적 통합, 집행기관의 적절한 의사결정규칙, 이해관계자의 광범위한 참여

3. 유능하고 헌신적인 집행관료

4. 지속적인 지지 : 조직화된 이익집단, 유권자 집단, 입법가 또는 행정부의 장으로부터의 지속적인 지지

5. 정책목표 및 목표 간 우선순위의 안정성

26 정책평가

1. 필요성(목적) : 정책개선과 합리적 결정을 위한 정보 제공, 정책과정상의 책임성 확보, 이론의 구축에 의한 학문적 기여, 정책결정과 정책집행에 필요한 정보 제공(환류), 성공과 실패의 원인의 구체적 제시, 정책집행의 효과성과 능률성 평가를 통한 정부활동의 경제성과 효율성 제고, 목표달성을 위해 사용된 수단과 하위 목표의 재규정

2. 과정 : 목표의 규명 ⇨ 기준의 설정 ⇨ 인과모형의 작성 ⇨ 연구설계 ⇨ 자료의 수집 및 분석

3. 기준(Nakamura와 Smallwood) : 목표 달성도(효과성), 능률성, 주민만족도, 수익자 대응성, 체제유지도

27 정책평가의 방법

1. 평가의 타당성

   (1) 구성적 타당성 : 이론적 구성요소들이 성공적으로 조작화된 정도

   (2) 통계적 결론의 타당성 : 효과에 대해 정밀하고 강력하게 연구설계가 되어진 정도(제1종, 제2종 오류가 발생하지 않은 것)

   (3) 내적 타당성 : 인과관계의 정확성

   (4) 외적 타당성 : 일반화 가능성(특정 상황 ⇨ 다른 상황)

2. 내적 타당성 저해요소

   (1) 외재적 요소(구성상 문제) : 선발요소

   (2) 내재적 요소(처리 동안 발생하는 문제) : 역사적 요소, 성숙효과, 상실요소, 측정요소(검사요인, testing), 회귀인공요인, 측정도구의 변화, 오염효과, 선발과 성숙의 상호작용, 처치와 상실의 상호작용 등

3. 외적 타당성 저해 요소 : 실험조작의 반응효과(호손효과), 다수적 처리에 의한 간섭, 표본의 대표성 문제, 크리밍 효과 등

28 정책평가를 위한 실험방법

1. 진실험 : 실험집단과 통제집단을 무작위로 배정하여 동질성을 확보하여 행하는 실험

2. 준실험

   (1) 실험집단과 통제집단을 사전에 선정하지만 동질성을 확보하지 않고 행하는 실험

   (2) 방법 : 비동질적 통제집단 설계, 사후측정 비교집단 설계, 회귀불연속설계, 단절적 시계열 설계 등

3. 비실험설계 : 사전에 통제집단이 없이 실험집단에만 정책처리를 하여 정책효과를 추정하려는 방법(정책실시 전후 비교)

29 정책변동의 유형(Hogwood & Peters)

정책혁신, 정책유지, 정책승계(현존하는 정책의 기본적 성격을 바꾸는 것으로, 정책의 기본목표는 그대로 유지하면서 목표를 달성하기 위한 정책수단을 변경시키는 것. 정책을 근본적으로 수정하는 경우나 기존의 정책을 없애고 새로이 대체하는 것 포함), 정책종결

> ◆ 정책변동모형
>
> 1. **정책지지연합모형** : 10년 이상의 기간에 걸쳐 신념 체제에 기초한 지지 연합의 상호작용과 정책학습 정치체제의 변화와 사회경제적 환경 변화로 인해 정책이 변동한다고 본다. 정책지향적 학습이 정책변동의 중요한 요소임을 강조한다.
> 2. **정책패러다임 변동모형** : 정책목표, 정책수단, 정책환경의 세 가지 변수 중 정책목표와 정책수단에 급격한 변화가 발생하는 정책변동을 말한다.
> 3. **전통적 정책변동모형** : 정책변동 현장에서 일정한 조건이 갖춰지면 정책이 변동되는 상황을 가정한다.
> 4. **단절균형모형** : 제도가 어떤 계기에 의해 급격히 변화하는 이유를 설명하는 데, 정책이 급격히 변동하는 상황을 설명하는 데 유용하다.
> ≫ 이외에도 이익집단 위상변동모형, 정책흐름모형(흐름-창모형), 시차이론 등이 있다.

30 기획론

1. 반대론 vs 찬성론

   (1) 반대론 : Hayek의 「노예로의 길」

   (2) 찬성론 : Finer의 「반동에로의 길」

2. 기획의 정향

기획의 정향	기획의 종류	기획의 관심영역	성격
무위주의	조작적 기획	수단의 선택	무간섭주의, 민주절차 및 과정 중시
반동주의	전술적 기획	수단과 단기목표의 선택	권위적·온정적 위계질서
선도주의	전략적 기획	수단과 장·단기 목표의 선택	경제적 최적화, 효율성 극대화
능동주의	규범적 기획	수단과 장·단기 목표, 이상의 선택	상보주의, 상호작용 중시

03 조직론

1 조직의 유형 : 데프트(Daft)의 유형

Daft의 분류 : 기계적 구조 - 기능구조 - 사업구조 - 매트릭스 구조 - 수평구조 - 네트워크 구조 - 유기적 구조

1. **기능구조(Functional Structure)** : 기능부서화 방식에 기초한 조직구조 유형으로, 조직의 전체 업무를 공동 기능별로 부서화. 수평적 조정의 필요가 낮을 때 효과적인 조직구조, 규모의 경제, 전문지식과 기술 깊이 제고, 의사결정의 상위 집중화로 최고관리층의 업무 부담 증가 등

2. **사업구조(Divisional Structure)** : 산출물에 기반한 사업부서화 방식. 필요한 모든 기능적 직위들이 부서 내로 배치된 자기완결적 단위, 사업부서 내 기능 간 조정 용이, 고객만족도 제고, 성과관리체제에 유리, 기능중복에 따른 규모의 불경제와 비효율 등

3. **매트릭스 구조(Matrix Structure)** : 기능구조와 사업구조를 결합한 복합조직, 이원적 권한체계
   예 재외공관, 보통지방행정기관 등

4. **수평구조(Horizontal Structure)** : 팀 구조라고도 하며, 핵심업무 과정 중심으로 조직, 무임승차 문제

5. **네트워크 구조(Network Structure)** : 조직의 자체 기능은 핵심역량 위주로 합리화하고, 여타 기능은 외부기관들과 계약관계를 통해 수행하는 조직구조방식(**예** 회계, 제조, 포장, 유통 기능 등은 외부 기관들에 아웃소싱), 정보통신기술의 확산으로 채택된 새로운 조직으로, 연계된 조직 간에는 수직적 계층구조가 존재하지 않으며 자율적으로 운영, 대리인 문제 발생

구분	기계적 구조	유기적 구조
장점	예측 가능성	적응성
조직 특성	• 좁은 직무범위 • 표준운영절차 • 분명한 책임관계 • 계층제 • 공식적·몰인간적 대면관계	• 넓은 직무범위 • 적은 규칙·절차 • 모호한 책임관계 • 분화된 채널 • 비공식적·인간적 대면관계
상황 조건	• 명확한 조직목표와 과제 • 분업적 과제 • 단순한 과제 • 성과측정이 가능 • 금전적 동기부여 • 권위의 정당성 확보	• 모호한 조직목표와 과제 • 분업이 어려운 과제 • 복합적 과제 • 성과측정이 어려움. • 복합적 동기부여 • 도전받는 권위

2 조직이론

구분	고전적 조직이론	신고전적 조직이론	현대적 조직이론
해당이론	과학적 관리론, 관료제론, 행정관리론 등	인간관계론·환경유관론, 후기인간관계론 등	체제론 이후
인간관	합리적·경제적 인간	사회적 인간	자아실현인·복잡인
가치	기계적 능률성	사회적 능률성	다원적 목표·가치·이념
주요변수	구조	인간	환경
환경과의 관계	폐쇄적	대체로 폐쇄적	개방적

✅ 지식정보사회의 조직형태

1. **후기 기업가조직** : 신속한 행동, 창의적인 탐색, 더 높은 신축성, 직원과 고객과의 밀접한 관계 등을 강조하는 조직 형태. 거대한 규모를 유지하면서도 날렵하게 움직일 수 있는 유연성을 강조하는 것으로, 거대한 몸집을 가진 코끼리가 생쥐같이 유연하고 신속하게 활동할 수 있는 조직

2. **삼엽조직(Shamrock Organization)** : 조직을 구성하는 세 가지 형태의 핵심적인 근로자 집단인 소규모 전문직 근로자들, 계약직 근로자들, 신축적인 근로자들을 나타내기 위해 붙여진 이름. 직원의 수를 소규모로 유지하는 반면에 산출의 극대화가 가능하도록 설계. 조직구조는 계층 수가 적은 날씬한 조직이 되며, 고품질의 상품과 서비스를 적시공급 가능

3. **혼돈정부(Chaos Government)** : 자연과학에서 비롯된 카오스이론, 비선형동학, 또는 복잡성이론 등을 정부조직에 적용한 조직형태

4. **공동정부** : 정부는 기획, 조정, 통제, 감독 등의 중요한 업무만 수행. 중요한 조직기능인 통제, 조정, 통합, 계획 등의 기능만을 본부에 두고 기타 생산, 제조 등의 현업활동을 직접적으로 수행하지 않는 조직을 지칭하는 공동기업에서 유래

3 목표의 변동

유형	내용
목표의 전환	• 개념 : 수단과 목표가 바뀌는 현상(목표의 왜곡·대치·동조과잉), 하위목표가 상위목표보다 더 우선시되는 현상 • 원인 : 과두제의 철칙(Michels), 규칙·절차에 집착(동조과잉), 유형적 목표 추구, 내부문제 중시
목표의 승계	목표가 달성되거나 또는 불가능할 때 새로운 목표의 설정
목표의 다원화 (추가)	질적으로 새로운 목표의 추가 (양적으로 새로운 목표의 추가)
목표의 확대	목표수준의 상향조정, 목표의 크기·범위 확장
목표의 축소	목표수준의 하향조정
목표의 비중변동	목표 간 우선순위나 비중이 시간적으로 변동되는 현상

4 조직의 원리

분화에 관한 원리	분업의 원리, 부성화의 원리, 참모조직의 원리, 동질성의 원리, 기능명시의 원리
통합에 관한 원리	조정의 원리, 계층제의 원리, 명령통일의 원리, 명령계통의 원리, 통솔범위의 원리, 집권화의 원리, 권한과 책임의 상응에 관한 원리

Daft의 조정기제

1. **수직적 연결장치** : 조직의 상하 간 활동을 조정하는 연결장치
   (1) **계층제** : 조직구성원이 모르는 문제에 직면하면 바로 상위의 계층에 보고하고, 문제의 해답은 다시 아래 단계로 전달
   (2) **규칙** : 조직구성원들이 의사소통 없이도 업무가 조정될 수 있도록 표준정보자료 제공
   (3) **계획** : 조직구성원들에게 좀 더 장기적인 표준정보 제공
   (4) **계층직위의 추가** : 수직적 계층에 직위를 추가함으로써 상관의 통솔범위를 줄이고 좀 더 밀접한 의사소통과 통제를 가능하게 함.
   (5) **수직정보시스템** : 상관에 대한 정기보고서, 문서화된 정보, 전산에 기초한 의사소통제도를 마련하여 조직 상하 간 수직적 의사소통의 능력을 제고하고, 효율적 정보의 이동을 가져옴.
2. **수평적 연결장치** : 조직부서 간 수평적인 조정과 의사소통의 양
   (1) **정보시스템** : 조직 전체의 구성원들이 정규적으로 정보 교환
   (2) **직접 접촉** : 조직문제에 관계된 관리자와 직원이 직접 접촉하는 방식(연락책)
   (3) **임시작업단** : 여러 부서 간의 연결
   (4) **프로젝트 매니저** : 수평적 조정을 담당할 정규 직위를 두는 방식. 부서 내에 위치하는 연락책과는 달리 부서들 밖에 위치하여 여러 부서 간의 조정을 책임짐.
   (5) **프로젝트 팀** : 가장 강력한 수평연결장치로, 조직이 대규모의 사업·중요한 혁신·새로운 생산라인이 필요할 때 채택

5 거시조직이론

환경인식 / 분석수준	결정론	임의론
개별조직	구조적 상황론 (상황적응이론)	• 전략적 선택이론 • 자원의존이론
조직군	• 조직군 생태학이론 • 조직경제학(대리인이론, 거래비용이론) • 제도화이론	공동체 생태학이론

6 조직구조의 변수

1. **기본변수** : 복잡성(분화의 정도), 공식성(표준화의 정도), 집권성(의사결정권한의 집중도)
2. **상황변수** : 규모, 기술, 환경

❂ Perrow의 기술 유형

구분		과업의 다양성	
		낮음(소수의 예외)	높음(다수의 예외)
문제의 분석 가능성	낮음	• 장인기술(craft) • 소량의 풍성한 정보 • 하이터치 • 개인적 관찰, 면접회의	• 비일상적 기술 • 다량의 풍성한 정보 • 하이테크 및 하이터치 • 면접회의, MIS, DSS
	높음	• 일상적 기술 • 소량의 분명한 계량적 정보 • 보고서, 규정집, 계획표 • TPS	• 공학적 기술 • 다량의 계량적 정보 • 하이테크 • D-Base, MIS, DSS

7 관료제

1. **베버이론의 특징** : 이념형(가설모형, 사실적인 모형도 아니며 규범적인 선호상태도 아님), 보편성, 합리성
2. **근대관료제의 특징** : 법규의 지배, 계층제, 문서주의, 전문성, 공·사분리(비정의성), 고용관계의 자유계약성, 전임직, 항구성
3. **순기능과 역기능**

특징	순기능	역기능
계층제	신속한 집행, 상승욕구 충족, 조정수단, 능력차이 반영, 정책관리자의 권한강화	조직 내 의사소통의 왜곡과 지연, 무사안일주의, 경직화, 피터의 원리, 할거주의, 집권화
법규의 지배	조직구조의 공식성 제고, 조직 활동절차의 정확성 향상, 공평·공정·통일적인 업무 수행, 조직활동의 객관성과 예측 가능성 확보	동조과잉, 획일성과 경직성, 변화에 대한 저항 및 변화에 대한 대응성 결여, 형식주의·무사안일주의
분업(전문화)	전문행정가 양성, 행정능률 증진	훈련된 무능에 따른 좁은 시야와 포괄적 통제력의 부족, 단순·반복·전문직업적 정신이상현상, 할거주의에 따른 조정과 협조의 곤란
공사의 분리 (비정의성)	공평성	인간소외(인간의 기계부품화)
문서주의	직무수행의 공식성과 객관성 확립, 결과보존	형식주의, 의식주의, 서면주의, 번문욕례(Red-tape)

8 탈관료제모형(Adhocracy : 동태적 조직)의 특징 (McCurdy)

1. 문제 해결의 능력을 가진 사람이 권한 행사
2. 고정적인 계층제의 존재를 거부하고 비계층적 구조설계 중시
3. 조직 내의 구조적 배열뿐만 아니라 조직 자체도 항구적인 것으로 보지 않고 상황에 따라 생성·변동·소멸(직업적 유동성 전제)
4. 계서적 지위중심주의나 권한중심주의를 배척하고 임무중심주의·능력중심주의 처방. 조직 내의 권한은 문제해결의 능력을 가진 사람이 행사하도록 해야 한다고 처방
5. 조직의 구조와 과정, 업무수행 기준 등은 상황적 조건과 요청에 부응해야 한다고 처방
6. 조직과 환경 사이의 높고 경직된 경계를 설정했던 관념을 바꾸도록 처방. 그리고 고객을 동료처럼 대하도록 요구
7. 개인적 문제 해결이 아닌 집단적 문제 해결. 즉, 전문성의 통합 강조
8. 의사전달의 공개
9. 낮은 복잡성(수직적 분화의 수준은 낮고, 수평적 분화의 수준은 높음)·낮은 공식화·낮은 집권화

9 탈관료제 주요모형

1. 매트릭스(Matrix) 조직
   (1) 의의 : 계서적 특성을 갖는 기능구조에다 수평적 특성을 갖는 사업구조(project structure) 결합
   (2) 특징 : 이원적 권한 체계(명령통일의 원리의 예외)

2. 팀 조직(수평구조) : 무임승차의 문제

3. 네트워크 조직(Network Organization)
   (1) 의의 : 하나의 조직 내에서 모든 업무를 수행하기보다는 외부기관들에게 아웃소싱(외주) 방식을 채택하여 관리되는 조직(성과 중시)
   (2) 특징 : 통합지향성(수평적·수직적 통합), 수평적·유기적 구조, 의사결정체제의 분권성과 집권성, 자율적 업무수행, 정보기술의 활용, 물적 차원의 축소, 신뢰의 기반

4. 학습조직(Learning Organization)
   (1) 개념 : 지식을 창출하고 획득하고 전달하는 데 능숙
   (2) 특징 : 모든 구성원이 지식창출의 주체, 학습자의 주체성, 자발성, 참여성 존중, 지속적인 학습과 시행착오를 허용, 의사소통의 강조, 사려깊은 리더십, 구성원의 권한 강화, 강한 조직문화, 부서 간 경계는 최소화, 정보 공유, 수평적 조직구조 강조, 네트워크 조직과 가상조직 활용, 이윤 공유 보너스와 지식급제도 도입
   (3) 학습조직의 다섯 가지 수련(Senge) : 자기완성, 사고의 틀, 공동의 비전, 집단적 학습, 시스템 중심의 사고

10 공식조직과 비공식조직

공식조직	비공식조직
• 인위적·제도적·외면적·가시적 조직	• 자생적·비제도적·내면적·비가시적 조직
• 공적 성격의 목적 추구	• 사적 성격의 목적 추구
• 합리성에 따라 인위적으로 구성	• 대면적 접촉에 따라 자생적으로 구성
• 능률의 원리가 지배	• 감정의 원리가 지배
• 전체적 질서를 위한 활동	• 부분적 질서를 위한 활동
• 합법적 절차에 따른 규범의 성립	• 구성원의 상호작용에 의한 규범의 성립
• 수직적 계층제	• 수평적 대등관계

11 계선과 막료

1. 계선(line) : 명령복종의 수직적 계층구조를 형성(장관 － 차관 － 실·국장·본부장 － 과장·팀장 등)

2. 막료기관(staff) : 계선기관의 원활한 업무수행을 위해 정보·지식·기술 등 제공(차관보, 심의관, 담당관 등)

계선의 특징	막료의 특징
계층제 형태(수직적 상하관계)	계층제 형태를 띠지 않음(수평적 대등관계).
조직목표 달성에 직접 기여하고 직접 책임짐.	조직목표 달성에 간접적으로 기여
국민과 직접 접촉하여 국민에게 직접 봉사	국민과 직접 접촉하지 않고 간접 봉사
구체적인 결정권·명령권·집행권 행사	구체적인 집행권·명령권을 행사할 수 없음.
일반행정가 중심	해당 분야 전문가 중심

12 위원회

1. 장점 : 결정의 신중성·공정성, 합리적이고 창의성 있는 결정, 조정의 촉진, 행정의 안정성·계속성의 확보, 협력의 확보 등

2. 단점 : 결정의 신속성·기밀성 확보 곤란, 비능률성, 책임소재의 불분명, 타협적 결정, 소수의 전제 등

13 공기업

1. 정부부처형 공기업 : 양곡관리사업, 조달사업, 우편사업, 우체국예금, 책임운영기관

2. 공공기관
   (1) 시장형 공기업 : 한국가스공사, 한국전력공사, 인천국제공항공사, 한국공항공사, 인천항만공사, 부산항만공사, 한국석유공사, 한국지역난방공사 등
   (2) 준시장형 공기업 : 한국조폐공사, 한국방송광고공사, 한국마사회, 한국도로공사, 한국수자원공사, 한국철도공사 등
   (3) 기금관리형 : 신용보증기금, 국민연금공단, 한국주택금융공사, 한국수출보험공사, 공무원연금관리공단 등
   (4) 위탁집행형 : 한국관광공사, 농수산물유통공사, 한국농어촌공사, 대한무역투자진흥공사, 한국학술진흥재단, 국민건강보험공단 등

14 책임운영기관

1. 결과와 성과 중시(신공공관리론), 정부조직이며 공무원 신분(내부봉)

2. 주요 내용

    (1) 행정안전부장관이 5년 단위로 중기관리계획수립, 행정안전부장관이 설치·해제할 수 있음.

    (2) 소속책임운영기관의 장은 중앙행정기관의 장이 임기제로 채용(5년 범위 안에서 2년 이상)

    (3) 중앙행정기관의 장 소속으로 소속책임운영기관운영심의회, 행정안전부장관 소속으로 책임운영기관운영위원회를 둠.

    (4) 총정원의 한도는 대통령령, 계급별·종류별 등의 정원은 총리령 또는 부령으로 정함.

    (5) 중앙행정기관의 장이 소속 공무원에 대한 일체의 임용권을 가짐.

    (6) 특별회계는 계정별로 중앙행정기관의 장이 운용하고, 기획재정부장관이 통합하여 관리

    (7) 중앙책임운영기관의 장의 임기는 2년, 1차 연임 가능

15 동기이론

1. 분류

내용이론	과정이론
• Maslow의 욕구계층 5단계이론 • Alderfer의 ERG이론 • McGregor의 X·Y이론 • Argyris의 성숙·미성숙이론 • Likert의 체제론 • McClelland의 성취동기이론 • Schein의 복잡인모형 • Hackman과 Oldham의 직무특성이론 • Theory Z	• 기대이론(Vroom, Porter와 Lawler, Georgopoulos, Atkinson) • Adams의 공정성이론 • 학습이론(강화이론) • Locke의 목표설정이론 • 자율적 규제이론 • 귀인이론

2. Maslow의 욕구계층 5단계이론

    (1) 다섯 가지 욕구 : 생리적 욕구, 안전욕구, 사회적(소속)욕구, 존경의 욕구, 자아실현욕구

    (2) 특징 : 욕구의 계층과 순차적 발로, 충족된 욕구의 약화, 욕구의 상대적(부분적) 충족, 좌절·퇴행 부정

    (3) 한계 : 개인차 간과, 욕구의 정태적 고찰, 복합적인 욕구 간과, 한번 충족되었다고 해서 욕구가 사라지는 것은 아님. 만족진행만 인정

3. Alderfer의 ERG이론 : 욕구의 계층성은 인정, 욕구의 복합과 좌절·퇴행 인정

4. Herzberg의 욕구충족요인 이원론

    (1) 욕구의 이원적 구조

    ① 위생요인 : 정책과 관리, 보수, 감독, 작업조건, 기술, 조직의 방침과 관행, 감독자와 부하(상사와의 인간관계), 동료상호 간의 관계, 직무확장 등 물리적·환경적·대인적 요인 등 근무환경

    ② 동기요인 : 성취감, 책임감, 인정감, 안정감, 승진, 직무 그 자체, 직무충실, 교육기회 부여 등 심리적 요인

    (2) 별개 차원의 불만과 만족 : 만족의 반대는 불만족이 아니라 만족이 없는 상태이며, 불만족의 반대는 만족이 아니라 불만족이 없는 상태로 규정. 따라서 위생요인은 동기부여를 위한 필요조건이지 충분조건은 아님. 동기요인이 생산성을 직접 향상시켜 주는 충분조건

5. Hackman과 Oldham의 직무특성이론

    (1) 직무의 특성이 직무수행자의 성장욕구수준에 부합될 때 직무가 그 직무수행자에게 더 큰 의미와 책임감을 주고 이로 인해 동기유발의 측면에서 긍정적인 성과를 얻게 된다고 봄.

    (2) 직무의 다섯 가지 특성(기술다양성, 직무정체성, 직무중요성, 자율성, 환류) 중 자율성과 환류가 특히 동기부여에 더 많은 영향을 미친다고 주장

6. Vroom의 기대이론 : 동기부여(M)는 유인가(V), 수단성(I), 기대감(E)의 곱의 함수라는 것

7. 강화이론(= 학습이론, 환경이론) : 외적 자극에 의하여 학습된 행동이 유발되는 과정 또는 어떤 행동이 왜 지속되는가를 밝히려는 이론

    (1) 고전적 조건화이론(Pavlov) : 조건화된 자극의 제시에 의해 조건화된 반응을 이끌어 내는 것

    (2) 조작적 조건화이론(Skinner)

    ① 어떤 반응이 어떤 결과로 이행한다는 사실을 배우는 것

    ② 강화의 유형 : 적극적(긍정적) 강화, 소극적(부정적) 강화, 처벌, 중단(소거)

❷ 강화일정의 유형

강화일정			의미
연속적 강화			성과(바람직한 행동)가 나올 때마다 강화
단속적 강화	간격 강화	고정간격강화	바람직한 행동에 관계없이 규칙적인 시간·간격으로 강화
		변동간격강화	불규칙적인 시간·간격으로 강화
	비율 강화	고정비율강화	일정한 빈도나 비율의 성과에 따라 강화
		변동비율강화	불규칙적인 빈도나 비율의 성과에 따라 강화

8. Adams의 형평성이론 : 인간은 자신의 투입에 대한 산출의 비율보다 비교대상의 투입에 대한 산출의 비율이 크거나 작다고 지각하면 불형평성을 느끼게 되고, 이에 따른 심리적 불균형·긴장·불안감 등을 해소하기 위해 형평성 추구의 행동을 작동시키는 동기가 유발된다고 봄.

16 리더십

1. 개념 : 조직의 목표를 달성하기 위해 개인 및 집단을 조정하며 동작하게 하는 기술
2. 리더십 이론 : 자질론 − 행태론 − 상황론 − 신속성론 등으로 발전
   (1) 자질론(속성론)
   (2) 행동유형론(행태론)
   ① Iowa대학의 리더십 연구(Lippitt와 White−1차원적 분석)

권위형	생산중심형, 상관중심, 선도형, 면밀한 감독형 등
민주형	직원중심형, 부하중심, 배려형, 일반적인 감독형 등

   ② Ohio대학의 리더십 연구(구조주도와 배려에 중점)
   ③ Blake와 Mouton의 관리망 이론
   ④ Michigan대학의 리더십 연구 ⇨ 2차원적 분석
   (3) 상황론
   ① Fiedler의 상황적응모형(리더와 부하의 관계, 과업구조, 직위권력 등 상황변수 제시)
   ② Hersey와 Blanchard의 3차원 리더십이론(상황변수로 부하의 성숙도 제시)
   ③ House의 경로 − 목표이론

리더십의 유형	특징	상황
지시적 리더십	자신이 원하는 바를 부하들에게 알려주고, 부하들이 해야 할 작업의 일정을 계획하고 과업 수행 방법을 지도	부하들의 역할모호성이 높은 경우
지원적 리더십	부하들의 욕구에 관심을 보임.	• 부하가 단조롭고 지루한 업무를 수행하는 경우 • 부하들이 자신감이 결여되거나 실패에 대한 공포가 높은 경우
참여적 리더십	부하들과 상담하고 의사결정 전에 부하들의 의견 반영	부하들이 구조화되지 않은 과업을 수행하는 경우
성취지향적 리더십	도전적 목표를 설정하고 부하들의 최고의 성과 기대	

④ Kerr & Jermier의 리더십 대체물 이론

상황요인	특성	리더십에 관한 영향	
		지시적 리더십	지원적 리더십
부하의 특성	부하의 경험, 능력, 훈련	대체물	−
	부하의 전문가적 지향	대체물	대체물
과업의 특성	구조화 및 일상적 과업	대체물	−
	직무자체에서 오는 만족	−	대체물
	과업의 결과에 대한 환류	대체물	−
조직의 특성	작업집단 응집성	대체물	대체물
	조직의 공식화	대체물	−
	조직의 보상에 대한 무관심	중화물	중화물
	낮은 리더의 지위권력	중화물	중화물
	리더−부하 간의 공간적 거리	중화물	중화물

(4) 변혁적 리더십 : 조직의 노선과 문화를 변동시키려고 노력하는 변화추구적 · 개혁적 리더십

❖ 거래적 리더십과 변혁적 리더십

구분	거래적 리더십	변혁적 리더십
변화관	안정지향적 · 폐쇄적	변동지향적 · 개방체제적
초점	하급관리자	최고관리층
관리전략	리더와 부하 간의 교환관계나 통제	영감과 비전제시
이념	능률지향	적응지향
조직구조	기술구조, 기계적 관료제, 전문적 관료제, 합리적 구조에 적합	단순구조, 경계작용적 구조, 임시조직, 유기적 구조에 적합

17 의사전달

1. 의사전달의 유형

수직적 의사전달	하향적 (상의하달)	지시, 훈령, 지령, 규칙, 편람, 게시판, 구내방송 등
	상향적 (하의상달)	보고, 내부결재, 제안제도, 상담과 의견조사, 면접, 고충심사 등
수평적 의사전달		사전심사, 사후통지, 회람, 공람, 회의, 레크리에이션, 토의 등
사각적 의사전달		기능과 부서는 다르지만 상하관계에 있는 사람들의 의사전달

2. 저해요인과 촉진방안

구분	저해요인	촉진방안
전달자와 피전달자	• 가치관과 준거기준의 차이 • 지위상의 차이 • 전달자의 의식적 제약 : 전달자가 자기에게 불리한 사실을 고의적으로 은폐·왜곡 • 원만하지 못한 인간관계 • 피전달자의 전달자에 대한 불신이나 편견, 수용거부, 잘못된 해석 • 환류의 봉쇄 : 신속성은 높아지지만 정확성에는 장애	• 상호접촉 촉진 : 회의·공동교육훈련·인사교류 등 • 대인관계 개선, 조직 내 개방적 분위기 조성 • 하의상달의 활성화 : 권위주의적 행정행태의 개선 • 조정집단의 활용 : 상향적 의사전달의 누락·왜곡 등을 방지하고 정보처리의 우선순위를 결정하기 위해 활용 • 민주적·쇄신적 리더십의 확립
전달수단 및 매개체	• 정보 과다 : 내용파악 곤란 • 정보의 유실과 불충분한 보존 • 매체의 불완전성 : 적절치 못한 언어와 문자 사용 • 다른 업무의 압박(업무의 과다) • 지리적인 격차	• 매체의 정밀성 제고 : 언어·문자의 정확한 사용, 약호화·계량화 • 효율적인 관리정보체계(MIS)의 확립과 시설의 개선 • 의사전달의 반복과 환류·확인메커니즘 확립
조직구조	• 집권적 계층구조 : 수직적인 의사전달 제한, 유동성 저하 • 할거주의(전문화) : 수평적 의사전달 저해 • 비공식적 의사전달의 역기능 : 소문·풍문 등에 의한 정보의 왜곡 • 의사전달채널의 부족 : 개방도 미흡 • 정보의 집권화(집중도)	• 정보채널의 다원화 • 계층제의 완화와 분권화 • 정보의 분산

18 갈등

1. 갈등관의 변천

고전적 갈등관	역기능적 관점, 갈등은 악이므로 제거해야 함
행태론적 갈등관	불가피적 관점, 갈등을 수용하자는 입장
상호작용적 갈등관	갈등조장론적 관점, 조직발전의 원동력

2. 갈등해결전략 : 문제해결, 상위목표 제시, 공동의 적 확인, 자원증대, 구조적 요인의 개편, 협상(분배형 협상, 통합형 협상)

구분	이용가능 자원	주요 동기	이해관계	관계의 지속성
분배형 협상	고정적인 양	승－패 게임 (zero sum)	서로 상반	단기간
통합형 협상	유동적인 양	승－승 게임 (win－win)	조화, 상호수렴	장기간

19 목표관리

참여 － 목표설정 － 환류, 단기적·계량적 목표, 분권적(Y이론적 관점), 폐쇄체제, 유동적인 환경에서는 효용 제약, PPBS, TQM, OD와 비교

20 TQM

품질개선, 장기적 관점, 예방적(사전적 관리), 과정지향, 집단의 노력, 참여(분권) 중시, 지속적 개선, 과학적 사실 자료에 기초

21 조직발전

1. 특징 : 행태과학지식의 응용, 자아실현적인 Y이론적 인간관, 효과성과 건강도, 질적·규범적·가치적인 변화, 과정지향성, 체제론적 관점, 집단의 중요성 강조, 자료에 기초를 둔 진단적 방법, 상담자의 활용과 협동적 노력, 계획적 변동과 목표설정의 강조

2. 기법 : 감수성 훈련, 관리망 훈련, 과정상담, 팀빌딩 등

22 전략적 관리

1. 개념 : 환경과의 관계를 중시하는 변혁적 관리

2. 특징 : 목표지향성, 장기적 시간관, 환경분석의 강조, 조직역량분석, 조직활동 통합 등

3. SWOT 분석

구분	강점(S)	약점(W)
기회(O)	• SO전략 : 공격적 전략 • 강점을 가지고 기회를 살리는 전략	• WO전략 : 방향전환 전략 • 약점을 보완하여 기회를 살리는 전략
위협(T)	• ST전략 : 다양화 전략 • 강점을 통해 위협을 회피하거나 최소화	• WT전략 : 방어적 전략 • 약점을 보완하면서 위협을 회피·최소화

04 인사행정론

1 인사제도

1. **엽관주의** : 정당에 대한 충성도와 공헌도를 기준으로 임용
   - (1) **장점** : 정당이념의 실현(정당정치의 실현), 평등이념 구현, 관료제의 쇄신, 정책변동에의 대응과 리더십 강화, 행정의 민주성과 대응성·참여성·책임성 확보
   - (2) **단점** : 행정의 계속성·안정성·일관성 저해, 전문성 저해, 비능률과 낭비, 행정의 부패, 관료의 정당 사병화, 기회균등의 저해 등

2. **실적주의** : 개인의 자격·능력·실적 등을 기준으로 임용
   - (1) **장점** : 임용상의 기회균등 보장, 능률성 확보, 정치적 중립 확보, 전문성 확보, 행정의 계속성과 안정성 확보 등
   - (2) **단점** : 소극성과 집권성, 형식화·비인간화, 대응성과 책임성 저해, 행정의 관리적 측면 경시, 보신주의 등

3. **적극적 인사행정**
   - (1) 실적주의 보완
   - (2) **방안** : 인사권의 분권화, 정치적 임명 허용(엽관주의 가미), 과학적 인사행정 지양, 다양한 공무원제도(계약직, 재택근무)

4. **대표관료제** : 한 나라의 인구의 특성을 공직에 반영하는 인사(Kingsley)
   - (1) **장점** : 관료제의 대표성 강화, 대중통제의 내재화, 기회균등의 실질화, 실적주의의 폐단 시정, 관료의 책임성·대응성 제고와 민주화에 기여
   - (2) **단점** : 피동적 대표성(구성적 측면)이 능동적 대표성(역할적 측면)을 보장한다는 전제는 허구, 실적제와의 상충, 전문성과 생산성의 저하, 역차별 초래, 재사회화의 불고려, 반자유주의적 원리, 기술적 애로, 국민주권원리 위반

5. **직업공무원제도** : 공직에 종사하는 것을 일생의 직업으로 생각하는 제도, 폐쇄형 - 계급제 - 일반가주의에 기반
   - (1) **장점** : 공무원의 질적 향상, 능률과 사기의 제고, 이직률 저하, 행정의 안정성·계속성 유지, 정치적 중립, 고급공무원의 양성, 일체감·봉사정신 강화, 엄격한 근무규율의 수용, 온정적 관계의 발전 등
   - (2) **단점** : 특권집단화, 환경변동에의 부적응성·경직성, 승진지망의 과열, 전문성·기술성의 저하, 공직의 침체, 공직취임기회의 제약

6. **고위공무원단제도**
   - (1) **대상** : 행정기관 실·국장급 공무원으로 구성, 일반직·특정직과 외무공무원 등 1,500여 명 대상(참여정부 때 도입). 지방자치단체 및 지방교육행정기관에 근무하는 국가직 고위공무원(부시장, 부지사 및 부교육감 등)도 포함
   - (2) **신분보다 일 중심의 인사관리** : 1~3급의 계급 폐지, 직무등급(가·나 등급)은 있음.
   - (3) **개방과 경쟁** : 민간과 경쟁하는 개방형 직위(20%), 타 기관 공무원과 경쟁하는 공모직위(30%), 부처 자율 직위(50%)로 구분
   - (4) **부처별 인사자율권 확대** : 중앙인사기관의 인사심사 대상 축소(진입 시에만 심사)
   - (5) **성과의 체계적 관리와 능력개발 강화** : 직무성과계약제 시행(직무성과급적 연봉제 대상)
   - (6) **고위직의 책임성 제고** : 고위공무원 인사의 실적주의 원칙과 정치적 중립성이 보장되며 정년 및 신분보장 제도도 존치. 다만, 성과와 능력이 현저하게 미달하는 대상자는 적격심사를 통해 엄정하게 인사조치됨.

> **역량평가**
>
> 1. **의의** : 고위공무원으로서 요구되는 역량을 구비했는지를 사전에 검증하는 제도적 장치이다.
> 2. **평가대상** : 고위공무원단 후보자 교육을 이수하고 고위공무원단 직위로 승진임용하려는 3급·4급 공무원 및 고위공무원단 직위로 전보되려는 연구관·지도관이 포함된다.
> 3. **평가방법** : 실제 직무상황과 유사한 4개의 실행과제를 평가대상자에게 제시하고, 이때 나타나는 평가대상자의 행동특성을 4명의 평가자가 교차적으로 평가한 후 평가자 회의를 통해 결과를 합의·조정하여 최종 평가결과를 도출한다(역량평가센터).
> 4. **평가항목** : 6개의 공통역량으로 구성
>
> | 사고(thinking) | 업무(working) | 관계(relating) |
> |---|---|---|
> | • 문제인식
• 전략적 사고 | • 성과지향
• 변화관리 | • 고객만족
• 조정·통합 |
>
> 5. **평가결과** : 4명의 평가자가 역량항목별로 5점 만점으로 평가하게 되는데, 평가자 회의를 통해 결정된 평가대상자의 평균점수가 '보통' 이상(종합 평균점수 2.5 이상)인 경우에 피평가자는 평가를 통과할 수 있다.

2 경력직과 특수경력직

구분	내용	예
경력직	일반직	행정일반, 기술, 연구직·지도직 공무원, 국회전문위원, 감사원 사무차장, 시도선관위 상임위원 등
	특정직	법관(대법원장, 대법관), 검사, 외무공무원, 경찰공무원(경찰청장), 소방공무원, 교육공무원, 군인, 군무원, 헌법재판소 헌법연구관, 국가정보원의 직원 등
특수경력직	정무직	대통령, 국무총리, 헌법재판소장, 감사원장, 헌법재판소 재판관, 중앙선거관리위원회 상임위원, 장·차관(법제처장, 통계청장, 기상청장 포함), 국가정보원의 원장 및 차장, 국회사무총장 등
	별정직	국회수석전문위원, 국가정보원 기획조정실장, 국회의원 보좌관·비서관 등

3 개방형과 폐쇄형

모든 계층에서 신규채용이 허용되느냐의 여부에 따라 개방형과 폐쇄형으로 구분

구분	개방형	폐쇄형
장점	• 임용의 융통성으로 보다 우수한 인재등용 가능 • 행정의 질적 수준의 증대 및 전문성 제고 • 문호개방으로 관료주의화와 공직의 침체 방지 • 행정에 대한 민주적 통제가 용이 • 재직자의 자기개발노력 촉진 • 신진대사 촉진	• 재직자의 승진기회가 많아 사기 제고 • 신분보장이 강화되어 행정의 안정성 유지 • 직업공무원제 확립에 유리 • 경험에 의한 행정능률 향상
단점	• 재직자의 사기저하 • 관료의 비능률화: 충성심의 저하 • 장·단기적으로 직업공무원제의 확립 저해 • 신분보장이 어렵고 행정의 안정성 저해 • 공직사회의 일체감 저해 및 불안정성 • 정실인사의 가능성	• 공직의 침체와 무사안일 초래 • 공무원의 질과 전문화 저해 • 민주적 통제 곤란 • 정책변동에 필요한 인재의 즉시 채용 곤란 • 조직의 동태화 저해

4 직위분류제

직무의 곤란도와 책임도에 따라 공직을 분류하는 것

1. 구성요소
   (1) 직위 : 한 사람의 근무를 필요로 하는 직무와 책임
   (2) 직급 : 직무의 종류, 곤란도, 책임도, 자격요건 등이 상당히 유사한 직위의 군
   (3) 직류 : 동일한 직렬 내에서 담당분야가 동일한 직무의 군
   (4) 직렬 : 직무의 종류는 유사하나 곤란도·책임도가 상이한 직급의 군
   (5) 직군 : 직무의 성질이 유사한 직렬의 군
   (6) 등급 : 직무의 종류는 다르지만 직무의 곤란도·책임도와 자격요건이 유사한 직위의 군
   (7) 직무등급 : 직무의 곤란성과 책임도가 상당히 유사한 직위의 군

2. 수립절차 : 계획과 절차의 결정 ⇨ 분류담당자 선정과 분류대상 직위 결정 ⇨ 직무조사(직무기술서) ⇨ 직무분석(직무의 종류결정) ⇨ 직무평가(등급과 직급결정) ⇨ 직급명세서의 작성 ⇨ 정급

❷ 직무평가방법

비계량적	서열법	직무 상호간에 직무 전체의 중요도를 종합적으로 비교	상대평가 (직무와 직무)
	분류법	직무전체를 종합적으로 판단해 미리 정해 놓은 등급기준표와 비교	절대평가 (직무와 등급기준표)
계량적	점수법	등급기준표와 분류할 직위의 직무를 각 요소별로 평점하여 합계하거나 평균해서 등급 결정	
	요소비교법	대표가 될 만한 직무들을 선정하여 기준직무와 비교해가면서 점수 부여	상대평가 (직무와 직무)

3. 장·단점

장점	단점
• 보수체계의 합리화(보수결정의 합리적 기준 제시) • 인사행정의 합리적 기준 제공 • 교육훈련수요 및 근무성적평정의 기준설정 • 권한과 책임한계의 명확화 • 행정의 전문화·분업화 촉진 • 예산의 효율성과 행정의 통제 • 계급의식이나 위화감 해소 • 정원관리·사무관리의 개선	• 인사배치의 신축성 결여 • 일반행정가 확보의 곤란 • 공무원의 장기적 능력발전에 소홀 • 행정의 안정성 저해 • 업무협조와 조정의 곤란 • 장기적이고 넓은 시각을 가진 인재양성 곤란 • 인간의 경시 • 직업공무원제 확립의 곤란

5 시험

1. 타당도 : 측정하고자 하는 요소를 정확하게 측정하는 정도
   (1) 기준타당도
      ① 개념 : 시험이 직무수행능력을 얼마나 정확히 측정했는가의 정도(시험성적과 근무성적을 비교측정)
      ② 검증방법 : 예측적 타당성 검증(합격한 수험생의 시험성적과 업무실적 비교), 동시적 타당성 검증(재직자의 시험성적과 업무실적에 대한 자료를 동시에 수집하여 비교)
   (2) 내용타당도 : 시험이 직무수행에 필요한 '실질적인 능력요소(지식, 기술, 태도)'를 제대로 측정했는가(시험에서 적절한 과목 선택).
   (3) 구성타당도 : 이론적으로 추정한 능력요소(민감성, 이해성)와 시험문제의 부합 정도

2. 신뢰도 : 일관성 정도(검증방법 : 재시험법, 복수양식법, 이분법 등)

3. 기타 : 객관도, 난이도, 실용도(비용, 실시 및 채점의 용이성)

6 임용

1. 임용의 종류

외부임용	공개경쟁채용	모든 사람들에게 평등하게 지원기회 제공
	경력경쟁채용	응시요건이 되는 사람들끼리 경쟁
내부임용	수평적 임용	전직(시험을 거쳐야 함), 전보, 파견 등
	수직적 임용	승진, 강임 등

2. 임용의 주요 절차

1. 채용후보자 명부에 등재	명부의 유효기간 : 2년이며, 1년 범위 안에서 연장 가능
2. 시보임용	• 정식 임용 전 적격성 여부 판단 • 기간 : 5급 – 1년, 6급 이하 – 6개월 • 특징 : 신분보장 안 됨.
3. 임명 및 보직	5급 이상은 대통령, 6급 이하는 소속 장관

7 교육훈련

1. 감수성 훈련(Sensitivity Training) : 실험실 훈련, 팀 훈련 – 조직발전에서 설명

2. 기타 : 사례연구(시간이 많이 걸림), 역할연기(시민의 입장을 가장 잘 이해), 신디케이트(관리자 교육에 적합), 모의연습, 현장훈련, 역량기반 교육훈련(멘토링, 학습조직, 액션러닝, 워크아웃 프로그램) 등

8 근무성적평정

1. 방법
   (1) 도표식평정척도법 : 공무원의 질과 성격을 판단하기 위한 평정요소(근무수행실적·근무수행능력·근무수행태도)를 나열하고 이를 판단하는 등급(탁월·우수·보통·미흡 등)을 각 평정요소별로 세분하여 계량화함으로써, 각 평정요소에서 얻은 점수의 합계로 평정하는 방법. 연쇄효과, 집중화현상, 관대화 경향 등의 문제 발생
   (2) 강제배분법 : 근무성적을 평정한 결과 피평정자들의 성적 분포가 과도하게 집중되거나 관대화되는 것을 막기 위해, 평정점수의 분포비율을 획일적으로 미리 정해 놓는 방법
   (3) 프로브스트식(probst) 평정법(체크리스트) : 사실표지법이라고도 하는데, 공무원을 평가하는 데 적절하다고 판단되는 표준행동목록을 미리 작성해 두고, 이 목록에 단순히 가부를 표시하게 하는 방법
   (4) 행태기준평정척도법(BARS) : 도표식평정척도법이 갖는 평정요소 및 등급의 모호성과 해석상의 주관적 판단개입, 그리고 중요사건기록법이 갖는 상호비교의 곤란성을 보완하기 위하여 두 방법의 장점을 통합시킨 것
   (5) 행태관찰척도법(BOS : Behavioral Observation Scales) : 행태기준평정척도법과 도표식평정척도법을 혼합한 것
   (6) 다면평정
      ① 효용 : 객관성 공정성 제고, 능력발전의 기회, 업무의 효율성과 이해의 폭 제고, 민주적 관리에 기여, 고객에 대한 충성심 강화, 리더십 발전에 기여 등
      ② 한계 : 조직 간 화합 저해, 신뢰성 문제, 비용상 문제, 포퓰리즘 초래, 평가의 왜곡, 부당한 평가 등

2. 평정오차
   (1) 연쇄효과(후광효과) : 특정평정요소가 다른 평정요소에 영향을 줌. 전반적인 인상이 영향을 줌.
   (2) 집중화의 오차 : 중간점수로 대부분 평정
   (3) 관대화 또는 엄격화의 오차 : 후한 쪽에 몰리거나 박한 쪽에 몰림.
   (4) 논리적 오차 : 평정요소 간에 존재하는 논리적 상관관계에 의하여 생기는 오류
   (5) 상동적 오차 : 유형화의 착오, 선입견 또는 고정관념에 의한 오차
   (6) 규칙적 오차와 총계적 오차 : 한 평정자가 다른 평정자보다 일반적·지속적으로 과대평정 또는 과소평정하는 것, 평정자의 평정기준이 일정하지 않아 관대화 경향과 엄격화 경향이 불규칙하게 나타나는 오차(동일한 피평정자에 대해 경우에 따라 다르게 평가하는 것)
   (7) 대비오차 : 평정대상자를 바로 직전의 피평정자와 비교하여 평정함으로써 나타나는 오차
   (8) 시간적 오차 : 첫머리효과 + 막바지효과(근접오류)
   (9) 유사성 착오(투사) : 평정자가 자기와 유사한 피평정자에게 높은 평점을 주는 착오로서 투사(projection)라고도 함.

9 승진

1. 하위직급에서 상위직급으로 수직적 이동 – 승급(호봉상승)과의 구분

2. 승진적체 해소방안 : 복수직급제, 대우공무원제, 통합정원제, 필수실무요원, 명예퇴직제, 근속승진제 등

10 사기

측정방법 : 태도조사, 사회측정법, 투사법, 행동경향법, 사례나 근무관계의 통계기록에 의한 방법(근무관계 – 생산성, 이직률조사, 출퇴근상황 및 안전사고율 등)

11 보수

1. 결정요인

　(1) 경제적 요인 : 정부에서 보수수준의 상한선을 결정할 때 고려하는 중요한 요인[민간기업의 임금수준, 국민의 담세능력, 정부의 재정능력(상한선), 경제정책, 물가수준 등]

　(2) 사회윤리적 요인 : 생계비(하한선)

　(3) 부가적·정책적 요인 : 연금, 휴가, 신분보장, 복지제도 등 공무원이 보수 외에 받게 되는 편익과 특혜인 부가적 요인 등

2. 보수의 종류 : 직무급, 성과급(연봉제 – 고정급적, 직무성과급적, 성과급적 연봉제) 등

12 연금

1. 연금의 본질 : 거치보수설(통설)

2. 연금 조성방식 : 기금제 + 기여제(납부기간 최대 36년)

3. 연금의 종류

단기급여	공무상요양비, 재해부조금, 사망조위금 등		
장기급여	퇴직급여	퇴직연금	10년 이상 재직하고 퇴직한 때
		퇴직연금일시금	퇴직연금 해당자가 일시금 원할 때
		퇴직연금공제일시금	퇴직연금 해당자가 일부에 대해 일시금을 원할 때
		퇴직일시금	10년 미만 재직하고 퇴직할 때
	퇴직수당	정부가 전액 부담	
	기타	장해급여, 유족급여 등	

13 공직윤리

1. 자율적 윤리 : 공무원 헌장, 행동강령

공무원 헌장(대통령령)
하나. 공익을 우선시하며 투명하고 공정하게 맡은 바 책임을 다한다.
하나. 창의성과 전문성을 바탕으로 업무를 적극적으로 수행한다.
하나. 우리 사회의 다양성을 존중하고 국민과 함께 하는 민주 행정을 구현한다.
하나. 청렴을 생활화하고 규범과 건전한 상식에 따라 행동한다.

2. 강제적 윤리(법)

　(1) 「국가공무원법」상 의무 : 성실의무, 복종의무, 직장이탈금지의무, 친절·공정의무, 비밀엄수의무, 청렴의무, 영예 등의 수령규제, 품위유지의무, 영리행위, 집단행위금지, 정치활동금지, 법령준수의 의무, 종교중립의 의무 등

　(2) 「공직자윤리법」상 의무 : 이해충돌방지의무, 재산등록(4급 이상) 및 공개(1급 이상)의무, 주식의 매각 및 신탁, 선물수수의 신고·등록의무, 퇴직공직자의 취업제한의무(퇴직 전 5년간 담당했던 직무와 관련 있는 기업체에 퇴직 후 3년간은 취업제한), 퇴직공직자의 업무취급제한 의무 등

　(3) 「부패방지 및 국민권익위원회의 설치와 운영에 관한 법률」상의 주요 내용 : 국민권익위원회설치, 내부고발자보호제도, 국민감사청구제도, 비위면직자 취업제한(퇴직 전 5년, 퇴직 후 5년) 등

14 공직부패

1. 부패의 종류

　(1) 직무의 내용에 따라 : 직무유기형, 후원형, 사기형, 거래형

　(2) 영향에 따라 : 흑색부패(공금횡령이나 회계부정), 백색부패(선의의 부패), 회색부패(과도한 선물수수 등)

　(3) 제도화 여부에 따라 : 일탈형, 제도적(구조적) 부패

2. 부패의 접근방법(원인)

　(1) 기능주의적 분석(맥락적 분석)과 후기기능주의적 분석

　　① 기능주의적 분석 : 부패는 발전의 부산물(자동 소멸한다고 봄), 주로 후진국

　　② 후기기능주의적 분석 : 부패는 자기확산, 영속성을 갖기 때문에 자동소멸되지 않는다고 봄.

　(2) 도덕적 접근법 : 부패의 원인을 개인들의 윤리·자질의 탓으로 봄.

　(3) 사회문화적 분석 : 특정한 지배적 관습이나 경험적 습성과 같은 것이 부패를 조장한다고 봄.

　(4) 제도적 분석 : 사회의 법과 제도상의 결함, 부정부패의 원인으로 작용한다고 봄.

　(5) 체제론적 접근법 : 사회의 문화적 특성, 제도상의 결함, 구조상의 모순 등 다양한 요인

　(6) 구조적 분석 : 공직사유관 등 공무원들의 잘못된 의식구조 등이 부패의 원인

15 정치적 중립

1. 개념 : 불편부당성(적극적 의미)

2. 필요성 : 행정의 능률성·전문성, 행정의 공익성·공평성, 인사관리상의 비정치성, 행정의 안정성·계속성, 정치권력과의 밀착방지

3. 한계 : 정당정치 발달 저해, 공무원의 참정권 제한, 대표관료제와의 상충, 책임회피·무사안일 초래

16 공무원 단체 : 「공무원 노동조합 설립 및 운영 등에 관한 법률」

1. 설립단위
   (1) 국회·법원·헌법재판소·선거관리위원회·행정부·특별시·광역시·특별자치시·도·특별자치도·시·군·자치구 및 특별시·광역시·도의 교육청을 최소단위로 함.
   (2) 노동조합을 설립하려는 사람은 고용노동부장관에게 설립신고서를 제출하여야 함.

2. 가입범위
   (1) 일반직 공무원, 특정직공무원 중 외무영사직렬·외교정보기술직렬 외무공무원, 소방공무원 및 교육공무원(교원은 제외), 별정직 공무원
   (2) ① 지휘·감독권을 행사하거나 업무를 총괄하는 업무에 종사하는 공무원, ② 인사·보수, 노동관계의 조정·감독에 관한 업무를 수행하는 공무원, ③ 교정·수사 등에 관한 업무에 종사하는 공무원은 가입할 수 없음.

3. 노동조합 전임자의 지위
   (1) 임용권자(중앙행정기관의 장)의 동의를 얻어 노동조합의 업무에만 종사할 수 있음.
   (2) 전임자에 대하여 그 전임기간 중 보수를 지급하여서는 안 됨(무급 휴직).

4. 교섭 및 체결권한
   (1) 인사혁신처장이 행정부 대표, 정책결정에 관한 사항, 임용권의 행사 등 그 기관의 관리·운영에 관한 사항으로서 근무조건과 직접 관련되지 아니하는 사항(예 신규공무원의 채용기준과 절차 등)은 교섭의 대상이 될 수 없음.
   (2) 노동조합의 교섭요구가 있는 때에는 정당한 사유가 없는 한 이에 응하여야 함.
   (3) 공동으로 교섭 가능, 단체협약을 체결할 권한 위임 가능

5. 쟁의행위의 금지 : 노동조합과 그 조합원은 파업·태업, 그 밖에 업무의 정상적인 운영을 저해하는 일체의 행위를 하여서는 안 됨.

6. 중앙노동위원회에 조정신청 : 조정신청이 있는 날부터 30일 이내에 종료하여야 함(30일 이내 연장가능).

7. 공무원노동관계조정위원회의 구성 : 7인 이내의 공익위원으로 구성

8. 벌칙 : 위의 규정을 위반하여 파업·태업 그 밖에 업무의 정상적인 운영을 저해하는 행위를 한 자는 5년 이하의 징역 또는 5천만 원 이하의 벌금

9. 다른 법률과의 관계 : 공무원 직장협의회를 설립·운영하는 것을 방해하지 아니함.

17 징계의 종류

1. 견책 : 가장 경한 처분으로서, 6개월간 승진(승급)이 제한(징계이므로 처분사유 설명서 교부)

2. 감봉 : 직무수행은 가능하나, 1~3개월 동안 보수의 1/3을 삭감지급하며 12개월간 승진(승급) 제한

3. 정직 : 1~3개월 동안 직무에 종사 못함. 18개월간 승진(승급)이 제한되며 보수는 전액 삭감

4. 강등 : 공무원신분은 보유하나 1계급 아래로 직급을 내리고 3개월간 직무에 종사하지 못하며 보수는 전액 삭감

5. 해임 : 강제로 퇴직시키는 처분으로서, 3년간 공직취임이 제한되며 금전적 비리(뇌물·향응수수, 공금횡령·유용 등)로 해임된 경우 퇴직급여는 5년 미만은 1/8을, 5년 이상은 1/4을 감액하며 퇴직수당도 1/4을 감액지급

6. 파면 : 해임과 같이 강제퇴직시키는 처분으로서, 5년간 공직취임이 제한되며 퇴직급여는 5년 미만은 1/4을, 5년 이상은 1/2을 감액하며 퇴직수당도 1/2을 감액지급

✅ **직권면직**

> **국가공무원법 제70조(직권 면직)** ① 임용권자는 공무원이 다음 각 호의 어느 하나에 해당하면 직권으로 면직시킬 수 있다.
> 1. 삭제
> 2. 삭제
> 3. 직제와 정원의 개폐 또는 예산의 감소 등에 따라 폐직(廢職) 또는 과원(過員)이 되었을 때
> 4. 휴직 기간이 끝나거나 휴직 사유가 소멸된 후에도 직무에 복귀하지 아니하거나 직무를 감당할 수 없을 때
> 5. 대기 명령을 받은 자가 그 기간에 능력 또는 근무성적의 향상을 기대하기 어렵다고 인정된 때
> 6. 전직시험에서 세 번 이상 불합격한 자로서 직무수행 능력이 부족하다고 인정된 때
> 7. 병역판정검사·입영 또는 소집의 명령을 받고 정당한 사유 없이 이를 기피하거나 군복무를 위하여 휴직 중에 있는 자가 군복무 중 군무(軍務)를 이탈하였을 때
> 8. 해당 직급·직위에서 직무를 수행하는 데 필요한 자격증의 효력이 없어지거나 면허가 취소되어 담당 직무를 수행할 수 없게 된 때
> 9. 고위공무원단에 속하는 공무원이 적격심사 결과 부적격 결정을 받은 때

05 재무행정론

1 예산의 본질

1. **예산의 개념** : 예산이란 1회계연도 동안의 국가의 수입·지출의 예정적 계산. 정부정책 중 가장 보수적 영역

2. **예산의 기능** : 정치적 기능, 법적 기능, 행정적 기능(통제, 관리, 기획, 감축), 경제적 기능(자원배분, 소득재분배, 경제안정화, 성장촉진)

2 예산의 원칙

1. **전통적 예산원칙(Neumark)** : '입법부 우위의 예산원칙'으로서 '통제중심적 예산원칙'

    (1) **공개성의 원칙** : 예산의 편성·심의·집행 및 결산 등 예산과정의 주요한 단계는 국민에게 공개해야 한다는 원칙

    예외 신임예산, 국방비, 정보비 등

    (2) **명료성의 원칙** : 예산은 모든 국민이 이해할 수 있도록 편성하여야 한다는 원칙

    예외 총괄예산, 예비비 등

    (3) **완전성의 원칙** : 국가의 모든 세입과 세출은 모두 예산에 계상하여야 한다는 원칙(예산총계주의)

    예외 전대차관, 기금, 순계예산, 현물출자, 수입대체경비 등

    (4) **단일성의 원칙** : 예산이 구조 면에서 가급적으로 단일하여야 한다는 원칙(회계장부는 하나여야 함.)

    예외 특별회계예산, 추가경정예산, 기금 등

    (5) **한정성의 원칙**
    ① 목적 외 사용금지(질적 한정성 원칙)

      예외 이용, 전용 등

    ② 계상된 금액 이상의 초과지출금지(양적 한정성 원칙)

      예외 예비비, 추가경정예산 등

    ③ 회계연도 독립의 원칙(시간적 한정성 원칙)

      예외 이월, 계속비, 조상충용, 국고채무부담행위 등

    (6) **예산엄밀성의 원칙** : 예산과 결산은 일치해야 한다는 원칙

    예외 적자예산, 세계잉여금 등

    (7) **사전의결의 원칙** : 행정부가 예산집행을 하기 전에 입법부에 의하여 예산이 먼저 심의·의결되어야 한다는 원칙

    예외 사고이월, 준예산, 예비비의 지출, 전용, 재정상의 긴급명령 등

    (8) **통일성의 원칙** : 특정한 세입과 특정한 세출을 직접 연관시켜서는 안 된다는 원칙. 모든 세입은 국고금으로 수납되고 모든 세출은 세입원과 관계없이 필요에 따라 국고금에서 지출되도록 함.

    예외 특별회계, 목적세, 기금, 수입대체경비 등

2. **현대적 예산원칙(Smith ; 관리중심)** : 행정부계획의 원칙, 행정부책임의 원칙, 보고의 원칙, 적절한 수단구비의 원칙, 다원적 절차의 원칙, 재량의 원칙, 시기신축성의 원칙, 상호교호적 예산기구의 원칙

3 예산관계법률 : 「국가재정법」의 주요 내용

1. **재정운용의 효율성 및 성과지향성 제고**

    (1) **국가재정운용계획의 수립** : 5회계연도 이상의 기간에 대하여, 회계연도 개시 120일 전까지 제출

    (2) **회계 및 기금 간 신축적인 운용** : 회계 및 기금 간 여유재원의 전출입 허용

    (3) **성과관리제도** : 성과계획서 및 성과보고서의 제출을 의무화함.

2. **재정운용의 건전성 강화**

    (1) 재정건전화 원칙 천명(제16조, 제86조)

    (2) 재정부담을 수반하는 법령의 제정 및 개정(제87조) : 법률안에 첨부하여야 함.

    (3) 국세감면의 제한(제88조)

    (4) 추가경정예산안 편성의 제한(제89조)

    (5) 세계잉여금 일정 비율의 공적 자금, 국채, 차입금 상환 의무화(제90조)

    (6) 국가채무관리계획의 수립 및 국회 제출(제91조) : 회계연도 120일 전까지 국회에 제출

    (7) 국가보증채무 부담의 사전 국회 동의(제92조)

3. **재정의 투명성 제고**

    (1) 재정정보의 매년 1회 이상 공개 의무화(제9조)

    (2) 재정지출에 대한 국민감시제(제100조)

    (3) 조세지출예산제도 도입

4. **성인지 예산·결산제도 도입** : 성인지 예산서와 성인지 결산서의 국회 제출

4 예산의 종류

1. **세입·세출의 성격에 따른 분류** : 일반회계와 특별회계

2. **기금** : 자금 운용, 세입·세출예산에 의하지 아니하고 예산 외로 운용, 국회의 심의 받음.

3. **통합예산** : 일반회계(중앙정부와 지방정부), 특별회계, 기금(금융성기금과 외환평형기금 제외), 세입세출 예산 외의 전대차관, 세계잉여금 등이 포함됨.

4. **예산불성립 시 대처방안**
   (1) 준예산
   ① 의의 : 새로운 회계연도가 개시될 때까지 예산이 성립되지 못할 경우 잠정적으로 사용(기간 제한없음). 우리나라는 한 번도 사용한 적 없음.
   ② 적용되는 영역
   ㉠ 헌법이나 법률에 의하여 설치된 기관 또는 시설의 유지비·운영비(공무원의 봉급 및 공공요금)
   ㉡ 법률상 지출의 의무가 있는 경비
   ㉢ 이미 예산으로 승인된 사업의 계속을 위한 경비 등
   (2) 잠정예산 : 영국, 미국 등에서 채택
   (3) 가예산 : 부득이한 사유로 인하여 예산이 의결되지 못한 때 국회가 1개월 이내의 가예산을 의결하도록 하는 제도

5. **조세지출예산제도(tax expenditure budget)** : 조세감면의 구체적 내역을 예산구조를 통해 밝히는 것

6. **예산의 성립시기에 따른 종류**
   (1) 본예산 : 정부에서 최초로 편성하여 국회에서 심의·의결한 예산
   (2) 수정예산 : 예산 심의 중(성립 전) 일부 변경
   (3) 추가경정예산 : 국회를 통과하여 성립된 예산 변경. 편성횟수에는 제한이 없고, 거의 매년 편성. 편성사유 제한 있음.

5 예산의 분류

1. **조직별 분류** : 가장 역사가 오래되고 중앙예산기관의 예산사정 및 국회의 예산심의가 가장 용이

2. **기능별 분류** : 주로 세출에 관한 분류방법으로서, '시민을 위한 분류'라고도 함.

3. **품목별 분류** : 인사행정을 위한 유용한 정보, 자료 제공

4. **경제성질별 분류** : 고위 정책결정자에게 유용

6 예산편성

1. **예산의 구성(「국가재정법」제19조 규정)**
   예산총칙, 세입세출예산, 명시이월비, 계속비, 국고채무부담행위

2. **절차(「국가재정법」)**
   (1) 중기사업계획서 제출 : 각 중앙관서의 장이 1월 31일까지 기획재정부장관에게 제출
   (2) 예산안 편성지침의 시달 : 기획재정부장관은 전년도 3월 31일까지 국무회의의 심의를 거쳐 대통령의 승인을 얻은 예산안 편성지침을 각 중앙관서의 장에게 시달
   (3) 중앙관서의 예산요구서의 제출 : 각 중앙관서의 장이 전년도 5월 31일까지 기획재정부장관에게 제출
   (4) 기획재정부의 사정(예산협의) : 기획재정부는 예산요구서를 검토한 후 담당자의 설명을 듣는 예산협의를 가짐.
   (5) 국무회의의 심의와 국회 제출 : 국무회의를 거쳐 대통령의 승인을 얻어 회계연도 개시 120일 전까지 국회에 제출

7 예산심의

1. **절차**
   (1) 시정연설 : 대통령의 시정연설과 기획재정부장관의 예산안 제안 설명
   (2) 상임위원회별 예비심사 : 각 소관부처장관의 정책설명(제안 설명) ⇨ 정책질의와 답변·토론 ⇨ 부별심사와 계수조정 ⇨ 예산심사보고서를 작성하여 예산결산특별위원회에 회부
   (3) 예산결산특별위원회의 종합심사 : 우리나라 예산심의 과정에서 핵심적인 역할 수행
   (4) 본회의 의결 : 회계연도 개시 30일 전까지(공포 불필요)

2. **특징**
   (1) 예산으로 성립(조세는 영구세주의, 예산은 단년도예산)
   (2) 국회는 정부의 동의 없이 정부가 제출한 세출예산 각 항의 금액을 증액하거나 새 비목을 설치할 수 없음.
   (3) 국회는 정부의 예산안에 대해서 큰 수정을 가하지 않음(수정폭이 작음).
   (4) 위원회 중심

8 예산집행

1. **예산집행상의 재정통제방안** : 예산의 배정, 예산의 재배정, 지출원인행위에 대한 통제, 정원과 보수의 통제, 지방재정진단제도, 예비타당성조사제도, 총사업비관리제도, 예산집행의 보고 및 기록제도, 예산편성지침의 시달, 장부의 비치·기록의무 등

◆ 예비타당성 조사와 타당성 조사의 비교

구분	조사주체	조사 내용	조사기간
예비타당성 조사제도	기획재정부	① 경제적 측면(수요·편익추정, 비용추정, 민감도 분석) ② 정책적 측면	단기간
타당성 조사제도	사업기관	기술적 측면	충분한 시간

◆ 예비타당성 대상사업과 제외사업

대상 사업	1. 건설공사가 포함된 사업 2. 지능정보화 사업 3. 국가연구개발사업 4. 그 밖에 사회복지, 보건, 교육, 노동, 문화 및 관광, 환경 보호, 농림해양수산, 산업·중소기업 분야의 사업
대상 제외 사업	1. 공공청사, 교정시설, 초·중등 교육시설의 신·증축 사업 2. 문화재 복원사업 3. 국가안보와 관계되거나 보안이 필요한 국방 관련 사업 4. 남북교류협력과 관계되거나 국가 간 협약·조약에 따라 추진하는 사업 5. 도로 유지보수, 노후 상수도 개량 등 기존 시설의 효용 증진을 위한 단순개량 및 유지보수사업 6. 재난복구 지원, 시설 안전성 확보, 보건·식품 안전 문제 등으로 시급한 추진이 필요한 사업 등

2. 예산집행상의 신축성 유지방안

(1) 이용 : 장·관·항의 입법과목 간의 상호 융통. 국회의 승인 필요

(2) 전용 : 행정과목 간에 상호 융통, 국회의 승인은 필요 없고 기획재정부장관의 승인 필요

(3) 명시이월 : 세출예산 중 연도 내에 그 지출을 끝내지 못할 것이 예측될 때에는 미리 국회의 승인을 얻어 다음연도에 이월

(4) 사고이월 : 불가피한 사유로 인하여 연도 내에 지출하지 못한 경비와 지출원인행위를 하지 아니한 부대경비를 다음 연도로 넘겨서 사용

(5) 예산의 이체 : 정부조직 등에 관한 법령의 제정·개정 또는 폐지로 인하여 그 직무와 권한에 변동이 있을 때 예산집행에 관한 책임소관을 변경시키는 것. 예산의 목적은 변경할 수 없고 그 책임소관만 바꾸는 것

(6) 예비비 : 예측할 수 없는 예산 외의 초과지출에 충당하기 위한 경비로서 총액으로 국회의 의결을 얻은 경비, 일반회계 예산총액의 100분의 1을 예비비로서 세출예산에 계상

(7) 계속비 : 완성에 수년을 요하는 공사·제조 및 연구개발사업을 위하여 경비의 총액과 연부액을 정하여 국회의결을 얻어 지출

(8) 국고채무부담행위 : 법률에 의한 것과 세출예산금액 또는 계속비의 총액의 범위 안에서 지출할 경비 이외에

국가가 별도로 채무를 부담하는 행위. 지출권한을 인정받은 것이 아니고 채무부담의무만 지는 것이므로 실제 지출에 대해서는 미리 예산으로서 국회의 의결을 얻어야 함.

(9) 기타 : 수입대체경비, 국고여유자금 활용, 신축적인 예산배정제도, 총액예산제도 등

9 예산결산

1. 절차

출납기한(세입·세출에 관한 출납사무 완결 기한)	2.10까지
결산보고서 제출(중앙관서의 장이 기획재정부장관에게)	2월말까지
기획재정부장관이 국가결산보고서를 작성, 감사원에 제출	4.10까지
감사원이 결산검사를 마치고 기획재정부장관에게 결산검사보고서 송부	5.20까지
국무회의와 대통령 승인받아 국회에 국가결산보고서 제출	5.31까지
상임위원회의 결산예비심사, 예결위의 종합심사, 본회의 의결	정기회 개회 전까지

2. 감사원의 지위 및 기능 : 대통령 직속, 헌법기관, 결산확인·회계검사·직무감찰·심사청구·의견진술권

3. 정부회계

(1) 기장방식에 의한 구분 : 단식부기와 복식부기

단식 부기	개념	차변과 대변의 구분 없이 현금의 입금과 출금을 중심으로 거래의 한쪽 면만을 기재함.
	장점	사용하기가 매우 편리하여 간편하고 회계처리비용이 적게 듦.
	단점	기록의 정확성을 검증하거나 거래의 오류·탈루 등을 파악하기 곤란함.
복식 부기	개념	거래의 발생 사실을 바탕으로 차변과 대변으로 나누어 기록하는 방식을 가리킴.
	장점	총량 데이터(Gross Data) 작성에 유리, 데이터의 신뢰성 제고, 정보의 적시성 제고, 결산과 회계검사의 효율성과 효과성 제고가 가능함.
	단점	회계처리 절차가 복잡하고, 회계 관련 비용이 많이 듦.

(2) 거래의 인식 기준에 의한 구분 : 현금주의와 발생주의

현금 주의	개념	현금을 수취하거나 지급한 시점에 거래를 인식하는 방식임.
	장점	절차가 간편하고 단순하기 때문에 이해가 쉽고 관리와 통제 용이. 회계처리가 객관적이고, 비용이 적게 듦. 현금흐름(통화부문)에 대한 재정 영향의 파악이 용이함.
	단점	기록·계산의 정확성 확인 곤란. 경영성과의 파악 곤란. 자산의 증감이나 재정성과 등을 파악하기 곤란함.
발생 주의	개념	거래가 발생된 시점에 거래를 인식함.
	장점	성과파악 용이, 재정의 건전성 확보, 출납폐쇄기한이 불필요함.
	단점	부실채권이나 지불이 불필요한 채무 등 파악 곤란함. 절차가 복잡하고 회계처리비용이 많이 듦. 채권·채무를 자의적으로 추정함.

10 예산제도

1. 품목별 예산제도

(1) 지출대상인 급여·여비·시설비 등으로 분류하여 지출대상과 한계를 규정함으로써 예산지출의 통제를 기하려는 예산제도

(2) 투입중심의 예산, Taft위원회의 건의로 도입

(3) 장점 : 의회의 심의 용이, 감사기관의 통제 용이, 회계책임의 명확화, 예산의 유용이나 부정의 방지, 예산편성 용이, 재량권의 남용 방지, 인사행정의 유용한 자료·정보 제공

(4) 단점 : 사업의 우선순위 파악 곤란, 사업이나 활동의 파악 곤란, 예산운영의 신축성 제약, 재정정책적 측면의 무시, 성과나 산출의 파악 곤란, 총괄계정에 부적합

2. 성과주의 예산제도

(1) 정부예산을 기능·활동·사업계획에 기초를 두고 편성하는 것으로서, 사업계획을 세부사업으로 분류하고 각 세부사업을 단위원가 × 업무량 = 예산으로 표시하여 편성하는 예산

(2) Hoover위원회의 건의, Truman 대통령의 도입

(3) 장점 : 정부사업 목적에 대한 의회와 국민의 이해 증진, 입법부의 예산심의가 간편, 결과중심의 관리수단 제공, 자원배분의 합리화에 기여·예산집행의 신축성, 내부통제의 합리화, 성과관리 및 환류 강화, 분권화, 재정 사용의 투명성 증대, 장기계획의 수립·실시에 도움

(4) 단점 : 업무측정단위의 선정 곤란, 단위원가의 산출 곤란, 총괄계정에 부적합 등

3. 계획예산제도

(1) 장기적인 계획수립과 단기적인 예산편성을 프로그램 작성을 통하여 유기적으로 연결시킴으로써 자원배분에 관한 의사결정을 일관성 있게 하려는 예산제도

(2) RAND연구소에서 개발, McNamara, Johnson 대통령이 연방정부에 도입

(3) 장점 : 의사결정의 일원화, 자원배분의 합리화, 계획과 예산의 일치(조직의 통합운영 가능), 최고관리층의 관리수단, 장기적 관점, 절약과 능률, 조직의 통합적 운영, 기획에 대한 책임소재 명확

(4) 단점 : 명확한 목표설정의 곤란, 의사결정의 집권화와 계량화의 곤란, 환산작업의 곤란과 문서의 과다, 의회의 지위 약화(예산통제기능 약화), 간접비 배분의 문제와 자원 배분 시 비교의 곤란, 과도한 절약, 제도적 경직성, 공무원과 의회의 이해 부족

4. 영기준예산제도

(1) 행정기관의 모든 사업·활동을 전년도 예산을 고려하지 않고 영기준을 적용하여 분석·평가하고 사업의 우선순위를 결정하여 이에 따라 예산을 편성하는 제도

(2) Phyrr(파이르), 1970년대 Carter대통령이 긴축재정의 일환으로 연방정부에 도입

(3) 장점 : 재정운영·자금배정의 탄력성, 예산절감을 통한 자원난 극복에 기여, 자원배분의 합리화, 계층제 간의 단절 방지, 조직구성원의 참여, 정보의 다각적 활용, 관리수단의 제공, 사업의 효율성 제고

(4) 단점 : 사업축소·폐지 곤란, 목표설정기능·계획기능의 위축, 새로운 프로그램 개발 곤란, 소규모 조직의 희생, 장기적 안목 결여, 시간·노력의 과중 및 분석의 곤란, 우선순위 결정의 곤란

5. 자본예산제도

(1) 세입과 세출을 경상적인 것과 자본적인 것으로 구분하고, 경상적 지출은 경상적 수입으로 충당하고, 자본적 지출은 자본적 수입으로 지출하되 부족하면 공채발행 등 차입으로 충당하는 일종의 복식예산제도

(2) 장점 : 국가 재정의 기본구조 이해, 자본 지출에 대한 특별한 심사·분석, 정부의 순자산상태의 변동파악에 이용, 불경기 극복에 이용(경기활성화에 기여), 장기적 재정계획수립에 도움, 일관성 있는 조세정책수립이 가능, 수익자부담원칙의 구현

(3) 단점 : 적자재정 은폐수단, 인플레이션 조장의 우려, 자본재의 축적 또는 공공사업에의 치중, 적자예산편성의 치중, 계정구분의 불명확성, 수익사업에의 치중, 민간자본의 효율적 이용에 대한 의문, 선심성 사업 증가

6. 최근 예산제도 개혁(결과중심예산) : 총액배분자율예산편성, 총괄예산, 지출대예산, 산출예산, 지출통제예산, 운영예산, 신성과주의예산 ⇨ 지출한도액만 통제, 하향적이고 분권적인 예산제도

06 전자정부와 지식관리 행정

1 행정정보화

1. 행정정보화가 행정에 미치는 영향

(1) 조직구조에 대한 정보화의 영향

① 조직행태의 변화와 계층제의 완화 : 중하위층의 축소

② 수평적 상호작용의 증가(계선과 막료의 구분 모호)

(2) 권력관계에 미칠 영향 : 집권화 촉진, 분권화 촉진 등

(3) 행정서비스에 미칠 영향

① 업무처리가 신속해지고 정확성도 높아짐(전자납세, 전자조달 등 전자민원 처리).

② 전자투표, 전자토론, 전자헌금 등 전자민주주의에 의하여 누구나 행정정보에의 접근과 행정에의 참여가 용이해져 장기적으로 정보격차가 해소되고 행정의 형평성과 민주성이 높아지며, 고객위주의 행정을 구현할 수 있음.

③ 전자적 행정공개에 의한 정책과정의 투명성 확보로 부패근절에 기여

④ 서식이 간소화·표준화되고, 서비스는 다양해짐.

⑤ 원스톱서비스에 의하여 창구서비스의 종합화와 일원화가 가능

⑥ 논스톱에 의하여 24시간 중단없는 서비스 가능

⑦ 주민과 더 가까운 곳에서 인접서비스(근린행정) 가능 (이동정부, 재택서비스 등)

⑧ 지역정보화로 지역 간 불균형을 해소하고 지방자치 정착에 기여

2. 행정정보화의 역기능 : 조직구성원에 대한 통제와 인간소외, 국민의 사생활 침해 우려, 관료제의 권력강화 우려, 소모적 찰나주의, 컴퓨터범죄와 정보왜곡, 정보불균형, 전자파놉티콘, 인포데믹스, 집단 극화, 선택적 정보접촉 등

2 지식행정론

1. 지식의 종류

구분	암묵지	형식지
정의	언어로 표현하기 힘든 주관적 지식	언어로 표현가능한 객관적 지식
획득	경험을 통해 몸에 밴 지식	언어를 통해 습득된 지식
축적	은유를 통한 전달	언어를 통한 전달
전달	다른 사람에게 전수하는 것이 상대적으로 곤란	다른 사람에게 전수하는 것이 상대적으로 용이
예	자전거타기, 조직문화, 경험, 숙련된 기능, 개인적 노하우(Know-how) 등	매뉴얼, 보고서, 책, 컴퓨터프로그램, 데이터베이스 등

2. 지식관리방법

(1) 형식지의 관리 : Data Warehousing(자료저장), Data Mining(자료채굴), 지식지도 작성, 전자도서관, 그룹웨어(Groupware) 등

(2) 암묵지의 관리 : 대화, 역사학습과 경험담 듣기, 실천(경험)공동체의 구성, 프로토콜 분석(Protocol Analysis) 등

3. 지식관리의 기대효과

구분	기존 행정관리	지식행정관리
조직성원 능력	조직 구성원의 기량과 경험이 일과성으로 소모	개인의 전문적 자질 향상
지식공유	조직 내 정보 및 지식의 분절, 파편화	공유를 통한 지식가치 향상 및 확대 재생산
지식소유	지식의 개인사유화	지식의 조직공동 재산화
지식활용	정보·지식의 중복 활용	조직의 업무능력 향상
조직성격	계층제적 조직	학습조직 기반 구축

3 전자정부

1. **특징** : 정보기술의 활용(인터넷에 의한 대민봉사), 고객 지향적 정부, 열린 정부, 통합지향적 정부, 쇄신적 정부, 작은 정부, 탈관료화 정부, one-stop · non-stop 행정 서비스 제공, 프런트오피스와 백오피스 간격 축소 등

2. **우리나라 전자정부의 현황**
   (1) 행정안전부가 전자정부사업을 담당하고, 과학기술정 보통신부가 지능정보화 사업 담당
   (2) 각 부처별 기획관리실장이 정보화책임관(CIO)의 임 무를 맡고 있음.
   (3) 전자정부와 유비쿼터스정부

구분	전자정부	유비쿼터스정부
기술측면	초고속 정보통신망과 온라 인 네트워크 기술 기반	무선 모바일 네트워크에 기반
서비스측면	신속하고 투명한 서비스 제공 ⇨ 기계중심	지능적인 업무수행과 개개 인의 수요에 맞는 맞춤형 정 보서비스 제공 ⇨ 인간중심
업무측면	신속성 · 투명성 · 효율성 · 민주성	실질적인 고객지향성 · 지 능성 · 형평성 · 실시간성

3. **전자정부의 구현 및 운영 원칙**
   (1) 행정기관 등은 전자정부의 구현 · 운영 및 발전을 추 진할 때 다음 각 호의 사항을 우선적으로 고려하고 이에 필요한 대책을 마련하여야 함.
   ① 대민서비스의 전자화 및 국민편익의 증진
   ② 행정업무의 혁신 및 생산성 · 효율성의 향상
   ③ 정보시스템의 안전성 · 신뢰성의 확보
   ④ 개인정보 및 사생활의 보호
   ⑤ 행정정보의 공개 및 공동이용의 확대
   ⑥ 중복투자의 방지 및 상호운용성 증진
   (2) 행정기관 등은 전자정부의 구현 · 운영 및 발전을 추 진할 때 정보기술 아키텍처를 기반으로 함.

4. **온라인 시민 참여의 유형**

구분	정보제공형	협의형	정책결정형
특징	정책, 데이터, 예산, 법, 규제 등 주요 정 책 이슈에 대한 정보 제공	공공정책에 관련된 주 제에 대한 온라인 토 론 및 실시간 토론 서 비스	• 특정 정책 이슈나 선택에 대한 시민 토론 및 평가 • 정책결정 과정에서 정보제공과 정책 추진 결과 환류
주요 도구	• 전자정부 포털 사 이트 구축 • 인터넷 방송	• 자료분석 S/W • 메일링 리스트 • 온라인 여론조사 • 온라인 공청회 • 온라인 시민패널 • 포커스 그룹	• 독립적 웹사이트 • 온라인 채팅그룹 • 메일링 리스트
관련 제도	정보공개법	• 행정절차법 • 옴부즈만제도 • 민원 관련 법	• 전자국민투표법 • 국민의 입법 제안

5. **스마트워크의 장 · 단점**

구분	장점	단점
이동 근무	대면업무 및 이동이 많은 근무 환경에 유리	스마트폰 등을 활용한 위치추적 등 노동자에 대한 감시통제 강화
재택 근무	• 별도의 사무공간 불필요 • 출퇴근시간 및 교통비 부담 감소	• 노동자의 고립감 증가와 협동 업무의 시너지 효과 감소 • 고립감으로 직무만족도 저하 • 보안성 미흡으로 일부 업무만 제한적 수행 가능
스마트 워크 센터 근무	• 본사와 유사한 수준의 사무환 경 제공 가능 • 근무실적 관리 용이 • 보안성 확보 용이 • 직접적인 가사 육아에서 벗어 나 업무집중도 향상 가능	• 별도의 사무공간 및 관련 시 설 비용부담 • 관련 법 및 제도 정비 필요 • 관리조직 및 시스템 구축 필요

6. **빅데이터(big data)**
   (1) **의의** : 정형화된 데이터, 반정형화된 데이터, 비정형 데이터를 모두 포함
   (2) **주요 특징** : 크기(volume), 다양성(variety), 속도(velocity)

7. **4차 산업혁명**
   (1) 산업과 산업 간의 초연결성을 바탕으로 함.
   (2) 3차 산업혁명의 연장선상이라고 할 수 있지만, 근본 적인 특성은 확연히 다름.
   (3) IoT, 인공지능, 로봇, 나노기술, 바이오, 드론, 자율 주행 자동차, 3D 프린터, 빅데이터 등 신기술을 기존 제조업과 융합해 생산능력과 효율을 극대화시킴.
   (4) VUCA, 즉 변동성(volatility), 불확실성(uncertainty), 복잡성(complexity), 모호성(ambiguity)으로 설명할 수 있음.
   (5) **4차 산업혁명 시대의 정부모형(FAST모형)** : 유연성 (Flexibility), 민첩성(Agility), 슬림화(Streamlined), 기술역량(Tech-Savvy) 등

07 행정환류론

1 행정책임 : 행정책임에 관한 논쟁(Friedrich의 내재적 책임론 vs Finer의 외재적 책임론)

1. 내재적 책임 : Friedrich가 강조

　(1) 직업적·관료적·기능적 책임 : 전문지식이나 기술이 판단기준

　(2) 주관적·자율적·재량적·심리적 책임 : 관료의 양심이나 직업윤리 등 내적 충동이 판단기준이 되는 책임

2. 외재적 책임 : Finer가 강조

　(1) 합법적 책임 : 공식적인 법규가 판단기준이 되는 객관적·공식적·강제적 책임

　(2) 계층적 책임 : 계층구조에 대한 책임

　(3) 입법부나 사법부에 대한 책임 : 국회나 사법부 등 제도적 방법에 의하여 확보하는 책임

　(4) 국민에 대한 응답적 책임 : 국민의 여망이나 요구, 국민정서나 민중감정에 부응해야 할 정치적·민주적·도의적·윤리적 책임

3. 더브닉과 롬젝(Dubnick & Romzek)의 책임 유형 : 통제의 수준과 통제의 원천 기준

구분		통제수준	
		높음	낮음
통제의 원천	내부지향	관료적 책임성	전문가적 책임성
	외부지향	법률적 책임성	정치적 책임성

2 행정통제

1. 유형(Gilbert)

구분	공식성	통제유형
외부통제	공식	입법통제(법률제정, 인사동의, 예산심의, 국정감사권, 국정조사권)
		사법통제(헌법재판소에 의한 위헌심판, 행정소송의 심판, 법원에 의한 명령·규칙·처분의 심사)
		옴부즈만제도
	비공식	민중통제(선거, 투표, 이익집단, 정당, 여론, 시민참여)
내부통제	공식	행정수반, 정책 및 기획통제, 국무총리, 관리기관(교차기능조직), 감사원(두상조직), 절차통제, 계층제, 중앙통제, 국민권익위원회
	비공식	직업윤리, 대표관료제, 비공식조직·행정문화

2. 옴부즈만제도

옴부즈만	개념	공무원의 위법·부당한 행위로 말미암아 권리의 침해를 받은 시민이 제기하는 민원과 불평을 조사하여 관계기관에 시정을 권고함으로써 시민의 권리를 구제하는 제도
	연혁	1809년 스웨덴에서 처음 유래
	특징	• 입법부 소속, 초당파성(직무수행상의 독립성) • 사실조사와 간접통제(직접 취소·변경, 무효로 할 수 없음.) • 신청·직권에 의한 조사 • 신속한 처리와 저렴한 비용 • 합법성·합목적성에 대한 조사·처리 • 입법통제의 결함보완, 여야 협의로 선출
우리나라 (국민권익 위원회)	특징	• 「헌법」이 아닌 법률에 의한 기관이므로 안정성 부족 • 국무총리 소속(단, 직무상으로는 독립성과 자율성 보장) • 신청에 의한 조사만 가능하며, 직권조사권은 없음. • 위원장·부위원장 – 국무총리 제청으로 대통령이 임명, 상임위원 – 위원장이 제청·대통령이 임명, 위원 – 대통령이 임명(국회 3인, 대법원 3인)

3 행정개혁

1. 특징 : 목표지향성, 동태성·행동지향성, 저항의 수반, 정치성, 계속적·계획적 과정, 포괄적 연관성 등

2. 접근방법

　(1) 구조적 접근방법

　　① 원리전략 : 구조·직제의 개편, 기능중복의 제거, 권한·책임의 명확화, 조정 및 통제절차의 개선, 의사전달체계의 개선 등

　　② 분권화전략 : 구조의 분권화에 의하여 조직을 개선하려는 것

　(2) 과정적·기술적 접근방법 : 문서의 처리절차, 정원관리, BPR(업무과정재설계), 사무실 배치, 행정사무의 기계화·자동화, 새로운 행정기술·장비를 도입하거나 관리과학, OR, 체제분석, TQM, 컴퓨터(EDPS, MIS) 등의 계량화 기법 활용

　(3) 행태적 접근방법 : 조직발전(OD)기법 활용

(4) 기타 접근방법

① **사업중심적(산출중심적 · 정책중심적) 접근방법** : 행정산출의 정책목표와 내용 및 소요자원에 초점을 두어 행정활동의 목표를 개선하고 행정서비스의 양과 질을 개선하려는 접근방법

② **문화론적 접근방법** : 행정문화를 개혁함으로써 행정체제의 보다 근본적이고 장기적인 개혁을 성취하려는 접근방법

③ **통합적(종합적 · 체제적) 접근방법** : 개방체제 관념에 입각하여 개혁대상의 구성요소들을 보다 포괄적으로 관찰하고 여러 가지 분화된 접근방법들을 통합하여 해결방안을 탐색하려는 것

3. 저항원인과 극복방안

(1) **저항원인** : 기득권의 침해, 개혁내용의 불확실성, 피개혁자의 능력 부족, 관료제의 경직성과 보수적 경향, 참여의 부족과 국민의 무관심, 비공식적 인간관계의 과소평가

(2) **극복방안**

① **규범적 · 사회적 전략** : 참여의 확대, 의사소통의 촉진, 충분한 시간의 부여, 집단토론과 태도 · 가치관 변동을 위한 교육훈련, 카리스마나 상징의 활용, 목표에 대한 사명감 고취 등

② **공리적 · 기술적 전략** : 점진적 추진, 적절한 시기의 선택, 개혁방법 · 기술의 수정, 호혜적 전략, 손실의 최소화와 보상방안의 명확화, 개혁안의 명확화, 상징조작에 의한 공공성 강조, 인사이동 · 배치의 신축성 유지 등

③ **강제적 전략** : 의식적인 긴장 조성, 압력의 사용, 계층적 권한에 의한 명령, 물리적 제재나 신분상의 불이익처분, 권력구조의 일방적 개편 등

4. 성과지표

투입지표	생산 과정에서 사용된 것들의 명세(재원, 인력, 장비 등)를 지칭하는 것
업무지표	업무처리 과정에 초점을 맞추는 지표
산출지표	수행된 활동 자체보다는 생산 과정과 활동에서 창출된 직접적인 생산물
결과지표	산출물이 창출한 조직환경에서 직접적인 변화를 의미하는 것
영향지표	조직 혹은 사업의 궁극적인 사회경제적 효과

5. BSC(균형성과표)

4가지 관점	**재무적 관점 (과거시각)**	• 재무지표를 의미하는 것으로 전통적인 후행 지표, 기업중심의 BSC에서 성과지표의 최종 목표 • 성과지표 : 매출, 자본수익률, 예산 대비 차이 등
	고객 관점 (외부시각)	• 목표의 대상인 고객에게 조직이 전달해야 하는 가치를 확인하는 것을 말하는 것으로, 공공부문에서 BSC를 도입할 때 가장 중요하게 고려해야 하는 점 • 성과지표 : 고객만족도, 정책순응도, 민원인의 불만율, 신규 고객의 증감 등
	내부 프로세스 관점 (내부시각)	• 고객이 원하는 가치를 구현하기 위해 조직이 운영해야 하는 내부 프로세스를 확인하는 것 • 성과지표 : 의사결정 과정에 시민참여, 적법절차, 조직 내 커뮤니케이션 구조, 공개 등
	학습 · 성장 관점 (미래시각)	• 장기적 관점, 공공부문과 민간부문에 큰 차이가 없음. 4가지 관점 중 가장 하부구조에 해당 • 성과지표 : 학습동아리 수, 내부 제안 건수, 직무만족도 등
특징		• 재무적 관점과 비재무적 관점(고객, 내부프로세스, 학습과 성장)의 균형 강조 • 내부의 관점(직원과 내부 프로세스)과 외부의 관점(재무적 투자자와 고객) 간에도 균형 강조 • 결과를 예측해 주는 선행지표(학습과 성장)와 결과인 후행지표(재무적 관점) 간 균형 추구 • 단기적 관점(재무관점)과 장기적 관점(학습과 성장) 간의 균형 강조 • 과정과 결과의 균형 강조 • 재무적 관점과 고객관점은 상부구조(가치지향), 내부 프로세스 관점이나 학습과 성장 관점은 하부구조(행동지향)

08 지방행정론

1 신중앙집권화와 신지방분권화

1. 신중앙집권화

(1) 의의 : 지방자치가 확고한 뿌리를 내리고 있다는 전제하에서 중앙정부나 광역자치단체의 역할 증가

(2) 촉진요인 : 행정국가화, 행정의 광역화, 지방재정의 취약성, 계획적인 개발행정, 국제정세의 불안정과 긴장 고조, 국민적 최저수준 유지, 과학·기술 및 교통·통신의 발달, 국가에 의한 통합·조정역할의 증대 등

(3) 성격 및 이념 : 권력은 분산, 지식과 기술은 집중, 능률성과 민주성의 조화

2. 신지방분권화의 촉진요인 : 중앙집권의 폐해, 도시화, 정보화, 세계화, 전국적이면서 동시에 지방적 이해를 갖는 공공사무의 처리에 지방적 이해 반영, 경제블록화 현상

2 특별지방행정기관

1. 의의 : 중앙행정기관에 소속되어 당해 관할구역 내에서 시행되는 소속 중앙행정기관의 권한에 속하는 행정사무를 관장하는 국가의 지방행정기관

2. 장단점

장점	① 중앙행정기관은 정책의 수립·조정에 전념하여 업무부담 경감 ② 중앙 또는 인접지역과의 협력 가능 ③ 지역별 특성에 따라 구체적 타당성을 확보하는 정책결정 ④ 신속한 업무처리 가능 ⑤ 주민과 직접 접촉하여 지역주민의 의사를 행정에 반영(근린행정) ⑥ 통일적 기술·절차·장비의 전국적 활용으로 국가업무의 통일적 수행에 기여
단점	① 책임행정의 결여 : 특별지방행정기관에 대해서는 주민들의 직접 통제와 참여가 용이하지 않고 책임확보 곤란 ② 비효율성 초래 : 지방자치단체와 유사 중복 기능으로, 비효율성 초래 ③ 고객의 혼란과 불편 : 관할범위가 넓어 현지성 결여 ④ 지방자치의 저해 : 지방자치단체에 의한 지역 종합행정 저해 ⑤ 기타 : 중앙통제의 강화 수단, 공무원 수의 팽창 등으로 인한 경비 증가 및 지방자치단체와의 마찰 초래 등

3 광역행정

1. 의의

(1) 개념 : 행정의 능률성과 경제성·효과성을 향상시키기 위해서 기존의 행정구역을 초월하여 보다 넓은 지역에 걸쳐 행정을 종합적으로 수행하는 것

(2) 성격 : 집권화 분권의 조화, 지방자치단체의 구역·기능배분의 재편성, 제도와 사회변화의 조화

(3) 촉진요인 : 교통·통신의 발달과 생활권의 확대, 사회 및 경제권역의 확대, 산업화와 도시화, 규모의 경제에 의한 경비의 절약, 복지국가의 요청에 따른 행정서비스의 균질화 및 주민복지의 평준화, 광역적 행정수요의 확대, 행정능력 향상의 요청, 외부효과에의 대처 등

2. 광역행정의 방식

(1) 공동처리방식 : 둘 이상의 자치단체 또는 지방행정기관이 상호협력관계를 통하여 광역행정사무를 공동으로 처리하는 방식. 행정협의회, 사무위탁, 일부사무조합 등

(2) 연합방식 : 둘 이상의 지방자치단체가 법인격을 그대로 유지하면서 새로운 단체를 구성하여 사무를 처리하는 방식

(3) 합병방식 : 몇 개의 지방자치단체를 통폐합하여 법인격을 가진 새 자치단체를 신설하는 방식

(4) 특별행정구역의 설치방식 : 특수한 광역적 사무를 수행하기 위하여 일반행정구역 또는 자치구역과는 별도로 구역을 정하는 방식

3. 우리나라의 주요 광역행정방식

(1) 행정협의회 : 법인격이 없음. 법규정상 구속력은 있지만 불이행 시 강제이행권이 없음.

(2) 지방자치단체조합 : 법인격을 지닌 공공기관, 고유의 직원을 두고 독자적인 재산 보유 가능

4 Wright의 정부 간 관계모형

1. 분리권위형 : 연방정부와 주정부는 명확한 분리하에 상호독립적·완전자치적으로 운영

2. 포괄권위형 : 연방정부가 주정부와 지방정부를 완전히 포괄하는 종속관계, 딜런의 법칙(Dillon's Rule)과 관련

3. 중첩권위형 : 연방정부와 주 및 지방정부가 각자 고유한 영역을 가지면서 동시에 동일한 관심과 책임영역을 갖는 상호의존적 관계로서, 가장 이상적인 실천모형. 유사모형 예 교환모형, 소작인모형, 전략적 협상관계 모형 등

5 지방자치의 구성요소

1. 구역 : 지방정부의 자치권이 일반적으로 미치는 지역적·공간적 범위

2. 자치권 : 자주입법권, 자주행정권, 자주조직권, 자주재정권 - 자주외교권, 자주사법권, 자주국방권 등은 지방자치단체의 권한이 될 수 없으며 국가의 권한에 속한다.

3. 사무 : 고유사무와 위임사무

4. 자치기구 : 집행기관인 자치단체의 장과 의결기관인 지방의회

5. 주민 : 참정권을 행사하고 자치비용을 부담하는 인적 구성요소

6 **지방자치단체의 종류**

1. 보통자치단체
   (1) 광역자치단체 : 특별시, 광역시, (세종)특별자치시, 도, (제주)특별자치도
   (2) 기초자치단체 : 시, 군, 자치구(특별시, 광역시에 있는 구). 특례시 – 수원시, 용인시, 고양시, 창원시

2. 특별자치단체 : 지방자치단체조합

3. 계층구조

구분	단층제	중층제
장점	• 이중행정(감독)의 폐단 방지 • 신속한 행정 도모 • 낭비 제거 및 능률 증진 • 행정책임의 명확화 • 자치단체의 자치권이나 지역의 특수성·개별성 존중 • 중앙정부와 주민 간의 의사소통 원활	• 기초와 광역자치단체 간에 행정기능 분담 • 광역자치단체가 기초자치단체에 대한 보완·조정·지원 기능 수행 • 광역자치단체를 통하여 기초자치단체에 대한 국가의 감독기능 유지 • 중앙정부의 강력한 직접적 통제로부터 기초자치단체 보호 • 기초자치단체 간에 분쟁·갈등 조정
단점	• 국토가 넓고 인구가 많으면 적용 곤란 • 중앙정부의 직접적인 지시와 감독 등으로 인해 중앙집권화의 우려 • 행정기능의 전문화와 서비스 공급의 효율성 제고 곤란 • 중앙정부의 통솔범위가 너무 넓게 되는 문제 • 광역행정이나 대규모 개발사업의 수행에 부적합	• 행정기능의 중복현상, 이중행정의 폐단 • 기능배분 불명확·상하자치단체 간 책임모호 • 행정의 지체와 낭비 초래 • 각 지역의 특수성·개별성 무시 • 중간자치단체 경유에 따른 중앙행정의 침투가 느리고 왜곡 가능성 존재

7 **기관구성**

1. 기관통합형 : 권력집중주의에 입각

2. 기관대립형 : 권력분립주의에 입각 ⇨ 우리나라는 기관대립형

   ❷ **기관통합형의 장·단점**

장점	• 권한과 책임이 의회에 집중되어 민주정치와 책임행정구현 용이 • 의회중심의 운영으로 의결기관과 집행기관의 갈등·대립의 소지가 없어 지방행정의 안정성과 능률성 확보 • 다수 의원의 참여에 따른 신중하고 공정한 자치행정수행 • 소규모의 기초자치단체에 적합 • 미국 위원회의 경우 소수의 위원으로 운영됨으로써 예산절감 및 신속하고 탄력적인 행정집행 도모
단점	• 단일기관에 의한 권력행사로 인한 견제와 균형의 상실로 권력남용 용이 • 의원이 행정을 하게 되므로 행정의 전문화를 저해할 가능성 • 의원들 간의 행정 분담으로 행정의 통일성과 종합성 저해 • 위원회형의 경우 다양한 이익을 대표하기에는 부적합 • 지방행정에 정치적 요인이 개입될 우려

8 **주민참여제도**

1. 주민참여제도의 도입순서와 근거법

조례제정·개폐청구	주민감사청구	주민투표	주민소송	주민소환
① 「지방자치법」(1999) ② 「주민발안법」(2022)	「지방자치법」(1999)	① 「지방자치법」(1994) ② 「주민투표법」(2004)	「지방자치법」(2005)	① 「지방자치법」(2006) ② 「주민소환법」(2007)

2. 조례제정·개폐청구권(주민조례발안법)

의의	18세 이상의 주민은 지방자치단체의 조례를 제정하거나 개정하거나 폐지할 것을 지방의회에 청구할 수 있다.
요건	① 특별시 및 인구 800만 이상의 광역시 : 청구권자 총수의 200분의 1 ② 인구 800만 미만의 광역시 : 청구권자 총수의 150분의 1 ③ 인구 50만 이상 100만 미만의 시군 및 자치구 : 청구권자 총수의 100분의 1 ④ 인구 10만 이상 50만 미만의 시군 및 자치구 : 청구권자 총수의 70분의 1 ⑤ 인구 5만 이상 10만 미만의 시군 및 자치구 : 청구권자 총수의 50분의 1 ⑥ 인구 5만 미만의 시군 및 자치구 : 청구권자
청구제외대상	① 법령을 위반하는 사항 ② 지방세·사용료·수수료·부담금의 부과·징수 또는 감면에 관한 사항 ③ 행정기구의 설치·변경에 관한 사항 ④ 공공시설의 설치를 반대하는 사항

3. 주민감사청구제도

요건	지방자치단체의 18세 이상의 주민은 시·도는 300명, 50만 이상 대도시는 200명, 그 밖의 시·군 및 자치구는 150명을 초과하지 아니하는 범위 안에서 연서
청구제외대상	① 수사 또는 재판에 관여하게 되는 사항 ② 개인의 사생활을 침해할 우려가 있는 사항 ③ 다른 기관에서 감사하였거나 감사 중인 사항 ④ 동일한 사항에 대하여 소송이 계속되는 중이거나 그 판결이 확정된 사항

4. 주민투표제도

발의			지방자치단체의 장은 주민에게 과도한 부담을 주거나 중대한 영향을 미치는 지방자치단체의 주요 결정사항 등에 대하여 주민투표에 부칠 수 있음.
실시요건	청구	주민	주민투표청구권자 총수의 20분의 1 이상 5분의 1 이하 연서
		지방의회	재적의원 과반수의 출석과 출석의원 3분의 2 이상의 찬성
	직권	단체장	지방의회 재적의원 과반수의 출석과 출석의원 과반수의 동의
확정			주민투표에 부쳐진 사항은 주민투표권자 총수의 3분의 1 이상의 투표와 유효투표수 과반수의 득표로 확정

5. 주민소환제도

청구		주민 또는 외국인
실시요건	대상	해당 지방자치단체의 장 및 지방의회의원에 대하여 청구(비례대표 의원은 제외)
	청구제한	① 선출직 지방공직자의 임기개시일부터 1년이 경과하지 아니한 때 ② 선출직 지방공직자의 임기만료일부터 1년 미만일 때 ③ 해당 선출직 지방공직자에 대한 주민소환투표를 실시한 날부터 1년 이내인 때
	권한행사 정지	주민소환투표안을 공고한 때부터 공표할 때까지 그 권한행사 정지
확정		주민소환투표권자 총수의 3분의 1 이상의 투표와 유효투표 총수 과반수의 찬성으로 확정

9 지방자치단체 사무

1. **사무배분의 원칙** : 기초자치단체 우선의 원칙(보충성의 원칙), 능률성(경제성)의 원칙, 현지성의 원칙, 책임명확화의 원칙, 계획·집행 분리의 원칙, 이해관계 범위의 원칙, 경비부담능력의 원칙, 종합성의 원칙, 총체적 사무배분의 원칙

2. **사무의 종류**

구분	자치사무	단체위임사무 (단체에 위임)	기관위임사무 (단체장에게 위임)
이해관계	지방	국가와 지방	국가적 이해 사무
비용부담	지방자치단체 부담	국가와 지방 부담	전액 국가부담
감독관계	소극적(합법적) 감독	소극적·합목적적 감독	소극적·적극적 (예방적) 감독
의회관여 (조례대상)	가능	가능	불가능
배상	지방	국가 및 지방	국가
예	자치법규 제정, 주민등록, 상하수도, 소방, 공원, 도서관, 시장, 운동장, 주택, 청소, 위생, 미화, 도축장, 병원, 학교, 도시계획 등	보건소 설치 및 운영, 예방접종, 시·군의 국세징수, 수수료 징수, 생활보호, 재해구호, 도세 징수	가족관계 등록사무, 선거, 인구조사, 지적, 국세조사, 경찰, 공유수면매립, 근로기준, 의약사면허, 도량형 등

≫ 우리나라는 국가사무가 지방사무보다 많고, 고유사무와 위임사무의 구분이 명확하지 않으며, 기관위임사무가 가장 많은 비중을 차지

10 지방재정

1. **우리나라 지방세제의 문제점** : 세제의 획일성[세목·세율, 과세방법 등을 전국에 걸쳐 획일적으로 적용, 법정 외 세목설정(법정 외 조세)은 인정하지 않음], 일부 세목의 재원조달기능 미약, 지방세원의 지역별·자치단체별 편재, 세수 신장률 빈약(소득과세나 소비과세보다 재산과세위주로 되어 있기 때문), 복잡한 조세체계, 과세 자주권의 제약 등

2. 우리나라의 지방세 체계

구분		특별시·광역시세	도세	시·군세	자치구세
보통세		• 취득세 • 주민세 • 자동차세 • 담배소비세 • 레저세 • 지방소비세 • 지방소득세	• 취득세 • 등록면허세 • 레저세 • 지방소비세	• 주민세 • 재산세 • 자동차세 • 담배소비세 • 지방소득세	• 등록면허세 • 재산세
목적세		• 지방교육세 • 지역자원시설세	• 지방교육세 • 지역자원시설세		

3. **지방교부세** : 지방자치단체 간의 재정적 불균형 시정을 위해 국가가 지방에 지급

   (1) **재원** : 해당 연도의 내국세 총액의 19.24%와 종합부동산세 총액, 그리고 담배 개별소비세 45% 등

   (2) **종류**

   ① 보통교부세(분권교부세액을 제외한 교부세 총액의 100분의 96) : 기준재정수입액이 기준재정수요액에 미달한 경우에 지급

   ② 특별교부세(분권교부세액을 제외한 교부세 총액의 100분의 4) : 재해대책 수요, 재정보전 수요, 지역개발수요 등을 고려해서 특별히 교부하는 특정재원

   ③ 소방안전교부세 : 특정재원

   ④ 부동산교부세 : 지방세인 종합토지세가 폐지되고 대신 국세인 종합부동산세가 신설됨에 따라 종합부동산세의 세수(稅收) 전액을 지방자치단체에 교부함으로써 재산세 등의 세수감소분을 보전하고 지방재정 확충재원으로 사용하도록 한 것

4. **국고보조금**

   (1) **개념** : 국가가 시책상 지방자치단체의 재정사정상 필요하다고 인정될 때에 그 지방자치단체의 행정수행에 소요되는 경비의 일부 또는 전부를 충당하기 위하여 용도를 특정하여 교부하는 것(중앙정부의 재정여건, 예산정책 등을 고려하여 정함.)

   (2) **특성** : 특정재원, 의존재원, 경상재원

11 지방재정력

재정자립도	자치단체의 일반회계 세입총액 중에서 자주재원이 차지하는 비중
재정자주도	재정자주도는 재정자립도가 지방교부세의 효과를 반영하고 있지 못하다는 문제점을 해결하기 위하여 고안된 지표로, 지방교부세를 자치단체의 고유한 독립재원으로 보는 입장
재정건전도	재정자립도나 재정규모는 세출구조의 건전성을 반영하지 못함. 가장 건전한 재정이란 재정총규모도 크고, 재정자립도도 높으며, 세출구조도 경상비보다 투자비(사업비)가 차지하는 비중이 커야 함.

12 민간자본유치방식의 비교

구분	BOT	BTO	BLT	BTL
전제	민간이 운영 : 기업은 시설대상자산으로부터 일정기간 동안 사용료 수익을 소비자로부터 받는 방식		정부가 운영 : 기업은 Lease 대상자산을 기초로 일정기간 동안 임대료를 정부로부터 받는 방식	
사례	• 수익사업 : 주차빌딩처럼 투자비 회수가 가능한 시설 • 민간이 위험을 부담 : 적자 보전협약에 의하여 최소운영수익(MRG) 보장		• 비수익사업 : 공공임대주택, 노인요양시설, 수목원 등 투자비 회수가 곤란한 시설 • 민간에게는 위험 부담이 거의 없음.	
운영기간 동안 소유권 주체	민간	정부	민간	정부
소유권 이전 시기	운영종료 시점	준공 시점	운영종료 시점	준공 시점

MEMO

PART

2

최신 기출문제

01 2021. 7. 24. 군무원 기출문제

01

행정이론에 관한 다음의 기술 중 가장 옳지 않은 것은?

① 신공공관리론(New Public Management)은 국민을 고객으로 인식하고 공공부문에 시장원리를 도입하고자 하였다.

② 거버넌스(Governance)이론은 정부, 시장, 시민사회의 협력과 협치를 지향한다.

③ 신제도주의는 제도가 개인과 조직, 국가의 성패를 결정한다고 보고 있다.

④ 신행정학(New Public Administration)은 행태주의와 논리실증주의를 비판하면서 등장하였다.

02

막스 베버(Max Weber)의 관료제에 대한 설명으로 가장 옳지 않은 것은?

① 관료제는 계층제 구조를 본질로 하고 있다.

② 관료제를 현대사회의 보편적인 조직모형으로 보고 있다.

③ 신행정학에서는 탈(脫)관료제 모형으로서 수평적이고 임시적인 조직모형을 제안한다.

④ 행정조직 발전에 대한 패러다임(paradigm)의 관점에서 관료제 모형을 제시했다.

03

발생주의 회계제도에 대한 설명으로 옳은 것은?

가. 재화의 감가상각 가치를 회계에 반영할 수 있다.
나. 부채규모와 총자산의 파악이 용이하지 않다.
다. 현금이 거래되는 시점을 중심으로 기록한다.
라. 복식부기 기장방식을 채택하는 것이 일반적이다.

① 가, 라   ② 나, 라
③ 나, 다   ④ 가, 다

04

행정과 경영의 유사점에 대한 설명으로 가장 옳지 않은 것은?

① 행정과 경영은 어느 정도 관료제적 성격을 지니고 있다.

② 행정과 경영은 관리기술이 유사하다.

③ 행정과 경영은 목표는 다르지만 목표달성을 위한 수단으로 작동한다.

④ 행정과 경영은 비슷한 수준의 법적 규제를 받는다.

05

행정이념에 대한 설명으로 가장 옳지 않은 것은?

① 행정이념은 절대적인 것이 아니라 시대적 상황과 정치체제에 따라 변할 수 있다.

② 능률성은 투입 대비 산출의 비율을, 효과성은 목표의 달성도를 나타내는 개념이다.

③ 행정의 민주성은 대외적으로 국민 의사를 존중하고 수렴하며 대내적으로 행정조직을 민주적으로 운영한다는 두 가지 측면을 가지고 있다.

④ 수평적 형평성이란 동등하지 않은 것을 서로 다르게 취급하는 것, 수직적 형평성이란 동등한 것을 동등하게 취급하는 것을 의미한다.

06

신공공관리에 대한 설명으로 가장 옳지 않은 것은?

① 신공공관리는 전통적이고 관료적인 관리방식을 개혁하기 위해 1980년대부터 진행된 개혁프로그램이다.

② 신공공관리는 정부의 크기와 관계없이 시장지향적인 효율적인 정부를 만들 수 있는 개혁방안에 관심을 갖는다.

③ 시장성 테스트, 경쟁의 도입, 민영화나 규제완화 등 일련의 정부개혁 아이디어가 적용된다.

④ 신공공관리 옹호론자들은 기존 관료제 중심의 패러다임을 대체할 수 있는 새로운 패러다임이 될 수 있다고 주장한다.

07

구성원에 대한 동기부여는 미충족시 불만이 제기되는 요인(불만요인)의 충족과 함께 적극적으로 동기를 자극하는 요인(동기요인)이 동시에 충족되었을 때 가능하다고 주장한 학자로 옳은 것은?

① F. Herzberg
② C. Argyris
③ A. H. Maslow
④ V. H. Vroom

08

행정현상에 대한 접근방법의 설명으로 가장 옳지 않은 것은?

① 과학적 방법은 동작연구, 시간연구 등에서 같이 행정현상에 존재하는 규칙성을 찾아내 보편타당한 법칙성을 도출하는 데 가장 유용한 방법이다.
② 생태론적 접근방법은 행정변수 중에서 특히 환경변화와 사람의 행태를 연구대상으로 한다.
③ 역사적 접근방법과 법적·제도적 접근방법은 제도와 구조에 보다 초점을 맞춘 것으로 볼 수 있다.
④ 시스템적 방법의 장점은 시스템을 이루는 부분들 각각의 기능과 부분간 유기적 상호작용을 잘 이해할 수 있다는 데 있다.

09

정책에 대한 설명으로 가장 옳지 않은 것은?

① 정책은 행정학의 발달과정에 있어 통치기능설과 관계가 있다.
② 정책은 공정성과 가치중립성(value-free)을 지향한다.
③ 정책은 행정국가화 경향의 산물이다.
④ 정책은 정부실패의 원인이 될 수 있다.

10

우리나라 공직자윤리법에 규정된 내용에 해당하지 않는 것은?

① 주식백지신탁
② 퇴직공직자의 취업제한
③ 선물신고
④ 상벌사항 공개

11

정책결정의 장에 대한 이론 설명으로 가장 옳지 않은 것은?

① 다원주의는 소수의 개인이나 집단이 아니라 다수의 집단이 정책결정의 장을 주도하고 이들이 정치적 조정과 타협을 거쳐 도달한 합의가 정책이 된다고 본다.
② 엘리트주의는 대중에게 영향력을 행사할 수 있는 위치에 있는 소수의 리더들에 의해서 정책결정이 지배된다고 본다.
③ 정책결정에서 정부의 역할을 줄이고 이익집단과의 상호협력을 보다 중시하는 이론이 조합주의이다.
④ 철의 삼각(iron triangle) 논의는 정부관료, 선출직 의원, 그리고 이익집단의 3자가 장기적이고 안정적이며 우호적인 연합을 형성하면서 정책결정을 지배하는 것으로 본다.

12

리더십에 대한 설명으로 가장 옳지 않은 것은?

① 리더십에 있어 자질론적 접근은 리더가 만들어지기보다는 특별한 역량을 타고나는 것임을 강조한다.
② 민주형 리더십은 권위와 최종책임을 위임하며 부하가 의사결정에 참여하도록 하는 쌍방향 의사전달의 특징을 지닌다.
③ 리더십에 있어 경로-목표모형은 리더의 행태가 어떻게 조직원으로 하여금 목표를 달성시키도록 하는 리더십 효과로 이어지는지를 설명해준다.
④ 상황론적 관점에서 보면 부하의 지식이 부족하고 공식적 규정이 마련되어 있지 않은 과업환경에서는 지원적 리더십보다 지시적 리더십이 부하의 만족을 높이고 효과적일 수 있다.

13

조직형태나 구조에 대한 설명으로 가장 옳지 않은 것은?

① 학습조직은 시스템적 사고에 의한 유기적, 체제적 조직 관을 바탕으로 한다.

② 네트워크 조직에서는 서비스나 재화의 생산과 공급, 유통 등을 서로 다양한 조직에서 따로 수행한다.

③ 매트릭스 구조는 기능구조와 계층구조를 결합시킨 이원적 형태이다.

④ 가상조직은 영구적이라기보다는 잠정적이고 임시적 조직으로 볼 수 있다.

14

참여적(민주적) 관리와 가장 관련이 없는 것은?

① ZBB(영기준예산)

② MBO(목표에 의한 관리)

③ 브레인스토밍(brainstorming)

④ PPBS(계획예산)

15

계급제와 직위분류제에 대한 설명으로 가장 옳지 않은 것은?

① 계급제는 사람의 자격과 능력을 기준으로 분류하는 것이다.

② 직위분류제는 사람이 맡아 수행하는 직무와 그 직무수행에 수반되는 책임을 기준으로 하는 것이다.

③ 직위분류제는 전체 조직업무를 체계적으로 분업화하고 한 사람의 적정 업무량을 조직상위계에서 고려하는 구조중심의 접근이다.

④ '동일업무에 대한 동일보수'라는 보수의 형평성 요구가 직위분류제의 출발을 촉진시켰다고 할 수 있다.

16

인사행정제도에 대한 설명으로 가장 옳지 않은 것은?

① 공직충원의 개방성을 확대하면 직업공무원제 확립에 보다 더 기여할 수 있다.

② 계급제는 직위분류제에 비해 인적자원의 탄력적 활용이 용이하다.

③ 엽관주의는 행정의 민주성을 강화하는 측면도 있다.

④ 대표관료제는 출신집단의 가치와 이익을 정책과정에 반영시킬 수 있다는 전제에서 출발한다.

17

예산과정 중에서 재정민주주의(fiscal democracy)와 가장 관련이 깊은 것은?

① 예산심의

② 예산집행

③ 회계검사

④ 예비타당성조사

18

예산제도에 대한 설명으로 가장 옳은 것은?

① 성과주의 예산제도는 업무단위 비용과 업무량의 파악을 통해 효과성을 높이고자 한다.

② 품목별 예산제도의 분석의 초점은 지출대상이며 이를 통해 통제성을 높이고자 한다.

③ 새로운 성과주의 예산제도는 산출물에 관심이 있으며 이를 통해 효율성을 높이고자 한다.

④ 계획예산제도는 목표와 예산의 연결을 통해 투명성과 대응성을 높이고자 한다.

19

지방분권의 장점으로 가장 옳지 않은 것은?

① 행정의 민주화 진작
② 지역 간 격차 완화
③ 행정의 대응성 강화
④ 지방공무원의 사기진작

20

단체자치에 대한 설명으로 옳은 것만을 모두 고르면?

가. 자치권에 대한 인식은 전래권으로 본다.
나. 권한부여 방식은 포괄적 위임주의이다.
다. 중앙정부와 지방자치단체의 관계는 권력적 협력관계이다.
라. 유럽대륙을 중심으로 발전해 왔다.

① 가, 나
② 가, 다, 라
③ 나, 다, 라
④ 가, 나, 다, 라

21

다음 중 예산과 관련된 이론으로 가장 옳지 않은 것은?

① 욕구체계이론
② 다중합리성 모형
③ 단절균형이론
④ 점증주의

22

지방재정 지표 중 총세입(總歲入)에서 자율적으로 사용가능한 재원의 비율을 나타내는 것은?

① 재정자립도
② 재정탄력도
③ 재정자주도
④ 재정력지수

23

조직이론과 인간관에 대한 설명으로 가장 옳지 않은 것은?

① 조직이론의 시작은 테일러의 과학적 관리론에서 찾을 수 있으며, 1900년대 초까지 효율성과 구조중심의 사상을 담고 있었다.
② 기계적 조직으로서의 관료제는 합리적 경제인의 인간관을 반영하고 있는데 테일러의 차등성과급제가 이러한 인간관에 기초한 보상시스템이다.
③ 계층구조는 피라미드 모양의 구조를 가지며 명령과 통제가 위로부터 아래로 전달되는 특성을 가진다.
④ 관료제하에서 구성원들은 인간으로서의 감정이나 충동을 멀리하는 정의적 행동(personal conduct)이 기대된다.

24

공공선택론(public choice theory)에 대한 설명으로 가장 옳지 않은 것은?

① 방법론적 집단주의를 지향한다.
② 정치·행정현상을 경제학적 논리를 통해 분석하고자 한다.
③ 개인 선호를 중시하여 공공서비스 관할권을 중첩시킬 수도 있다.
④ 중위투표자이론(median vote theorem)도 공공선택론의 일종이다.

25

우리나라 예산편성절차에 대한 설명으로 가장 옳지 않은 것은?

① 우리나라 예산담당부처인 기획재정부는 예산안 편성지침과 국가재정운용계획을 사전에 준비하고 범부처 예산사정을 담당한다.
② 각 중앙행정기관은 기획재정부의 지침에 따라 사업계획서와 예산요구서 작성을 준비한다.
③ 기획재정부는 총액배분자율편성제도에 따라 각 부처의 세부사업에 대한 심사보다 부처예산요구 총액의 적정성을 집중적으로 심의한다.
④ 기획재정부는 조정된 정부예산안을 회계연도 개시 120일 전까지 국회에 제출한다.

02   2020. 7. 18. 군무원 기출문제

01

행정학의 기술성과 과학성에 대한 설명으로 옳지 않은 것은?

① 왈도(D. Waldo)가 'practice'란 용어로 지칭한 기술성은 정해진 목표를 어떻게 효율적으로 달성하는가 하는 방법을 의미한다.

② 윌슨(W. Wilson) 등 초기 행정학자들은 관리기술이나 행정의 원리 등을 발견하려는 데 초점을 두고 행정학의 기술성을 강조하였다.

③ 행태주의 학자들은 행정학 연구에서 처방보다는 학문의 과학화에 역점을 두고 가설의 경험적 검증 등을 강조했다.

④ 현실 문제의 해결은 언제나 과학에만 의존할 수 없으므로 행정학은 기술성과 과학성을 동시에 고려하여야 한다.

02

디목(M. Dimock)의 사회적 능률에 대한 설명으로 가장 적절하지 않은 것은?

① 사회적 형평성을 보장하기 위한 개념이다.

② 행정의 사회 목적 실현과 관련이 있다.

③ 경제성과 연계될 수 있는 개념이다.

④ 최소의 투입으로 최대의 산출을 추구한다.

03

레비트(H. Levitt)가 제시하는 조직 혁신의 주요 대상 변수로 옳지 않은 것은?

① 업무   ② 인간
③ 구조   ④ 규범

04

지방자치단체의 사무배분에서 특례가 적용되는 경우로 옳지 않은 것은?

① 자치구

② 인구 30만 이상의 도시

③ 인구 50만 이상의 도시

④ 특별자치도

05

행정학에서 가치에 관한 연구가 본격적으로 관심을 끌기 시작한 학문적 계기로 옳은 것은?

① 신행정론의 시작

② 발전행정론의 대두

③ 뉴거버넌스 이론의 등장

④ 공공선택론의 태동

06

사이먼(H. A. Simon)의 정책결정만족모형에 대한 설명으로 옳지 않은 것은?

① 사이먼(H. A. Simon)은 합리모형의 의사결정자를 경제인으로, 자신이 제시한 의사결정자를 행정인으로 제시한다.

② 경제인은 목표달성의 극대화를, 행정인은 만족하는 선에서 그친다.

③ 경제인은 합리적 분석적 결정을, 행정인은 직관, 영감에 기초한 결정을 한다.

④ 경제인은 복잡하고 동태적인 모든 상황을 고려하지만, 행정인은 실제 상황을 단순화시키고, 무작위적이고 순차적으로 대안을 탐색한다.

07

민영화에 대한 문제점으로 가장 옳지 않은 것은?

① 공공성의 침해
② 서비스 품질의 저하
③ 경쟁의 심화
④ 행정책임확보의 곤란성

08

조세지출예산제도에 대한 설명으로 옳지 않은 것은?

① 비과세, 감면 등의 세제혜택을 통해 포기한 액수를 조세 지출이라 한다.
② 지방재정에는 지방세지출제도가 도입되지 않았다.
③ 조세지출의 내용과 규모를 주기적으로 공표해 관리하는 제도이다.
④ 국가재정법에 따라 조세지출예산서를 작성해 국가에 보고한다.

09

에치오니(A. Etzioni)의 조직목표 유형으로 옳지 않은 것은?

① 질서 목표
② 문화적 목표
③ 경제적 목표
④ 사회적 목표

10

테일러(F. W. Taylor)의 과학적 관리론에 대한 설명으로 옳지 않은 것은?

① 테일러(F. W. Taylor)는 과학적 관리론의 핵심을 개인 적 기술에 두고, 노동자가 발전된 과학적 방법에 따라 작업이 되도록 한다.
② 어림식 방법을 지양하고 작업의 기본 요소 발견과 수행 방법에 대해 과학적 방법을 발전시킨다.
③ 과업은 일류의 노동자만이 달성할 수 있는 충분한 것이 어야 한다.
④ 노동자가 과업을 완수하는 경우 높은 보상, 실패하는 경 우 손실을 받게 된다.

11

매트릭스 조직에 대한 설명으로 옳지 않은 것은?

① 이중의 명령 및 보고체제가 허용되어야 한다.
② 기능부서의 장과 사업부서의 장이 자원 배분권을 공유 할 수 있어야 한다.
③ 조직구성원 간 원만한 인간관계 형성에 기여한다.
④ 조직의 성과를 저해하는 권력투쟁이 발생하기 쉽다.

12

파슨스(T. Parsons)의 조직유형 중 조직체제의 목표달성 기능과 관련된 유형으로 옳은 것은?

① 경제적 생산조직
② 정치조직
③ 통합조직
④ 형상유지조직

13

통상적인 근무시간보다 짧은 시간(주 15~35시간)을 근무하는 공무원으로서 일반 공무원처럼 시험을 통해 채용되고 정년이 보장되는 공무원으로 옳은 것은?

① 시간선택제전환공무원
② 시간선택제임기제공무원
③ 시간선택제채용공무원
④ 한시임기제공무원

14

정부조직 개편으로 예산을 조직 간 상호 이용하는 것으로 예산의 원칙 중 목적 외 사용 금지 원칙의 예외인 것으로 옳은 것은?

① 예산의 전용
② 예산의 이체
③ 예산의 이월
④ 예산의 이용

15

현대적 행정이념에 가장 적절하지 않은 것은?

① 민주성   ② 가외성
③ 신뢰성   ④ 성찰성

16

윈터(S. Winter)가 제시하는 정책집행성과를 좌우하는 주요 변수로 옳지 않은 것은?

① 정책형성과정의 특성
② 일선관료의 행태
③ 조직 상호간의 집행행태
④ 정책결정자의 행태

17

시·군 통합의 긍정적 효과에 대한 설명으로 옳지 않은 것은?

① 행정의 대응성 제고
② 규모의 경제 실현
③ 생활권과 행정권의 일치
④ 광역적 문제의 효과적 해결

18

진보주의 정부에서 선호하는 정책으로 가장 적절하지 않은 것은?

① 조세 감면 확대
② 정부규제 강화
③ 소득재분배 강조
④ 소수민족 기회 확보

19

옴부즈만(Ombudsman)제도에 대한 설명으로 옳지 않은 것은?

① 스웨덴에서 처음 도입된 제도이다.
② 행정 내부통제의 한계를 보완하는 제도이다.
③ 시정을 촉구하거나 건의함으로써 국민의 권리를 구제하는 제도이다.
④ 대부분의 국가에서는 입법부에 소속되어 있다.

20

공무원의 임용에 대한 설명으로 옳지 않은 것은?

① 신규채용은 공개채용 채용시험을 통해 채용하지만 퇴직 공무원의 재임용의 경우에는 경력경쟁채용시험에 의한다.

② 전입은 국회·행정부·지방자치단체 등 서로 다른 기관에 소속되어 있는 공무원의 인사이동을 의미한다.

③ 고위공무원단이나 그에 상응하는 계급으로의 승진은 능력과 경력을 고려하며, 5급으로서의 승진은 별도의 승진시험을 거쳐야 한다.

④ 국가직은 고위공무원단을 포함한 1급~2급에 해당하는 직위 모두를 개방형 직위로 간주한다.

21

예산집행의 신축성을 확보하기 위한 제도에 대한 설명으로 옳지 않은 것은?

① 총괄예산제도

② 예산의 이용

③ 예산의 전용

④ 예산의 재배정

22

우리나라 지방자치법이 인정하는 주민직접참여제도로 옳은 것은?

① 주민발안, 주민소환

② 주민소환, 주민참여예산

③ 주민투표, 주민감사청구

④ 주민소송, 주민총회

23

엽관주의 인사제도가 필요한 이유로 가장 옳은 것은?

① 행정의 안정성과 계속성 확보

② 행정의 공정성 확보

③ 국민의 요구에 대한 관료적 대응성 향상

④ 유능한 인재 등용

24

정책유형별 사례의 연결이 옳지 않은 것은?

① 구성정책 : 국경일의 제정, 정부기관 개편

② 보호적 규제정책 : 최저임금제, 장시간 근로제한

③ 추출정책 : 조세, 병역

④ 분배정책 : 보조금, 사회간접자본

25

공직자윤리법상 재산등록 및 공개에 대한 설명으로 가장 옳지 않은 것은?

① 공직유관 단체에는 공기업이 포함된다.

② 재산등록의무자는 5급 이상의 국가공무원 및 지방공무원과 이에 상응하는 보수를 받는 별정직 공무원이다.

③ 등록할 재산에는 본인의 직계존속의 것도 포함된다.

④ 등록할 재산에 혼인한 직계비속인 여성의 것은 제외한다.

03 2019. 6. 22. 군무원 기출문제

01

다음 중 대통령의 권한과 관련된 설명으로 옳지 않은 것은?

① 역대 대통령은 청와대의 규모를 줄이고 국무총리에게 인사권한을 위임했다.
② 야당이 집권당의 다수당을 차지하면 레임덕 현상이 나타난다.
③ 우리나라 정부구성은 대통령제를 원칙으로, 의원내각제적 요소를 가미하고 있다.
④ 시민단체는 비공식적 외부통제에 해당하며 주인-대리인 문제를 시정하여 행정윤리를 강화한다.

02

다음 중 지방자치 행정의 특징으로 옳지 않은 것은?

① 지역주민에게 조언, 권고, 정보제공 등 비권력적 행정서비스를 제공하는 생활행정이다.
② 국가행정이 효율성을 중시하는 데 비해 지방행정은 형평성 제고를 더 중시한다.
③ 중앙정부와 지방정부 간 적절한 기능분담을 통해 행정의 효율성 향상을 기한다.
④ 참여를 통한 민중통제와 그에 따른 대응성 제고를 기대할 수 있다.

03

다음 중 콥(R. W. Cobb)의 의제설정모형 중 〈보기〉에 해당하는 것은?

보기

내부관료 또는 소수외부집단이 주도하여 주도집단이 정책의 내용을 미리 정하고, 이 결정된 내용을 그대로 또는 최소한의 수정만으로 집행하려고 시도하며, 특히 반대할 가능성이 있는 사람에게는 이를 숨기려 한다. 사회문제가 정책담당자들에 의해 바로 정책의제화되지만, 공중의제화는 억제되며 일반 대중에게 알리려 하지 않는 일종의 음모형이다. 이 모형은 부와 권력이 집중된 나라에서 주로 나타난다.

① 내부접근형　　② 동원형
③ 외부주도형　　④ 굳히기형

04

다음 중 '계획예산제도(PPBS)'의 특징으로 옳지 않은 것은?

① 정치적 합리성보다는 경제적 합리성을 더 중시한다.
② 부서별 자원배분이 아닌 부서의 경계를 초월한 정책 또는 프로그램별로 자원배분이 이루어진다.
③ 영기준예산제도(ZBB)보다 운영 면에서 전문성을 적게 요구하므로 모든 조직 구성원들이 진지하게 참여한다.
④ 목표 달성을 위한 대안 사업으로 분석할 때 환류(Feedback)가 이루어진다.

05

다음 중 지방자치단체의 계층구조 중 단층제의 장점으로 옳지 않은 것은?

① 중앙정부의 비대화를 막을 수 있다.
② 중앙정부와 지역주민들과의 의사소통 거리가 단축된다.
③ 주민생활행정에 대한 책임소재가 더 명확해진다.
④ 다층제에 비해 자치단체의 자치권, 지역의 특수권 및 개별성을 더 존중한다.

06

다음 〈보기〉에 제시된 정부 개혁이 시기 순으로 바르게 나열된 것은?

보기

㉠ 행정쇄신위원회
㉡ 열린 혁신
㉢ 정부 3.0
㉣ 정부혁신지방분권위원회

① ㉠ - ㉣ - ㉢ - ㉡
② ㉡ - ㉢ - ㉣ - ㉠
③ ㉠ - ㉢ - ㉡ - ㉣
④ ㉠ - ㉢ - ㉣ - ㉡

07

다음 중 직업공무원제의 개선에 직접적으로 관련되지 않은 것은?

① 직장협의회
② 고위공무원단
③ 개방형 인사제도
④ 성과급

08

다음 중 우리나라 공무원의 근무성적평정에 관한 설명으로 옳지 않은 것은?

① 4급 이하 공무원은 대부분 근무성적평가를 받는다.
② 다면평가는 신뢰성과 객관성을 높일 수 있다.
③ 공무원 인사기록카드에는 학력, 신체사항에 대한 정보를 기재하지 않는다.
④ 직무평가는 직무의 상대적 차이에 따라 구분하는 단계이다.

09

다음 중 정책집행의 성공요건으로 옳지 않은 것은?

① 정치적 기술의 합리성
② 법에 따른 절차, 규정의 명확성
③ 정책목표 우선순위의 유연성
④ 집단의 지속적인 지지

10

다음 중 행태론적 접근방법의 특징으로 옳지 않은 것은?

① 가치와 사실의 분리
② 과학적 방법의 적용
③ 다문학성(종합학문성)
④ 자율적 인간관

11

다음 〈보기〉의 설명 중 실적주의와 관련이 없는 것은?

> [보기]
> ㉠ 정치적 중립을 통해 행정의 전문화에 기여한다.
> ㉡ 고위공무원의 정치적 임용을 활성화하여 정치적 이해관계에 있는 정치가들이 정치를 더 잘하도록 도울 수 있다.
> ㉢ 국민에 대한 대응성과 책임성 확보에 유리하다.
> ㉣ 고위공무원이나 장관 임명에 엽관주의를 활용하는 것은 궁극적으로 민주성과 형평성을 구현한다.

① ㉠, ㉡
② ㉡, ㉢
③ ㉠, ㉢
④ ㉡, ㉣

12

다음 중 학습조직의 특징으로 가장 적절하지 않은 것은?

① 외부의 압력에 의한 동형화와 전문화 과정을 통한 동형화현상이 나타난다.
② 중간관리자들의 지식관리와 정보의 수직적 및 수평적 흐름이 중시된다.
③ 전 직원이 문제해결에 참여하므로 조직문화에 적응적이다.
④ 학습조직의 기본단위는 업무 프로세스 중심의 통합기능팀이다.

13

다음 중 대통령 소속의 위원회에 해당하는 것으로 옳은 것은?

① 방송통신위원회
② 공정거래위원회
③ 금융위원회
④ 국민권익위원회

14

다음 중 한정성 예산원칙의 예외에 해당하는 것으로만 묶인 것은?

㉠ 이용과 전용	㉡ 기금
㉢ 신임예산	㉣ 예비비

① ㉠, ㉡

② ㉠, ㉣

③ ㉡, ㉢

④ ㉡, ㉣

15

다음 중 행정 및 행정학의 발전에 대한 설명으로 옳지 않은 것은?

① 행정을 사회문제 해결을 위한 정부나 공공조직의 기능과 역할로 보는 관점에서는 공행정과 사행정을 구분한다.

② 윌슨(W. Wilson)이 1887년 발표한 '행정의 연구'는 행정은 순수한 관리현상으로서 수단의 영역에 해당한다고 주장했다.

③ 미국의 초기 행정학은 정치학으로부터 출발했다.

④ 행정의 기본가치인 근검절약과 효율성 실천수단은 경영에서 도입되었다.

16

다음 중 신제도주의에 대한 설명으로 가장 옳지 않은 것은?

① 사회학적 신제도주의의 동형화 이론에는 강압적 동형화, 모방적 동형화, 규범적 동형화가 있다.

② 비공식적인 것은 제도의 범주에 포함되지 않는다.

③ 구제도주의와 달리 신제도주의에서는 제도를 동적인 것으로 본다.

④ 역사적 신제도주의는 시간의 경로의존성을 인정한다.

17

다음 중 성인지 예산에 대한 설명으로 옳지 않은 것은?

① 여성위주의 예산편성과 집행으로 성평등에 기여한다.

② 성인지 예산의 적용범위에는 기금(基金)도 포함된다.

③ 성별영향분석평가는 정책이 성평등에 미칠 영향을 사전에 분석한다.

④ 예산의 편성, 심의, 집행, 결산 과정에 모두 적용된다.

18

다음 중 제시된 공무원 인사제도에 대한 설명 중 옳은 것으로만 묶인 것은?

㉠ 자치경찰은 경력직 공무원 중 특정직 공무원이다.
㉡ 차관은 특수경력직 중 별정직이다.
㉢ 국가직과 지방직 모두 고위공무원단이 운영되고 있다.
㉣ 국가직과 지방직 공무원 모두 「공무원 연금법」의 적용을 받는다.

① ㉠, ㉡

② ㉠, ㉣

③ ㉡, ㉢

④ ㉡, ㉣

19

다음 중 조직구조의 특징으로 옳지 않은 것은?

① 공식성이 낮아지면 재량권이 줄어든다.

② 집권성이 높아지면 조직의 위기에 신속하게 대응할 수 있다.

③ 조직규모가 커지면 복잡성도 높아진다.

④ 분화의 정도가 높으면 조정이 어려워진다.

20

다음 중 신공공서비스론(NPS)의 특징으로 옳지 않은 것은?

① 관료는 고객위주의 공공기업가가 되어야 한다.
② 협력적 국정거버넌스에서 정부는 조정자의 역할을 수행한다.
③ 정부는 성과지향적 책임과 공동체적 책임을 모두 지향한다.
④ 행정의 역할은 방향잡기가 아닌 서비스여야 한다.

21

다음 중 우리나라 예산심의의 특징으로 옳지 않은 것은?

① 우리나라는 대통령중심제이기 때문에 의원내각제의 국가보다 예산심의과정이 엄격하지 않다.
② 우리나라의 예산은 미국과 달리 법률보다 하위의 효력을 가진다.
③ 본회의 중심이 아니라 상임위원회와 예산결산특별위원회 중심이다.
④ 국회는 정부의 동의 없이 정부가 제출한 지출예산 각항의 금액을 증액할 수 없다.

22

다음 중 공공선택이론의 특징으로 옳지 않은 것은?

① 1960년대 뷰캐넌(J. Buchanan)과 털럭(G. Tullock)이 창시하였으며 집단적 의사결정과정에 경제학적 논리를 적용한다.
② 오스트롬의 민주행정 패러다임은 행정이 정치의 영역 내부에서 이루어진다고 보았다.
③ 사표심리는 공공선택의 규칙하에서 표의 효과를 극대화하려는 전략적 선택이라고 본다.
④ 시장실패의 원인을 분석하였으나 정부실패를 고려하지 않았다.

23

다음 중 사회적 자본의 특징으로 옳지 않은 것은?

① 사회적 자본은 사용할수록 감소하는 특징이 있다.
② 후쿠야마(F. Fukuyama)는 국가의 경쟁력은 사회에 내재하는 신뢰수준이 결정한다고 주장했다.
③ 사회적 자본은 개인의 네트워크나 결사체에 내재된 공공적 자원이다.
④ 사회적 자본은 정부의 개입 없이도 공동의 문제를 해결할 수 있게 만든다.

24

다음 〈보기〉의 설명에 가장 관련성이 높은 의사결정기법으로 옳은 것은?

> ┌ 보기 ┐
> 토론집단을 대립적인 두 개의 팀으로 나누어 충분한 토론을 진행하는 과정에서 합의를 형성해 내는 의사결정기법으로서 토론과정에서 고의적으로 본래 대안의 단점과 약점을 적극적으로 지적한다. 발생할 수 있는 모든 가능성이 검토되므로 최종 대안의 효과성과 현실적응성이 높아진다.

① 델파이 기법(Delphi Method)
② 브레인스토밍(Brainstorming)
③ 지명반론자기법(Devil's Advocate Method)
④ 명목집단기법(Nominal Group Technique)

25

다음 중 집단적 의사결정의 한계로 옳지 않은 것은?

① 다양한 의견과 지식을 제시할 수 없다.
② 소수의 리더에 의해 의견이 제한될 수 있다.
③ 최선보다 차선책 선택의 오류가 나타날 수 있다.
④ 책임이 불분명하여 무책임한 행태가 나타난다.

※ 복원된 문제이므로 실제 시험과 차이가 있을 수 있습니다.

04 2019. 12. 21. 군무원 기출문제

01
다음 중 로위(Lowi)의 정책분류에 대한 설명으로 옳지 않은 것은?

① 누진세는 재분배정책을 강조한다.
② 정부의 조직개편과 기구의 설치는 구성정책에 해당한다.
③ 연구보조금의 지급은 배분정책의 예시이다.
④ 분배정책이 재분배정책보다 반발이 심하다.

02
다음 중 직업공무원 제도를 성공적으로 수립하기 위한 조건으로 옳지 않은 것은?

① 행정의 안정성
② 적절한 수준의 보수
③ 평생 고용
④ 상시 고용

03
다음 중 우리나라 특별회계에 대한 설명으로 옳지 않은 것은?

① 특별회계는 법률로써 설치하되, 국가재정법에 규정된 개별 법률에 의하지 아니하고는 이를 설치할 수 없다.
② 재정팽창을 예방할 수 있다.
③ 단일성의 원칙과 통일성의 원칙의 예외이다.
④ 출연금, 부담금 등을 재원으로 한다.

04
다음 중 현대 행정의 기능적·질적 특징으로 옳지 않은 것은?

① 행정조직의 동태화
② 행정기구의 확대 및 공무원 수 증가
③ 행정의 전문화·기술화
④ 행정평가의 강화

05
다음 중 책임성에 대한 설명으로 옳지 않은 것은?

① 파이너(H. Finer)는 내재적 책임을 강조하고, 프리드리히(C. Friedrich)는 외재적 책임을 강조했다.
② 롬젝(Romzek)과 더브닉(Dubnick)에 따르면 강조되는 책임성의 유형은 조직 특성에 따라 달라진다.
③ 신공공관리론은 책임성을 확보하기 위하여 객관적·체계적 성과측정을 중시한다.
④ 책임성은 수단적 가치이다.

06
다음 중 임시체제(Adhocracy)에 해당하지 않는 것은?

① 매트릭스(Matrix) 조직
② 네트워크(Network) 조직
③ 귤릭(Gulick) 조직
④ 태스크 포스(Task Force)

07

다음 중 행태론적 접근방법에 대해 옳지 않은 것은?

① 논리실증주의(Logical Positivism)를 도입했다.
② 계량분석법(Quantitative Analysis)을 사용했다.
③ 가치개입(Value-Laden)을 중시한다.
④ 인간행태의 규칙성을 가정한다.

08

다음 중 신공공관리론에 대한 설명으로 옳지 않은 것은?

① 신공공관리론에서는 권한 분산과 하부 위임을 통해 관리자의 자율성과 책임성을 강화한다.
② 신공공관리론은 민간부분의 경영방식을 적용하여 고객에 대한 대응성을 높이고자 한다.
③ 신공공관리론은 가격메커니즘과 경쟁원리를 활용한 공공서비스의 제공을 강조한다.
④ 신공공관리론은 시장규제는 완화하고 내부규제는 강화한다.

09

다음 중 피터스(B. Guy Peters)가 제시한 정부개혁모형에 대한 설명으로 옳지 않은 것은?

① 시장정부모형은 공공서비스가 얼마나 저렴하게 공급되느냐를 주된 공익의 판단 기준으로 삼으며, 서비스 이용권 등 소비자의 선택권을 중시한다.
② 참여정부모형에서는 조직 하층부 일선공무원이나 시민들의 의사결정 참여기회가 최대한 보장될 때 공익이 확보된다고 가정한다.
③ 탈규제정부모형에서는 시장규제 완화를 통한 시장 활성화를 추구하기 위하여 정부의 권한을 축소해야 한다고 본다.
④ 신축정부모형에서는 정부조직의 항구성을 타파하여 비용을 절감하고 공익을 증진시킬 수 있다고 본다.

10

다음 중 중앙인사기관의 유형 중 독립합의형의 장점으로 옳지 않은 것은?

① 엽관주의의 영향력을 배제함으로써 인사행정의 공정성을 확보할 수 있다.
② 다수의 위원에 의한 신중한 의사결정을 할 수 있다.
③ 인사행정에 대한 이익집단의 요구를 균형있게 수용할 수 있다.
④ 책임소재를 명확히 할 수 있다.

11

다음 중 예산집행의 신축성을 확보하기 위한 제도로 옳지 않은 것은?

① 총괄예산제도와 추가경정예산
② 이용과 전용
③ 예산의 배정과 재배정
④ 계속비와 예비비

12

다음 중 립스키의 일선관료제론에 대한 설명으로 옳은 것은?

① 일선관료제론은 의제설정단계에서 중요하다.
② 일선관료제론은 결정단계에서 중요하다.
③ 일선관료제론은 의제단계에서 평가단계까지 모니터링이 필요하다.
④ 일선관료제론은 집행현장에서 재량이 적지 않다.

13

다음 중 시장실패의 원인과 그 대응방식으로 옳지 않은 것은?

① 공공재는 무임승차의 가능성이 있어 조세로 걷어 정부가 제공한다.
② 규모의 경제로 인한 독점 문제를 공기업이 공급한다.
③ 자연자원은 소유지설정으로 문제해결이 가능하다.
④ X-비효율성이 발생할 경우 민영화와 규제완화로 문제해결이 가능하다.

14

다음 중 조직의 기본 변수의 특성에 대한 설명으로 옳지 않은 것은?

① 규모가 커질수록 업무가 분업화되고 부문화가 많아지게 되어 복잡성이 높아진다.
② 조직의 규모가 커질수록 구성원들의 공식화가 낮아진다.
③ 비숙련 업무일수록 복잡성이 높아질 것이다.
④ 관리의 민주화를 실현하기 위해 분권화는 높아질 것이다.

15

다음 중 「공직자윤리법」에서 규정한 공무원의 기관업무의 취급제한 내용에 대하여 옳은 것은?

기관업무기준 취업심사대상자는 다른 법률에 특별한 규정이 있는 경우를 제외하고는 퇴직 전 (   )년부터 퇴직할 때까지 근무한 기관이 취업한 취업제한기관에 대하여 처리하는 제 17조 제2항 각 호의 업무를 퇴직한 날부터 (   )년 동안 취급할 수 없다.

① 3, 5   ② 2, 2
③ 1, 4   ④ 5, 3

16

다음 중 정책평가의 외적 타당성 저해요인으로 옳은 것은?

① 선발 요소, 성숙 효과
② 호손 효과, 성숙 효과
③ 크리밍 효과, 호손 효과
④ 역사 효과, 크리밍 효과

17

다음 중 예산 통일성 원칙의 예외로 옳지 않은 것은?

① 추가경정예산
② 특별회계
③ 수입대체경비
④ 기금

18

다음 중 전자거버넌스의 최종적 의사결정 양식으로 옳은 것은?

① 소수의 민주적 의사결정
② 다수의 통합적 의사결정
③ 소수의 합의적 의사결정
④ 확산된 분권적 의사결정

19

다음 중 2019년 현재, 세금을 납부할 의무가 있는 납세의무자와 세금을 최종적으로 부담할 담세자가 일치하지 않는 국세에 해당하는 것으로만 묶인 것은?

㉠ 재산세	㉡ 부가가치세
㉢ 담배소비세	㉣ 주세
㉤ 개별소비세	㉥ 종합부동산세

① ㉠, ㉢, ㉤   ② ㉡, ㉤, ㉥
③ ㉡, ㉣, ㉤   ④ ㉢, ㉤, ㉥

20

다음 중 2019년 현재 국가공무원에는 해당이 되지만 지방공무원에는 해당되지 않는 공무원은?

① 고위공무원단에 속하는 공무원
② 별정직 공무원
③ 특정직 공무원
④ 정무직 공무원

21

다음 중 2019년 현재, 「국가재정법」상 옳지 않은 것은?

① 각 회계연도의 경비는 그 연도의 세입 또는 수입으로 충당하여야 한다.
② 한 회계연도의 모든 수입을 세입으로 하고, 모든 지출을 세출로 한다.
③ 예산안을 회계연도 개시 90일 전까지 국회에 제출하여야 한다.
④ 국회에 제출하여야 하는 매년 당해 회계연도부터 5회계연도 이상의 기간에 대한 국가재정운용계획에는 조세부담률 및 국민부담률 전망이 포함되어야 한다.

22

다음 중 우리나라의 광역행정 방식으로 옳지 않은 것은?

① 사무위탁
② 행정협의회
③ 지방자치단체조합
④ 민영화

23

다음 중 군무원에 대한 설명으로 옳지 않은 것은?

① 군무원의 봉급에 관한 사항은 국방부장관이 정한다.
② 군무원은 법관, 검사, 헌법재판소 헌법연구관 등과 같은 특정직 공무원이다.
③ 군무원은 군인에 준하는 대우를 한다.
④ 대한민국 국적과 외국 국적을 함께 가지고 있는 사람은 군무원에 임용될 수 없다.

24

다음 중 2019년 현행 법령상, 지방교부세에 대한 설명으로 가장 옳은 것은?

① 경기도의회는 주민들에게 소방안전교부세를 교부할 수 있다.
② 광주광역시에 특별교부세를 교부할 수 없다.
③ 인천광역시에 부동산교부세를 교부할 수 있다.
④ 세종특별자치시는 주민들에게 분권교부세를 부과할 수 있다.

25

다음 중 2019 현행법상 일정한 자격을 갖춘 외국인에게 허용되는 것은 모두 몇 개인가?

㉠ 주민조례의 제정과 개폐청구권
㉡ 주민투표
㉢ 주민감사청구
㉣ 주민소송
㉤ 주민소환
㉥ 공공기관의 정보공개에 관한 법률에 따른 정보공개청구

① 2개   ② 3개
③ 4개   ④ 5개

※ 복원된 문제이므로 실제 시험과 차이가 있을 수 있습니다.

05   2018. 8. 11. 군무원 기출문제

01

다음 중 정책네트워크모형에 대한 설명으로 옳지 않은 것은?

① 정부관료, 학자, 연구원 등으로 구성된 전문가집단을 정책공동체라 한다.

② 정책커튼모형(policy curtain model)은 정부기구 내의 권력 장악자들에 의해 정책과정이 독점되는 가장 폐쇄적인 유형으로 Y. Yishai(1992)가 주장하였다.

③ 이슈네트워크는 유동적이며 불안정적인 일시적인 망으로 특정한 경계가 존재하지 않는다.

④ 정책공동체가 네거티브섬 게임(negative-sum game)을 하는 반면 이슈네트워크는 포지티브섬 게임(positive-sum game)을 한다.

02

다음 중 보조기관이 아닌 것은?

① 국장　　　　　　② 차관

③ 실장　　　　　　④ 차관보

03

「공무원임용령」상 보직관리의 기준에서 직위의 직무요건에 해당하지 않는 것은?

① 직렬 및 직류

② 직위의 주요 업무활동

③ 직위의 성과책임

④ 직무수행의 난이도와 요건

04

「국가공무원법」상 공무원의 의무에 대한 설명으로 옳지 않은 것은?

① 공무원은 직무를 수행할 때 소속 상관의 직무상 명령에 복종하여야 한다.

② 공무원은 직무의 내외를 불문하고 그 품위가 손상되는 행위를 하여서는 안된다.

③ 공무원은 퇴직 후에도 직무상 알게 된 비밀을 엄수하여야 한다.

④ 공무원은 외국 정부로부터 영예나 증여를 받을 수 없다.

05

Cobb의 정책의제설정모형 중 〈보기〉에 해당하는 모형은?

> 보기
>
> 정부기관 내에서 제기되거나 정책 결정자에게 쉽게 접근할 수 있는 특정 외부집단의 주도로 문제가 제기되고 공식의제가 되도록 충분한 압력(설득·로비)을 가한다.

① 내부접근형　　　　② 외부주도형

③ 동원형　　　　　　④ 굳히기형

06

다음은 목표의 변동에 관한 내용이다. 옳지 않은 것은?

① 목표의 전환은 조직의 항구성 형성에 기여한다.

② 목표의 다원화는 본래의 목표에 새로운 목표를 추가하는 것이다.

③ 복수목표 간에 우선순위가 바뀌는 것을 목표 간의 비중 변동이라 한다.

④ 유형적 목표의 추구는 목표의 전환을 야기할 수 있다.

07

다음 중 수평적 조정기제에 해당하지 않는 것은?

① 규칙
② 프로젝트 매니저
③ 태스크포스
④ 정보시스템

08

다음 중 우리나라의 자치계층과 행정계층에 관한 설명으로 옳지 않은 것은?

① 서울특별시의 지위·조직 및 운영에 대하여는 수도로서의 특수성을 고려하여 법률로 정하는 바에 따라 특례를 둘 수 있다.
② 세종특별자치시와 제주특별자치도는 자치계층과 행정계층이 일치한다.
③ 우리나라는 절충적 방안으로 포괄적 예시주의를 채택하고 있다.
④ 특별시·광역시 및 특별자치시가 아닌 인구 50만 이상의 시에는 자치구가 아닌 구를 둘 수 있고, 군에는 읍·면을 두며, 시와 구(자치구를 포함한다.)에는 동을, 읍·면에는 리를 둔다.

09

다음 중 우리나라의 지방정부에 대한 중앙통제와 관련한 설명으로 가장 적절하지 않은 것은?

① 지방자치단체의 사무에 관한 그 장의 명령이나 처분이 법령에 위반하거나 현저히 부당하여 공익을 해친다고 인정되면 시·도에 대하여는 주무부장관이, 시·군 및 자치구에 대하여는 시·도지사가 기간을 정하여 서면으로 시정할 것을 명하고, 그 기간에 이행하지 아니하면 이를 취소하거나 정지할 수 있다.
② 중앙정부는 위법·부당한 명령·처분의 시정명령 및 취소·정지를 할 수 있고, 지방자치단체의 장이 이에 이의가 있을 때에는 행정법원에 소를 제기할 수 있다.
③ 지방자치단체의 장이 국가위임사무나 시·도위임사무의 관리와 집행을 명백히 게을리 하는 경우 이행사항을 명령할 수 있다.
④ 지방자치단체에서 하는 자치사무는 법령위반사항에 대하여만 회계를 감사할 수 있다.

10

대표관료제에 대한 설명으로 옳은 것은?

① 내부통제가 용이하고 책임성 제고에 기여한다.
② 소외집단이나 소수집단의 공직취임기회를 박탈하여 사회적 형평성을 저해할 수 있다.
③ 공무원들이 출신 집단별로 구성되어 집단이기주의를 감소시킬 수 있다.
④ 지역별, 성별 임용할당제(쿼터제)는 헌법상의 평등원리에 어긋나며 역차별(reverse discrimination)의 문제가 있어 도입하기가 곤란하다.

11

다음 중 예산집행과정에서 신축성 유지방안에 해당하지 않는 것은?

① 긴급배정
② 총괄예산주의
③ 추가경정예산
④ 배정과 재배정

12

다음 중 스미스(H. D. Smith)가 주장한 현대적 예산 원칙에 해당하지 않는 것은?

① 보고의 원칙
② 적절한 수단구비의 원칙
③ 행정부책임의 원칙
④ 명확성의 원칙

13

다음 중 신공공관리론에 대한 설명으로 옳지 않은 것은?

① 정부 역할을 방향잡기(steering)로 인식한다.
② 고객 중심의 논리는 국민을 능동적 존재가 아닌 수동적인 존재로 만들 수 있다.
③ 계층제의 완화 및 탈관료제를 강조한다.
④ 수익자 부담의 원칙 강화, 민영화 확대, 규제 강화 등을 제시한다.

14
직위분류제와 계급제에 대한 설명으로 옳지 않은 것은?

① 직위분류제는 행정의 안정성을 확보할 수 있다.
② 계급제는 직위분류제보다 직업공무원제도 확립에 더 유리하다.
③ 직위분류제는 인사배치의 신축성을 저해한다.
④ 계급제는 인사관리자의 리더십 구현에 기여한다.

15
「국가공무원법」상 중앙인사관장기관의 장이 아닌 것은?

① 대법원장
② 국회사무총장
③ 중앙선거관리위원회사무총장
④ 인사혁신처장

16
다음 중 예산과 계획의 성향 및 관계에 대한 설명으로 옳지 않은 것은?

① 계획은 쇄신적 성격을 가지나, 예산은 보수적 성격을 가진다.
② 계획담당자는 미래지향적·발전지향적·소비지향적이나, 예산담당자는 보수적·부정적·저축지향적이다.
③ 계획담당자는 단기적 관점을, 예산담당자는 장기적 관점을 가진다.
④ 계획담당기관과 예산담당기관의 유기적 통합이 결여될 경우 기획과 예산은 분리된다.

17
네트워크 조직에 대한 설명으로 옳지 않은 것은?

① 수직적·수평적 통합을 지향한다.
② 정보와 지식의 교환·공유·축적으로 조직 학습을 촉진시키며, 새로운 지식이나 가치의 창조·활용이 용이하다.
③ 제품의 안정적 공급과 품질관리가 가능해진다.
④ 계약관계에 있는 외부기관을 직접 통제하기 어렵다.

18
공공기관에 대한 설명으로 옳지 않은 것은?

① 공공기관은 공기업, 준정부기관, 기타공공기관으로 나뉜다.
② 공기업은 시장형, 준시장형으로 나뉜다.
③ 준정부기관은 기금관리형, 위탁집행형으로 나뉜다.
④ 국무총리가 공공기관을 지정한다.

19
신엘리트이론의 무의사결정에 대한 설명으로 옳지 않은 것은?

① 무의사결정은 정책결정자의 무관심과 무능력 때문에 발생한다.
② 정책의제설정 단계에서도 나타나고 집행과정 전반에서도 나타난다.
③ 지배세력의 기득권을 침해할 경우 등장하기도 한다.
④ 다원주의에 대한 반발로 등장한 엘리트론의 일환이다.

20

행정개혁의 접근방법에 대한 설명으로 옳지 않은 것은?

① 행태적 접근방법에서는 행정인의 가치관·태도·신념을 인위적으로 변혁시켜 행정개혁을 도모한다.

② 관리·기술적 접근방법은 업무수행과정에서 능률을 향상시키기 위해 새로운 행정기술이나 장비를 도입하거나 관리과학(MS), 운영연구(OR), 체제분석(SA) 등의 계량화 기법을 활용하는 것이다.

③ 현대행정에서 가장 타당한 행정개혁의 방안은 구조, 관리기술, 인간 등의 종합적 영역에 관심을 갖고 이의 상호융합을 시도하는 종합적 접근방법이다.

④ 구조적 접근방법은 주로 과학적 관리기법에 근거하여 업무수행과정에 중점을 두면서 관리기술의 개선을 강조하는 접근방법을 말한다.

21

다음 〈보기〉 중 옳은 것을 고른 것은?

┌─ 보기 ─────────────────────────────┐
│ ㉠ 실적주의는 직위분류제 확립에 기여하였다.
│ ㉡ 직위분류제는 일반행정가 양성에 기여한다.
│ ㉢ 엽관주의는 관료제 내 민주화에 기여한다.
│ ㉣ 엽관주의는 현재 민주주의에서는 폐지되었다.
└─────────────────────────────────┘

① ㉠, ㉡　　　　　　　② ㉠, ㉢

③ ㉡, ㉢　　　　　　　④ ㉢, ㉣

22

「국가재정법」상 추가경정예산안의 편성사유가 아닌 것은?

① 전쟁이나 대규모 재해가 발생한 경우

② 경기침체, 대량실업, 남북관계의 변화, 경제협력과 같은 대내·외 여건에 중대한 변화가 발생하였거나 발생할 우려가 있는 경우

③ 세계잉여금이 남았을 때

④ 법령에 따라 국가가 지급하여야 하는 지출이 발생하거나 증가하는 경우

23

다음 중 거래비용경제학에 대한 설명으로 옳지 않은 것은?

① 관료제적 조정비용이 거래비용보다 클 때 내부화한다.

② 거래비용경제학은 조직 안팎에서 이루어지는 모든 거래, 즉 소유자와 관리자, 관리자와 부하, 공급자와 생산자, 판매자와 구매자 간의 거래를 분석하여 조직현상을 연구한다.

③ 생산보다는 비용에 관심을 갖고 시장에서 이루어지는 개인 및 조직 간의 거래를 미시적으로 분석한다.

④ Williamson은 조직 내 거래비용을 최소화하기 위하여 종전의 U형(unitary; 기능 조직)에서 M형(multi-divisionalized; 다차원적)관리로 전환할 것을 주장하였다.

24

다음 중 개방형 인사제도에 대한 설명으로 옳지 않은 것은?

① 외부로부터 참신하고 유능한 인재를 직접 영입할 수 있어 신진대사를 촉진할 수 있다.

② 행정의 전문성을 제고한다.

③ 공직의 유동성을 높여 관료주의화 및 공직사회의 침체를 방지할 수 있다.

④ 행정에 대한 민주적 통제가 어렵다.

25

다음 중 직위분류제의 구성요소에 대한 설명으로 옳지 않은 것은?

① 직위란 1명의 공무원에게 부여할 수 있는 직무와 책임을 말한다.

② 직급이란 직무의 종류와 곤란도, 책임도가 유사한 직위의 군을 말한다.

③ 직렬이란 직무의 종류는 유사하나 책임과 곤란도가 상이한 직급의 군을 말한다.

④ 직류란 직무의 성질이 유사한 직렬의 군을 말한다.

┌─────────────────────────────────┐
│ ※ 복원된 문제이므로 실제 시험과 차이가 있을 수 있습니다.
└─────────────────────────────────┘

06 2017. 7. 1. 군무원 기출문제

01

다음 중 동기부여의 내용이론이 아닌 것은?

① 맥클리랜드(McClelland) − 성취동기이론
② 브룸(V. H. Vroom) − 기대이론
③ 매슬로우(A. Maslow) − 욕구계층이론
④ 허즈버그(Jerzverg) − 욕구충족요인이원론

02

직위분류제에서 사용하는 용어에 대한 설명으로 옳지 않은 것은?

① 직급은 직무의 종류, 곤란성과 책임도가 상당히 유사한 직위의 군이다.
② 직렬은 직무의 종류는 유사하고 그 책임과 곤란성의 정도가 서로 같은 직급의 군이다.
③ 직위는 한명의 공무원에게 부여할 수 있는 직무와 책임이다.
④ 직류는 같은 직렬 내에서 담당 분야가 같은 직무의 군이다.

03

다음 중 로위(Lowi)의 정책유형이 아닌 것은?

① 분배정책
② 규제정책
③ 재분배정책
④ 상징정책

04

정책집행과 관련된 설명 중 옳은 것은?

① 하향적 접근방법은 실제 정책집행과정의 인과관계를 상세히 설명할 수 있다.
② 상향적 접근방법은 정책집행과 정책결정을 분리한다.
③ 하향적 접근방법은 집행과정에 영향을 미치는 다양한 요인들을 귀납적으로 도출하여 처방을 제시한다.
④ 상향적 접근방법은 집행자들의 전문적인 경험을 정책목표에 반영한다.

05

신공공관리론에 대한 설명으로 옳은 것은?

① 고객지향
② 중앙정부 주도
③ 과정지향
④ 노젓는 정부

06

시장실패의 원인과 관련된 것으로 옳지 않은 것은?

① 공공재의 존재
② 정보격차
③ 내부성
④ 자연독점

07

다음 중 예산제도에 대한 설명으로 옳지 않은 것은?

① 계획예산제도(PPBS)의 예산결정은 점증적 접근방법이다.
② 영기준예산제도(ZBB)는 국민부담의 경감과 자원난의 극복에 도움을 준다.
③ 성과주의 예산제도(PBS)는 자원배분의 효율성을 중시한다.
④ 품목별 예산제도(LIBS)는 통제가 용이하나 자원배분의 효율성을 저해한다.

08

다음 중 행정관료의 재량이 늘어난 이유로 적절하지 않은 것은?

① 경제대공황 이후의 복잡한 사회문제의 등장
② 자본주의 발달로 인한 사회문제의 대두
③ 의회의 역할 강화
④ 행정의 전문화

09

다음 중 복식부기에 대한 설명으로 옳지 않은 것은?

① 현금주의에 주로 적용한다.
② 부정이나 오류를 발견하기 쉽다.
③ 자산, 부채, 자본을 인식하여 거래의 이중성에 따라 차변과 대변을 나누어 계상한다.
④ 총량 데이터를 확보할 수 있어 최고경영자에게 유용하다.

10

비공식조직의 단점으로 옳지 않은 것은?

① 내부 직원들의 불평을 증폭시킨다.
② 조직 내부에 파벌화를 조장한다.
③ 공식조직의 경직성을 강화한다.
④ 관리자의 공식권위를 약화한다.

11

다음 중 우리나라 공무원제도에 대한 설명으로 옳지 않은 것은?

① 직위분류제 토대에 계급제가 가미되었다.
② 1963년에 직위분류제를 규정한 「국가공무원법」과 「직위분류법」이 제정되고, 1967년부터 적용키로 하였으나 실패, 1973년에는 관계법령이 개정되고 「직위분류법」은 폐지되었다.
③ 고위공무원단에 속하는 모든 일반직 공무원의 신규채용 임용권은 대통령이 가진다.
④ 1981년 「국가공무원법」의 개정으로 현재의 직위분류제 도입의 토대가 구축되었다.

12

주민자치에 대한 설명으로 옳은 것은?

가. 정치적 의미의 자치이다.
나. 지방분권사상을 추구한다.
다. 독립세주의이다.
라. 영미계 국가에서 발달하였다.
마. 중앙정부와 기능적으로 협력한다.

① 가, 나, 다, 라
② 가, 나, 다, 마
③ 가, 다, 라, 마
④ 나, 다, 라, 마

13

조합주의에 대한 설명으로 옳지 않은 것은?

① 국가조합주의는 국가의 우월한 권력을 인정한다.

② 조합주의는 다양한 이익집단 간 경쟁성을 특징으로 한다.

③ 사회조합주의는 이익집단의 자발적 시도로 생성된다.

④ 신조합주의는 다국적기업이 국가와 동맹관계를 유지하면서 정책에 참여한다고 본다.

14

리더십 이론에 대한 설명으로 옳지 않은 것은?

① 블레이크와 무톤(Blake & Mouton)은 리더십을 4가지 유형으로 분류하였다.

② 오하이오 대학 리더십 연구는 행태주의를 기반으로 한다.

③ 피들러의 상황적응모형은 관계지향적 리더와 과업지향적 리더로 나누어 연구하였다.

④ 변혁적 리더십은 조직의 변화를 추구한다.

15

다음 중 데프트(Daft)의 조직유형에 대한 설명으로 옳은 것은?

① 네트워크 조직은 핵심기능을 외부에 위임하고 여타기능은 조직 자체에서 수행한다.

② 수평구조는 전문성을 중시한다.

③ 사업구조는 조직을 기능부서별로 분류한 구조이다.

④ 매트릭스 구조는 기능구조와 사업구조를 결합한 이원적 체제이다.

16

행정학자와 그 이론을 연결한 것으로 옳지 않은 것은?

① 버나드(C. I. Barnard) - 행태론

② 윌슨(W. Wilson) - 정치행정이원론

③ 애플비(P. H. Appleby) - 정치행정이원론

④ 가우스(J. M. Gaus) - 생태론

17

행정이 불확실한 상황에서 할 수 있는 것 중 옳지 않은 것은?

① 표준화로 불확실성을 감소시킬 수 있다.

② 중첩적인 기능을 없앤다.

③ 환경에 대한 제어를 통하여 불확실성을 감소시킨다.

④ 지식 및 정보를 수집한다.

18

신성과주의예산에 관한 설명 중 옳지 않은 것은?

① 예산집행 결과 어떠한 산출물을 생산하고 어떠한 성과를 달성하였는가를 측정하고 이를 기초로 책임을 묻거나 보상을 하는 결과중심 예산체계를 말한다.

② 성과평가 결과에 대한 책임을 강조한다.

③ 관리자에게 집행에 대한 재량권을 부여한다.

④ 총액결정권을 하부로 위임한다.

19

비용편익분석에 대한 설명 중 옳지 않은 것은?

① 금전적 가치로 평가한다.

② 효과성을 측정할 수 있다.

③ 이종사업이라도 비교가 가능하다.

④ 유형별로 통일된 평가기준이 있다.

20

공공서비스의 공급주체가 시장일 경우 발생할 수 있는 현상으로 옳지 않은 것은?

① 공유재 - 외부불경제로 인한 시장실패
② 공공재 - 과다공급 또는 과소공급으로 인한 시장실패
③ 요금재 - 자연독점
④ 가치재 - 무임승차

21

「공직자윤리법」에 대한 설명으로 잘못된 것은?

① 재산등록의무자는 4급 이상(고위공무원단 포함) 공무원과 이에 상당하는 공무원이다.
② 재직 중에 안 사실을 퇴직 후에 누설해서는 안 된다.
③ 재산등록의무자이던 공직자 등은 퇴직 전 5년 이내에 담당했던 직무와 관련 있는 기업체에 퇴직일로부터 3년간은 취업할 수 없다.
④ 공직자의 이해와 관련되어 공정한 업무수행이 곤란치 않도록 해야 한다.

22

실적주의에 대한 설명으로 옳지 않은 것은?

① 리더의 정치적 통제가 용이하지 않다.
② 엽관주의와 인간관계론적 요소를 도입하였다.
③ 공무원의 신분이 보장된다.
④ 실적주의는 과학적 관리론의 영향을 받아 인사행정에 소극적이다.

23

다음 중 공모직위제도에 관한 내용으로 옳은 것은?

① 공모직위를 통해 내부에서 채용할 수 있다.
② 고위공무원단 직위 총수의 100분의 20 이내에서 임용한다.
③ 일반직 - 특정직 - 별정직을 대상으로 한다.
④ 임용기간은 5년 범위 안에서 소속장관이 정하되, 최소 2년 이상으로 한다.

24

다음 중 (가)~(다)에 들어갈 내용을 바르게 연결한 것은?

구분	계급제	직위분류제
인사행정의 형평성	(가)	(나)
관리자의 리더십	(다)	(라)

	(가)	(나)	(다)	(라)
①	낮음	낮음	높음	높음
②	낮음	높음	높음	낮음
③	높음	낮음	높음	낮음
④	높음	높음	낮음	낮음

25

「국가공무원법」상 징계의 종류가 아닌 것은?

① 강등
② 해임
③ 직권면직
④ 감봉

※ 복원된 문제이므로 실제 시험과 차이가 있을 수 있습니다.

07 2016. 7. 2. 군무원 기출문제

01

경합성과 배제성의 특징을 모두 가지고 있는 재화는?

① 시장재
② 요금재
③ 공공재
④ 공유재

02

다음 중 가외성에 대한 설명으로 틀린 것은?

① 가외성은 효율성을 높인다.
② 가외성은 불확실성에 대한 적응성을 증진한다.
③ 불확실한 상황하에서 행정의 신뢰성을 제고시킨다.
④ 동일한 기능이 여러 기관에서 혼합적으로 수행되는 상태를 말한다.

03

다음 중 사회 자본의 특징에 대한 설명으로 옳지 않은 것은?

① 사회 자본은 지속적인 교환과정을 거쳐서 유지되고 재생산된다.
② 사회 자본의 교환관계는 동등한 가치의 등가교환이다.
③ 사회 자본은 사회적 관계에서 거래비용을 감소시켜 주는 기능을 수행한다.
④ 사회 자본은 국가 간의 이동성과 대체성이 낮다.

04

다음 중 후기 행태주의의 특징에 대한 설명으로 옳은 것은?

① 집단의 고유한 특성을 인정하지 않는 방법론적 개체주의의 입장을 취한다.
② 민주적 가치규범에 입각하여 가치평가적인 정책연구를 지향하였다.
③ 개념의 조작적 정의를 통해 객관적인 측정방법을 사용하며 자료를 계량적 방법에 의해 분석한다.
④ 객관적인 현상만을 연구대상으로 삼기 때문에 개인적인 경험은 의식적으로 제외된다.

05

신공공관리론에 대한 설명으로 틀린 것은?

① 신공공관리론에서는 행정의 효율성과 전문성을 강조한다.
② 신공공관리론은 개인의 이익보다 집단의 이익을 중시하여 도덕적 해이, 역선택의 문제를 발생시킬 수 있다.
③ 공유지의 비극은 공공재의 과도한 사용으로 인하여 사회 전체적으로 비효율적인 결과가 초래되는 현상을 말한다.
④ 신공공관리론은 개인의 이익을 우선으로 하기 때문에 민간기업 등과의 계약에 따라 민간기업이 행정서비스를 제공하는 것이 능률적이다.

06

법규 중심보다는 서비스, 서비스보다는 시민이 중심이 되는 것으로 공공기관보다 시민을 더 중시하는 것은?

① 신행정론
② 신공공관리론
③ 공공선택이론
④ 뉴거버넌스론

07

정책네트워크의 특징에 대한 설명으로 틀린 것은?

① 정책네트워크는 제도적인 구조보다 개별구조를 고려하였다.

② 다원주의, 엘리트주의, 조합주의에 대한 대안으로 등장하였다.

③ 다양한 참여자와 비참여자를 구분하는 경계가 있다.

④ 내부·외부 요인에 의해 정책문제별로 형성되고 변동된다.

08

다음 중 정책의제설정에 관한 설명으로 틀린 것은?

① 체제이론은 정치체제 내부의 능력상 한계보다는 외부환경으로부터 발생한 요구의 다양성이 사회문제가 정책의제화되는 데 더 많은 영향을 미친다고 본다.

② 미국과 같은 다원주의 사회에서는 강한 이익집단의 영향으로 무의사결정이 나타날 가능성이 크다.

③ 엘리트론자들은 엘리트들이 정책과정의 전 과정을 압도할 뿐 아니라, 특히 정책의제의 채택과정에서 그들의 권력을 행사한다고 주장한다.

④ 다원주의에서는 어떠한 사회문제든지 모두 정치체제 내로 진입할 수 있다고 주장한다.

09

정책의제설정모형에 대한 설명으로 틀린 것은?

① 동원형은 이익집단과 국가가 주도하여 정책의제를 채택하는 경우이다.

② 굳히기형은 대중의 지지가 높은 정책문제에 대하여 정부가 그 과정을 주도하여 해결을 시도한다.

③ 내부접근형은 동원형에 비해 낮은 지위의 고위관료가 주도한다.

④ 외부주도형은 정책의제를 강요된 문제로 여긴다.

10

정책결정의 모형에 대한 설명으로 틀린 것은?

① 합리모형은 정치적 합리성은 고려하지 않으며 경제적 합리성만을 추구한다.

② 만족모형은 정책결정의 합리성을 제약하는 요인들을 고려할 때 한정된 대안의 비교분석을 통해 최선을 모색하는 선에서 만족하는 것이 합리적이다.

③ 점증모형은 보수적 성격으로 인해 환경변화에 대한 적응력이 약하다.

④ 최적모형은 정책결정의 지침을 결정하는 데는 합리성을 중시하며, 체제주의는 배제한다.

11

다음 중 조직에 관한 설명으로 틀린 것은?

① 매트릭스 조직은 조직환경이 복잡해지면서, 기능부서의 기술적 전문성이 요구되는 동시에 사업부서의 신속한 대응성의 필요가 증대되면서 등장한 조직의 형태이다.

② 삼엽조직(shamrock organization)은 소규모 전문직 근로자들, 계약직 근로자들, 신축적인 근로자들로 구성된 조직의 형태이다.

③ 네트워크 조직은 조직의 자체 기능은 핵심역량위주로 하고 여타 기능은 외부계약관계를 통해서 수행한다.

④ 학습조직은 공동의 과업, 소수의 규정과 절차, 비공식적이고 분권적인 의사결정을 특징으로 하는 기능분립적 구조이다.

12

다음 중 현재(2022년 4월) 대통령 소속기관으로 옳은 것은?

① 방송통신위원회

② 국민권익위원회

③ 금융위원회

④ 공정거래위원회

13

UN에서 본 전자 거버넌스로서의 전자적 참여의 형태가 진화 – 발전한 순서로 옳은 것은?

① 전자결정 – 전자자문 – 전자정보화
② 전자정보화 – 전자자문 – 전자결정
③ 전자자문 – 전자결정 – 전자정보화
④ 전자자문 – 전자정보화 – 전자결정

14

다음 중 공무원에 관한 설명으로 옳지 않은 것은?

① 일반직은 실적에 따라 임용되며 경력직 공무원이다.
② 별정직은 특정한 업무를 담당하기 위하여 별도의 자격 기준에 의하여 임용되는 공무원으로서 법령에서 별정직으로 지정하는 공무원을 말한다.
③ 정무직은 국민의 입장에서 정치적 판단 등이 필요하므로 개방형 임용을 통해 취임한다.
④ 특정직은 각 개별 법률에 의해 별도의 계급체계를 유지하고 있다.

15

다음 중 개방형 직위에 대한 설명으로 틀린 것은?

① 행정의 전문성과 효율적인 정책수립을 위해 공직 내·외부에서 인재를 공개적으로 선발하는 제도이다.
② 개방형 직위는 행정에 대한 민주적 통제가 어렵다.
③ 개방형 직위는 임용기회의 형평성을 제고한다.
④ 생산성과 능률성 저하를 야기한다는 비판이 있다.

16

예산결정문화론에서 선진국처럼 국가의 경제력이 크고, 예측가능성이 높은 경우에 해당하는 예산의 형태는?

① 점증예산
② 반복예산
③ 양입예산
④ 보충예산

17

예산심의에 대한 설명으로 틀린 것은?

① 헌법상 정부는 회계연도마다 예산안을 편성하여 회계연도 개시 90일 전까지 제출하고, 국회는 회계연도 개시 30일 전까지 이를 의결하여야 한다.
② 한 회계연도를 넘어 계속하여 지출할 필요가 있을 때에는 정부는 연한을 정하여 계속비로서 국회의 의결을 얻어야 한다.
③ 예산심의절차는 상임위원회의 예비심사 – 예산결산특별위원회의 종합심사의 2단계로 이루어진다.
④ 예비비는 총액으로 국회의 의결을 얻어야 하고, 예비비의 지출은 차기국회의 승인을 얻어야 한다.

18

다음 중 전통적 예산원칙의 내용으로 틀린 것은?

① 이용 : 한정성의 원칙에 대한 예외
② 추가경정예산 : 통일성의 원칙에 대한 예외
③ 전용 : 사전의결의 원칙에 대한 예외
④ 기금 : 완전성의 원칙에 대한 예외

19

다음 중 스웨덴식 옴부즈만제도에 대한 설명으로 틀린 것은?

① 옴부즈만은 내부통제이다.
② 법원의 경우와는 달리 신속히 처리되며 비용이 저렴하다.
③ 직무수행에 있어서 독립성이 보장된다.
④ 시민의 권리구제 신청이 없어도 직권조사 권한을 가진다.

20

대표관료제에 대한 설명으로 옳지 않은 것은?

① 행정에 대한 비공식 내부통제의 한 방안이다.

② 공직임용에 있어 개인의 능력·자격을 2차적인 기준으로 삼기 때문에 행정의 전문성과 생산성을 저해할 우려가 있다.

③ 대표관료제는 뉴거버넌스를 저해한다.

④ 국민의 다양한 요구에 대한 정부의 대응성을 제고시킨다.

21

지방자치단체장의 권한에 대한 설명으로 틀린 것은?

① 지방자치단체의 장은 지방자치단체를 대표하고, 그 사무를 총괄한다.

② 임시회의 소집요구권을 가진다.

③ 지방의회가 재의결한 내용이 법령에 위반된다고 인정되면 일시정지할 수 있다.

④ 지방자치단체의 장은 소속 직원을 지휘·감독하고 법령과 조례·규칙으로 정하는 바에 따라 그 임면·교육훈련·복무·징계 등에 관한 사항을 처리한다.

22

지방자치법령에서 규정하는 내용으로 틀린 것은?

① 주민은 그 지방자치단체의 장 및 지방의회의원(비례대표 지방의회의원은 제외한다)을 소환할 권리를 가진다.

② 다른 기관에서 감사하였거나 감사 중인 사항은 주민의 감사청구의 대상에 포함한다.

③ 행정처분인 해당 행위의 취소 또는 변경을 요구하거나 그 행위의 효력 유무 또는 존재여부의 확인을 요구하는 소송은 주민이 제기할 수 있다.

④ 지방자치단체의 장은 주민에게 과도한 부담을 주거나 중대한 영향을 미치는 지방자치단체의 주요 결정사항 등에 대하여 주민투표에 부칠 수 있다.

23

지방자치법령에 대한 설명으로 가장 옳지 않은 것은?

① 지방자치단체가 조례를 제정할 때 상위 법령에서 아니 된다고 규정해 놓은 것은 조례로 제정할 수 없다.

② 지방자지단체의 장이 대통령령의 범위를 넘는 행정기구의 설치 시에는 대통령의 확인을 받아야 한다.

③ 지방자치단체가 갖는 권한으로 자치입법권이 있지만 제약이 많다.

④ 지방자치단체는 지방세의 세목(稅目), 과세대상, 과세표준, 세율, 그 밖에 부과·징수에 필요한 사항을 정할 때에는 「지방세기본법」 또는 지방세관계법에서 정하는 범위에서 조례로 정하여야 한다.

24

지방자치단체의 갈등해결에 대한 설명으로 가장 옳은 것은?

① 지방자치단체 상호 간은 행정협의조정위원회, 국가와 지방자치단체는 분쟁조정위원회에서 다투는 것이 옳다.

② 지방자치단체와 주민의 갈등을 해결하는 방법에는 협의회와 협약, 공청회, 공람 등이 있다.

③ 행정협의조정위원회의 결정은 구속력이 있다.

④ 중앙정부와 지방정부 간의 인사교류의 활성화는 소모적 갈등의 완화에 기여한다.

25

특별지방행정기관에 대한 설명으로 옳지 않은 것은?

① 우리나라에는 특별지방행정기관이 없다.

② 지역주민의 의사를 반영시키는 제도적 연결장치가 결여되어 있다.

③ 현장의 정보를 중앙정부에 전달하거나 중앙정부와 지방자치단체 사이의 매개역할을 수행하기도 한다.

④ 국가업무의 효율적·광역적 추진을 위해 설치되었다.

> ※ 복원된 문제이므로 실제 시험과 차이가 있을 수 있습니다.

1

PART

3

실전 모의고사

01 실전 모의고사

01

행정의 개념에 대한 설명으로 옳지 않은 것은?

① 공식적 권위를 배경으로 수행되는 행정기관에 의한 국정관리이다.
② 행정의 수행은 정치권력을 배경으로 한다.
③ 좁은 의미의 행정은 목표를 달성하기 위한 최적 수단을 선택하는 행동이다.
④ 정부 외의 공·사조직의 네트워크를 강조하는 것은 거버넌스로서의 행정이다.

02

다음 중 사회적 형평성에 대한 설명으로 옳지 않은 것은?

① 1970년대 신행정론에서 강조한 행정가치이다.
② 공직임용에서 장애인들에게 공직임용상 일정한 쿼터제를 적용하는 것은 수직적 형평성을 확보하는 것이다.
③ 장기공채의 운영을 통해 다음 세대에게 조세부담을 부여하는 것은 수직적 형평성에 부합한다.
④ 대표관료제는 수평적 형평에는 기여하나, 수직적 형평을 저해할 우려가 크다.

03

체제론적 접근방법에 대한 설명으로 타당한 것은?

① 정태성과 현상유지적 성격을 띠고 있어 목적성을 띤 변화나 발전을 잘 설명하지 못한다.
② 발전도상국의 행정현상을 연구하는 데는 적합하지만, 선진국의 행정현상을 연구하는 데는 곤란하다.
③ 거시적 접근방법으로 체제의 전체적인 국면뿐만 아니라 구체적인 운영이나 행태적 측면까지 분석한다.
④ 행정현상에서 중요한 권력, 의사전달, 정책결정 등의 문제를 다루는 데 적합하다.

04

신공공관리론과 뉴거버넌스론에 대한 설명으로 타당한 것은?

① 신공공관리론은 행정국가와 관련되고, 뉴거버넌스론은 신행정국가와 관련된다.
② 신공공관리론은 노젓기를 강조하고, 뉴거버넌스론은 방향잡기를 강조한다.
③ 신공공관리론은 민영화를 강조하고, 뉴거버넌스는 공동공급을 강조한다.
④ 신공공관리론은 국민을 주인으로 보고, 뉴거버넌스는 국민을 고객으로 본다.

05

국내 정책의 유형과 정책집단의 관계에 대한 리플리와 프랭클린(Ripley and Franklin)의 설명으로 틀린 것은?

① 분배정책과 재분배정책은 정책결정구조가 안정성을 띤다.
② 보호적 규제정책이나 재분배정책의 경우에 있어서는 반발이 심하다.
③ 재분배정책은 집행을 둘러싼 논란이 있어서 이데올로기의 강도는 낮다.
④ 분배정책의 경우에는 정부활동의 감축을 원하는 압력이 작다.

06

최적모형의 특징으로 볼 수 있는 것은?

① 양적인 동시에 질적인 모형이다.
② 합리성은 배제하고 직관적 판단을 강조한다.
③ 정치적 합리성 추구가 기본원리이다.
④ 경험적·실증적 모형에 해당한다.

07

현행 정부업무평가제도에 대한 설명으로 옳지 않은 것은?

① 국무총리는 성과관리전략계획에 기초하여 당해 연도의 성과목표를 달성하기 위한 연도별 시행계획을 수립·시행하여야 한다.

② 정부업무평가의 대상기관은 중앙행정기관, 지방자치단체, 중앙행정기관 또는 지방자치단체의 소속기관, 공공기관이 있다.

③ 특정평가는 국무총리가 중앙행정기관을 대상으로 국정을 통합적으로 관리하기 위하여 필요한 정책 등을 평가하는 것을 말한다.

④ 중앙행정기관의 장은 성과관리전략계획에 당해 기관의 임무·전략목표 등을 포함하여야 하고 최소한 3년마다 그 계획의 타당성을 검토하여 수정·보완 등의 조치를 하여야 한다.

08

기능(functional)구조와 사업(project)구조의 통합을 시도하는 조직 형태는?

① 수평조직
② 위원회 조직
③ 매트릭스 조직
④ 네트워크 조직

09

주인-대리인이론에 관한 설명으로 틀린 것은?

① 주인과 대리인 사이의 대리손실의 최소화가 중요하다고 본다.

② 개인은 합리적이며 자기이익을 추구하는 존재로 본다.

③ 도덕적 해이는 대리손실의 한 형태이다.

④ 대리손실이 발생하는 원인은 대칭적 정보에서 비롯된다.

10

다음은 효과적인 권력행사를 위한 지침이다. 어떤 유형의 권력에 가장 부합되는 것인가?

- 자신감 있고 명확한 지시, 부하 관심사에 대처
- 적절한 명령계통 확보
- 규칙적 권력행사, 복종을 강조

① 합법적 권력
② 준거적 권력
③ 보상적 권력
④ 전문가적 권력

11

실적주의의 문제점으로 옳지 않은 것은?

① 공무원의 직업안정성 유지에 상대적으로 불리한 제도이다.

② 일부 계층 또는 집단에 대하여 불리한 제도로 작용하여 형평성을 저해할 우려가 있다.

③ 객관적·과학적 측정방법을 강조하지만 실제로 공직후보자의 능력을 정확하게 측정하는 데는 한계가 있다.

④ 인사기능의 집권화로 실질적 행정수요에 부응하는 인사가 이루어지기 어렵다.

12

공무원 모집제도에 관한 설명으로 옳지 않은 것은?

① 모집은 공직을 희망하는 자에게 공직정보를 제공하는 과정을 말한다.

② 우리나라의 소극적 자격요건으로는 연령 외에는 제한이 없다.

③ 영국, 프랑스, 독일 등은 학력도 소극적인 자격요건으로 하고 있다.

④ 우리나라에서는 8~9급에 응시하려면 18세 이상이어야 한다.

13

우리나라 공무원 연금제도에 관한 설명 중 옳지 않은 것은?

① 퇴직수당의 자금에 소요되는 비용은 정부가 그 전액을 부담한다.
② 정부와 공무원의 공동기여에 의해 기금을 조성한다.
③ 퇴직연금제도뿐만 아니라 재직 중의 후생복지제도를 포함한다.
④ 공무원연금법에 따라 공무원연금기금특별회계를 설치하여 연금집행업무를 수행하고 있다.

14

다음 예산의 원칙과 그 예외가 잘못 연결된 것은?

① 사전의결의 원칙 – 가예산, 준예산, 사고이월
② 한정성의 원칙 – 이용, 전용, 예비비, 이월, 계속비
③ 통일성의 원칙 – 목적세, 특별회계, 기금
④ 완전성의 원칙 – 현물출자, 외국차관전대, 기금

15

국고채무부담행위에 대한 설명 중 바르지 않은 것은?

① 국가재정법상 예산의 구성요소 중 하나이다.
② 국고채무부담행위를 하기 위해서는 입법부의 사후 승인을 얻어야 한다.
③ 법률에 의해 부담하게 되는 채무는 제외된다.
④ 그 채무이행의 책임은 다음 회계연도 이후에 있는 것이 원칙이다.

16

자본예산의 장점으로 보기 어려운 것은?

① 경기회복에 도움을 준다.
② 건전재정을 뒷받침한다.
③ 정부의 순자산상태를 추정할 수 있다.
④ 일관성 있는 조세정책수립이 가능하다.

17

행정책임에 대한 올바른 설명은?

① 행정국가에서는 기능적 책임보다 객관적 책임이 중요하다.
② 행정책임을 물을 때에는 우선 행동의 동기를 확인할 필요가 있다.
③ 책임을 확보하기 위해서 꼭 권한과 책임의 명확화가 전제되어야 하는 것은 아니다.
④ 행정책임의 구성요소들 사이의 상대적 비중은 시대에 따라 조금씩 달라진다.

18

행정개혁의 특성에 관한 설명으로 옳지 않은 것은?

① 행정개혁은 행정을 인위적·의식적으로 변화시키려는 것이다.
② 행정개혁은 일시적인 현상이라기보다는 계속적인 것이다.
③ 행정개혁에는 저항이 수반된다.
④ 행정개혁은 조직관리 기술적인 차원에서 접근해야 하며 정치적인 속성을 배제해야 한다.

19

다음 중 지방자치단체 상호 간 분쟁조정을 위한 수단이 아닌 것은?

① 자치단체조합 설치
② 헌법재판소의 권한쟁의 심판
③ 국무총리실 행정협의조정위원회 설치
④ 자치단체분쟁조정위원회의 설치

20

국가재정과 지방재정의 차이에 관한 설명으로 가장 옳지 않은 것은?

① 지방재정이 공급하는 재화나 서비스는 순수공공재적 성격이 약하다.
② 지방재정은 자원배분기능을 주로 담당하고 있다.
③ 지방재정은 국가재정에 비해 가격원리가 적용될 수 있는 여지가 많다.
④ 국가재정은 상대적으로 효율성을 더 강조하는 데 비해 지방재정은 공평성을 더 강조한다.

21

공무원 부패의 원인에 대한 접근법 중 거버넌스적 접근법을 설명하고 있는 것은?

① 공무원들의 잘못된 의식구조 등 구조적인 요인이 부패의 원인이다.
② 정부주도의 독점적 통치구조가 부패의 원인이다.
③ 사회의 법과 제도상의 결함에 의해 부패가 발생한다.
④ 문화적 특성, 제도상의 결함, 관료의 도덕적 결함 등 다양한 원인에 의해 부패가 발생한다.

22

나카무라(Nakamura)와 스몰우드(Smallwood)의 정책집행자 유형 중 정치·행정이원론과 관계가 가장 깊은 것은?

① 고전적 기술자형
② 지시적 위임형
③ 관료적 기업가형
④ 재량적 실험가형

23

미국의 규범적 관료제 모형 가운데 이익집단의 요구에 대한 조정을 위해 견제와 균형을 중시하는 모형은?

① 메디슨주의
② 제퍼슨주의
③ 해밀턴주의
④ 잭슨주의

24

시민단체의 예산감시활동과 관련이 없는 것은?

① 황금양털 상(Golden Fleece Award)
② 밑빠진 독 상
③ 빅브라더 상
④ 꿀꿀이 상(Porker of the Month)

25

MBO에 관한 설명으로 적절하지 못한 것은?

① 구성원의 참여가 필요하다.
② 과업성과를 동기화하는 관리제도이다.
③ 소비자 만족을 중요시한다.
④ Y이론의 인간형에 이론적인 기반을 두고 있다.

02 실전 모의고사

01
행정이론에 관한 다음 설명 중 타당한 것은?

① 행정관리설은 정치·행정이원론 입장이다.
② 통치기능설은 공·사행정일원론 입장이다.
③ 행정행태설은 처방성을 강조한다.
④ 발전행정론은 행정의 종속변수성을 강조한다.

02
규제의 유형에 대한 설명으로 옳지 않은 것은?

① 성과규제는 정부가 특정한 사회문제 해결에 대한 목표 달성 수준을 정하고 피규제자에게 이를 달성할 것을 요구하는 것이다.
② 경제규제는 주로 시장의 가격 기능에 개입하고 특정 기업의 시장 진입을 배제하거나 억압하는 방식으로 작동된다.
③ 포지티브 규제는 네거티브 규제보다 피규제자의 자율성을 더 보장한다.
④ 자율규제는 피규제자가 스스로 합의된 규범을 만들고 이를 구성원들에게 적용하는 형태의 규제방식이다.

03
행정학의 보편성과 특수성을 설명한 것 중 옳지 않은 것은?

① 행정학의 일반이론을 구축하려는 학자들의 노력은 행정학의 보편성을 믿기 때문이다.
② 각종 행정문제를 해결하기 위해서 외국의 제도를 고찰하고 도입하는 것은 행정학의 특수성을 믿기 때문이다.
③ 한 국가의 정치체계와 사회환경의 맥락 속에서 파악되어야 한다는 것은 행정학의 특수성을 지적한 것이다.
④ 1950년대 비교행정이 발달하게 된 이유는 특수성과 관련된다.

04
현상학에 입각한 행위이론(action theory)에 대한 기술로 적절하지 않은 것은?

① 일반법칙성을 중시하며 현상의 사실적·경험적 분석방법을 강조한다.
② 연구주제와 대상에 대한 상호주관적(inter subjective)인 이해를 추구한다.
③ 관료제에 대한 위험성을 경고하며 인간중심적, 비물질주의적 접근을 선호한다.
④ 인간의 자율성에 바탕을 둔 능동적 삶의 양태를 증진시키는 데 역점을 둔다.

05
로위(Lowi)의 정책유형 중 '공직자 보수와 공무원 연금에 관한 정책'과 관련된 정책으로 가장 옳은 것은?

① 구성정책
② 배분정책
③ 규제정책
④ 재분배정책

06
정책의제의 형성 또는 설정에 대한 설명 중 옳지 않은 것은?

① 사회적 이슈(social issue)란 문제의 성격이나 해결방법에 대해 집단 간 의견일치가 어려워 논쟁의 대상이 되는 사회문제를 말한다.
② Cobb와 Elder의 체제의제(systemic agenda)는 Eyestone이 말하는 공중의제(public agenda)에 해당한다.
③ 공중의제(public agenda)는 일반대중의 주목을 받을 가치는 있으나, 아직 정부가 문제해결을 하는 것이 정당한 것으로 인정되지 않는 상태를 말한다.
④ 공식의제(official agenda)는 여러 가지 공공의제들 중에서 정부가 그 해결을 위하여 심각하게 관심과 행동을 집중하는 정부의제로 선별되는 상태를 말한다.

07

다음 정책대안의 평가기법에 대한 설명으로 틀린 것은?

① 편익비용비(B/C Ratio)가 1보다 클 때 그 사업은 추진할 가치가 있다.

② 순현재가치(NPV)가 0보다 클 때 그 사업은 추진할 가치가 있다.

③ 분야가 다른 정책이나 프로그램은 비교할 수 있다.

④ 내부수익률법이 현재가치법보다 오류가 적다.

08

다음 중 목표의 승계에 대한 설명으로 틀린 것은?

① 과두제의 철칙(Michels)과 관련된다.

② 조직의 동태적 항구성의 원인이 된다.

③ 목표달성 후 새로운 목표를 설정하는 것이다.

④ 목표달성이 불가능할 때 새로운 목표를 설정하는 것이다.

09

공공기관에 관한 다음 설명 중 옳지 않은 것은?

① 시장형 공기업과 자산규모가 2조 원 이상인 준시장형 공기업의 이사회 의장은 선임비상임이사가 된다.

② 선임비상임이사는 비상임이사 중에서 호선한다.

③ 공기업의 장은 주무기관의 장의 제청으로 대통령이 임명한다.

④ 준정부기관의 장은 임원추천위원회가 복수로 추천하여 기획재정부장관이 임명한다.

10

행정정보화가 서비스에 미칠 영향으로 보기 어려운 것은?

① 업무처리가 신속해지고 정확성도 높아진다.

② 원스톱서비스에 의하여 창구서비스의 종합화와 일원화가 가능하다.

③ 전자적 행정공개에 의한 정책과정의 투명성 확보로 부패근절에 기여한다.

④ 서식과 서비스가 간소화되고 표준화된다.

11

대표관료제에 대한 설명 중 적합하지 않은 것은?

① 사회의 인적·계층적 특성을 반영하여 정부관료제를 구성하는 제도이다.

② 행정의 대응성을 높일 수 있는 제도이다.

③ 관료들이 그 출신집단 이익을 초월하여 객관적으로 행정을 할 것을 가정한다.

④ 이 제도를 통해 정부정책의 형평성을 유도할 수 있을 것으로 기대한다.

12

계급제와 직위분류제의 특징에 관한 설명 중 옳지 않은 것은?

① 직위분류제는 직업공무원제 확립에 기여한다.

② 직위분류제는 보수와 업무 부담의 형평성을 확보하기 쉽다.

③ 계급제는 융통성 있는 인사배치를 할 수 있다.

④ 직위분류제는 인사행정의 합리화를 기할 수 있다.

13

공무원단체에 관한 설명으로 잘못된 것은?

① 실적주의의 강화에 기여할 수 있다.

② 집단적 의사표시를 하는 데 효과적이다.

③ 행정과정의 민주화에 기여한다.

④ 관리자의 인사권을 대폭적으로 제한한다.

14

「국가공무원법」에 대한 설명으로 옳지 않은 것은?

① 국가공무원법상 징계의 종류에는 견책, 감봉, 정직, 강등, 해임, 파면이 있다.

② 해임된 공무원은 3년 동안 공무원으로 임용될 수 없다.

③ 정직은 1개월 이상 3개월 이하의 기간으로 하고, 그 기간 동안 보수의 2/3를 감한다.

④ 강등은 1계급 아래로 직급을 내리고, 공무원신분은 보유하나 3개월간 직무에 종사하지 못한다.

15

예산의 행정적 기능과 관련이 있는 것은?

① 시장경제를 통해서 생산되지 않는 재화나 용역을 공급하기 위하여 자원을 할당하는 기능이다.

② 각 부처의 모든 사업계획과 행정활동에 대한 중앙예산기관의 사정(査定)기능이다.

③ 불경기로 실업이 증가할 때 실업률을 감소시키기 위해 총지출을 증가시키는 기능이다.

④ 시장경제에서 결정된 분배상태가 바람직하지 못할 때 이를 시정하는 기능이다.

16

우리나라 감사원에 대한 설명으로 옳지 않은 것은?

① 헌법기관이다.

② 직무상 독립기관이다.

③ 국무총리 직속기관이다.

④ 결산확인을 한다.

17

다음 중 성과주의 예산(PBS)과 계획예산(PPBS)에 관한 설명으로 틀린 것은?

① 성과주의 예산은 투입과 산출에 관한 정보를 제공해주는 반면, 계획예산은 장기적인 목표와 사업에 대한 정보를 제공해 준다.

② 성과주의 예산은 관리지향이지만, 계획예산은 계획지향적이다.

③ 성과주의 예산은 계획이 각 기관에 분산되나, 계획예산은 중앙에 집중된다.

④ 성과주의 예산은 결정의 흐름이 하향적이나, 계획예산은 상향적이다.

18

행정통제의 유형과 사례를 연결한 것으로 옳지 않은 것은?

① 외부·공식적 통제 – 국회의 국정감사

② 내부·비공식적 통제 – 교차기능조직

③ 외부·비공식적 통제 – 시민단체

④ 내부·공식적 통제 – 감사원의 직무감찰

19

다음 중 신중앙집권화의 촉진요인이 아닌 것은?

① 교통·통신의 발달

② 국민적 최저수준의 유지

③ 지방재정의 취약

④ 지역 이기주의의 팽배

20

다음 중 우리나라 지방자치단체의 종류에 대하여 잘못 기술하고 있는 것은?

① 광역시는 자치구와 군을 둘 수 있고, 특별시에는 자치구만을 둔다.
② 세종특별자치시는 기초자치단체에 해당한다.
③ 제주시는 자치단체가 아니다.
④ 인구 50만 이상의 시는 자치구가 아닌 구를 둔다.

21

그라이너(Greiner)의 조직성장이론에 대한 설명으로 옳지 않은 것은?

① 제1단계의 창조의 단계에서는 조직위기를 극복하기 위해 공식적 조직설계가 필요하다.
② 제2단계는 조직성장동력을 담당부서의 전문성 발휘에 둔다.
③ 제3단계는 위임의 단계로서 문서주의의 위기에 직면하게 된다.
④ 제4단계는 분권적 경영위기를 극복하기 위해 효과적 조정기제를 바탕으로 조직의 성장을 추구한다.

22

베버(Max Weber)가 말하는 관료제의 이념형(Ideal Type)에 대한 설명으로 가장 옳은 것은?

① 계층제에서 근무하는 관료는 국민에게 책임을 져야 한다.
② 법적·합리적 권위에 근거한 조직구조이다.
③ 권한은 직위가 아니라 사람에게 부여되는 것이다.
④ 문서화된 법규집보다 전문직업적 판단을 강조한다.

23

행정문화에 관한 설명 중 틀린 것은?

① 온정주의는 따뜻한 공동체적 조직 분위기를 조성하여 행정의 공평성과 합리성을 저해한다.
② 상대주의는 인간관계를 불평등한 수직적 관점에서 보는 의식구조를 지칭한다.
③ 연고주의는 혈연, 지연, 학연 등 배타적이면서 특수한 관계를 강조한다.
④ 형식주의는 겉과 속이 다른 행태의 이원화구조를 조장한다.

24

동기이론에 대한 설명으로 옳지 않은 것은?

① 매슬로우(A. H. Maslow)의 욕구계층론에 대하여는 각 욕구단계가 명확히 구분되지 않는다는 비판이 있다.
② 앨더퍼(C. P. Alderfer)는 ERG이론에서 두 가지 이상의 욕구가 동시에 작용되기도 한다고 주장한다.
③ 허즈버그(Herzberg)의 욕구충족요인이원론은 불만요인과 만족요인은 별개라고 본다.
④ 맥클리랜드(D. McClelland)의 성취동기이론은 개인의 욕구를 성취욕구, 친교욕구, 권력욕구로 분류하고 권력욕구가 높을수록 생산성이 높아진다고 주장한다.

25

훈련의 참가자들이 그들의 태도와 행동을 성찰하고 자신의 행동이 타인에게 미치는 영향을 검토함으로써 개인의 태도와 행동의 변화를 유도하는 개인적 차원의 조직발전기법은?

① 관리망훈련
② 대면회합
③ 팀 빌딩기법
④ 감수성 훈련

03 실전 모의고사

01

공공서비스의 유형(E. S. Savas)과 특성에 대한 설명이 옳지 않은 것은?

① 무임승차의 문제는 요금재(toll goods)에서 가장 크게 나타난다.

② 경합성은 있지만 배제가 가능하다면 사적재(private goods)에 해당한다.

③ 배제성은 없지만 경합성이 있다면 그 재화나 서비스는 공유재(common-pool goods)이다.

④ 가치재(worthy goods)는 정부가 소비를 권장하거나, 소비의 금지를 권장하는 재화로 온정적 간섭주의와 관련된 재화이다.

02

행정과 경영에 대한 다음의 설명 중 옳지 않은 것은?

① 행정과 경영은 모두 본질적으로 정치로부터 분리된다.

② 행정과 경영은 모두 관료제적 성격을 가지고 있다.

③ 행정은 엄격한 법적 규제를 받지만, 경영은 행정과 같은 직접적인 법적 규제는 받지 않는다.

④ 행정은 공익을 추구하지만, 경영은 이윤극대화를 추구한다.

03

다음 중 공공선택이론에 대한 설명이 틀린 것은?

① 정부를 공공재의 생산자, 시민을 소비자로 규정한다.

② 방법론적 개체주의를 특징으로 한다.

③ 개인을 합리적인 이기주의자로 가정한다.

④ 시장적 의사결정에 관한 정치학적 연구이다.

04

신제도주의에 대한 다음 설명 중 가장 타당하지 않은 것은?

① 정부활동의 결과는 활동에 참여하는 사람들의 교호작용의 유형에 따라 달라진다고 본다.

② 합리적 선택 신제도주의는 연역적 설명방식을 취한다.

③ 지속성·경로의존성·의도하지 않은 결과는 역사적 신제도주의와 관련된다.

④ 동형화는 역사적 신제도주의와 관련된다.

05

정책네트워크의 유형 중 하위정부(sub-government)모형에 대한 설명으로 옳지 않은 것은?

① 상대적으로 자율성과 안정성이 높다.

② 폐쇄적 관계를 강조하고 다른 이익집단의 참여를 배제한다.

③ 행정수반의 관심이 약하거나 영향력이 적은 재분배정책 분야에서 주로 형성된다.

④ 헤클로(Heclo)는 이익집단이 늘어나고 다원화됨에 따라 적용의 한계가 있다고 지적한다.

06

점증주의의 이점으로 보기 어려운 것은?

① 타협의 과정을 통해 이해관계의 갈등을 조정하는 데 유리하다.

② 대안의 탐색과 분석에 소요되는 비용을 줄일 수 있다.

③ 예산결정을 간결하게 한다.

④ 합리적·총체적 관점에서 의사결정이 가능하다.

07

살라몬(Salamon)의 '직접성의 정도에 따른 행정(정책)수단분류'에 의할 때 다음 중 직접성이 가장 낮은 행정(정책)수단은?

① 조세지출 ② 정부출자기업
③ 경제적 규제 ④ 정부 소비

08

지식정보사회에서 나타나는 조직 형태로 보기 어려운 것은?

① 네트워크 조직 ② 혼돈정부
③ 기계적 조직 ④ 계약정부

09

조직부서 간 교류와 의사소통을 위한 수평적 조정장치로 보기 어려운 것은?

① 계층제 ② 정보시스템
③ 임시작업단 ④ 프로젝트 팀

10

변혁적 리더십의 핵심가치에 관한 설명으로 옳지 않은 것은?

① 리더는 부하로부터 존경심을 이끌어 내는 카리스마를 가져야 한다.
② 부하가 미래지향적 비전을 가지고 목표달성에 몰입하도록 영감을 제시한다.
③ 부하의 성과에 따라 보상을 제공하는 교환관계를 동기부여의 핵심기제로 강조한다.
④ 부하가 기존관행을 넘어 혁신적 아이디어를 가질 수 있도록 자극한다.

11

현행 「전자정부법」상 행정기관이 전자정부의 구현·운영 및 발전을 추진할 때 우선적으로 고려해야 하는 사항으로 옳지 않은 것은?

① 대민서비스의 전자화 및 국민편익의 증진
② 행정업무의 혁신 및 효율성의 향상
③ 정보시스템의 안전성·신뢰성의 확보
④ 행정정보의 보호 및 공동이용의 확대

12

직위분류제의 올바른 수립절차는?

① 직무조사 - 직무분석 - 직무평가 - 직급명세서 작성 - 정급
② 직무조사 - 직무평가 - 직무분석 - 직급명세서 작성 - 정급
③ 직무분석 - 직무조사 - 직무평가 - 정급 - 직급명세서 작성
④ 직무분석 - 직무조사 - 직무평가 - 직급명세서 작성 - 정급

13

만족도를 제고하고 조직 목표의 헌신과 생산성 협상을 가져오기 위해 적절한 보상과 작업환경, 그리고 근무조건 등을 강조한 접근방법은?

① 자율관리팀 ② 직무개선
③ 품질관리서클 ④ 선택적 복지제도

14

다음에서 설명하는 근무성적평정방법은 무엇인가?

- 공무원을 평가하는 데 적절하다고 판단되는 표준행동 목록을 미리 작성해 두고 이 목록에 단순히 가부를 표시 하게 하는 방법이다.
- 평정자는 평정 질문항목마다 가부 또는 유무의 표시를 할 뿐 항목마다 피평정자의 특성을 평가하여 가중치를 부여하거나 등급을 정하지 않는다.

① 체크리스트 평정법
② 도표식평정척도법
③ 행태기준평정척도법
④ 행태관찰척도법

15

다음 중 입법부 우위의 예산원칙에 속하지 않는 것은?

① 예산 공개의 원칙
② 예산 명료성의 원칙
③ 예산 통일의 원칙
④ 예산 기구 상호성의 원칙

16

예산의 신축성 유지방법 중 '정부조직개편'과 가장 관련이 있는 것은?

① 전용(轉用)
② 이용(利用)
③ 이체(移替)
④ 이월(移越)

17

영기준예산제도의 특징으로 보기 어려운 것은?

① 기존의 프로그램을 계속해서 평가한다.
② 목표의 효율적인 성취에 역점을 둔다.
③ 정책결정이 상향적이다.
④ 어떠한 목적을 세울 것인가에 최대의 관심을 기울인다.

18

행정통제의 과정을 순서대로 바르게 나열한 것은?

㉠ 실제 행정과정에 대한 정보의 수집
㉡ 목표와 계획에 따른 통제기준의 확인
㉢ 통제주체의 시정조치
㉣ 과정평가, 효과평가 등의 실시

① ㉠ ⇨ ㉡ ⇨ ㉣ ⇨ ㉢
② ㉡ ⇨ ㉠ ⇨ ㉣ ⇨ ㉢
③ ㉡ ⇨ ㉢ ⇨ ㉠ ⇨ ㉣
④ ㉢ ⇨ ㉡ ⇨ ㉠ ⇨ ㉣

19

다음 중 중앙집권과 지방분권의 측정지표로 보기 어려운 것은?

① 특별지방행정기관의 수
② 재정권의 편중 정도
③ 국가공무원과 지방공무원의 수
④ 중앙선거와 지방선거의 정당관여의 정도

20

다음 중 지방의회의 의결사항이 아닌 것은?

① 예산의 심의·확정
② 기금의 설치·운영
③ 규칙제정권
④ 외국 지방자치단체와의 교류협력

21

정책결정과정에서 공식적 참여자로 옳지 않은 것은?

① 정당   ② 국회
③ 대통령과 비서실   ④ 법원

22

인사제도에 대한 설명으로 옳지 않은 것은?

① 직업공무원제는 행정의 전문화 요구에 부응한다.
② 대표관료제는 관료들이 출신집단의 가치와 이익을 대변하리라는 기대에 기반을 둔다.
③ 엽관주의는 국민의 요구에 대한 대응성 향상에 도움이 되는 제도이다.
④ 실적주의는 개인의 능력이나 자격, 적성에 기초한 실적을 임용기준으로 삼는다.

23

다음 중 「정부조직법」에 근거하여 설치된 기관이 아닌 것은?

① 인사혁신처
② 국세청
③ 행정중심복합도시건설청
④ 경찰청

24

거시조직이론에 대한 다음 설명 중 옳지 않은 것은?

① 상황이론은 유일한 최선의 대안이 존재한다는 것을 부정한다.
② 자원의존이론은 조직이 외부자원에 의존적이라고 보는 점에서 환경결정론에 해당한다.
③ 조직군생태학이론은 관리자를 주어진 환경에 무기력한 존재로 본다.
④ 공동체생태학이론은 관리자의 상호작용적 역할을 강조한다.

25

전통적인 관료제 정부와 기업가적 정부에 대한 설명으로 옳은 것은?

① 행정의 가치적 측면에서 기업가적 정부는 형평성과 민주성을 추구한다.
② 행정관리 기제에 있어서 기업가적 정부는 임무 중심 관리를 추구한다.
③ 행정가치에 있어서 전통적인 관료제 정부는 경제성과 효율성을 중시한다.
④ 공공서비스를 제공함에 있어서 전통적인 관료제 정부는 민영화 방식의 도입을 추진한다.

04 실전 모의고사

01

행정학의 이론과 그 특징이 바르게 연결된 것은?

① 행정행태론 - Simon, 정치·행정일원론, 민주성 강조
② 행정관리론 - Urwick, 정치·행정일원론, 능률성 강조
③ 신행정론 - Frederickson, 정치·행정일원론, 형평성 강조
④ 신공공관리론 - Osborne, 정치·행정일원론, 효율성 강조

02

진보주의 정부에서 선호하는 정책과 거리가 먼 것은?

① 낙태금지
② 소득재분배 강조
③ 공립학교에서의 종교교육 반대
④ 정부규제 강화

03

다음 중 시장실패를 야기하는 원인과 그에 대한 정부의 대응으로 옳은 것은?

① 공공재의 존재 - 공적유도
② 정보의 비대칭성 - 정부규제
③ 자연독점 - 규제완화
④ 불완전경쟁 - 공적유도

04

신행정학의 특징으로 가장 옳지 않은 것은?

① 왈도(Waldo)가 주도한 1968년 미노브룩(Minnowbrook) 회의를 계기로 태동하였다.
② 정치·행정일원론보다는 정치·행정이원론에 가까운 입장이다.
③ 행정의 고객지향성을 강조한다.
④ 분권화와 참여를 강조한다.

05

다음 정책환경의 상황에 적용할 수 있는 모형으로 옳은 것은?

- 참여자들 간의 제로섬 게임의 형태가 나타나고 있다.
- 참여자들 간의 자원과 접근의 불균형이 발생하며 권력에서도 불평등을 초래하고 있다.
- 참여자들의 진입 및 퇴장이 비교적 자유롭게 이루어지며 참여자 수가 매우 광범위하게 늘어나고 있다.

① 조합주의
② 정책공동체
③ 하위정부모형
④ 이슈네트워크

06

무의사결정(Non-decision Making)에 관한 다음 설명 중 타당하지 않은 것은?

① 무의사결정론은 고전적 다원론을 비판하며 등장한 이론으로 신다원주의론이라 불린다.
② 정책결정자의 지배적 가치에 대한 도전을 억압하고자 할 때 발생한다.
③ 정책대안의 범위·내용을 한정시켜 상징에 그치는 대안을 채택하기도 한다.
④ 정치권력은 두 가지의 얼굴을 지닌다는 주장과 관련된다.

07

쓰레기통모형(Garbage Can Model)에 대한 설명으로 옳지 않은 것은?

① 킹던(Kingdon)의 '정책의 창모형'과 유사하다.
② 문제의 흐름, 해결책의 흐름, 선택기회의 흐름, 정보의 흐름이 모이면 정책결정이 된다.
③ 복잡하고 무질서한 혼돈 상태에서 이루어진다.
④ 의사결정에 필요한 요소는 독자적으로 흘러다닌다.

08

기계적 구조의 특징에 해당하지 않은 것은?

① 명확히 규정된 업무
② 높은 공식화
③ 높은 환경적응력
④ 좁은 직무범위

09

신고전적 조직이론에 대한 설명으로 옳지 않은 것은?

① 메이요(Mayo) 등에 의한 호손(Hawthorne)공장 실험에서 시작되었다.
② 공식조직에 있는 자생적, 비공식적 집단을 인정하고 수용한다.
③ 인간의 사회적 욕구와 사회적 동기유발 요인에 초점을 맞춘다.
④ 대표적인 학자로는 귤릭(Gulick), 어윅(Urwick), 페이욜(Fayol) 등이 있다.

10

매슬로(Maslow)의 욕구단계이론에 대한 설명으로 옳은 것은?

① 가장 낮은 안전의 욕구부터 시작하여 다섯 가지의 위계적 욕구단계가 존재한다.
② 안전의 욕구와 사회적 욕구는 앨더퍼(Alderfer)의 ERG 이론의 첫 번째 욕구단계인 존재욕구에 해당한다.
③ 어느 한 단계의 욕구가 완전히 충족되어야만 다음 단계의 욕구를 추구하게 되는 것은 아니다.
④ 사회적 욕구는 어떤 일을 행함으로써 느끼게 되는 자신감, 성취감 등을 의미한다.

11

다음 중 위원회조직에 대한 설명으로 옳지 않은 것은?

① 의결위원회는 의사결정의 구속력과 집행력을 가진다.
② 자문위원회는 의사결정의 구속력이 없다.
③ 토론과 타협을 통해 운영되기 때문에 상호 협력과 조정이 가능하다.
④ 위원 간 책임이 분산되기 때문에 무책임한 의사결정이 발생할 수 있다.

12

현대 인사행정의 특징으로 볼 수 없는 것은?

① 목표달성을 위한 수단이라는 점에서 민간기업의 인사관리와 유사하다.
② 일반적이고 보편적인 인사행정원리의 탐색을 강조한다.
③ 개방체제적·가치갈등적 성격을 중시한다.
④ 하나의 전문화된 행정영역으로 이해된다.

13

앞으로 사용하려고 입안한 시험을 재직 중에 있는 사람들에게 실시한 다음 그들의 업무실적과 시험성적을 비교하여 그 상관관계를 봄으로써 시험의 타당도를 검증하는 방법은?

① 예측적 타당성 검증
② 예언적 타당성 검증
③ 동시적 타당성 검증
④ 내용적 타당성 검증

14

다음 중 공직자윤리법에서 규정하고 있는 것이 아닌 것은?

① 재산등록 및 공개의무
② 퇴직 공직자의 취업 제한
③ 직무상 비밀엄수의무
④ 선물수수신고의무

15

행정체제 내에서 조직의 임무수행에 필요한 행동규범이 예외적인 것으로 전락되고, 부패가 일상적으로 만연화되어 있는 상황을 지칭하는 부패의 유형은?

① 거래형 부패
② 제도화된 부패
③ 회색 부패
④ 권력형 부패

16

예산(Budget)에 대한 다음 설명 중 틀린 것은?

① 예산을 문건으로 만들어 발간한 책자가 예산서이다.
② 예산은 국가철학의 회계적 표현이다.
③ 예산은 1년 단위로 정부가 편성하고 의회의 심의·의결을 거쳐 확정된다.
④ 한국에서의 예산은 다년도 회계연도 동안의 국가의 세입과 세출에 관한 예정적 계산이다.

17

다음 중 조세지출예산제도의 내용으로 틀린 것은?

① 세제 지원을 통해 제공한 혜택을 예산지출로 인정하는 것이다.
② 미국에서 처음 도입하였으며, 우리나라도 1999년부터 이를 도입하였다.
③ 예산지출이 직접적 예산 집행이라면 조세지출은 세제상의 혜택을 통한 간접지출의 성격을 띤다.
④ 조세지출은 형식은 조세이지만 실질은 보조금과 같은 경제적 효과가 발생한다.

18

인사행정을 위하여 가장 유용한 자료를 제공해 주는 예산 분류방법은 무엇인가?

① 품목별 분류
② 조직별 분류
③ 기능별 분류
④ 경제성질별 분류

19

행정의 내부적 책임을 강조한 사람은?

① H. Finer
② C. J. Friedrich
③ M. E. Dimock
④ A. Etzioni

20

특별지방행정기관에 대한 설명으로 옳은 것은?

① 국가적 통일성보다는 지역의 특수성을 중요시하여 설치한다.
② 지방자치의 발전에 기여한다.
③ 지방자치단체와 명확한 역할배분이 이루어져 행정의 효율성을 높일 수 있다.
④ 주민들의 직접 통제와 참여가 용이하지 않다.

21

다음 중 행태론적 접근방법에 대한 설명으로 가장 옳은 것은?

① 규범적·실질적이고 질적인 연구를 강조한다.

② 행태의 규칙성 및 인과성을 경험적으로 입증하고 설명할 수 있다고 보며 가치와 사실을 통합하고 가치중립성을 지향한다.

③ 정치와 행정현상에서 개별국가의 특수성을 중시하였다.

④ 집단의 고유한 특성을 인정하지 않는 방법론적 개체주의의 입장을 취한다.

22

네트워크 조직의 특성에 관한 설명으로 옳은 것을 모두 고른 것은?

가. 조직의 자체 기능은 핵심역량 위주로 합리화하고, 여타 기능은 외부기관들과의 계약관계를 통해 수행하는 방식이다.

나. 조직의 유연성과 자율성 강화를 통해 환경 변화에 신속히 대응하고 창의력을 발휘할 수 있다.

다. 잦은 대면과 회의를 통해 과업조정이 이루어져야 하기 때문에 신속한 결정이 곤란하다.

라. 유동적이고 모호한 조직경계에 따라 조직의 정체성이 약해 응집력 있는 조직문화를 가지기 어렵다는 단점이 있다.

마. 기능부서의 기술적 전문성과 사업부서의 신속한 대응성이 동시에 요구되면서 등장한 조직형태이다.

① 가, 나, 다   ② 나, 다, 라

③ 가, 나, 라   ④ 나, 다, 마

23

옴부즈만제도에 관한 설명으로 가장 옳지 않은 것은?

① 1809년 스웨덴에서 처음으로 채택되어 실시된 제도이다.

② 옴부즈만은 행정기관의 결정에 대해 직접 취소·변경할 수 있는 권한을 갖지 않는다.

③ 옴부즈만은 시민의 요구나 신청에 의하여 조사를 개시하는 것이 일반적이지만 직권으로 조사를 개시하는 경우도 있다.

④ 우리나라의 경우 국무총리 직속의 국가인권위원회가 옴부즈만 기관에 해당한다.

24

우리나라의 주민참여제도 중 가장 나중에 도입된 것은?

① 주민투표제

② 주민소환제

③ 주민소송제

④ 주민감사청구제도

25

정책의제설정의 유형에 대한 설명으로 옳지 않은 것은?

① 외부주도형은 허쉬만(Hirshman)이 강요된 정책문제라고 하였다.

② 동원형은 정책담당자들에 의해 자발적으로 정책의제가 형성되는 경우이다.

③ 내부접근형은 일반대중이나 관련 집단들의 지원을 유도하기 위한 노력을 수행한 뒤에 의제를 채택한다.

④ 동원형은 정부의 힘이 강하고 민간부문의 힘이 취약한 후진국에서 많이 나타난다.

05 실전 모의고사

01

정치·행정이원론에 대한 설명으로 옳은 것은?

① 정치·행정이원론의 대두배경 중 하나는 엽관주의의 폐해이다.

② 1930년대 뉴딜정책은 정치·행정이원론이 등장하게 된 중요 배경이다.

③ 과학적 관리론과 행정개혁운동은 정치·행정이원론의 한계를 지적하였다.

④ 정치·행정이원론을 대표하는 애플비(Appleby)는 정치와 행정이 단절적이라고 보았다.

02

행정지도의 특성으로 볼 수 없는 것은?

① 공무원의 직무와 관련된 행위이다.

② 국민에게 영향력을 미치려는 활동의 하나이다.

③ 정형적 의사표시적 행위이다.

④ 각종 권력을 배경으로 하는 활동이다.

03

사회적 자본에 대한 설명으로 옳지 않은 것은?

① 공동체주의를 지향한다.

② 사회적 자본의 중요 이념은 신뢰이다.

③ 사회적 관계에서 상호이익을 위해 집합행동을 촉진시키는 규범이다.

④ 강제적인 참여를 바탕으로 수직적 네트워크를 형성한다.

04

D. Osborne과 P. Plastrick이 제시한 '정부혁신의 5가지 전략'의 설명으로 옳지 않은 것은?

① 핵심전략: 정책수립 시 명확한 목표설정

② 통제전략: 부패방지를 위한 행정투명성 확보

③ 결과전략: 유인책을 통한 성과관리 강조

④ 고객전략: 시민헌장 제정을 통한 고객에 대한 책임성 확보

05

다음 중 Lowi가 제시한 정책유형별 속성에 해당하지 않는 것은?

① 분배정책 − 영합(zero sum)게임

② 규제정책 − 다원론적 정치

③ 재분배정책 − 엘리트론적 정치

④ 구성정책 − 게임의 법칙

06

다음 정책의제설정모형 중 외부주도형에 관한 설명으로 가장 올바른 것은?

① 다원화된 선진사회에서 주로 나타난다.

② 전문가의 영향력이 크다.

③ 논쟁의 주도자는 국가이며 대중의 지지가 낮을 때 나타나는 현상이다.

④ 주도자들은 정책의 대안 확산이나 정책경쟁의 필요를 느끼지 않는다.

07

정책옹호연합모형(advocacy coalition framework)에 대한 설명으로 옳지 않은 것은?

① 종전의 정책과정 단계모형의 한계를 극복하기 위하여 개발되었다.
② 정책변화를 이해하기 위한 분석단위로서 정책하위체제에 중점을 둔다.
③ 하향식 접근방법의 분석 단위를 채택하고, 여기에 영향을 미치는 요인으로 상향식 접근방법의 여러 가지 변수를 결합한다.
④ 정책집행과정보다 정책변화 또는 정책학습에 초점을 맞춘 이론이다.

08

Scott의 조직이론 체계와 발달에서 이론이 전개된 시대적 순서로 올바른 것은?

① 폐쇄합리적 이론 − 폐쇄자연적 이론 − 개방합리적 이론 − 개방자연적 이론
② 폐쇄자연적 이론 − 폐쇄합리적 이론 − 개방자연적 이론 − 개방합리적 이론
③ 개방합리적 이론 − 개방자연적 이론 − 폐쇄합리적 이론 − 폐쇄자연적 이론
④ 개방자연적 이론 − 개방합리적 이론 − 폐쇄자연적 이론 − 폐쇄합리적 이론

09

공공기관의 유형 중 시장형 공기업에 해당하지 않은 것은?

① 한국가스공사
② 한국전력공사
③ 한국공항공사
④ 한국도로공사

10

권력에 대한 설명 중 옳지 않은 것은?

① 권력은 다른 사람이나 집단에게 영향력을 미칠 수 있는 잠재적인 능력이다.
② 개인권력은 직위권력보다는 합법적 권력, 보상적 권력, 강압적 권력과 관련이 있다.
③ 일방이 상대방의 의사나 복종의 여부와는 상관없이 일방의 의지나 명령이 수용될 때 권력관계가 발생한다.
④ 권력은 사회나 조직에서 이미 구축된 사전적 규범이나 지배구조에 따라 주어지는 개념이다.

11

엽관주의의 장점에 해당하는 것은?

① 부정부패를 방지할 수 있다.
② 행정의 안정성과 지속성을 확보할 수 있다.
③ 정당의 영향력으로부터 벗어나기가 용이하다.
④ 공무원의 충성심을 확보하기가 용이하다.

12

직위분류제와 관련된 개념들에 대한 설명으로 옳지 않은 것은?

① 직위 − 1명의 공무원에게 부여할 수 있는 직무와 책임
② 직급 − 직무의 종류, 곤란성과 책임도가 상당히 유사한 직위의 군
③ 직렬 − 직무의 종류는 유사하나 곤란성과 책임도의 정도가 상이한 직급의 군
④ 직류 − 직무의 종류가 유사한 직렬의 군

13

다음의 근무성적평정 오류 중 평정 기준이 일정하지 않은 경우를 의미하는 것은?

① 엄격화 경향(tendency of strictness)
② 규칙적 오류(systematic)
③ 총계적 오류(total error)
④ 선입견에 의한 오류(prejudice error)

14

예산과 관련하여 헌법에 규정된 내용이 아닌 것은?

① 준예산 편성사유
② 국회의 예산심의권
③ 국유재산관리
④ 긴급재정 및 경제처분에 대한 승인

15

예산을 '세입세출의 성질'에 따라 분류한 것으로 옳은 것은?

① 일반회계, 특별회계
② 본예산, 수정예산, 추가경정예산
③ 정부출자기관예산, 정부투자기관예산
④ 잠정예산, 가예산, 준예산

16

품목별 예산제도에 대한 설명으로 옳은 것은?

① 관심의 범위는 투입과 산출 항목이다.
② 행정체제전반의 관리·계획책임은 분산적이다.
③ 조직마다 품목예산을 배정하기 때문에 활동의 중복을 막을 수 있다.
④ 예산 삭감이 이루어질 때 이익집단의 많은 저항을 받는다.

17

행정개혁을 추진하는 접근방법 중에서 과정적 접근방법에 해당하는 것들만 묶은 것은?

> ㉠ 기능중복의 제거, 구조·직제의 개편
> ㉡ BPR(업무과정재설계)
> ㉢ 행정전산망 등 장비·수단의 개선
> ㉣ 행정과정에 새로운 분석기법의 적용
> ㉤ 감수성 훈련 등 조직발전(OD)기법의 활용

① ㉠, ㉡, ㉢
② ㉠, ㉢, ㉣
③ ㉡, ㉢, ㉣
④ ㉢, ㉣, ㉤

18

Dubnick과 Romzek의 행정책임성 유형 중 외부지향적이고, 통제의 정도가 높은 책임성은?

① 정치적 책임성
② 법률적 책임성
③ 전문가적 책임성
④ 관료적 책임성

19

지방정부에 대한 중앙통제에 관한 설명으로 옳지 않은 것은?

① 감사원은 지방공무원에 대해 직무감찰을 할 수 없다.
② 중앙정부는 위법·부당한 명령·처분의 시정명령 및 취소·정지를 할 수 있고, 지방자치단체의 장이 이에 이의가 있을 때에는 대법원에 소를 제기할 수 있다.
③ 행정안전부장관은 지방자치단체의 자치사무에 관하여 보고를 받거나 서류·장부 또는 회계를 감사할 수 있다.
④ 중앙정부는 지방자치단체가 보조금을 다른 용도로 사용한 경우, 보조금을 반환하게 할 수 있다.

20

다음 중 지방자치단체의 기관이 잘못 연결된 것은?

① 보조기관 − 직속기관, 사업소, 출장소
② 소속행정기관 − 합의제 행정기관
③ 특별기관 − 선거관리위원회, 인사위원회, 소청심사위원회
④ 하부기관 − 읍, 면, 동장

21

롤스(Rawls)의 정의와 관련한 설명으로 가장 거리가 먼 것은?

① 자유와 평등의 조화를 추구하는 중도적 입장이다.
② 정의의 제1원리로서 기본적 자유의 평등 원리를 들고 있다.
③ 기본적 자유의 평등 원리와 차등조정의 원리가 충돌할 때는 차등조정의 원리가 우선한다.
④ 원초적 상태에서의 인간은 최소극대화 원리에 입각하여 규칙을 선택하는 것으로 가정한다.

22

정책평가방법과 관련한 설명 중 옳지 않은 것은?

① 정책실시 전후 비교에 의한 방법은 비실험설계에 속한다.
② 비동질적 통제집단설계는 준실험설계의 하나이다.
③ 비실험설계는 측정대상을 실험집단과 통제집단에 선택적으로 배정시킬 수 있기 때문에 실제시행이 용이하다.
④ 진실험설계는 측정대상을 무작위로 배정함으로써 실험집단과 통제집단을 동질적으로 구성한다.

23

관료제의 역기능에 대한 설명으로 옳지 않은 것은?

① 모든 업무를 문서로 처리하는 문서주의는 번문욕례(繁文縟禮)를 초래한다.
② 공식적 측면의 강조로 인간소외현상이 발생한다.
③ 계층제적 구조를 강조하여 정책관리자의 권한이 약화된다.
④ 목표의 전환으로 수단과 목표의 대치현상이 발생한다.

24

우리나라 공무원 노동조합에 대한 설명으로 옳지 않은 것은?

① 공무원 노동조합 활동을 전담하는 전임자는 인정되지 않는다.
② 공무원 노동조합은 고용노동부장관에게 설립신고를 하여야 한다.
③ 소방공무원과 퇴직공무원도 노동조합에 가입할 수 있다.
④ 단체교섭의 대상은 조합원의 보수·복지, 그 밖의 근무조건 등에 관한 사항이다.

25

정부회계의 기장방식에 대한 설명으로 옳지 않은 것은?

① 단식부기는 현금주의 회계와, 복식부기는 발생주의 회계와 서로 밀접한 연계성을 갖는다.
② 단식부기는 하나의 거래를 대차평균의 원리에 따라 차변과 대변에 이중 기록하는 방식이다.
③ 복식부기에서는 계정 과목 간에 유기적 관련성이 있기 때문에 상호 검증을 통한 부정이나 오류의 발견이 쉽다.
④ 복식부기는 하나의 거래를 대차 평균의 원리에 따라 차변과 대변에 동시에 기록하는 방식이다.

06 실전 모의고사

01
공익에 대한 설명으로 옳지 않은 것은?

① 과정설은 공익을 사익이 적절히 조정·절충된 결과로 본다.
② 과정설은 대립적인 이익들을 평가할 수 있는 기준을 제시하고 있다.
③ 실체설은 공익이라는 미명하에 개인의 이익이 침해될 수 있는 위험요소를 내포하고 있다.
④ 실체설의 대표적인 학자에는 플라톤(Plato)과 루소(Rousseau)가 있다.

02
파킨슨(C. Parkinson)의 법칙과 관계가 가장 적은 것은?

① 공무원의 수는 업무량과 관계없이 증가한다.
② 상승하는 피라미드의 법칙(The Law of Rising Pyramid)이라고도 불린다.
③ 정부의 통제적 역할을 강조하는 이론이다.
④ 새로운 행정수요에 상관없이 정부규모는 확장된다.

03
리그스(Riggs)의 프리즘적 모형(Prismatic Model)에서 설명하는 프리즘적 사회의 특성으로 옳지 않은 것은?

① 고도의 이질성
② 형식주의
③ 고도의 분화성
④ 다분파주의와 형식주의

04
전통행정이론, 신공공관리론, 신공공서비스론을 비교한 다음 내용 중 옳지 않은 것은?

① 전통행정이론에서는 관료의 동기유발이 임금과 편익에서 나온다고 보는 반면, 신공공서비스론은 사회에 기여하려는 욕구에서 나온다고 본다.
② 신공공관리론에서는 이론과 인식의 토대가 경제이론인 반면, 신공공서비스론에서는 민주주의이론에 바탕을 둔다.
③ 신공공관리론에서는 관료의 반응대상이 시민인 반면, 신공공서비스론에서는 고객이다.
④ 신공공관리론에서는 정부의 역할이 방향잡기인 반면, 신공공서비스론에서는 봉사라고 본다.

05
정책네트워크에 대한 다음 설명 중 틀린 것은?

① 정책네트워크는 정책과정 전반을 포괄적으로 지배하는 거시적 틀로 작용한다.
② 하위정부모형은 미국적 다원주의로서 구성원 간 관계가 매우 불안정하다.
③ 이슈네트워크는 정부부처의 고위관료, 의원, 기업가, 로비스트, 학자, 언론인 등 특정 영역에 이해관계가 있거나 관심을 가지는 사람들 간의 네트워크이다.
④ 정책공동체는 시민의 참여가 있더라도 공식적인 결정권을 장악한 사람이나 전문가들이 중심적인 역할을 한다.

06
다음 중 비용편익분석에서 순현재가치법(NPV)에 대한 설명이 틀린 것은?

① 높은 시간적 할인율은 단기투자에 유리하다.
② 순현재가치가 0보다 클 때 그 사업은 추진할 가치가 있다.
③ 순현재가치가 큰 값을 가질수록 우수한 대안이다.
④ 부의 효과를 비용의 증가 또는 편익의 감소 어느 쪽에 포함시키느냐에 따라 결과가 달라진다.

07

다음 중 정책집행이 가장 곤란한 상황은?

구분		규모 및 조직화 정도	
		강	약
집단의 성격	수혜집단	가	나
	희생집단	다	라

① 가
② 나
③ 다
④ 라

08

부서화에 대한 설명으로 옳지 않은 것은?

① 부서화란 개별 직무와 직위를 부서로 묶어 분류하는 과정을 말한다.
② 상호의존성이 높은 직무들을 한 부서로 통합하는 것이 필요하다.
③ 사업부서화란 조직의 생산물에 따라 같은 부서로 묶는 방식이다.
④ 기능부서화란 특정 지역의 고객에 봉사하기 위해 조직자원을 조직화하는 방법이다.

09

Vroom의 기대이론에 관한 설명으로 옳지 않은 것은?

① 동기유발에 대한 과정이론이다.
② 개인의 동기는 수단성, 기대감, 유의성에 의해 결정된다.
③ 유의성이란 어느 개인이 원하는 특정한 보상에 대한 선호의 강도이다.
④ 직원의 근무성과는 그 직원의 능력 이외에도 특성, 역할인지의 수준의 영향도 받는다.

10

다음 중 상의하달적 의사전달에 해당하는 것은?

① 보고
② 제안제도
③ 의견조사
④ 게시판

11

다음 중 현행 우리나라의 인사청문회제도에 관한 설명으로 타당한 것은?

① 인사청문회는 원칙적으로 국회윤리특별위원회에서 실시한다.
② 국회는 임명동의안이 제출된 날로부터 15일 이내에 인사청문을 마쳐야 한다.
③ 정부에 대한 선험적인 외부적 통제방법이다.
④ 경찰청장에 대한 인사청문회는 인사청문특별위원회에서 실시한다.

12

직무평가의 방법에 관한 설명 중 옳지 않은 것은?

① 서열법은 직무전체의 중요도와 난이도를 바탕으로 상대적 가치를 비교하여 직무의 우열을 정하는 방법이다.
② 요소비교법은 직무를 구성하는 요소별로 독립적으로 절대평가를 하여 직무의 등급을 정하는 방법이다.
③ 분류법은 등급별로 책임도, 곤란성, 필요한 지식과 기술 등에 관한 기준을 고려하여 직무를 해당되는 등급에 배치하는 방법이다.
④ 점수법은 직무의 평가요소별 가중치를 부여하고 각 직무에 대하여 요소별로 점수를 매긴 다음 이를 합산하는 방법이다.

13

공무원 보수의 특징으로 보기 어려운 것은?

① 민간 부문의 보수 수준보다는 낮다.
② 직위분류제도를 택할수록 수당의 종류가 많다.
③ 근로자와 사용자의 합의에 의한 보수 결정이 이루어지지 않는다.
④ 직무와 보수의 형평성 유지가 어렵다.

14

공무원의 분류 중 틀린 것은?

① 특수경력직은 경력직 공무원을 제외한 사람이다.
② 법관, 경찰, 교사는 특수경력직이다.
③ 경력직 공무원에는 일반직 공무원, 특정직 공무원이 있다.
④ 경력직은 실적에 의하여 임용되고 신분이 보장된다.

15

재정민주주의에 관한 설명 중 옳지 않은 것은?

① 대의민주주의 체제에서는 국회 심의가 재정민주주의를 위해 중요하다.
② 재정민주주의는 재정 주권이 국민에게 있다는 것이다.
③ 예산감시시민운동도 재정민주주의의 실현을 위한 것이다.
④ 대표적인 사전적 예산통제장치로서 주민소송제가 있다.

16

통합예산에 대한 설명 중 틀린 것은?

① 비금융공기업의 예산도 포함된다.
② 발생주의로 작성된다.
③ 순개념상의 정부예산 총괄표이다.
④ 특별회계도 포함된다.

17

우리나라 예산심의의 특징에 대한 설명으로 틀린 것은?

① 국회가 행정부의 예산안을 크게 수정하여 왔다.
② 본회의 중심이 아니라 위원회 중심으로 심의한다.
③ 행정부의 동의 없이는 새비목을 설치하거나 증액할 수 없다.
④ 우리나라 예산은 법률의 형식이 아니다.

18

행정통제에 대한 다음 설명 중 옳지 않은 것을 모두 고르면?

> ㉠ 입법부의 구성이 여당 우위일 경우 효과적인 행정통제 기능을 수행할 수 있다.
> ㉡ 감사원은 전형적인 내부적 독립통제기관이다.
> ㉢ 옴부즈만은 그가 요구하는 시정조치를 법적으로 강제하거나 이를 대행하는 권한을 함께 갖는 것이 원칙이다.
> ㉣ 외부 통제체제에는 국회, 헌법재판소, 국민 등이 포함된다.

① ㉠, ㉡   ② ㉠, ㉢
③ ㉡, ㉢   ④ ㉡, ㉢, ㉣

19

지식행정관리의 기대효과로 보기 어려운 것은?

① 개인의 전문적 자질 향상
② 조직의 업무능력 향상
③ 지식의 조직 공동재산화
④ 조직 내 정보 및 지식의 분절, 파편화

20

지방자치단체의 중층제의 장점에 대한 설명으로 틀린 것은?

① 기초자치단체 간에 분쟁을 조정할 수 있다.

② 행정의 책임소재를 명확히 한다.

③ 행정기능을 기초자치단체와 중간자치단체에서 분업적으로 처리할 수 있다.

④ 중앙정부의 강력한 간섭과 감독으로부터 기초자치단체를 보호할 수 있다.

21

전자정부의 역기능에 대한 설명으로 옳은 것을 모두 고르면?

ㄱ 행정의 민주화를 저해할 수 있다.

ㄴ 사이버 범죄가 발생할 수 있다.

ㄷ 전자감시의 위험이 심화될 수 있다.

ㄹ 정보격차가 심화될 수 있다.

① ㄱ, ㄴ

② ㄴ, ㄷ

③ ㄱ, ㄴ, ㄷ

④ ㄴ, ㄷ, ㄹ

22

조직 내의 갈등관리에 대한 설명으로 가장 옳은 것은?

① 갈등관의 행태론적 입장에서는 모든 갈등이 조직성과에 부정적 영향을 미치므로 제거되어야 한다고 본다.

② 로빈스(Robbins)는 갈등관리를 전통주의자, 행태주의자, 상호작용주의자의 관점으로 구분하여 접근한다.

③ 토마스(Thomas)의 갈등관리방안 유형 중 자신과 상대방의 이익의 중간정도를 만족시키려는 경우는 협동전략이다.

④ 업무의 상호의존성이 높을수록 갈등이 증가할 소지가 적다.

23

공공재의 적정 공급규모에 관한 논의 중 과다공급설에 해당하는 것은?

① Musgrave의 조세저항

② Downs의 합리적 무지

③ 보몰병(Baumol's Disease)

④ Galbraith의 의존효과

24

총체적 품질관리(TQM)에 관한 설명으로 가장 옳지 않은 것은?

① 품질관리가 서비스 생산 및 공급이 이루어지는 과정의 매 단계에서 이루어진다.

② TQM은 상하 간의 참여적 관리를 의미하며 목표설정에서 책임의 확정, 실적 평가에 이르기까지 상관과 부하의 합의로 이루어진다.

③ 공무원들의 행태를 고객 중심적으로 전환할 수 있다.

④ 모든 조직구성원들은 한편으로 공급자이면서 다른 한편으로는 고객인 이중적 역할을 수행하는 것으로 본다.

25

총체주의적 예산결정모형에 대한 설명 중 옳지 않은 것은?

① 집권적이며 하향식으로 자원을 배분한다.

② 품목별 예산제도를 바람직한 예산편성방식으로 인식한다.

③ 목표와 수단 간 연계관계를 명확히 밝혀 합리적 선택을 모색한다.

④ 연역법적 방법론에 의하며 가치와 사실을 구분한다.

07 실전 모의고사

01

다음 학자와 그 관련 내용의 연결이 옳지 않은 것은?

① Gulick − POSDCoRB, 행정의 제1의 공리는 능률
② Simon − 「정책과 행정」에서 "행정은 정책형성이다."라고 주장
③ Mayo − 호손실험, 사회적 인간, 사회적 능률
④ Waldo − 행정학의 전문직업성, 가치주의, 신행정론

02

코즈(Coase)의 정리에 대한 설명으로 옳지 않은 것은?

① 사적 외부성에 대한 해결방안을 설명하며, 외부성이 정부개입의 충분조건이 아니라는 것을 밝히고 있다.
② 협상에 따른 자원의 재배분이 개인의 효용에 영향을 주지 않아야 한다.
③ 개인 간의 거래비용은 무시할 정도로 작아야 한다.
④ 외부성이 발생할 경우 직접적이며 강력한 정부개입이 필요함을 역설하는 것이다.

03

행정부와 사법부의 관계에 대한 설명이다. 틀린 것은?

① 사법심사 기능을 통해 행정에 대한 감독자로서 역할을 수행한다.
② 사법심사 기능은 정책형성과 집행에서 공무원과 동반자적 역할을 수행한다.
③ 사법심사는 행정의 문제를 사전적으로 교정하여 공익을 보호하는 것이다.
④ 사법부는 행정작용의 조정자로서 미래지향적인 역할을 수행하기도 한다.

04

과학적 관리론에 대한 설명으로 옳지 않은 것은?

① 과학적 분석을 통해 업무수행에 적용할 '유일 최선의 방법'을 발견할 수 있다고 보았다.
② 조직 내의 인간은 경제적 유인에 의해 동기가 유발되는 타산적 존재라고 보았다.
③ F. Taylor는 이러한 접근방법을 주장한 대표적 학자이다.
④ 호손공장의 연구(Hawthorne Studies)가 이러한 접근방법의 실증적 근거가 되었다.

05

정책과학에 대해 설명이 틀린 것은?

① 학제적(Inter−disciplinary) 접근
② 실증적 접근에 의한 능률성 중시
③ 규범적·처방적 지식 강조
④ 인간사회의 문제해결

06

정책의제설정 영향요인이 아닌 것은?

① 관례화·일상화된 것이 의제화 가능성이 크다.
② 정책담당자의 이해가 쉽고 해결책이 쉬울수록 의제화 가능성이 크다.
③ 관련집단 간에 첨예화된 쟁점일수록 의제화 가능성이 작다.
④ 이해관계집단이 적고 파급효과가 적은 것일수록 의제화 가능성이 작다.

07

정책평가의 과정을 올바르게 배열한 것은?

> ㉠ 목표의 규명 ㉡ 인과모형의 설정
> ㉢ 연구설계 ㉣ 평가기준의 설정
> ㉤ 자료의 수집 및 분석

① ㉠ ⇨ ㉡ ⇨ ㉢ ⇨ ㉣ ⇨ ㉤
② ㉢ ⇨ ㉠ ⇨ ㉡ ⇨ ㉣ ⇨ ㉤
③ ㉠ ⇨ ㉣ ⇨ ㉡ ⇨ ㉢ ⇨ ㉤
④ ㉠ ⇨ ㉡ ⇨ ㉣ ⇨ ㉢ ⇨ ㉤

08

조직에 내재되어 있는 무질서, 불안정, 변동 등에서 나름대로 질서를 발견하고 조직 간 활동을 조정하여 혁신을 도모할 수 있다고 보는 것은?

① 후기기업가조직 ② 삼엽조직
③ 혼돈정부 ④ 그림자 국가

09

정책문제의 특징으로 보기 어려운 것은?

① 공공성 ② 인공성
③ 소망성 ④ 주관성

10

네트워크 조직에 관한 특징으로 옳지 않은 것은?

① 통합지향성
② 수평적·기계적 구조
③ 의사결정체제의 분권성과 집권성
④ 간소화된 조직구조

11

책임운영기관에 대한 설명으로 옳지 않은 것은?

① 기관장은 공개모집절차에 따라 5년 범위 내에서 임기제 공무원으로 채용한다.
② 책임운영기관 소속직원의 신분은 공무원이다.
③ 객관적이고 신뢰할 수 있는 성과평가 시스템 구축은 책임운영기관의 성공 여부를 결정짓는 요건 중의 하나이다.
④ 책임운영기관의 총정원 한도는 대통령령으로 정하고 종류별·계급별 정원은 기본운영규정으로 정한다.

12

적극적 인사행정에 관한 다음 설명 중 적합한 것은?

① 직위분류제의 요소를 활성화하는 것이다.
② 계급제의 폐해를 타파하는 것이다.
③ 정실주의의 요소를 배제하는 것이다.
④ 실적주의의 비용통성 및 소극성을 보완하는 것이다.

13
선발시험의 효용성에 대한 설명으로 옳지 않은 것은?

① 신뢰성은 시험 그 자체의 문제이지만, 타당성은 시험과 기준과의 관계를 말한다.
② 신뢰성이 높으면 타당성이 높은 시험이라고 할 수 있다.
③ 타당성의 기준 측면이 되는 것은 근무성적, 결근율, 이직률 등이다.
④ 재시험법, 복수양식법, 이분법 등은 신뢰성을 검증하는 수단이다.

14
다음 중 행정권의 오용으로 볼 수 없는 것은?

① 재량권의 행사　　　② 실책의 은폐
③ 비윤리적 행위　　　④ 불공정한 인사

15
Musgrave의 예산의 기능이 아닌 것은?

① 소득재분배의 기능　　② 자원배분기능
③ 경제안정의 기능　　　④ 경제발전기능

16
Allen Schick가 제시하고 있는 예산의 희소성에 대해서 그 연결이 잘못된 것은?

① 완화된 희소성 – 사업의 분석과 평가 소홀
② 급격한 희소성 – 임기응변식 예산편성
③ 만성적 희소성 – 지출통제보다 관리개선에 역점
④ 총체적 희소성 – 회피형 예산편성

17
총액배분 자율편성예산제도(Top-down Budgeting)의 특징이 아닌 것은?

① 자금관리의 분권화를 강조하지만 의사결정의 주된 흐름은 하향적이다.
② 개별 부처는 지출한도 내에서 자율성을 가진다.
③ 예산을 과다 요구하는 관행을 어느 정도 극복할 수 있다.
④ 부처별 개별사업을 집중적으로 검토하는 예산편성이다.

18
균형성과평가(BSC)의 요소에 해당하지 않는 것은?

① 고객 관점
② 학습과 성장 관점
③ 재무적 관점
④ 환경적 관점

19
다음 중 중앙집권의 장점이 아닌 것은?

① 행정의 통일을 기할 수 있다.
② 국가의 위기상황에 신속한 대응이 가능하다.
③ 행정관리의 전문화가 가능하다.
④ 행정의 사회적 능률을 증진시킬 수 있다.

20

아른슈타인(S. R. Arnstein)이 분류한 주민참여 유형 중 아래에 해당하는 것은?

> 주민이 정책의 결정·실시에 우월한 권력을 가지고 참여하는 경우로, 주민의 영향력이 강하여 행정기관은 문제해결을 위하여 주민을 협상으로 유도하는 수준이다.

① 회유(placation)
② 정보제공(informing)
③ 대등협력(partnership)
④ 권한위임(delegated power)

21

효과성 평가모형 중 퀸과 로보그(Quinn & Rohrbaugh)의 경합가치모형에 관한 다음의 설명 중 적절하지 못한 것은?

① 조직의 내부에 초점을 두고 융통성을 강조하는 경우의 효과성 평가유형은 인간관계모형이다.
② 개방체제모형은 조직의 외부에 초점을 두며 융통성을 강조하는 경우의 평가유형이다.
③ 조직의 외부에 초점을 두고 통제를 강조하는 경우 성장 및 자원 확보를 목표로 하게 된다.
④ 조직의 내부에 초점을 두고 통제를 강조하는 경우 안정성 및 균형을 목표로 하게 된다.

22

피터스(B. Guy Peters)의 정부개혁모형 중 다음이 설명하는 것은?

> • 정책결정의 개혁방안은 실험이다.
> • 조직구조에 대한 특정적 처방은 가상조직이다.
> • 공익기준은 저비용과 조정이다.

① 탈내부규제적 정부모형
② 신축적 정부모형
③ 시장적 정부모형
④ 참여적 정부모형

23

단체위임사무와 기관위임사무에 대한 설명으로 옳지 않은 것은?

① 지방의회는 기관위임사무에 대해 조례제정권을 행사할 수 없다.
② 보건소의 운영업무와 병역자원의 관리업무는 대표적인 기관위임사무이다.
③ 중앙정부는 단체위임사무에 대해 사전적 통제보다 사후적 통제를 주로 한다.
④ 기관위임사무의 처리를 위한 비용은 국가가 부담한다.

24

정책결정모형에 관한 설명 중 가장 옳지 않은 것은?

① 만족모형은 의사결정자의 제한적 합리성을 강조한다.
② 점증모형은 기존 정책을 토대로 하여 그보다 약간 개선된 정책을 추구하는 방식으로 결정하는 것이다.
③ 혼합모형은 합리모형과 만족모형의 절충을 시도한다.
④ 쓰레기통모형은 불확실성이 큰 상황에서 설득력이 높다.

25

예산제도의 특징에 관한 서술 중 옳지 않은 것은?

① 영기준예산제도는 점증주의적 예산편성의 폐단을 시정하고자 개발되었다.
② 기획예산제도(PPBS)는 기획, 사업구조화, 그리고 예산을 연계시킨 시스템적 예산제도이다.
③ 성과주의 예산제도는 국민이나 입법부가 정부사업의 목적을 이해하기 어렵다.
④ 품목별 예산제도는 지출을 통제하고 공무원들로 하여금 회계적 책임을 쉽게 확보할 수 있도록 한다.

정답 및 해설

01 2021. 7. 24. 군무원 기출문제

본문 52~55쪽

ANSWER				
01 ③	02 ④	03 ①	04 ④	05 ④
06 ②	07 ①	08 ②	09 ②	10 ④
11 ③	12 ②	13 ③	14 ④	15 ③
16 ①	17 ①	18 ②	19 ②	20 ④
21 ①	22 ③	23 ④	24 ①	25 ③

01 정답 ③

③ [×] 지문은 구제도주의에 해당한다. 신제도주의에 따르면 제도가 개인의 행위(선호)를 제약하지만, 개인들 간 상호작용의 결과에 의해 제도가 변화할 수도 있다. 따라서 제도는 독립변수인 동시에 종속변수로서의 속성을 지닌다.

✔ **구제도주의와 신제도주의 비교**

구분	구제도주의	신제도주의
제도의 개념	헌법, 의회, 내각, 법원, 관료조직 등 공식적·유형적·법적 정부제도	인간의 행태를 제약하기 위해서 고안된 일단의 규칙, 절차, 규범 등 공식적·비공식적 제약
제도의 형성	외생적 요인(정부)에 의해 일방적으로 형성	제도와 행위자 간의 상호작용으로 형성
제도의 특성	제도를 공식적·구체적·정태적으로 파악	제도를 비공식적·상징적·문화적·도덕적·동태적으로 파악
분석방법	• 개별적 제도의 정태적 특성에 대한 서술 • 국가 간 차이를 설명 못함.	• 다양한 제도적 요소들의 역동적인 관계 분석 • 국가 간 차이를 설명할 수 있음. • 분석적 틀에 기반을 둔 설명과 이론의 발전에 초점을 둠.
접근법	거시적	거시와 미시의 연계

오답 분석

① [O] 신공공관리론(New Public Management)은 정부개혁 이론으로 정부내부에 시장원리를 도입하고자 하는 것이다.
② [O] 거버넌스(Governance)이론은 신뢰를 기반으로 정부, 시장, 시민사회의 협력를 통한 통치를 강조하는 것이다.
④ [O] 신행정학(New Public Administration)은 1968년 미노브루크 회의(Minnowbrook conference)에서 기존의 행정이론(윌슨−베버식의 행정과 행태과학)에 불만을 품었던 왈도(Waldo), 마리니(Marini), 프레더릭슨(Frederickson) 등이 주장하였다.

02 정답 ④

④ [×] 막스 베버(Max Weber)의 관료제는 발전 패러다임이 아니라 안정적이고 현상유지적 패러다임에 해당한다. 법규에 따른 지배나 공식 규범 등의 강조는 발전과는 맞지 않은 내용이다. 베버의 관료제는 영·미의 민주정당이나 신생국 관료제를 대상으로 연구된 것이 아니라 독일 등 유럽의 정치·경제적 현실과 프러시아 관료제에 대한 막연한 인상을 바탕으로 연구된 가설적인 모형이다.

오답 분석

① [O] 관료제는 대규모의 계층제 구조와 분업을 기본으로 한다.
② [O] 관료제를 현대사회의 보편적인 조직모형으로 보고 있다.
③ [O] 신행정학은 윌슨−베버식의 전통이론을 비판한 이론으로 탈(脫)관료제 모형을 대안으로 제시하였다.

03 정답 ①

① [O] 가, 라만 옳은 설명이다.
가. [O] 발생주의에서는 감가상각을 자산가치에 반영한다.
나. [×] 발생주의·복식부기는 부채규모와 총자산의 파악이 용이하다는 장점이 있다.
다. [×] 발생주의에서는 거래가 발생하는 시점에서 기록하고, 현금주의에서 현금이 거래되는 시점을 중심으로 기록한다.
라. [O] 일반적으로 복식부기에서는 발생주의를 단식부기에서는 현금주의를 채택한다.

04 정답 ④

④ [×] 행정은 경영보다 더 엄격한 법적 규제를 받는다. 경영은 법적 테두리 안에서 활동이 이루어지기는 하지만 행정과 같은 직접적이고 엄격한 법적 규제는 받지 않는다.

오답 분석

① [O] 행정과 경영 모두 관료제적 성격을 갖는 대규모 조직이며, 관료제의 순기능과 역기능을 모두 내포하고 있다.
② [O] 행정과 경영은 기획, 조직화, 통제방법, 관리기법, 사무자동화 등의 여러 관리기술이 서로 유사하다.
③ [O] 행정은 '정부나 공공단체'가 공익을 우선 추구하고, 경영은 '기업'이 사익을 우선 추구한다.

05 정답 ④

④ [×] 수평적 형평성이란 동등한 것을 동등하게 취급하는 것을 의미하고, 수직적 형평성이 동등하지 않은 것을 서로 다르게 취급하는 것이다.

오답 분석

① [○] 행정이념은 절대적인 것이 아니라 시대적 상황과 정치체제에 따라 변할 수 있다. 이념 간에 갈등이 있다고 해서 하나의 이념이 추구될 때 그와 대립되는 다른 이념은 포기되어도 좋다는 논리는 성립하지 않는다. 나라와 시대에 따라서 보다 강조되는 준거기준이 있겠지만, 이것은 어디까지나 '비중과 정도'의 문제이지 '대체나 희생'을 전제로 한 문제는 아니다.

② [○] 능률성은 투입 대비 산출의 비율을, 효과성은 목표의 달성도를 나타내는 개념이다.

③ [○] 행정의 민주성은 국민과의 관계(대외적 민주성)와 관료조직 내부의 의사결정 과정(대내적 민주성)의 두 가지 측면에서 논의된다.

06 정답 ②

② [×] 신공공관리는 작고 효율적인 정부를 추구하는 것으로 정부의 크기와 관계가 없다는 것은 틀린 내용이다.

오답 분석

① [○] 신공공관리는 경제적 위기, 국민의 높아진 욕망수준과 불만, 전통관료제에 대한 실망, 정치이념의 변화(신보수주의와 신자유주의), 경제이론(공공선택론, 대리인이론, 거래비용이론 등 신제도주의 경제이론)의 뒷받침, 관리 기술의 발전 등을 배경으로 등장하였다.

③ [○] 시장성 테스트, 경쟁의 도입, 민영화나 규제완화 등 일련의 정부개혁 아이디어가 적용된다.

④ [○] 신공공관리는 기존의 계층제적 통제를 경쟁 원리에 기초한 시장 체제로 대체함으로써 관료제의 효율성과 성과를 높이려는 것이다.

07 정답 ①

① [○] 허즈버그(F. Herzberg)는 인간의 욕구를 불만과 만족이라는 이원적 구조로 파악하여, 불만을 일으키는 요인(불만요인, 위생요인)과 만족을 주는 요인(만족요인, 동기요인)은 상호 독립되어 있다는 욕구충족요인이원론(1959)을 제시하였다.

오답 분석

② [×] C. Argyris는 성숙·미성숙이론에서 인간은 미성숙에서 성숙으로 발전한다고 보고 관리자의 역할은 구성원을 최대한 성숙상태로 나아가게 하는 것이라고 하였다(1957).

③ [×] A. H. Maslow는 인간의 욕구가 계층적 단계로 구성되어 있으며, 하위욕구에서 상위욕구로 순차적으로 성장 발전해 나간다는 욕구계층이론(1943)을 제시하였다.

④ [×] V. H. Vroom은 기대이론에서 욕구충족과 직무수행 사이의 직접적이고 적극적인 상관관계에 의문을 제기하고 욕구와 만족, 동기 유발 사이에 '기대'라는 요인을 포함시켜 동기 유발의 과정을 설명했다.

08 정답 ②

② [×] 생태론적 접근방법은 행정변수(구조, 인간, 환경) 중에서 특히 환경을 연구대상으로 한다(사람의 행태 ×).

오답 분석

① [○] 과학적 방법은 행정현상에 존재하는 규칙성을 찾아내 보편타당한 법칙성을 도출하는 데 가장 유용한 방법이다.

③ [○] 역사적 접근방법과 법적·제도적 접근방법은 제도와 구조를 중시하는 거시적 접근방법으로, 정태적 서술에 초점을 두는 접근방법이다.

④ [○] 시스템적 방법의 장점은 시스템을 이루는 부분들 각각의 기능과 부분간 유기적 상호작용을 잘 이해할 수 있다는 데 있다.

09 정답 ②

② [×] 정책이란 사회전체를 위한 가치의 권위적 배분이자 정치체제가 내리는 가치의 권위적 결정이다. 정책이 공정성을 지향하는 것은 맞지만 가치중립성이 틀린 설명이다. 즉 정책은 가치지향적이라고 보아야 한다.

오답 분석

① [○] 통치기능설은 행정의 정책결정기능을 강조하는 정치행정일원론 입장으로 관계가 있다.

③ [○] 행정국가화는 시장실패에 따른 정부의 역할을 강조하는 것으로 정부의 많은 정책결정 역할이 요구되었던 시대로서 정책은 행정국가화 경향의 산물이다.

④ [○] 시장실패에 대한 정부의 역할(정책결정 역할)은 정부실패의 원인이 될 수 있다.

10 정답 ④

④ [×] 상벌사항 공개는 공직자윤리법에 규정된 내용이 아니다.

오답 분석

①②③ [○] 공직자윤리법에 규정된 사항은 이해충돌방지 및 주식백지신탁, 선물수수신고, 재산등록 및 공개, 퇴직자취업제한, 업무취급제한 등이다.

11 정답 ③

③ [×] 설명은 다원주의에 관한 것이다. 조합주의에서는 정부를 자체 이익을 가지면서 이익집단의 활동을 규정하고 포섭, 또는 억압하는 독립적 실체로 간주한다.

오답 분석

① [O] 다원주의는 사회는 여러 독립적인 이익집단이나 결사체로 이루어져 있으므로 권력 엘리트에 의하여 지배되기보다는 그 집단의 경쟁·갈등·협력 등에 의하여 민주주의적으로 운영된다고 보는 이론이다.
② [O] 엘리트주의는 한 사회는 사회를 지배하는 지배계급(엘리트)과 피지배계급(일반대중)으로 구별되며, 소수의 동질적이고 폐쇄적인 정치지도자가 다수의 일반대중을 지배한다고 본다.
④ [O] 철의 삼각(iron triangle) 하위정부와 같은 뜻으로 사용되는 개념으로서, 의회 상임위원회, 행정부(관료)와 이익집단 간의 관계가 통합성이 매우 높으며, 일종의 동맹관계를 형성하고 있다고 하여 사용되는 개념이다. 3자가 강철과 같이 장기적이고 안정적이며 우호적인 삼각관계의 연합을 형성하면서 정책결정을 지배하는 것으로 본다.

12 정답 ②

② [×] 민주형 리더십은 의사결정에 부하가 참여하는 것이지 권위와 최종책임을 부하에게 위임하는 것은 아니다. 부하가 의사결정에 참여하도록 하는 쌍방향 의사전달은 옳은 설명이다.

오답 분석

① [O] 자질론에서는 리더십은 위대한 인물의 출생과 더불어 타고난다고 보고 리더의 자질을 가진 사람은 어떤 상황에서든 지도자가 될 수 있다고 전제한다.
③ [O] House & Evans의 경로 – 목표모형은 리더의 행태가 어떤 경로를 통하여 구성원으로 하여금 목표달성이라는 리더십효과로 이어지도록 할 것인지를 명확히 해주는 이론이다.
④ [O] House & Evans의 경로 – 목표모형에 따르면 부하의 능력이나 지식이 부족하거나 공식화된 규정(규칙)이 명확하지 않은 과업환경에서는 지시적 리더십이 효과적이고, 반대일 경우에는 참여적 리더십이 효과적이라고 주장한다.

13 정답 ③

③ [×] 매트릭스 구조는 기능구조와 사업구조의 화학적 결합을 시도하는 조직구조이다.

오답 분석

① [O] 학습조직은 개방체제와 자아실현적 인간관을 바탕으로 조직원이 새로운 지식을 창출하는 한편, 이를 조직 전체에 보급해 조직 자체의 성장·발전·업무수행능력을 증가시킬 수 있도록 지속적인 학습활동을 전개하는 조직이다.
② [O] 네트워크 구조는 조직의 자체 기능은 핵심역량 위주로 합리화하고, 여타 기능은 외부기관들과 계약관계를 통해 수행하는 조직구조방식이다. 하나의 조직이 모든 기능을 수행하는 방식에서 탈피하여 회계, 제조, 포장, 유통 기능 등은 외부기관들에 아웃소싱하여 조직본부와 연결하는 방식이다.
④ [O] 가상조직은 영구적이라기보다는 잠정적이고 임시적 조직으로 볼 수 있다.

14 정답 ④

④ [×] PPBS(계획예산)은 참여가 제한되는 예산결정 방식으로 참여적 관리와 관련이 없다.

오답 분석

①②③ [O] 민주적 관리의 핵심은 '참여'이다. ZBB(영기준예산), MBO(목표에 의한 관리), 브레인스토밍(brainstorming) 모두 관련자들의 참여를 바탕으로 이루어지는 것이다.

15 정답 ③

③ [×] 직위분류제는 전체 조직업무를 체계적으로 분업화하고 각 직무를 분석하여 한 사람이 수행할 수 있는 적정량을 정하는 구조 중심의 접근이다. 직무를 분석하여 적정 업무량을 정하는 것이지 조직상위계에서 고려하는 것이 아니라서 틀린 지문이다.

오답 분석

① [O] 계급제는 사람이 가지는 개인적 특성, 즉 신분, 학력, 경력, 자격 등을 기준으로 유사한 특성을 가진 사람들을 하나의 범주나 집단으로 구분하여 계급을 형성하는 제도이다.
② [O] 직위분류제는 직책 중심으로 직무의 난이도와 책임의 경중에 따라 등급을 설정하고, 이에 따라 공직을 분류하는 제도이다.
④ [O] '동일업무에 대한 동일보수'라는 보수의 형평성 요구와 실적주의제의 요구가 직위분류제의 출발에 시동을 걸었다고 할 수 있다.

16 정답 ①

① [×] 공직충원의 개방성을 확대하면 직업공무원제를 저해하는 것이다. 직업공무원제는 폐쇄형, 계급제, 일반가주의 등을 기반으로 한다.

오답 분석

② [O] 계급제에서는 계급만 동일하면 전직·전보가 가능하여 인력의 탄력적 관리가 용이하다.

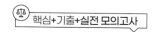

③ [O] 엽관주의는 국민의 지지를 받은 정당의 당원이 관직에 임명되므로 행정에 대한 민주적 통제가 강화되고 실정(失政)에 대한 책임 추궁이 가능하다.

④ [O] 대표관료제는 "관료들은 누구나 자신의 사회적 배경 (출신집단)의 가치나 이익을 정책과정에 반영시키려고 노력한다."라는 명제를 전제로 한다.

17 정답 ①

① [O] 재정민주주의란 재정주권이 납세자인 국민에게 있다는 것이다. 협의로는 국가의 재정활동은 국민의 대표기관인 국회의 의결(예산 심의)에 의하여 행해지도록 해야 한다는 의미이며, 광의로는 납세자 주권, 즉 재정주권이 납세자인 국민에게 있다는 것이다. 예산심의는 국민의 대표기관인 입법부가 입법부의 의도를 구현하고 행정부에 의한 재량권의 남용 여부를 감독하는 일종의 행정통제 기능(재정민주주의 실현)이다.

오답 분석

②③④ [X] 재정민주주의의 핵심은 '국민'이 주체가 되는 것이다. 예산집행은 각 중앙관서, 회계검사는 감사원, 예비타당성조사는 기획재정부 등이 주체이므로 재정민주주의와는 거리가 멀다.

18 정답 ②

② [O] 품목별 예산제도는 예산을 지출대상인 품목으로 분류해 편성하는 예산제도이다. 지출대상인 인건비(기본급·수당), 물건비(관서운영비·여비·복리후생비) 등을 의미한다. 지출대상과 한계를 규정함으로써 예산지출의 통제를 기하려는 예산제도이다.

오답 분석

① [X] 성과주의 예산제도는 업무단위 비용과 업무량의 파악을 통해 효율성(효과성 X)을 높이고자 한다. 성과주의 예산제도에는 관심이 투입과 산출이다. 즉 성과주의 예산제도는 관심이 효율성(능률성)이고 계획예산제도는 투입, 산출, 결과(성과)라는 효과성에도 관심을 둔다.

③ [X] 성과주의 예산제도가 산출에 초점을 맞춘 것이라면 새로운 성과주의 예산제도는 사업수행의 결과, 즉 진정한 의미의 성과에 초점을 맞추는 제도이다.

④ [X] 계획예산제도는 목표(계획)와 예산을 프로그램으로 연결하려는 예산제도지만, 투명성과 대응성을 높이는 것은 아니다. 투명성과 대응성을 높일 수 있는 예산제도는 신성과주의 예산제도이다.

19 정답 ②

② [X] 지역 간 격차 완화는 중앙집권의 장점이다. 즉 중앙집권은 중앙정부의 조정으로 지역 간 격차를 조정하고 균형적인 지역발전을 도모할 수 있다.

오답 분석

① [O] 행정에 대한 주민통제가 용이하여 행정의 민주화를 구현할 수 있다.

③ [O] 일선 행정에서 신속한 의사결정과 행정처리가 가능하여 지역주민에 대한 행정의 대응성을 제고할 수 있다.

④ [O] 지방공무원 및 주민의 사기를 앙양하고 창의력을 제고하여 지역경제와 지역문화의 형성에 기여할 수 있다.

20 정답 ④

모두 옳은 지문이다.

주민자치와 단체자치의 비교

구분	주민자치	단체자치
자치의 의미	정치적 의미(민주주의사상)	법률적 의미(지방분권사상)
자치권의 인식	자연법상의 천부적 권리(고유권설 = 지방권설)	실정법상 국가에 의해 주어진 권리(전래설 = 국권설)
자치의 중점	지방자치단체와 주민과의 관계	지방자치단체와 국가와의 관계
추구 이념	민주주의	지방분권
자치의 범위	광범	협소
권한배분의 방식	개별적 지정주의(열거주의)	포괄적 위임주의(예시주의)
중앙통제의 방식	입법적·사법적 통제	행정적 통제
지방정부의 형태	기관통합형(의원내각제식)	기관대립형(대통령제식)
사무구분	자치사무와 국가위임사무 비구분	자치사무와 국가위임사무 구분
조세제도	독립세주의	부가세주의
중앙·지방 간 관계	기능적 협력관계	권력적 감독관계
위법행위통제	사법재판소	행정재판소

21 정답 ①

① [X] 욕구체계이론은 Maslow의 동기이론으로서 예산과는 관련이 없다.

오답 분석

② [O] 다중합리성 모형에서 예산 혹은 정책과정의 각 단계별로 영향을 미치는 '합리성'은 경제적 기준만 있는 것이 아니라 정치적·사회적·법적 측면에서 다양한 형태로 존재해 모두 예산에 의미 있는 영향을 미친다.

③ [O] 단절균형이론은 예산재원의 배분형태가 항상 일정하게 유지되는 것이 아니라, 특정 사건이나 상황에 따라 균형 상태에서 급격한 변화가 발생하는 단절현상이 발생하고 이후 다시 균형을 지속한다는 예산이론이다.

④ [O] 점증주의는 의사결정자의 분석능력 및 시간이 부족하고 정보도 제약되어 있으며, 대안 비교의 기준마저 불분명한 상태에서는 현존 정책에서 소폭적인 변화만을 대안으로 고려해 정책을 결정할 수밖에 없다고 보고, 전년도의 예산액을 기준으로 다음 연도의 예산액을 결정하는 방법이다.

22 정답 ③

③ [O] 재정자주도에 관한 내용이다. 재정자주도는 지방정부 일반회계 세입에서 자주재원과 지방교부세를 합한 일반재원의 비중을 말한다.

오답 분석

① [×] 재정자립도는 자치단체의 일반회계 세입총액 중에서 자주재원이 차지하는 비중을 의미한다.

④ [×] 재정력지수는 지방자치단체가 기초적인 재정수요를 어느 정도 자체적으로 해결할 능력을 가지고 있는가를 추정하는 지표이다.

23 정답 ④

④ [×] 관료제하에서 구성원들은 인간으로서의 감정이나 충동을 멀리하는 비정의적 행동(impersonal conduct)이 기대된다.

오답 분석

① [O] 조직이론의 시작은 테일러의 과학적 관리론에서 찾을 수 있으며, 1900년대 초까지 효율성과 구조중심의 사상을 담고 있었다.

② [O] 관료제론은 고전적 조직이론으로서 합리적 경제인, 공식구조, 기계적 능률성 등을 특징으로 한다.

③ [O] 계층구조는 곧 관료제의 기본적 특징으로서 피라미드 모양의 구조를 가지며 명령과 통제가 위로부터 아래로 전달되는 특성을 가진다.

24 정답 ①

① [×] 공공선택론은 방법론적 개체주의(개인주의)를 특징으로 한다.

오답 분석

② [O] 공공선택론은 시장의 범주 밖에서 일어나는 결정행위를 경제학적으로 연구하는 이론이다.

③ [O] 공공선택론은 정부를 공공재의 생산자(공급자), 시민은 공공재의 소비자로 간주하고, 정부에 의한 공공재의 공급에 있어서 시민의 선택을 중요시하는 접근방법이다.

④ [O] 중위투표자이론(median vote theorem)도 공공선택론의 일종이다. 중위투표자이론은 양당제하에서 중위대안이 채택되는 과정과 그 결과의 비효율성을 설명하는 모형이다.

25 정답 ③

③ [×] 총액배분자율편성제도는 각 부처의 세부사업을 검토하는 것은 아니므로 앞부분의 설명은 옳다. 하지만 부처예산요구 총액의 적정성을 검토하는 것은 아니다. 중앙예산기관인 기획재정부는 이미 지출한도인 총액을 정해 각 중앙관서에 통보했기 때문에 기획재정부가 할 역할은 각 중앙관서의 예산요구가 지출한도와 편성기준을 준수하였는지를 검토하고 국가재정운용계획의 정책방향과 우선순위에 부합되는지를 확인하는 것이다.

02 2020. 7. 18. 군무원 기출문제

ANSWER　　　본문 56~59쪽

01 ①	02 ①	03 ④	04 ②	05 ①
06 ③	07 ③	08 ②	09 ④	10 ①
11 ③	12 ②	13 ③	14 ②④	15 ①
16 ④	17 ①	18 ①	19 ②	20 ④
21 ④	22 ①③	23 ③	24 ①	25 ②

01 정답 ①

① [×] 왈도가 아니라 사이먼(Simon)의 내용이다. 왈도는 'art' 또는 'professional'이란 용어로 지칭하였다. 이는 행정의 활동 자체를 처방하고 치료하는 행위를 말한다.

◑ 과학성과 기술성

1. 행정학의 과학성
   (1) 의의 : 행정 현상의 원인과 결과를 밝히는 것. 설명성, 인과성, 유형성, 객관성 강조
   (2) 내용
      ① 결정론에 기초한 인과적 설명에 초점
      ② 행태주의에서 강조. 논리실증주의에 바탕을 두고 엄격한 경험적 접근방법 강조
      ③ 이론이나 모형의 정립 시 개념의 조작적 정의, 가설의 경험적 검증, 자료의 수량적 처리 등 강조
      ④ 대표적인 학자는 사이먼(Simon)과 란다우(Landau)

2. 행정학의 기술성
   (1) 의의 : 처방하고 치료하는 행위(Waldo), 목표의 효율적인 성취 방법(Simon)
   (2) 내용
      ① 신행정론(Waldo)에서 행정학의 가치문제, 문제해결 지향성, 처방성, 실천성 등 강조
      ② 대표적인 학자는 Waldo, Marx, Sayre 등

3. 행정학의 종합적 성격
   기술성이나 전문성을 강조했던 왈도(Waldo)도 과학성을 부인하지는 않았으며, 동시에 과학성을 강조했던 사이먼(Simon)도 행정학의 기술성을 인정했듯이 기술성과 과학성은 상호보완적

02 정답 ①

① [×] 사회적 능률은 1930년대 중반 이후 인간관계론의 등장과 더불어 디목(Dimock)에 의해 강조된 개념이다. 이는 과학적 관리론에 입각한 기계적·금전적 능률관을 비판하고 행정의 사회 목적 실현, 다원적인 이익들 간의 통합 조정 및 행정조직 내부에서의 구성원의 인간적 가치의 실현 등을 내용으로 하는 능률관이다. 따라서 사회적 능률은 민주성의 개념으로 이해되기도 한다. 참고로, 사회적 형평성은 1970년대 신행정론에서 강조한 개념이다.

03 정답 ④

④ [×] 조직 혁신의 4대 변수는 업무, 구조, 기술, 인간이다.

04 정답 ②

② [×] 지방자치분권 및 지방행정체제개편에 관한 특별법에 따르면 시·군·자치구와 특별자치도, 그리고 특별시와 광역시가 아닌 인구 50만 이상 대도시 및 100만 이상 대도시의 행정·재정 운영 및 지도·감옥에 대하여는 그 특성을 고려하여 관계 법률에서 정하는 바에 따라 특례를 둘 수 있다.

05 정답 ①

① [×] 행정학에서 가치에 관한 연구가 본격적으로 관심을 끌기 시작한 것은 '신행정론'이 등장한 이후부터이다.

◑ 신행정론

신행정론을 주창한 학자들은 1960년대 당시 미국의 정치사회가 흑인폭동, 베트남전 개입 등 격동의 소용돌이 속에 휩싸였는데도 기존의 행정학이 이러한 사회문제 해결에 아무런 도움이 되지 못하고 있는 것에 대해 불만을 제기했다. 그들은 기존의 행정학이 사회문제를 해결하지 못하는 주요 원인이 논리실증주의에 입각한 행태론적 학문 자세에 있다고 보았다. 그로 인하여 신행정론은 행태주의를 비판하고 당시의 사회문제를 해결하기 위해서는 현실 적합성과 실천성을 갖는 처방적 학문이 필요하다는 점을 강조했다. 처방을 위해서는 경험적·실증적 지식뿐만 아니라 당위적·규범적 지식도 필요로 하게 되었고, 따라서 가치의 문제가 주요한 연구 대상으로 부각되었다. 이러한 가치의 문제를 연구 대상으로 하는 학문 분야가 행정철학이다.

06 정답 ③

③ [×] 직관이나 영감에 기초한 결정은 최적모형이다. 한편, 만족모형은 정책담당자들이 의사결정을 할 때 합리모형과 같이 모든 대안을 검토하는 완전한 합리성 혹은 최선의 합리성을 추구하는 것이 아니라 인적 자원, 물적 자원, 시간, 공간 등 여러 가지 제약 요건 하에서 만족할 만한 수준에서 의사결정을 진행한다.

07 정답 ③

③ [×] 경쟁의 심화는 문제점으로 볼 수 없다.

오답 분석

② [○] 민영화의 취지는 서비스의 품질을 제고하기 위한 것이지만, 지나치게 비용절감을 강조하는 경우에는 서비스의 품질이 저하될 우려가 있다.

● 민영화의 필요성과 한계

1. 필요성(효용)
   (1) 효율성 증진 : 시장적 요소를 도입하여 비용절감과 업무수행의 효율화 도모
   (2) 정부규모의 적정화와 작은 정부 구현 : 공무원 수 또는 필요한 시설·설비 등에서 정부규모를 최저수준으로 유지
   (3) 민·관의 협력 : 행정기능을 민간과 분담·협력하여 처리함으로써 민간의 행정참여를 활성화하고 행정에 대한 민주적·자율적 통제 강화
   (4) 업무의 전문성 제고 : 민간의 전문적 기술을 활용하여 보다 나은 서비스 제공
   (5) 행정서비스의 질적 향상 : 더 나은 수준의 서비스 제공
   (6) 민간경제의 활성화 : 민간부문의 자본과 인력을 활용함으로써 민간경제 활성화
   (7) 자본시장의 저변 확대 : 종업원 지주제도의 확장으로 종업원들의 기업에 대한 애착심을 강화하고 나아가 주식의 광범위한 분산보유로 자본시장의 저변 확대
   (8) 정부재정의 건전화 : 부실 공기업의 매각으로 정부 재정 부채 감소
   (9) 보수 인상 요구의 자제(정부부문 노조의 영향력 억제) : 공기업이 민영화되면 파산의 위협이 높아지기 때문에 부당한 임금인상 자제

2. 한계
   (1) 책임소재의 불분명 : 정부와 공급자 간 책임전가의 우려
   (2) 독점화 : 민간공급자의 독점성을 부추겨 가격인상·능률성 저하 등의 폐단 초래
   (3) 형평성의 저해 : 구매력이 없는 저소득층 등에 대해서는 서비스를 기피하는 문제 발생
   (4) 서비스공급의 안정성 저해 : 민간부문은 이윤이 보장되지 않는 사업은 언제든 포기 가능
   (5) 가격의 인상 : 수익자부담주의나 원가계산 등 시장원리에 따르게 되므로 서비스 가격의 인상 우려

   ≫ 기타
   1. 역대리인 이론(도덕적 해이) : 민간공급자 선정 시 정보부족으로 인해 올바른 공급자 선정 불가
   2. 변화의 적응에 대한 신축성의 감소 : 계약으로 인해 감소시키지 못하는 경우 발생
   3. 서비스의 누출 : 바우처(Voucher)의 경우 지정 상품을 구입하지 않고 다른 상품을 구입
   4. 크림 스키밍(Cream Skimming) 현상 : 민간기업은 수익성이 좋은 기업만 인수 선호
   5. 취업기회의 축소, 공무원 수 증가의 은폐, 불공정거래의 위험, 정치적 오용의 위험, 거래비용의 증가 등

08 정답 ②

② [×] 지방재정에도 도입되어 있다. 조세지출은 정부가 징수해야 할 세금을 받지 않고 포기한 액수를 의미한다. 조세감면은 조세특혜, 합법적 탈세, 숨은 보조금이라고 한다.

> 지방세특례제한법 제5조(지방세지출보고서의 작성) ① 지방자치단체의 장은 지방세 감면 등 지방세 특례에 따른 재정 지원의 직전 회계연도의 실적과 해당 회계연도의 추정 금액에 대한 보고서 (이하 "지방세지출보고서"라 한다.)를 작성하여 지방의회에 제출하여야 한다.
> ② 지방세지출보고서의 작성방법 등에 관하여는 행정안전부장관이 정한다.

09 정답 ④

④ [×] 사회적 목표는 관련이 없다.

● 기능에 의한 분류(Etzioni)

1. 질서 목표 : 강제적 조직의 목표(경찰서·교도소의 목표)
2. 경제 목표 : 공리적 조직의 목표(기업의 목표)
3. 문화 목표 : 규범적 조직의 목표(학교·문화·정치단체의 목표)

10 정답 ①

① [×] 과학적 관리론은 핵심을 개인적 기술보다는 공식적 구조에 두었다. 조직 내의 인간은 분업과 생산성 증대를 위해 기계의 부속품처럼 움직여 주기를 바라는 X이론적 인간관으로 간주했다.

● 과학적 관리론

1. 의의
   (1) 대량생산 체계에 따른 대규모 조직을 능률적이고 과학적으로 관리하려는 경영 합리화 운동(처음에는 이론이라기 보다는 과학적 관리 운동으로 출발)
   (2) Taylor의 시간동작연구, Ford의 이동조립법, Fayol의 일반 및 산업관리론(14대 원리)

2. 내용(Taylor)
   (1) 인간관 : 합리적 경제인으로 가정(X이론적 인간관)
   (2) 변수 : 계층제나 분업체계 등 공식구조 강조
   (3) 이념 : 기계적 능률성 중시
   (4) 환경관 : 외부환경이나 비공식적 요인을 고려하지 않은 경직된 폐쇄적 조직이론

11 정답 ③

③ [×] 이원적 권한체계로 인하여 무질서와 혼란, 권력투쟁, 갈등이 발생할 수 있다.

❂ 매트릭스의 장·단점

장점	① 각 기능과 사업별 간 조정 원활, 조직원의 협동작업으로 상호 이해와 통합 확보 ② 이중구조로 인적 자원의 경제적 활용 도모 ③ 불안정하고 변화가 빈번한 환경에서 적절한 대응과 복잡한 의사결정 가능 ④ 조직 단위 간에 정보 흐름의 활성화
단점	① 이중 구조로 조직원이 혼란을 느낄 수 있고, 경우에 따라서 책임과 권한의 한계 불명확 ② 기능부서와 사업부서 간 갈등 발생 ③ 조직 간에 할거주의가 있을 경우 조정이 어려움. ④ 조직원이 매트릭스 구조의 특성을 이해하지 못하면 업무 처리에 혼선 초래

12 정답 ②

② [○] 목표달성기능은 정치조직과 관련된다.

❂ Parsons의 조직유형

구분	특징	예
적응조직	환경에 대한 적응의 기능	경제적 조직(사기업체)
목표달성조직	사회체계의 목표 수립·집행	정치조직(행정기관)
통합조직	사회구성원의 통제와 갈등조정	통합조직(정당, 사법기관)
형상유지조직	사회체제의 유형 유지	학교, 교회 등

13 정답 ③

③ [○] 시간선택제채용공무원에 관한 내용이다.

오답 분석

① [×] 시간선택제전환공무원은 통상적인 근무시간(주 40시간, 일 8시간)동안 근무하던 공무원이 본인의 필요에 따라 시간선택제 근무를 신청하여 근무하는 제도이다.

❂ 임기제공무원의 유형

1. 일반임기제 공무원: 직제 등 법령에 규정된 경력직 공무원의 정원에 해당하는 직위와 책임운영기관의 장의 직위에 임용되는 임기제 공무원
2. 전문임기제 공무원: 특정 분야에 대한 전문적 지식이나 기술 등이 요구되는 업무를 수행하기 위하여 임용되는 임기제 공무원
3. 시간선택제 임기제 공무원: 통상적인 근무시간보다 짧은 시간(주당 15시간 이상 35시간 이하의 범위에서 임용권자 또는 임용제청권자가 정한 시간을 말한다.)을 근무하는 일반임기제 공무원 또는 전문임기제 공무원
4. 한시임기제 공무원: 휴직을 하거나 30일 이상의 휴가를 실시하는 공무원의 업무를 대행하기 위하여 1년 이내의 기간 동안 임용되는 공무원으로서 통상적인 근무시간보다 짧은 시간을 근무하는 임기제 공무원

14 정답 ②④

② [○] 예산의 이체에 해당한다. 예산의 이체란 정부조직 등에 관한 법령의 제정·개정 또는 폐지로 인하여 그 직무와 권한에 변동이 있을 때 예산집행에 관한 책임 소관을 변경시키는 것을 말한다.

④ [○] 예산의 이용은 입법과목(장·관·항) 간의 상호융통을 말한다.

오답 분석

① [×] 예산의 전용은 행정과목(세항·목) 간에 상호융통하는 것을 말한다.

③ [×] 예산의 이월은 예산을 다음 회계연도에 넘겨서 다음 연도의 예산으로 사용하는 것을 말한다.

15 정답 ①

① [×] '현대'의 의미를 어떻게 이해할지가 주요 포인트이다. 행정학에서 시기를 구분할 때 고전, 신고전, 현대로 구분한다면 고전기에 강조했던 이념은 능률성, 신고전기에 강조했던 이념은 민주성, 현대에 와서는 다양한 이념들이 강조되었다. 따라서 문제에 맞는 선택지는 ①번이라고 보면 된다. 참고: 최종적으로는 '정답없음'으로 처리되었음.

오답 분석

④ [○] 성찰성은 개인적 삶과 사회적 삶을 두고 끊임없이 행하는 자기 감시와 관련된 속성을 의미한다. 담론의 구성에 관여하며 포스트모더니즘의 주제와 상통하는 개념이다.

❂ 행정이념의 변천

이념	개념	대두시기	관련 이론
합법성	법치행정	19세기 초	관료제이론
능률성	투입 대 산출의 비율	19세기 말	행정관리설
민주성	참여, 공개, 책임, 다수결, 대응성	1930년대	통치기능설
합리성	목표 달성을 위한 최적의 수단 선택	1950년대	행정행태론
효과성	목표 달성도	1960년대	발전행정론
형평성	같은 것은 같게, 다른 것은 다르게	1970년대	신행정론
생산성	능률성+효과성	1980년대	신공공관리론
신뢰성	국민을 위한 행정, 예측 가능성이 높은 행정	1990년대	뉴거버넌스론

16 정답 ④

④ [×] 정책결정자의 집행행태는 관련이 없다. 윈터는 정책집행 결과를 결정하는 4가지 조건을 다음과 같이 유형화하고 있다.

> 1. 정책형성 국면
>   (1) 성공적 집행의 가능성은 정책형성 국면에서 갈등 정도에 반비례
>   (2) 타당한 인과이론의 기반 ⇨ 집행 가능성 제고
>   (3) 상징적 이유로 채택된 정책 ⇨ 집행 가능성 저하
>   (4) 정책집행의 성공은 정책형성과정에서 주창자들이 보이는 관심의 정도에 비례
> 2. 조직 및 조직 간 집행국면: 조직 간의 상이한 목표와 갈등은 정책의 지연이나 실패 초래
> 3. 일선관료의 행태변수: 일선관료의 직무환경과 행태
> 4. 대상집단의 행태와 사회경제적 조건 변수

17 정답 ①

① [×] 시·군 통합은 광역행정의 일종으로 지역을 넓혀서 하는 행정은 대응성에는 약하다는 단점이 있다.

❷ **광역행정의 장단점**

장점	① 생활권역과 행정구역과의 불일치 해소 ② 규모의 경제 실현 ③ 중복투자로 인한 비효율을 방지하여 행정의 효율성 제고 ④ 지역 간 할거주의와 지역이기주의 극복
단점	① 특정 행정서비스에 대한 비용 부담과 편익의 향유가 일치하지 않는 점 ② 관치행정이 만연할 우려와 지방자치를 약화시키는 점 ③ 기초자치단체의 행정수요를 경시할 가능성 ④ 행정의 말단까지 침투하기가 곤란한 점

18 정답 ①

① [×] 조세 감면 확대는 보수주의 정부에서 선호하는 정책이다.

❷ **진보주의 vs 보수주의**

구분	진보주의	보수주의
기본 정책	• 소외집단을 위한 정책 • 공익 목적의 정부 규제 • 조세제도를 통한 소득 재분배 • 낙태금지를 위한 정부권력 사용 반대 • 공립학교에서의 종교교육 반대	• 소외집단 지원정책을 선호하지 않음. • 경제적 규제완화, 시장지향적 정책 • 조세 감면과 완화 • 낙태금지를 위한 정부권력 사용 찬성 • 공립학교에서의 종교교육 찬성

19 정답 ②

옴부즈만은 잘못된 행정에 대한 공무원의 설명을 요구하고, 필요사항을 조사하며, 민원인에게 결과를 알려 주고 공표하기도 하는 행정감찰관이다. 영국과 미국에서는 민정관 또는 호민관이라는 뜻으로 사용된다. 1809년 스웨덴에서 처음 도입하였고, 1960년대 이후 여러 나라에서 채택하였다.

② [×] 옴부즈만은 외부통제에 해당한다. 일반적으로 외부통제의 한계로 인하여 내부통제가 강조되기 때문에 지문은 틀렸다고 할 수 있다.

20 정답 ④

④ [×] 고위공무원단을 포함한 1급~2급에 해당하는 직위 모두를 개방형 직위로 간주하는 것이 아니라, 고위공무원단을 포함한 1급~4급에 해당하는 직위의 20%를 개방형으로 임용한다.

[오답 분석]

③ [O] 5급으로의 승진은 '심사'를 통해서 더 많이 이루어지고 있기 때문에 논란이 될 수 있는 지문이다.

21 정답 ④

④ [×] 예산의 재배정은 예산집행의 통제방안에 해당한다.

예산집행의 통제방안	예산의 배정, 예산의 재배정, 지출원인행위 통제, 정원과 보수의 통제, 예비타당성제도, 총사업비 관리제도 등
예산집행의 신축성 방안	예산의 이용, 예산의 전용, 예산의 이체, 예산의 이월, 예비비, 총괄예산제도, 국고채무부담행위 등

22 정답 ①③

③ [O] 주민소환, 주민투표, 주민소송, 주민감사청구는 지방자치법에서 인정하는 주민직접참여제도이다.

[오답 분석]

②, ④ [×] 주민참여예산은 지방재정법에 근거를 두고 있지만, 주민총회는 지방자치법에 규정되어 있지 않다.

❷ **주민참여제도의 근거법**

주민발안	주민감사 청구	주민투표	주민소송	주민소환	주민참여 예산
지방자치법 주민발안법	지방자치법	지방자치법 주민투표법	지방자치법	지방자치법 주민소환법	지방재정법

23 정답 ③

③ [○] 엽관주의는 국민의 요구에 대한 관료적 대응성 향상에 기여하는 인사제도이다.

오답 분석

①, ②, ④ [×] 실적주의의 장점(엽관주의의 단점)이다.

● 엽관주의 장단점

장점	정당이념의 실현(정당정치의 실현), 평등이념 구현, 관료제의 쇄신, 정책변동에의 대응과 리더십 강화, 행정의 민주성과 대응성·참여성·책임성 확보
단점	행정의 계속성·안정성 저해, 전문성 저해, 비능률과 낭비, 행정의 부패, 관료의 정당사병화, 기회균등의 저해 등

24 정답 ①

① [×] 국경일의 제정은 상징정책, 정부기관 개편은 구성정책에 해당한다.

● 정책의 유형

1. 분배정책 : 나눠먹기식 다툼(포크배럴, 돼지구유통정치 : Pork-barrel politics)이라 함. 투표의 담합(로그롤링 : Log-rolling), 세부사업으로 쉽게 분해됨.
   예 사회간접자본(도로·항만·공항) 건설, 국·공립학교 교육서비스 제공, 국유지 불하, 수출특혜금융, 영농정보제공, 지방자치단체에 국고보조금 지급, 연구개발비 지원, 주택자금의 대출, 택지 분양 등
2. 규제정책 : 다원론적 정치과정이 나타남. 법률의 형태를 띰.
   예 환경오염규제, 독과점규제, 공공요금규제 등
3. 재분배정책 : zero sum game, 재산권 행사가 아니라 재산 자체를 중시, 계급대립적 성격, 엘리트론적 시각에서 이해됨.
   예 임대주택의 건설, 기초생활보장법, 통합의료보험정책, 누진소득세, 종합부동산세, 역교부세, 세액공제나 감면, 연방은행의 신용통제 등
4. 구성정책 : 헌정 수행에 필요한 운영규칙과 관련됨. 정부의 총체적 기능에 초점. 정부는 권위적 성격. 정부기관의 신설이나 변경, 선거구 조정, 공직자 보수와 공무원 연금에 관한 정책 등 포함
5. 상징정책 : 경복궁 복원, 군대 열병, 월드컵 개최 등 국민 전체의 자긍심을 높이기 위한 정책
6. 추출정책 : 조세, 병역, 물자수용, 노력동원 등과 관련된 정책
7. 자율규제정책 : 의사회나 변호사회에 규제권한 부여
8. 보호적 규제정책 : 식품 및 의약품의 사전허가, 의약분업(약품오남용으로부터 보호), 개발제한구역(그린벨트) 지정, 근로기준 설정, 최저임금제, 독과점규제, 불공정 거래행위 제재, 남녀고용평등법, 성희롱행위 규제 등
9. 경쟁적 규제정책 : 많은 이권이 걸려 있는 서비스나 용역을 특정한 개인이나 기업체, 단체에게 부여하면서 이들에게 특별한 규제 장치를 부여하는 정책
   예 항공기 노선배정, 이동통신 사업자 선정 등

25 정답 ②

② [×] 재산등록의무자는 4급 이상의 국가공무원 및 지방공무원과 이에 상응하는 보수를 받는 별정직 공무원이다.

● 재산등록의무자

1. 대통령·국무총리·국무위원·국회의원 등 국가의 정무직 공무원
2. 지방자치단체의 장, 지방의회의원 등 지방자치단체의 정무직 공무원
3. 4급 이상의 일반직 국가공무원(고위공무원단에 속하는 일반직 공무원 포함) 및 지방공무원과 이에 상당하는 보수를 받는 별정직 공무원 (고위공무원단에 속하는 별정직 공무원 포함)
4. 대통령령으로 정하는 외무공무원과 4급 이상의 국가정보원 직원 및 대통령실 경호공무원
5. 법관 및 검사
6. 헌법재판소 헌법연구관
7. 대령 이상의 장교 및 이에 상당하는 군무원
8. 교육공무원 중 총장·부총장·대학원장·학장(대학교의 학장 포함) 및 전문대학의 장과 대학에 준하는 각종 학교의 장, 특별시·광역시·도·특별자치도의 교육감·교육장 및 교육위원
9. 총경(자치총경 포함) 이상의 경찰공무원과 소방정 및 지방소방정 이상의 소방공무원(소방준감·소방감)
10. 공기업의 장·부기관장 및 상임감사, 한국은행의 총재·부총재·감사 및 금융통화위원회의 추천직 위원, 금융감독원의 원장·부원장 및 감사, 농업협동조합중앙회·수산업협동조합중앙회의 회장 및 상임감사
11. 공직유관단체의 임원
12. 그 밖에 국회규칙, 대법원규칙 및 대통령령으로 정하는 특정 분야의 공무원과 공직유관단체의 직원

03 2019. 6. 22. 군무원 기출문제

본문 60~63쪽

ANSWER

01 ①	02 ②	03 ①	04 ③	05 ①
06 ①	07 ①	08 ①	09 ③	10 ④
11 ②	12 ②	13 ①	14 ②	15 ③
16 ②	17 ①	18 ②	19 ①	20 ①
21 ①	22 ④	23 ①	24 ③	25 ①

01 정답 ①

① [×] 인사권한은 대통령의 권한으로, 국무총리에게 위임한 것은 아니다.

오답 분석

② [O] 야당이 집권당의 다수당을 차지하면 야당이 대통령에게 국정운영에 걸림돌이 되므로 레임덕 현상이 나타난다.

③ [O] 우리나라 정부구성은 대통령제를 원칙으로 하면서, 국무총리 같은 의원내각제적 요소를 가미하고 있다.

④ [O] 시민단체는 비공식적 외부통제에 해당하며 주인─대리인 문제를 시정하여 행정윤리를 강화한다.

02 정답 ②

② [×] 국가행정이 형평성을 중시하는 데 비해 지방행정은 효율성 제고를 더 중시한다.

오답 분석

① [O] 지방행정은 급부행정, 지역행정, 비권력행정, 종합행정, 생활행정 등을 특징으로 한다.

③ [O] 지방자치행정은 중앙정부와 지방정부 간 적절한 기능분담을 통해 행정의 효율성 향상을 기한다.

④ [O] 지방자치행정은 참여를 통한 민중통제와 그에 따른 대응성 제고를 기대할 수 있다.

03 정답 ①

① [O] 내부접근형(음모형)에 해당한다.

오답 분석

② [×] 동원형은 일방적으로 의제화하는 것이 아니라 일반대중이나 관련 집단의 지원을 유도하기 위한 노력을 수행한 뒤 의제를 채택한다.

③ [×] 외부주도형은 정책결정자에게 접근이 용이한 소수의 외부집단과 정책 담당자들이 정책의제를 설정하는 경우로서, 국민의 이익이 도외시된 채 정책과정에 접근이 가능한 소수 외부집단의 이익만 옹호하는 정책이 생성될 수도 있다.

④ [×] 굳히기형은 논쟁의 주도는 정부이고 대중의 지지가 높은 경우이다(P. May).

❖ **P. May의 정책의제설정모형**

대중 지지의 성격 \ 논쟁의 주도자	높음	낮음
사회적 행위자들	외부주도형	내부주도형
국가	굳히기형(공고화형)	동원형

04 정답 ③

③ [×] 계획예산제도는 고도의 전문성을 요하는 예산제도로 참모중심으로 운영되므로, 구성원들의 참여가 제한된다.

❖ **계획예산제도**

장점	① 정책의 목표를 명확하게 하고 수단을 목표에 연결하는 데 유용 ② 기획에 대한 책임소재 분명 ③ 예산지출에 대한 최종결과 파악 ④ 정부에서 프로그램 평가의 양과 질을 획기적으로 증대 ⑤ 조직 간 장벽을 제거한 상태(개방체제)에서 대안을 분석하고 검토하여 자원의 합리적 배분에 기여 ⑥ 장기사업에 대한 신뢰성 제고
단점	① 목표의 설정과 프로그램(사업구조) 작성 곤란 ② 재원배분 권한의 집권화가 강화되어 구성원의 참여 제한(재정민주주의 저해) ③ 분석과정에서 많은 시간과 노력 필요 ④ 고도의 전문성으로 인해 공무원과 의회의 이해 곤란 ⑤ 전문분석가의 영향력은 강해지는 반면 경험 많은 관료의 영향력은 감소 ⑥ 정치적(다원주의적) 이해관계가 배제되어 의회 기능의 약화 초래 ⑦ 목표·계획·사업의 연계성을 높일 수 있으나 과도한 정보 필요 ⑧ 행정부 집권화에 대한 반발과 대중적인 이해가 쉽지 않기 때문에 정치적 실현 가능성이 낮음.

05 정답 ①

① [×] 단층제는 중앙정부의 비대화를 초래한다.

❖ 단층제 및 중층제

1. 단층제의 장·단점	
장점	① 이중행정(감독)의 폐단 방지 ② 신속한 행정 도모 ③ 낭비 제거 및 능률 증진 ④ 행정책임의 명확화 ⑤ 자치단체의 자치권이나 지역의 특수성·개별성 존중 ⑥ 중앙정부와 주민 간의 의사소통 원활
단점	① 국토가 넓고 인구가 많으면 적용 곤란 ② 중앙정부의 직접적인 지시와 감독 등으로 인해 중앙집권화의 우려 ③ 행정기능의 전문화와 서비스공급의 효율성 제고 곤란 ④ 중앙정부 통솔범위가 너무 넓어지게 되는 문제 ⑤ 광역행정이나 대규모 개발사업의 수행에 부적합
2. 중층제의 장·단점	
장점	① 기초와 광역자치단체 간에 행정기능 분담 ② 광역자치단체가 기초자치단체에 대한 보완·조정·지원 기능 수행 ③ 광역자치단체를 통하여 기초자치단체에 대한 국가의 감독기능 유지 ④ 중앙정부의 강력한 직접적 통제로부터 기초자치단체 보호 ⑤ 기초자치단체 간에 분쟁·갈등 조정
단점	① 행정기능의 중복현상, 이중행정의 폐단 ② 기능배분 불명확, 상하자치단체 간 책임모호 ③ 행정의 지체와 낭비 초래 ④ 각 지역의 특수성·개별성 무시 ⑤ 중간자치단체 경유에 따른 중앙행정의 침투가 느리고 왜곡되는 문제

06 정답 ①

① [○] ㉠ 행정쇄신위원회(김영삼정부) – ㉣ 정부혁신지방분권위원회(노무현정부) – ㉢ 정부 3.0(박근혜정부) – ㉡ 열린혁신(문재인정부) 순이 옳다.

07 정답 ①

① [×] 직장협의회는 공무원의 근무조건 개선을 위한 집단으로서 공무원의 신분보장과 권익을 강조하게 되므로 직업공무원제를 더 강화시키는 요인이라고 할 수 있다.

[오답 분석]

② [○] 고위공무원단제도는 신분보장이 능력에 따라 상대화되기 때문에 직업공무원제도의 개선으로 볼 수 있다.

③ [○] 개방형 인사제도는 폐쇄형에 바탕을 둔 직업공무원제의 개선방법에 해당한다.

④ [○] 성과급은 연공급에 바탕을 둔 직업공무원제의 개선방법에 해당한다.

08 정답 ①

① [×] 우리나라의 근무성적평정방법은 직급별로 구분된다. 4급이상은 성과계약 등 평가, 5급 이하는 근무성적평가 방식이다.

❖ 우리나라의 근무성적평정

1. 성과계약평가
   (1) 대상 : 4급 이상 공무원 및 연구관·지도관(단, 소속장관이 인정하는 경우 5급 이하 공무원도 가능) 대상
   (2) 평가시기 : 12월 31일
   (3) 평가자 및 확인자 : 평가자는 상급 또는 상위감독자 중에서, 확인자는 평가자의 상급 또는 상위감독자 중에서 각각 소속장관이 지정
   (4) 성과계약평가의 방법 : 평가등급의 수는 3개 이상으로 함.
2. 근무성적평가
   (1) 대상 : 5급 이하 공무원, 우정직 공무원, 연구직·지도직 공무원
   (2) 평가시기 : 6월 30일과 12월 31일(시기 조정 가능)
   (3) 평가자 및 확인자 : 평가자는 상급 또는 상위감독자 중에서, 확인자는 평가자의 상급 또는 상위감독자 중에서 정함.

09 정답 ③

③ [×] 정책목표는 우선순위가 변하지 않고 안정성을 유지해야 한다.

❖ 정책집행이 성공하기 위한 다섯 가지 조건

1. 타당한 인과이론에 바탕을 둔 것이어야 한다[정책수단과 정책목표 간의 인과관계(기술적 타당성)].
2. 법령이 정확한 정책지침을 갖고 있어야 하며, 대상 집단의 순응을 극대화하도록 구성되어야 한다.
3. 유능하고 헌신적인 관료가 집행을 담당해야 한다.
4. 결정된 정책에 대해 행정부, 입법부, 다수의 이해관계 집단(이익집단)으로부터 지속적인 지지를 받아야 한다(지배기관들의 지원).
5. 정책목표는 집행과정 동안 우선순위가 변하지 않고 안정적이어야 한다.

10 정답 ④

④ [×] 행태론은 행정인 또는 복잡인을 특징으로 한다.

❖ 행태론의 특징과 한계

1. 특징
   (1) 과학적 연구 : 사회현상도 자연과학과 마찬가지로 엄밀한 과학적 연구가 가능하다고 봄.
   (2) 논리실증주의 : 규범적 연구를 거부하고 자연과학적 방법을 활용하며, 개념의 조작화, 가설설정, 자료수집, 검증 등 중시
   (3) 행태의 범위 : 특정 질문에 따른 반응을 통해 파악해 볼 수 있는 태도, 의견, 개성 등도 행태에 포함시킴.
   (4) 경험적 검증 강조 : 행태의 규칙성, 상관성 및 인과성을 경험적으로 입증하고 설명할 수 있다고 봄.
   (5) 가치중립성 : 가치와 사실을 분리하고 검증이 가능한 사실로 연구 범위 제한
   (6) 계량적 기법 중시 : 개념의 조작적 정의(조작화)를 통해 객관적인 측정 방법을 사용하며 자료를 계량적 방법에 의해 분석

(7) 방법론적 개체주의 : 집단의 고유한 특성을 인정하지 않는 방법론적 개체주의의 입장

(8) 종합학문성 : 사회과학은 행태에 공통된 관심을 가지고 있기 때문에 통합된다고 봄.

(9) 원리접근법 비판 : Simon은 '행정의 격언'이라는 논문에서 Gulick의 POSDCoRB 등의 고전적 원리를 경험적 검증을 거치지 않은 격언에 불과하다고 비판

(10) 종합적 관점 : 행정인 또는 복잡인을 강조하고, 종합적 능률 중시

2. 한계

가치배제의 비현실성, 연구범위의 축소, 폐쇄체제적 관점, 행정의 공공성과 정치성 경시, 관조과학(어용학설) 등

---

11 정답 ②

ⓛ [×] 고위공무원의 정치적 임용을 활성화하는 것은 정치가들이 정치를 더 잘하도록 돕는 것이 아니라, 행정수반과 이념을 공유하며 정책을 더 강력하게 추진하기 위한 것이다.

ⓒ [×] 국민에 대한 대응성과 책임성 확보에 유리한 것은 엽관주의이다.

---

12 정답 ②

② [×] 중간관리자들의 지식관리와 정보의 수직적 및 수평적 흐름을 중시하는 것은 '하이퍼텍스형 조직'이다.

오답 분석

① [O] 동형화는 학습을 통해 일어나므로 학습조직과 관련이 있다.

③ [O] 모든 조직구성원이 문제 인지와 해결에 관여하면서, 조직 능력을 제고하기 위해 시행착오를 거치면서 지속적으로 실험할 수 있는 조직이다.

④ [O] 학습조직의 기본 구성단위는 팀으로 수평적 조직구조를 강조하고, 네트워크 조직과 가상조직을 활용한다.

---

13 정답 ①

① [O] 공정거래위원회, 금융위원회, 국민권익위원회 등은 국무총리 소속 위원회이다.

대통령 소속	국가안전보장회의, 민주평화통일자문회의, 국민경제자문회의, 국가과학기술자문회의, 감사원, 국가정보원, 방송통신위원회, 규제개혁위원회, 자치분권위원회, 경제사회노동위원회, 개인정보보호위원회 등
국무총리 소속	국무조정실, 국가보훈처, 법제처, 식품의약품안전처, 인사혁신처, 공정거래위원회, 금융위원회, 국민권익위원회, 원자력안전위원회, 정부업무평가위원회 등

---

14 정답 ②

㉠ [O] 이용과 전용은 목적 한정성 원칙의 예외이다.

㉢ [O] 예비비는 양적 한정성 원칙의 예외이다.

● **한정성(한계성)의 원칙**

1. 의의 : 예산은 주어진 목적, 규모 그리고 시간에 따라 집행되어야 한다는 원칙이다.

2. 예외

(1) 목적 외 사용금지(질적 한정성 원칙)의 예외

이용	입법과목인 장·관·항 간의 상호융통
전용	행정과목인 세항·목 간의 상호융통

(2) 계상된 금액 이상의 초과지출금지(양적 한정성 원칙)의 예외

예비비	예측할 수 없었던 예산 외 지출이나 초과지출에 충당하기 위해 편성
추가경정예산	예산 성립 후 집행과정에서 발생한 사유로 금액을 증액하여 예산 편성

(3) 회계연도 독립의 원칙(시간적 한정성 원칙)의 예외

이월	당해 회계연도 예산의 일정액을 다음 연도에 넘겨서 사용하는 것
계속비	완성에 수년을 요하는 공사나 제조 및 연구개발 사업의 경우 경비의 총액과 연부액을 정해 미리 국회의 의결을 얻은 범위 안에서 수년에 걸쳐 지출 가능
지난 연도 (과년도)수입	지난 연도의 수입을 현재 연도의 수입에 넣는 것
앞당기어 충당·사용	당해연도의 세입으로 세출을 충당하지 못한 경우 다음 연도의 세입으로 미리 앞당겨 충당하여 사용하는 것
국고채무부담 행위	법률에 의한 것과 세출예산금액 또는 계속비의 총액의 범위 안의 것 이외의 채무부담

---

15 정답 ③

③ [×] 윌슨(W. Wilson) 등 초기 행정학자들은 행정과 경영의 관계를 중시하였다.

오답 분석

① [O] 사회문제 해결을 강조하는 것은 정치·행정일원론(공·사행정이원론)에 해당한다. 이는 공행정과 사행정을 구분하는 입장이다.

② [O] 윌슨(W. Wilson)은 정치·행정이원론(공·사행정일원론) 입장이었다. 1887년 발표한 '행정의 연구'는 행정은 순수한 관리현상으로서 수단의 영역에 해당한다(공·사행정일원론)고 주장했다.

④ [O] 행정의 기본가치인 근검절약과 효율성은 엽관주의의 폐해를 경험하면서 경영을 본받아서 강조한 가치라고 할 수 있다.

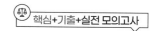

16 정답 ②

② [×] 신제도주의는 비공식적인 것도 제도의 범주에 포함한다.

오답 분석

① [○] 사회학적 신제도주의는 제도적 동형화를 강조한다. 동형화는 강압적 동형화(외부의 압력의 결과로 조직이 변화), 모방적 동형화(성공적인 조직을 모방하는 결과로 동형화가 이루어짐), 규범적 동형화(주로 직업적 전문화과정에서 발생)의 3가지 차원에서 발생한다고 본다. 그리고 이러한 제도적 동형화 과정은 내부적인 조직 효율성의 증대와는 무관하게 발생한다.

③ [○] 구제도주의는 공식적·법적 측면의 기술에 치우친 반면, 신제도주의는 제도의 공식적 측면뿐 아니라 비공식적 측면과 환경과의 교호작용도 중요시한다.

④ [○] 역사적 신제도주의는 한 국가제도의 역사발전은 일정한 경로를 가지게 되며, 제도의 지속성과 시간의 경로의존성으로 인해 정책선택에 제약을 받게 된다고 본다.

✅ 구제도주의와 신제도주의

구분	구제도주의	신제도주의
제도의 개념	헌법, 의회, 내각, 법원, 관료조직 등 공식적·법적인 정부제도	인간의 행태를 제약하기 위해서 고안된 일단의 규칙, 절차, 규범 등 공식적·비공식적 제약
제도의 형성	외생적 요인에 의해 일방적으로 형성	제도와 행위자 간의 상호작용으로 형성
제도의 특성	공식적·유형적·구체적·정태적	비공식적·무형적·상징적·동태적
분석 방법	개별적 제도의 정태적 특성에 대한 서술	다양한 제도적 요소들의 역동적인 관계를 중시하는 분석적 접근
접근법	거시	거시와 미시의 연계

17 정답 ①

① [×] 성인지 예산은 여성위주의 예산이 아니라 남녀 모두에게 적용되는 예산이다. 성인지 예산은 기존의 예산이 성평등에 미치는 영향을 분석하여 궁극적으로 남녀 간 적극적인 결과의 평등을 구현하려는 것을 목표로 한다.

오답 분석

② [○] 성인지 예산의 적용범위에는 기금(基金)도 포함된다.

③ [○] 성별영향분석평가는 정책이 성평등에 미칠 영향을 사전에 분석한다.

④ [○] 예산의 편성, 심의, 집행, 결산 과정에 모두 적용된다.

> 국가재정법 제26조(성인지 예산서의 작성) ① 정부는 예산이 여성과 남성에게 미칠 영향을 미리 분석한 보고서[성인지(性認知) 예산서]를 작성하여야 한다.
> ② 성인지 예산서에는 성평등 기대효과, 성과목표, 성별 수혜분석 등을 포함하여야 한다.
> ③ 성인지 예산서의 작성에 관한 구체적인 사항은 <u>대통령령</u>으로 정한다.

> 국가재정법 시행령 제9조(성인지 예산서의 내용 및 작성기준 등) ① 법 제26조에 따른 성인지 예산서(이하 "성인지 예산서"라 한다.)에는 다음 각 호의 내용이 포함되어야 한다.
> 1. 성인지 예산의 개요
> 2. 성인지 예산의 규모
> 2의2. 성인지 예산의 성평등 기대효과, 성과목표 및 성별 수혜분석
> 3. 그 밖에 기획재정부장관이 정하는 사항
> ② 성인지 예산서는 기획재정부장관이 여성가족부장관과 협의하여 제시한 작성기준 및 방식 등에 따라 각 중앙관서의 장이 작성한다.

18 정답 ②

오답 분석

ⓒ [×] 차관은 특수경력직 중 정무직이다.

ⓒ [×] 국가직은 고위공무원단이 운영되고 있지만, 지방직은 고위공무원단이 운영되지 않는다.

19 정답 ①

① [×] 공식성이 낮아지면 재량권이 늘어난다. 공식성과 재량은 반비례 관계이다.

오답 분석

② [○] 조직의 위기는 집권화를 촉진한다.

③ [○] 조직규모가 커지면 수직적·수평적 복잡성도 높아진다.

④ [○] 복잡할수록(분화의 정도가 높으면) 조정이 어려워진다.

✅ 공식화의 특징

1. 단순하고 반복적 직무일수록, 그리고 안정적 환경일수록 공식화는 높아진다.
2. 기계적 구조는 공식화가 높고, 유기적 구조는 공식화가 낮다.
3. 공식화의 수준은 조직변동률과 역의 관계에 있다.
4. 일상화된 기술을 사용하는 조직의 공식화 수준은 비일상적 기술을 사용하는 조직의 경우보다 높다.
5. 조직의 규모가 커질수록 공식화의 수준은 높다.
6. 공식화와 인적 전문화는 상충되는 경향이 있다.
7. 공식화 수준이 높을수록 조직구성원들의 재량이 감소한다.
8. 공식화의 수준이 높으면 목표 성취보다 절차 준수를 우선시키는 행태가 나타난다.

20 정답 ①

① [×] 고객위주의 공공기업가는 신공공관리론의 특징이다.

❷ 신공공서비스론(NPS)

1. 의의
   (1) 신공공관리론이 주력해 왔던 관료중심의 권력배분적 시각이 아닌 정부의 소유주인 시민의 관점에서 다시 출발해야 한다는 것. 시장 메커니즘보다 공동체 가치를 중시하는 공공책임성의 강화를 중시
   (2) 이론적 기초 : 시민행정학, 사회공동체이론, 인간중심 조직이론 (조직인본주의), 신행정학, 현상학, 비판이론, 포스트모던 행정학 (담론이론) 등
2. 특징
   (1) 봉사하는 정부 : 방향잡기보다는 서비스 제공에 초점
   (2) 공익의 중시 : 공익을 행정의 부산물이 아닌 목적으로 보아야 함.
   (3) 전략적 사고와 민주적 행동 : 전략적 사고와 민주적 행동을 강조
   (4) 시민에 대한 봉사 : 시민을 고객으로 대하지 말고 봉사하는 입장 에서 출발
   (5) 책임의 다원성 : 책임의 범주가 단순히 시장지향적인 이윤추구를 달성하는 데 있는 것이 아니라 헌법, 법률, 공동체 가치, 정치규범, 전문직업적 기준, 시민들의 이해 등 광범위
   (6) 인간존중 : 생산성보다는 인간에게 가장 높은 가치와 초점을 부여 하기를 권고
   (7) 시민의식의 가치 중시 : 기업가적 정신보다 시민 정신 강조

21 정답 ①

① [×] 우리나라는 대통령중심제이기 때문에 의원내각제의 국가보다 예산심의과정이 엄격하다.

오답 분석

② [O] 우리나라의 예산심의는 법률이 아닌 예산으로 통과되어 법률보다 하위의 효력을 가진다.
③ [O] 우리나라는 본회의 중심이 아니라 상임위원회와 예산 결산특별위원회 중심으로 심의된다.
④ [O] 국회는 정부의 동의 없이 정부가 제출한 지출예산 각 항의 금액을 증액하거나 새 비목을 설치할 수 없다.

❷ 예산심의의 특징

1. 예산으로 성립(법률보다 하위의 효력)
2. 국회는 정부의 동의 없이 정부가 제출한 세출예산 각항의 금액을 증액하거나 새 비목을 설치할 수 없음.
3. 국회는 정부의 예산안에 대해서 큰 수정을 하지 않음(수정폭이 작음).
4. 본회의 중심이 아니라 위원회 중심으로 심의됨.
5. 예산위원회와 결산위원회가 분리되지 못하고 있고, 전문성이 부족함.
6. 대통령제이므로 심의가 엄격함.

22 정답 ④

④ [×] 공공선택론은 정부실패의 원인을 분석한 이론으로 시 장실패의 가능성을 여전히 안고 있는 문제가 있다.

오답 분석

① [O] 공공선택론은 1960년대 경제학자 뷰캐넌(Buchanan)에 의해 창시되어, 털럭(Tulllock), 다운스(Downs) 등 버지니아 (Virginia) 학파에 의하여 전개되었다.
② [O] 오스트롬(Ostrom) 부부의 민주행정 패러다임은 기존 의 전통 행정이론(관료제론)이 행정에서 민주성과 능률성을 달 성하지 못했다고 주장하면서 윌슨 패러다임을 비판하였다.
③ [O] 공공선택론은 경제학적 분석도구를 국가이론, 투표규 칙, 투표자 행태, 정당정치, 관료 행태, 이익집단 등의 연구에 적용한 것이다(예 유권자는 투표를 통하여 시장에서처럼 자신 의 수요 표출). 사표심리는 공공선택의 규칙하에서 표의 효과 를 극대화하려는 전략적 선택이라고 본다.

❷ 공공선택론

의의	1. 비시장적 의사결정(Non-market Decision-making)에 대한 경제학적 연구 또는 정치학에 경제학을 응용하는 것(Mueller) 2. 정부를 공공재의 공급자(생산자), 국민은 공공재의 소비자로 간주(행정에 관한 소비자 보호운동)
기본 가정과 특징	1. 방법론적 개체주의 : 개인의 효용의 합은 사회전체의 효용과 같다고 봄(집단고유의 특성은 없음). 2. 합리적·이기적 경제인관 : 자신의 선호를 극대화하는 행동 대안 선택(정보의 수준에 따라 결정행위가 달라짐.) 3. 연역적 접근방법 : 복잡한 정치·행정현상을 몇 가지 가정으로 단순화시키고 수학적 공식에 의한 연역적 추론 강조 4. 탈관료제 조직의 처방 : 공공재의 효율적인 공급을 위한 제도적 장치의 마련 강조(중첩적인 관할구역과 분권적·중복적인 조직장치의 필요)

23 정답 ①

① [×] 사회적 자본은 무형적 자본으로, 사용한다고 고갈되거 나 감소하는 것이 아니다.

❷ 사회적 자본

1. 개념
   (1) 타인(피신뢰자)의 행동으로부터 바람직한 결과를 얻을 수 있다는 믿음이다.
   (2) 사회적 자본은 신뢰, 사회적 연계망, 상호호혜의 규범, 믿음, 규율 등을 포함하는 개념이다. 이 중 신뢰는 사회적 자본과 거의 동일한 의미로 사용된다.
2. 비교개념 : 사회적 자본(social capital)은 인적·물적 자원(자본)과는 구분된다.

사회적 자본	무형적	공공재	지속적 교환	시간적 동시성이 전제되지 않음.
물적 자본	유형적	사적재	등가물의 교환	시간적 동시성이 전제됨.

24 정답 ③

③ [O] 지명반론자기법(변증법적 토론)에 해당한다.

오답 분석

① [×] 델파이 기법(Delphi Method)은 질문지를 통해 여러 전문가들의 의견을 획득하고 교환·개발하는 판단적 예측방법이다.

② [×] 브레인스토밍(Brainstorming)은 터무니없는 의견까지도 자유분방하게 허용(난상토론)하는 여건 조성에 의하여 정책대안을 예측하는 기법(비판·평가 금지)이다.

④ [×] 명목집단기법(Nominal Group Technique)은 대안을 제시하고 제한된 집단토론을 거친 다음 바로 표결로 결정하는 방식으로 집단구성원 간 의사소통이 충분하고 원활하게 진행되지 않는다는 단점이 있다.

25 정답 ①

① [×] 집단적 의사결정은 다양한 의견과 지식을 제시할 수 있다.

오답 분석

② [O] 집단적 의사결정 과정에서 소수의 리더에 의해 의견이 제한될 수 있다.

③ [O] 집단적 의사결정은 합의를 유도하는 경우가 많으므로 최선보다 차선책 선택의 오류가 나타날 수 있다.

④ [O] 집단적 의사결정은 다양한 참여자로 인해 책임이 불분명하여 무책임한 행태가 나타난다.

◆ **집단적 의사결정(문제)의 장단점**

장점	단점
① 풍부한 정보동원	① 사회적 압력의 부정적 영향
② 다양한 대안의 탐색	② 소수지배
③ 이해와 수용 촉진	③ 비용·시간소모의 지연
④ 자기반성의 촉진	④ 무책임한 행태
⑤ 모호한 상황의 타개	⑤ 결론의 극단화
⑥ 보다 큰 위험부담능력	
⑦ 의사결정자의 경직성 완화	

04 2019. 12. 21. 군무원 기출문제

본문 64~67쪽

ANSWER

01 ④	02 ④	03 ②	04 ②	05 ①
06 ③	07 ③	08 ④	09 ③	10 ④
11 ③	12 ④	13 ④	14 ②	15 ②
16 ③	17 ①	18 ②	19 ③	20 ①
21 ③	22 ④	23 ①	24 ③	25 ④

01 정답 ④

④ [×] 재분배정책은 부의 이전을 꾀하는 정책이므로 비용부담자들(있는 자들)의 반발이 심하다.

오답 분석

① [○] 누진세는 대표적인 재분배정책의 사례에 해당한다.
② [○] 구성정책은 정부가 일을 하기 위해 정부구조를 만드는 것으로, 정치체제의 구조와 운영에 관련된 것이다. 정부의 조직 개편과 기구의 설치는 구성정책에 해당한다.
③ [○] 배분정책은 특정한 개인, 기업체, 조직, 지역사회에 공공서비스와 편익을 배분하는 것으로, 연구보조금의 지급은 배분정책의 예시이다.

❂ 정책의 유형

1. 분배정책 : 나눠먹기식 다툼(포크배럴, 돼지구유통정치 : Pork-barrel Politics)이라 함. 투표의 담합(로그롤링, Log-rolling), 세부사업으로 쉽게 분해됨.
   예 사회간접자본(도로·항만·공항) 건설, 국·공립학교 교육서비스 제공, 국유지 불하, 수출특혜금융, 영농정보제공, 지방자치단체에 국고보조금 지급, 연구개발비 지원, 주택자금의 대출, 택지 분양 등
2. 규제정책 : 다원론적 정치과정이 나타남. 법률의 형태를 띰.
   예 환경오염규제, 독과점규제, 공공요금규제 등
3. 재분배정책 : Zero Sum Game, 재산권 행사가 아니라 재산 자체를 중시, 계급대립적 성격, 엘리트론적 시각에서 이해됨.
   예 임대주택의 건설, 기초생활보장법, 통합의료보험정책, 누진소득세, 종합부동산세, 역교부세, 세액공제나 감면, 연방은행의 신용통제 등
4. 구성정책 : 헌정 수행에 필요한 운영규칙과 관련됨. 정부의 총체적 기능에 초점. 정부는 권위적 성격. 정부기관의 신설이나 변경, 선거구 조정, 공직자 보수와 공무원 연금에 관한 정책 등 포함
5. 상징정책 : 경복궁 복원, 군대 열병, 월드컵 개최 등 국민 전체의 자긍심을 높이기 위한 정책
6. 추출정책 : 조세, 병역, 물자수용, 노력동원 등과 관련된 정책
7. 자율규제정책 : 의사회나 변호사회에 규제권한 부여
8. 보호적 규제정책 : 식품 및 의약품의 사전허가, 의약분업(약품오남용으로부터 보호), 개발제한구역(그린벨트) 지정, 근로기준 설정, 최저임금제, 독과점규제, 불공정 거래행위 제재, 남녀고용평등법, 성희롱 행위 규제 등
9. 경쟁적 규제정책 : 많은 이권이 걸려 있는 서비스나 용역을 특정한 개인이나 기업체, 단체에게 부여하면서 이들에게 특별한 규제 장치를 부여하는 정책
   예 항공기 노선배정, 이동통신 사업자 선정 등

02 정답 ④

④ [×] 직업공무원제는 폐쇄형－계급제－일반가주의에 바탕을 둔 제도이다. 특히 폐쇄형은 젊은 사람을 최하위 직급에 채용하여 평생토록 공직에 근무하도록 하는 인사제도이므로 개방형에 가까운 상시 고용은 직업공무원제도에 부합하지 않는다.

오답 분석

① [○] 직업공무원제는 공무원의 장기근무를 유도하므로 행정의 계속성·안정성·일관성을 유지할 수 있다.
② [○] 재직 당시(보수)와 퇴직 후(연금)의 생계에 대한 불안감을 제거해야 한다.
③ [○] 직업공무원제는 폐쇄형·계급제·일반가주의, 그리고 신분보장에 입각한 제도로, 특히 폐쇄형은 젊은 사람을 최하위 직급에 채용하여 평생토록 공직에 근무하도록 하는 인사제도이다.

03 정답 ②

② [×] 특별회계는 국가에서 특정한 사업을 운영할 때, 특정한 자금을 보유하여 운영하고자 할 때, 특정한 세입으로 특정한 세출에 충당함으로써 일반회계와 구분하여 회계처리할 필요가 있을 때 법률로 설치(「국가재정법」 제4조)하는 것으로 재정팽창의 원인이 된다.

오답 분석

① [○] 특별회계는 국가에서 특정한 사업을 운영하고자 할 때, 특정한 자금을 보유하여 운용하고자 할 때, 특정한 세입으로 특정한 세출에 충당함으로써 일반회계와 구분하여 회계처리할 필요가 있을 때에 법률로써 설치한다(국가재정법 제4조).
③ [○] 단일성의 원칙과 통일성의 원칙의 예외이다.
④ [○] 특별회계의 재원은 별도의 특정 수입(자체 세입)이나 일반회계로부터의 전입금으로 구성된다.

❂ 특별회계의 장단점

장점	① 기업적 성격의 사업의 수지 명확화 : 경영성과 명확화
	② 재량권의 인정으로 경영의 합리화 추구
	③ 행정기능의 전문화·다양화에 부응
단점	① 예산제도의 복잡화로 세입과 세출의 파악이 어려움.
	② 일반회계와의 교류로 인한 중복발생으로 국가재정의 전체적인 관련성 불분명
	③ 고도의 자율성과 팽창으로 예산통제 곤란
	④ 재정운영의 경직성 초래

04 정답 ②

② [×] 행정기구의 확대 및 공무원 수 증가는 현대 행정의 양적 특징에 해당한다.

◈ 행정국가(현대 행정)의 특징

양적 특징	질적 특징
① 행정기구의 확대 ② 공무원 수의 증가 ③ 예산규모의 팽창 ④ 준공공기관의 증가 ⑤ 행정기능의 확대·강화	① 행정의 전문화·기술화 ② 기획·행정통계·관리과학의 이용 ③ 행정조직의 동태화 ④ 행정평가제도의 확립 ⑤ 광역행정·신중앙집권화 ⑥ 예산의 기획지향성(PPBS) ⑦ 행정책임과 통제 중시 ⑧ 수평적·기능적 협력관계의 중시

05 정답 ①

① [×] 파이너(H. Finer)는 외재적 책임을 강조하고, 프리드리히(C. Friedrich)는 내재적 책임을 강조했다.

오답 분석

② [○] 롬젝(Romzek)과 더브닉(Dubnick)은 통제의 수준과 통제의 원천을 기준으로 관료적 책임, 정치적 책임, 법률적 책임, 전문가적 책임으로 분류하였다.

③ [○] 신공공관리론은 결과를 중시하는 객관적 성과측정을 중시한다.

④ [○] 책임성은 본질적 가치가 아니라 수단적 가치이다.

◈ 내재적 책임 vs 외재적 책임

내재적 책임	Friedrich	① 직업적·관료적·기능적 책임 ② 주관적·자율적·재량적·심리적 책임
외재적 책임	Finer	① 합법적 책임 ② 입법부나 사법부에 대한 책임 ③ 국민에 대한 응답적 책임 : 정치적·민주적 책임
최근의 경향		종래의 정치적·민주적·외재적 책임론으로부터 기능적·재량적·내재적 책임론으로 중점이 전환되고 있음.

06 정답 ③

③ [×] 귤릭(Gulick) 조직은 전통적 조직으로 관료제적 성격을 가진다. 임시체제(Adhocracy)는 관료제와 반대되는 개념으로 매트릭스(Matrix) 조직, 네트워크(Network) 조직, 태스크 포스(Task Force) 등이 해당한다.

오답 분석

① [○] 매트릭스(Matrix) 조직 : 계층적 특성을 갖는 기능구조와 수평적 특성을 갖는 사업구조(프로젝트구조)를 결합한 복합구조의 조직형태이다. 조직환경이 다양하고 복잡해지면서, 조직활동을 기능 부문으로서 전문화시키고 동시에 전문화된 부문들을 프로젝트로 통합시키기 위해 만들어지는 조직이다.

② [○] 네트워크(Network) 조직 : 각기 높은 독자성을 지닌 조직들 간에 협력적 연계장치로 구성된 조직을 말한다.

④ [○] 태스크 포스(Task Force) : 특수한 과업(task) 완수를 목표로 기존의 서로 다른 부서에서 사람들을 선발하여 구성한 팀으로, 목적을 달성하면 해체되는 임시조직이다.

07 정답 ③

③ [×] 행태론은 논리실증주의 입장을 취하므로 가치와 사실을 구분하여 가치는 연구하지 않는다. 즉 가치중립 또는 가치지양적 성격을 가진다.

오답 분석

① [○] 행태론적 접근방법은 규범적 연구보다는 경험적 연구를 강조하고, 비엔나 학파에서 출발한 실증적 연구를 중시한다.

② [○] 행태론적 접근방법은 개념의 조작적 정의(조작화)를 통해 객관적인 측정 방법을 사용하며 자료를 계량적 방법에 의해 분석한다.

④ [○] 행태론적 접근방법은 행태의 규칙성, 상관성 및 인과성을 경험적으로 입증하고 설명할 수 있다고 본다.

◈ 행태론

1. 특징
   (1) 과학적 연구 : 사회현상도 자연과학과 마찬가지로 엄밀한 과학적 연구가 가능하다고 봄.
   (2) 논리실증주의 : 규범적 연구를 거부하고 자연과학적 방법을 활용하며, 개념의 조작화, 가설설정, 자료수집, 검증 등 중시
   (3) 행태의 범위 : 특정 질문에 따른 반응을 통해 파악해 볼 수 있는 태도, 의견, 개성 등도 행태에 포함시킴.
   (4) 경험적 검증 강조 : 행태의 규칙성, 상관성 및 인과성을 경험적으로 입증하고 설명할 수 있다고 봄.
   (5) 가치중립성 : 가치와 사실을 분리하고 검증이 가능한 사실로 연구 범위 제한
   (6) 계량적 기법 중시 : 개념의 조작적 정의(조작화)를 통해 객관적인 측정 방법을 사용하며 자료를 계량적 방법에 의해 분석
   (7) 방법론적 개체주의 : 집단의 고유한 특성을 인정하지 않는 방법론적 개체주의의 입장
   (8) 종합학문성 : 사회과학은 행태에 공통된 관심을 가지고 있기 때문에 통합된다고 봄.
   (9) 원리접근법 비판 : Simon은 '행정의 격언'이라는 논문에서 Gulick의 POSDCoRB 등의 고전적 원리를 경험적 검증을 거치지 않은 격언에 불과하다고 비판
   (10) 종합적 관점 : 행정인 또는 복잡인을 강조하고, 종합적 능률 중시

2. 한계
   가치배제의 비현실성, 연구범위의 축소, 폐쇄체제적 관점, 행정의 공공성과 정치성 경시, 관조과학(어용학설) 등

08 정답 ④

④ [×] 신공공관리론은 정부실패를 배경으로 하는 것으로 규제완화를 특징으로 한다. 여기에는 시장규제 완화, 내부규제 완화 모두 포함된다.

오답 분석

① [○] 신공공관리론에서는 관리자에게 자율과 권한을 부여하여 혁신과 창의를 고취시키는 대신 책임과 (성과)통제를 강화한다.
② [○] 신공공관리론은 민간부분의 경영방식을 적용하여 고객에 대한 대응성을 높이고자 한다.
③ [○] 신공공관리론은 가격메커니즘과 경쟁원리를 활용한 공공서비스의 제공을 강조한다.

09 정답 ③

③ [×] 탈규제정부모형은 내부규제의 완화(시장규제 완화 X)를 강조하는 것이다.

오답 분석

① [○] 시장정부모형은 공공서비스가 얼마나 저렴하게 공급되느냐(저비용)를 주된 공익의 판단 기준으로 삼으며, 서비스 이용권 등 소비자의 선택권을 중시한다.
② [○] 참여정부모형에서는 조직 하층부 일선공무원이나 시민들의 의사결정 참여기회가 최대한 보장될 때 공익이 확보된다고 가정한다.
④ [○] 신축정부모형에서는 정부조직의 항구성(영속성)을 타파하여 비용을 절감하고 공익을 증진시킬 수 있다고 본다.

❷ Peters의 모형

구분	시장적 정부모형	참여적 정부모형	신축적 정부모형	탈내부규제 정부모형
문제 진단	독점	계층제	영속성	내부규제
구조 개혁	분권화	평면 조직	가상 조직	(특정제안 없음.)
관리 개혁	• 성과급 • 민간기법	• TQM • 팀제	가변적 인사관리	관리재량권 확대
정책결정의 개혁방안	• 내부시장 • 시장적 유인	협의 · 협상	실험	기업가적 정부
공익의 기준	저비용	참여 · 협의	저비용, 조정	창의성, 활동주의

10 정답 ④

④ [×] 독립합의형은 단독형과 달리 책임소재가 불명확하다.

❷ **중앙인사기관의 유형**

1. 독립합의형 : 미국의 연방인사위원회, 실적제도 보호위원회, 일본의 인사원	
장점	실적제를 발전시키는 데 유리하며, 합의제에 의한 신중한 의사결정을 할 수 있을 뿐만 아니라, 중요한 이익집단의 요구를 균형 있게 수용
단점	책임소재가 불분명해지고 의사결정이 지연되며, 행정수반으로부터 인사관리수단을 박탈함으로써 정책을 강력하게 추진할 수 없음.

2. 비독립단독형 : 인사혁신처, 미국의 인사관리처, 영국의 내각사무처의 공무원 장관실 등	
장점	책임소재가 분명해지고 신속한 의사결정을 가능하게 하며, 행정수반에게 인사관리수단을 제공함으로써 국가정책을 신속하고 강력하게 추진
단점	독립성의 결여로 인사행정의 정실화를 막기 어려울 뿐만 아니라, 기관장의 독선적 · 자의적 결정을 견제하기 어렵고, 기관장의 잦은 교체로 인해 인사행정의 일관성과 계속성 결여

11 정답 ③

③ [×] 예산의 배정과 재배정은 예산집행의 통제방안이다.

오답 분석

① [○] 총괄예산제도는 항목별로 구분하지 않고 총액만으로 계상하는 것이고, 추가경정예산은 예산이 성립된 후에 생긴 사유로 인해 이미 성립된 예산에 변경을 가할 필요가 있을 때에 정부가 편성하는 예산이다.
② [○] 이용은 입법과목(장 · 관 · 항) 간의 상호융통이고, 전용은 행정과목(세항 · 목) 간의 상호융통이다.
④ [○] 계속비는 완성에 수년도를 요하는 공사나 제조 및 연구개발사업을 위하여 경비의 총액과 연부액을 정하여 미리 국회의 의결을 얻어 지출할 수 있는 경비이고, 예비비는 정부는 예측할 수 없는 예산 외의 지출 또는 예산초과지출에 충당하기 위하여 일반회계 예산총액의 100분의 1 이내의 금액을 예비비(일반예비비)로 세입세출예산에 계상할 수 있다.

12 정답 ④

④ [O] 일선관료제는 정책집행단계와 관련되며 재량이 많다.

✔ 일선관료제(Lipsky)

1. 의의 : 업무수행과정에서 시민들과 자주 접촉하는 공무원(교사, 사회복지사, 경찰, 검사, 하급법원의 판사 등)
2. 일선관료의 업무특성과 업무관행
   (1) 업무특성 : 시민과의 상호접촉, 노동집약적 성격, 높은 재량 등
   (2) 일선관료의 작업환경 : 다양하고 복잡, 과중한 업무와 자원의 부족, 객관적 평가기준의 부재 등
   (3) 업무관행 : 업무의 단순화·정형화·관례화(Stereotypes), 수요의 인위적 제한 등

13 정답 ④

④ [×] X-비효율성은 정부실패의 원인에 해당한다.

시장실패의 원인	공공재의 존재, 외부효과, 자연독점, 불완전 경쟁, 정보의 비대칭성 등
정부실패의 원인	사적목표의 설정, 파생적 외부효과, X-비효율성, 권력의 편재 등

14 정답 ②

② [×] 조직의 규모가 커질수록 구성원들의 공식화가 높아진다.

✔ 조직구조의 기본변수와 특징

변수	주요 특징
복잡성 (분화의 정도)	① 일상적 기술일수록 복잡성이 낮아진다. ② 조직의 규모가 커짐에 따라 복잡성이 증가할 것이다.
공식성 (표준화의 정도)	① 환경이 확실할수록 조직의 공식화 수준은 높아진다. ② 조직의 규모가 클수록 공식화 수준은 높아진다. ③ 기계적 구조는 공식화가 높고, 유기적 구조는 공식화가 낮다.
집권화 (의사결정권한의 집중도)	① 조직의 규모가 커짐에 따라 분권화가 촉진된다. ② 역사가 짧은 조직은 집권화가 촉진된다. ③ 교통·통신 발달은 집권화가 촉진된다.

15 정답 ②

② [O] 2년, 2년이 맞다.

공직자윤리법 제18조의2(퇴직공직자의 업무취급 제한) ① 모든 공무원 또는 공직유관단체 임직원은 다른 법률에 특별한 규정이 있는 경우를 제외하고는 재직 중에 직접 처리한 제17조제2항 각 호의 업무를 퇴직 후에 취급할 수 없다.
② 기관업무기준 취업심사대상자는 다른 법률에 특별한 규정이 있는 경우를 제외하고는 퇴직 전 2년부터 퇴직할 때까지 근무한 기관이 취업한 취업심사대상기관에 대하여 처리하는 제17조제2항 각 호의 업무를 퇴직한 날부터 2년 동안 취급할 수 없다.
③ 제1항 및 제2항에도 불구하고 국가안보상의 이유나 공공의 이익을 위한 목적 등 해당 업무를 취급하는 것이 필요하고 그 취급이 해당 업무의 공정한 처리에 영향을 미치지 아니한다고 인정되는 경우로서 관할 공직자윤리위원회의 승인을 받은 경우에는 해당 업무를 취급할 수 있다.

16 정답 ③

③ [O] 선발 요소, 성숙 효과, 역사 효과 등은 내적 타당성 저해 요인이다.

✔ 외적 타당성 저해 요소

1. 실험조작의 반응효과(호손 효과) : 인위적인 실험환경에서 얻은 실험적 변수의 결과를 모집단에 일반화하기 어려운 현상
2. 실험조작과 측정의 상호작용 : 사전측정 효과와 실험조작 반응효과의 상호작용으로 실험의 결과를 모집단에 일반화하여 적용하기 곤란
3. 다수적 처리에 의한 간섭 : 동일 집단에 여러 번의 실험적 처리를 실시하는 경우 실험조작에 익숙해지는 문제
4. 표본의 대표성 문제 : 실험집단의 표본이 대표성이 없으면 일반화 곤란
5. 크리밍 효과 : 효과가 크게 나타날 사람만 실험집단에 배정하는 현상

17 정답 ①

① [×] 통일성 원칙의 예외에는 특별회계, 목적세, 기금, 수입대체경비 등이 있다. 추가경정예산은 한정성 원칙과 단일성 원칙의 예외에 해당한다.

◎ 예산의 원칙

1. 전통적 예산원칙(Neumark) : '입법부 우위의 예산원칙'으로서 '통제 중심적 예산원칙'
   (1) 공개성의 원칙 : 예산의 편성·심의·집행 및 결산 등 예산과정의 주요한 단계는 '국민'에게 공개해야 한다는 원칙
      예외 신임예산, 국방비·외교활동비·국가정보원 예산 등
   (2) 명료성의 원칙 : 예산은 모든 국민이 이해할 수 있도록 편성하여야 한다는 원칙
      예외 총괄예산, 예비비
   (3) 완전성(포괄성)의 원칙 : 국가의 모든 세입과 세출은 모두 예산에 계상하여야 한다는 원칙. 예산총계주의(총계예산)이라고도 함.
      예외 전대차관, 기금, 순계예산, 현물출자, 수입대체경비 등
   (4) 단일성의 원칙 : 예산은 구조 면에서 가급적으로 단일(회계장부는 단일)하여야 하며 추가경정예산이나 특별회계를 두어서는 안 된다는 원칙
      예외 추가경정예산, 특별회계예산, 기금 등
   (5) 한정성의 원칙 : 예산은 사용목적·사용범위 및 사용기간에 있어서 명확한 한계가 있어야 한다는 원칙
      ① 목적 외 사용금지(질적 한정성 원칙)
         예외 이용·전용
      ② 계상된 금액 이상의 초과지출금(양적 한정성 원칙)
         예외 예비비, 추가경정예산
      ③ 회계연도 독립의 원칙(시간적 한정성 원칙)
         예외 이월, 계속비, 앞당기어 충당사용(조상충용), 과년도 수입 등
   (6) 사전의결의 원칙 : 행정부가 예산집행을 하기 전에 입법부에 의하여 예산이 먼저 심의·의결되어야 한다는 원칙
      예외 사고이월, 준예산, 예비비의 지출, 전용, 재정상의 긴급명령 등
   (7) 통일성의 원칙 : 특정한 세입과 특정한 세출을 직접 연관시켜서는 안 된다는 원칙. 비영향의 원칙이라고도 함. 모든 세입은 국고금으로 수납되고 모든 세출은 세입원과 관계없이 필요에 따라 국고금에서 지출되도록 하는 것
      예외 특별회계, 목적세, 기금, 수입대체경비 등
2. 현대적 예산원칙(행정부 우위의 원칙, Smith ; 관리중심)
   행정부계획의 원칙, 행정부책임의 원칙, 보고의 원칙, 적절한 수단구비의 원칙, 다원적 절차의 원칙, 재량의 원칙, 시기신축성의 원칙, 상호교호적 예산기구의 원칙

18 정답 ②

② [O] 전자거버넌스란 전자공간을 활용하여 거버넌스를 구현하는 것을 말한다. 이는 곧 참여와 공개를 그 요체로 하는 민주성을 제고하는 촉발제가 되고 전자민주주의의 지평을 넓히는 계기가 된다. 전자거버넌스에서는 사람들이 많아도 참여가 용이하므로 다수의 통합적 의사결정 양식이라고 할 수 있다.

19 정답 ③

③ [O] 세금을 납부할 의무가 있는 납세의무자와 세금을 최종적으로 부담할 담세자가 일치하지 않는다는 것은 간접세에 해당한다. 보기 중 재산세와 담배소비세는 국세가 아니라 지방세이다.

◎ 국세의 체계

내국세	직접세	소득세, 법인세, 상속증여세, 종합부동산세
	간접세	부가가치세, 개별소비세, 주세, 인지세, 증권거래세
목적세		교통·에너지·환경세, 교육세, 농어촌특별세
관세		−

20 정답 ①

① [×] 고위공무원단제도는 중앙행정기관에만 도입되어 있으므로 지방공무원에 해당되지 않는다. 별정직, 특정직, 정무직 공무원은 국가와 지방 모두 해당되는 분류이다.

21 정답 ③

③ [×] 국가재정법상 예산안을 회계연도 개시 120일 전까지 국회에 제출하여야 한다. 헌법상으로는 90일 전까지 국회에 제출한다.

> 국가재정법 제33조(예산안의 국회제출) 정부는 제32조의 규정에 따라 대통령의 승인을 얻은 예산안을 회계연도 개시 120일 전까지 국회에 제출하여야 한다.
>
> 헌법 제54조 ① 국회는 국가의 예산안을 심의·확정한다.
>   ② 정부는 회계연도마다 예산안을 편성하여 회계연도 개시 90일 전까지 국회에 제출하고, 국회는 회계연도 개시 30일전까지 이를 의결하여야 한다.

22 정답 ④

④ [×] 민영화는 관련이 없다. 행정협의회, 사무위탁, 지방자치단체조합, 합병, 흡수통합, 특별구역방식 등이 광역행정 방식에 해당한다.

23 정답 ①

① [×] 군무원의 봉급에 관한 사항은 대통령령으로 정한다.

> **군무원인사법 제24조(보수)** ① 군무원의 봉급에 관한 사항은 대통령령으로 정한다.
> ② 군무원은 봉급 외에 대통령령으로 정하는 바에 따라 수당을 받을 수 있다.

24 정답 ③

③ [○] 인천광역시에 부동산교부세를 교부할 수 있다.

오답 분석

① [×] 소방안전교부세는 행정안전부장관이 지방자치단체에 교부하는 것이지 주민에게 교부하는 것이 아니다.
② [×] 광주광역시에 특별교부세를 교부할 수 있다.
④ [×] 분권교부세는 2005년 도입되었다가 2015년에 보통교부세로 편입되면서 폐지되었다.

25 정답 ④

④ [○] 주민조례의 제정과 개폐청구권, 주민투표, 주민감사청구, 주민소환, 공공기관의 정보공개에 관한 법률에 따른 정보공개청구 등은 외국인에게 허용된다.

> **주민조례발안에 관한 법률 제2조(주민조례청구권자)** 18세 이상의 주민으로서 다음 각 호의 어느 하나에 해당하는 사람(「공직선거법」 제18조에 따른 선거권이 없는 사람은 제외한다. 이하 "청구권자"라 한다)은 해당 지방자치단체의 의회(이하 "지방의회"라 한다)에 조례를 제정하거나 개정 또는 폐지할 것을 청구(이하 "주민조례청구"라 한다)할 수 있다.
> 1. 해당 지방자치단체의 관할 구역에 주민등록이 되어 있는 사람
> 2. 「출입국관리법」 제10조에 따른 영주(永住)할 수 있는 체류자격 취득일 후 3년이 지난 외국인으로서 같은 법 제34조에 따라 해당 지방자치단체의 외국인등록대장에 올라 있는 사람
>
> **지방자치법 제21조(주민의 감사청구)** ① 지방자치단체의 18세 이상의 주민으로서 다음 각 호의 어느 하나에 해당하는 사람(「공직선거법」 제18조에 따른 선거권이 없는 사람은 제외한다. 이하 이 조에서 "18세 이상의 주민"이라 한다)은 시·도는 300명, 제198조에 따른 인구 50만 이상 대도시는 200명, 그 밖의 시·군 및 자치구는 150명 이내에서 그 지방자치단체의 조례로 정하는 수 이상의 18세 이상의 주민이 연대 서명하여 그 지방자치단체와 그 장의 권한에 속하는 사무의 처리가 법령에 위반되거나 공익을 현저히 해친다고 인정되면 시·도의 경우에는 주무부장관에게, 시·군 및 자치구의 경우에는 시·도지사에게 감사를 청구할 수 있다.
> 1. 해당 지방자치단체의 관할 구역에 주민등록이 되어 있는 사람
> 2. 「출입국관리법」 제10조에 따른 영주(永住)할 수 있는 체류자격 취득일 후 3년이 경과한 외국인으로서 같은 법 제34조에 따라 해당 지방자치단체의 외국인등록대장에 올라 있는 사람
>
> **주민투표법 제5조(주민투표권)** ① 19세 이상의 주민 중 제6조제1항에 따른 투표인명부 작성기준일 현재 다음 각 호의 어느 하나에 해당하는 사람에게는 주민투표권이 있다. 다만, 「공직선거법」 제18조에 따라 선거권이 없는 사람에게는 주민투표권이 없다.
> 1. 그 지방자치단체의 관할 구역에 주민등록이 되어 있는 사람
> 2. 출입국관리 관계 법령에 따라 대한민국에 계속 거주할 수 있는 자격(체류자격변경허가 또는 체류기간연장허가를 통하여 계속 거주할 수 있는 경우를 포함한다)을 갖춘 외국인으로서 지방자치단체의 조례로 정한 사람
>
> **주민소환에 관한 법률 제3조(주민소환투표권)** ① 제4조제1항의 규정에 의한 주민소환투표인명부 작성기준일 현재 다음 각 호의 어느 하나에 해당하는 자는 주민소환투표권이 있다.
> 1. 19세 이상의 주민으로서 당해 지방자치단체 관할구역에 주민등록이 되어 있는 자(「공직선거법」 제18조의 규정에 의하여 선거권이 없는 자를 제외한다)
> 2. 19세 이상의 외국인으로서 「출입국관리법」 제10조의 규정에 따른 영주의 체류자격 취득일 후 3년이 경과한 자 중 같은 법 제34조의 규정에 따라 당해 지방자치단체 관할구역의 외국인등록대장에 등재된 자

05 2018. 8. 11. 군무원 기출문제

ANSWER　　　　　　　　　　　　본문 68~71쪽

01 ④	**02** ④	**03** ①	**04** ④	**05** ①
06 ①	**07** ①	**08** ②	**09** ②	**10** ①
11 ④	**12** ④	**13** ④	**14** ①	**15** ①
16 ③	**17** ③	**18** ④	**19** ①	**20** ④
21 ②	**22** ③	**23** ①	**24** ④	**25** ④

01 정답 ④

④ [×] 이슈네트워크가 네거티브섬 게임(negative-sum game)을 하는 반면 정책공동체는 포지티브섬 게임(positive-sum game)을 한다.

❖ **이슈네트워크와 정책공동체**

1. 이슈네트워크(Issue Network) : 헤클로(Heclo)
   (1) 개념 : 철의 삼각(하위정부모형)을 비판(하위정부식 결정은 더 이상 불가능하다고 봄.)
   (2) 특징
   ① 참여자의 범위가 넓고 경계의 개방성이 높음.
   ② 교환할 자원을 가진 참여자는 한정적
   ③ 참여자들 사이의 권력배분은 불균등
   ④ 참여자들의 공동체의식은 약하며 그들 사이의 접촉빈도는 유동적
   ⑤ 연계작용의 안정성은 낮으며 그에 대한 예측 가능성도 낮음.
   ⑥ 참여자들 사이에 갈등이 있고 지배적 집단이 일방적으로 정책을 결정하는 경우가 많기 때문에 권력게임은 제로섬 게임(Zero-sum Game)
2. 정책공동체(Policy Community)
   (1) 개념 : 대학교수, 연구원, 공무원, 국회의원 보좌관, 신문기자 등과 같은 전문가로 구성되고 단순한 이해관계자(수혜자)는 배제. 영국(Rhodes)에서 정당과 의회 중심의 정책과정의 한계를 지적하면서 발전시킨 모형
   (2) 특징
   ① 참여자가 제한적임.
   ② 모든 참여자가 자원을 가지고 교환관계 형성
   ③ 참여자들 사이의 권력은 균형을 이룸.
   ④ 참여자들이 기본가치를 공유하며 그들 사이의 접촉빈도는 높음.
   ⑤ 연계작용이 지속적·안정적이며 그에 대한 예측가능성이 높음.
   ⑥ 정책결정을 둘러싼 권력게임은 승패가 아니라 공동의 이익을 추구하는 포지티브섬 게임(Positive-sum Game)

02 정답 ④

④ [×] 차관보는 '보좌기관'에 해당한다. 보좌기관은 행정기관이 그 기능을 원활하게 수행할 수 있도록 그 기관장을 보좌함으로써 행정기관의 목적달성에 공헌하는 기관을 말한다.

❖ **보조기관과 보좌기관**

1. 보조기관 : 계선에 해당하는 것으로, 최고관리층 아래에 있는 계선, 즉 차관·실장·국장·과장 등을 의미한다.
2. 보좌기관 : 행정기관이 그 기능을 원활하게 수행할 수 있도록 그 기관장을 보좌함으로써 행정기관의 목적달성에 공헌하는 기관을 말한다. 중앙행정기관에는 그 기관의 장, 차관·차장·실장·국장 밑에 정책의 기획, 계획의 입안, 연구·조사, 심사·평가 및 홍보 등을 통하여 그를 보좌하는 보좌기관을 둘 수 있으며, 보좌기관의 명칭은 담당관·단장·부장·반장 등으로 정할 수 있다. 보좌기관 밑에는 업무수행에 필요한 최소한의 하부조직을 둘 수 있다.

03 정답 ①

① [×] 직렬 및 직류는 공무원의 인적요건에 따른 보직관리의 기준에 해당한다.

공무원임용령 제43조(보직관리의 기준) ② 임용권자 또는 임용제청권자는 소속 공무원을 보직할 때 다음 각 호에서 정한 직위의 직무요건과 소속 공무원의 인적요건을 고려하여 적재적소(適材適所)에 임용하여야 하며, 「직무분석규정」에 따른 직무분석 또는 이 영 제10조의3에 따른 역량평가를 실시한 경우 그 결과를 활용할 수 있다.
1. 직위의 직무요건
   가. 직위의 주요 업무활동
   나. 직위의 성과책임
   다. 직무수행의 난이도
   라. 직무수행요건
2. 공무원의 인적요건
   가. 직렬 및 직류
   나. 윤리의식 및 청렴도
   다. 보유 역량의 수준
   라. 경력, 전공분야 및 훈련실적
   마. 그 밖의 특기사항

04 정답 ④

④ [×] '공무원은 외국 정부로부터 영예나 증여를 받을 수 없다'
가 아니라 '공무원이 외국 정부로부터 영예나 증여를 받을 경우
에는 대통령의 허가를 받아야 한다'가 맞다.

◎ 국가공무원법상 의무(13대 의무)

선서의 의무	공무원은 취임할 때에 소속 기관장 앞에서 대통령령 등으로 정하는 바에 따라 선서(宣誓)하여야 한다. 다만, 불가피한 사유가 있으면 취임 후에 선서하게 할 수 있다.
성실 의무	모든 공무원은 법령을 준수하며 성실히 직무를 수행하여야 한다.
복종의 의무	공무원은 직무를 수행할 때 소속 상관의 직무상 명령에 복종하여야 한다.
직장이탈 금지 의무	공무원은 소속 상관의 허가 또는 정당한 사유가 없으면 직장을 이탈하지 못한다.
친절·공정의 의무	공무원은 국민 전체의 봉사자로서 친절하고 공정하게 직무를 수행하여야 한다.
종교중립의 의무	• 공무원은 종교에 따른 차별 없이 직무를 수행하여야 한다. • 공무원은 소속 상관이 이에 위배되는 직무상 명령을 한 경우에는 이에 따르지 아니할 수 있다.
비밀엄수의 의무	공무원은 재직 중은 물론 퇴직 후에도 직무상 알게 된 비밀을 엄수(嚴守)하여야 한다.
청렴의 의무	• 공무원은 직무와 관련하여 직접적이든 간접적이든 사례·증여 또는 향응을 주거나 받을 수 없다. • 공무원은 직무상의 관계가 있든 없든 그 소속 상관에게 증여하거나 소속 공무원으로부터 증여를 받아서는 아니 된다.
외국 정부의 영예 등 수령 규제	공무원이 외국 정부로부터 영예나 증여를 받을 경우에는 대통령의 허가를 받아야 한다.
품위유지의 의무	공무원은 직무의 내외를 불문하고 그 품위가 손상되는 행위를 하여서는 아니 된다.
영리 업무 및 겸직 금지	공무원은 공무 외에 영리를 목적으로 하는 업무에 종사하지 못하며 소속 기관장의 허가 없이 다른 직무를 겸할 수 없다.
정치운동의 금지	공무원은 정당이나 그 밖의 정치단체의 결성에 관여하거나 이에 가입할 수 없다.
집단행위의 금지	공무원은 노동운동이나 그 밖의 공무 외의 일을 위한 집단행위를 하여서는 아니 된다.

05 정답 ①

① [○] 내부접근형에 해당한다.

◎ 정책의제설정모형(Cobb & Ross)

1. 외부주도형 : 사회문제 ⇨ 사회적 이슈 ⇨ 공중의제 ⇨ 정부의제
   (1) 정부 밖에 있는 주도집단에 의해 제기된 사회문제가 공식의제로 채택되는 경우
   (2) 다원화(민주화)된 선진국에서 나타나는 유형
2. 동원형 : 사회문제 ⇨ 정부의제 ⇨ 이슈화 ⇨ 공중의제
   (1) 정부 내의 정책결정자가 주도집단이 되어 사회문제가 공식의제로 채택. 주로 정치지도자의 지시에 의하여 바로 정부의제로 채택(정부의 PR활동을 통해 공중의제로 확산시킴.)
   (2) 정부의 힘이 강하고 민간부문의 힘이 약한 후진국에서 주로 나타남.
      예 올림픽이나 월드컵의 유치, 가족계획사업, 새마을운동, 의약분업정책 등
3. 내부접근형(음모형) : 사회문제 ⇨ 정부의제
   (1) 정부기관 내의 관료집단이나 정책결정자에게 쉽게 접근할 수 있는 외부집단에 의하여 주도
   (2) 외교·국방 정책처럼 국민이 사전에 알면 곤란한 문제를 다룰 때나 시간이 급박할 때, 의도적으로 국민을 무시하는 정부에서 나타남.
   (3) 동원형에 비해 낮은 지위의 행정관료가 의제설정을 주도하며, 공중의제화의 과정을 막으려는 것(행정PR에 소극적)

06 정답 ①

① [×] 목표의 승계에 해당하는 내용이다. 목표의 전환은 목표
와 수단이 뒤바뀌는 현상을 말한다.

◎ 목표의 변동

목표변동의 유형	내용
목표의 전환	1. 개념 : 수단과 목표가 바뀌는 현상(목표의 왜곡·대치·동조과잉). 하위가치가 상위가치보다 더 우선시 되는 현상 2. 원인 : 과두제의 철칙, 규칙·절차에 집착, 유형적 목표 추구, 내부문제 중시
목표의 승계	목표가 달성되거나 또는 불가능할 때 새로운 목표 설정 (조직의 항구성)
목표의 다원화	질적으로 다른 새로운 목표의 추가
목표의 추가	동종 목표를 추가
목표의 확대	목표수준의 상향조정, 목표의 크기·범위 확장
목표의 축소	목표수준의 하향조정
목표의 비중변동	목표 간 우선순위나 비중이 시간적으로 변동되는 현상

07 정답 ①

① [×] 규칙은 수직적 조정기제이다.

◎ Daft의 조정기제

수직적 연결장치	계층제, 규칙, 계획, 계층직위의 추가, 수직정보시스템
수평적 연결장치	정보시스템, 직접접촉, 임시작업단, 프로젝트 매니저, 프로젝트 팀

08 정답 ②

② [×] 세종특별자치시와 제주특별자치도는 광역자치단체의 지위를 가지며, 기초자치단체를 둘 수 없다. 따라서 자치계층은 광역단위 하나이고, 행정계층은 3~4개이므로 자치계층과 행정계층이 일치하지 않는다.

오답 분석

① [○] 서울특별시의 지위·조직 및 운영에 대하여는 수도로서의 특수성을 고려하여 법률로 정하는 바에 따라 특례를 둘 수 있다.
③ [○] 우리나라는 사무배분 방식으로 포괄적 예시주의를 채택하고 있다.
④ [○] 특별시·광역시 및 특별자치시가 아닌 인구 50만 이상의 시에는 자치구가 아닌 구를 둘 수 있고, 군에는 읍·면을 두며, 시와 구(자치구를 포함한다.)에는 동을, 읍·면에는 리를 둔다.

09 정답 ②

② [×] '행정법원'이 아니라 '대법원'에 소를 제기할 수 있다.

오답 분석

① [○] 지방자치단체의 사무에 관한 그 장의 명령이나 처분이 법령에 위반되거나 현저히 부당하여 공익을 해친다고 인정되면 시·도에 대하여는 주무부장관이, 시·군 및 자치구에 대하여는 시·도지사가 기간을 정하여 서면으로 시정할 것을 명하고, 그 기간에 이행하지 아니하면 이를 취소하거나 정지할 수 있다. 이 경우 자치사무에 관한 명령이나 처분에 대하여는 법령을 위반하는 것에 한한다.
③ [○] 지방자치단체의 장이 법령의 규정에 따라 그 의무에 속하는 국가위임사무나 시·도위임사무의 관리와 집행을 명백히 게을리하고 있다고 인정되면 시·도에 대하여는 주무부장관이, 시·군 및 자치구에 대하여는 시·도지사가 기간을 정하여 서면으로 이행할 사항을 명령할 수 있다.
④ [○] 행정안전부장관이나 시·도지사는 지방자치단체의 자치사무에 관하여 보고를 받거나 서류·장부 또는 회계를 감사할 수 있다. 이 경우 감사는 법령위반사항에 대하여만 실시한다.

> 지방자치법 제169조(위법·부당한 명령·처분의 시정) ① 지방자치단체의 사무에 관한 그 장의 명령이나 처분이 법령에 위반되거나 현저히 부당하여 공익을 해친다고 인정되면 시·도에 대하여는 주무부장관이, 시·군 및 자치구에 대하여는 시·도지사가 기간을 정하여 서면으로 시정할 것을 명하고, 그 기간에 이행하지 아니하면 이를 취소하거나 정지할 수 있다. 이 경우 자치사무에 관한 명령이나 처분에 대하여는 법령을 위반하는 것에 한한다. ② 지방자치단체의 장은 제1항에 따른 자치사무에 관한 명령이나 처분의 취소 또는 정지에 대하여 이의가 있으면 그 취소처분 또는 정지처분을 통보받은 날부터 15일 이내에 <u>대법원</u>에 소(訴)를 제기할 수 있다.

10 정답 ①

① [○] 공무원들은 사회화의 과정을 통해 자기 출신집단의 가치와 이익에 대한 '심리적 책임'을 지려고 하기 때문에 서로 견제하여 <u>내적 통제를 강화</u>한다. 또한 정책결정과정에 폭넓게 참여함으로써 정책에 대한 관료의 <u>책임성을 향상</u>시키고 관료제의 민주화에 기여한다.

◆ 대표관료제의 효용과 한계

> 1. 효용
> (1) 관료제의 대표성 강화 : 사회 각계각층의 이익을 균형 있게 대표
> (2) 대중통제의 내재화 : 자기 출신집단의 가치와 이익을 위해 견제역할
> (3) 기회균등의 실질화 : 교육여건상 공직임용의 기회균등을 실질적으로 보장
> (4) 실적주의의 폐단 시정 : 실적주의의 형식성·가치중립성과 결과적 차별 시정(기회의 평등보다 결과의 평등을 강조)
> (5) 관료의 책임성·대응성 제고와 민주화에 기여 : 국민의 요구에 대한 정부의 대응성 제고
> (6) 기타 : 선거제도의 모순과 행정국가의 등장, 민주성과 중립성의 조화(임명직 관료집단을 민주적으로 행동하도록 하기 위한 방안) 등
>
> 2. 한계
> (1) 그릇된 가정 : 피동적 대표성(구성적 측면)이 능동적 대표성(역할적 측면)을 보장한다는 전제는 허구
> (2) 실적제와의 상충 : 현대 인사행정의 기본원칙인 실적중심의 인사와 괴리
> (3) 전문성과 생산성의 저하 : 집단대표·인구비례 등이 중요하고 능력·자격은 2차적 요소로 취급하기 때문
> (4) 역차별 초래 : 수직적 공평성만을 강조한 나머지 동일한 능력을 가진 자를 역차별
> (5) 재사회화의 불고려 : 채용 전과 후의 가치와 이해관계의 변화
> (6) 반자유주의적 원리 : 집단중심으로 형평성을 추구하므로 개인적 차원의 존엄성 및 자유주의 원리에 어긋남.
> (7) 기술적 애로 : 인구비례로 공무원을 구성하는 것은 기술적으로 매우 어려움.
> (8) 외부통제의 무력화 : 내부통제의 명목으로 외부통제를 무력화할 우려. 국민주권원리나 거버넌스적 시각에 위반
> (9) 기타 : 경험적 입증의 곤란, 대상자들의 능력 과소평가, 집단이기주의 등

11 정답 ④

④ [×] 배정과 재배정은 통제방안에 해당한다.

◎ 예산집행의 신축성 유지방안

제도	특징
이용	입법과목(장·관·항) 간의 상호융통
전용	행정과목(세항·목) 간의 상호융통
예산의 이월	예산을 다음 회계 연도로 넘겨서 다음 연도의 예산으로 사용
예산의 이체	정부조직 등에 관한 법령의 제정·개정 또는 폐지로 인하여 그 직무와 권한에 변동이 있을 때
예비비	예측할 수 없는 예산 외의 지출 또는 예산초과지출에 충당
계속비	수년을 요하는 공사·제조 및 연구개발사업에 대해 총액과 연부액 결정
장기계속계약 제도	총 사업비 부기하고 예산범위 내에서 분할 허용
국고채무부담 행위	법률, 세출예산금액, 계속비의 총액의 범위 이외 채무부담 허용
수입대체경비	용역 및 시설을 제공해 발생하는 수입과 관련되는 경비
국고여유자금 활용	정부 각 회계의 여유자금을 국공채나 통화안정증권 매매 등에 세입·세출예산 외로 운용
신축적인 예산배정	긴급배정, 당겨배정, 조기배정 등
기타	신성과주의예산, 수입의 특례, 지출의 특례, 대통령의 재정·경제에 관한 긴급명령권, 준예산, 추가경정예산, 앞당기어 충당 사용[조상충용(繰上充用)]

12 정답 ④

④ [×] 명확성(명료성)의 원칙은 전통적 예산원칙에 해당한다.

◎ 예산의 원칙

1. 전통적 예산원칙(Neumark): '입법부 우위의 예산원칙'으로서 '통제중심적 예산원칙'. 공개성의 원칙, 명료성의 원칙, 완전성(포괄성)의 원칙, 단일성의 원칙, 한정성의 원칙, 예산엄밀성의 원칙, 사전의결의 원칙, 통일성의 원칙
2. 현대적 예산원칙(행정부 우위의 원칙, Smith ; 관리중심): 행정부계획의 원칙, 행정부책임의 원칙, 보고의 원칙, 적절한 수단구비의 원칙, 다원적 절차의 원칙, 재량의 원칙, 시기신축성의 원칙, 상호교호적 예산기구의 원칙

13 정답 ④

④ [×] 수익자 부담의 원칙 강화, 민영화 확대, 규제 완화 등을 제시한다.

◎ 신공공관리론의 특징

1. 정부의 기능 및 규모의 축소: 시장성 검증(market test)을 통해 정부 기능 폐지, 행정서비스의 민영화·민간위탁 등을 추진한다.
2. 성과중심체제 지향: 투입과 절차(과정)가 아닌 산출과 결과(성과)를 중시한다.
3. 비용가치(VFM : Value For Money)의 증대: 세금의 지출가치를 높여, 능률성을 증가시키고 낭비를 줄이며 효과성을 향상시키자는 것이다.
4. 분권화와 융통성 부여: 내부규제를 완화하고 각 부처와 관리자들에게 권한(인사, 예산, 조직 등)을 부여함으로써 관리상의 융통성을 부여한다.
5. 책임과 통제의 강화: 관리자에게 자율과 권한을 부여하여 혁신과 창의를 고취시키는 대신 책임과 (성과)통제를 강화한다.
6. 경쟁 및 고객서비스 지향: 경쟁원리와 시장메커니즘 및 민간경영기법을 도입하여 고객에 대한 대응성과 서비스의 질을 제고한다. 또한 신분보장이 되는 경력직 직업공무원제도보다는 개방형 인사제도를 도입한다.
7. 정부규제의 개혁: 자율적 규제, 인센티브제도의 도입 등으로 규제를 완화한다.
8. 정부 간 협력: 자치단체에의 권한이양과 파트너십을 강조하고, 다양한 형태의 국제협력을 증진한다.
9. 정책능력의 강화: 정책결정과 집행의 분리를 전제로, 노젓기(rowing)보다는 방향잡기(steering)에 집중하는 중앙정부의 정책능력을 강화(전술적 기능보다는 전략적 기능 강조)한다.

14 정답 ①

① [×] 직위분류제는 신분의 임의적 보장으로 행정의 안정성을 저해한다.

◎ 직위분류제의 장단점

장점	보수의 합리화, 인사행정의 합리적 기준 제공, 교육훈련수요 및 근무성적평정의 명확화, 권한과 책임한계의 명확화, 행정의 전문화·분업화의 촉진, 예산의 효율성과 행정의 통제, 계급의식이나 위화감 해소, 정원관리·사무관리의 개선, 민주통제가 용이, 노동시장의 안정화
단점	인사배치의 신축성 부족, 일반행정가 확보 곤란, 공무원의 장기적 능력발전에 소홀, 행정의 안정성 저해, 업무협조·조정 곤란, 인간의 경시, 직업공무원제 확립의 곤란, 낮은 대응성

15 정답 ①

① [×] 법원의 중앙인사관장기관은 법원행정처장이다.

국가공무원법 제6조(중앙인사관장기관) ① 인사행정에 관한 기본정책의 수립과 이 법의 시행·운영에 관한 사무는 다음 각 호의 구분에 따라 관장(管掌)한다.
1. 국회는 국회사무총장
2. 법원은 법원행정처장
3. 헌법재판소는 헌법재판소사무처장
4. 선거관리위원회는 중앙선거관리위원회사무총장
5. 행정부는 인사혁신처장

16 정답 ③

③ [×] 계획담당자는 장기적 관점을, 예산담당자는 단기적 관점을 가진다.

[오답 분석]

① [O] 계획은 쇄신적 성격을 가지나, 예산은 보수적 성격을 가진다.

② [O] 계획담당자는 미래지향적·발전지향적·소비지향적이나, 예산담당자는 보수적·부정적·저축지향적이다.

④ [O] 계획담당기관과 예산담당기관의 유기적 통합이 결여될 경우 기획과 예산은 분리된다.

17 정답 ③

③ [×] 제품의 안정적 공급과 품질관리가 어렵다.

◐ 네트워크 조직의 장단점

장점	① 조직의 유연성과 자율성 강화를 통해 환경 변화에 신속히 대응하고 창의력을 발휘 ② 조직의 네트워크화를 통한 환경에의 불확실성 감소 ③ 통합과 학습을 통한 경쟁력 제고 ④ 정보통신기술을 활용해 시간·공간적 제약 완화
단점	① 협력적으로 연계된 외부기관 직접 통제 곤란 ② 대리인의 기회주의 행위 방지를 위한 조정과 감시비용 증가 ③ 제품 및 서비스의 품질관리와 안정적 공급 확보 애로 ④ 조직 경계가 모호해 정체성이 약하고 응집력 있는 조직문화 곤란 ⑤ 네트워크가 구축되면 폐쇄성으로 인해 네트워크 외부의 조직에 대한 배타적 성향 초래

18 정답 ④

④ [×] 기획재정부장관이 지정한다.

공공기관의 운영에 관한 법률 제4조(공공기관) ① 기획재정부장관은 국가·지방자치단체가 아닌 법인·단체 또는 기관(이하 "기관"이라 한다)으로서 다음 각 호의 어느 하나에 해당하는 기관을 공공기관으로 지정할 수 있다.

[오답 분석]

① [O] 공공기관은 공기업, 준정부기관, 기타공공기관으로 나뉜다.

② [O] 공기업은 시장형 공기업, 준시장형 공기업으로 나뉜다.

◐ 공기업

공공기관 중 시장성이 큰 기관으로 정부가 자체수입 비율·업무 특성을 감안하여 공기업으로 지정하고, 통상 자체수입 비율이 50% 이상인 기관
① 시장형 공기업 : 자산규모가 2조 원 이상이고, 자체수입 비율이 85% 이상인 공기업이다.
② 준시장형 공기업 : 시장형 공기업이 아닌 공기업이다.

③ [O] 준정부기관은 기금관리형 준정부기관, 위탁집행형 준정부기관으로 나뉜다.

◐ 준정부기관

공공기관 중 시장성보다 공공성이 강조되며 정부가 준정부기관으로 지정한 기관으로, 통상 자체수입 비율이 50% 미만인 기관
① 기금관리형 준정부기관 : 국가재정법에 따라 기금을 관리하거나 기금관리를 위탁받은 준정부기관이다.
② 위탁집행형 준정부기관 : 기금관리형 준정부기관이 아닌 준정부기관이다.

19 정답 ①

① [×] 무의사결정은 정책결정자의 무관심과 무능력 때문에 발생하는 것이 아니다.

◐ 신엘리트론 : 무의사결정론(Bachrach & Baratz)

R. Dahl의 권력의 배분에 관한 'New Haven시 연구'를 비판하면서 등장
1. 개념
   (1) 엘리트에 대한 잠재적이거나 명시적인 도전을 억압하거나 방해하는 것. 혹은 특정 사회문제를 정책의제로 다루지 않기로 하는 결정
   (2) 「권력의 두 얼굴(양면성이론)」이라는 저서에서 주장
2. 특징
   (1) 정책결정자의 무관심이나 무능력으로 나타나는 것이 아님.
   (2) 좁은 의미의 무의사결정은 정책의제채택과정에서 나타나지만, 넓은 의미의 무의사결정은 결정·집행·평가 등 정책의 전 과정에서 나타남.
   (3) 일반대중이나 약자의 이익과 의견이 무시되고, 기득권에 손해가 되는 문제는 고려하지 않음.
3. 발생원인 : 지배적인 가치에 대한 도전의 방지, 이슈의 억압, 과잉충성, 정치체제의 구조
4. 수단 : 폭력, 권력의 행사, 편견의 동원, 편견의 강화·수정

20 정답 ④

④ [×] 구조적 접근이 아니라 관리기술적 접근방법이다.

[오답 분석]

① [O] 행태적 접근방법은 행정인의 가치관·태도·신념을 인위적으로 변혁시켜 행정체제 전체의 개혁을 도모하려는 인간중심적 접근방법이다.

② [O] 관리·기술적 접근방법은 문서의 처리절차, 업무량 측정, 정원관리, 사무실 배치, 행정사무의 기계화·자동화(OA), 새로운 행정기술·장비를 도입하거나 관리과학, 운영연구(OR), 총체적 품질관리(TQM), 체제분석(SA), BPR(업무과정재설계, Business Process Reengineering), 컴퓨터(EDPS, MIS) 등의 계량화기법을 활용한다.

③ [O] 현대행정에서 가장 타당한 행정개혁의 방안은 구조, 관리기술, 인간 등의 종합적 영역에 관심을 갖고 이의 상호융합을 시도하는 종합적 접근방법이다.

❖ 행정개혁의 접근방법

1. 구조적 접근방법
   (1) 원리전략 : 구조·직제의 개편, 기능중복의 제거, 권한·책임의 명확화, 조정 및 통제절차의 개선, 의사전달체계의 개선 등
   (2) 분권화전략 : 구조의 분권화에 의하여 조직을 개선하려는 것
2. 과정적·기술적 접근방법 : 문서의 처리절차, 정원관리, BPR(업무과 정재설계), 사무실 배치, 행정사무의 기계화, 자동화, 새로운 행정기술·장비를 도입하거나 관리과학, OR, 체제분석, TQM, 컴퓨터 (EDPS, MIS) 등의 계량화기법 활용
3. 행태적 접근방법 : 조직발전(OD)기법 활용
4. 기타 접근방법
   (1) 사업중심적(산출중심적·정책중심적) 접근방법 : 행정산출의 정책목표와 내용 및 소요자원에 초점을 두어 행정활동의 목표를 개선하고 행정서비스의 양과 질을 개선하려는 접근방법
   (2) 문화론적 접근방법 : 행정문화를 개혁함으로써 행정체제의 보다 근본적이고 장기적인 개혁을 성취하려는 접근방법
   (3) 통합적(종합적·체제적) 접근방법 : 개방체제 관념에 입각하여 개혁대상의 구성요소들로 보다 포괄적으로 관찰하고 여러 가지 분화된 접근방법들을 통합하여 해결방안을 탐색하려는 것

21 정답 ②

오답 분석
ㄴ [×] 직위분류제는 전문가 양성에 기여한다.
ㄹ [×] 엽관주의는 현재 민주주의에서도 이용되고 있다.
예 정무직, 별정직 등

22 정답 ③

③ [×] 세계잉여금은 관련이 없다.

❖ 추가경정예산 편성 제한사유(「국가재정법」 제36조)

1. 전쟁이나 대규모 재해가 발생한 경우(자연재난 + 사회재난)
2. 경기침체·대량실업·남북관계의 변화·경제협력 등 대내·외 여건에 중대한 변화가 발생하였거나 발생할 우려가 있는 경우
3. 법령에 따라 국가가 지급하여야 하는 지출이 발생하거나 증가하는 경우

23 정답 ①

① [×] 관료제적 조정비용이 거래비용보다 크면 외부화(outsourcing)하고, 관료제적 조정비용이 거래비용보다 작을 때는 내부화(insourcing)한다.

오답 분석
② [○] 거래비용경제학은 조직 안팎에서 이루어지는 모든 거래, 즉 소유자와 관리자, 관리자와 부하, 공급자와 생산자, 판매자와 구매자 간의 거래를 분석하여 조직현상을 연구한다.
③ [○] 생산보다는 비용에 관심을 갖고 조직을 거래비용을 감소시키기 위한 장치로 본다.

④ [○] Williamson은 조직 내 거래비용을 최소화하기 위하여 종전의 U형(unitary ; 기능 조직)에서 M형(multi-divisionalized ; 다차원적)관리로 전환할 것을 주장하였다.

❖ 조직의 효율성 조건

1. 시장이 관료제적 조직보다 효율적이기 위해서는 시장실패를 치유하는 데 소요되는 거래비용이 조직 내부적으로 합리성 제고, 기회주의 회석, 불확실성을 제거하는 데 소요되는 관료제적 조정비용보다 적어야 한다.
2. 만약 시장에서의 자발적인 교환행위에서 발생하는 거래비용이 관료제적 조정비용보다 크면, 거래비용의 최소화를 위해 거래를 내부화(수직적 통합, 조직통합, 내부조직화 : insourcing)하는 것이 효율적이다.

24 정답 ④

④ [×] 행정에 대한 민주적 통제가 용이해진다.

오답 분석
① [○] 외부로부터 참신하고 유능한 인재를 직접 영입할 수 있어 신진대사를 촉진할 수 있다.
② [○] 행정의 전문성을 제고한다.
③ [○] 공직의 유동성을 높여 관료주의화 및 공직사회의 침체를 방지할 수 있다.

❖ 개방형의 장단점

장점	① 임용의 융통성으로 보다 우수한 인재등용 가능 ② 행정의 질적 수준의 증대 및 전문성 제고 ③ 문호개방으로 관료주의화와 공직의 침체 방지 ④ 행정에 대한 민주적 통제가 용이 ⑤ 재직자의 자기개발노력 촉진 ⑥ 신진대사 촉진
단점	① 재직자의 사기저하 : 재직자의 승진기회 및 능력 발전 기회 제약 ② 관료의 비능률화 : 충성심의 저하 ③ 이직률의 증가로 직업공무원제의 확립 저해 ④ 신분보장이 어렵고 행정의 안정성 저해 ⑤ 공직사회의 일체감 저해 및 불안정성 ⑥ 정실인사 등 정치적 오용 가능성 ⑦ 복잡한 임용구조와 임용비용 증대

25 정답 ④

④ [×] 직무의 성질이 유사한 직렬의 군은 직군이다.

❖ 직위분류제의 구성요소

직위	한 사람의 공무원에게 부여할 수 있는 직무와 책임
직급	직무의 종류·곤란성과 책임도가 상당히 유사한 직위의 군
직렬	직무의 종류가 유사하고 그 책임과 곤란성의 정도가 서로 다른 직급의 군
직군	직무의 성질이 유사한 직렬의 군
직류	같은 직렬 내에서 담당 분야가 같은 직무의 군
등급	직무의 종류는 다르지만 직무의 곤란도·책임도나 자격요건이 유사한 직위의 군

06 2017. 7. 1. 군무원 기출문제

01 정답 ②

② [×] 브룸(V. H. Vroom)의 기대이론은 과정이론이고 나머지는 내용이론이다.

◆ 동기이론의 분류

	합리적·경제적 인간모형	X이론
	사회적 인간모형	Y이론
내용이론	성장모형	① Maslow의 욕구계층 5단계이론, ② Alderfer의 ERG이론, ③ Murray의 명시적 욕구이론, ④ McGregor의 XY이론, ⑤ Argyris의 성숙미성숙이론, ⑥ Likert의 체제이론, ⑦ Herzbereg의 욕구충족요인이원론, ⑧ McClelland의 성취동기이론
	복잡인모형	① E. Schein의 복잡인모형, ② Hackman & Oldham의 직무특성이론, ③ Z이론(Ouchi의 Z이론 등)
과정이론	기대이론	① Vroom의 기대이론, ② Porter & Lawler의 업적만족이론, ③ Georgopoulos의 통로·목적이론, ④ Atkinson의 기대이론
	기타	학습이론, Adams의 공정성이론, Locke의 목표설정이론

02 정답 ②

② [×] 직렬은 직무의 종류는 유사하고 그 책임과 곤란성의 정도가 서로 다른 직급의 군이다.

◆ 직위분류제의 구성요소

직위	한 사람의 공무원에게 부여할 수 있는 직무와 책임
직급	직무의 종류·곤란성과 책임도가 상당히 유사한 직위의 군
직렬	직무의 종류가 유사하고 그 책임과 곤란성의 정도가 서로 다른 직급의 군
직군	직무의 성질이 유사한 직렬의 군
직류	같은 직렬 내에서 담당 분야가 같은 직무의 군
등급	직무의 종류는 다르지만 직무의 곤란도·책임도나 자격요건이 유사한 직위의 군

03 정답 ④

④ [×] 상징정책은 Almond & Powell이 분류한 정책유형이다.

◆ 정책의 유형

학자	내용
Lowi	분배정책, 규제정책, 재분배정책, 구성정책
Almond와 Powell	분배정책, 규제정책, 상징정책, 추출정책
Salisbury	분배정책, 규제정책, 재분배정책, 자율규제정책
Ripley와 Franklin	분배정책, 재분배정책, 경쟁적 규제정책, 보호적 규제정책

04 정답 ④

오답 분석

① [×] 하향적 접근방법은 실제 정책집행과정의 인과관계를 상세히 설명할 수 없다.
② [×] 하향적 접근방법이 정책집행과 정책결정을 분리한다(정치행정이원론).
③ [×] 하향적 접근방법은 집행과정에 영향을 미치는 다양한 요인들을 연납적으로 도출하여 처방을 제시한다.

05 정답 ①

오답 분석

②, ③, ④는 전통적 정부관료제의 특징에 해당한다.
② [×] 신공공관리론에서는 정부 주도(정부의 노젓기 역할)가 아니라 민간 주도(정부는 방향잡기 역할)라고 할 수 있다.
③ [×] 신공공관리론은 관리자에게 자율과 권한을 부여하여 혁신과 창의를 고취시키는 대신 책임과 (성과)통제를 강화한다.
④ [×] 신공공관리론은 정책결정과 집행의 분리를 전제로, 노젓기(rowing)보다는 방향잡기(steering)에 집중하는 중앙정부의 정책능력을 강화(전술적 기능보다는 전략적 기능 강조)한다.

06 정답 ③

③ [×] 내부성이 아니라 외부성(외부효과)가 시장실패의 원인이다. 내부성(사적목표의 설정)은 정부실패의 원인이다.

◎ 시장실패의 원인과 정부의 대응방식

구분	공적 공급 (조직)	공적 유도 (보조금)	정부규제 (권위)
공공재의 존재	○		
외부효과의 발생		○	○
자연독점(규모의 경제)	○		○
불완전경쟁			○
정보의 비대칭성		○	○

07 정답 ①

① [×] 계획예산제도(PPBS)와 영기준예산제도는 합리주의식 예산결정방법이다. 점증주의식 예산결정은 품목별 예산제도와 성과주의 예산제도이다.

오답 분석

② [○] 영기준예산제도(ZBB)는 자원의 효율적 배분(합리적 자원배분)과 예산절감에 기여할 수 있다.

③ [○] 성과주의 예산제도(PBS)는 업무단위의 선정과 단위원가의 과학적 계산에 의해 합리적이고 효율적인 자원배분을 이룰 수 있다.

④ [○] 품목별예산제도(LIBS)는 지출대상인 품목 중심의 예산으로서 성과와 생산성(효율성)을 정확히 평가할 수 없다.

08 정답 ③

③ [×] 의회의 역할 강화는 행정에 대한 통제가 강해지는 이유이므로 틀린 내용이다. 의회의 역할과 행정관료의 재량은 반비례관계에 해당한다고 할 수 있다.

오답 분석

행정관료의 재량(역할)이 강조되는 것은 행정국가의 내용에 해당한다. ①, ②, ④의 내용은 행정국가의 특징으로 모두 옳은 내용이다.

① [○] 행정국가의 등장배경은 독과점 폐해나 경제대공황에 따른 시장실패이다. 이러한 시장실패의 문제를 해결하기 위한 정부의 역할을 강조한다.

② [○] 자본주의의 폐해로 나타난 사회문제(빈곤, 범죄, 실업 등)를 해결하기 위한 정부의 역할(재량)을 강조한다.

④ [○] 행정국가는 업무량이 양적으로 팽창하고 질적으로 전문화되는 것을 특징으로 한다.

09 정답 ①

① [×] 복식부기는 발생주의에 주로 적용한다.

◎ 복식부기

1. 개념 : 거래의 발생 사실을 바탕으로 차변과 대변으로 나누어 기록하는 방식이다.
2. 특징
   (1) 발생주의에서 주로 채택하는 방식이다.
   (2) 대차평균의 원리에 의하여 회계기록의 자기검증을 가능하게 하는 방식(대차대조표)으로, 기업에서 일반적으로 활용된다.

10 정답 ③

③ [×] 공식조직의 경직성을 완화할 수 있다.

◎ 비공식조직의 기능

1. 순기능
   (1) 구성원의 심리적 안정감 형성에 기여(심리적 욕구불만을 배출하는 기능)
   (2) 쇄신적 분위기 조성과 공식지도자의 지도능력 보충
   (3) 의사전달의 촉진·보완
   (4) 협력관계를 통해 업무능률(사회적 능률) 증대
   (5) 행동규범의 확립으로 사회적 통제 기능 수행
   (6) 조직 내의 불평과 불만을 해소시켜 주고, 사기와 생산력 제고에 기여
   (7) 계층제의 경직성 완화
2. 역기능
   (1) 정실행위·파벌조성(할거주의)의 가능성 : 구성원 간 신뢰 상실
   (2) 조직의 불안정성 : 집단 간에 적대적 태도를 취할 경우 공식조직의 기능 마비의 우려
   (3) 의사전달의 왜곡 가능성
   (4) 근거와 책임의 불분명 : 의사통로가 중구난방식
   (5) 관리자의 소외 및 압력단체화 우려
   (6) 조직 전체의 목표 달성 저해

11 정답 ①

① [×] 우리나라는 계급제 토대에 직위분류제가 가미되었다.

오답 분석

② [○] 1963년에 직위분류제를 규정한「국가공무원법」과「직위분류법」이 제정되고, 1967년부터 적용키로 하였으나 실패, 1973년에는 관계법령이 개정되고「직위분류법」은 폐지되었다.

③ [○] 고위공무원단에 속하는 모든 일반직 공무원의 신규채용 임용권은 대통령이 가진다.

④ [○] 1981년「국가공무원법」의 개정으로 현재의 직위분류제 도입의 토대가 구축되었다.

12 정답 ③

③ [O] 지방분권은 단체자치에 해당하는 내용이다. 주민자치는 민주주의 사상을 바탕으로 한다.

◐ 주민자치와 단체자치

구분	주민자치	단체자치
자치의 의미	정치적 의미(민주주의사상)	법률적 의미(지방분권사상)
자치권의 인식	자연법상의 천부적 권리 (고유권설＝지방권설)	실정법상 국가에 의해 주어진 권리(전래권설)
자치의 중점	지방자치단체와 주민과의 관계	지방자치단체와 국가와의 관계
추구 이념	민주주의	지방분권
자치의 범위	광범	협소
권한배분의 방식	개별적 지정주의(열거주의)	포괄적 위임주의(예시주의)
중앙통제의 방식	입법적·사법적 통제	행정적 통제
지방정부의 형태	기관통합형(의원내각제식)	기관대립형(대통령제식)
사무구분	자치사무와 국가위임사무 비구분(위임사무 부존재)	자치사무와 국가위임사무 구분
조세제도	독립세주의	부가세주의
중앙·지방 간 관계	기능적 협력관계	권력적 감독관계
위법행위통제	사법재판소	행정재판소

13 정답 ②

② [×] 조합주의가 아니라 다원주의의 내용이다.

◐ 조합주의의 특징

1. 이익집단은 기능적으로 분화되어 단일적·강제적·비경쟁적·위계적으로 조직화되어 있다.
2. 조합주의에서는 정부를 자체 이익을 가지면서 이익집단의 활동을 규정하고 포섭, 또는 억압하는 독립적 실체로 간주한다.
3. 정책결정과정에서 정부와 이익집단 간에는 합의형성이 발생하며, 이러한 합의는 공식화된 제도 속에서 이루어진다고 본다. 또한 이익집단의 협의대상은 주로 행정부라고 보며, 제도적 참여가 주된 활동방식이다.
4. 이익집단의 결성은 성원의 이익 못지않게 사회적 합의를 유도하려는 정부의 의도가 크게 작용한다고 본다.

14 정답 ①

① [×] 블레이크와 무톤(Blake & Mouton)은 인간과 생산에 대한 관심을 기준으로 5가지 리더십 유형[빈약(무기력)형·친목(컨트리클럽)형·과업형·절충(중도)형·단합(팀)형]으로 분류하였다.

오답 분석

② [O] 오하이오 대학 리더십 연구는 행태주의를 기반으로 하고, 구조주도(initiating structure)와 배려(consideration)에 중점을 두고 2차원적 접근방법을 시도하였다. 가장 효과적인 리더는 높은 구조주도행태와 높은 배려행태를 동시에 보이는 리더라고 결론지었다.

③ [O] 피들러는 리더의 효과성은 상황변수에 따라 결정된다고 주장하고, 가장 싫어하는 동료작업자(LPC: the Least Preferred Co-worker)라는 척도를 개발하여 과업지향적 리더와 관계지향적 리더로 구분하였다. LPC 점수가 낮으면 과업지향적이고, 높으면 관계지향적이라고 할 수 있다.

④ [O] 번스(Burns)와 베스(Bass) 등이 주장한 변혁적 리더십은 거래적 리더십에 대응하는 개념으로, 조직의 노선과 문화를 변동시키려고 노력하는 변화추구적·개혁적 리더십이다.

15 정답 ④

④ [O] 매트릭스 구조는 기능구조와 사업구조를 화학적으로 결합한 구조이다.

오답 분석

① [×] 네트워크 조직은 조직의 자체 기능은 핵심역량 위주로 합리화하고, 여타 기능은 외부기관들과 계약관계를 통해 수행하는 조직구조방식이다.

② [×] 전문성을 중시하는 것은 기능구조이다. 수평구조는 핵심업무과정 중심으로 조직을 분류한다.

③ [×] 사업구조는 산출물(생산물)에 기반한 사업부서화 방식으로, 전략사업단위라고도 한다. 한 제품이나 서비스를 제공하는 데 필요한 모든 기능적 직위들이 부서 내로 배치된 자기완결적 단위이다.

16 정답 ③

③ [×] 애플비(P. H. Appleby)는 정치행정일원론자이다. 애플비(Appleby)는 「정책과 행정」(1949)에서 행정을 '정책형성(Policy-making)'이라고 하였다.

오답 분석

① [O] 버나드(C. I. Barnard)는 「관리자의 기능」(1938)에서 조직 목표의 능률적 달성을 위해 조직의 공식적 권위와 구성원의 비공식적 요구의 조화, 의사전달의 중요성 등을 제시하였다. 이는 행태론에 영향을 주었다.

② [O] 윌슨(W. Wilson)은 행정의 경영성을 강조하면 엽관주의 폐해 극복을 강조하면서 정치·행정이원론을 주장하였다.

④ [O] 가우스(J. M. Gaus)는 행정과 환경의 관계를 중시한 생태론의 대표적인 인물이다.

17 정답 ②

② [×] 불확실성에 대비하기 위해서는 가외성(중첩적인 기능)이 필요하다.

오답 분석

① [O] 표준화로 예측 가능성을 높일 경우 불확실성을 감소시킬 수 있다.
③ [O] 불확실한 환경을 통제하여 불확실성을 감소시킨다.
④ [O] 지식 및 정보를 수집하여 불확실성을 감소시킬 수 있다.

◎ 불확실성에 대한 대처방안

적극적 대처방안 (불확실한 것을 확실하게 하려는 방안)	• 이론이나 모형의 개발 • 불확실성을 야기하는 상황 자체를 통제 : 관련 기관과의 흥정이나 협상 • 정보의 충분한 획득 : 결정을 지연하면서 상황이 확실해질 때까지 추가정보 획득 • 정책실험, 브레인스토밍, 정책델파이기법 등
소극적 대처방안 (불확실한 것을 주어진 것으로 보고 이에 대처하는 방안)	• 보수적인 접근방법 : 미래에 발생할 수 있는 최악의 상황을 가정하고 대안을 모색 • 민감도분석 : 어떤 값이 불확실할 때 여러 가지 가능한 값에 따라 대안의 결과가 어떻게 달라지는지를 분석 • 중복성의 확보방안 : 가외성·신축성 등의 추가 안전장치를 마련하는 방법 • 상황의존도분석 : 정책 상황의 변화 등에 따라 정책결과가 어떻게 영향을 받는지 분석 • 악조건가중분석 : 최선의 대안(가장 두드러진 대안)은 최악의 상황(불리한 값을 대입)을, 다른 대안은 최선의 상황을 가정해 보는 분석 • 분기점분석 : 악조건가중분석의 결과 대안의 우선순위가 달라질 경우 대안들이 동등한 결과를 가져오기 위해서는 어떤 가정이 필요한지를 밝히는 분석 • 복수대안 제시 : 불확실성에 대비하여 2개 이상의 대안 제시

18 정답 ④

④ [×] 총액결정권은 중앙예산기관이 가지고 있다.

◎ 성과주의와 신성과주의의 비교

구분	성과주의	신성과주의
시기	1950년대 행정국가	1980년대 신행정국가
성과관리	단순한 성과관리	성과의 제고
초점	업무, 활동, 직접적 산출에 집중	결과에 초점
역점	업무 또는 활동과 비용정보의 연결	사업 또는 활동을 결과(성과)에 연결
내용과 범위	상당히 광범위	좁은 범위
결정흐름	상향적·미시적	집권과 분권의 조화(거시+미시)
성과책임	정치적·도덕적 책임	구체적·보상적 책임
경로가정	투입은 자동으로 성과로 이어짐(단선적 가정).	투입이 자동적으로 성과를 가져오지 않음(복선적 가정).

19 정답 ②

② [×] 비용편익분석은 효율성을 측정하는 기준이다.

오답 분석

① [O] 비용편익분석은 산출물을 금전적(화폐) 가치로 평가하는 것이다. 참고로, 산출물을 화폐가치(금전적 가치)로 계산하기 어려울 때 사용하는 분석기법은 비용효과분석이다.
③ [O] 비용편익분석은 비용과 편익이 모두 화폐가치로 환산되기 때문에 동종사업뿐만 아니라 이종사업 간에도 비교할 수 있다.
④ [O] 유형별로 통일된 평가기준이 있다. 통일된 평가기준이란 비용과 편익으로 보면 된다.

20 정답 ④

④ [×] 무임승차는 공공재에서 나타나는 특징이다.

◎ 가치재의 특징(worthy goods)

1. 국민들이 골고루 소비하는 것이 바람직하다는 차원에서 정부가 공급하는 재화나 서비스, 또는 소비가 바람직하다고 판단해 정부가 소비를 권장하는 재화를 말한다.
2. 이는 정부가 개입하여 공급하게 되므로 온정적 간섭주의의 성격을 띠며, 개인의 자유나 소비자 주권주의와 상충하는 측면도 있다.
3. 이러한 가치재는 국가와 시장 모두 공급한다는 측면에서 공공재와 동일하지는 않다.
4. **예** 의료, (의무)교육, 공공주택서비스, 우유소비권장, 문화행사, 급식 제공 등

21 정답 ②

② [×] 비밀 엄수의 의무는 공직자윤리법이 아니라 국가공무원법상 의무이다.

◎ 법적 윤리

「헌법」	① 공무원은 국민전체에 대한 봉사자이며 국민에 대한 책임을 진다. ② 공무원의 정치적 중립과 신분은 법률로 보장된다.
「국가공무원법」	성실의무, 복종의무, 직장이탈금지의무, 친절·공정의무, 비밀엄수의무, 청렴의무, 영예 등의 수령규제, 품위유지의무, 영리행위 및 겸직금지, 집단행위금지, 정치활동금지, 법령준수의 의무, 종교중립의 의무
「공직자윤리법」	재산등록 및 공개의무, 선물수수의 신고·등록의무, 취업제한의무, 퇴직공직자의 업무취급제한의무, 이해충돌방지의 의무, 주식의 매각 또는 신탁 제한, 재직자 등의 취업청탁 등의 제한
「부패방지 및 국민권익위원회 설치·운영에 관한 법률」	국민권익위원회 설치, 내부고발자보호, 국민감사청구제도, 비위면직자 취업제한의무
「공직자 등의 병역사항 신고 및 공개에 관한 법률」	정무직, 4급 이상 공직자, 법관, 검사 등 공직후보자의 병역신고의무

22 정답 ②

② [×] 적극적 인사행정에 관한 내용이다. 적극적 인사행정은 엽관주의의 청산을 위해 도입된 실적주의가 공직의 기회균등과 법 앞의 평등을 실현하여 행정의 능률화를 기할 수 있었으나 집권성, 경직성, 소극성 및 비인간화를 초래하게 되었다는 비판에 따라 인간관계론적 요소를 가미하고자 한 것이다.

오답 분석

① [○] 강력한 신분보장으로 인해 리더(정치지도자)들이 행정 통솔력을 약화시켜 효과적인 정책수행을 저해한다.
③ [○] 실적주의하에서 공무원은 법률을 위반하지 않는 한 신분상의 불이익을 받지 않아야 한다.
④ [○] 실적주의는 엽관주의 인사를 배제하려고만 하는 소극성을 띠었으며, 중앙인사기관에 권한이 집중됨으로써 각 부처의 실정에 맞는 탄력적 인사를 저해하였다.

23 정답 ①

오답 분석

② [×] 개방형직위의 내용이다. 공모직위는 고위공무원단 직위 총수의 100분의 30 이내에서 임용한다.
③ [×] 일반직－특정직을 대상으로 한다.
④ [×] 임용기간은 제한이 없다.

24 정답 ②

② [○] 계급제는 인사행정의 형평성이 낮고 관리자의 리더십이 높은 반면, 직위분류제는 형평성이 높고 관리자의 리더십이 낮다.

25 정답 ③

③ [×] 직권면직은 징계에 해당하지 않는다. 「국가공무원법」상 징계의 종류에는 견책·감봉·정직·강등·해임·파면이 있다.

● 징계의 종류(「국가공무원법」)

경징계 (직무종사)	견책	전과(前過)에 대하여 훈계하고 회개하게 하는 것
	감봉	1개월 이상 3개월 이하의 기간 동안 보수의 3분의 1 삭감
중징계 (직무종사 못함.)	정직	1개월 이상 3개월 이하의 기간, 공무원의 신분은 보유하나 직무에 종사하지 못하며 보수는 전액 삭감
	강등	1계급 아래로 직급을 내리고(고위공무원단에 속하는 공무원은 3급으로 임용하고, 연구관 및 지도관은 연구사 및 지도사로 한다) 공무원 신분은 보유하나 3개월간 직무에 종사하지 못하며 그 기간 중 보수는 전액 삭감
	해임	강제퇴직의 한 종류로서 퇴직급여에는 영향을 주지 않으며 3년간 공무원의 임용자격 제한
	파면	5년간 재임용자격 제한

07 2016. 7. 2. 군무원 기출문제

본문 76~79쪽

ANSWER

01 ①	02 ①	03 ②	04 ②	05 ②
06 ④	07 ①	08 ①	09 ①	10 ④
11 ④	12 ①	13 ②	14 ③	15 ②
16 ①	17 ③	18 ②	19 ①	20 ③
21 ③	22 ②	23 ②	24 ④	25 ①

01 정답 ①

① [○] 시장재(사적재)에 해당한다.

오답 분석

② [×] 요금재는 비경합성과 배제성을 갖는 재화이다.
③ [×] 공공재는 비경합성과 비배제성을 갖는 재화이다.
④ [×] 공유재는 경합성과 비배제성을 갖는 재화이다.

✪ 공공서비스의 유형

구분	경합성	비경합성
배제성	사적재(민간재)	요금재(유료재)
비배제성	공유재(공동재)	공공재(집합재)

02 정답 ①

① [×] 가외성은 잉여분, 남는 것을 의미하며, 복수의 절차나 기능을 두는 것이므로 비용이 더 든다는 점에서 비효율성(비경제성)의 문제가 있다.

✪ 가외성(Landau)

1. 남는 부분, 잉여분을 의미(구별개념 : 중첩성, 중복성, 동등잠재성)
   에 삼권분립, 삼심제, 양원제, 연방주의, 비행기 보조엔진, 계선과 막료, 분권화, 복수목표, 순차적 결재, 거부권 등
2. 효용 : 조직의 신뢰성 증진, 적응성·대응성, 창의성 유발, 정보의 정확성 확보, 수용 범위의 확대와 조직의 동태화, 목표전환의 완화(정당화 근거 : 정책결정의 불확실성, 조직의 신경구조성, 조직의 체제성, 협상의 사회)
3. 한계 : 비용과 자원상의 한계, 능률성과의 충돌(비경제성), 조직 간 갈등·충돌·대립 등

03 정답 ②

② [×] 사회 자본은 인적 자본, 물적 자본과 비교되는 무형적인 자본으로서 등가의 교환과는 거리가 멀다. 물적 자본이 등가교환의 특징을 갖는다.

✪ 사회 자본과 물적 자본

사회 자본	무형적	공공재	지속적 교환	시간적 동시성이 전제되지 않음.
물적 자본	유형적	사적재	등가물의 교환	시간적 동시성이 전제됨.

✪ 사회적 자본의 특징

1. 최후의 국가 고정자산이자 국가 경쟁력의 원천이다.
2. 외국에서 수입할 수 없고, 국내적으로 장기간에 걸친 사회 구성원 간의 상호작용이나 학습 과정을 통해 형성되므로 시장에서의 대체가능성이 낮다.
3. 사회 자본의 축적이 낮다는 것은 곧 사회 자체가 고비용의 비효율적 구조임을 의미한다.
4. 공공부문보다는 시민사회와 시민단체에 의해 효과적으로 생산된다.
5. 사회 자본은 사람들 사이의 관계에 내재한다. 참여하는 당사자들이 공동으로 소유하는 자산이며, 한 행위자만이 배타적으로 소유권을 행사할 수는 없다.
6. 사회구조와 네트워크 내에서 개인의 행동을 촉진하는 역할을 한다. 사회 자본은 이것이 없이는 불가능하거나 적어도 가외의 비용을 지불해야 얻을 수 있는 목적을 달성할 수 있게 한다. 이러한 측면에서 사회 자본은 사회적 관계에서 거래비용을 감소시켜 주는 기능을 수행한다.
7. 사회 자본의 거래는 구체화되지 않은 의무, 불확실한 시간적 경계, 호혜성의 기대 등과 같은 조건이 작용하기 때문에 불분명한 것이 일반적이다.
8. 서로 알고 지내는 사이에 지속적으로 존재하는 관계의 네트워크를 통하여 얻을 수 있는 실제적이고 잠재적인 자원이다(P. Bourdieu).
9. 협력적 형태를 촉진할 뿐 아니라 혁신적 조직발전을 촉진한다.

04 정답 ②

② [○] 후기 행태주의는 가치중립적인 과학적 연구보다는 가치평가적인 정책연구를 지향했다.

오답 분석

①, ③, ④는 행태론의 특징이다.
① [×] 행태론은 집단의 고유한 특성을 인정하지 않은 방법론적 개체주의 입장을 취한다(미시적 분석).
③ [×] 행태론은 개념의 조작적 정의(조작화)를 통해 객관적인 측정방법을 사용하며 자료를 계량적 방법에 의해 분석한다.
④ [×] 행태론은 객관적인 현상만을 연구대상으로 삼기 때문에 개인적인 경험은 의식적으로 제외된다.

◐ 후기 행태주의

1960년대 중반 존슨 행정부의 '위대한 사회의 건설'이라는 복지정책에 대한 지적 기반과 관련하여 1960년대 말 정치학자인 이스턴(D. Easton)은 새로운 이론혁명으로서 후기 행태주의를 선언했다.
1. '적실성'과 '실천'을 강조하였다. 즉 사회과학자는 사회의 급박한 문제를 연구대상으로 설정하고 연구 결과가 사회의 개선에 기여할 수 있는 '적실성' 있는 연구가 필요하다고 했다.
2. 가치중립적인 과학적 연구보다는 가치평가적인 정책연구를 지향했다.
3. 1960년대 말 신행정론자들이 후기 행태주의를 도입했다.

05 정답 ②

② [×] 신공공관리론은 집단의 이익보다 개인의 이익을 중시하는 경제학적 이론이므로 도덕적 해이, 역선택의 문제가 발생할 수 있다.

[오답 분석]

① [○] 신공공관리론은 기업의 경영기법을 행정에 도입하자는 이론으로, 행정의 효율성과 전문성을 강조한다.
③ [○] 공유지의 비극은 공공재(공유재를 넓은 의미의 공공재에 포함시키기도 함)의 과도한 사용으로 인하여 사회 전체적으로 비효율적인 결과(시장실패)가 초래되는 현상을 말한다.
④ [○] 신공공관리론은 개인의 이익을 우선으로 하기 때문에 민간기업 등과의 계약에 따라 민간기업이 행정서비스를 제공하는 것이 능률적이다.

06 정답 ④

④ [○] 뉴거버넌스에 해당한다. 공공부문과 민간부분의 협력을 중시하는 뉴거버넌스는 시민의 참여와 협력을 중시하는 네트워크 거버넌스로 시민을 더 중시한다.

[오답 분석]

① [×] 신행정론은 사회적 형평성을 강조하는 이론으로 정부의 역할을 강조한다.
② [×] 신공공관리론은 신관리주의와 시장주의를 정부에 도입하는 것으로, 국가중심의 개혁이론이다.
③ [×] 공공선택이론은 비시장적 의사결정의 경제학적 연구로서, 시장을 중시하는 입장이다.

07 정답 ①

① [×] 정책네트워크는 개별구조보다는 제도적인 구조를 중시하였다.

[오답 분석]

② [○] 다원주의와 조합주의는 정책 과정에서 국가와 이익집단의 관계를 설명하는 대표적인 모형으로 인정돼 왔으나 이익집단 이외의 다양한 행위자가 개입하는 정책 과정에 대한 설명에 한계를 드러내고 있다. 이에 따라 다양한 정책 행위자들의 관계를 포괄적으로 설명할 수 있는 대안으로서 정책네트워크 모형이 대두되었다.
③ [○] 정책네트워크는 참여자와 비참여자를 구분하는 경계가 있다. 그러나 경계의 제한성과 명료성은 상황에 따라 다르다.
④ [○] 정책네트워크는 외재적 및 내재적 원인에 의해 변동될 수 있다.

◐ 정책네트워크의 특징

1. 참여자와 비참여자를 구분하는 경계가 있다.
2. 권력의 다원론과 상관성이 크다.
3. 정부와 민간의 파트너십이 증대할수록 정책네트워크에 대한 관심은 증가한다.
4. 행위자들 간의 연계는 의사소통과 전문지식, 신뢰, 그리고 여타 자원을 교환하는 통로로 작용한다.
5. 정책네트워크는 수평적이다.
6. 정책네트워크를 통한 정책산출은 예측이 어렵다.
≫ 정책네트워크는 현상에 대한 기술과 설명은 뛰어나지만 인과관계를 밝히는 데에는 약하다는 비판을 받는다.

08 정답 ①

① [×] 체제이론은 체제 내부의 능력상 한계 때문에 모든 문제가 정책의제화되기는 어렵다고 본다. 사회체제는 기계적 체제나 유기체적 체제와 같이 능력상 한계를 지니고 있기 때문에 체제를 지키는 문지기(대통령, 고위관료, 국회의원 등의 gate-keeper)가 진입을 허용하는 일부 사회문제만 정책문제화된다는 것이다.

[오답 분석]

② [○] 다원주의 사회의 행위 주체인 이익집단들의 영향으로 특정 문제가 정책의제화되지 않는 무의사결정이 나타날 가능성이 크다.
③ [○] 엘리트론자들은 엘리트들이 정책과정의 전 과정을 압도할 뿐 아니라, 특히 정책의제의 채택과정에서 그들의 권력을 행사한다고 주장한다.
④ [○] 다원론은 모든 사회문제는 정책의제화될 수 있다는 입장으로, 이익집단의 적극적 역할을 중시하므로 집단이론이라고도 한다.

09 정답 ①

① [×] 동원형은 국가가 주도(이익집단은 아님)하여 정책의제를 채택하는 경우이다. 동원형은 정책담당자(정부관료)들에 의해 정책의제가 형성되는 경우이다. 하지만 일방적으로 의제화하는 것이 아니라 일반 대중이나 관련 집단의 지원을 유도하기 위한 노력(정부 PR)을 수행한 뒤에 의제를 채택한다.

오답 분석

② [O] 굳히기형은 논쟁의 주도는 국가(정부)가 하고 대중의 지지가 높은 경우에 해당한다.
③ [O] 내부접근형은 정책결정자에게 접근이 용이한 소수의 외부집단과 정책 담당자들이 정책의제를 설정하는 경우로서 동원형에 비해 낮은 지위의 고위관료가 주도한다.
④ [O] 외부주도형은 정책담당자가 아닌 외부집단의 주도에 의해 정책의제가 채택되는 경우이다. 정부 외부의 다양한 행위자들에 의해 특정 사회문제가 정부가 개입하여 해결해야 할 문제로 받아들여지게 된다. 허시맨(Hirshman)은 이를 '강요된 정책문제'라고 하였다.

10 정답 ④

④ [×] 최적모형은 합리모형을 바탕으로 직관적 판단을 가미하여 정책결정하는 모형이다. 정책과정을 체제론적 관점에서 투입-전환-산출-환류의 과정으로 이해하며 특히 환류를 중시하였다.

❂ 최적모형

1. 의의: 드로(Dror)가 점증모형의 보수적 성격과 합리모형의 비현실성을 비판하면서 '초합리성'이라는 새로운 요소들을 가미하여 규범적 모형으로 제시하였다.
2. 특징
   (1) 합리적 분석만이 아니라 결정자의 직관적 판단도 중요한 요소로 간주한다.
   (2) 양적 분석뿐만 아니라 질적 분석도 동시에 고려해야 한다고 주장한다.
   (3) 경제성을 감안한 합리성을 주장한다. 즉, 시간과 자원의 제약을 고려하면서 최선의 합리성을 추구한다.
   (4) 정책결정 능력의 향상을 위해 환류기능을 강조한다.
   (5) 정책결정을 체계론적 시각에서 파악하고 정책성과를 최적화하려는 정책결정모형이다.
   (6) 드로는 정책결정의 단계를 초정책결정단계, 정책결정단계, 후정책결정단계로 구분하고, 이 중 초정책결정을 중요시한다(3단계 18국면).

11 정답 ④

④ [×] 학습조직은 공동의 과업, 소수의 규정과 절차, 비공식적이고 분권적인 의사결정을 특징으로 하는 기능통합적 구조이다. 기능분립적 구조란 기능구조나 기계적 구조, 즉 관료제에 해당하는 내용이다.

오답 분석

① [O] 매트릭스 조직은 조직환경이 복잡해지면서, 기능부서의 기술적 전문성이 요구되는 동시에 사업부서의 신속한 대응성의 필요가 증대되면서 등장한 조직의 형태이다.
② [O] 삼엽조직(shamrock organization)은 소규모 전문직 근로자들, 계약직 근로자들, 신축적인 근로자들로 구성된 조직의 형태이다.
③ [O] 네트워크 조직은 조직의 자체 기능은 핵심역량위주로 하고 여타 기능은 외부계약관계를 통해서 수행한다.

❂ 학습조직(Learning Organization)

1. 의의: 개방체제와 자아실현적 인간관을 바탕으로 지속적인 학습활동을 전개하는 조직
2. 특징: 모든 조직구성원이 문제 인지와 해결에 관여(시행착오를 거치면서 지속적으로 실험할 수 있는 조직), 문제해결이 학습조직의 필수적 가치, 사려 깊은 리더십 요구, 구성원의 권한 강화, 다방향적 전략 수립, 강한 조직문화, 정보의 공유, 수평적 구조, 이윤 공유 보너스와 지식급 도입

12 정답 ①

오답 분석

②, ③, ④ [×] 국무총리 소속기관들이다.

13 정답 ②

② [O] 전자적 참여 형태의 발달단계는 전자정보화 ⇨ 전자자문 ⇨ 전자결정 순이다.

❂ 전자적 참여 형태의 발달단계

전자정보화 ⇨ 전자자문 ⇨ 전자결정 순으로 발달한다.
1. 전자정보화(E-information) 단계: 정부기관의 웹사이트에서 각종 전자적 채널을 통해 정부기관의 다양한 정보가 공개되는 단계이다.
2. 전자자문(E-consultation) 단계: 시민과 선거직 공무원 간의 상호소통이 이루어지고, 사이버 공간상에서의 청원활동이 이루어지며, 선거직 공무원은 유권자들과 직접적으로 토론을 벌이며 이러한 정책토론은 축적되고 피드백이 이루어진다.
3. 전자결정(E-decision) 단계: 정부기관이 주요 정책과정에 시민들의 의견을 고려하여 반영하는 활동이 이루어진다.

14 정답 ③

③ [×] 정무직은 국민의 입장에서 정치적 판단 등이 필요하므로 선거를 통해 취임한다고 보아야 한다. 개방형 임용과는 거리가 멀다.

① [O] 일반직은 실적과 자격에 따라 임용되며 경력직 공무원이다.
② [O] 별정직은 특정한 업무를 담당하기 위하여 별도의 자격 기준에 의하여 임용되는 공무원으로서 법령에서 별정직으로 지정하는 공무원을 말한다.
④ [O] 특정직은 각 개별 법률에 의해 별도의 계급체계를 유지하고 있다.

15 정답 ②
② [×] 개방형 직위는 행정에 대한 민주적 통제가 용이하다.
✔ 개방형의 장단점

장점	① 임용의 융통성으로 보다 우수한 인재등용 가능 ② 행정의 질적 수준의 증대 및 전문성 제고 ③ 문호개방으로 관료주의화와 공직의 침체 방지 ④ 행정에 대한 민주적 통제가 용이 ⑤ 재직자의 자기개발노력 촉진 ⑥ 신진대사 촉진
단점	① 재직자의 사기저하 : 재직자의 승진기회 및 능력 발전 기회 제약 ② 관료의 비능률화 : 충성심의 저하 ③ 이직률의 증가로 직업공무원제의 확립 저해 ④ 신분보장이 어렵고 행정의 안정성 저해 ⑤ 공직사회의 일체감 저해 및 불안정성 ⑥ 정실인사 등 정치적 오용 가능성 ⑦ 복잡한 임용구조와 임용비용 증대

16 정답 ①
① [O] 점증예산에 해당한다.
✔ 윌다브스키의 예산결정 행태

윌다브스키는 국가의 경제력, 재정의 예측력, 정치제도, 정치엘리트의 가치관, 재정규모 등에 따라서 국가마다 예산결정 행태가 달라질 수 있다고 보고 있다. 이 중에서 특히 경제력과 재정 예측력이 중요하다고 보고, 이 두 가지 기준에 의해 다음과 같이 예산결정 행태를 제시하고 있다.

구분		국가의 경제력	
		크다	작다
재정의 예측력	높다	점증적 예산	양입제출적(세입예산)
	낮다	보충적 예산	반복적 예산

17 정답 ③
③ [×] 예산심의는 시정연설 – 상임위원회의 예비심사 – 예산결산특별위원회의 종합심사 – 본회의 등의 절차를 거친다.

① [O] 헌법상 정부는 회계연도마다 예산안을 편성하여 회계연도 개시 90일 전까지 제출하고, 국회는 회계연도 개시 30일 전까지 이를 의결하여야 한다.

> 헌법 제54조 ① 국회는 국가의 예산안을 심의·확정한다.
> ② 정부는 회계연도마다 예산안을 편성하여 회계연도 개시 90일 전까지 국회에 제출하고, 국회는 회계연도 개시 30일 전까지 이를 의결하여야 한다.

② [O] 한 회계연도를 넘어 계속하여 지출할 필요가 있을 때에는 정부는 연한을 정하여 계속비로서 국회의 의결을 얻어야 한다.

> 헌법 제55조 ① 한 회계연도를 넘어 계속하여 지출할 필요가 있을 때에는 정부는 연한을 정하여 계속비로서 국회의 의결을 얻어야 한다.

④ [O] 예비비는 총액으로 국회의 의결을 얻어야 하고, 예비비의 지출은 차기국회의 승인을 얻어야 한다.

> 헌법 제55조 ② 예비비는 총액으로 국회의 의결을 얻어야 한다. 예비비의 지출은 차기국회의 승인을 얻어야 한다.

18 정답 ②
② [×] 추가경정예산은 한정성 원칙과 단일성 원칙의 예외에 해당한다. 통일성 원칙에 대한 예외에는 특별회계, 목적세, 기금, 수입대체경비 등이 있다.

① [O] 이용은 입법과목인 장·관·항 간의 상호 융통으로 질적 한정성의 원칙에 대한 예외이다.
③ [O] 전용은 행정과목인 세항·목 간의 상호 융통으로 질적 한정성과 사전의결의 원칙에 대한 예외이다.
④ [O] 기금은 완전성·단일성·통일성 원칙에 대한 예외이다.

19 정답 ①
① [×] 옴부즈만은 입법부 소속으로서, 외부통제에 해당한다.
✔ 행정통제의 유형

구분	내부통제	외부통제
공식	행정수반(대통령), 교차기능조직, 감사원, 국민권익위원회, 계층제, 국무조정실 심사평가	입법부, 사법부, <u>옴부즈만</u>
비공식	행정윤리, 대표관료제	민중통제(시민참여, 이익집단, 언론, 정당)

20 정답 ③

③ [X] 뉴거버넌스는 다양한 참여로 국정이 운영된다는 것으로서, 각계각층의 참여로 행정관료제를 구성하는 대표관료제와 부합한다고 할 수 있다.

오답 분석

① [O] 공무원들은 사회화의 과정을 통해 자기 출신집단의 가치와 이익에 대한 '심리적 책임'을 지려고 하기 때문에 서로 견제하여 내적 통제(비공식적 내부통제)를 강화한다.
② [O] 대표관료제는 집단대표·인구비례 등이 중요하고 능력·자격은 2차적 요소로 취급하기 때문에 결과적으로 행정의 전문성·객관성·합리성을 저해한다.
④ [O] 국민의 다양한 요구에 대한 정부의 대응성을 제고시킨다.

21 정답 ③

③ [X] 일시정지할 수 있는 권한은 없다. 지방의회의 의결이 법령에 위반되거나 공익을 현저히 해친다고 판단되면 시·도에 대하여는 주무부장관이, 시·군 및 자치구에 대하여는 시·도지사가 재의를 요구하게 할 수 있고, 재의요구를 받은 지방자치단체의 장은 의결사항을 이송받은 날부터 20일 이내에 지방의회에 이유를 붙여 재의를 요구하여야 한다(지방자치법 제101조).

오답 분석

① [O] 자치단체장은 대내적으로 행정기능 전반을 종합·조정하고, 대외적으로 자치단체의 의사를 표시할 수 있는 권한을 가진다.
② [O] 임시회의 소집요구권을 가진다.
④ [O] 지방자치단체의 장은 소속 직원을 지휘·감독하고 법령이 정하는 바에 의하여 그 임면·교육훈련·복무·징계 등에 관한 사항을 처리한다.

22 정답 ②

② [X] 다른 기관에서 감사하였거나 감사 중인 사항은 주민의 감사청구 대상에서 제외된다.

❷ **주민감사청구 제외대상**

1. 수사 또는 재판에 관여하게 되는 사항
2. 개인의 사생활을 침해할 우려가 있는 사항
3. 다른 기관에서 감사하였거나 감사 중인 사항
4. 동일한 사항에 대하여 소송이 계속 중이거나 그 판결이 확정된 사항

23 정답 ②

② [X] 지방자치단체는 그 사무를 분장하기 위하여 필요한 행정기구와 지방공무원을 둔다. 행정기구의 설치와 지방공무원의 정원은 인건비 등 대통령령으로 정하는 기준에 따라 그 지방자치단체의 조례로 정한다.

오답 분석

① [O] 조례는 헌법과 법령이 범위 안에서 제정할 수 있으므로, 지방자치단체가 조례를 제정할 때 상위 법령에서 아니 된다고 규정해 놓은 것은 조례로 제정할 수 없다.
③ [O] 조례와 규칙은 지방자치단체가 갖는 자치권이지만 제약이 많다.
④ [O] 지방자치단체는 지방세의 세목(稅目), 과세대상, 과세표준, 세율, 그 밖에 부과·징수에 필요한 사항을 정할 때에는 「지방세기본법」 또는 지방세관계법에서 정하는 범위에서 조례로 정하여야 한다.

24 정답 ④

오답 분석

① [X] 지방자치단체 상호 간은 분쟁조정위원회, 국가와 지방자치단체는 행정협의조정위원회에서 다투는 것이 옳다.
② [X] 지방자치단체와 주민의 갈등을 해결하는 방법에 공청회는 해당되지만, 협의회, 협약, 공람 등은 관련이 없다.
③ [X] 행정협의조정위원회의 결정은 구속력이 없다.

25 정답 ①

① [X] 특별지방행정기관은 중앙행정기관에 소속되어 당해 관할구역 내에서 시행되는 소속 중앙행정기관의 권한에 속하는 행정사무를 관장하는 국가의 지방행정기관을 말한다. **예** 지방병무청, 지방보훈청, 지방환경청, 유역환경청, 지방국토관리청, 지방국세청, 세무서, 지방조달청, 지방교정청, 교도소, 국립검역소, 지방고용노동청, 출입국관리사무소출장소, 지방우정청, 우체국 등

오답 분석

② [O] 특별지방행정기관에 대해서는 주민들의 직접 통제와 참여가 용이하지 않고 책임 확보도 어렵다.
③ [O] 현장의 정보를 중앙정부에 전달하거나 중앙정부와 지방자치단체 사이의 매개역할을 수행한다.
④ [O] 통일적 기술·절차·장비의 전국적 활용으로 국가업무의 통일적 수행에 기여한다.

01 실전 모의고사

ANSWER
본문 82~85쪽

01 ③	02 ④	03 ①	04 ③	05 ③
06 ①	07 ①	08 ③	09 ④	10 ①
11 ①	12 ②	13 ④	14 ①	15 ②
16 ②	17 ④	18 ④	19 ③	20 ④
21 ②	22 ①	23 ①	24 ③	25 ③

01 정답 ③

③ [X] 넓은 의미의 행정개념에 해당한다. 넓은 의미의 행정은 조직 일반에 적용할 수 있는 인간 협동의 측면에 초점을 맞추는 개념으로, '고도의 합리성을 수반한 협동적 인간노력의 한 형태'라고 정의할 수 있다. 합리적 행동이란 주어진 공공목표를 달성하기 위해 기회비용을 최소화시키면서 그 목표와 관련된 적정 수단을 정확히 선택하는 계산된 행동을 말한다. 좁은 의미의 행정은 정부관료제를 중심으로 이루어지는 활동을 의미한다. 좀 더 엄밀하게는 행정부의 구조와 공무원의 활동을 포함하는 개념이다.

◈ 행정의 의의

1. 광의의 행정
   고도의 합리성을 수반한 협동적 인간노력의 한 형태 ⇨ 협동적 측면을 강조
2. 협의의 행정
   정부관료제(행정부) 조직의 활동 ⇨ 행정의 주체를 강조
3. 최근의 행정 개념(거버넌스로서의 행정)
   공공문제의 해결을 위해 다양하게 연결된 개방된 네트워크 거버넌스. 신뢰에 바탕을 둠. 공·사를 구분하지 않음.

02 정답 ④

④ [X] 대표관료제는 수직적 형평에는 기여하나, 수평적 형평을 저해할 우려가 크다. 대표관료제를 통해 사회적 약자에게 혜택을 주려는 인사제도이므로, '다른 것은(약자) 다르게(할당)'라는 수직적 형평성에는 부합하지만, '같은(국민) 것은 같게(동등한 할당)' 해주지 않는 것은 수평적 형평성이 저해될 우려가 있다.

오답 분석

③ [O] 공채란 국가나 지방자치단체가 임시로 지는 빚이다. 장기공채의 운영을 통해 다음 세대에게 조세부담을 부여하는 것은 이익을 보는 세대에게 비용부담을 시키려는 것이므로 세대 간 수직적 형평성을 확보하고자 하는 것이다.

◈ 사회적 형평성 : 같은 것은 같게, 다른 것은 다르게

1. 신행정론에서 강조(총체적 효용 비판), 도의적·주관적·윤리적 개념
2. 이론적 근거 : 실적이론(자유주의자), 평등이론(사회주의자), 욕구이론(연금, 공적부조, 실업수당, 사회보장제)
3. 수평적 공평과 수직적 공평
   (1) 수평적 공평 : 같은 것은 같게 다룬다는 의미. 누구에게나 동일한 기회를 제공한다는 자유주의자들의 입장(개인주의)
       예 비례세, 수익자부담주의, 공개경쟁채용시험 등
   (2) 수직적 공평 : 다른 것은 다르게 다룬다는 의미. 약자에게는 더 많은 기회를 제공한다는 관점. 사회주의자들의 입장(집단주의)
       예 누진소득세, 대표관료제, 장기공채 발행에 의한 세대 간 비용부담 등

03 정답 ①

오답 분석

② [X] 체제론은 균형을 중시하기 때문에 정태적·현상유지적 성격이 강하다. 따라서 변화의 과정에 있는 발전도상국의 행정현상을 다루기 어렵다.
③, ④ [X] 체제론은 거시적 접근방법으로 구체적인 운영이나 행태적 측면을 다루기 곤란하며 권력이 개입되는 정치현상이나 행정현상을 분석하기 어렵다는 비판이 제기된다.

◈ 체제론적 접근방법

1. 의의
   행정현상을 하나의 유기체로 보아 행정을 둘러싸고 있는 다른 환경적 제요소와의 관련성 속에서 행정상태를 연구
2. 체제의 특징
   (1) 체제의 여러 부분들이 서로 기능적으로 연결되어 있으며 이를 전체 체제 속의 하위체제로 인식함.
   (2) 각 하위체제는 다른 하위체제와 구별되는 경계가 있음.
   (3) 체제는 폐쇄체제와 개방체제가 있음.

   > ≫ 개방체제의 특징
   > 투입 ⇨ 전환 ⇨ 산출 ⇨ 환류의 반복, 분화와 통합, 항상성과 동태적 균형 유지, 등종국성(유일 최선의 방법 부인), 부정적 엔트로피

   (4) 체제는 '적응, 목표달성, 통합, 체제유지'의 기능(AGIL)을 지님.
3. 한계
   (1) 결정론적 시각 : 환경만 중시하고 인적요소를 과소평가함.
   (2) 정태적 균형 : 목적성을 띤 변화나 정치사회의 변화·발전을 설명하지 못함.
   (3) 미시적 측면의 설명 미흡 : 거시적 접근방법이므로 체제의 전체적인 국면은 잘 다루지만 체제의 구체적인 운영이나 행태적인 측면은 잘 다루지 못함.

04 정답 ③

오답 분석

①, ② [×] 신공공관리론과 뉴거버넌스론은 모두 신행정국가와 관련되며, 둘 다 방향잡기 기능을 중시한다.
④ [×] 반대로 되어야 맞다. 신공공관리론은 주로 내부적 관점에서 기업의 경영방식과 가격 경쟁을 기반으로 두고 있는 시장기법을 도입하는 데 초점을 두고 있으며, 뉴거버넌스는 정부, 시장, 시민사회 등과 같은 여러 사회구성단위들의 네트워크 형성을 통한 참여와 협력을 중시한다.

❷ 신공공관리론과 뉴거버넌스론의 비교

구분	기준	신공공관리	뉴거버넌스
유사점	정부 역할	노젓기(Rowing)보다는 방향잡기(Steering)	
	공·사 미구분	공공부문과 민간부문의 구분에 회의적	
	대리인체제 비판	대리인체제의 불필요성(정부실패)	
	산출 통제	투입보다는 산출에 대한 통제 강조	
차이점	인식론적 기초	신자유주의	공동체주의
	관리기구	시장	연계망
	관리가치	결과	신뢰(과정)
	관료역할	공공기업가	조정자
	작동원리	경쟁(시장메커니즘)	협력체제
	서비스	민영화, 민간위탁 등	공동공급(시민, 기업 등 참여)
	관리방식	고객지향	임무중심
	정치성	약함(탈정치성 − 정치·행정이원론)	강함(재정치성 −정치·행정일원론)
	경영성	강함(공·사행정일원론)	약함(공·사행정이원론)
	분석수준	조직 내	조직 간

05 정답 ③

③ [×] 재분배정책의 경우 결정과정이나 집행과정에서 이념적 성격이 강하게 나타난다.

❷ 정책의 유형과 정책집행(Ripley & Franklin)

항목 \ 정책유형	분배정책	경쟁적 규제정책	보호적 규제정책	재분배 정책
안정적 집행의 루틴(SOP)의 가능성	높다.	보통이다.	낮다.	낮다.
주요 관련자의 동일성과 그들 간의 관계의 안정성	높다.	낮다.	낮다.	높다.
집행에 대한 논란과 갈등의 정도	낮다.	보통이다.	높다.	높다.
집행에 관한 결정에 대한 반발의 강도	낮다.	보통이다.	높다.	높다.
집행을 둘러싼 논란에 있어서 이데올로기의 강도	낮다.	다소 높다.	높다.	극히 높다.
정부활동 감축을 원하는 압력의 강도	낮다.	다소 높다.	높다.	높다.

06 정답 ①

오답 분석

②, ③ [×] 최적모형은 경제적 합리성을 기본적으로 추구한다. "경제성을 감안한 합리성을 주장한다." 라는 설명은 시간과 자원들의 제약을 고려하면서 최선의 합리성을 추구한다는 의미이다.
④ [×] 최적모형도 현실적이라기보다는 이상적 모형에 가깝다.

❷ 최적모형(Dror)

1. 양적인 동시에 질적인 모형(Dror는 질적 모형으로 봄.)
2. 기본적으로는 경제적 합리성을 중시하는 합리모형(규범모형)
3. 경제적 합리성뿐만 아니라 직관, 판단, 창의 등 초합리성 중시
4. 결정능력의 향상을 위해 정책집행의 평가와 환류기능 강조
5. 정책결정단계를 초(메타)정책결정단계, 정책결정단계, 후정책결정단계로 구분하고 초정책결정단계 중시

07 정답 ①

① [×] 국무총리가 아니라 중앙행정기관의 장이 성과관리전략계획에 기초하여 당해 연도의 성과목표를 달성하기 위한 연도별 시행계획을 수립·시행하여야 한다.

❷ 정부업무평가

1. 기본방향
   자율적인 평가역량의 강화(자체평가와 민간전문가 중심), 통합적인 정부업무평가제도의 구축
2. 성과관리
   (1) 중앙행정기관의 장이 중·장기계획(성과관리전략계획) 수립
   (2) 중앙행정기관의 장은 최소한 3년마다 그 계획의 타당성을 검토하여 수정·보완 등의 조치
3. 정부업무평가기본계획의 수립
   (1) 국무총리는 정부업무평가위원회의 심의·의결을 거쳐 정부업무의 성과관리 및 정부업무평가에 관한 정책목표와 방향을 설정한 정부업무평가기본계획을 수립
   (2) 국무총리는 최소한 3년마다 그 정부업무평가기본계획의 타당성을 검토하여 수정·보완 등의 조치
   (3) 정부업무평가위원회 : 국무총리 소속. 위원장 2인을 포함한 15인 이내의 위원으로 구성
4. 종류
   (1) 중앙행정기관의 자체평가
   ① 중앙행정기관의 장은 그 소속기관의 정책 등을 포함하여 자체평가
   ② 중앙행정기관의 장은 자체평가조직 및 자체평가위원회 구성·운영. 이 경우 평가의 공정성과 객관성을 확보하기 위하여 자체평가위원의 3분의 2 이상은 민간위원
   (2) 자체평가결과에 대한 재평가 : 국무총리는 중앙행정기관의 자체평가결과를 확인·점검 후 평가의 객관성·신뢰성에 문제가 있어 다시 평가할 필요가 있다고 판단되는 때에는 위원회의 심의·의결을 거쳐 재평가 실시(임의사항)
   (3) 특정평가 : 국무총리는 두 개 이상의 중앙행정기관 관련 시책, 주요 현안시책, 혁신관리 및 대통령령이 정하는 대상부문에 대하여 특정평가를 실시하고 그 결과 공개
   (4) 국가위임사무 등에 대한 평가 : 지방자치단체 또는 그 장이 위임받아 처리하는 국가사무, 국고보조사업에 대해 행정안전부장관이 관계 중앙행정기관의 장과 합동으로 평가를 실시
   (5) 공공기관에 대한 평가 : 공공기관 외부의 기관이 실시

08 정답 ③

③ [O] 기능구조와 사업구조의 통합을 시도하는 조직은 매트릭스 조직이다.

◎ 매트릭스 구조

> 1. 기능구조와 사업구조의 화학적 결합을 시도하는 조직구조이다.
> 2. 조직환경이 복잡해지면서 기능부서의 기술적 전문성이 요구되는 동시에 사업부서의 신속한 대응성의 필요가 증대되면서 등장한 조직형태이다(예 재외공관, 보통지방행정기관 등).

[오답 분석]

① [×] 수평조직은 조직구성원을 핵심업무과정 중심으로 조직하는 방식이다. 수직적 계층과 부서 간 경계를 실질적으로 제거하고 의사소통을 원활하게 만든 유기적인 조직구조이다.
② [×] 위원회 조직은 독임형 조직과 대비되는 합의제 조직형태이다.
④ [×] 네트워크 조직은 조직의 자체 기능은 핵심역량 위주로 합리화하고, 여타 기능은 외부기관들과 계약관계를 통해 수행하는 조직구조방식이다.

09 정답 ④

④ [×] 대리손실은 비대칭적 정보에서 비롯된다.

[오답 분석]

①, ②, ③ [O] 대리인이론은 '주인과 대리인의 관계에 관한 경제학적 모형을 조직연구에 적용한 이론'이다. 대리인이론은 ⅰ) 주인과 대리인 모두 이기적인 존재라는 것과, ⅱ) 주인－대리인 간의 정보의 불균형, ⅲ) 상황적 조건의 불확실성 등을 전제로 한다. 이러한 전제하에서 대리손실(Agency Loss)의 원인이 되는 대리인의 도덕적 해이와 주인의 역선택이 발생하게 되고, 조직은 대리손실을 최소화하기 위해 노력해야 한다고 주장한다.

10 정답 ①

① [O] 합법적 권력에 해당한다.

◎ 프렌치와 레이븐(French & Raven)의 분류

유형	특징	효과적 행사방법
보상적 권력	보상을 해줄 수 있는 능력: 봉급, 승진 등에 대한 재량	• 지시사항의 준수 여부 확인 • 합리적이고 실행 가능한 지시 • 바람직한 보상 제공
강압적 권력	처벌, 즉 강제력: 부하들의 적개심 야기	• 규정위반 시 벌칙 고지 • 처벌 전 경고와 일관성 있고 일률적인 시행 • 처벌에 대한 신뢰성 유지
정통적 권력 (합법적 권력)	상사의 직위에 기반을 둔 권력: 직위의 높낮이에 따라 다름.	• 자신감 있고 명확한 지시, 부하 관심사에 대처 • 합법적 이유 제시, 적절한 명령계통 확보 • 규칙적 권력행사, 복종을 강조
준거적 권력	권력주체에 대한 동화: 모방을 야기함.	• 부하를 공정하게 다루고, 부하의 이익 보호 • 부하의 욕구와 감정에 민감하게 대처 • 자신과 유사한 부하 선택, 역할모형화 시도
전문가적 권력	전문가적 지식: 직위를 초월하여 누구나 보유	• 전문가적 이미지 증진 • 결단력 있고 자신 있게 행동 • 부하의 관심사 파악, 지속적인 정보수집

11 정답 ①

① [×] 실적제는 엽관주의와는 달리 신분보장이 되는 인사제도이므로 직업적 안정성에 유리하다. 실적주의는 엽관주의의 폐단을 극복하기 위해 도입된 제도로서 실적·능력·자격에 따른 임용을 강조하며 공개경쟁시험, 신분보장, 정치적 중립을 핵심적인 내용으로 한다. 그러나 실적주의는 인사의 공정성과 객관성을 강조함으로써 인사행정의 형식화와 소극화를 초래하였다는 비판을 받는다.

◎ 실적주의

내용		공직에의 기회균등, 능력·자격·실적 중심의 공직임용, 공개경쟁시험제도, 인사권의 집권화, 공무원의 신분보장, 정치적 중립, 인사행정의 합리화·객관화·과학화, 상대적 평등주의
장·단점	장점	임용상의 기회균등 보장, 능률성 확보, 정치적 중립 확보, 전문성 확보, 행정의 계속성과 안정성 확보 등
	단점	소극성과 집권성, 형식화·비인간화, 대응성과 책임성 저해, 행정의 관리적 측면 경시, 보신주의 등

12 정답 ②

② [×] 지역모집에는 연령 외에도 주민의 자격요건을 규정하고 있다.

◎ 자격요건 : 교육이나 연령, 국적, 거주지 등

> 1. 우리나라는 국가공무원 시험에서 연령제한을 완화함. 현재 연령상한 규정은 폐지되었고, 연령하한선(5·7급은 20세, 9급은 18세)만 유지되고 있음.
> 2. 「제대군인 지원에 관한 법률」이 헌법재판소의 위헌결정을 받음에 따라 공직임용 시 제대군인 가산점제도는 폐지되었음.
> 3. 지역모집에는 거주지 제한이 있음(서울시 제외).

13 정답 ④

④ [×] 군인연금기금은 군인연금특별회계법에 의해 기금으로 설치되고 특별회계로 운영한다. 이와 달리 공무원연금은 공무원연금법에 의해 기금으로 설치되지만, 특별회계로는 운영하지 않는다. 퇴직급여는 공무원, 국가, 지방자치단체가 부담하나, 퇴직수당은 국가와 지방자치단체가 부담한다(공무원연금법).

✪ 연금

1. 의의
   (1) 개념 : 공무원이 노령, 질병, 부상 등으로 퇴직하거나 사망할 때 본인 또는 유족에게 지급하는 급여
   (2) 학설 : 공로보상설, 거치보수설(통설적 견해), 생활보장설
   (3) 연금 수혜 : 퇴직연금은 10년 이상 재직하고 퇴직한 때(개시 연령은 65세) 받음.
   (4) 「공무원연금법」 적용대상 : 국가공무원·「지방공무원법상」 공무원(장·차관 포함), 단, 군인과 선거에 의하여 취임하는 공무원은 제외

2. 기금조성방식
   (1) 기금제와 비기금제 : 한국과 미국은 기금제, 영국과 독일은 비기금제(예산으로 충당)
   (2) 기여제와 비기여제
      ① 기여제 : 정부와 공무원이 공동으로 기금조성의 비용 부담. 우리나라는 정부와 공무원 개인의 비용부담률이 5 : 5로 동등(기여금 납부기간이 36년을 초과한 자는 기여금을 내지 않음.)
      ② 비기여제 : 정부가 전액 부담하는 제도

   ≫ 「공무원연금법」 주요 개정 내용(2016년 1월 시행)
   1. 기여율 및 부담률 인상 : 공무원의 기여금을 현행 기준소득 월액의 7%에서 2020년 9%로 단계적으로 인상함.
   2. 퇴직연금액 인하 및 퇴직연금의 소득재분배 도입 : 퇴직연금액을 현행 재직기간 1년당 평균 기준소득월액의 1.9%에서 2035년 1.7%로 단계적으로 인하함.
   3. 기준소득월액 상한 하향 조정 : 전체공무원 기준소득월액 평균액의 1.8배에서 1.6배로 조정함.
   4. 분할연금제도 도입 : 공무원과의 혼인기간이 5년 이상인 자가 이혼하고 65세가 되면 혼인기간에 해당하는 연금액을 균등하게 지급함.
   5. 비공무상 장해연금의 도입 : 공무상 장해연금의 50% 수준으로 함.

---

14 정답 ①

① [×] 잠정예산이나 가예산은 국회의 의결을 받기 때문에 사전의결의 원칙에 위배되지 않는다. 준예산이 사전의결의 원칙에 위배된다.

✪ 예산의 원칙과 예외

1. 전통적 예산원칙(Neumark) : '입법부 우위의 예산원칙'으로서 '통제 중심적 예산원칙'
   (1) 공개성의 원칙 : 신임예산, 국방비·외교활동비·국가정보원 예산 등
   (2) 명료성의 원칙 : 총괄예산, 예비비
   (3) 완전성(포괄성)의 원칙 : 전대차관, 순계예산, 기금, 현물출자, 수입대체경비 등
   (4) 단일성의 원칙 : 추가경정예산, 특별회계예산, 기금 등
   (5) 한정성의 원칙
      ① 목적 외 사용금지(질적 한정성 원칙) : 이용·전용
      ② 계상된 금액 이상의 초과지출금(양적 한정성 원칙) : 예비비, 추가경정예산
      ③ 회계연도 독립의 원칙(시간적 한정성 원칙) : 이월, 계속비, 앞당기어 충당사용(조상충용), 과년도 수입 등
   (6) 예산엄밀성의 원칙 : 불용액 발생

   (7) 사전의결의 원칙 : 사고이월, 준예산, 예비비의 지출, 전용, 재정상의 긴급명령 등
   (8) 통일성의 원칙 : 특별회계, 목적세, 기금, 수입대체경비 등

2. 현대적 예산원칙(행정부 우위의 원칙, Smith ; 관리중심)
   행정부계획의 원칙, 행정부책임의 원칙, 보고의 원칙, 적절한 수단구비의 원칙, 다원적 절차의 원칙, 재량의 원칙, 시기신축성의 원칙, 상호교호적 예산기구의 원칙

---

15 정답 ②

② [×] 미리 예산으로서 국회의 의결을 얻어야 한다. 국고채무부담행위는 국고의 부담을 야기하는 채무를 체결할 권한을 부여하는 것이다. 당해 예산에 반영되지 않았지만 예산집행과 동일한 효과를 창출할 수 있도록 인정하는 것이다. 이는 차관, 국공채 등과 같이 국가 채무에 포함된다.

---

16 정답 ②

② [×] 자본예산으로 자칫 재정의 방만한 지출이 용인될 우려가 있다. 건전재정이나 균형예산의 전통이 약한 나라에서 자본예산제도는 인플레이션을 가속화시키고 경제안정을 해치기 쉽다.

✪ 자본예산제도

의의	① 세입과 세출을 경상적인 것과 자본적인 것으로 구분하고, 경상적 지출은 경상적 수입으로 충당하고, 자본적 지출은 자본적 수입으로 지출하되 부족하면 공채발행 등 차입으로 충당하는 일종의 복식예산제도 ② 종래의 1년 단위의 균형예산원칙(건전재정)을 포기하고, 순환적(장기적) 균형예산 채택
장점	① 재정의 기본 구조 이해(정부의 순자산상태 파악에 도움) ② 자본적 지출에 대한 특별한 분석(과학적 관리와 분석)과 사정 가능 ③ 경기불황기에 적자예산을 편성하여 유효수요와 고용을 증대시킴으로써 경기회복(불황극복)의 정책추진 ④ 일시적인 적자재정의 정당화 ⑤ 수익자 부담을 균등화하여 세대 간 부담의 형평성 제고 ⑥ 장기적인 공공사업계획은 조직적인 자원의 개발 및 보존을 위한 수단 ⑦ 조세 저항을 회피하는 재력력 확보수단 ⑧ 국가 또는 지방자치단체의 순자산상황의 변동과 사회간접자본의 축적·추이를 나타내는 데 사용 ⑨ 장기적 재정계획수립이 용이하여 정부의 신용을 높이는 데 도움 ⑩ 주민 조세부담의 기복과 지출의 기복을 조절하는 데 도움
단점	① 경제안정을 해치고 인플레이션을 조장 ② 무리한 팽창을 유발시켜 재정의 안정 효과 감소 ③ 재정적자를 은폐하기 위한 수단으로 남용 ④ 경상계정과 자본계정의 구분 곤란 ⑤ 복지사업 등은 경시하고 공공사업이나 자본재의 축적에만 치중 ⑥ 민간자본의 효율적 이용에 대한 우려 ⑦ 과도한 자본적 지출에 의한 부채의 증가 시 예산관리의 경직화 초래

17 정답 ④

④ [○] 외재적 책임에서 내재적 책임으로, 객관적 책임에서 주관적 책임으로, 제도적 책임에서 자율적 책임으로 책임의 중점이 변화하고 있음을 말하는 것으로 올바른 설명이다.

오답 분석

①, ②, ③ [×] 행정국가에서는 기능적 책임이 중시된다. 행정책임은 과정과 결과에 대한 책임을 포함한다. 결과의 책임에서 고의 외에 과실에 의한 잘못도 책임을 묻게 된다. 책임을 확보하기 위해서 권한과 책임의 명확화가 필요하다.

❤ 내재적 책임과 외재적 책임

내재적 책임	Friedrich	① 직업적·관료적·기능적 책임
		② 주관적·자율적·재량적·심리적 책임
외재적 책임	Finer	① 합법적 책임
		② 입법부나 사법부에 대한 책임
		③ 국민에 대한 응답적 책임 : 정치적·민주적 책임
최근의 경향	종래의 정치적·민주적·외재적 책임론으로부터 기능적·재량적·내재적 책임론으로 중점이 전환	

18 정답 ④

④ [×] 행정개혁은 조직관리의 기술적인 속성과 함께 권력투쟁, 타협, 설득이 병행되는 정치적·사회심리적 과정이다. 따라서 행정개혁은 행정조직 내부에서만 이루어지는 것이 아니라, 행정 밖의 정치세력과 상호 연결되어 있다.

19 정답 ③

③ [×] 국무총리실 행정협의조정위원회의 설치는 지방정부와 중앙정부 간 분쟁과 갈등을 해결하기 위한 장치이다.

❤ 지방자치단체 상호 간 분쟁조정

당사자 간 분쟁조정제도	① 행정협의회 : 자치단체는 2개 이상의 자치단체에 관련된 사무의 공동 처리
	② 자치단체조합 : 2개 이상의 지방자치단체가 하나 또는 둘 이상의 사무를 공동처리
	③ 사전예방조치로서 협의·협약
	④ 전국적 협의체
제3자에 의한 분쟁조정제도	① 행정안전부장관 및 시·도지사의 분쟁조정
	② 지방자치단체 분쟁조정위원회 : 당사자의 신청 또는 직권에 의한 분쟁의 조정과 협의사항의 조정에 필요한 사항을 심의·의결하기 위하여 행정안전부에 중앙분쟁조정위원회와 시·도에 지방분쟁조정위원회 설치 (실질적인 구속력이 있음.)
	③ 헌법재판소 : 지방자치단체 간의 권한쟁의심판
	④ 구역개편

20 정답 ④

④ [×] 반대로 되어야 옳다.

국가재정	지방재정
① 순수공공재 공급(외교, 국방, 사법 등)	① 준공공재의 공급(도로, 교량 등 SOC)
② 포괄적 기능 수행	② 자원배분기능 수행
③ 응능주의	③ 응익주의
④ 가격원리 적용 곤란	④ 가격원리 적용 용이
⑤ 기업형 정부 적용 곤란	⑤ 기업형 정부 적용 용이
⑥ 전략적 정책기능	⑥ 전술적 집행기능
⑦ 형평성	⑦ 효율성
⑧ 비경쟁성	⑧ 경쟁성
⑨ 조세에 의존	⑨ 세외수입에 의존
⑩ 지역 간 이동성 없음.	⑩ 지역 간 이동성 높음.

21 정답 ②

오답 분석

①, ③, ④ [×] ①은 구조적 접근, ③은 제도적 접근, ④은 체제론적 접근법에 해당한다. 체제론적 접근은 다양한 원인에 의해 부패가 발생하므로 어느 한 부분적인 대응만으로는 부패를 근절할 수 없다는 입장이다.

❤ 공직부패의 접근방법

1. 기능주의적 분석 : 부패는 발전의 부산물, 자동 소멸
2. 도덕적 접근법 : 부패는 개인들의 윤리·자질의 탓
3. 사회문화적 분석 : 특정한 지배적 관습이나 경험적 습성과 같은 것이 부패를 조장
4. 제도적 분석 : 사회의 법과 제도상의 결함이 부정부패의 원인으로 작용
5. 체제론적 접근법 : 사회의 문화적 특성, 제도상의 결함, 구조상의 모순 등 다양한 요인
6. 구조적 분석 : 공직사유관 등 공무원들의 잘못된 의식구조 등이 부패의 원인

22 정답 ①

① [○] 고전적 기술자형은 정책결정자는 구체적인 정책목표와 세부정책 내용까지 결정하고, 하위 정책집행자들의 활동을 엄격히 통제하는 것으로 정책결정자가 정책과정을 지배하는 유형이다. 정책집행자들은 결정자들에 의해 만들어진 정책내용과 목표를 받아들여 이를 실천하기 위한 활동을 한다.

Nakamura & Smallwood의 정책집행자 모형

구분	정책결정자의 역할	정책집행자의 역할
고전적 기술자형	구체적인 목표와 수단 설정	① 정책결정자가 전 과정 지배(집행자는 충실히 집행) ② 기술적인 권한(재량)
지시적 위임가형	구체적인 목표와 수단 설정	① 정책결정자의 목표를 지지(바람직스러움에 동의) ② 행정적·협상적·기술적 권한
협상자형	① 목표와 수단 설정 ② 집행자와 목표 또는 목표 달성 수단에 관해 협상	① 정책결정자의 목표와 수단의 바람직스러움에 동의하지 않음. ② 정책결정자와 목표 달성 수단에 관해 협상
재량적 실험가형	일반적·추상적 목표 설정	① 구체적인 목표 수립 ② 집행자에게 광범위한 재량 부여
관료적 기업가형	집행자가 설정한 목표와 목표 달성 수단 지지	목표와 수단을 형성하고 정책결정자로 하여금 그것을 받아들이도록 협상·설득·흥정

23 정답 ①

① [O] 메디슨주의는 다원주의로서 이익집단의 요구에 대한 조정을 위해 견제와 균형을 중시하는 모형이다.

미국 행정학의 사상적 배경

1. 해밀턴주의 : 연방주의(능동적이고 능률적인 행정과 국가기능의 확대를 강조하고, 중앙집권화에 의한 능률적인 행정방식이 최선임을 강조)
2. 제퍼슨주의 : 자유주의(연방주의에 반대하고 지방분권화를 통한 민주주의의 실현과 지방분권주의를 강조. 또한 국가의 이익보다는 국민의 이익을 위해 다양한 절차와 민주적 행정을 강조)
3. 메디슨주의 : 다원주의(이익집단의 요구에 대한 조정을 위해 견제와 균형 중시)
4. 잭슨주의 : 민주주의(공직경질제를 통한 민주주의의 실현을 강조)
5. 윌슨주의 : 능률주의(엽관주의의 폐해 등 행정의 역기능·비능률·낭비 극복을 위한 시민적 요청과 내부적 반성 및 개혁으로 1883년 정치·행정의 분리와 실적주의 확립을 위한 펜들턴법이 제정되고 1906년 뉴욕시정연구회, 1910년 절약과 능률에 관한 대통령위원회와 태프트위원회 등 결성 ; 행정개혁운동 전개, 과학적 관리론 도입)

24 정답 ③

③ [×] 빅브라더 상(Big Brother Award)은 프라이버시 보호를 위해 제정한 상이며, 꿀꿀이 상(Porker of the Month)은 정부예산의 낭비를 감시하는 시민운동 상이다.

빅브라더 상(Big Brother Award)은 G. Owell이 1949년 빅브라더가 어떠한 소리나 동작도 낱낱이 포착하는 텔레스크린 장치를 이용하여 개개인을 감시하여 독재체제를 유지하는 상상을 '1984'라는 소설에 담은 것에서 유래된 말로, 개인의 프라이버시를 침해한 개인 또는 단체에게 시민단체가 수여하는 가증스런 상이다.

오답 분석

①, ④ [O] 예산낭비를 감시하는 시민운동의 일환으로 우리나라의 '밑빠진 독 상'과 유사한 외국의 제도가 '황금양털 상'과 '꿀꿀이 상'이다. 꿀꿀이 상(Porker of the Month)이란 특혜성 예산 상(포크배럴 상)을 의미하며, 주민들에게 환심을 사기 위하여 국회의원들이 예산이나 보조금을 필요 이상으로 확보하여 낭비하는 경우에 주는 상이다.

25 정답 ③

③ [×] 목표관리는 내부관리방법을 말하는 것으로 외부고객(소비자) 지향적인 관리가 아니다.

오답 분석

①, ②, ④ [O] 목표관리는 조직의 목표설정에서부터 책임의 확정, 실적의 평가, 조직단위 또는 개인의 활동에 이르기까지 조직의 상부층과 하부층이 다같이 참여하여 공동으로 결정하자는 것이다. 목표관리의 뜻이나 정신은 일찍이 Taylor의 과학적 관리법에서 발견되나, 이것이 구체적인 관리기법으로 체계화된 것은 Drucker에서였고, 행정부문에서 한때나마 관리의 구세주처럼 환영되었던 것은 1970년대 초 Nixon행정부에서였다. 목표관리가 Nixon행정부에서 환영되었던 것은 그 당시에 행정부는 PPBS의 도입·채택과정에서 나타난 문제점으로 골머리를 앓고 있었기 때문이다. 이때 사기업에서 비교적 성공적으로 운영되고 있었던 목표관리는 행정부에서도 그러한 효과가 발휘되리라고 기대되었다. 이러한 환영적 채택은 PPBS에 대한 역기능에서 연유된다고 볼 수 있다.

목표관리

의의	구성원의 참여를 통한 목표설정·성과평가를 강조하는 민주적 관리
특성	① 참여적 관리 : 상하 간의 신축적인 참여적 관리 ② 통합적 관리전략 : 자발적 참여가 이루어지기보다는 OD와 마찬가지로 조직목표와 개인목표를 조화시키려는 Y이론의 인간관에 입각 ③ 자율적·분권적 풍토 : 집권제라기보다는 분권적 관리기법 ④ 계량가능한 단기목표 : MBO는 추상적·질적·가치적인 목표가 아닌 현실적·계량가능한 양적·단기적·결과지향적 목표를 중시 ⑤ 구성요소 간의 상호의존성 중시 ⑥ 평가와 환류 중시
한계	권위적 조직·유동적이고 급변하는 환경에서는 효용이 제약됨.

02 실전 모의고사

ANSWER

본문 86~89쪽

01 ①	02 ③	03 ②	04 ①	05 ①
06 ③	07 ④	08 ①	09 ④	10 ④
11 ③	12 ①	13 ④	14 ③	15 ②
16 ③	17 ④	18 ②	19 ④	20 ②
21 ③	22 ②	23 ②	24 ④	25 ④

01 정답 ①

오답 분석

② [×] 통치기능설은 행정의 정치적 기능을 중시하는 정치·행정일원론에 해당한다.

③ [×] 행정행태설은 논리실증주의에 입각한 과학적 연구를 통해 이론과 법칙의 정립을 강조하는 이론으로 처방성(기술성)보다는 과학성을 강조한다.

④ [×] 발전행정론은 국가의 발전을 주도하는 행정의 역할을 중시하는 이론으로 행정의 독립변수성을 강조한다.

행정관리설	① 행정을 인적·물적 자원의 관리로 파악 ② 엽관주의의 폐단 극복과 관련됨. ③ 공·사행정일원론, 정치·행정이원론
통치기능설	① 행정을 정치기능(정책결정)으로 파악 ② 경제대공황의 극복과 관련됨. ③ 공·사행정이원론, 정치·행정일원론
행정행태설	① 행정을 인간의 협동적인 집단행동으로 파악 ② Simon의 논리실증주의(가치와 사실의 구분 중시) ③ 공·사행정새일원론, 정치·행정새이원론(행정의 정책결정기능/가치판단적 요소 인정)
발전기능설	① 행정이 국가의 발전을 주도 ② 정치·행정새일원론(행정우위론적 입장), 공·사행정새이원론

02 정답 ③

③ [×] 반대이다. 네거티브 규제가 원칙허용·예외금지의 규제로서 원칙금지·예외허용의 규제인 포지티브 규제보다 피규제자의 자율성을 더 보장한다.

◎ 규제의 유형

1. 규제의 대상
   (1) 수단규제(투입규제) : 정부의 목표를 달성하기 위해 필요한 기술이나 행위에 대해 사전적으로 규제하는 것
   (2) 성과규제(산출규제) : 정부가 특정한 사회문제 해결에 대한 목표 달성 수준을 정하고 피규제자에게 이를 달성할 것을 요구하는 것
   (3) 관리규제(과정규제) : 수단과 성과가 아닌 과정을 규제하는 것(식품위해요소 중점관리기준, HACCP)
2. 규제의 개입 범위
   (1) 네거티브 규제 : '원칙 허용, 예외 금지'를 의미하는 것으로 '~할 수 없다', 혹은 '~가 아니다'의 형식(명시적으로 금지된 것 이외에는 모두 가능)
   (2) 포지티브 규제 : '원칙 금지, 예외 허용'의 형태를 띠는 방식으로 '~할 수 있다' 혹은 '~이다'의 형식(명시적으로 허용된 것 이외에는 모두 금지)
3. 주체에 따른 구분
   (1) 직접규제 : 정부가 직접 규제
   (2) 자율규제 : 개인이나 기업이 스스로 규제
   (3) 공동규제 : 정부로부터 위임받은 민간집단이 규제

03 정답 ②

② [×] 행정학의 보편성에 근거를 둔 것이다. 외국의 제도를 도입할 수 있다는 것은 행정이론의 보편성 때문이며, 동시에 상황의 유사성을 확인해야 한다는 것은 행정이론의 특수성 때문이다.

04 정답 ①

① [×] 행태주의와 관련있다. 현상학은 논리실증주의, 사실주의, 객관주의나 계량적 검증에 의한 일반법칙주의를 비판하는 이론이다.

◎ 현상학과 행태론의 비교

구분	현상학	행태론
관점	주관주의·내면주의	객관주의·외면주의
존재	유명론	실재론
인식	반실증주의(철학적)	실증주의(과학적)
인간	자발론	결정론
방법	개개의 사례나 문제중심	일반법칙적
자아	능동적·사회적 자아	수동적·원자적 자아
조직구조	비계층구조	계층구조
행정패턴	다양화된 행정패턴	표준화·유일 최선의 방식 추구
지향	참여적, 고객지향, 정책지향	비참여적, 생존지향, 관리지향
이념	대응성, 책임성	합리성, 능률성
사회관	사회현상 ≠ 자연현상	사회현상 = 자연현상

05 정답 ①

① [○] 선거구의 공직자 보수와 공무원 연금에 관한 정책은 구성정책에 해당한다. 구성정책이란 정부가 다른 정책을 추진하기 위하여 행정체제를 정비하는 정책으로 정부기관 신설, 선거구의 조정, 공무원의 보수와 연금 등이 이에 해당한다.

◎ 정책의 유형

1. 분배정책 : 포크배럴(나눠먹기식 다툼: Pork-barrel Politics)이라고 함. 로그롤링(밀어주기 : Log-rolling), 세부사업으로 쉽게 분해
   예 사회간접자본(도로·항만·공항) 건설, 국·공립학교 교육서비스 제공, 국유지 불하, 수출특혜금융, 영농정보 제공, 지방자치단체에 국고보조금 지급, 연구개발비 지원, 주택자금의 대출, 택지 분양 등
2. 규제정책 : 다원론적 정치과정이 나타남. 법률의 형태
   예 환경오염규제, 독과점규제, 공공요금규제 등
3. 재분배정책 : Zero Sum Game, 재산권 행사가 아니라 재산 자체를 중시, 계급대립적 성격, 엘리트론적 시각
   예 임대주택의 건설, 기초생활보장법, 통합의료보험정책, 누진소득세, 종합부동산세, 역교부세, 세액공제나 감면, 연방은행의 신용통제 등
4. 구성정책 : 헌정 수행에 필요한 운영규칙과 관련됨. 정부의 총체적 기능에 초점. 정부는 권위적 성격. 정부기관의 신설이나 변경, 선거구 조정, 공직자 보수와 공무원 연금에 관한 정책 등 포함
5. 상징정책 : 경복궁 복원, 군대 열병, 월드컵 개최 등 국민 전체의 자긍심을 높이기 위한 정책
6. 추출정책 : 조세, 병역, 물자수용, 노력동원 등과 관련된 정책
7. 자율규제정책 : 의사회나 변호사회에 규제권한 부여
8. 보호적 규제정책 : 식품 및 의약품의 사전허가, 의약분업(약품오남용으로부터 보호), 개발제한구역(그린벨트) 지정, 근로기준 설정, 최저임금제, 독과점규제, 불공정 거래행위 제재, 남녀고용평등법, 성희롱 행위 규제 등
9. 경쟁적 규제정책 : 많은 이권이 걸려 있는 서비스나 용역을 특정한 개인이나 기업체, 단체에게 부여하면서 이들에게 특별한 규제 장치를 부여하는 정책
   예 항공기 노선 배정, 이동통신 사업자 선정 등

06 정답 ③

③ [×] 공중의제(public agenda)는 일반대중의 주목을 받을 가치가 있으며 정부가 문제를 해결하는 것이 정당한 것으로 인정되는 상태의 사회문제를 말한다.

◎ 정책의제 유형(Cobb & Elder)

1. 사회문제 : 많은 사람들이 느끼는 결함이나 기대에 미치지 못하는 상황
2. 사회적 이슈 : 다수의 개인이나 집단들 간에 논쟁의 대상이 되어 있는 문제
3. 체제의제 : 일반대중의 주목을 받을 가치가 있으며, 정부가 문제해결을 하는 것이 정당한 것으로 인정되는 문제. '공중의제', '환경의제'라고도 함.
4. 제도의제 : 정부가 정책적 해결을 의도하여 공식적으로 채택한 문제. '공식의제', '정부의제' 또는 '행동의제'라고도 함.

07 정답 ④

④ [×] 내부수익률은 그 값이 여러 개가 나올 수 있고, 기회비용을 고려하지 못하므로, 내부수익률보다는 현재가치법이 오류가 적은 최선의 척도로 알려져 있다.

◎ 비용편익분석

1. 비용편익분석(Cost-benefit Analysis)의 의의
   (1) 여기서의 비용은 기회비용(매몰비용은 무시), 편익은 소비자 잉여
   (2) 비용과 편익이 모두 화폐가치로 환산되기 때문에 동종사업·이종사업 비교 가능
   (3) 미래에 발생하는 비용과 편익을 현재가치로 환산할 때 사용하는 교환비율인 할인율을 적용
2. 비용편익분석의 평가기준
   (1) 순현재가치(NPV ; Net Present Value)
      ① 개념 : 편익(B)의 현재가치에서 비용(C)의 현재가치를 뺀 값
      ② B − C > 0이면 사업의 타당성이 있다고 보며, 가장 널리 사용되는 일차적 기준
   (2) 편익비용비
      ① 개념 : 편익의 현재가치를 비용의 현재가치로 나눈 값
      ② 편익비용비(B/C)가 1보다 크면 그 사업은 타당성이 있음.
   (3) 내부수익률(IRR ; Internal Rate of Return)
      ① 개념 : 편익비용비가 1 또는 순현재가치가 0이 되는 할인율
      ② 내용
         ㉠ 내부수익률이 클수록 타당한 사업이며, 할인율을 모르는 경우 사용
         ㉡ 내부수익률(IRR)이 기준할인율보다 크면 사업은 타당
   (4) 자본회수기간
      ① 개념 : 투자비용을 회수하는 데 소요되는 시간
      ② 내용
         ㉠ 일반적으로 자본회수기간은 짧을수록 우수한 사업
         ㉡ 낮은 할인율은 장기투자에 유리하고 높은 할인율은 단기투자에 유리

08 정답 ①

① [×] 과두제의 철칙은 목표의 전환(대치)에 해당한다. 목표의 승계는 조직의 목표가 달성되었거나 달성할 수 없게 되어 조직의 존립근거가 없어졌음에도 불구하고 존속하는 것이다. 이로 인해 조직의 항구성의 원인이 되며 팽창이 이루어진다.

◎ 목표변동의 유형

구분	내용
목표의 전환	① 개념 : 수단과 목표가 바뀌는 현상(목표의 왜곡·대치·동조과잉). 하위목표가 상위목표보다 더 우선시되는 현상 ② 원인 : 과두제의 철칙, 규칙·절차에 집착, 유형적 목표 추구, 내부문제 중시
목표의 승계	목표가 달성되거나 또는 불가능할 때 새로운 목표의 설정
목표의 다원화	질적으로 다른 새로운 목표의 추가
목표의 추가	동종 목표를 추가
목표의 확대	목표수준의 상향조정, 목표의 크기·범위 확장
목표의 축소	목표수준의 하향조정
목표의 비중변동	목표 간 우선순위나 비중이 시간의 흐름에 따라 변동되는 현상

09 정답 ④

④ [×] 준정부기관의 장은 임원추천위원회가 복수로 추천한 사람 중에서 주무기관의 장이 임명한다. 다만, 기관 규모가 대통령령이 정하는 기준 이상이거나 업무내용의 특수성을 감안하여 대통령령이 정하는 준정부기관의 장은 임원추천위원회가 복수로 추천한 사람 중에서 주무기관의 장의 제청으로 대통령이 임명한다.

✪ 이사회

1. 구성
   (1) 이사회는 기관장을 포함한 15인 이내의 이사로 구성한다.
   (2) 시장형 공기업과 자산규모가 2조 원 이상인 준시장형 공기업의 이사회 의장은 선임 비상임이사가 된다.
   (3) 자산규모가 2조 원 미만인 준시장형 공기업과 준정부기관의 이사회 의장은 기관장이 된다.

2. 위원회
   (1) 공기업의 이사회는 그 공기업의 정관에 따라 이사회에 위원회를 설치할 수 있다.
   (2) 시장형 공기업과 자산규모가 2조 원 이상인 준시장형 공기업에는 감사를 갈음하여 위원회로서 이사회에 감사위원회를 설치하여야 한다.
   (3) 자산규모가 2조 원 미만인 준시장형 공기업과 준정부기관은 다른 법률의 규정에 따라 감사위원회를 설치할 수 있다.

3. 선임 비상임이사
   (1) 공기업·준정부기관에 선임 비상임이사 1인을 둔다.
   (2) 선임 비상임이사는 비상임이사 중에서 호선(互選)한다. 다만, 시장형 공기업과 자산규모가 2조 원 이상인 준시장형 공기업의 선임 비상임이사는 비상임이사 중에서 기획재정부장관이 운영위원회의 심의·의결을 거쳐 임명한다.

10 정답 ④

④ [×] 서식이 간소화·표준화되고, 서비스는 다양해진다.

✪ 행정정보화

1. 행정정보화가 행정에 미치는 영향
   (1) 계층의 통합과 계층제의 완화, 네트워크화, 업무의 통폐합, 행정농도의 감소(중간관리자와 지원인력 감소), 수평적 상호작용의 증가(계선과 막료 간의 전통적 구별 모호), 조직형태의 변화(후기기업가조직, 삼엽조직, 혼돈정부 등)
   (2) 집권화 또는 분권화 촉진
   (3) 업무처리가 신속해지고 정확성도 향상(전자납세, 전자조달 등 전자민원 처리)
   (4) 서식이 간소화·표준화되고, 서비스는 다양화
   (5) 원스톱서비스에 의하여 창구서비스의 종합화와 일원화 가능
   (6) 논스톱에 의하여 24시간 중단없는 서비스 가능
   (7) 구성원들의 자율성이 높아지고 조직 간, 조직 내 개인 간의 경쟁 가속화
   (8) 근로자집단이 전문가집단과 임시직(계약직)으로 이원화
   (9) 신축성과 유연성을 강조하여 여성적인 문화로 변화

2. 행정정보화의 역기능
   (1) 조직구성원에 대한 통제와 인간소외
   (2) 국민의 사생활 침해 우려(빅브라더 상)
   (3) 관료제의 권력강화 우려
   (4) 소모적 찰나주의
   (5) 정보격차
   (6) 컴퓨터범죄와 정보 왜곡
   (7) 전자파놉티콘(전자전제주의)

11 정답 ③

③ [×] 대표관료제는 관료들이 출신집단의 이익을 위해 행동할 것을 가정하고, 이러한 대표관료제를 통해 행정이 소수집단의 이익을 반영하는 형평성을 제고할 것을 기대한다.

✪ 대표관료제

1. 의의
   (1) 개념 : 한 나라의 인구비율에서 각각의 사회집단이 차지하는 수적 비율에 따라 관료조직의 직위를 할애
   (2) 주관적 책임에 근거 : 관료들의 객관적 책임은 비현실적이라고 비판하면서 주관적 책임을 강조[영국의 킹슬리(Kingsley)가 1944년에 처음 사용한 개념]

2. 사례
   (1) 미국 : 고용평등조치(Equal Employment Opportunity)와 긍정적 조치[= 소수민족 우대정책(Affirmative Action Program)]에 의한 소수민족 임용확대(차별철폐조치)
   (2) 우리나라 : 양성평등 채용목표제, 여성관리자 임용확대계획, 국공립대 여성교수 채용목표제, 장애인 의무고용제(의무고용률 3%), 이공계 출신의 공직우대, 여성부의 신설, 고위직에 대한 지역안배 고려, 지방인재 채용목표제, 저소득층 채용할당제 등

12 정답 ①

① [×] 계급제가 직업공무원제 확립에 유리하다.

✪ 직위분류제의 장단점

장점	보수의 합리화, 인사행정의 합리적 기준 제공, 교육훈련수요 및 근무성적평정의 명확화, 권한과 책임한계의 명확화, 행정의 전문화·분업화의 촉진, 예산의 효율성과 행정의 통제, 계급의식이나 위화감 해소, 정원관리·사무관리의 개선, 민주통제가 용이, 노동시장의 안정화
단점	인사배치의 신축성 부족, 일반행정가 확보 곤란, 공무원의 장기적 능력발전에 소홀, 행정의 안정성 저해, 업무협조·조정 곤란, 인간의 경시, 직업공무원제 확립의 곤란, 낮은 대응성

13 정답 ④

④ [×] 관리자와의 협상을 중시하는 것이지 인사권을 대폭적으로 제한하는 것은 아니다.

❖ 공무원단체에 관한 논의

긍정론	① 공무원의 집단적 의사표시기관으로서의 기능(의사소통 강화) ② 공무원 사기앙양 및 경제적·사회적 지위 향상 ③ 실적주의의 강화(관리층의 일방적인 의사결정 견제) ④ 권위주의 불식과 민주행정의 풍토 조성 ⑤ 공직윤리 확립 및 부패방지에 기여
부정론	① 행정의 지속성 및 안정성 저해 ② 공익 및 봉사자이념에 배치(보수인상 등 요구는 국민의 부담) ③ 실적주의 저해(노조는 연공서열을 강조하기 때문) ④ 노사구분의 곤란 ⑤ 정치세력화

14 정답 ③

③ [×] 정직은 1개월 이상 3개월 이하의 기간으로 하고, 공무원의 신분은 보유하나 직무에 종사하지 못하며 보수는 전액 삭감한다.

❖ 공무원 징계의 종류(「국가공무원법」)

경징계 (직무종사)	견책	전과(前過)에 대하여 훈계하고 회개하게 하는 것
	감봉	1개월 이상 3개월 이하의 기간 동안 보수의 3분의 1을 삭감
중징계 (직무종사 못함.)	정직	1개월 이상 3개월 이하의 기간, 공무원의 신분은 보유하나 직무에 종사하지 못하며 보수는 전액 삭감
	강등	1계급 아래로 직급을 내리고(고위공무원단에 속하는 공무원은 3급으로 임용하고, 연구관 및 지도관은 연구사 및 지도사로 한다.) 공무원신분은 보유하나 3개월간 직무에 종사하지 못하며 그 기간 중 보수는 전액 삭감
	해임	강제퇴직의 한 종류로서 퇴직급여에는 영향을 주지 않으며 3년간 공무원의 임용자격 제한
	파면	5년간 재임용자격을 제한

15 정답 ②

② [○] 예산의 행정적 기능에는 통제기능, 관리기능, 계획기능, 감축기능 등이 있다. 예산사정은 행정과정 중 통제기능에 해당하는 행정적 기능이다. 나머지는 경제적 기능에 해당한다.

❖ 예산의 경제적 기능

1. 자원배분기능 : 기회비용의 관점에서 민간과 정부, 정부 내 사업 간의 예산배분
2. 소득재분배기능 : 사회계층 간의 소득분배의 불균등 시정
3. 경제안정기능(케인즈 강조) : 국민경제(물가, 고용 등)의 균형인자의 역할 수행
4. 경제발전기능 : 정부의 주도적인 역할(자본형성, 사회간접자본 형성)

16 정답 ③

③ [×] 감사원은 헌법기관으로 감사원장을 포함한 7인의 감사위원으로 구성(감사원법)되어 있는 대통령 직속기관이다.

❖ 감사원

1. 구성 : 대통령 직속의 헌법기관으로서 감사원장을 포함한 7인의 감사위원(감사원법)으로 구성
2. 감사원의 기능 : 결산의 확인, 회계검사, 직무감찰, 심사청, 의견진술, 변상책임의 판정, 징계·문책·해임의 요구, 시정·주의 요구, 개선요구, 고발 등

17 정답 ④

④ [×] 반대로 되어야 옳다.

❖ LIBS·PBS·PPBS 비교

비교 기준	품목별 예산	성과주의 예산	계획예산
예산의 기능	통제	관리	계획
정보의 초점	투입(품목)	기능·활동·사업(산출)	목표·정책(효과)
직원의 기술	회계학	행정학	경제학 및 계획이론
예산의 주요단계	집행단계	편성단계	편성 전의 연구분석단계
예산기관의 역할	통제·감시	능률 향상	정책에의 관심
결정의 흐름	상향적	상향적	하향적
대안선택의 유형	점증모형	점증모형	합리모형
통제의 책임	중앙	운영단위	운영단위
관리책임	분산	중앙	사업에 대한 감독책임자
계획책임	분산	분산	중앙
결정권의 소재	분권화	분권화	집권화
세출예산과 조직의 관계	직접연결	간접연결	간접적 환산 필요

18 정답 ②

② [×] 교차기능조직은 내부·공식적 통제이다.

✓ 행정통제의 유형

구분	공식성	통제유형
외부 통제	공식적	• 입법통제(입법권, 예산심의, 국정감사, 국정조사 등) • 사법통제(위법 여부 심사) • 헌법재판소(권한쟁의심판, 헌법소원 등) • 옴부즈만제도
	비공식적	민중통제(시민, 이익집단, 여론, 매스컴, 인터넷, 정당 등)
내부 통제	공식적	• 계층제 및 인사관리제도를 통한 통제 • 감사원에 의한 통제(직무감찰, 회계검사 등) • 청와대(대통령)와 국무총리실에 의한 통제 • 중앙행정부처에 의한 통제(교차기능조직)
	비공식적	• 공무원으로서의 직업윤리 • 동료집단의 평가와 비판 • 대표관료제

19 정답 ④

④ [×] 신중앙집권화는 교통·통신 및 정보통신 기술의 발달에 따른 생활권역의 확대와 국가 이념의 변화에서 비롯된 것이다. 행정의 양적·질적 확대에 따라 행정의 목적이 국가의 목적이 되어 버린 시대가 도래함에 따라 정부의 역할도 단순히 야경국가적 역할이 아니라 복지국가 이념의 실현과 같은 적극적인 면이 강조되면서 등장한 것이다. 따라서 국민의 최저 생활을 보장하는 것이 국가의 당연한 임무이고, 이에 국가는 적극적으로 국민에 관여하여 전국적으로 균질적인 수준을 가진 행정을 실시할 필요성 때문에 중시되는 것이다.

✓ 신중앙집권화

의의	일단 지방자치가 확고한 뿌리를 내리고 있는 국가에서 지방자치의 보완을 위하여 중앙정부나 광역자치단체의 역할이 증가되어 가는 현상
성격	권력은 분산, 지식과 기술은 집중, 능률성과 민주성의 조화
촉진요인	행정국가화, 행정의 광역화, 지방재정의 취약성, 계획적인 개발행정, 국제정세의 불안정과 긴장 고조, 국민적 최저 수준 유지, 과학·기술 및 교통·통신의 발달

20 정답 ②

② [×] 세종특별자치시는 광역지방자치단체의 지위를 가진다.

✓ 자치단체의 종류

1. 광역자치단체 : 특별시, 광역시, (세종)특별자치시, 도, (제주)특별자치도
2. 기초자치단체 : 시, 군, (자치)구
   ① 시 : 인구 5만 명 이상으로 도시형태를 갖춘 경우 설치
   ② 군 : 주로 농촌지역에 설치
   ③ 자치구 : 지방자치단체인 구는 특별시와 광역시의 관할 구역 안의 구만을 말하며, 자치구의 자치권의 범위는 법령으로 정하는 바에 따라 시·군과 차별화 가능

21 정답 ③

③ [×] 제3단계는 위임의 단계로서 통제의 위기가 온다.

✓ Greiner의 조직성장단계와 위기대응전략

제1단계 (창조)	기업의 초창기로서 창업주가 모든 일을 맡아서 하다가 규모가 커지면서 '리더십의 위기'가 발생. 이에 대한 극복방법은 공식적 조직구조를 설계하는 것	리더십의 위기
제2단계 (지시)	리더십의 위기를 극복하고 나면 조직은 능력 있는 관리자의 지시를 바탕으로 성장	자율성의 위기
제3단계 (위임)	분권화된 조직구조를 형성하고 각 사업단위에 자율성을 부여하는 등 위임으로 위기를 극복하고 성장	통제의 위기
제4단계 (조정)	모든 사업단위를 포함한 기능별 통합부서가 각 사업단위를 효과적으로 통합 조정함으로써 위기를 극복	레드테이프(Red Tape)의 위기
제5단계 (협력)	레드테이프의 위기를 극복하기 위해 강한 대인 간 협력을 강조하여 팀제 등 유연한 조직관리	탈진의 위기

22 정답 ②

② [○] 베버(Max Weber)의 근대관료제는 법적·합리적 권위에 근거한 조직구조이다.

오답 분석

① [×] 계층제적 구조를 핵심으로 하는 관료제는 국민에 대한 책임이 아니라 상급자에 대한 계층적 책임을 강조한다.
③ [×] 권한은 사람이 아니라 직위에 부여되는 것이다.
④ [×] 전문직업적 판단보다는 문서화된 법규정에 근거한 객관적 행정을 강조한다.

✅ Weber의 이론

1. 베버이론의 특징과 지배의 유형(권위의 정당성 기준)
   (1) 이념형(가설모형, 사실적인 모형도 아니며 규범적인 선호상태도 아님.), 보편성, 합리성
   (2) 지배의 유형 : 전통적 지배, 카리스마적 지배, 합법적 지배
2. 근대관료제의 특징
   (1) 법규의 지배(권한의 명확성) : 관료의 권한과 직무범위는 법규에 의해 규정됨.
   (2) 계층제 : 상위직은 하위직을 감독하고 하위직은 상위직의 권한에 복종
   (3) 문서주의 : 직무수행은 구두가 아니라 문서에 의해 이루어짐.
   (4) 기술적 전문성 : 관료들은 기술적 전문성을 기준으로 채용됨(정치적 전문성이 아님).
   (5) 비정의성(공·사분리) : 임무수행에 있어 개인적 친분관계나 상대방의 지위 등에 구애됨이 없이 공평무사하게 임하여야 함(Sine ira et studio).
   (6) 고용관계의 자유계약성 : 고용이 쌍방의 자유의사에 따라 자유로운 계약으로 이루어짐.
   (7) 전임직 : 생애의 직업이며 보수를 받고 봉사함.
   (8) 항구성 : 정부업무의 안정적 수행을 위해, 항구성의 원칙에 의해 인도됨.
   (9) 기타 : 화폐에 의한 임금 지불, 상급자에 대한 책임, 가치보다는 직위 지향 등

23 정답 ②

② [×] 인간관계를 불평등한 수직적 관점에서 보는 의식구조는 권위주의 문화이다. 상대주의란 어떠한 가치라도 시기와 장소에 따라 다르게 평가될 수 있다는 유연한 태도를 말한다.

선진국 행정 문화	1. 합리주의 : 이성에 근거하여 판단하는 것. 모든 객관적인 지식을 동원해서 최적규모의 정책결정을 추구하는 태도 2. 상대주의 : 인간관계를 평등한 수평적 관점에서 보는 의식구조 3. 모험주의 : 보다 나은 것을 추구하기 위하여 무엇인가를 시도하며 시행착오를 두려워하지 않음. 4. 성취주의 : 인간의 능력을 평가할 때 출신성분이나 종교, 출신지역 등의 귀속적인 요소에 의해서 평가하는 것이 아니라 실적이나 자격 등 객관화된 요소로 평가 5. 사실정향주의 : 가치판단의 제1의 기준은 사실 6. 중립주의 : 행정은 어떤 정당이나 입후보자의 편을 들어서는 안 됨. 7. 전문주의 : 전문지식을 중시. 배타적 성향으로 통합에 장애가 되고 융통성이 없음.
후진국 행정 문화	1. 권위주의 : 평등의 관계보다는 수직적인 관계에서 위계질서와 지배·복종의 관계를 중시하는 태도 2. 가족주의 : 행정단위를 하나의 가족단위로 생각 3. 연고주의 : 혈연·지연·학연 등 배타적이면서도 특수한 관계 강조 4. 형식주의 : 내용이나 실리보다는 선례·의식·절차·형식에 집착 5. 온정주의 : 관계를 이해타산이나 직무관계로 보지 않고 정서적 유대관계로 봄. 6. 운명주의 : 성공의 여부가 인간 이외의 초자연적인 힘이나 신비한 힘에 달려 있다고 믿음. 외부조건에 맹종하는 순응주의와 관련됨. 7. 일반주의 : 혼자 모든 것을 다 할 수 있다고 생각하는 의식구조

24 정답 ④

④ [×] 맥클리랜드(D. McClelland)의 성취동기이론은 개인의 욕구를 성취욕구, 친교욕구, 권력욕구로 분류하고, 성취욕구가 높을수록 생산성이 높아진다며 성취동기를 중시하였다.

✅ Herzberg의 욕구충족요인이원론

1. 욕구의 이원적 구조
   (1) 위생요인 : 정책과 관리, 보수, 감독, 작업조건, 기술, 조직의 방침과 관행, 감독자와 부하(상사와의 인간관계), 동료 상호 간의 관계, 직무확장 등 물리적·환경적·대인적 요인 등 근무환경
   (2) 동기요인 : 성취감, 책임감, 인정감, 안정감, 승진, 직무 그 자체, 직무충실, 교육기회 부여 등 심리적 요인
2. 별개 차원의 불만과 만족 : 만족의 반대는 불만족이 아니라 만족이 없는 상태이며, 불만족의 반대는 만족이 아니라 불만족이 없는 상태로 규정. 따라서 위생요인은 동기부여를 위한 필요조건이지 충분조건은 아니므로 생산성 증대와는 직접 관계가 없고 다만 작업의 손실을 막아 줄 뿐이며, 동기부여 요인이 생산성을 직접 향상시켜 주는 충분조건

25 정답 ④

④ [○] 조직발전(OD)기법 중 감수성 훈련(Sensitivity Training)에 대한 내용이다.

오답 분석

① [×] 관리망훈련은 개인·집단 간의 관계와 전체조직의 효율화를 추구하고자 하는 기법이다.
② [×] 대면회합은 조직의 관리자 전원이 하루 동안 모여 조직 전체의 건강을 논의하는 것이다.
③ [×] 팀 빌딩기법은 조직 내에 있는 여러 가지 작업집단을 개선하고 그 효율성을 높이기 위한 개입기법이다.

03 실전 모의고사

본문 90~93쪽

ANSWER

01 ①	02 ①	03 ④	04 ④	05 ③
06 ④	07 ②	08 ③	09 ①	10 ③
11 ④	12 ①	13 ②	14 ①	15 ④
16 ③	17 ④	18 ②	19 ④	20 ③
21 ①	22 ①	23 ③	24 ②	25 ②

01 정답 ①

① [X] 요금재는 경합성은 없지만 배제가능한 재화이다. 무임승차의 문제는 공공재에서 가장 크게 나타난다.

오답 분석

④ [O] 가치재는 어떤 사적재를 소비하는 것이 바람직하다고 판단해 정부가 소비를 권장하는 재화나, 소비하는 경우 좋지 않은 결과를 초래하는 이유로 소비를 금지하라고 권고하는 재화를 말한다. 이는 온정적 간섭주의의 성격을 띠며, 개인의 자유나 소비자 주권주의와 상충하는 측면도 있다. 이러한 가치재는 국가와 시장 모두 공급한다는 측면에서 공공재와 동일하지는 않다. 의료, (의무)교육, 공공주택서비스, 우유소비권장, 문화행사, 급식제공, 흡연 경고 문구 제공 등이 그 예이다.

◆ 공공서비스의 유형

구분	경합성	비경합성
배제성	사적재(민간재)	요금재(유료재)
비배제성	공유재(공동재)	공공재(집합재)

1. 사적재(= 민간재 ; Private Goods) : 정부의 부분적 개입의 필요성은 인정됨(예 빵, 구두, 옷, 핸드폰 등).
2. 요금재(= 유료재 ; Toll Goods) : 자연 독점 발생 ⇨ 정부개입(예 혼잡하지 않은 공원이나 교량, 전기, 가스, 상하수도, 통신, 케이블 TV 등)
3. 공유재(= 공동재 ; Common Pool Goods) : 과소비에 따른 고갈 발생(사회적 함정) ⇨ 정부개입(예 천연자원이나 희귀 동·식물, 녹지, 국립공원, 하천, 공공시설, 정부예산 등)
4. 공공재(= 집합재 ; Public Goods) : 무임승차 발생[사회적 장벽(예 국방, 외교, 치안, 등대 등)]
   ≫ 공공재의 특징 : 비경합성, 비배제성, 등량소비성, 무임승차성, 비분할성(공동소비성), 비시장성, 비축적성, 파생적 외부효과성, 내생적 선호 등

02 정답 ①

① [X] 경영은 정치로부터 분리되어 자유롭지만, 행정은 본질적으로 정치적 영향을 받으며 정치적 환경하에서 수행되고 광범위한 정치적 지지가 필요하므로 정치적 성격을 띤다.

◆ 행정과 경영의 유사점과 차이점

1. 유사점 : 목표 달성을 위한 수단, 관료제적 성격, 관리기술, 협동행위, 의사결정, 봉사성 등
2. 차이점

구분	행정	경영
목적	① 공익추구 ② 국가의 생존과 경제·사회 발전 책임 ③ 정의와 형평 등의 사회 가치 비중이 큼.	이윤극대화
법적 규제	엄격한 법적 규제(행정의 경직성)	직접적인 법적 규제 적용이 안 됨.
정치 권력적 성격	① 본질적으로 정치적 성격 ② 공권력을 배경으로 한 행정 기능 수행 ③ 정당, 의회, 이익단체, 국민의 통제	① 정치로부터 분리 ② 강제력과 권력 수단 없음.
평등성	모든 국민은 법앞에 평등	고객 간 차별대우 용인
독점성	① 경쟁자 없는 독점성 ② 행정서비스의 질 저하 우려	① 자유로운 시장 진입 ⇨ 경쟁관계 ② 고객지향적 제품 서비스
관할 및 영향범위	모든 국민이 대상	고객관계 범위 내에 한정

03 정답 ④

④ [X] 공공선택론은 비시장적 의사결정에 관한 경제학적 연구이다. 정치·행정을 정치학뿐만 아니라 경제학적 접근방법을 적용하여 이해하고 설명하는 이론을 말한다. Mueller는 비시장적 의사결정(non-market decision-making)에 대한 경제학적 연구 또는 정치학에 경제학을 응용하는 것이라고 정의하였다.

◆ 공공선택론적 접근방법

의의	1. 비시장적 의사결정(Non-market Decision-making)에 대한 경제학적 연구 또는 정치학에 경제학을 응용하는 것(Mueller) 2. 정부를 공공재의 공급자(생산자), 국민은 공공재의 소비자로 간주(행정에 관한 소비자 보호운동)
기본 가정과 특징	1. 방법론적 개체주의 : 개인의 효용의 합은 사회전체의 효용과 같은 것으로 간주(집단고유의 특성은 없음.) 2. 합리적·이기적 경제인관 : 자신의 선호를 극대화하는 행동 대안 선택(정보의 수준에 따라 결정행위가 달라짐.) 3. 연역적 접근방법 : 복잡한 정치·행정현상을 몇 가지 가정으로 단순화시키고 수학적 공식에 의한 연역적 추론 강조 4. 탈관료제 조직의 처방 : 공공재의 효율적인 공급을 위한 제도적 장치의 마련 강조(중첩적인 관할구역과 분권적·중복적인 조직장치의 필요)

04 정답 ④

④ [×] 동형화는 사회학적 신제도주의와 관련된다. 사회학적 신제도주의는 제도가 행위에 없어서는 안 될 인지적 기초, 카테고리, 모형을 제공함으로써 행태에 영향을 미친다는 점을 강조한다. 따라서 제도는 개인의 전략적 계산에 영향을 미칠 뿐만 아니라 그들의 가장 기본적인 선호와 정체성에도 역시 영향을 미친다. 사회학적 신제도주의의 핵심은 제도가 행태뿐만 아니라 선호체계에까지 미친다는 점에 있다고 보아야 할 것이다.

05 정답 ③

③ [×] 하위정부모형은 행정수반의 관심이 약하거나 영향력이 적은 분배정책에서 주로 나타난다.

오답 분석

② [○] 여기에 참여하는 이익집단들도 소수의 몇 개만 인정한다.

④ [○] 이익집단이 늘어나고 경쟁이 치열해지면서 소수만의 참여를 인정하기에는 한계가 온 것이다.

✅ 하위정부모형(철의 삼각)

1. 개념 : 소수(관료, 의회상임위원회, 이익집단 등)의 참여와 협력
2. 특징
   (1) 소수의 이익집단이 참여. 공통의 이해관계로 갈등 적음. 연계관계의 안정성과 자율성이 높음.
   (2) 대통령과 공공의 관심이 덜하고 일상화 수준이 높은 '분배정책' 과정을 설명하는 데 유용함.
   (3) 다원론의 구체적인 표현

06 정답 ④

④ [×] 합리주의의 특징이다.

✅ 점증모형 : Lindblom과 Wildavsky

1. 현존정책에 비하여 약간 향상된 정책에만 관심(현존정책±α식 결정)
   ⇨ 결정비용 절감
2. 분석의 대폭적 제한과 계속적인 정책결정
3. 목표와 수단의 상호의존성 : 목표수단분석 미실시(목표와 수단의 연쇄관계)
4. 정치적 합리성 추구 : 이해관계의 원만한 타협과 조정을 통한 정치적 합리성 중시(이론에 덜 의존적임.)

07 정답 ②

오답 분석

① [×] 조세지출은 중간, ③, ④ [×] 경제적 규제와 정부 소비는 직접성의 정도가 매우 높다.

✅ 직접성의 정도에 따른 행정수단(Salamon)

직접성	행정수단
낮음	손해책임법, 보조금, 대출보증, 정부출자기업, 바우처
중간	조세지출, 계약, 사회적 규제, 벌금
높음	보험, 직접 대출, 경제적 규제, 정보제공, 공기업, 정부 소비

08 정답 ③

③ [×] 기계적 조직은 산업화 시대에 나타나는 조직 형태이다.

오답 분석

② [×] 혼돈정부는 자연과학에서 비롯된 카오스이론, 비선형 동학, 또는 복잡성이론 등을 정부조직에 적용한 조직 형태이다. 일부 조직이론가들은 비선형적 동학을 적용해 정부조직의 혼돈에 숨어 있는 질서를 발견하고, 조직 간 활동의 조정과 정부예산의 개혁을 도모할 수 있는 것으로 주장한다. 즉 조직이 무질서, 불안정, 변동에 놓여 있기 때문에 비선형적 동학과 카오스이론을 적용하면 조직 변동 과정의 분석과 이해에 도움을 얻을 수 있다는 것이다.

④ [×] 계약정부는 정부가 공급하는 행정서비스의 생산 및 공급 업무를 제3자에게 위임 또는 위탁하는 경우를 말한다.

09 정답 ①

① [×] 계층제는 수직적 조정장치에 해당한다.

✅ Daft의 조정기제

수직적 연결장치	계층제, 규칙, 계획, 계층직위의 추가, 수직정보시스템
수평적 연결장치	정보시스템, 직접접촉, 임시작업단, 프로젝트 매니저, 프로젝트 팀

10 정답 ③

③ [×] 거래적 리더십에 해당한다.

◎ 거래적 리더십과 변혁적 리더십의 비교

구분	거래적 리더십	변혁적 리더십
변화관	안정지향적 · 폐쇄적	변동지향적 · 개방체제적
초점	하급관리자	최고관리층
관리전략	리더와 부하 간의 교환관계나 통제	영감과 비전 제시에 의한 동기 유발
이념	능률지향	적응지향
조직구조	기술구조, 기계적 관료제, 전문적 관료제, 합리적 구조에 적합	경계작용적 구조, 단순구조, 임시체제, 유기적 구조에 적합

11 정답 ④

④ [×] 행정정보의 공개이어야 맞다.

◎ 전자정부 구현 원칙(「전자정부법」)

1. 대민서비스의 전자화 및 국민편익의 증진
2. 행정업무의 혁신 및 생산성 · 효율성의 향상
3. 정보시스템의 안전성 · 신뢰성의 확보
4. 개인정보 및 사생활의 보호
5. 행정정보의 공개 및 공동이용의 확대
6. 중복투자의 방지 및 상호운용성 증진

12 정답 ①

① [○] 직위분류제는 준비작업 – 직무조사 – 직무분석 및 평가 – 직급명세서 작성 – 유지 · 관리 등의 절차로 이루어진다.

13 정답 ②

② [○] 직무개선은 인간관계론 등에서 근원을 찾을 수 있으며, 작업환경, 근무조건, 능력발전 기회, 작업활동의 사회적 적합성 등 직무와 관련된 여러 환경과 조건을 개선함으로써 궁극적인 조직 생산성을 제고할 수 있다고 주장한다.

[오답 분석]

③ [×] 품질개선집단(품질관리서클 ; Quality Circle)은 생산활동의 질을 향상시키는 데 기여하기 위해 직원들이 자발적으로 작은 집단을 구성하여 문제를 진단 · 분석하고, 해결방안을 탐색하여 관리층에 제안하고, 승인된 제안을 집행하는 참여형 문제해결집단이다.

14 정답 ①

① [○] 체크리스트에는 평정요소가 명확하게 제시되어 있고, 평정자가 피평정자에 대하여 질문항목마다 유무 또는 가부만을 판단하기 때문에 평정하기가 비교적 쉽다. 그러나 평정요소에 관한 평정항목을 만들기가 힘들 뿐만 아니라 질문항목이 많을 경우 평정자가 곤란을 겪게 된다.

[오답 분석]

③ [×] 행태기준평정척도법(Behaviorally Anchored Ration Scales)은 도표식평정척도법이 갖는 평정요소 및 등급의 모호성과 해석상의 주관적 판단 개입, 그리고 중요사건기록법이 갖는 상호 비교의 곤란성을 보완하기 위하여 두 방법의 장점을 통합시킨 것이다. 직무분석에 기초하여 주요 과업분야를 선정하고 이 과업분야별로 바람직하거나 바람직하지 않은 행태의 유형 및 등급을 구분 · 제시한 뒤 각 등급마다 중요행태를 명확하게 기술하여 점수를 부여하는 방법이다.

④ [×] 행태관찰척도법은 행태기준평정척도법과 도표식평정척도법을 혼합한 것으로, 행태기준평정척도법의 단점인 바람직한 행동과 그렇지 않은 행동과의 상호 배타성을 극복하고자 개발된 것이다. 평정요소가 직무와 관련성이 높으며 평정대상자에게 행태변화에 유용한 정보를 환류시켜 줄 수 있으며 평정에서의 주관성을 줄일 수 있다.

15 정답 ④

④ [×] 예산 기구 상호성의 원칙은 행정부 우위의 원칙에 속한다.

◎ 예산원칙의 분류

고전적 예산원칙 (입법부 우위)	현대적 예산원칙 (행정부 우위)
① 공개성의 원칙	① 행정부 계획의 원칙
② 명료성의 원칙	② 행정부 책임의 원칙
③ 완전성의 원칙	③ 보고의 원칙
④ 단일성의 원칙	④ 상호교류적 예산기구의 원칙
⑤ 한정성의 원칙	⑤ 적절한 수단 구비의 원칙
⑥ 엄밀성(명료성)의 원칙	⑥ 다원적 절차의 원칙
⑦ 사전의결의 원칙	⑦ 행정부 재량의 원칙
⑧ 통일성의 원칙	⑧ 시기신축성의 원칙

16 정답 ③

③ [○] 예산의 이체(移替)란 정부조직 등에 관한 법령의 제정 또는 폐지로 인하여 그 직무와 권한에 변동이 있을 때에 책임소관이 변경되는 것이다.

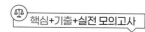

◎ 예산집행의 신축성 유지방안

제도	특징
이용	입법과목(장·관·항) 간의 상호융통
전용	행정과목(세항·목) 간의 상호융통
예산의 이월	예산을 다음 회계 연도로 넘겨서 다음 연도의 예산으로 사용
예산의 이체	정부조직 등에 관한 법령의 제정·개정 또는 폐지로 인하여 그 직무와 권한에 변동이 있을 때
예비비	예측할 수 없는 예산 외의 지출 또는 예산초과지출에 충당
계속비	수년을 요하는 공사·제조 및 연구개발사업에 대해 총액과 연부액 결정
국고채무부담행위	법률, 세출예산금액, 계속비의 총액의 범위 이외의 채무부담행위
신축적인 예산배정	긴급배정, 당겨배정, 조기배정 등
기타	신성과주의예산, 수입의 특례, 지출의 특례, 대통령의 재정·경제에 관한 긴급명령권, 준예산, 추가경정예산, 앞당기어 충당 사용[조상충용(繰上充用)]

17 정답 ④

④ [×] 계획예산제도의 특징이다. 영기준예산은 목표설정기능과 계획기능을 위축시킬 위험이 있다.

◎ 영기준예산제도

의의	모든 사업·활동을 전년도 예산을 고려하지 않고 영기준을 적용하여 분석·평가
절차	의사결정단위(Decision Unit)의 선정 ⇨ 의사결정패키지(Decision Package)의 작성 ⇨ 우선순위의 결정(Ranking) ⇨ 실행예산 편성(Budgeting)
장점	① 예산의 낭비와 팽창을 억제할 수 있고 합리적 자원배분 가능 ② 결정과정에 다양한 계층이 참여하고, 상하 간 의사소통 원활 ③ 재정운영의 탄력성 확보 ④ 사업수행방법에 있어서 사업목표의 수준을 달리하여 융통성 있게 편성 ⑤ 변동하는 상황에 잘 적응 ⑥ 예산을 사업과 연계시킨 정도에서 한 단계 더 나아가 사업성과와 연계
단점	① 기존사업의 평가 및 분석에 치중하므로 신규사업 창출 곤란 ② 문서 부담이 많아서 집행에 문제 ③ 최종적으로는 주관적인 판단에 의존 ④ 우선순위를 정하는 데 있어 개념이 모호하고 분석적인 어려움 존재 ⑤ 장기적인 목표 경시 ⑥ 결과적으로 점증주의 예산행태를 극복하는 데 실패 ⑦ 결정패키지의 우선순위에만 너무 초점을 두어 외부의 영향 고려 실패 ⑧ 실제로 정부의 사업은 축소나 폐지 곤란 ⑨ 예산결정의 목표설정기능이나 계획기능 위축

18 정답 ②

② [○] 행정통제는 'ⓛ 통제기준 확인 ⇨ ⊙ 정보 수집 ⇨ ⓒ 과정평가, 효과평가 등 실시 ⇨ ⓒ 시정조치' 순으로 이루어진다.

19 정답 ④

④ [×] 정당관여의 정도는 관련이 없다. 중앙집권과 분권화 정도는 단체장의 임명방법, 주요직책의 선임방법, 정책의 결정권 소재, 재정권의 편중 정도에 의해 측정될 수 있다.

20 정답 ③

③ [×] 규칙제정권은 지방자치단체장의 권한이다.

◎ 의결기관

지위		헌법기관, 주민대표기관, 의결기관, 입법기관
신분		임기 4년(연임제한 없음.)의 정무직 공무원, 유급직, 겸직 금지
권한	의결권	① 조례의 제정 및 개폐 ② 예산의 심의·확정(시·도는 회계연도 개시 15일 전까지, 시·군 및 자치구에서는 10일 전까지 예산을 확정), 결산의 승인 ③ 법령에 규정된 것을 제외한 사용료·수수료·분담금·지방세 또는 가입금의 부과와 징수 ④ 기금의 설치·운용 ⑤ 대통령령으로 정하는 중요재산의 취득·처분 및 공공시설의 설치·처분 ⑥ 법령과 조례에 규정된 것을 제외한 예산외 의무부담이나 권리의 포기 ⑦ 청원의 수리와 처리 ⑧ 외국 지방자치단체와의 교류협력에 관한 사항 ⑨ 기타 법령에 의하여 그 권한에 속하는 사항 등
	기타	서류제출요구권, 행정사무 감사 및 조사권, 선거권과 피선거권, 의견표명권, 자율권 등

21 정답 ①

① [×] 정당은 비공식 참여자이다. 비공식 참여자에는 정당, 이익집단, NGO(비정부기구), 시민, 전문가집단(정책공동체), 언론 등이 있다.

22 정답 ①

① [×] 직업공무원제는 '폐쇄형 – 계급제 – 일반가주의'에 바탕을 둔 인사제도이기 때문에 전문행정가의 양성에 불리하여 행정의 전문화에 부응하지 못하는 한계가 있다.

✔ 직업공무원제

1. 의의
   (1) 개념 : 공직에 종사하는 것을 일생의 직업으로 생각하는 제도. 정부와 공무원의 관계는 온정적 관계
   (2) 계급제, 폐쇄형, 일반가주의, 종신고용제에 입각한 제도. 채용 당시의 능력보다는 장기적인 발전가능성 중시 등

2. 장 · 단점
   (1) 장점
      ① 공무원의 질적 향상 : 젊고 유능한 인재 유치로 공무원의 질적 향상 가능
      ② 능률과 사기의 제고 : 승진의 기회부여로 행정능률과 재직공무원의 사기 제고
      ③ 공무원의 이직률 저하
      ④ 행정의 안정성 · 계속성 유지 : 공무원의 장기근무를 유도하므로 행정의 계속성 · 안정성 · 일관성을 유지
      ⑤ 정치적 중립 : 신분보장 강화로 정치적 중립 확보
      ⑥ 고급공무원의 양성 : 공무원의 능력발전이 폭넓게 이루어지므로, 정책결정 및 행정관리 기능을 담당하는 고급공무원의 양성에 유리
      ⑦ 기타 : 일체감 · 봉사정신 강화, 엄격한 근무규율의 수용 등
   (2) 단점
      ① 특권집단화 : 공무원에 대한 강한 신분보장과 공급자 중심적 성향에 따라 국민에 대한 대응성이 약화되고, 특권집단화할 우려
      ② 환경변동에의 부적응성 · 경직성 : 변화보다는 안정을 추구하므로 동태적 환경에 대한 적응력이 약하고, 변동 · 개혁에 저항하는 경향
      ③ 승진지망의 과열 : 학력 · 연령의 엄격한 제한은 공직임용의 기회균등을 제약하여 평등원칙에 위배될 수 있고, 또한 승진지망 과열화로 승진적체 문제 심각
      ④ 전문성 · 기술성의 저해 : 일반가주의에 치중하는 폐쇄적 인력운영은 정부활동의 분야별 전문화와 행정기술의 발전에 지장
      ⑤ 공직의 침체 : 공직의 중간계층에 외부의 이질적인 요소 흡수 불가
      ⑥ 공직취임기회의 제약 : 학력과 연령에 관한 요건을 엄격히 규정

23 정답 ③

③ [×] 행정중심복합도시건설청은 「정부조직법」이 아니라 「행정중심복합도시건설을 위한 특별법」 제38조에 근거한 기관이다.

24 정답 ②

② [×] 자원의존이론은 조직이 외부자원에 의존적이라고는 보지만, 조직이 환경적 요인을 피동적으로 받아들이지 않고 스스로의 이익을 위하여 주도적 · 능동적으로 환경에 대처해 나간다고 보는 임의론에 해당한다.

✔ 거시조직이론

환경인식 분석수준	결정론	임의론(자유의지론)
개별조직 (미시적 수준)	구조적 상황론 (상황적응이론)	① 전략적 선택이론 ② 자원의존이론
조직군 (거시적 수준)	① 조직군생태학이론 ② 조직경제학 　(대리인이론, 거래비용 　이론) ③ 제도화이론	공동체생태학이론

25 정답 ②

② [○] 기업가적 정부는 규칙보다는 임무 중심의 관리를 추구한다.

오답 분석

① [×] 기업가적 정부는 형평성과 민주성보다는 경제성과 효율성, 효과성을 중시한다.
③ [×] 전통적인 관료제 정부는 형평성과 민주성을 중시한다.
④ [×] 민영화 방식의 도입을 추진하는 것은 기업가적 정부이며, 전통적인 관료제 정부는 독점적 공급을 중시한다.

✔ 전통적 관료제 정부 vs 기업가적 정부

기준	전통적인 관료제 정부	기업가적 정부
정부의 역할	노젓기 역할	방향잡기 역할
정부의 활동	직접적인 서비스 제공	할 수 있는 권한 부여
행정의 가치	형평성, 민주성	경제성 · 효율성 · 효과성
서비스공급 방식	독점적 공급	경쟁도입 : 민영화, 민간 위탁 등
행정관리 기제	행정 메커니즘	시장 메커니즘
행정관리 방식	① 법령 · 규칙 중심 관리 ② 투입중심 예산 ③ 지출지향 ④ 사후대처 ⑤ 명령과 통제	① 임무 중심 관리 ② 성과연계 예산 ③ 수익 창출 ④ 예측과 예방 ⑤ 참여와 팀워크 및 네트 워크 관리
행정주도주체	관료 및 행정기관 중심	고객 중심
책임성	계층제적 책임 확보	참여적 대응성 확보

04 실전 모의고사

ANSWER

본문 94~97쪽

01 ③	02 ①	03 ②	04 ②	05 ④
06 ①	07 ②	08 ③	09 ④	10 ③
11 ①	12 ②	13 ③	14 ③	15 ②
16 ④	17 ②	18 ①	19 ②	20 ④
21 ④	22 ③	23 ④	24 ②	25 ③

01 정답 ③

오답 분석

① [×] 행정행태론은 정치·행정새이원론, 합리성을 강조하였다.

② [×] 행정관리론은 정치·행정이원론을 강조하였다.

④ [×] 신공공관리론은 정치·행정이원론을 강조하였다.

02 정답 ①

① [×] 진보주의는 낙태를 찬성하는 입장이다.

◆ 이념에 따른 정부관의 비교

구분	진보주의	보수주의
인간관	• 욕구, 협동, 오류 가능성 여지가 있는 인간관 • 경제적 인간관 부정	합리적이고 이기적인 경제인
가치판단	• 자유를 열렬히 옹호(적극적 자유) • 평등을 증진시키기 위해 실질적인 정부개입 허용	• 자유 강조(간섭과 제약이 없는 소극적 자유) • 기회 평등과 경제적 자유를 강조 • 소득, 부(富) 또는 기타 경제적 결과의 평등은 경시
시장과 정부에 대한 평가	• 효율과 공정, 번영과 진보에 대한 자유시장의 잠재력 인정 • 시장의 결함과 윤리적 결여를 인지함. • 시장실패는 정부개입으로 수정가능하다고 봄.	• 자유시장에 대한 신념 • 정부 불신, 정부는 개인의 자유를 위협하고, 경제조건을 악화시키는 전제적 횡포
선호하는 정책	• 소외집단을 위한 정책 • 공익 목적의 정부규제 • 조세제도를 통한 소득재분배 • 낙태금지를 위한 정부권력 사용 반대 • 공립학교에서의 종교교육 반대	• 소외집단 지원정책을 선호하지 않음. • 경제적 규제 완화, 시장 지향적 정책 • 조세 감면과 완화 • 낙태금지를 위한 정부권력 사용 찬성 • 공립학교에서의 종교교육 찬성
기타	복지국가, 혼합자본주의, 규제된 자본주의, 개혁주의	자유방임적 자본주의

03 정답 ②

② [○] 정보의 비대칭성은 보조금(공적유도)이나 정부규제로 대응한다.

◆ 시장실패의 원인별 대응방안

원인＼대응방식	공적공급(조직)	공적유도(유인)	공적규제(권위)
공공재의 존재	○		
외부효과의 발생		○	○
자연독점	○		○
불완전경쟁			○
정보의 비대칭성		○	○

04 정답 ②

② [×] 신행정학은 절박한 사회문제의 해결을 위하여 적실성과 실천성을 강조하므로 행정의 가치를 적극 추구하고 정책을 지향해야 한다는 정치·행정일원론의 관점에 가깝다.

05 정답 ④

④ [○] 제시문은 이슈네트워크에 관한 설명이다. 이슈네트워크는 다양한 이해관계와 견해를 가진 대규모의 참여자들을 함께 묶는 불안정한 지식공유집단(Shared Knowledge Group)이며 특정한 경계가 존재하지 않는 광범위한 정책연계망이다. 미국에서 '철의 삼각(하위정부모형)'을 비판하면서 나온 개념으로 1970년대 후반 Heclo가 주장한 모형이다.

◆ 이슈네트워크(Issue Network) : 헤클로(Heclo)

1. 개념 : 철의 삼각(하위정부모형)을 비판(하위정부식 결정은 더 이상 불가능하다고 봄.)
2. 특징
   ⑴ 참여자의 범위가 넓고 경계의 개방성이 높음.
   ⑵ 교환할 자원을 가진 참여자는 한정적임.
   ⑶ 참여자들 사이의 권력배분은 불균등함.
   ⑷ 참여자들의 공동체의식은 약하며 그들 사이의 접촉빈도는 유동적임.
   ⑸ 연계작용의 안정성은 낮으며 그에 대한 예측 가능성도 낮음.
   ⑹ 참여자들 사이에 갈등이 있고 지배적 집단이 일방적으로 정책을 결정하는 경우가 많기 때문에 권력게임은 제로섬 게임(Zero-sum Game)이라고 볼 수 있음.

06 정답 ①

① [×] 무의사결정론은 신엘리트이론의 입장에서 주장되었다.

⊘ 신엘리트론 : 무의사결정론(Bachrach & Baratz)

R. Dahl의 권력의 배분에 관한 'New Haven시 연구'를 비판하면서 등장
1. 개념
   (1) 엘리트에 대한 잠재적이거나 명시적인 도전을 억압하거나 방해하는 것. 혹은 특정 사회문제를 정책의제로 다루지 않기로 하는 결정
   (2) 「권력의 두 얼굴(양면성이론)」이라는 저서에서 주장
2. 특징
   (1) 정책결정자의 무관심이나 무능력으로 나타나는 것이 아님.
   (2) 좁은 의미의 무의사결정은 정책의제채택과정에서 나타나지만, 넓은 의미의 무의사결정은 결정·집행·평가 등 정책의 전 과정에서 나타남.
   (3) 일반대중이나 약자의 이익과 의견이 무시되고, 기득권에 손해가 되는 문제는 고려하지 않음.
3. 발생원인 : 지배적인 가치에 대한 도전의 방지, 이슈의 억압, 과잉충성, 정치체제의 구조
4. 수단 : 폭력, 권력의 행사, 편견의 동원, 편견의 강화·수정

07 정답 ②

② [×] 의사결정의 네 가지 흐름이란 해결을 요하는 문제의 흐름, 문제해결책의 흐름, 의사결정 기회의 흐름, 참여자의 흐름 등을 의미한다.

⊘ 쓰레기통모형(Olsen, Cohen, March)

1. 의의
   (1) 쓰레기통처럼 무질서한 상태(조직화된 무정부상태), 혹은 고도로 불확실한 상황하에서의 의사결정
   (2) 관료조직에서와 같이 계층제적 권위를 중심으로 하위조직이 연계되어 있는 상태가 아니라 상하관계가 분명하지 않은 '대학조직'과 같은 곳에서 흔히 볼 수 있는 의사결정과정
2. 기본전제와 네 가지 흐름
   (1) 기본전제 : 문제성 있는 선호, 불분명한 기술, 수시적(일시적) 참여자
   (2) 네 가지 흐름 : 문제의 흐름, 해결책의 흐름, 선택기회의 흐름, 참여자의 흐름이 우연히 동시에 한 곳에서 모여지게 될 때 의사결정이 이루어짐(쓰레기통은 선택의 기회를 의미).
3. 의사결정방식 : 합리모형은 문제의 해결, 회사모형은 갈등의 준해결이라면, 쓰레기통모형은 날치기 통과(Oversight)와 진빼기 결정(Flight)이 결정방식

08 정답 ③

③ [×] 기계적 구조는 경직적인 성격으로 환경변화에 적응하기가 어렵다. 상대적으로 유기적 구조가 환경적응력이 높다.

⊘ 기계적 구조와 유기적 구조

구분	기계적 구조	유기적 구조
장점	예측 가능성	적응성
조직특성	• 좁은 직무범위 • 표준운영절차 • 분명한 책임관계 • 계층제 • 공식적·몰인간적 대면관계	• 넓은 직무범위 • 적은 규칙·절차 • 모호한 책임관계 • 분화된 채널 • 비공식적·인간적 대면관계
상황조건	• 명확한 조직목표와 과제 • 분업적 과제 • 단순한 과제 • 성과측정이 가능 • 금전적 동기부여 • 권위의 정당성 확보	• 모호한 조직목표와 과제 • 분업이 어려운 과제 • 복합적 과제 • 성과측정이 어려움. • 복합적 동기부여 • 도전받는 권위

09 정답 ④

④ [×] 굴릭(Gulick), 어윅(Urwick), 페이욜(Fayol) 등은 고전적 조직이론과 관련된 학자이다.

⊘ 조직이론의 전개

구분	고전적 조직이론	신고전적 조직이론	현대적 조직이론
해당이론	① 과학적 관리론 ② 관료제론 ③ 행정관리론	① 인간관계론 ② 환경유관론 ③ 후기인간관계론	① 상황이론 ② 조직경제학(대리인이론, 거래비용이론) ③ 조직군생태론 ④ 자원의존이론
인간관	합리적 인간(X이론)	사회적 인간(Y이론)	• 자아실현인 • 복잡한 인간
가치	기계적 능률성	사회적 능률성	다원적 가치
주요변수	구조	인간(비공식적 요인)	환경
환경	폐쇄적	대체로 폐쇄적	개방적

10 정답 ③

③ [O] 매슬로(Maslow)의 욕구5단계설에 따르면 하위단계의 욕구가 완전히 충족된 후에 다음 단계 욕구가 나타나는 것이 아니라 어느 정도(부분적으로) 충족되면 그 욕구는 동기부여의 힘을 상실하고 다음 단계 욕구로 진행된다.

오답 분석

① [×] 가장 낮은 생존욕구부터 시작하여 다섯 가지의 위계적 욕구단계가 존재한다.

② [×] 앨더퍼(Alderfer)의 ERG이론의 첫 번째 욕구인 존재욕구에는 매슬로(Maslow)의 생리적인 욕구와 안전욕구가 포함된다.

④ [×] 사회적 욕구가 아니라 자아실현 욕구에 해당한다. 사회적 욕구는 다른 사람과의 관계를 추구하려는 욕구를 말한다.

◎ Maslow의 욕구계층 5단계이론

1. 다섯 가지 욕구 : 생리적 욕구, 안전욕구, 사회적 욕구, 존경의 욕구, 자아실현 욕구
2. 특징 : 욕구의 계층과 순차적 발로, 충족된 욕구의 약화, 욕구의 상대적(부분적) 충족, 좌절 · 퇴행 부정
3. 한계 : 개인차 간과, 욕구의 정태적 고찰, 복합적인 욕구 간과, 한번 충족되었다고 해서 욕구가 사라지는 것은 아님, 만족 · 진행만 인정

11 정답 ①

① [×] 의결위원회는 의결만 담당하는 위원회이므로 의사결정의 구속력은 지니지만 집행력은 가지지 않는다.

◎ 정부에 설치되는 위원회

정부에 설치되는 위원회는 의사결정의 권한과 구속력을 기준으로 자문위원회, 행정위원회, 의결위원회로 구분한다.
1. 자문위원회 : 의사결정의 구속력이 없다.
2. 의결위원회 : 자문위원회와 행정위원회의 중간조직으로, 국민의 권리 · 의무와 관련된 사무에 대한 의사결정의 구속력은 있지만 집행력은 없다(각 부처 징계위원회, 정부공직자윤리위원회).
3. 행정위원회 : 의사결정의 구속력과 집행력 모두 있다.

12 정답 ②

② [×] 현대 인사행정은 환경종속성의 특징을 가진다. 특정한 정부의 인사행정을 지배하는 가치나 기본원칙은 그 정부가 속해 있는 정치적, 경제적, 사회적, 문화적 환경의 특수성에 따라 결정된다. 즉 모든 국가의 모든 정부에 적용될 수 있는 보편적인 인사행정의 기본 원리나 제도는 존재하지 않으며 동일한 원리나 제도라는 시대적 상황이 달라지면 그 효과도 달라진다.

13 정답 ③

③ [○] 기준타당도를 검증하는 방법에는 두 가지가 있다. 예측적(예언적) 타당성 검증은 시험에 합격한 사람이 일정한 기간 직장생활을 한 다음 그의 채용시험성적과 업무실적을 비교하여 양자의 상관관계를 확인하는 방법이다. 동시적 타당성 검증은 앞으로 사용하려고 입안한 시험을 재직 중에 있는 사람들에게 실시한 다음 그들의 업무실적과 시험성적을 비교하여 그 상관관계를 봄으로써 시험의 타당도를 검증하는 방법이다.

◎ 타당성(Validity)

1. 의의 : '측정하고자 하는 것을 실제로 얼마나 정확하게 측정했는가'를 의미
2. 유형
   (1) 기준타당성(Criterion Validity)
       ① 개념 : 가장 먼저 개발된 것으로, 시험이 직무수행능력을 얼마나 정확하게 측정했는가의 정도(시험성적과 근무성적을 비교)
       ② 기준타당성 검증방법 : 예측적 타당성 검증, 동시적(현재적) 타당성 검증
   (2) 내용타당성(Content Validity) : 직무수행에 필요한 지식 · 기술 · 태도 등 능력요소를 얼마나 정확하게 측정하느냐에 관한 것
   (3) 구성타당성(Construct Validity) : 안출적(案出的) 또는 해석적 타당성이라고도 하며, 시험이 이론적으로 구성(추정)한 능력요소를 얼마나 정확하게 측정할 수 있느냐에 관한 기준

14 정답 ③

③ [×] 직무상 비밀엄수의무는 국가공무원법상의 의무이다.

◎ 국가공무원법과 공직자윤리법의 주요 내용

국가공무원법	공직자윤리법
선서, 성실의무, 복종의무, 직장이탈금지 의무, 친절공정의 의무, 비밀엄수의 의무, 청렴 의무, 영예 수여 허가 의무, 품위유지의 의무, 영리업무 및 겸직금지, 정치운동의 제한, 집단행위의 금지, 종교중립의 의무	재산등록 및 공개의무, 선물수수의 신고 · 등록의무, 퇴직공직자의 취업제한의무, 퇴직공직자의 업무취급제한의무, 이해충돌방지의 의무, 주식의 매각 또는 신탁 제한, 재직자 등의 취업청탁 등의 제한

15 정답 ②

② [○] 제도화된 부패에 대한 설명이다.

오답 분석

① [×] 거래형 부패 : 공무원과 시민이 뇌물을 매개로 이권이나 특혜 등을 주고받는 행위
③ [×] 회색 부패 : 사회에 영향을 미칠 수 있는 잠재성을 지닌 부패. 처벌을 두고 논쟁이 있음.
④ [×] 권력형 부패 : 상층부에서 정치인들이 정치권력을 부당하게 행사하는 부패

✪ 부패의 유형

1. 부패의 내용에 따른 분류
   (1) 직무유기형 부패 : 시민이 개입하지 않는 공무원 단독의 부패(복지부동 등)
   (2) 후원형 부패 : 공무원이 정실이나 학연 등을 토대로 불법적인 후원을 하는 행위
   (3) 사기형 부패 : 공무원이 공금이나 예산을 횡령하거나 유용하는 행위
   (4) 거래형 부패 : 공무원과 시민이 뇌물을 매개로 이권이나 특혜 등을 주고받는 행위
2. 흑색부패, 회색부패, 백색부패 : 부패의 용인 가능성의 정도에 따라
   (1) 흑색부패 : 사회에 심각한 해를 끼치는 부패로 구성원 모두가 처벌을 원하는 부패
   (2) 백색부패 : 사회에 해가 없거나 사익을 추구하려는 기도가 없는 선의의 부패
   (3) 회색부패 : 사회에 영향을 미칠 수 있는 잠재성을 지닌 부패
3. 권력형 부패와 생계형 부패
   (1) 권력형(정치적) 부패 : 상층부에서 정치인들이 정치권력을 부당하게 행사하는 권력형 부패
   (2) 생계형(행정적) 부패 : 하급행정관료들이 생계유지 차원에서 저지르는 부패(작은 부패)
4. 제도적 부패와 우발적 부패 : 제도화 정도에 따른 부패
   (1) 제도적 부패 : 부패가 실질적인 규범의 위치를 차지
   (2) 우발적(일탈형) 부패 : 구조화되지 않은 일시적 부패로 개인부패에서 많이 발생

16 정답 ④

④ [×] 예산은 1회계연도 동안의 국가의 세입과 세출에 관한 예정적 계산이다.

오답 분석

② [○] 예산은 국가사업계획을 국가재정수립을 통해서 구체화시키는 역할을 하므로 사실상 국가철학의 회계적 표현이다.

17 정답 ②

② [×] 조세지출예산은 1959년 서독에서 처음 도입되었으며, 우리의 경우 초보적인 형태나마 1999년 이후 '조세지출보고서'를 도입·운영하였다. 「국가재정법」에 공식적으로 도입되었고 2011 회계연도부터 시행하고 있다.

✪ 조세지출예산

1. 의의
   조세감면의 구체적 내역을 예산구조를 통해 밝히는 것
2. 특징
   (1) 조세지출(조세감면)은 보조금과 동일한 경제적 효과를 갖는 것으로 세출예산상의 직접지출인 보조금이 입법부의 심의를 거치는 것처럼 이와 동일한 효과를 갖는 조세지출도 입법부의 심의를 거쳐야 한다는 인식에서 탄생
   (2) 조세지출예산은 1967년 서독에서 처음 도입되었고, 미국에는 1974년에 도입, 우리나라는 2011년도부터 정식 도입

18 정답 ①

① [○] 인건비 산출 등 인사행정에 유용한 분류는 품목별 분류이다.

✪ 품목별 분류

1. 의의 : 지출의 대상을 기준으로 하여 세출예산을 인건비, 물건비, 경상이전비, 자본지출, 융자·출자, 보전재원 등으로 분류하는 방법
2. 장·단점

장점	① 정부지출을 통제하고 공무원들의 재량권 남용을 방지하는 데 효과적
	② 예산집행자의 회계책임 명확
	③ 행정부 통제가 용이하며 예산명확성의 원칙에 부합
	④ 정원 및 현원에 대한 자료 확보가 가능해 인사행정에 도움
단점	① 재정의 윤곽과 지출 목적 및 사업의 우선순위 파악 곤란
	② 예산집행의 신축성 저해
	③ 사업 간 비교가 불가능하고 예산에 대한 이해 곤란

19 정답 ②

오답 분석

① [×] Finer는 외적 책임을 강조하였다.

✪ 행정책임

행정책임의 개념이 등장한 서구 여러 나라에서는 행정책임이 여러 가지 용어로 표현된다. responsibility는 수임자 및 공복으로서 광범한 도의적·자율적 책임을 의미하고, accountability는 변명적·법률적·제도적 책임을 뜻하며, responsiveness는 민의에 대한 반응, 대응, 응답의 뜻으로 사용된다.

20 정답 ④

④ [○] 특별지방행정기관에 대해서는 주민들의 직접 통제와 참여가 용이하지 않고 책임확보도 어렵다.

오답 분석

① [×] 지역의 특수성보다는 국가적 통일성을 중요시하여 설치한다.
② [×] 특별지방행정기관은 국가 기구이므로 지방자치의 발전을 저해한다.
③ [×] 지방자치단체와 명확한 역할배분이 이루어지지 않기 때문에 행정의 중복과 비효율성을 초래한다.

◎ 특별지방행정기관의 장단점

장점	① 중앙행정기관은 정책의 수립·조정에 전념하여 업무부담 경감 ② 중앙 또는 인접지역과의 협력 가능 ③ 지역별 특성에 따라 구체적 타당성을 확보하는 정책결정 ④ 신속한 업무처리 가능 ⑤ 주민과 직접 접촉하여 지역주민의 의사를 행정에 반영(근린행정) ⑥ 통일적 기술·절차·장비의 전국적 활용으로 국가업무의 통일적 수행에 기여
단점	① 책임행정의 결여 : 특별지방행정기관에 대해서는 주민들의 직접 통제와 참여가 용이하지 않고 책임확보 곤란 ② 비효율성 초래 : 지방자치단체와 유사 중복 기능으로, 비효율성 초래 ③ 고객의 혼란과 불편 : 관할범위가 넓어 현지성 결여 ④ 지방자치의 저해 : 지방자치단체에 의한 지역 종합행정 저해 ⑤ 기타 : 중앙통제의 강화 수단, 공무원 수의 팽창 등으로 인한 경비 증가 및 지방자치단체와의 마찰 초래 등

21 정답 ④

④ [○] 행태론은 집단의 고유한 특성을 인정하지 않고 의사결정자 개개인의 행태를 연구하는 방법론적 개체주의의 특성을 지닌다.

오답 분석

① [×] 행태론은 가치와 사실을 구분하여 사실중심의 실증적·경험적 연구를 지향한다.

② [×] 행태론은 가치와 사실을 구분하여 사실중심의 실증적·경험적 연구, 즉 가치중립성을 지향한다.

③ [×] 행태론은 개별국가의 특수성보다는 보편화된 일반법칙을 중시한다.

◎ 행태론의 특징

1. 과학적 연구 : 사회현상도 자연과학과 마찬가지로 엄밀한 과학적 연구가 가능
2. 논리실증주의 : 규범적 연구를 거부하고 자연과학적 방법을 활용하며, 개념의 조작화, 가설설정, 자료수집, 검증 등 중시
3. 행태의 범위 : 특정 질문에 따른 반응을 통해 파악해 볼 수 있는 태도, 의견, 개성 등도 행태에 포함
4. 경험적 검증 강조 : 행태의 규칙성, 상관성 및 인과성을 경험적으로 입증하고 설명
5. 가치중립성 : 가치와 사실을 분리하고 검증이 가능한 사실로 연구범위 제한
6. 계량적 기법 중시 : 개념의 조작적 정의(조작화)를 통해 객관적인 측정 방법을 사용하며 자료를 계량적 방법에 의해 분석
7. 방법론적 개체주의 : 집단의 고유한 특성을 인정하지 않은 방법론적 개체주의 입장
8. 종합학문성 : 사회과학은 행태에 공통된 관심을 가지고 있기 때문에 통합될 수 있다고 봄.
9. 원리접근법 비판 : Simon은 '행정의 격언'이라는 논문에서 Gulick의 POSDCoRB 등의 고전적 원리를 경험적 검증을 거치지 않은 격언에 불과하다고 비판
10. 종합적 관점 : 행정인 또는 복잡인을 강조하고, 종합적 능률 중시

22 정답 ③

③ [○] 가, 나, 라만 네트워크 조직의 특성을 옳게 설명하고 있다. 다, 마는 매트릭스 조직에 해당한다.

◎ 네트워크 구조(Network Structure)

> 조직의 자체 기능은 핵심역량 위주로 합리화하고, 여타 기능은 외부기관들과 계약관계를 통해 수행하는 조직구조방식(예 회계, 제조, 포장, 유통 기능 등은 외부 기관들에 아웃소싱). 정보통신기술의 확산으로 채택된 새로운 조직으로, 연계된 조직 간에는 수직적 계층구조가 존재하지 않으며 자율적으로 운영. 대리인 문제 발생

23 정답 ④

④ [×] 옴부즈만(ombudsman)이란 공무원의 위법·부당한 행위로 말미암아 권리의 침해를 받은 시민이 제기하는 민원(民怨)·불평을 조사하여 관계기관에 시정을 권고함으로써 국민의 권리를 구제하는 호민관 또는 행정감찰관을 말한다. 1809년 스웨덴에서 처음 명문화되었다. 우리나라의 경우 국가인권위원회가 아니라 국무총리 소속 국민권익위원회가 옴부즈만에 해당한다.

◎ 옴부즈만제도

1. 옴부즈만

옴부즈만	개념	공무원의 위법·부당한 행위로 말미암아 권리의 침해를 받은 시민이 제기하는 민원과 불평을 조사하여 관계기관에 시정을 권고함으로써 시민의 권리를 구제하는 제도
	연혁	1809년 스웨덴에서 처음 유래
	특징	입법부 소속, 초당파성(직무수행상의 독립성), 사실조사와 간접통제(직접 취소·변경, 무효로 할 수 없음.), 신청·직권에 의한 조사, 신속한 처리와 저렴한 비용, 합법성·합목적성에 대한 조사·처리, 입법통제의 결함보완, 여야 협의로 선출
우리나라 (국민권익 위원회)	특징	① 헌법이 아닌 법률에 의한 기관이므로 안정성 부족 ② 국무총리 소속(단, 직무상으로는 독립성과 자율성 보장) ③ 신청에 의한 조사만 가능하며, 직권조사권은 없음. ④ 위원장·부위원장-국무총리 제청으로 대통령이 임명, 상임위원-위원장이 제청·대통령이 임명, 위원-대통령이 임명(국회 3인, 대법원 3인)

2. 비교

구분	일반 옴부즈만 (스웨덴식)	우리나라의 옴부즈만 (국민권익위원회)
차이점	입법부 소속	행정부(국무총리) 소속
	헌법기관	법률기관(법적 지위 불안정)
	신청·고발로 조사 + 직권조사	신청·고발로만 조사 (직권조사권 없음.)
공통점	고발행위의 다양성(위법·부당·태만 등) 초당파성·직무수행상의 독립성 간접통제(위법 부당하더라도 직접 무효·취소·변경 못함.)	

24 정답 ②

② [○] 주민소환제도가 2007년 가장 늦게 도입되었다. 주민소환(recall)이란 유권자 일정수 이상의 연서에 의하여 지방자치단체의 장, 의회의원, 기타 주요 지방공직자의 해직 등을 임기만료 전에 청구하여 주민투표로 결정하는 제도로 우리의 경우제도의 남용 우려 등에 대한 논란 끝에 가장 늦게 도입되었다.

◎ **주민참여제도의 도입순서와 근거법**

조례제정·개폐청구	주민감사청구	주민투표	주민소송	주민소환
① 「지방자치법」(1999) ② 「주민발안법」(2022)	「지방자치법」(1999)	① 「지방자치법」(1994) ② 「주민투표법」(2004)	「지방자치법」(2005)	① 「지방자치법」(2006) ② 「주민소환법」(2007)

25 정답 ③

③ [×] 내부접근형은 일반대중이나 관련 집단들의 지원을 유도하기 위한 노력(행정PR 등의 홍보)이 생략된 상태에서 의제채택이 이루어진다.

◎ **내부접근형(음모형) : 사회문제 ➭ 정부의제**

1. 정부기관 내의 관료집단이나 정책결정자에게 쉽게 접근할 수 있는 외부집단에 의하여 주도
2. 외교·국방 정책처럼 국민이 사전에 알면 곤란한 문제를 다룰 때나 시간이 급박할 때, 의도적으로 국민을 무시하는 정부에서 나타남.
3. 동원형에 비해 낮은 지위의 행정관료가 의제설정을 주도하며, 공중의 제화의 과정을 막으려는 것(행정PR에 소극적)

05 실전 모의고사

본문 98~101쪽

ANSWER

01 ①	02 ③	03 ④	04 ②	05 ①
06 ①	07 ③	08 ①	09 ④	10 ②
11 ④	12 ④	13 ③	14 ③	15 ①
16 ②	17 ③	18 ②	19 ①	20 ①
21 ③	22 ③	23 ③	24 ①	25 ②

01 정답 ①

① [○] 정치·행정이원론은 정당정치(엽관주의)의 폐단을 극복하는 것이 핵심이다.

오답 분석

② [×] 1930년대 뉴딜정책은 경제대공황을 극복하는 과정에서 행정의 역할을 강조한 정치·행정일원론이 등장하게 된 중요 배경이다.

③ [×] 과학적 관리론 등 행정개혁운동은 정치·행정이원론의 배경이다.

④ [×] 애플비(P. Appleby)는 정치·행정일원론을 대표하는 인물로, 정치와 행정은 단절적 관계가 아니라 연속적 관계임을 강조하였다.

◉ 정치와 행정의 관계

구분	정치·행정이원론	정치·행정일원론
등장 배경	① 엽관주의 폐단극복과 실적주의의 확립 ② 과학적 관리론의 영향 ③ 행정학의 독자성 확보를 위한 노력 ④ 행정국가화에 따른 행정기능의 양적 확대와 질적 전문화	① 1929년의 경제대공황(시장실패)·New Deal정책에 따른 행정기능의 확대·강화 ② 행정의 전문화·기술화 및 위임입법의 증가 ③ 국가·사회의 동일화 ④ 기계적 능률관에 대한 비판과 사회적 능률관의 강조
관련 학자	① Wilson : 「행정의 연구, 1887」 ② Goodnow : 「정치와 행정, 1900」 ③ White : 「행정학 입문, 1926」 ④ Gulick : 「행정과학논집, 1937」	① M. Dimock : 「현대정치와 행정, 1937」, 사회적 능률 강조 ② P. Appleby : 「정책과 행정, 1949」

02 정답 ③

③ [×] 행정지도는 행정기관의 공무원이 그의 관할 내에서 어떤 행정목적의 달성을 위하여 시민에게 영향을 미치려는 활동으로서 법적 구속력을 직접 수반하지 않는 것이다. 그리고 행정지도는 비정형적 의사표시적 행위이다. 주의할 점은 행정법학에서 바라보는 행정지도는 비권력적이고 비강제적인 사실행위로서 법적 구속력이 없다고 이해(일반적 의견)되고 있는 반면, 오석홍 교수님은 이러한 견해에 대해 비판하면서 공무원이여러 가지 국면에서 지니는 지위의 우월성과 거기에 결부된 각종 권력에 의하여 행정지도의 실효성이 담보된다고 본다는 점에서 권력성도 포함될 수 있다고 본다. 행정지도의 비권력성을 주장하는 것은 권력의 의미를 너무 좁은 범위에서 이해하는 견해라고 본다.

03 정답 ④

④ [×] 사회적 자본은 정부 – 기업 – 시민사회가 공동으로 동반자적·협력적 지위에서 문제해결을 시도하는 거버넌스적 활동으로서, 신뢰와 협력을 바탕으로 한 자발적인 조직들의 수평적 네트워크에 해당한다.

◉ 신뢰성(사회적 자본)

1. 1980년대 중반 이후 지식정보사회에서 경쟁력의 중요한 변수로 등장하였고, 1990년대에는 서비스 연계망에 의한 행정을 주장하는 뉴거버넌스의 출현과 NGO의 활발한 활동으로 더욱 강조됨.
2. 특징 : 신뢰당사자 간의 관계적 현상, 위험의 감수, 취약한 지위의 수용, 다차원성, 신뢰와 통제의 보완성과 상충성, 동태적 현상, 바람직한 것에 대한 믿음 등

04 정답 ②

② [×] 통제전략(Control Strategy)은 권력을 대상으로 하고, 분권화를 추구하는 것으로 투명성과는 거리가 멀다. 여기서 권력이란 의사결정의 권력을 말한다. 분권화를 추구한다는 것은 계서제상의 하급 계층에 차례로 힘을 실어 준다는 뜻이다.

◉ 오스본과 플래스트릭의 5C전략

개혁수단	전략	달성방법
목표	핵심전략 (Core Strategy)	목적의 명확성, 역할의 명확성, 방향의 명확성
유인체계	성과전략 (Consequence Strategy)	경쟁관리, 기업관리, 성과관리
책임성	고객전략 (Customer Strategy)	고객의 선택, 경쟁적 선택, 고객품질 확보
권한	통제전략 (Control Strategy)	조직 권한이양, 공무원 권한이양, 지역사회 권한이양
문화	문화전략 (Culture Strategy)	관습타파, 감동정신, 승리정신

05 정답 ①

① [×] 분배정책은 정책으로 이익을 주는 것으로 비영합(non zero sum)게임으로 인식된다. 영합(zero sum)게임은 재분배정책과 관련된다.

06 정답 ①

① [O] 외부주도형은 사회문제 당사자인 외부집단이 주도하여 정책의제의 채택을 정부에 강요하는 경우로서 허쉬만이 말하는 '강요된 정책문제'에 해당한다.

오답 분석

②, ③ [×] 내부주도형(동원형), ④ [×] 내부접근형(음모형)에 해당한다.

❷ 정책의제설정모형(Cobb & Ross)

1. 외부주도형 : 사회문제 ⇨ 사회적 이슈 ⇨ 공중의제 ⇨ 정부의제
   (1) 정부 밖에 있는 주도집단에 의해 제기된 사회문제가 공식의제로 채택되는 경우
   (2) 다원화(민주화)된 선진국에서 나타나는 유형
2. 동원형 : 사회문제 ⇨ 정부의제 ⇨ 이슈화 ⇨ 공중의제
   (1) 정부 내의 정책결정자가 주도집단이 되어 사회문제가 공식의제로 채택. 주로 정치지도자의 지시에 의하여 바로 정부의제로 채택(정부의 PR활동을 통해 공중의제로 확산시킴.)
   (2) 정부의 힘이 강하고 민간부문의 힘이 약한 후진국에서 주로 나타남.
      예 올림픽이나 월드컵의 유치, 가족계획사업, 새마을운동, 의약분업정책 등
3. 내부접근형(음모형) : 사회문제 ⇨ 정부의제
   (1) 정부기관 내의 관료집단이나 정책결정자에게 쉽게 접근할 수 있는 외부집단에 의하여 주도
   (2) 외교·국방 정책처럼 국민이 사전에 알면 곤란한 문제를 다룰 때나 시간이 급박할 때, 혹은 의도적으로 국민을 무시하는 정부에서 나타남.
   (3) 동원형에 비해 낮은 지위의 행정관료가 의제설정을 주도하며, 공중의제화의 과정을 막으려는 것(행정PR에 소극적)

07 정답 ③

③ [×] Sabatier의 정책지지(옹호)연합모형의 기본적인 방법은 상향적 접근방법의 분석 단위를 채택하고, 여기에 영향을 미치는 요인으로 하향적 접근방법의 여러 가지 변수와 사회경제적 상황과 법적 수단들을 결합하는 것이다. 이 모형은 시간의 경과에 따라 자신들의 목표를 달성하기 위해 정책의 법적 속성을 조정하려는 다양한 행위자들의 전략과 시도를 강조한다는 점, 그리고 정책집행을 단순히 정책결정 이후 한 번의 과정을 거쳐 완료되는 것이 아니라 정책결정 – 정책집행 – 재결정 – 재집행…이라는 정책변동의 차원에서 재조명하고자 했다는 점에서 '정책변화'나 '정책학습'에 더 초점을 맞춘 이론이다.

08 정답 ①

① [O] Scott은 조직이론 중 고전이론을 폐쇄합리이론(1900~1930), 신고전이론을 폐쇄자연이론(1930~1960), 현대이론을 개방합리이론(1960~1970)과 개방자연이론(1970~)으로 분류하였다.

09 정답 ④

④ [×] 한국도로공사는 준시장형 공기업에 해당한다.

❷ 공공기관의 유형

공기업	시장형 공기업	한국가스공사, 한국전력공사, 인천국제공항공사, 한국공항공사, 인천항만공사, 부산항만공사, 한국광물자원공사, 한국석유공사, 한국지역난방공사, 한국수력원자력, 주식회사 강원랜드 등
	준시장형 공기업	한국조폐공사, 한국방송광고공사, 한국마사회, 대한석탄공사, 한국토지주택공사, 대한주택보증주식회사, 한국감정원, 한국도로공사, 한국수자원공사, 한국철도공사 등
준정부 기관	기금관리형 준정부기관	기술신용보증기금, 신용보증기금, 예금보험공사, 한국무역보험공사, 국민연금공단, 한국주택금융공사, 한국수출보험공사, 한국자산관리공사, 근로복지공단 등
	위탁집행형 준정부기관	한국관광공사, 농수산물유통공사, 한국농어촌공사, 한국연구재단, 한국정보화진흥원, 한국소비자원, 한국학술진흥재단, 한국과학재단, 국민건강보험공단, 국립공원관리공단 등
기타		한국산업은행, 대한법률구조공단, 국방과학연구소, 수도권매립지관리공사, 한국원자력문화재단 등

10 정답 ②

② [×] 합법적 권력, 보상적 권력, 강압적 권력은 개인권력보다는 직위권력과 관련이 있다.

11 정답 ④

④ [O] 엽관주의는 정당에 대한 충성심을 기준으로 관직을 임용하는 제도로서 직접민주주의에 기여할 수 있다. 특히 선거를 통해 선출된 기관장이 공무원을 정치적으로 임용함에 따라 기존의 공무원이나 새로 임용된 공무원은 임명권자인 기관장에 대한 충성심을 확보하기가 매우 용이하다고 할 수 있다.

오답 분석

①, ②, ③ [×] 선거나 정당을 지지하는 측근을 임용함으로써 정당의 영향력에 좌우되고 부정부패에 빠지기가 쉽고, 아울러 선거를 통해 기관장이 바뀌고 그에 따라 공무원이 교체됨으로써 행정의 안정성과 지속성을 확보하기가 어렵게 된다.

❖ 엽관주의의 장단점

장점	정당이념의 실현(정당정치의 실현), 평등이념 구현, 관료제의 쇄신, 정책변동에의 대응과 리더십 강화, 행정의 민주성과 대응성·참여성·책임성 확보
단점	행정의 계속성·안정성 저해, 전문성 저해, 비능률과 낭비, 행정의 부패, 관료의 정당사병화, 기회균등의 저해 등

12 정답 ④

④ [×] 직무의 종류가 유사한 직렬의 군은 직류가 아니라 직군이다. 직류란 동일한 직렬 내에서 담당분야가 동일한 직무의 집합을 말한다.

❖ 직위분류제의 구성요소

1. 직위(Position) : 1명의 공무원에게 부여할 수 있는 직무와 책임
2. 직급(Class) : 직무의 종류·곤란성과 책임도가 상당히 유사한 직위의 군
3. 직렬(Series of Classes) : 직무의 종류가 유사하나 그 책임과 곤란성의 정도가 서로 다른 직급의 군
4. 직군(Occupational Group) : 직무의 성질이 유사한 직렬의 군
5. 직류(Sub-series) : 같은 직렬 내에서 담당 분야가 같은 직무의 군
6. 등급(Grade) : 직무의 종류는 다르지만 직무의 곤란도·책임도나 자격요건이 유사한 직위의 군
7. 직무등급 : 직무의 곤란성과 책임도가 상당히 유사한 직위의 군

13 정답 ③

오답 분석

① [○] 엄격화 경향은 전반적으로 낮은 점수를 주는 것을 말한다.
② [○] 언제나 좋은 또는 나쁜 점수를 주는 것은 평정자의 일정한 가치관이나 기준에 의하여 일관되게 나타나는 규칙적 오류에 해당한다.
④ [○] 선입견에 의한 오류는 유형화의 착오라고도 하며, 피평정자에게 가지고 있는 선입견이나 고정관념이 평정에 영향을 주는 오류를 말한다.

❖ 평정오차

1. 연쇄효과(후광효과) : 특정 평정요소가 다른 평정요소에, 혹은 전반적인 인상이 큰 영향을 미침.
2. 집중화의 오차 : 중간점수로 대부분 평정
3. 관대화 또는 엄격화의 오차 : 후한 쪽이나 박한 쪽에 몰림.
4. 논리적 오차 : 평정요소 간에 존재하는 논리적 상관관계에 의하여 생기는 오류
5. 상동적 오차 : 유형화의 착오, 선입견 또는 고정관념에 의한 오차

6. 규칙적 오차와 총계적 오차 : 한 평정자가 다른 평정자보다 일반적·지속적으로 과대 또는 과소평정, 평정자의 평정기준이 일정하지 않아 관대화 경향과 엄격화 경향이 불규칙하게 나타나는 오차(동일한 피평정자에 대해 경우에 따라 다르게 평가)
7. 대비오차 : 평정대상자를 바로 직전의 피평정자와 비교하여 평정함으로써 나타나는 오차
8. 시간적 오차 : 근접오류, 주로 최근의 사건이 결과에 영향

14 정답 ③

③ [×] 국유재산관리는 국유재산법에서 규정하고 있다.

❖ 헌법에 규정된 주요 내용

국회의 예산심의·확정권, 준예산, 계속비, 예비비, 추가경정예산, 증액 및 새 비목 설치 제한, 국채 및 국고채무부담행위

15 정답 ①

① [○] 세입·세출의 성질에 따른 분류이다.

오답 분석

② [×] 예산은 성립시기에 따라 본예산, 수정예산, 추가경정예산으로 분류된다.
③ [×] 정부출자기관예산과 정부투자기관예산은 적용대상에 따른 구분이다.
④ [×] 예산불성립시 대처방안에 해당한다.

16 정답 ②

오답 분석

① [×] 관심의 범위는 투입 항목에 국한된다.
③ [×] 조직마다 품목예산을 배정하기 때문에 활동의 중복을 막기 어렵다는 비판이 제기된다.
④ [×] 품목별 예산은 예산 삭감이 이루어질 때 이익집단의 저항을 덜 야기시킨다는 측면에서 정치적인 장점이 있다. 사업별로 예산이 편성되어 있을 때, 예를 들어 고아원 개선사업예산을 삭감한다면 당장 심각한 반발을 초래할 수 있다. 그러나 보건복지부의 인건비, 소모품비, 건물수리비 등을 삭감한다면 그 영향이 결국 고아원 개선사업의 예산 삭감까지 미친다 해도 파급효과가 그리 쉽게 눈에 띄지 않는다. 경우에 따라서는 품목별 예산이 사회의 정치적 갈등을 최소화하는 역할을 할 수도 있다.

✪ 품목별예산제도의 장·단점

장점	① 지출항목을 일목요연하게 알 수 있음. ② 의회의 예산심의와 통제가 용이(정치인들의 지지를 얻기 쉬움.)함. ③ 공무원의 회계책임이 명확함. ④ 예산편성 및 심의과정에서 이익집단의 저항을 덜 받음. ⑤ 갈등을 야기할 수 있는 어려운 선택을 분할하기 때문에 모든 어려움을 한꺼번에 직면하지 않아도 됨.
단점	① 지출항목을 엄격히 분류해 전반적인 정부 기능 혹은 전체 사업에 대한 정보를 확인할 수 없음. ② 사업의 성격을 알지 못하고 성과와 생산성(효율성) 평가가 곤란함. ③ 투입을 중심으로 예산을 편성하기 때문에 재정지출의 목표 의식이 결여되어 있음. ④ 환경 변화가 심한 경우 능동적인 재정 대응이 곤란(관리의 경직성)함.

17 정답 ③

오답 분석

㉠ [×] 구조적 접근법에 해당한다.
㉢ [×] 행태적(인간관계적) 접근법에 해당한다.

✪ 행정개혁의 접근방법

1. 구조적 접근방법
   (1) 원리전략 : 구조·직제의 개편, 기능중복의 제거, 권한·책임의 명확화, 조정 및 통제절차의 개선, 의사전달체계의 개선 등
   (2) 분권화전략 : 구조의 분권화에 의하여 조직을 개선하려는 것
2. 과정적·기술적 접근방법
   문서의 처리절차, 정원관리, BPR(업무과정재설계), 사무실 배치, 행정사무의 기계화, 자동화, 새로운 행정기술·장비를 도입하거나 관리과학, OR, 체제분석, TQM, 컴퓨터(EDPS, MIS) 등의 계량화기법 활용
3. 행태적 접근방법 : 조직발전(OD)기법 활용
4. 기타 접근방법
   (1) 사업중심적(산출중심적·정책중심적) 접근방법 : 행정산출의 정책목표와 내용 및 소요자원에 초점을 두어 행정활동의 목표를 개선하고 행정서비스의 양과 질을 개선하려는 접근방법
   (2) 문화론적 접근방법 : 행정문화를 개혁함으로써 행정체제의 보다 근본적이고 장기적인 개혁을 성취하려는 접근방법
   (3) 통합적(종합적·체제적) 접근방법 : 개방체제 관념에 입각하여 개혁대상의 구성요소들로 보다 포괄적으로 관찰하고 여러 가지 분화된 접근방법들을 통합하여 해결방안을 탐색하려는 것

18 정답 ②

② [○] 법률적 책임성에 해당한다.

✪ 행정책임성의 유형

구분		기관통제의 원천	
		내부적인 통제원천	외부적인 통제원천
통제의 정도	높은 통제수준	관료적 책임성	법률적 책임성
	낮은 통제수준	전문가적 책임성	정치적 책임성

19 정답 ①

① [×] 지방자치단체는 감사원의 필요적 검사대상으로 되어 있으며, 감사원은 지방공무원에 대해서 직무감찰을 할 수 있다.

✪ 중앙통제

행정상 통제	1. 지방자치단체 사무에 대한 지도 및 지원
	2. 국가사무처리의 지도·감독
	3. 위법·부당한 명령·처분의 시정
	  (1) 지방자치단체의 사무에 관한 그 장의 명령이나 처분이 법령에 위반되거나 현저히 부당하여 공익을 해한다고 인정될 때에는 주무부장관이 시정을 명하고 그 기간 내에 이행하지 아니할 때에는 이를 취소하거나 정지할 수 있음. 이 경우 자치사무에 관한 명령이나 처분에 있어서는 법령에 위반하는 것에 한함.
	  (2) 지방자치단체의 장은 자치사무에 관한 명령이나 처분의 취소 또는 정지에 대하여 이의가 있는 때에는 그 취소 또는 정지처분을 통보받은 날로부터 15일 이내에 대법원에 소를 제기해야 함.
	4. 지방자치단체의 자치사무에 대한 감사 : 행정안전부장관은 지방자치단체의 자치사무에 관하여 보고를 받거나 서류·장부 또는 회계를 감사할 수 있음. 이 경우 감사는 법령위반사항에 한하여 실시함.
	5. 지방자치단체의 장에 대한 직무이행명령
	6. 지방의회 의결의 재의요구의 지시와 제소
	7. 회계검사기관(감사원)의 회계검사권 및 직무감찰권 : 지방자치단체는 감사원의 필요적 검사대상으로 되어 있으며, 감사원은 지방공무원에서 대해서 직무감찰을 할 수 있음.
	8. 각종 유권해석 및 지침의 제공 : 중앙행정기관은 소관위임사무의 처리에 대한 법령해석 및 지침 제공

인사상 통제	1. 행정기구의 편제 및 공무원의 정원에 대한 기준제정 2. 자치단체에 두는 국가공무원의 임명 및 감독 3. 기준인건비에 의한 통제
재정상 통제	1. 지방자치단체 재정운용업무편람 작성·보급 2. 예산 및 결산 보고 : 행정안전부장관에게 보고 3. 지방채 발행의 통제 : 지방의회의 의결을 거쳐 지방채 발행

20 정답 ①

① [×] 지방자치단체의 보조기관에는 부단체장, 행정기구, 지방공무원이 있고, 소속행정기관은 직속기관, 사업소, 출장소, 합의제 행정기관이 있다. 행정기구는 대통령령에 따라 조례로 설치할 수 있고, 단체장의 직속기관은 대통령령에 따라 조례로 설치할 수 있으며, 사업소와 출장소는 대통령령에 따라 조례로 설치할 수 있다.

21 정답 ③

③ [×] 기본적 자유의 평등 원리(정의의 제1원리)와 차등조정의 원리(정의의 제2원리)가 충돌할 때는 기본적 자유의 평등 원리(정의의 제1원리)가 우선한다.

◈ 정의

공정한 배분상태를 의미(같은 것은 같게, 다른 것은 다르게). 원초적 상태에서 구성원들이 합의하는 규칙이 공정할 것이라고 전제(원초적 상태 하에서 합리적 인간은 최소극대화 원리에 따름.)
1. 정의의 제1원리 : 기본적 자유의 평등원리
2. 정의의 제2원리 : 차등조정의 원리(공정한 기회균등의 원리, 차등원리-최소극대화 원리)
3. 제1원리가 제2원리보다 앞서고, 제2원리 중 기회균등의 원리가 차등원리보다 우선
≫ 정의론은 자유와 평등의 중도 입장이므로 자유주의자와 사회주의자 모두가 비난

22 정답 ③

③ [×] 비실험적 설계는 실험집단과 통제집단을 사전에 구분하지 않고, 실험집단만을 대상으로 실험을 실시하기 때문에 실시가 용이하다.

◈ 정책평가의 방법

1. 실험설계
   (1) 진실험
      ① 실험집단과 통제집단을 무작위로 배정하여 동질성을 확보하여 행하는 실험
      ② 장·단점 : 내적 타당성은 비교적 높고 외적 타당성과 실현 가능성이 낮음.
   (2) 준실험
      ① 실험집단과 통제집단을 사전에 선정하지만 동질성을 확보하지 않고 행하는 실험
      ② 준실험설계의 방법
         ㉠ 축조에 의한 통제
            ⓐ 비동질적 통제집단설계 : 실험집단과 통제집단에 배정한 후 실험집단에만 정책을 처리
            ⓑ 사후테스트 비교집단설계 : 사후에 비교집단을 설계하여 실험집단과 비교
            ⓒ 회귀불연속설계 : 실험집단과 통제집단 모두에 대하여 유자격기준(X)에 산출결과인 Y의 회귀를 비교하는 것
         ㉡ 재귀적 통제
            ⓐ 단절적 시계열설계 : 정책의 실시전후의 시계열자료를 이용하는 방법
            ⓑ 단절적 시계열 비교집단설계에 의한 평가 : 단절적 시계열설계와 비동질적 통제집단설계를 결합한 것
2. 비실험설계
   (1) 사전에 통제집단이 없이 실험집단에만 정책처리를 하여 정책효과를 추정하려는 방법
   (2) 비실험설계의 방법
      ① 정책실시 전후 비교방법 : 정책대상집단에 대해 정책을 실시하기 전과 후를 비교
      ② 사후테스트 비교집단 설계방법 : 정책대상집단과 다른 집단을 정책실시 후에 선정하여 비교
      ③ 통계적 분석 : 각종 통계적 방법(시계열분석, 다중회귀분석, 인과관계분석 등)을 사용하는 것
   (3) 비실험에서 사용되는 외생변수의 통제방법 : 통계적 통제, 포괄적 통제, 잠재적 통제

23 정답 ③

③ [×] 관료제는 조직 내부 또는 조직 간의 상하관계가 계층제의 원리에 의하여 명확한 명령복종관계가 확립되는 구조이므로 정책관리자의 권한이 강화된다. 관료제는 권한의 계층이 뚜렷하게 구획되는 계서제 속에 모든 직위들이 배치된다. 계서제는 상명하복의 질서정연한 체제이며 계서제 속에서 상위직은 하위직을 감독한다.

◈ 관료제의 역기능(병리현상)

1. 동조과잉 : 관료가 목표가 아닌 수단인 규칙·절차에 지나치게 영합·동조함.
2. 번문욕례(Red Tape)·형식주의 : 문서라는 형식에 의한 사무 처리로 발생함.
3. 인간성의 상실 : 한정된 업무를 매일 기계적으로 처리함.
4. 훈련된 무능 : 전문가는 타 분야에 대한 이해가 부족하며 새로운 조건에 적응하지 못함.
5. 무사안일주의 : 관료는 적극적으로 새로운 일을 하려 하지 않고 선례에 따르거나 상관의 지시에 무조건 영합하는 소극적인 행동을 함.
6. 변화에 대한 저항 : 관료는 자기 유지에 대한 불안·위협 때문에 보수성을 띠게 됨.
7. 할거주의(국지주의) : 관료들은 자기가 소속된 부서에만 관심과 충성을 보임.
8. 권위주의적 행태의 조장 : 공식적 규범을 엄격하게 준수해야 한다는 압박감 등으로 발생함.
9. 권력구조의 이원화와 갈등 : 상사의 계서적 권한과 부하의 전문적 능력이 이원화됨.
10. 기타 : 무리한 세력팽창(관료제의 제국건설), 관료를 무능화시키는 승진제도(피터의 원리), 인간발전의 저해 등

24 정답 ①

① [×] 공무원 노조 전임자(노동조합장이나 지부장 등)는 임용권자의 동의를 받아 노동조합의 업무에만 종사할 수 있다.

「공무원 노동조합법」 제7조(노조 전임자의 지위) ① 공무원은 임용권자의 동의를 받아 노동조합의 업무에만 종사할 수 있다.
② 노동조합 전임자에 대하여는 그 기간 중 휴직명령을 하여야 한다.
③ 국가와 지방자치단체는 전임자에게 그 전임기간 중 보수를 지급하여서는 아니 된다.
④ 국가와 지방자치단체는 공무원이 전임자임을 이유로 승급이나 그 밖에 신분과 관련하여 불리한 처우를 하여서는 아니 된다.

25 정답 ②

② [×] 복식부기의 특징이다.

✔ 정부회계

1. 기장방식에 의한 구분 : 단식부기와 복식부기

단식부기	개념	차변과 대변의 구분 없이 현금의 입금과 출금을 중심으로 거래의 한쪽 면만을 기재함.
	장점	사용하기가 매우 편리하여 간편하고 회계처리비용이 적게 듦.
	단점	기록의 정확성을 검증하거나 거래의 오류·탈루 등을 파악하기 곤란함.
복식부기	개념	거래의 발생 사실을 바탕으로 차변과 대변으로 나누어 기록하는 방식을 가리킴.
	장점	총량 데이터(Gross Data) 작성에 유리, 데이터의 신뢰성 제고, 정보의 적시성 제고, 결산과 회계검사의 효율성과 효과성 제고가 가능함.
	단점	회계처리 절차가 복잡하고, 회계 관련 비용이 많이 듦.

2. 거래의 인식 기준에 의한 구분 : 현금주의와 발생주의

현금주의	개념	현금을 수취하거나 지급한 시점에 거래를 인식하는 방식임.
	장점	절차가 간편하고 단순하기 때문에 이해가 쉽고 관리와 통제 용이. 회계처리가 객관적이고, 비용이 적게 듦. 현금흐름(통화부문)에 대한 재정 영향의 파악이 용이함.
	단점	기록·계산의 정확성 확인 곤란. 경영성과의 파악 곤란. 자산의 증감이나 재정성과 등을 파악하기 곤란함.
발생주의	개념	거래가 발생된 시점에 거래를 인식함.
	장점	성과파악 용이, 재정의 건전성 확보, 출납폐쇄기한이 불필요함.
	단점	부실채권이나 지불이 불필요한 채무 등 파악 곤란함. 절차가 복잡하고 회계처리비용이 많이 듦. 채권·채무를 자의적으로 추정함.

06 실전 모의고사

ANSWER

본문 102~105쪽

01 ②	**02** ③	**03** ③	**04** ③	**05** ②
06 ④	**07** ③	**08** ④	**09** ④	**10** ④
11 ③	**12** ②	**13** ②	**14** ②	**15** ④
16 ②	**17** ①	**18** ②	**19** ④	**20** ②
21 ④	**22** ②	**23** ③	**24** ②	**25** ②

01 정답 ②

② [×] 과정설은 사익이 자동으로 공익으로 승화된다는 기계적 관념을 지니고 있기 때문에 대립되는 이익들을 평가할 수 있는 기준을 제시하지 못한다는 것이 단점이다.

✪ 공익(학설)

1. 실체설 : 적극설 또는 규범설
   (1) 전체주의(집단주의)적 공익관으로 공익을 사익이나 특수이익을 초월한 선험적 · 도덕적 · 규범적 존재로 간주
   (2) 공익과 사익의 갈등이란 있을 수 없고, 상충되는 경우에는 당연히 공익이 우선한다는 전체주의적 입장
   (3) 전체효용의 극대화, 절대가치와 공유의 이익 중시 ⇨ 보편성의 강조, 행정의 중심적 역할 강조
   (4) 자연법, 정의, 형평, 복지, 인간존중과 같이 단일한 가치로 표현
   (5) 집단이기주의 극복이 가능한 공익 개념이지만 공익결정과정이 비민주적이고, 공익개념이 지나치게 추상적
2. 과정설 : 민주적 공익관, 현실주의적 공익관, 소극설
   (1) 개인주의 · 자유주의 · 다원주의적 공익관으로, 공익은 실체적인 내용이 선험적으로 존재하는 것이 아니라, 사익 간의 갈등과 대립을 조정하는 과정 속에서 출현
   (2) 사익을 초월한 별도의 공익이란 존재할 수 없으며, 공익이란 사익의 총합이거나 사익(다수 이익) 간의 조정과 타협의 산물
   (3) 적법절차의 준수 강조 ⇨ 국민주권원리에 의한 행정의 조정자 역할 강조
   (4) 공익과 사익은 본질적 차이가 아닌 상대적 · 양적 차이
   (5) 사회의 조직화되지 않은 이익은 배제

02 정답 ③

③ [×] 파킨슨의 법칙은 정부의 통제적 역할을 강조하는 이론이 아니라 정부규모의 양적 팽창을 강조하는 이론이다.

✪ 공무원 수의 증가[파킨슨의 법칙(Parkinson's Law)]

1. 개념 : 공무원의 수가 본질적인 업무량의 증가와 관계없이 증가
2. 2가지 하위 법칙
   (1) 부하배증의 법칙 : 특정 공무원이 과중한 업무에 허덕이게 될 때 동료를 보충받아 그 업무를 반분하기를 원치 않고 그를 보조해 줄 부하를 보충받기를 원함.
   (2) 업무배증의 법칙 : 부하가 배증되면 과거 혼자서 일하던 때와는 달리 지시, 보고, 승인, 감독 등의 파생적 업무가 창조되어 본질적 업무의 증가 없이 업무량이 배증됨.

3. 한계 : 전시 같은 비상시나 개발도상국의 업무량 증가에 의한 공무원 수의 증가를 간과

03 정답 ③

③ [×] 고도의 분화성은 분화사회(산업사회)의 특징이다. 프리즘적 사회는 신생국 행정체제를 설명하는 모형으로, 형식주의, 이질혼합성, 기능의 중첩, 다분파주의, 정실주의, 가격의 불확실성, 양초점성, 투자의 단기성 등이 특징이다.

04 정답 ③

③ [×] 반대로 되어야 맞다.

✪ 유파별 패러다임의 비교

유파 관점	전통행정이론	신공공관리론 (NPM)	신공공서비스론 (NPS)
이론과 인식의 토대	• 초기의 사회과학의 정치이론 • 사회학이론	• 신고전학파 경제이론 • 드리커의 성과관리론	• 민주주의이론 • 실증주의 · 해석학 · 비판이론 · 후기근대주의를 포괄하는 다양한 접근
합리성 모형과 행태모형	• 개괄적 합리성 • 행정인	• 기술적 · 경제적 합리성 • 경제인 또는 자기이익에 기초한 의사결정자	• 전략적 합리성 • 정치적 · 경제적 · 조직적 합리성에 대한 다원적 검증
공익에 대한 입장	법률로 표현된 정치적 결정	개인들의 총이익	공유가치에 대한 담론의 결과
관료의 반응대상	고객과 유권자	고객	시민
정부의 역할	노젓기	방향잡기	봉사
정책목표의 달성기제	기존의 정부기구를 통한 프로그램	개인 및 비영리기구를 활용해 정책목표를 달성할 기제와 유인체제 창출	동의된 욕구를 충족시키기 위한 공공기관, 비영리기관, 개인들의 연합체 구축
책임에 대한 접근양식	계층제적	시장지향적	다면적
행정재량	관료에게 제한된 재량만을 허용	기업적 목적을 달성하기 위해 넓은 재량 허용	재량이 필요하지만 제약과 책임이 수반
기대하는 조직구조	조직 내에 상명하복으로 움직이는 관료적 조직과 고객에 대한 규제와 통제	기본적 통제를 수행하는 분권화된 공조직	조직 내외적으로 공유된 리더십을 갖는 협동적 구조
관료의 동기유발	• 임금과 편익 • 공무원보호	• 기업가 정신 • 정부규모를 축소하려는 이데올로기적 욕구	• 공공서비스 • 사회에 기여하려는 욕구

05 정답 ②

② [×] 하위정부모형은 관료, 이익집단, 국회의 상임위원회 등으로 이루어져 참여가 제한적이며 이들의 관계는 매우 안정적이다.

06 정답 ④

④ [×] 부의 효과(외부불경제효과)를 비용의 증가 또는 편익의 감소 어느 쪽에 포함시키느냐에 따라 달라지는 것은 편익비용비이다. 순현재가치는 결과가 달라지지 않는다.

❂ 순현재가치(NPV)

1. 개념 : 편익(B)의 총현재가치에서 비용(C)의 총현재가치를 뺀 값을 말한다(NPV＝B－C).
2. 내용
   (1) B－C ＞ 0이면 사업의 타당성이 있다고 보며, 가장 널리 사용되는 1차적 기준이다. 칼도－힉스(Kaldor–Hicks) 기준이라고도 한다.
   (2) 예산이 충분하거나 대규모 사업을 평가할 때 적합하다.
   (3) 부(負)의 효과를 비용의 증가에 포함시키든 편익의 감소에 포함시키든 사업의 우선순위에 영향을 미치지 않는다.
3. 한계 : 사업의 규모가 다를 경우 한계가 있다. 즉 규모가 크면 순현재가치가 크게 나타나 대규모 사업이 유리한 것으로 판단하는 오류가 발생할 수 있다.

07 정답 ③

오답 분석

①, ②, ④ [×] 집행이 용이한 경우에 해당한다.

❂ 대상집단의 성격과 구성에 따른 집행의 용이성

구분		규모 및 조직화 정도	
		강	약
집단의 성격	수혜집단	집행 용이	집행 용이
	희생집단	집행 곤란	집행 용이

08 정답 ④

④ [×] 지역부서화 방식에 해당한다. 기능부서화는 업무 과정이나 유사한 기술이나 지식을 가진 구성원을 같은 부서로 묶는 방식이다.

09 정답 ④

④ [×] Porter와 Lawler의 기대이론(업적만족이론)에 대한 설명이다.

10 정답 ④

④ [○] 게시판은 상의하달적 의사전달에 해당한다.

오답 분석

①, ②, ③ [×] 하의상달에 해당한다.

하향적 의사전달	명령(지시, 훈령, 예규, 규정, 고시 등), 일반적 정보(기관지, 편람, 구내방송, 게시판, 행정백서) 등
상향적 의사전달	보고, 품의, 상담과 의견조사, 제안, 면접, 고충심사, 결재제도 등
수평적 의사전달	사전심사, 사후통지, 회람·공람, 회의, 레크리에이션, 토의(위원회) 등

11 정답 ③

오답 분석

① [×] 인사청문회는 원칙적으로 인사청문특별위원회에서 실시한다.

② [×] 국회는 임명동의안이 제출된 날로부터 20일 이내에 인사청문을 마쳐야 한다.

④ [×] 경찰청장에 대한 인사청문회는 행정안전위원회에서 실시한다. 경찰청장, 검찰총장, 국정원장, 국세청장 등은 헌법에서 국회의 임명동의를 규정한 경우가 아니고 개별법에서 인사청문회를 거치도록 하는 경우이므로, 별도로 인사청문특별위원회를 구성하지 아니하고 소관 상임위원회에서 인사청문을 실시하며 구속력도 없는 것이 특징이다. 따라서 경찰청장은 소관 상임위원회인 행정안전위원회에서 인사청문을 실시한다.

❂ 인사청문회의 종류와 대상

인사청문특별위원회	헌법상 국회임명 동의 요하는 자	국무총리, 대법원장, 헌법재판소장, 헌법재판소 재판관 3인, 감사원장 등
	국회선출 공무원	헌법재판관 3인 등
소관상임위원회	개별법상 청문대상자	국정원장, 경찰청장, 국세청장, 검찰총장, 모든 국무위원, 헌법재판관 6인 등

12 정답 ②

② [×] 요소비교법은 상대평가이다. 절대평가는 분류법과 점수법이다. 요소비교법은 직위의 상대적 수준을 현행 보수액과 관련시켜 평가하기 때문에 금액가중치 방식(money weight method)이라고도 한다.

✓ 직무평가 방법

구분		특징	비교대상
비계량적 방법	서열법	• 가장 일찍 사용했던 방법 • 각 직위가 지니고 있는 직무의 곤란성이나 책임성을 전체적으로 평가하여 직위 간의 서열을 정하는 방법 • 간단하고 시간·노력·비용이 적게 듦.	직무와 직무 (상대평가)
	분류법 (등급법)	• 미리 작성하여 각 등급별로 직무내용·책임도·자격요건 등을 밝힌 등급 정의에 따라 각 직위에 가장 적절한 등급을 결정해 나가는 방법 • 정부부문에서 일반적으로 사용하는 방법	직무와 등급표 (절대평가)
계량적 방법	점수법	• 각 직위의 직무를 평가요소로 구분하여 각 요소의 비중 혹은 등급을 숫자로 표시하는 등급기준표를 만든 다음 이와 대비하여 분류할 직위의 직무를 각 요소별로 평점하여 합계하거나 평균함으로써 등급을 결정 • 관계인들의 수용도가 높음.	직무와 등급표 (절대평가)
	요소비교법	• 가장 늦게 고안된 직무평가 방법 • 대표직위의 요소에 다른 직위의 요소를 비교하여 각 직위의 등급을 정하는 방법 • 요소별로 점수 대신 임금액을 곱하므로 평가점수를 가지고 바로 임금액을 산출할 수 있음.	직무와 직무 (상대평가)

≫ 분류법과 점수법은 등급기준표에 의한 절대평가, 서열법과 요소비교법은 등급기준표 없이 직무와 직위를 비교하는 상대평가 방법
≫ 정부기관은 분류법을, 외국기업체는 점수법을 주로 이용
≫ 비계량적인 방법은 간편하고 시간·비용 절감이라는 장점이 있으나, 분류가 객관적이지 못하고 정확하지 않다는 것이 단점

13 정답 ②

② [×] 수당은 계급제를 택하는 나라가 많다.

✓ 보수

1. 의의
   (1) 개념 : 공무원이 근무에 대하여 정부로부터 지급받는 금전적 보상
   (2) 공무원 보수의 특징 : 경직성, 비시장성, 사회·윤리적 성격, 노동권 제약, 동일직무·동일보수 구현 곤란 등
2. 결정요인
   (1) 경제적 요인 : 민간기업의 임금수준, 국민의 담세능력, 정부의 재정능력(상한선), 경제정책, 물가수준 등
   (2) 사회·윤리적 요인 : 생계비(하한선)
   (3) 부가적·정책적 요인 : 연금, 휴가, 신분보장, 복지제도 등
3. 보수의 종류
   (1) 기본급(봉급) : 직무의 곤란성 및 책임의 정도에 따라 직책별로 지급되는 기본급여

   ① 직무급 : 동일직무 동일보수. 개인별 인센티브 결여
   ② 성과급 : 우리나라는 5급 이상에 연봉제를 도입. 정무직과 지방자치단체장을 대상으로 하는 고정급적 연봉제(기본연봉만 지급)와 1~5급 공무원을 대상으로 하는 성과급적 연봉제(기본연봉+성과연봉)
   (2) 부가급(수당) : 근무조건이나 생활조건을 고려한 부수적인 보수

14 정답 ②

② [×] 법관, 경찰, 교사는 경력직(특정직)에 포함된다.

✓ 경력직 공무원의 범위

구분	내용	예
일반직	① 기술·연구 또는 행정일반에 대한 업무를 담당하는 공무원(직업공무원의 주류) ② 계급은 1급에서 9급으로 구분(고위공무원단에 속하는 공무원은 제외됨.) ③ 연구직 공무원은 연구관·연구사, 지도직 공무원은 지도관·지도사의 2계급으로 구분	행정일반, 기술, 연구직·지도직 공무원, 국회전문위원, 감사원 사무차장, 시·도선관위 상임위원 등
특정직	① 개별법의 적용을 받는 특수분야 업무를 담당하는 공무원 ② 우리나라는 특정직의 비중이 가장 높음.	법관(대법원장, 대법관), 검사(검찰총장), 외무공무원, 경찰공무원(경찰청장), 소방공무원(소방청장), 교육공무원, 군인, 군무원, 헌법재판소 헌법연구관, 국가정보원의 직원 등

15 정답 ④

④ [×] 주민소송제는 사후적 통제장치에 해당한다.

오답 분석

② [○] 재정민주주의의 기본은 재정 주권이 납세자인 국민에게 있다는 것이다. 국민의 재정선호에 일치하는 예산집행을 주장한 학자는 크누트 빅셀(Knut wicksell)이다. 그는 북구학파의 시조로 일컬어지는 스웨덴의 경제학자로서 케인즈의 일반이론에 영향을 주었으며 20세기의 경기변동이론, 화폐론에도 결정적인 기여를 하였다. 주요 저서로 가치, 자본, 지대, 이자율과 상품가격 등이 있다. 한편 폴 사무엘슨(Paul A. Samuelson)은 "정태적 및 동태적 경제이론의 발전과 분석수준의 향상"이라는 이유로 1970년도에 노벨경제학상을 수상한 학자이다. 주요 저서로는 경제분석의 기초, 경제학 등이 있다. 공공재의 적정 수준과 관련하여 사무엘슨은 소비자의 한계대체율(MRS : marginal rate or substitution)의 합과 생산자의 한계생산변환율(MPT : marginal rate or product transformation)이 일치하는 수준에서 결정되어야 한다고 주장한다. 이 주장은 각 소비자가 공공재에 대한 진정한 선호를 표출한다는 것을 전제로 하고 있으며, 린달(E. Lindahl)의 자발적 교환모형과 동일한 결론을 내리고 있다.
③ [○] 재정민주주의는 시민에 의한 예산감시운동과 밀접히 관련된다.

16 정답 ②

② [×] 재정통계이므로 현금주의로 작성된다. 재정의 국민경제적 효과를 분석할 수 있도록 경상거래와 자본거래를 구분하는 등 경제적 분류로 작성된다. 하지만 국가예산의 기본방향을 파악하고 국제적인 비교를 위해 기능별로도 분류되고 작성된다.

❤ 통합재정

1. 의의
   정부의 모든 재정활동을 세입·세출뿐만 아니라 보전재원 상황까지도 일목요연하게 식별할 수 있는 순개념상의 정부예산 총괄표
2. 포괄범위
   일반회계(중앙정부와 지방정부), 특별회계, 기금(금융성 기금과 외환평형기금 제외), 세입·세출예산 외의 전대차관, 세계잉여금 등
3. 특징
   (1) 포괄성 : 법정예산인 일반회계와 특별회계 외에 기금 및 세입·세출 외 자금까지를 포함하고, 중앙재정과 지방재정, 그리고 지방교육재정(교육비특별회계) 포함
   (2) 순계개념 : 회계·기금 간의 내부거래와 국채발행이나 채무상환 등 수지차 보전을 위한 보전거래를 제외한 세입·세출의 순계개념으로 파악
   (3) 경상거래와 자본거래의 구분 : 경상거래와 자본거래를 구분하는 등 경제적 분류로 작성(기능별로도 분류)
   (4) 현금주의로 작성 : 회계가 아닌 재정통계이므로 현금주의로 작성

17 정답 ①

① [×] 국회는 정부의 예산안에 대해 큰 수정을 가하지 않고 있다.

❤ 예산심의

1. 절차
   (1) 시정연설 : 대통령의 시정연설과 기획재정부장관의 예산안 제안설명
   (2) 상임위원회별 예비심사 : 각 소관부처 장관의 정책설명(제안설명) ⇨ 정책질의와 답변·토론 ⇨ 부별심사와 계수조정 ⇨ 예산심사보고서를 작성하여 예산결산특별위원회에 회부
   (3) 예산결산특별위원회의 종합심사 : 우리나라 예산심의 과정에서 핵심적인 역할 수행(상임위원회의 동의 없이 증액하거나 새 비목 설치 못함.)
   (4) 본회의 의결 : 예산성립(공포 불필요) 30일 전까지 의결
2. 특징
   (1) 예산으로 성립(법률보다 하위의 효력)
   (2) 국회는 정부의 동의 없이 정부가 제출한 세출예산 각 항의 금액을 증액하거나 새 비목을 설치할 수 없음.
   (3) 국회는 일반적으로 정부의 예산안에 대해서 소폭만 수정
   (4) 본회의 중심이 아니라 위원회 중심으로 심의
   (5) 예산위원회와 결산위원회가 분리되지 못하고 있고, 전문성 부족

18 정답 ②

㉠ [×] 입법부의 구성이 야당 우위여야 효과적으로 행정부를 통제할 수 있다. 여당이 우위일 경우에 국회는 행정부의 거수기 역할에 그칠 수 있기 때문이다.

㉢ [×] 옴부즈만은 그가 요구하는 시정조치를 법적으로 강제하거나 이를 대행하는 권한을 갖지 못하는 것이 일반적이다.

19 정답 ④

④ [×] 조직 내 정보 및 지식의 분절, 파편화는 기존의 전통적 행정관리의 특징이며, 지식정부 공공행정에서는 지식을 공유하여 조직의 업무능력 향상에 만전을 기하여야 한다.

❤ 지식행정관리

구분	기존 행정관리	지식행정관리
조직 구성원 능력	조직 구성원의 기량과 경험이 일과성으로 소모	개인의 전문적 자질 향상
지식공유	조직 내 정보 및 지식의 분절, 파편화	공유를 통한 지식가치 향상 및 확대 재생산
지식소유	지식의 개인 사유화	지식의 조직 공동재산화
지식활용	정보·지식의 중복 활용	조직의 업무능력 향상
조직성격	계층제적 조직	학습조직 기반 구축

20 정답 ②

② [×] 중층제는 행정의 책임소재가 분산되어 책임이 불명확해지는 문제가 있다.

❤ 단층제와 중층제의 장단점

구분	단층제	중층제
장점	① 이중행정(감독)의 폐단 방지 ② 신속한 행정 도모 ③ 낭비 제거 및 능률 증진 ④ 행정책임의 명확화 ⑤ 자치단체의 자치권이나 지역의 특수성·개별성 존중 ⑥ 중앙정부와 주민 간의 의사소통 원활	① 기초와 광역자치단체 간에 행정기능 분담 ② 광역자치단체가 기초자치단체에 대한 보완·조정·지원기능 수행 ③ 광역자치단체를 통하여 기초자치단체에 대한 국가의 감독기능 유지 ④ 중앙정부의 강력한 직접적 통제로부터 기초자치단체 보호 ⑤ 기초자치단체 간에 분쟁·갈등 조정
단점	① 국토가 넓고 인구가 많으면 적용 곤란 ② 중앙정부의 직접적인 지시와 감독 등으로 인해 중앙집권화의 우려 ③ 행정기능의 전문화와 서비스 공급의 효율성 제고 곤란 ④ 중앙정부 통솔범위가 너무 넓게 되는 문제 ⑤ 광역행정이나 대규모 개발사업의 수행에 부적합	① 행정기능의 중복현상, 이중행정의 폐단 ② 기능배분 불명확·상하자치단체 간 책임모호 ③ 행정의 지체와 낭비 초래 ④ 각 지역의 특수성·개별성 무시 ⑤ 중간자치단체 경유에 따른 중앙행정의 침투가 느리고 왜곡되는 문제

21 정답 ④

④ [○] 전자정부는 전자민주주주의 등 주민참여 확대로 행정의 민주화에 기여한다. ㉠만 틀리다.

㉡ [○] 공개된 정보를 이용한 사이버 범죄가 발생할 수 있다.

㉢ [○] 전자파놉티콘 등 상층부의 정보독점으로 전자감시의 위험이 심화될 수 있다.

㉣ [○] 정보접근능력의 차이로 인한 정보격차가 심화될 수 있다.

22 정답 ②

② [○] 로빈스(Robbins)는 갈등의 관점을 전통적 관점, 행태론적 관점, 상호주의관점으로 나누어 접근하였다.

| 오답 분석 |

① [×] 행태론적 관점에서 갈등은 불가피한 것이고 정상적인 현상으로 이를 수용해야 한다.

③ [×] 협동전략이 아니라 타협(협상)전략이다.

④ [×] 업무간 상호의존성이 높을수록 갈등이 발생할 소지가 많다.

✔ 갈등관의 변천

1. 고전적 갈등관 : 역기능적 관점, 갈등은 제거 대상
2. 행태론적 갈등관 : 불가피적 관점, 갈등 수용 입장
3. 상호작용적 갈등관 : 현대적 갈등관, 갈등조장론적 관점, 갈등은 조직발전(OD)의 원동력

23 정답 ③

③ [○] 보몰병은 공공부문의 생산체제는 노동집약적 성격이 강하므로 생산량이 늘수록 생산비용이 빨리 증가한다는 것으로 과다공급설에 해당한다. 나머지는 모두 과소공급설에 해당한다.

✔ 공공재의 과소공급설과 과다공급설

1. 과소공급설 : 정부기능 축소에 대한 이론적 논의

갤브레이스 (Galbraith)의 선전효과 (의존효과)	사적재는 각종 선전을 통해 소비자들의 욕구를 촉발하지만, 공공재는 선전이 이루어지지 않기 때문에 소비욕구를 유발하지 못하여 공공서비스의 투자가 미흡하다.
머스그레이브 (Musgrave)의 조세저항	사적재는 자신이 부담한 만큼 소비하고 그만큼의 편익이 자신에게 돌아오지만, 공공재는 자신이 부담한 것에 비해 적은 편익이 돌아간다고 생각(재정착각)한다. 이러한 재정착각(조세-소비 간의 불분명한 연계)의 상황에서는 조세에 대한 저항이 발생하여 공공재가 과소공급된다.
듀젠베리 (Duesenberry)의 전시효과 (시위효과)	사적재는 광고나 선전으로 인해 소비가 자극되고 다른 사람에게 보여주기 위한 소비(전시효과)로 소비가 많아지고, 주위를 의식하여 체면상 불필요한 지출을 한다. 반면 공공재는 과시나 체면을 위한 소비는 하지 않기 때문에 사적재보다 덜 소비되고 덜 공급된다.
다운스(Downs)의 합리적 무지	사적재와 달리 공공재의 편익은 제대로 인지되지 않는다. 이에 따라 공공재에 대해 정확하게 평가하지 못하여 공공서비스(조세) 확대에 저항하는 일이 발생한다.

2. 과다공급설 : 정부팽창에 대한 이론적 논의

와그너(Wagner)의 법칙	1인당 국민소득이 증가할 때 국민경제에서 차지하는 공공부문의 상대적 크기가 증대하는 현상을 말한다.
피콕과 와이즈만 (Peacock & Wiseman)의 전위효과(대체효과)	사회혼란기에 공공지출이 상향 조정되어 공공지출이 민간지출을 대체하는 현상, 혹은 위기시에 증가한 재정수준은 정상적으로 회복된 후에도 줄지 않고 다른 사업에 대신 사용된다.
보몰병 (Baumol's Disease, 보몰효과 ; Baumol's Effect)	정부가 생산·공급하는 것이 주로 서비스의 형태를 가지고 있기 때문에 정부부문의 생산성 증가속도는 상대적으로 느릴 가능성이 있다. 따라서 정부의 생산비용은 빨리 증가하여 정부지출의 규모가 점차 커질 수밖에 없다.
파킨슨의 법칙 (Parkin's Law)	공무원의 수가 해야 할 업무의 경중이나 그 유무에 관계없이 일정 비율로 증가하는 현상을 말한다.
니스카넨 (Niskanen)의 예산극대화모형	관료들이 권력의 극대화를 위해 자기부서의 예산극대화를 추구하는 현상을 말한다.
뷰캐넌 (Buchanan)의 다수결 투표	다수결 투표는 예산규모를 팽창시키고 공공재의 과다공급을 초래한다(Log Rolling, Vote Trading 등 발생).

24 정답 ②

② [×] TQM이 아니라 MBO의 특징에 해당한다.

✔ 총체적 품질관리

1. 고객의 요구 존중 : 행정서비스의 품질은 관리자나 전문가가 아닌 고객이 평가
2. 장기적 시간관·예방적 통제
3. 분권적 조직구조
4. 집단적 노력의 강조 : 업무활동의 초점이 개인적 노력에서 집단적 노력으로 이동
5. 과정지향성 : 산출과 결과보다는 투입과 과정 더 중시
6. 구성원의 참여(Y이론적 인간관) : 구성원의 적극적인 참여가 중요
7. 과학적 방법 사용 : 사실자료에 기초를 두고 과학적 품질관리기법 활용
8. 신뢰관리와 인간의 존중 : 구성원들 사이에 개방적이고 신뢰하는 관계 설정

25 정답 ②

② [×] 총체주의 예산결정이란 합리적인 자원배분을 목적으로 경제원리에 따라 예산을 편성하는 합리주의 예산편성방식을 의미한다. PPBS나 ZBB가 대표적인 합리주의 예산이며 품목별 예산제도는 지출의 세부항목이나 대상을 기준으로 예산을 편성하는 제도로 대표적인 점증주의 예산제도이다.

◎ 예산결정이론

점증주의	의의	전년도의 예산액을 기준으로 다음 연도의 예산액을 결정하는 방법(LIBS, PBS)
	특징	① 한정된 몇 가지 대안만을 대상으로 하며, 예산과정은 보수적·정치적·단편적 ② 정책의 선택은 연속적인 과정이며, 목표·수단의 구분을 꺼리며 한계적 가치만 고려 ③ 기관(행정부와 입법부) 간에 선형적·안정적 관계 형성 ④ 참여자 간 합의 중시. 정부기관, 관료, 의원 및 관련집단 간 갈등의 원만한 해결에 의해 결정
	한계	기득권 세력 옹호, 정책의 기능 약화
합리주의	의의	합리적·과학적인 분석기법을 사용하여 종합적으로 평가
	특징	① 모든 대안과 요소를 종합적으로 검토하는 총체적·규범적 접근 ② 경제적 효율성을 추구하고, 목표에 대한 사회적 합의가 도출된다는 가정에 바탕(목표와 수단의 분석 실시) ③ 정부의 정책은 비용효과분석 등 분석적 작업을 거쳐 의식적·명시적으로 합리적인 것이 선택되어야 하며, 정부의 사업비용은 극소화 ④ 여러 가지 정책 및 사업결정은 상호의존적인데 이러한 결정들을 위해서는 하나의 통합된 종합적인 결정과정 필요 ⑤ 거시적이고 하향적으로 분석되는 경우가 많고 자원의 한계를 인식하는 접근법으로 절대적 합리성 추구 ⑥ 경제학의 한계효용, 기회비용, 최적화개념을 사용하고, 상대적 가치, 증분 분석, 상대적 효과성 강조
	한계	목표에 대한 합의가 도출되지 않으면 적용 곤란

07 실전 모의고사

ANSWER

본문 106~109쪽

01 ②	02 ④	03 ③	04 ④	05 ②
06 ③	07 ③	08 ③	09 ③	10 ②
11 ④	12 ④	13 ②	14 ①	15 ④
16 ①	17 ④	18 ④	19 ④	20 ④
21 ③	22 ②	23 ②	24 ③	25 ③

01 정답 ②

② [×] Appleby와 관련된 내용이다. Simon은 행정을 의사결정과정으로 파악하였고, 논리실증주의를 주장하였다.

오답 분석
① [O] 귤릭은 최고관리자의 기능으로 Planning, Organizing, Staffing, Directing, Coordinating, Reporting, Budgeting으로 제시하였다. 이 내용은 하향적 지시에 의한 조직관리방식을 의미하는 것이다.

02 정답 ④

④ [×] 코즈의 정리는 정부의 직접적인 개입보다는 소유권만을 설정하는 최소한의 역할만 하자는 것이다. 코즈는 외부효과의 존재가 자원의 효율적인 배분을 저해하는 이유 중의 하나로 소유권의 부재를 지적하였다. 그러나 소유권이 명확히 설정되어 있고 거래비용이 무시할 정도로 적다면 당사자 간 협상을 통하여 효율적인 자원배분을 달성할 수 있다고 보았다.

03 정답 ③

③ [×] 사법부는 사법심사를 통하여 행정기관의 위법한 행정작용에 대한 '사후적'인 권리구제 및 통제와 함께 행정기관의 불법적인 지체 또는 불합리한 지연 행동에 대해 이의 이행을 촉구하기도 한다.

오답 분석
② [O] 예를 들면 입법이나 행정이 처음부터 아무런 정책결정을 내리지 않거나 결정된 정책결정이 명확하지 않은 경우, 정책문제 자체가 법적 문제로 다루어지기도 한다. 이 과정에서 법원의 최종 판결을 통해 정책결정의 대행 현상이 나타나기도 한다.

04 정답 ④

④ [×] 호손공장의 연구(Hawthorne Studies)는 과학적 관리론이 아니라 인간관계론의 실증적 근거가 되었다.

◇ 과학적 관리론

1. 의의
   (1) 대량생산 체계에 따른 대규모 조직을 능률적이고 과학적으로 관리하려는 경영 합리화 운동(처음에는 이론이라기보다는 과학적 관리 운동으로 출발)
   (2) Taylor의 시간동작연구, Ford의 이동조립법, Fayol의 일반 및 산업관리론(14대 원리)

2. 내용(Taylor)
   (1) 인간관: 합리적 경제인으로 가정(X이론적 인간관)
   (2) 변수: 계층제나 분업체계 등 공식구조 강조
   (3) 이념: 기계적 능률성 중시
   (4) 환경관: 외부환경이나 비공식적 요인을 고려하지 않은 경직된 폐쇄적 조직이론

05 정답 ②

② [×] 행태과학에 대한 내용이다. 정책과학은 후기 행태주의의 입장에서 논리실증주의를 연구방법으로 하는 행태과학에 대한 반발로 나타났다.

◇ 정책과학

1. 등장배경
   정책학은 1951년 발표된 Lasswell의 「정책지향(Policy Orientation)」이라는 논문에서 시작되었으나, 당시 행태과학의 위세에 밀렸다가 1960년대 말 격동기에 각종 사회문제(인종갈등, 월남전 등)가 나타나면서 후기 행태주의(Post Behavioralism)의 등장으로 다시 연구가 활성화됨.

2. H. D. Lasswell과 Y. Dror의 정책학 패러다임의 특징

H. D. Lasswell	Y. Dror
① 맥락성(Contextuality): 여러 상황의 맥락성 속에서 정책결정	① 비공식적(묵시적) 지식과 경험의 중시
② 문제해결지향성(Problem Orientation)	② 거시적 수준(Macro-level)
③ 방법의 다양성(Diversity)	③ 상위학문
④ 규범성(Normative): 인간의 존엄성 실현 중시	④ 순수연구와 응용연구의 통합
⑤ 다학문성(Inter-displinary): 사회문제의 해결을 위해 여러 학문 활용	⑤ 가치지향성: 가치선택에 기여
	⑥ 창조성과 쇄신성: 새롭고 더 나은 대안들을 개발하기 위한 핵심적인 방법
	⑦ 역사성(시간적 요인의 중시)과 동태성

06 정답 ③

③ [×] 관련집단들에 의해 예민하게 쟁점화된 것일수록 의제화의 가능성이 크다. 이는 갈등해결이란 측면에서 중요성이 부각되는 것이다.

07 정답 ③

③ [○] 목표의 규명부터 이루어진 후 평가기준의 설정, 인과모형의 설정, 연구설계, 자료의 수집 및 분석의 과정으로 진행된다.

08 정답 ③

③ [○] 혼돈정부의 내용이다.

[오답 분석]

① [×] 후기기업가조직은 신속한 행동, 창의적인 탐색, 더 많은 신축성, 직원과 고객과의 밀접한 관계 등을 강조하는 조직 형태이다. 거대한 규모를 유지하면서도 날렵하게 움직일 수 있는 유연성을 강조하는 것으로 거대한 몸집을 가진 코끼리가 생쥐같이 유연하고 신속하게 활동할 수 있는 조직이다.

② [×] 삼엽조직(Shamrock Organization)은 조직을 구성하는 세 가지 형태의 핵심적인 근로자 집단인 소규모 전문직 근로자들, 계약직 근로자들, 신축적인 근로자들을 나타내기 위해 붙여진 이름이다. 직원의 수를 소규모로 유지하는 반면에 산출의 극대화가 가능하도록 설계된다. 따라서 조직구조는 계층 수가 적은 날씬한 조직이 되며, 고품질의 상품과 서비스를 적시에 공급할 수 있는 장점이 있다.

④ [×] 정부가 공급하는 행정서비스의 생산 및 공급 업무를 제3자에게 위임 또는 위탁하게 되면 정부의 기능은 현저하게 줄어들게 되며, 결과적으로 정부는 기획, 조정, 통제, 감독 등의 중요한 업무만을 수행하게 된다. 이런 형태를 공동정부 또는 공동조직(hollow organization)이라고 한다. 그림자 국가, 대리정부, 제3자 정부, 계약레짐 등으로 일컬어지기도 한다.

09 정답 ③

③ [×] 소망성은 정책문제의 특징이 아니라 정책문제를 해결하는 대안을 찾을 때 그 정책대안의 비교·평가의 기준 중 하나에 해당한다. 정책문제란 정부에 의해 인지된 사회문제 가운데 정부의 활동을 통해 실현될 수 있는 가치, 요구, 기회를 말한다(Dunn, 1981 : 98). 이러한 정책문제는 공공성을 띠고, 주관적·인공적 성격이 강하며, 복잡 다양하고 상호 의존적이다. 또한 역사적 산물인 경우가 많고, 동태적 성격을 갖는다.

10 정답 ②

② [×] 수평적·유기적 구조이다. 수평적이고 공개적인 의사 전달이 강조되고 의사결정에 필요한 정보는 광범하게 공유된다.

○ **네트워크 조직(Network Organization)**

1. 의의 : 하나의 조직 내에서 모든 업무를 수행하기보다는 외부기관들에게 아웃소싱(외주)방식을 채택하여 관리되는 조직(성과 중시)
2. 특징 : 통합지향성(수평적·수직적 통합), 수평적·유기적 구조, 의사결정체제의 분권성과 집권성, 자율적 업무수행, 정보기술의 활용, 물적 차원의 축소, 신뢰의 기반

11 정답 ④

④ [×] 책임운영기관의 총정원 한도는 대통령령으로 정하고 종류별·계급별 정원은 총리령 또는 부령으로 정하며, 직급별 정원은 기본운영규정으로 정한다.

[오답 분석]

① [○] 기관장은 공개모집절차에 따라 5년 범위 내에서 최소 2년 이상으로 임기제공무원으로 채용한다.

② [○] 책임운영기관이란 정부가 수행하는 사무 중 공공성(公共性)을 유지하면서도 경쟁원리에 따라 운영하는 것이 바람직한 사무에 대하여 기관의 장에게 행정 및 재정상의 자율성을 부여하고 그 운영 성과에 대하여 책임을 지도록 하는 행정기관을 말한다. 기관의 성격은 정부조직이고 직원의 신분도 공무원이다.

③ [○] 책임운영기관은 성과중심의 조직이므로 성과평가 시스템의 구축여부는 기관의 성공 여부를 결정짓는 중요한 요건이다.

12 정답 ④

④ [○] 적극적 인사행정은 실적주의의 한계를 보완하기 위해 도입된 것이다.

[오답 분석]

① [×] 직위분류제적 요소를 활성화하는 것은 과학적이고 객관적인 인사행정의 한 방편으로서 개방형 실적주의와 밀접히 관련된다.

③ [×] 정실주의의 요소를 배제하는 것은 소극적 실적주의에 해당한다.

13 정답 ②

② [×] 타당성이 높으면 신뢰성도 높지만, 신뢰성이 높다고 타당성이 높은 것은 아니다. 또한 신뢰성이 낮으면 타당성은 낮지만 타당성이 낮다고 해서 신뢰성이 낮은 것은 아니다.

◎ 신뢰성과 타당성의 관계

1. 신뢰성은 시험 그 자체의 문제이지만, 타당성은 시험과 기준(근무성적, 결근율, 이직률, 안전사고 등)과의 관계의 문제이다.
2. 신뢰성이 있어야 타당성의 문제를 검토할 수 있다. 신뢰성이 없는 측정도구가 타당성을 갖는다는 것은 불가능하다. 즉 신뢰성은 타당성의 전제조건이다.
3. 타당성이 높으면 신뢰성도 높지만, 신뢰성이 높다고 타당성이 높은 것은 아니다.
4. 신뢰성이 낮으면 타당성은 낮지만, 타당성이 낮다고 해서 신뢰성이 낮은 것은 아니다.

14 정답 ①

① [×] 재량권의 일탈이나 남용 등은 행정권의 오용이라고 할 수 있지만 단순한 재량권 행사는 오용이라고 할 수 없다. 공무원은 국민에 대한 봉사자로서 행정업무를 수행할 때 법률에 규정된 일정한 범위 내에서 권한을 행사해야 하며 일정한 윤리규범에 따라 행동해야 한다. 그러나 행정업무가 복잡해지고 전문화됨에 따라 공무원들에게 부여된 재량의 범위가 넓어졌으며, 이에 따라 공무원들이 비윤리적 일탈행위를 할 가능성이 그만큼 커지게 되었다. 이와 같은 행정윤리를 벗어나는 행정권 오용의 유형에는 부정행위, 비윤리적 행위, 법규의 경시, 입법 의도의 편향된 해석, 불공정한 인사, 무능, 실책의 은폐, 무사안일 등이 있다.

15 정답 ④

④ [×] 경제발전(성장촉진)기능은 Keynes가 강조한 기능이다. Musgrave는 재정의 기능으로 경제안정기능, 소득재분배기능, 자원배분기능을 강조하였다.

16 정답 ①

① [×] 사업에 대한 분석과 평가가 소홀하다는 한계가 있는 상태는 만성적 희소성에 해당한다. 만성적 희소성이란 계속사업이나 그 증가분은 가능하지만 신규사업의 추진은 곤란한 정도의 희소성이다.

◎ 예산의 희소성

구분	희소성의 상황	예산의 중점
완화된 희소성	계속사업, 신규사업에 대한 재원이 충분한 상태	사업개발에 중점, PPBS를 고려
만성적 희소성	계속사업은 충당 가능하지만, 신규사업의 비용은 충당 곤란	① 사업의 분석과 평가에는 소홀 ② 지출통제보다는 관리개선 중점 ③ 만성적 희소성 인식이 확산되면 ZBB 고려
급성 희소성	신규사업과 기존사업비의 점증적 증가분도 충당 못하는 상태	① 예산기획 활동 중단 ② 단기적, 임기응변적 예산편성에 몰두 ③ 비용절약을 위해 관리상의 효율 강조
총체적 희소성	기존사업의 지속 자체도 불가능할 정도의 상태	① 회피형 예산, 허위적 회계처리 때문에 예산통제 및 관리는 무의미 ② 돈의 흐름에 따라 반복적으로 예산편성

17 정답 ④

④ [×] 전통적인 품목별 예산제도의 특징이다. 총액배분 자율편성예산제도는 전략적인 국가재정운용계획과 연계하여 성과중심으로 예산을 운영하기 위하여 지출한도를 정해주고 그 한도 내에서는 예산편성의 자율성을 인정해주는 제도이다. 이는 종래의 투입 중심, 개별사업 중심, 단년도 중심의 예산제도의 문제점을 해결하기 위하여 도입된 것이다.

◎ 총액배분 자율예산편성제도

1. 의의: 예산의 지출한도액은 중앙예산기관과 행정수반이 결정하고 각 기관의 장에게는 그러한 지출한도액의 범위 내에서 자율적으로 예산편성하는 제도이다.
2. 특징
   ① 자금관리의 분권화를 강조하지만 의사결정의 주된 흐름은 하향적이다.
   ② 기획재정부는 경제사회 여건 변화와 국가발전전략에 입각한 재원배분계획(국가재정운용계획)에 근거해 연도별 재정 규모, 분야별·중앙관서별·부문별 지출 한도를 제시한다. 이후 각 중앙부처는 소관 정책과 우선순위에 입각해 자율적으로 지출한도 내에서 사업별로 재원을 배분한다.

18 정답 ④

④ [×] 환경적 관점은 해당하지 않는다. BSC의 4대 관점은 내부 프로세스 관점, 학습과 성장 관점, 재무 관점, 고객 관점이다. 균형성과표(Balanced Score Card)는 재무적 시각뿐만 아니라 비재무적 시각에서 기업의 성과를 보다 균형 있게 평가하고, 나아가 기업의 장기적인 전략을 중심으로 성과지표를 도출하여 이를 토대로 조직을 관리하고 그 성과를 평가하는 전략적 성과관리 내지 전략적 성과평가시스템을 의미한다.

✅ 균형성과표

재무적 관점	재무적 관점 (과거시각)	① 재무지표를 의미하는 것으로 전통적인 후행지표, 기업중심의 BSC에서 성과지표의 최종 목표 ② 성과지표 : 매출, 자본수익률, 예산 대비 차이 등
비재무적 관점	고객 관점 (외부시각)	① 목표의 대상인 고객에게 조직이 전달해야 하는 가치를 확인하는 것을 말하는 것으로 공공부문에서 BSC를 도입할 때 가장 중요하게 고려해야 하는 점 ② 성과지표 : 고객만족도, 정책순응도, 민원인의 불만율, 신규 고객의 증감 등
	내부 프로세스 관점 (내부시각)	① 고객이 원하는 가치를 구현하기 위해 조직이 운영해야 하는 내부 프로세스를 확인하는 것 ② 성과지표 : 의사결정 과정에 시민 참여, 적법절차, 조직 내 커뮤니케이션 구조, 공개 등
	학습과 성장관점 (미래시각)	① 장기적 관점으로 조직이 보유한 인적자원의 역량, 지식의 축적, 정보시스템 구축 등과 관련되며 선행지표에 해당. 4가지 관점 중 가장 하부구조에 해당 ② 성과지표 : 학습동아리 수, 내부 제안 건수, 직무만족도 등

19 정답 ④

④ [×] 사회적 능률이 아니라 경제적 능률을 증진시킬 수 있다. 예를 들면 집중구매제도로 예산이 절약될 수 있다.

20 정답 ④

④ [○] 권한위임에 해당하는 내용이다.

✅ 아른슈타인의 주민참여 8단계

1단계 (하위 단계)	① 조작(manipulation)	주민에 대한 일방적 설득이나 지시	실질적 비참여
	② 치유(theraphy)	주민요구 분출(치료)수단	
2단계 (중간 단계)	③ 정보제공(informing)	일방적 홍보(매스컴 등이 수단)	상징적 참여
	④ 상담(consulation)	공청회 등으로 정보 제공 및 참여 유도	
	⑤ 회유(유화) (placation)	주민의 영향력 약간, 채택 여부는 행정청이 결정	
3단계 (상위 단계)	⑥ 협력 (partnership)	주민이 지방의회에 맞서 협상 유도, 최종결정은 지방정부가 함.	실질적 참여
	⑦ 권한위임 (delegated power)	주민이 우월한 입장, 행정청이 협상 유도	
	⑧ 주민통제 (citizen control)	시민이 위원회를 지배, 주민에 의한 완전자치	

21 정답 ③

③ [×] 조직외부에 초점을 두고 통제를 강조하는 모형은 합리적 목표모형으로 생산성이나 능률성을 목표로 하게 된다. 성장과 자원확보를 목표로 하는 모형은 조직외부에 초점을 두고 유연성을 강조하는 개방체제모형에 해당한다.

✅ 경쟁적 가치접근법[Quinn & Rohrbaugh(1983)]

구분	조직(외부)	인간(내부)
통제	합리적 목표 모형 ① 목표 : 생산성, 능률성 ② 수단 : 기획, 목표설정 ③ 성장단계 : 공식화의 단계	내부과정 모형 ① 목표 : 안정성, 균형, 통제와 감독 ② 수단 : 정보관리, 의사소통 ③ 성장단계 : 공식화의 단계
유연성 (융통성)	개방체제 모형 ① 목표 : 성장, 자원획득, 환경 적응 ② 수단 : 유연성(융통성), 외적 평가 ③ 성장단계 : 창업·정교화의 단계	인간관계 모형 ① 목표 : 인적자원 개발 ② 수단 : 응집력, 사기 ③ 성장단계 : 집단공동체의 단계

22 정답 ②

② [○] 신축적 정부모형에 대한 설명이다.

✅ Peters의 모형

구분	시장적 정부 모형	참여적 정부 모형	신축적 정부 모형	탈내부규제 모형
문제 진단	독점	계층제	영속성	내부규제
구조 개혁	분권화	평면조직	가상조직	(특정제안 없음.)
관리 개혁	• 성과급 • 민간 기법	• TQM • 팀제	가변적 인사관리	관리재량권 확대
정책결정의 개혁방안	• 내부시장 • 시장적 유인	협의·협상	실험	기업가적 정부
공익의 기준	저비용	참여·협의	저비용, 조정	창의성, 활동주의

23 정답 ②

② [×] 병역자원의 관리업무는 기관위임사무이지만 감염병 예방 등 보건소의 운영업무는 대표적인 단체위임사무이다.

오답 분석

① [○] 기관위임사무는 국가적 이해가 있는 사무를 지방자치 단체장에게 위임한 것으로 지방의회가 관여할 수 없으며 조례 제정 대상이 되지도 않는다.

③ [○] 단체위임사무는 국가와 지방의 이해관계가 공존하는 사무로 의회가 결정하고 단체장이 집행하는 사무이므로 중앙 정부의 사전통제보다 사후통제(합법적 감독, 합목적적 감독)를 주로 한다.

④ [○] 기관위임사무는 국가적 이해관계가 크므로 처리를 위한 비용은 원칙적으로 국가가 부담한다.

✔ 사무의 종류

구분	자치사무	단체위임사무 (시·도에 위임)	기관위임사무 (시·도지사에게 위임)
이해관계	지방	국가와 지방	국가적 이해 사무
비용부담	지방자치단체 부담	국가와 지방 부담	전액 국가부담
감독관계	소극적(합법적) 감독	소극적·합목적적 감독	소극적·적극적 (예방적) 감독
의회관여 (조례대상)	가능	가능	불가능
배상	지방	지방+국가	국가
예	자치법규 제정, 주민등록, 상하수도, 소방, 공원, 도서관, 시장, 운동장, 주택, 청소, 위생, 미화, 도축장, 병원, 학교, 도시계획 등	보건소 설치 및 운영, 예방접종, 시·군의 국세징수, 수수료 징수, 생활보호, 재해구호, 도세 징수	가족관계 등록사무, 선거, 인구조사, 지적, 국세조사, 경찰, 공유수면매립, 근로기준, 의약사면허, 도량형 등

24 정답 ③

③ [×] 혼합모형은 합리모형과 점증모형의 절충을 시도한다.

✔ 혼합주사모형(Etzioni)

1. 합리모형+점증모형(근본적인 결정은 합리모형, 세부적 결정은 점증모형)

구분	합리 모형	점증 모형	혼합모형 (근본적 결정)	혼합모형 (세부적 결정)
고려할 대안의 수	포괄적	한정적	포괄적 (전체를, 숲)	한정적(중요한 것을, 나무)
각 대안의 결과예측	포괄적	한정적	한정적(대충)	포괄적(자세히)

2. 한계: 이론적 독창성 부족, 근본적 결정과 부분적 결정의 구분 곤란

25 정답 ③

③ [×] 국민이나 입법부가 정부사업의 목적을 이해하기 용이하다.

✔ 성과주의 예산제도

1. 의의
   (1) 정부예산을 기능·활동·사업계획에 기초를 두고 편성하는 것으로서, 사업계획을 세부사업으로 분류하고 각 세부사업을 '단위원가 × 업무량 = 예산'으로 표시하여 편성하는 예산
   (2) 후버(Hoover) 위원회의 건의, 트루먼(Truman) 대통령이 도입

2. 장·단점

장점	① 국민이 정부의 사업과 활동을 이해하는 데 용이 ② 운영관리를 위한 지침으로 효과적 ③ 재원배분 과정에서 사업량이 제시되기 때문에 예산과 사업의 연계 가능 ④ 사업별로 예산 산출 근거가 제시되기 때문에 의회에서 예산심의 용이 ⑤ 성과 창출을 위해 유관 부서 간의 협력이 중요시됐으며 집행부와 입법부 간의 예산 및 회계에 대한 책임 강화 ⑥ 단위원가를 근거로 신축적으로 예산을 수립하기 때문에 능률적인 행정관리 용이
단점	① 단위사업의 구분과 단위원가 계산 곤란 ② 장기적인 계획과의 연계보다는 단위사업만 중시하기 때문에 전체적인 목표 의식 결여 ③ 프로그램과 비용이 적절히 연계되지 못함. ④ 목표관리제도와 연계되지만 이를 적용할 수 있는 영역은 제한적(부·국 수준의 일부 사업) ⑤ 총괄예산계정에 부적합 ⑥ 예산의 효율성과 효과성은 고려하지만 자원의 최적배분, 사업의 필요성과 타당성 여부는 알 수 없음.

PART 2 최신 기출문제 빠른 정답 찾기

01 P. 52

01 ③	02 ④	03 ①	04 ④	05 ④	06 ②	07 ①	08 ②	09 ②	10 ④
11 ③	12 ②	13 ③	14 ④	15 ③	16 ①	17 ①	18 ②	19 ②	20 ④
21 ①	22 ③	23 ④	24 ①	25 ③					

02 P. 56

01 ①	02 ①	03 ④	04 ②	05 ①	06 ③	07 ③	08 ②	09 ④	10 ①
11 ③	12 ②	13 ③	14 ②④	15 ①	16 ④	17 ①	18 ①	19 ②	20 ④
21 ④	22 ①③	23 ③	24 ①	25 ②					

03 P. 60

01 ①	02 ②	03 ①	04 ③	05 ①	06 ①	07 ①	08 ①	09 ③	10 ④
11 ②	12 ②	13 ①	14 ②	15 ③	16 ②	17 ①	18 ②	19 ①	20 ①
21 ①	22 ④	23 ①	24 ③	25 ①					

04 P. 64

01 ④	02 ④	03 ②	04 ②	05 ①	06 ③	07 ③	08 ④	09 ③	10 ④
11 ③	12 ④	13 ④	14 ②	15 ②	16 ③	17 ①	18 ②	19 ③	20 ①
21 ③	22 ④	23 ①	24 ③	25 ④					

05 P. 68

01 ④	02 ④	03 ①	04 ④	05 ①	06 ①	07 ①	08 ②	09 ②	10 ①
11 ④	12 ④	13 ④	14 ①	15 ①	16 ①	17 ③	18 ④	19 ①	20 ④
21 ②	22 ③	23 ①	24 ④	25 ④					

06 P. 72

01 ②	02 ②	03 ④	04 ④	05 ①	06 ③	07 ①	08 ③	09 ①	10 ③
11 ①	12 ③	13 ②	14 ①	15 ④	16 ①	17 ②	18 ④	19 ②	20 ④
21 ②	22 ②	23 ①	24 ②	25 ③					

07 P. 76

01 ①	02 ①	03 ②	04 ②	05 ②	06 ④	07 ①	08 ①	09 ①	10 ④
11 ④	12 ①	13 ②	14 ③	15 ②	16 ①	17 ③	18 ②	19 ①	20 ③
21 ③	22 ②	23 ②	24 ④	25 ①					

PART 3 실전 모의고사 빠른 정답 찾기

01 P. 82

01 ③	02 ④	03 ①	04 ③	05 ③	06 ①	07 ①	08 ③	09 ④	10 ①
11 ①	12 ②	13 ④	14 ①	15 ②	16 ②	17 ④	18 ④	19 ③	20 ④
21 ②	22 ①	23 ①	24 ③	25 ③					

02 P. 86

01 ①	02 ③	03 ②	04 ①	05 ①	06 ③	07 ④	08 ①	09 ④	10 ④
11 ③	12 ①	13 ④	14 ③	15 ②	16 ③	17 ④	18 ②	19 ④	20 ②
21 ③	22 ②	23 ②	24 ④	25 ④					

03 P. 90

01 ①	02 ①	03 ④	04 ④	05 ③	06 ④	07 ②	08 ③	09 ①	10 ③
11 ④	12 ①	13 ②	14 ①	15 ④	16 ③	17 ④	18 ②	19 ④	20 ③
21 ①	22 ①	23 ③	24 ②	25 ②					

04 P. 94

01 ③	02 ①	03 ②	04 ②	05 ④	06 ①	07 ②	08 ③	09 ④	10 ③
11 ①	12 ②	13 ③	14 ③	15 ②	16 ④	17 ②	18 ①	19 ②	20 ④
21 ④	22 ③	23 ④	24 ②	25 ③					

05 P. 98

01 ①	02 ③	03 ④	04 ②	05 ①	06 ①	07 ③	08 ①	09 ④	10 ②
11 ④	12 ④	13 ③	14 ③	15 ①	16 ②	17 ③	18 ②	19 ①	20 ①
21 ③	22 ③	23 ③	24 ①	25 ②					

06 P. 102

01 ②	02 ③	03 ③	04 ③	05 ②	06 ④	07 ③	08 ④	09 ④	10 ④
11 ③	12 ②	13 ④	14 ②	15 ④	16 ②	17 ①	18 ②	19 ④	20 ②
21 ④	22 ②	23 ③	24 ②	25 ②					

07 P. 106

01 ②	02 ④	03 ③	04 ④	05 ②	06 ③	07 ③	08 ③	09 ③	10 ②
11 ④	12 ④	13 ②	14 ①	15 ④	16 ①	17 ④	18 ④	19 ①	20 ④
21 ③	22 ②	23 ②	24 ③	25 ③					

조은종

주요 약력

- 서울대학교 행정대학원 졸업
- 현, 남부고시학원 행정학 전임
- 현, 박문각 강남고시학원 행정학 전임
- 현, 대전제일고시학원 행정학 전임
- 현, 서울시 전직시험 사이버 강좌 담당
- 현, 경기도 인재개발원 행정학 교육 담당
- 전, EBS 공무원 행정학 강좌 담당
- 전, 방송대학 TV 행정학 강좌 담당
- 전, 한림법학원 행정고시 행정학 담당

주요 저서

- 포스행정학(박문각)
- 포스행정학 단원별 기출테마(박문각)
- 포스행정학 단원별 실전 500제(박문각)
- 포스행정학 스파르타 기출 300제(박문각)
- 스파르타 6개년 기출문제 공무원 행정학(박문각, 공편저)
- 포스행정학 파이널 모의고사(박문각)
- 한 권으로 끝내는 포스행정학(박문각)
- 시험에 강한 테마행정학(박문각)
- 한 권으로 끝내는 군무원 행정학(박문각)
- 행정사 행정학개론 이론편(박문각)
- 행정사 행정학개론 문제편(박문각)

한 권으로 끝내는

1

**군무원
행정학**

초판인쇄 | 2022. 5. 10. **초판발행** | 2022. 5. 16. **편저자** | 조은종
발행인 | 박 용 **발행처** | (주)박문각출판 **등록** | 2015년 4월 29일 제2015-000104호
주소 | 06654 서울시 서초구 효령로 283 서경 B/D **팩스** | (02)584-2927
전화 | 교재 주문·내용 문의 (02)6466-7202

저자와의
협의하에
인지생략

정가 17,000원   ISBN 979-11-6704-763-2

군무원 공개경쟁채용시험 필기시험 답안지

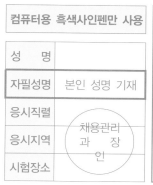

응 시 번 호

주 민 등 록 번 호

책 형

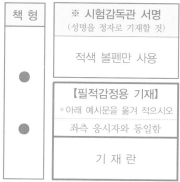

문번	제1회
1	① ② ③ ④
2	① ② ③ ④
3	① ② ③ ④
4	① ② ③ ④
5	① ② ③ ④
6	① ② ③ ④
7	① ② ③ ④
8	① ② ③ ④
9	① ② ③ ④
10	① ② ③ ④
11	① ② ③ ④
12	① ② ③ ④
13	① ② ③ ④
14	① ② ③ ④
15	① ② ③ ④
16	① ② ③ ④
17	① ② ③ ④
18	① ② ③ ④
19	① ② ③ ④
20	① ② ③ ④
21	① ② ③ ④
22	① ② ③ ④
23	① ② ③ ④
24	① ② ③ ④
25	① ② ③ ④

문번	제2회
1	① ② ③ ④
2	① ② ③ ④
3	① ② ③ ④
4	① ② ③ ④
5	① ② ③ ④
6	① ② ③ ④
7	① ② ③ ④
8	① ② ③ ④
9	① ② ③ ④
10	① ② ③ ④
11	① ② ③ ④
12	① ② ③ ④
13	① ② ③ ④
14	① ② ③ ④
15	① ② ③ ④
16	① ② ③ ④
17	① ② ③ ④
18	① ② ③ ④
19	① ② ③ ④
20	① ② ③ ④
21	① ② ③ ④
22	① ② ③ ④
23	① ② ③ ④
24	① ② ③ ④
25	① ② ③ ④

문번	제3회
1	① ② ③ ④
2	① ② ③ ④
3	① ② ③ ④
4	① ② ③ ④
5	① ② ③ ④
6	① ② ③ ④
7	① ② ③ ④
8	① ② ③ ④
9	① ② ③ ④
10	① ② ③ ④
11	① ② ③ ④
12	① ② ③ ④
13	① ② ③ ④
14	① ② ③ ④
15	① ② ③ ④
16	① ② ③ ④
17	① ② ③ ④
18	① ② ③ ④
19	① ② ③ ④
20	① ② ③ ④
21	① ② ③ ④
22	① ② ③ ④
23	① ② ③ ④
24	① ② ③ ④
25	① ② ③ ④

문번	제4회
1	① ② ③ ④
2	① ② ③ ④
3	① ② ③ ④
4	① ② ③ ④
5	① ② ③ ④
6	① ② ③ ④
7	① ② ③ ④
8	① ② ③ ④
9	① ② ③ ④
10	① ② ③ ④
11	① ② ③ ④
12	① ② ③ ④
13	① ② ③ ④
14	① ② ③ ④
15	① ② ③ ④
16	① ② ③ ④
17	① ② ③ ④
18	① ② ③ ④
19	① ② ③ ④
20	① ② ③ ④
21	① ② ③ ④
22	① ② ③ ④
23	① ② ③ ④
24	① ② ③ ④
25	① ② ③ ④

문번	제5회
1	① ② ③ ④
2	① ② ③ ④
3	① ② ③ ④
4	① ② ③ ④
5	① ② ③ ④
6	① ② ③ ④
7	① ② ③ ④
8	① ② ③ ④
9	① ② ③ ④
10	① ② ③ ④
11	① ② ③ ④
12	① ② ③ ④
13	① ② ③ ④
14	① ② ③ ④
15	① ② ③ ④
16	① ② ③ ④
17	① ② ③ ④
18	① ② ③ ④
19	① ② ③ ④
20	① ② ③ ④
21	① ② ③ ④
22	① ② ③ ④
23	① ② ③ ④
24	① ② ③ ④
25	① ② ③ ④

문번	제6회
1	① ② ③ ④
2	① ② ③ ④
3	① ② ③ ④
4	① ② ③ ④
5	① ② ③ ④
6	① ② ③ ④
7	① ② ③ ④
8	① ② ③ ④
9	① ② ③ ④
10	① ② ③ ④
11	① ② ③ ④
12	① ② ③ ④
13	① ② ③ ④
14	① ② ③ ④
15	① ② ③ ④
16	① ② ③ ④
17	① ② ③ ④
18	① ② ③ ④
19	① ② ③ ④
20	① ② ③ ④
21	① ② ③ ④
22	① ② ③ ④
23	① ② ③ ④
24	① ② ③ ④
25	① ② ③ ④

문번	제7회
1	① ② ③ ④
2	① ② ③ ④
3	① ② ③ ④
4	① ② ③ ④
5	① ② ③ ④
6	① ② ③ ④
7	① ② ③ ④
8	① ② ③ ④
9	① ② ③ ④
10	① ② ③ ④
11	① ② ③ ④
12	① ② ③ ④
13	① ② ③ ④
14	① ② ③ ④
15	① ② ③ ④
16	① ② ③ ④
17	① ② ③ ④
18	① ② ③ ④
19	① ② ③ ④
20	① ② ③ ④
21	① ② ③ ④
22	① ② ③ ④
23	① ② ③ ④
24	① ② ③ ④
25	① ② ③ ④

문번	제8회
1	① ② ③ ④
2	① ② ③ ④
3	① ② ③ ④
4	① ② ③ ④
5	① ② ③ ④
6	① ② ③ ④
7	① ② ③ ④
8	① ② ③ ④
9	① ② ③ ④
10	① ② ③ ④
11	① ② ③ ④
12	① ② ③ ④
13	① ② ③ ④
14	① ② ③ ④
15	① ② ③ ④
16	① ② ③ ④
17	① ② ③ ④
18	① ② ③ ④
19	① ② ③ ④
20	① ② ③ ④
21	① ② ③ ④
22	① ② ③ ④
23	① ② ③ ④
24	① ② ③ ④
25	① ② ③ ④

군무원 공개경쟁채용시험 필기시험 답안지

컴퓨터용 흑색사인펜만 사용		
성 명		
자필성명	본인 성명 기재	
응시직렬		
응시지역	채용관리 과 장 안	
시험장소		

응 시 번 호

주 민 등 록 번 호

－ ＊＊＊＊＊＊＊

책 형

●

●

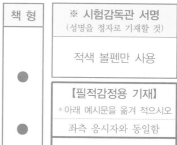

※ 시험감독관 서명
(성명을 정자로 기재할 것)

적색 볼펜만 사용

【필적감정용 기재】
＊아래 예시문을 옮겨 적으시오

좌측 응시자와 동일함

기 재 란

문번	제1회
1	① ② ③ ④
2	① ② ③ ④
3	① ② ③ ④
4	① ② ③ ④
5	① ② ③ ④
6	① ② ③ ④
7	① ② ③ ④
8	① ② ③ ④
9	① ② ③ ④
10	① ② ③ ④
11	① ② ③ ④
12	① ② ③ ④
13	① ② ③ ④
14	① ② ③ ④
15	① ② ③ ④
16	① ② ③ ④
17	① ② ③ ④
18	① ② ③ ④
19	① ② ③ ④
20	① ② ③ ④
21	① ② ③ ④
22	① ② ③ ④
23	① ② ③ ④
24	① ② ③ ④
25	① ② ③ ④

문번	제2회
1	① ② ③ ④
2	① ② ③ ④
3	① ② ③ ④
4	① ② ③ ④
5	① ② ③ ④
6	① ② ③ ④
7	① ② ③ ④
8	① ② ③ ④
9	① ② ③ ④
10	① ② ③ ④
11	① ② ③ ④
12	① ② ③ ④
13	① ② ③ ④
14	① ② ③ ④
15	① ② ③ ④
16	① ② ③ ④
17	① ② ③ ④
18	① ② ③ ④
19	① ② ③ ④
20	① ② ③ ④
21	① ② ③ ④
22	① ② ③ ④
23	① ② ③ ④
24	① ② ③ ④
25	① ② ③ ④

문번	제3회
1	① ② ③ ④
2	① ② ③ ④
3	① ② ③ ④
4	① ② ③ ④
5	① ② ③ ④
6	① ② ③ ④
7	① ② ③ ④
8	① ② ③ ④
9	① ② ③ ④
10	① ② ③ ④
11	① ② ③ ④
12	① ② ③ ④
13	① ② ③ ④
14	① ② ③ ④
15	① ② ③ ④
16	① ② ③ ④
17	① ② ③ ④
18	① ② ③ ④
19	① ② ③ ④
20	① ② ③ ④
21	① ② ③ ④
22	① ② ③ ④
23	① ② ③ ④
24	① ② ③ ④
25	① ② ③ ④

문번	제4회
1	① ② ③ ④
2	① ② ③ ④
3	① ② ③ ④
4	① ② ③ ④
5	① ② ③ ④
6	① ② ③ ④
7	① ② ③ ④
8	① ② ③ ④
9	① ② ③ ④
10	① ② ③ ④
11	① ② ③ ④
12	① ② ③ ④
13	① ② ③ ④
14	① ② ③ ④
15	① ② ③ ④
16	① ② ③ ④
17	① ② ③ ④
18	① ② ③ ④
19	① ② ③ ④
20	① ② ③ ④
21	① ② ③ ④
22	① ② ③ ④
23	① ② ③ ④
24	① ② ③ ④
25	① ② ③ ④

문번	제5회
1	① ② ③ ④
2	① ② ③ ④
3	① ② ③ ④
4	① ② ③ ④
5	① ② ③ ④
6	① ② ③ ④
7	① ② ③ ④
8	① ② ③ ④
9	① ② ③ ④
10	① ② ③ ④
11	① ② ③ ④
12	① ② ③ ④
13	① ② ③ ④
14	① ② ③ ④
15	① ② ③ ④
16	① ② ③ ④
17	① ② ③ ④
18	① ② ③ ④
19	① ② ③ ④
20	① ② ③ ④
21	① ② ③ ④
22	① ② ③ ④
23	① ② ③ ④
24	① ② ③ ④
25	① ② ③ ④

문번	제6회
1	① ② ③ ④
2	① ② ③ ④
3	① ② ③ ④
4	① ② ③ ④
5	① ② ③ ④
6	① ② ③ ④
7	① ② ③ ④
8	① ② ③ ④
9	① ② ③ ④
10	① ② ③ ④
11	① ② ③ ④
12	① ② ③ ④
13	① ② ③ ④
14	① ② ③ ④
15	① ② ③ ④
16	① ② ③ ④
17	① ② ③ ④
18	① ② ③ ④
19	① ② ③ ④
20	① ② ③ ④
21	① ② ③ ④
22	① ② ③ ④
23	① ② ③ ④
24	① ② ③ ④
25	① ② ③ ④

문번	제7회
1	① ② ③ ④
2	① ② ③ ④
3	① ② ③ ④
4	① ② ③ ④
5	① ② ③ ④
6	① ② ③ ④
7	① ② ③ ④
8	① ② ③ ④
9	① ② ③ ④
10	① ② ③ ④
11	① ② ③ ④
12	① ② ③ ④
13	① ② ③ ④
14	① ② ③ ④
15	① ② ③ ④
16	① ② ③ ④
17	① ② ③ ④
18	① ② ③ ④
19	① ② ③ ④
20	① ② ③ ④
21	① ② ③ ④
22	① ② ③ ④
23	① ② ③ ④
24	① ② ③ ④
25	① ② ③ ④

문번	제8회
1	① ② ③ ④
2	① ② ③ ④
3	① ② ③ ④
4	① ② ③ ④
5	① ② ③ ④
6	① ② ③ ④
7	① ② ③ ④
8	① ② ③ ④
9	① ② ③ ④
10	① ② ③ ④
11	① ② ③ ④
12	① ② ③ ④
13	① ② ③ ④
14	① ② ③ ④
15	① ② ③ ④
16	① ② ③ ④
17	① ② ③ ④
18	① ② ③ ④
19	① ② ③ ④
20	① ② ③ ④
21	① ② ③ ④
22	① ② ③ ④
23	① ② ③ ④
24	① ② ③ ④
25	① ② ③ ④